옮긴이

박정자

서울대학교 불문학과와 동 대학원을 졸업하고 「비실재 미학으로의 회귀: 사르트르의 『집안의 백치』를 중심으로」로 박사 학위를 받았다. 상명대학교사범대학장 등을 역임했고 현재 명예교수로 있다. 『바로 곁에 라캉』, 『숭고 미학』, 『시선은 권력이다』, 『시뮬라크르의 시대』, 『이것은 정치 이야기가 아니다』, 『눈과 손, 그리고 햅틱』, 『잉여의 미학』, 『빈센트의 구두』 등을 짓고, 『지식인이란 무엇인가?』, 『식민주의와 신식민주의』, 『성은 억압되었는가?』, 『비정상인들』, 『사회를 보호해야 한다』, 『사상의 거장들』, 『자유주의자 레이몽 아롱』 등을 옮겼다.

변광배

한국외국어대학교 불어과와 동 대학원을 졸업하고 프랑스 몽펠리에 3대학에서 사르트르 연구로 불문학 박사학위를 받았다. 한국외국어대학교 미네르바 교양대학 교수를 역임하고, 현재 프랑스 인문학 연구모임 '시지프'를 이끌고 있다. 『『존재와 무』: 실존적 자유를 향한 탐색』, 『『제2의 성』: 여성학 백과사전』, 『사르트르의 『문학이란 무엇인가』 읽기』, 『사르트르 vs. 보부아르』, 『폭력에 대한 인문학적 성찰』 등을 짓고, 『자살: 사회학적 연구』, 『롤랑 바르트, 마지막 강의』, 『사르트르 평전』, 『레비나스 평전』, 『마르셀 모스 평전』, 『데리다, 해체의 철학자』, 『사르트르와 카뮈: 우정과 투쟁』, 『상상적 마르크스주의들』 등을 옮겼다.

윤정임

연세대학교 불어불문학과와 동 대학원을 졸업하고 프랑스 파리 10대학에서 사르트르 연구로 문학 박사 학위를 받았다. 『사르트르의 상상계』, 『시대의 초상』, 『자코메티의 아틀리에』 등을 옮겼다.

장근상

서울대학교 불어불문학과를 졸업하고 프랑스 파리 10대학에서 「사르트르 희곡의 역사 수용」으로 박사학위를 받았다. 중앙대학교 유럽문화학부 명예교수이며 지은 책으로 『사르트르의 『구토』 읽기』가 있다.

변증법적 이성 비판
2

CRITIQUE DE LA RAISON DIALECTIQUE
Précédé de Questions de méthode
Texte établi et annoté par Arlette Elkaïm-Sartre
Tome 2: L'Intelligibilité de l'histoire
by Jean-Paul Sartre

변증법적 이성 비판

역사의 가지성

2

장폴 사르트르

박정자·변광배·윤정임·장근상 옮김

민음사

차례

변증법적 이성 비판 2
역사의 가지성

제3서
역사의 가지성

부록

1권 차례

방법의 문제

변증법적 이성 비판 1
실천적 총체들의 이론

제1서
개인적 "실천"에서 실천적-타성태로

제2서
집단에서 역사로

일러두기

1   이 책의 각주는 옮긴이 주다. 저자의 주석에는 (원주)를, 원문 편집자가 붙인 주에는 (편집자 주)를 덧붙여 구분했다. 또한 저자와 원문 편집자의 주석에 추가 설명이 필요할 경우 옮긴이가 주석을 덧붙였다.

2   원문의 이탤릭체는 이탤릭체로, 대문자는 굵은 글씨로 표시하고 원저자가 인용한 부분은 " " 안에 넣었다.

3   단행본은 『 』, 개별 작품과 논문 제목은 「 」, 잡지와 신문 등 정기간행물은 《 》로 표시했다.

4   이 책 1권은 사르트르 사후 출간된 2권과의 연속성을 고려하여 갈리마르에서 출간된 1985년 판을 판본으로 삼았다.

5   원문에서 한 문단이 너무 긴 경우 줄을 바꾸었다.

편집자 서문

역사에 의미가 존재하는가? 1958년에 집필되었지만 미완성으로 남아 있는 『변증법적 이성 비판』 2권에서 사르트르가 대답하고자 했던 문제가 바로 이것이었다. 그가 처음에 구상했으며, 텍스트 자체의 여러 지표를 통해 우리가 재구성해 볼 수 있는 계획은 적어도 커다란 두 부분을 포함하고 있었다. 하나는 공시적 총체화를 다루는 부분이었고, 다른 하나는 통시적 총체화를 다루는 부분이었다. 첫 번째 부분은 통합의 정도가 가장 높은 총체로부터 출발해 가장 낮은 총체로 향하는 다음과 같은 두 가지 대표적인 예를 통해 전개될 예정이었다. 1) **혁명** 이후의 러시아 사회(독재 사회), 2) 부르주아적 민주주의(사르트르가 '분열된' 것이라고 부르기도 했던 비독재 사회)가 그것이다. 다만 이 저서에서는 첫 번째 예만이 종합적으로 다루어지고 있다. 부르주아 사회의 예와 마찬가지로 훨씬 이후의 수첩에(1961~1962) 초안만이 잡혀 있는 두 번째 부분의 내용을 추측하기란 어려운 일이다. 이두 번째 부분의 전개와 부록의 형태로 중요한 부분만 남은 수첩의 내용을 예상할 수 있는 몇 가지 사항들을 통해 보면 사르트르는 **역사**에 대해 더욱 폭넓게 질문을 던지고자 했다는 것을 알 수 있다. 예컨대 140쪽에서는 국가들 사이의 전쟁에 대한 연구가, 200쪽에서는 세계의 역사에 대한 연구가, 502쪽에서는 비교 역사에 대한 연구 등등이 문제 되고 있다. 이것을 보아 사르트르는 아마도 자신의 글을 다시 손봐야 했던 듯하다. 이러한 사실을 (부록에서) 정리된 초안을 통해 확인할 수 있다. 우리는 몇 개의 주석을 통해 이것을 설명하고자 한다. 하지만 이 판본이 비판적인 것이 아니기 때문에 해당 사항에 대해 사르트르가 주저했을 수도 있는 이론적인 문제들에 대해서는 언급하지 않는다.

여기에서 편찬한 대로의 이 텍스트는 서문 ── 두 권에 공히 해당되는 ── 과 1권 마지막 부분, 즉 비판적 연구의 점진적 방법에서 예고된 바와 같이 1권과 모순되지 않는 속편을 구성한다. 이 텍스트는 재편집된 것이다. 만약 사르트르가 최종 검토를 했더라면 문체상의 몇 가지 오류를 바로잡았을 수도 있다. 실제로 사르트르는 이 저서를 계속 쓰기 위해 메모를 재개했던 1962년경에 이 원고를 읽은 적이 있다. 하지만 그때 그가 원고를 다시 읽은 이유는 형식상의 완전을 기하기 위해서가 아니라 전체를 다시 되새기고 자신의 생각을 정확하게 다듬기 위해서였다. 그는 십여 개의 메모를 덧붙였지만 전체적인 오류 수정은 거의 하지 않았다.

자신의 계획을 끝까지 밀고 나가기 위해서 사르트르가 읽어야 했던 역사, 사회, 과학 저서들과 그가 진행시켜야 했던 여러 개별적 연구(예를 들어 베네치아의 역사에 대한 메모를 참고할 것. 이외에도 사르트르는 중국의 역사, 중세 프랑스, 식민주의 역사, '역사를 가지고 있지 않은' 사회 등에 대해서도 연구했다.)는 사실상 한 사람이 감당하기에는 너무나 방대했다. 그는 바로 이런 점을 자신이 이 작업을 중도에서 포기한 이유로 내세웠다. 또한 1972년에야 3권이 출간된 『집안의 천치』 역시 1963년 『말』이 완성되기까지 계속해서 미완의 상태로 남아 있었으며, 여러 다른 연구가 필요한 상태였다는 사실을 기억할 필요가 있다.

2권의 출발점은 다음과 같다. **역사란 희소성에 의해 발생한 긴장의 영역의 항구적인 틀 속에서 태동하고 전개된다고 할 때 그것이 갖는 가지성에 대해 질문을 던지는 것은 곧 다음과 같은 물음에 먼저 대답하는 셈이 된다.** 그 물음이란 계급 투쟁은 가지적인가 그렇지 않은가에 대한 것이다. 이 점에서도 연구의 방향은 단순한 것에서 복잡한 것으로 진행되고 있다. 개인적인 투쟁, 조직화된 집단 내에서의 하부 집단들의 투쟁, 사회 속에서의 투쟁 등이 그러하다. 이 텍스트를 지탱하는 처음의 계획을 보면 텍스트를 구성하는 주요 부분과 그것들의 상관관계를 도출해 낼 수 있다. 우리는 이런 점들을 제목과 소제목으로 분류해 이 책에 대한 접근을 조금 더 용이하게 했고, 가독성도 조금 더 높이고자 노력했다. 이런 모든 세부 작업이 사실상 저자인 사르트르의 손에 의해 직접 이루어지지 않았기에 괄호로써 이것을 구분할 필요는 없어 보인다. 여기에서 독자들에게 이와 같은 사실을 상기시키는 것으로 충분할 것이기 때문이다. 또한 독자들은 이 책의 말미에서 고유 명사의 색인뿐 아니라 책 전체의 주요 개념에 대한 정의를 찾아볼 수 있다.

A. E.-S.[1]

---

1 사르트르의 양녀인 아를레트 엘카임 사르트르(Arlette Elkaïm-Sartre)를 가리킨다.

변증법적 이성 비판
2

제3서
역사의 가지성

A. 투쟁은 가지적인가?

1. 갈등은 총체화의 계기인가, 환원할 수 없는 분열인가?

변증법적 가지성의 세 가지 요소들

변증법적 가지성은 —— 구성하는 이성이 문제이든 구성된 이성이 문제이든 —— 총체화로부터 정의된다. 총체화는 한정된 상황들로부터 출발하고, 도달해야 할 목표에 따라 자신의 통일성을 부여하는 실천과 동일한 것이다. 실천적 유기체의 실천을 통해 모순들은 이 실천의 여러 계기로 정의된다. 실천적 장에 작용하는 노동이 비가역적인 시간화라는 사실로부터 이 모순들이 생겨난다. 이 실천적 장 속에서 행동에 의해 혹은 행동 속에서 이 장의 종합적 통일로부터 실현된 모든 변화는 진행 중인 총체화의 부분적인 전개로서 나타나야 한다. 도달해야 할 미래의 하나의 목표, 그리고 실현해야 할 미래의 하나의 생산물의 관점에서 볼 때 우리는 이 총체화를 주체와 이 장의 실천적 상호작용이라고 부를 수 있을 것이다. 그리고 이와 같은 부분적 전개는 모순 속에서도 가지성을 가지고 있다. 예컨대 실천적 장의 지역적인 규정으로서의 이 전개는 한계와 그 자신의 부정적 특수성을 부여받는

—— **19**

다. 또한 행동의 계기로서 이것은 시간화되는 순간에 있는 행동 전체다. 사실상 그것의 종합적인 특수성은 실천의 통시적인 특수화를 가리킨다.(시차가 있건 없건 이 점에 대해서는 뒤에서 다시 살펴볼 것이다.) 이 실천은 그것의 총체적인 생산물 속에 집약되면서 스스로를 제거하는 바로 그 모호한 순간에만 총체화된 총체화일 뿐이다. 하지만 실천이 현재(이 기능적인 현재는 순간이 아니라 부분적 작용, 즉 진행 중인 현재화로 정의된다) 자신의 과거와 미래의 목표와 함께 그것이 수행하는 예비적인 임무에 완전히 속해 있는 한, 즉 이 영역의 총체화와 한 분야, 혹은 총체화된 통일성의 한 지대의 '부각(浮刻)'에 속해 있는 한 이 '특권을 부여받은' 분야, 즉 가공되고 구축되어야 할 수단과 통합적인 지반 위에 있는 형식으로 부각된 분야는 변증법적 계기의 실천적 통일화의 의미 자체로서의 모든 장을 이룬다. 또한 이 장은 노동을 통해 현재 강조되지 않는 모든 것을 하나의 구분되지 않은 내용 속에 내던진다.

하지만 이처럼 내던져진 전체 역시 하나의 장이다. 이렇게 해서 부각된 분야는 장의 총체화가 되는 방식 속에서 덜 구분되거나 이전에 가공된 지대들에 의해 부정된다. 이 분야의 단순한 부각은 변증법적으로 다른 지대들을 실천적 장의 총체성으로서 구성한다. 이때 이 장의 총체성은 그 분야를 에워싸고 있으며, 그 분야를 고립시키는 일종의 수축에 의해 그것과 구분된다. 실제로 이미 가공되었거나 아직까지 가공되지 않은 전체는 일시적으로 이 장에 맞서는 실천, 즉 이미 하나의 미래와 과거를 가지고 있는 것으로서의 실천의 통시적 총체화를 나타낸다. 이 전체는 개별화된 형식을 부정하거나 자기 자신 안으로 이 형식을 재흡수하려는 경향이 있다. 게다가 이 형식은 대상이 완전히 만들어졌을 때 전체와 더불어 재총체화될 것이다. 여기에서 내가 이 전체가 형식을 부정하는 *경향이 있다*고 말할 때 나는 뭔지 모를 형태주의자들의 마법이 아니라 이와는 반대로 있는 그대로의 실천이 갖는 단순한 효율적인 힘을 염두에 두고 있다. 실천을 통해 조직화되는 장에서 긴장을 낳고 지탱하는 것은 생동하는 총체화다. 예를 들어 1) A라는 분야가 총체화된 장의 매개를 통해 B, C, D 등등과 같은 또 다른 한정된 분야와 대립되는 것, 2) A라는 분야가 지탱하는 형식을 재흡수하고자 하는 지반으로서 B, C, D 분야들이 융합된 전체와 대립되는 것, 3) A 분야가 하나의 특수화된 현실로 스스로를 나타내고, 있는 그대로 대자적으로 정립된다고 할 때 실천과 장의 종합에 대립되는 것, 4) 그 자체와 대립되는 것(A 분야는 총체화의 현재 의미로서 동시에 특수하고 제한된 존재, 즉 하나의 개별적 전체로서 정립되기 때문에), 5) 그것을 부정하고 극복할 목적으로 한계를 부수는 실천의 전개 자체와 대립되는 것은 바로 행동 그 자체를 통해서다. 하지만 모순들은 총체화하는 운동과의 관계다. 이와 동시에 이 모순들은 부분이 전체에 대해서 그리고 부분들 사이에서 — 이 부분들이 개별적인 시간화 속에서 *현실화될 때* — 맺는 *가지적인* 관계들만을 궁극적으로 표현한다. 실제로 이와 같은 일반적인 가지성은 우리의 예에서 *이해력*으로 구체화된다. 이것은 이처럼 움직이는 대립들의 총체가 기도된 목적과 극복된 상황으로부터 출발하여 해독된다는 것을 의미한다. 요컨대 행동의 매 순간 모순이 존재한다. 왜냐하면 행동은 총체화와 동시에 특수화(하나의 분야, 하나의 상태, 하나의 세부 사항 등등)를 요구하기 때문이다. 모순이 가지적이고, 또한 이 모순이 실천의 가지성을 근거 짓는 것은 바로 실천이 갖는 근본적인 구조로서다.

사건으로서의 투쟁의 통일성

총체화, 특수화 그리고 모순이 변증법적 가지성의 세 가지 요소라는 것이 사실이라면 개인들 사이 혹은 집단들 사이의 투쟁이 변증법적으로 가지적이라는 사실을 우리가 어떻게 생각할 수 있겠는가? 물론 헤겔의 관념론이나 "외부"의 변증법적 교조주의도 이 문제를 제대로 조명할 수 없다. 이 두 이론의 입장에서 보면 개인들과 집합들은 그것들을 만들어 내고 지양하는 총체화의 부분적 계기로서 서로 대립한다. 하지만 **역사** 속에 *자리 잡기* 위해 *선험적으로* 전체를 포기했기 때문에 어떤 것도 우리를 비판적 연구로부터 면제시켜 주지는 못한다. 연구를 시작하기 전에 적대적인 상호성의 이중 실천으로서의 투쟁이 특별한 종류의 모순과 동화될 수 있는지, 즉 투쟁이 하나의 총체화의 한정된 계기라는 사실을 어떻게 단언할 수 있겠는가? 사실상 비판적인 준비 없이 이와 같은 동화 작용을 실천하려고 할 때 발생하는 어려움들을 우리는 잘 알고 있다. 만약 모순이 단절에 의한 전진으로서, 그리고 지양의 통일성 속에서 이루어지는 이 단절들의 부정으로서의 행동 자체라면 우리가 두 *개의* 행동에 직면했을 때, 즉 두 개의 자율적이고 모순되는 총체화에 직면했을 때 모순에 대해서 어떻게 말할 수 있는가? 분명 우리는 적대적인 상호성이 진앙들 사이를 맺어 주는 내재성의 관계라는 사실을 이미 지적한 바 있다. 왜냐하면 각각의 적이 타자의 총체화하는 행동을 총체화하고 지양하기 때문이다.[2] 이와 같은 비용해성은 종종 하나의 통일성으로 여겨졌다. 이렇게 해서 링 바닥에서 뒹굴고 있는 두 명의 레슬링 선수는 멀리서 보면 종종 여덟 개의 사지를 가지고 알 수 없는 위험과 싸우고 있는 한 마리의 짐승처럼 보인다. 하지만 이것은 피로나 거리로 인해 우리가 현실을 제대로 보지 못하기 때문에 나타나는 현상이다. 말하자면 두 신체

2   1권, 제2서, B, 1272~1273쪽 참고. 여기서 쪽수는 『변증법적 이성 비판』의 신판에 해당한다.(편집자 주)

가 이루어 내는 단 하나의 움직임이 있지만 이 움직임은 서로 대립되는 두 *개의* 시도들의 결과다. 이 움직임은 동시에 두 가지의 실천적 체계에 속한다. 하지만 정확히 그 이유 때문에 그것은 구체적인 현실 속에서 — 적어도 부분적으로는 — 이 두 체계 각각으로부터 벗어난다. 만약 여러 개의 진앙이 복수성이 대립하는 가지성들*의* 실제적인 조건이라면(각각의 체계 내에 그리고 각각의 실천으로부터 이해 가능한 가지성이 존재하는 한에서) 진행 중인 과정에 대한 *하나의* 변증법적 가지성이 어떻게 존재할 수 있는가?

실제로 권투 경기를 관람하는 데에는 두 가지, 오직 두 가지 방식만 있을 뿐이다. 경험이 없는 관객은 좋아하는 선수를 정해 놓고 *그의 관점에* 따라 관람한다. 즉 자신이 좋아하는 선수를 경기의 *주체*로 간주하고 상대편 선수는 위험한 대상으로만 여기는 것이다. 이렇게 관람하는 것은 이 경기를 위험하지만 외로운 행동으로 여기는 것이며, 선수 중 한 명과만 *더불어* 경기를 총체화하는 것이다. 권투 애호가나 전문가는 아주 빨리 한 체계에서 다른 체계로 연속적으로 옮겨 갈 수 있으며, 그렇게 함으로써 펀치와 방어를 감상할 수 있는 것이다. 하지만 순간적으로 체계를 바꾸게 되면 그들은 적대적인 두 개의 총체화를 총체화할 수 없다. 분명 그들은 이 경기에 실질적인 통일성을 부여하고 있기는 하다. 그들은 경기장을 나서면서 "아주 멋진 경기였다…… 등등"이라고 이야기한다. 하지만 이때의 통일성은 *외부로부터 한 사건에* 부과된 것이다. 사실상 권투가 하나의 스포츠이자 직업이고(이것은 또한 매니저, 트레이너, 세컨드, 심판 등의 다른 직업과 연결되어 있다.) 특정 사회의 여러 요구 조건에 부합하는 하나의 구경거리라는 점에서, 하나의 경제적인 틀 속에서 하나의 시합을 조직해 그것으로 많은 사람의 관심을 끌 수 있으리라고 예상할 수 있는 한 이 시합 자체가 도달해야 할 목표로서(계약의 조인으로부터 경기장의 대여와 광고에 이르기까지 생각할 수 있는 모든 준비와 함께) *하나의 대상*이 된다. 또한 관객이 경기를 보러 가는 것도 그것을 하나의 특별한 대상으로, 실제적이고 제한된 시간 속에서 진행되는 흥미롭고도 열광시키는 하나의 사건으로, 실제로 시합을 하는 이런저런 선수를 직접 볼 수 있는 기회로 여기기 때문이다. 관객은 특히 이 경기를 종종 하기 어려운 시도들의 목적(챔피언전을 위한 장소 물색 따위)으로 삼기도 하고 어떤 경우에는 다른 시도들을 하기 위한 *수단*으로 삼기도 한다(두 선수 중 한 명에게 내기를 걸기도 하고 권투 팀을 "운영하면서" 돈을 벌기도 하는 등등). 개인들과 집단들, 집합들을 위한 대상, 언어, 언론, 정보 매체들에 의해 총체성으로 정의된 대상, 그리고 과거에 자신의 과거-존재 속에서 기억에 의해 통일성으로 지시된 대상("카르팡티에와 뎀프시의 *경기*가 있는 날이었지.")인 경기는 그 자체로 수학적 상징 중 하나로 나타난다. 이 상징은 실행해야 할 연산들의 총체를 가리키고, 그런 것으로서 지시된 연산을 수학자가 실제적으로 수행할 생각이 없는 상태로 대수론적 등가들의 수열 속에서 나타난다. 그것은 구성하고 이용하고 응시하고 지시해야 할 하나의 대상이다. 달리 말해 이 경기는 그런 것으로 타인들의 행위 속에서 나타난다. 하지만 이 현실이 — 개인적이고 집단적인 실천의 노에마적이고 통합된 상관자 — 실제적인 통일성 혹은 환원 불가능한 이중성인 대립의 상호성 속에서 두 개인에 의해 실행되어야 할 내적인 작업으로서 *그 자체 내에* 있는지를 알고자 하는 사람은 없다. *나에게* 그들의 경기는 내 저녁 시간을 채워 주고 반드시 끝이 있는 구경거리다. 선수들 각자에게 경기는 그 *자신의* 경기이고, 챔피언에 오를 수 있는 아마도 유일한 기회이자 상대방을 물리치고자 하는 시도이며, 패할 수도 있는 개인적인 위험이기도 하다. 어떤 관점에서 보면 전혀 문제가 없다고 주장할 수도 있다. 실제로 보는 각도와 사람들이 이야기하는 행동에 따라 실천적인 총체가 단일성으로, 이중성으로, 혹은 다소간에 한정된 다수성으로 나타날 수 있는 것이 사실이다. 나의 실천적 장을 객관적으로 결정짓는 것이 계곡인지, 초원인지, 풀잎인지를 결정하는 것은 현재의 행동이다. 다만 우리는 이처럼 상대적으로 단순한 양상하에서 문제를 고려하지 않는다. 우리는 오히려 — 물론 그 경기가 내기를 건 사람이나 복서에게 다르게 존재할 수 있다는 점을 받아들이면서도 — 투쟁으로서, 그리고 상호적이고 부정적인 총체화의 객관적인 사실로서 이 경기가 변증법적 가지성의 조건들을 가지는지에 관심을 가질 뿐이다.

분석적 연구의 불충분성

모든 것은 합리적이어야 한다. 이것은 명백한 사실이다. 같은 종류의 예로 무장한 두 집단이 대립하는 경우를 들어 보자. 전쟁 기술에 능통한 장교는 모든 작전에서 라이프치히 전투나 워털루 전투 혹은 **프랑스가 치렀던 전쟁**을 재구성할 수 있다. 이 장교가 하는 것은 무엇인가? 그는 물질적 총체(기지들 사이의 관계로부터 "병사들의 사기"에 이르기까지 모든 군대의 상황, 전장의 지리학적 형상, 상황들의 종합적인 전체 모습)를 재구성한다. 이는 그가 대립하는 두 개의 관점에서 본 실천적 장을 연속적으로 총체화한다는 의미이다. 이로부터 그는 각각의 작전을 적을 섬멸하기 위해 주어진 수단이며 상황을 최대한 이용하기 위해 응집된 노력으로 여긴다. 따라서 매번의 작전을 *이해*를 통해 포착한다. 하지만 이와 같은 역사적인 가정으로부터 출발하여(이와 반대되는 어떠한 증거도 없기 때문에 우리는 지휘부가 배반자나 비겁한 자 혹은 무력한 자들로 이루어지지 않고 현재의 시도 속에서 모든 직업적인 의식과 애국심을 발휘하는 장교들로 구성되어 있다고 생각한다.) 이 장교는 고려된 상황에서 모든 *가능한* 작전을 취하게 된다. 이렇게 함으로써 그는 실제로 행해졌던 작전이 그러해야만 하고 또 그렇게 보이는 것처럼 *최선의 것인지*를 결정하게 된다. 이처럼 *가능한 것*은 실질적으로 존재하지 않았지만 대부분의 경우 100년이 넘는 시간 동안 사관 학교에서 있었던 논의를 통해 부각된 것이다. 이와 같은 가능성들 하나하나는 다른 전쟁에서 사용될 수 있고, 다른 결과를 낳을 수도 있을 것이다. 그리고 각각의 가능성은 어떤 집단에서 그것이 가져오는 변화의 관점과 그에 대항한 적의 가능한 응수라는 관점에서 동시에 연구되어야 한다. 적들의 가능한 응수 중에서도 가장 개연성이 낮은 것과 높은 것을 구분해야 할 것이다. 즉 *다른 진앙의 관점*을 참고해야 하며, *포괄적으로* 적의 가능성을 고려해야 한다. 이런 점으로부터 출발해서 우리는 다음과 같은 사실을 지적할 수 있다. 즉 실제 전투가 서로 엄밀하게 연결되어 있는 n^x의 가능성들의 복합적인 총체의 특별한 한 경우에 해당한다는 것이 그것이다. 실제로 이 장교에게 문제는 역사적인 것이 아니라 *실천적인 것*이다. 따라서 그는 주어진 상황을 위해 가능한 작전들의 전체(이것들 가운데 실제적인 작전이 모습을 나타낸다.)를 고려하고, 각각의 작전에서 모든 결과를 낳을 수 있는 가능한 대응들의 전체를 고려한다. 즉 각각의 응수와 결과에 따라 이편과 저편에서 군대를 준비시키는 것이다. 그가 실제로 가능한 모든 것의 해결책을 알고 있다는 사실, 역사학자들에게 주어진 자료들을 통해 그가 각각의 군대에 대해 적의 참모들보다 더 정확하고 상세한 지식을 가지고 있다는 사실을 바탕으로 병사들에 대한 그의 우월성이 생겨나는 것이다. 이 장교는 역사적인 개별성 속에서 이 군대와 대치하는 무지, 물질적인 어려움, 이해관계, 정념의 유희 등을 추상적으로 고려한다. 하지만 이것들은 여전히 낯선 요소들이다. 적의 공격에 맞서 적의 왼편 진영을 우회하기 위해 즉각 준비할 시간적인 필요성이나 무지와 실수(즉 불확실성, 부분적으로 잘못된 판단으로부터 출발해서) 속에서 방어책을 찾아야 할 필요성이 그에게는 없다. 전투에 대한 포괄적인 연구를 정형화된 이론과 가능성들에 대한 준수학적인 계산으로 변화시키기 위해서는 모종의 도식화(실기 교육에서 어떤 순간에는 불가피하기도 하며 바람직하기도 한 도식화. 진실로 우연한 여건들이나 구체적인 현실이 갖는 모호성에 대해서는 나중에 다시 거론한다는 조건에서 말이다.)로 충분하다. 투쟁의 현실은 사라지고, 결국 우리는 가능성들에 대한 계산만을 발견하게 된다. 게다가 우리는 정해진 한 순간에 적기의 가능한 위치에 따라 사격할 수 있도록, 그리고 문제가 있을 경우 사격 방향을 수정할 수 있도록 마련된 기관총들이 정찰기에 달려 있다는 것을 안다. 체스 게임의 예[3]로 되돌아가 보자. 그렇다고 해서 우리가 변증법적 합리성의 영역에 머물러 있다고 생각해서는 안 된다. 우선 단일성이 실질적인 전투의 이원성을 대신하는 것은 아니다. 그것은 오히려 가능한 것들 사이의 다수의 관계. 이 관계들의 전체가 수학적 형태로 나타나기 위해서는 몇몇 정의를 도입하는 것으로 충분하다. 더 이상 공격과 그에 대한 응수가 있는 것이 아니라 하나의 함수에 대한 변수의 관계, 또는 하나의 변수에 대한 하나의 함수의 관계, 또는 여러 함수 사이의 관계만이 있을 뿐이다. 우리는 환원할 수 없는 대립의 스캔들을 피해 외적 조절 속으로 떨어졌다. 달리 말해 우리는 **분석적 이성**을 다시 발견하게 된 것이다.

하지만 이 문제에 대한 실증적 해결에서조차도(한편으로 실천적 관

---

3   1권, 제2서, B, 1387쪽 이하를 참고할 것.(편집자 주)

점에서 볼 때 불가결한) 이원론이 추상적인 형태하에 자리 잡고 있다. **자연 과학**에서는 적어도 이론적으로 독립 변수를 선택하는 것이 가능하다. 대립적인 상호성에 대한 분석적 연구에서는 *가능한 상호적 규정의 전체*를 재구성하는 것은 매 순간 하나의 변수군에서 다른 변수군으로 옮겨 갈 것을 요구한다. 만약 집합 (x, y, z) ── 군대 1 ── 이 t라는 순간에 독립 변수군으로 고려되었다면, 그리고 검토된 변수들이 군대 2에서 α, β, γ라는 결과를 야기한다면 우리는 t^1이라는 순간에 x^1, y^1, z^1이라는 집단, 즉 다른 군대의 행동으로부터 영향을 받은 ── 그 자신의 변수가 군대 1에서 한정된 결과들을 이끌어 낼 독립 변수들의 전체와 같이 ── 군대 2를 고려하면서만 돌아올 충격을 예상할 수 있다. 물론 이 변수들의 새로운 값 그리고 아마도 다른 함수들에 대한 그것들의 관계는 *이미* 내적 변화를 가져온 결정적 요소들이었던 α, β, γ라는 변화를 포함한다. 이와 같은 이중의 관계 체계를 하나의 체계로 환원시키려고 한다면 앞서 획득된 결과들이 틀린 것이 될 것이다. 우리는 분명 진앙들의 환원 불가능한 개별성이라고 부를 수 있는 것으로부터 아주 멀리 떨어져 있다. 다만 검토된 대상 ── 그것이 비록 순수한 다수의 외재성이라 할지라도 ── 은 변수들로부터 *출발하여* 변수들에 대한 변화들이 가져오는 충격의 결과를 고려해야 하는 것으로 이해되어야 한다. 출발점이 된 변수들은 이미 이 변화에 의해 수정되었고, 이처럼 수정된 변수를 독립 변수로 여기게 된다.

특히 이와 같은 실증적인 도식은 실천의 한 도구다. 이 도식은 장차 훨씬 더 복잡해질 미래의 투쟁들로 향한다. 그 투쟁들은 과거의 투쟁들 속에서 제기된 문제들을 자동적인 해결책의 자격으로 그 자체 내에 포함할 것이기 때문이다. 하지만 이 도식은 역사적 현실과 한정된 투쟁의 시간적인 개별성을 만들어 내는 모든 특징을 완전히 포기한 것이다. 부정적 규정으로서의 이와 같은 현실과 개별성은 병사들에게 삼중의 *희소성*으로부터 주어진다. 즉 시간, 수단, 지식의 희소성이 그것이다. 이 현실과 개별성은 그것의 가장 깊은 기원과 서로 대립하는 이해관계들, 병사들과 맞서는 폭력에 이르기까지 이 투쟁을 조건 짓고 *정립하는 더욱 근본적인 희소성에 근거하는* 것이다.(가변적인 성격을 가진 이 희소성은 병사들의 실존의 물질적인 조건과 관계가 있다.) 실제로 싸우는 한 명의 병사는 격렬하고 열광적인 사람이다. 그는 때로는 절망하고 때로는 목숨을 걸 준비가 되어 있으며 적을 물리치기 위해 모든 위험을 감수하지만, 적의 공격 리듬에 따라(그 밖에 모든 종류의 요소에 의해) 그에게 주어지는 시간 속에서 작전을 구사하기도 한다. 또한 (예를 들어) 제한된 수의 사람들과 (어떤 작전에서는 그에게 금지된) 무기들을 이용하기도 하고, 가변적이지만 항상 깊은 무지 속에서(적의 실제적인 의도에 대한 무지, 실질적인 힘의 관계에 대한 무지, 요새들의 실제 위치에 대한 무지 — 적에게나 그에게나 — 등등) 싸우는 자다. 이와 같은 모든 점이 그로 하여금 위험을 감수하게 하고, 계산에 필요한 요소들을 구비하지 못한 채 그저 가장 개연성이 높은 것을 결정하게 하며, 여러 가능성을 고려한 작전을 구상하게 한다(어떤 식으로 적이 행동한다면 작전은 이런저런 방식으로 이루어질 것이다. 작전 중에 적이 다른 식으로 행동하는 것을 알게 되면 그 작전은 즉각적으로 변경될 수 있어야 한다는 등등의 작전). 불확실함 속에서 위험을 최소화하기 위해 노력하며 내기를 거는 맹목적이고 열광적인 이 사람, 모든 행동이 외적이고 내재화된 희소성에 의해 조건 지어진 바로 이 사람을 우리는 투사라고 부르는 것이다. 실증적으로 보아 행위 주체로서 그의 현실은 이와 같은 부정적 결정 요인들을 종합적으로 지양하는 것으로부터 주어진다. 우리는 모르기 때문에 *결정한다*. 주지하다시피 결단은 피상적일 수도 있다. 사태는 저절로 결정될 수 있다. 이런 관점에서 보면 무지를 극복하기 위한 긴장으로서의 병사의 행위는 그 자체로 두 적들 사이의 적대적인 분리에 의해 정의된다. 나의 행동을 (다소간) 알지 못하는 *타자*가 그의 행동에 대한 나의 무지를 야기한다는 점에서 나는 귀납되고 내재화된 *이와 같은* 무지의 극복을 통해 바로 그 적 덕분에 나 자신을 실천으로 만든다. 우리의 적대적인 행동들 하나하나는 그것이 변증법적으로 이해되어야 한다면 그 행동이 극복하면서 보존하는 부정적 결정 작용들로부터 출발하여 *그 자신의 불충분함, 불완전함, 실수 속에서* 이해될 수 있어야만 한다. 역사적 문제는 단지 작전 x가 주어진 역사적 상황하에서 가능한 최선의 것이었는지를 아는 데에만 있는 것이 아니라 왜 이 작전이 맞아떨어지지 않았는지, 사관 학교의 수업에서 요약되었던 실천적이고 총체화하는 도식이 이 작전에 왜 들어맞지 않았는지를 아는 데도 있다. 실제로 하나의 행동이 가지는 역사성은 더도 말고 그것이 가능한 최선의 해결책과 결코 닮지 않았다는 데에 있다. 왜냐하면 가능한 최선의 해결책은 상황에 대한 모든 요소, 이 요소들을 지양하여 종합할 수 있는 시간, 평정심, 스스로를 돌아보기 위한 객관성 등등을 갖출 때만 비로소 발견될 수 있기 때문이다. 학문은 행위의 필연적인 계기다. 하지만 행위는 필연적으로 극복된 무지다. 왜냐하면 그것은 앎을 지양하는 것으로서 규정되기 때문이다. 달리 말하자면 인식이란 도래할 목표를 향해 무지와 앎을 동시에 지양하는 움직임 속에서 앎을 감싸고 있는 무지에 의한 앎의 실천적 조망이다.

따라서 투쟁에 대한 변증법적 가지성이 존재할 수 있어야 한다면 바로 구체성의 수준에서다. 이때 자신들의 상호적이고 이중적인 행위에 지배당하는 적들은 그들이 행하는 것을 알기도 하고 알지 못하기도 한다. 각각의 병사들의 *관점*에서 *보면* 앎과 무지 사이의 차이, 그들의 존재-주체와 존재-대상 사이의 차이, 투기와 실행 사이의 차이 등등은 훨씬 덜 느껴지는 것이다. 행위가 전체를 가져가고 전체를 합리화시키기 때문이다. 대부분의 경우 한 명의 권투 선수는 그가 현재 하는 것을 안다.(그가 하는 것이 자신의 투기의 진행 중인 실현이라는 점에서 그러하지 그의 행위가 객관적인 환경의 자율성 속에서도 또한 전개될 수 있는 사건이라는 점에서 그런 것은 아니다.) 그러나 그는 상대 선수가 하는 것을 제대로 총체화하지 못한다. 그는 지나치게 상대방의 전술을 무너뜨리려고 하는 나머지 자신의 전술을 제대로 마련하지 못하는 것이다.(그를 위해 이와 같은 총체화를 수행하고 라운드 사이에 이 사실을 그에게 전달해 주는 사람은 바로 매니저나 세컨드다.) 종종 경기에서 그다지 밀리지 않을 경우 그는 스스로를 경기의 주체라고 여기며 펀치의 강도도 잘 느끼지 못한다. 하지만 경기가 끝난 후 자신이 판정으로 패배했다는 사실을 어리둥절한 상태에서 알게 된다. 이런 태도는 제한적이지만 고유한 가지성을 포함하고 있다. 그것은 *하나의* 행동의 객관적이고 이해 가능한 전개다. 이것은 또한 행위자가 실질적으로 경기의 주*체*인 한에서 *하나의* 진앙으로부터 출발하는 전개다.(왜냐하면 심지어 경기에서 밀리고 있을 때에도 그는 상대방의 전술에 적응하고, 그렇게 함으로써 상대방의 모든 시도를 무력화하고, 점수의 상실을 최소화하며, 최악의 경우를 피하기 때문이다.) 만약 그 경기가 변증법적으로 가지적인 것이어야 한다면, 즉 통일성으로 드러나야만 한다면 이 경기의 가지성은 아주 특수한 실천-과정의 가지성이어야만 한다. 왜냐하면 여기에서 그 과정이 상대방에 의한 하나의 실천의 파괴로 정의되기 때문이다.

인간 역사를 구성하는 노동-투쟁의 관계

이 점에 대해 우리는 다음과 같은 두 가지 본질적인 문제를 제기할 수 있다.

우선 공동 개인으로서 개인이나 하위 집단은 공동의 실천이 그들의 역할을 더욱 강화할 경우 하나의 집단 내에서 진행 중인 모순의 실제적인 현동화가 될 수 있다. 우리는 이 사실을 이미 언급한 바 있으며,[4] 곧 여기에 대해 강조하는 기회를 갖게 될 것이다. 하지만 하나의 전투를 모순과 동일시하고 적들을 진행 중인 모순의 두 항과 동일시하기 위해서는 이들이 더욱 광범위하고 깊이 있는 한 집단의 일시적인 한정 작용으로서 여겨질 수 있어야 할 것이다. 이들의 투쟁은 이 집단이 가진 모순 중 하나를 현동화할 것이다. 역으로 이들의 가차 없는 투쟁을 다시 총체화하고 지양하여 이 집단의 실천적 장에 대한 새로운 종합적 재통합과 이 집단의 구조의 내적인 재조직화를 향해 나아가야 할 것이다. 우리는 이와 같은 조건이 충족될지, 그것이 때때로 혹은 항상 충족되는지, 이 조건이 충족될 경우 적대하는 한 쌍과 그들을 지탱하고 에워싸고 있는 사회 사이의 어떤 관계를 그것이 내포하고 있는지를 결정해야 할 것이다. 나아가 투쟁이 발생하는 집단으로부터 출발하여 각각의 투쟁이 가지는 개별성 속에서 변증법적 가지성의 세 가지 특징, 즉 총체화, 특수화, 모순이라는 특징들을 재발견해야 할 것이다.

또 다른 하나의 문제는 객관적인 과정에 대한 것이다. 투쟁은 사건들을 결정짓고, 대상들을 만들어 낸다. 대상들은 투쟁의 산물이다. 게다가 투쟁은 그 자체로 하나의 사건이기 때문에 자기 자신의 고유

---

4 1권, 제2서, A, 969쪽 이하.(편집자 주)

한 산물로 여겨져야 한다. 그런데 이 모든 산물은 모호하고 충분히 전개되지 못한 것이며 — 어떤 방향에서든지 — 다원 결정에 의해 미결정의 상태에 있고 너무나 인간적이어서 비인간적인 것이다. 또한 이 이해할 수 없는 (혹은 그렇게 보이는) 대상들은 실제로 이후의 역사의 요인과 조건이 된다. 이 대상들은 미래를 저당 잡히고, 그 자신으로부터 시작되는 투쟁에 대해 잘못 제기된 문제, 제대로 해결되지 못한 문제, 제대로 이루어지지 못한 청산의 불투명성을 전달한다. 이들은 모든 종류의 대상이지만 여기에서는 이 대상들에 대한 분류를 시도하지는 않을 것이다. 실제로 이 투쟁의 잔재들은 무엇이나 될 수 있다. 왜냐하면 투쟁들이 동시에 여러 차원에서 일어나기 때문이다. 예를 들어 발미[5]의 기이한 전투와 그만큼이나 이해할 수 없는 프러시아의 후퇴, 1848년에 설립된 국립 취로 작업장(아틀리에 나시오노)과 같이 투쟁이 일어나는 것을 막지 못했던 적대 계급에 의해 보이콧당한 기도 등등이 모두 여기에 해당한다. 이 대상들에 직면하여 **실증적 이성**은 아무런 제한도 받지 않는다. 왜냐하면 이 이성은 복잡한 것을 가장 덜 복잡한 것으로, 그리고 가능하다면 여러 요소로 환원시키는 것을 목적으로 하기 때문이다. 이성은 처음의 기도, 응수, 응수에 대한 응수를 연속적으로 검토할 것이다. 또한 검토된 대상의 특징들 각각을 "설명할 수" 있을 때 이 이성은 충족될 것이다. 이때 이성은 이 대상을 집단들 가운데 하나의 행동이나 적대 집단들의 반응으로 이끌어 갈 것이다. 하지만 변증법적 연구의 현재 수준에서 우리는 **역사**의 산물을 *논리적 궁지*로 만나게 된다. 왜냐하면 이 산물들은 하나의 공동 기도의 결과물로 나타나기 때문이다. 또한 이 산물들이 이

5　1792년 프랑스 혁명 당시 프랑스군이 반혁명 연합 세력인 프러시아군 발미에서 했던 전투를 가리킨다.

런 기도가 두 가지 대립되는 행동 — 각각의 행동이 다른 행동을 파괴하고자 하는 — 의 비인간적인 이면으로서가 아니면 결코 존재할 수 없다는 사실을 증명해 주기 때문이다. 변증법적인 관점에서 우리는 이 대상들을 미래를 가지고 있는 인간적인 생산 활동으로 만나게 된다.(국립 취로 작업장은 당시의 사회적 필요로부터 출발해서 이 필요를 만족시킬 수 있는 시도로 정의된다.) 이렇게 해서 이 대상들은 그 자체로 진행 중인 총체화로 나타난다. 하지만 좀 더 자세히 살펴보면 우리는 이 가시적인 미래가 이미 (항상 그렇듯이) 배제되었으며, 단순한 하나의 현혹적인 지표로 환원되었거나 은밀하게 궤도를 이탈한 것임을 정확히 — 이것이 창조되는 상황을 인식하기 전에라도 — 확인할 수 있다. 그렇지만 대상은 하나의 함정, 즉 인간적이고 여기저기에서 이해될 수 있는 축조물도 아니다. 왜냐하면 부분적인 일탈과 삭제에도 불구하고 원래의 투기로부터 무엇인가가 남아 있고 그 기도는 예견할 수 없는 결과들을 낳게 되는 혼란스러운 효율성을 간직하고 있기 때문이다.

그런데 문제는 바로 거기에 있다. 만약 **역사**가 총체화하는 것이라면 있는 그대로의 투쟁의 총체화도 있을 것이다.(우리가 취하는 형식적인 관점에서 볼 때 이 투쟁이 하나의 개별적인 전투인지 전쟁인지 사회적 갈등인지는 그다지 중요하지 않다.) 그리고 만약 이와 같은 총체성이 변증법적으로 이해 가능하다면 연구를 통해 투쟁 중인 개인이나 집단을 실질적으로 하나의 공동 작업을 위해 협력하는 자들로 이해할 수 있어야 한다. 또한 이와 같은 협력 작업이 투쟁의 잔재로 계속적으로 주어진다면 — 대적하는 쌍방이 공동으로 산과 들을 불사르고 약탈한다는 점에서 그것이 전장의 폐허라 할지라도 — 이런 작업을 두 편의 적대적인 집단으로 구성되어 있는 것으로, 현재 활동 중인 한 집단의 객체화로 이해할 수 있어야 한다. 하지만 공동으로 이루어진 폐허가 합의된 실천의 목표가 아니었다는 사실과 예를 들어 지형학적인 통일성만으로도 전장에 철저하게 파괴된 하나의 전체의 양상을 부여할 수 있다는 사실은 명백하다. 국립 취로 작업장과 하나의 투쟁으로부터 생겨난 사회적 대상들에 대해 말하자면 이 대상들이 다음과 같은 경우에서만 역사적 실재가 될 수 있다고 주장할 수 있다. 즉 이 대상들이 상호적 적대 관계 속에서 그것들을 만들어 낸 어떤 투기와도 일치하지 않는 경우가 그것이다. 또한 이 대상들은 다음과 같은 경우에 일종의 역사적인 실존을 갖게 된다. 즉 인간에 의해 만들어진 이 대상들이 가공되지 않은 물질의 차원으로 다시 떨어지지 않으면서 인간의 손을 벗어나는 경우가 그것이다.(비록 국민 의회처럼 이 대상들이 그 자체로 집합이라 할지라도 그러하다.) 요컨대 사람들이 예견되지 않은 길을 이 대상들로부터 찾기 위해, 예상할 수 없었던 결과들을 만들어 내기 위해 이 대상들에 부여하고자 하는 모든 길에서 벗어나는 경우가 그것이다. 결국 다원 결정과 미결정이 대상들 속에서 인간의 과도한 노동을 통해 비인간적인 대상들의 생산으로 나타나는 경우 그것들의 비의미 작용이 적대적인 의미의 상호 침투를 통해 초의미 작용이 되는 경우가 그것이다. 여기에서 문제가 되는 것은 소외도 아니고 (그다지 도식적이지 않은 양상하에서 사실들을 고려할 때 소외가 지양된 투쟁 자체의 기저에 자리 잡고 있다고 할지라도) 외재성으로서의 생명이 없는 물질성도 아니며 집렬체성도 아니다. 물질성과 집렬체성은 각각의 적들로부터 그들의 행위를 훔치는 것이다. 결국 각자가 타자에게서 자신의 행위를 훔치는 것이다. 인간으로부터 생겨나서 인간에게서 벗어나는 이 새롭고도 생생한 *과정*이 만들어지는 것은 바로 집렬체성과 소외에 대항하여 이미 구성된 집단들의 상호성 속에서다.

이와 같은 문제들은 매우 중요하다. 우리의 비판적 연구의 새로운 문턱을 넘어서기 위해서는 이 문제들을 제대로 정리하는 것으로 충분할 것이다. 우리는 실제로 방금 **역사**를 만났다. 물론 이 역사는 가장 추상적인 형태하에서 그 모습을 드러낸다. 하지만 우리가 앞으로 보게 될 것처럼 지금 우리가 부딪치고 있는 난점들은 바로 역사의 본질에 관한 것이다. 이와 같은 난점들로부터 출발하여 **역사**의 가지성에 대한 문제가 조금 뒤에서 제기될 것이다. 실제로 권투 경기의 예를 통해 우리는 무한한 사회적 대상들 —— 아주 다양한 —— 이 내적 구조의 자격으로 이 대상들 자체에 대한 부정과 각각의 요소들의 다른 요소들에 의한 부정을 포함한다는 사실을 알 수 있다. 따라서 적어도 —— 말하자면 모든 역사적 요인와 동인들의 개념화 이전에 —— 모든 사회적 총체 내에 확실한 논리적 궁지가 있는 것이다. 즉 외관적인 통일성과 부분적인 종합들이 다양한 규모를 가진 모든 종류와 분열을 감싸는 것이다. 멀리서 보면 사회는 홀로 지탱되는 것처럼 보인다. 하지만 가까이에서 보면 사회는 구멍투성이다. 적어도 이 구멍들 자체가 어떤 식으로든 외관이 아닌 한에서, 그리고 총체화가 통일성이 아닌 한에서 그러하다. 하지만 다른 한편으로 단독적인 전투뿐만 아니라 사회적인 갈등과 투쟁들도 모두 희소성에 의해 조건 지어진다는 사실을 우리는 이미 알고 있다. 희소성이란 인간에 의한 인간의 부정으로, 스스로를 내면화하는 **대지**에 의한 인간의 부정이다. 이렇게 해서 우리는 이 첫 번째 경험들의 중요성을 이해하기 시작했다. 이 경험들은 너무나 공통적인 것이어서 각자가 보기에 언어를 통한 단순한 결정 작용으로 여겨진다. 이 투쟁들의 가지성을 연구하고자 할 때 다음과 같은 사실을 염두에 두는 것이 좋을 것이다. 즉 어찌 되었든 간에 투쟁이란 어떤 곳에서도 인간 역사에서의 우연한 사고가 아니라는 사실이 그것이다. 이와는 반대로 투쟁들은 인간들이 그것을 지양하기 위해 보여 주는 항구적인 운동 속에서 그 희소성을 체험하는 방식 자체를 보여 준다. 달리 말하자면 투쟁이란 인간들 사이의 관계로서의 희소성이다. 바로 여기에서 우리는 인간과 비인간적 대상 사이의 관계의 내면화를 통해 인간이 그 자신과 맺는 근본적인 관계를 볼 수 있다. 즉 희소성의 장으로서의 **우주**와 인간이 맺는 실천적이고 기술적인 관계는 노동 속에서, 그리고 노동에 의해 변화된다는 것이다. 그리고 이 변화들은 인간들 사이의 관계의 객관적 변화로서 필연적으로 내면화(소외)된다. 물론 이것은 이 관계들이 희소성을 반영한다는 점에서 그러하다. 인간이 **우주**와 맺는 새로운 관계로서의 풍요성이 희소성을 대체하지 못한다면 희소성의 이동(생산물의 희소성이 도구의 희소성이나 인간의 희소성 등이 되는)은 인간들 사이의 투쟁의 이동으로 내면화되고 지양된다. 생산 활동의 기술적인 발전의 차원에서 계급을 만들어 내는 것은 곧 투쟁의 지속적인 실존이다. 하지만 이와는 반대로 계급이 나타나면서 투쟁을 만들어 내는 것은 아니다. 레비스트로스가 보여 주었던 바와 같이 근친상간의 금지는 매개된 상호성에 의해 거부된 갈등(하지만 여전히 가능한)으로 나타난다. 달리 말하자면 몇몇 재화들의 재분배를 통해 우연을 교정하기 위한 아마도 가장 간단한 문화적 시도로서 나타나는 것이다. 계급이 없는 사회, 그리고 종종 역사를 가지지 못한 사회에서 갈등들 — 종종 매개-보상의 엄격한 체계를 통해 모면되는 — 은 한 집단이 가진 특별한 긴장으로 남아 있게 된다. 예컨대 미국의 사회학자들은 어떤 집단에서 가장 나이가 많은 사람들이 여성들을 차지하는 것이 — 젊은 사람들에게 희소성의 모든 무게를 부과하면서 — 어떻게 세대들 사이의 잠재적인 갈등을 결정짓는지를 훌륭히 보여 주었다. 여러 제도는 이와 같은 갈등이 현실, 즉 적대적인 세대들 사이에서 일어나는 사회의 가시적인 균열로 나타나는 것을 막아 준다. 이 갈등은 이 사회 전체의 불편함으로 나타나는 것이다. 이와 같은 불편함은 젊은 사람과 노인 사이의 관계, 젊은 사람과 여성 사이의 관계, 노인과 여성 사이의 관계, 여성과 노인 사이의 관계, 젊은 사람들 사이의 관계 속에서 드러난다.

하지만 노동-갈등의 이중 관계를 인간 역사의 구성 요소로 파악함과 동시에 우리는 우리의 역사가 모든 가능한 역사 중에서 하나의 특별한 경우라는 사실을, 그리고 역사란 하나의 특별한 관계이자 실천적 다수성의 내부에서 이루어질 수 있는 관계 체계들의 특별한 경우라는 사실을 인정해야 한다. 예컨대 상호성 — *선험적으로 부정적일 수도 혹은 긍정적일 수도 있는 한에서* — 은 모든 실천적 총체의 입장에서 볼 때 유효한 관계다. 하지만 모든 실천적 총체가 역사를 만들어 내야 한다는 사실과 모든 가능한 역사가 희소성에 의해 조건 지어져야 한다는 사실은 *선험적으로* 증명 불가능하다. 앞에서 이루어진 연구들은 그것들이 제한적인 경우에만 이점을 가질 뿐이며, 단지 우리의 지식과 확신의 경계를 표시하는 데에만 이용될 뿐이다. 분열된 사회의 내부에서 진행 중인 변화들에 대한 가지성의 문제는 *우리에게* 근본적인 문제다. 하지만 보편적이고자 하는 실천적 총체들에 관한 이론의 입장에서 볼 때 지금까지 검토된 전개 과정은 *하나의 개별성이 가진 우연한 풍요로움*과 더불어 나타난 것이다. 투쟁을 여러 역사의 보편적 구조로 삼고자 한다면 실천적 유기체들이 자신들을 부양하고 지탱해 주는 외적 환경과 맺는 원천적인 관계가 희소성이어야만 한다는 사실을 증명해야 할 것이다. 우리가 말할 수 있는 것은 이런 증명이 현재 가능하지 않다는 것이다. 어찌 되었건 적대적인 상호성의 가지성에 대한 연구(따라서 인간 역사의 가지성에 대한 연구)는 비판적 연구의 형식적인 틀 속에 남아 있다. *선험적*으로 이와 같은 부정적 가능성은 그 반대가 되는 것과 마찬가지로 흥미롭다. 이런 차원에서 우리는 즉각적으로 이 가지성과 역사적 과정의 가지성 사이의 관계를 포착할 수 있다. 희소성의 차원에서 보면 구성적 관계들은 근본적으로 적대적이다. 이 관계들의 시간적 전개를 살펴본다면 이것들은 투쟁이라고 하는 사건의 형태하에서 나타나게 된다. 그런데 이 투쟁은 — 어떤 관점에서 통일성으로 간주될 수 있어야 한다면 — 다른 갈등들 속으로 뛰어든 다른 세대들이 극복해야만 하는 물질적 상황이 될 생산물을 만들어 낸다. 더 자세히 말하자면 각각의 적대자들을 넘어선다는 점에서 이 투쟁은 그 자체를 자신의 고유한 과정으로 발생시키는 것이다. 이처럼 엄밀하게 인간적인 사건은 모든 실천을 넘어 실천적 초과에 의한 자기 자신과 자신의 생산물의 비결정과 다원결정으로 나타난다. 그러므로 우리는 이 사건이 이곳저곳에서 그리고 모든 관점에서 실천을 가리킨다는 사실(이 사건을 조건 짓거나 혹은 사건이 발생시키는 물질적 조건들을 우리는 이러한 환경을 보존하고, 또 그 환경에 의해 방향 지워지는 지양을 통해서만 해석할 수 있고, 그래야만 한다.), *이와 동시에* 이 사건이 적대자들을 넘어서 *그들에 의해* 각자가 투기하는 것과는 달라진다는 사실을 알 수 있다. 우리가 이해한 대로 바로 이것이 *인간 역사의 진행 중인 시간화로서의 역사적 과정*에 대한 정의 그 자체다.

마르크스 이론에서의 형식적 모순

문제의 해결책이 있다면 그것은 이론적으로 머물면서 특별한 반향을 가져야 할 것이다. 변증법적 유물론이 그 자체의 가지성의 원칙을 발견해야 하는 것은 바로 이러한 문제의 틀 속에서다. 실제로 마르크스적인 해석을 자세히 살펴보면 이 이론이 두 개의 대립적으로 보이는 항목들의 양립 가능성의 정립에는 관여하지 않은 채 이 두 항목에 동시적으로 관여한다는 사실을 인정해야 할 것이다. 왜냐하면 이 해석이 계급 투쟁에서 역사의 원동력을 보여 주는 동시에 역사적 과정의 변증법적인 전개를 보여 주기 때문이다. 이렇게 해서 우리의 형식적인 모순은 마르크스 이론에 대한 구체적인 검토 속에서 다시 나타난다. 결국 우리는 마르크스가 이 모순을 회피하지 않았음을 확인할 수 있다. 달리 말하면 이렇다. 계급 투쟁이 역사가의 변증법적 이성을 통해 가지적인 것이 되어야 한다면 투쟁 중인 계급들을 총체화할 수 있어야 한다. 이것은 또한 이곳저곳에서 분열된 한 사회의 종합적 통일성을 발견해야 한다는 것을 의미한다. 마르크스가 이 문제를 알고 있었다는 사실은 의심할 여지가 없다. 앞에서 인용했던 몇몇 구절은 자본주의적 과정을 *사회 속에서의*[6] 반사회적 힘의 발전으로 제시하고 있다. 하지만 다른 한편으로 마르크스는 사회라고 지칭된 언어적 실체에 현실을 부여하는 것을 — 정당하게 — 항상 거부했다. 그러니까 그는 거기에서 여러 형태 가운데 소외의 한 형태만을 보았을 뿐이었다. 따라서 문제는 열려 있다. 변증법적 모순이 내재적인 것이라면, 즉 그것이 분열시키는 통일성에 의해 산출되고 유지되는 균열이라면 자신들의 환원 불가능한 갈등들을 발생시키고 지탱하는 여러 다른 계급 사이의 통일성은 과연 존재하는가? 뒤에서 우리는 이 문제를 검토할 것이다. 하지만 우리의 검토가 방금 살펴본 문제의 해명을 가능케 하는 *예시*로서만 역사적 갈등에 적용될 것이라는 사실을 지적해야 한다. 달리 말해서 마르크스주의자들은 자신들의 가정

---

6   1권, 「방법의 문제」, 109, 179쪽 참고.(편집자 주)

의 물질적 성공에 전념했던 것이다. 그들은 이 가정들을 역사적 경험의 여건들에 적용하면서 증명했고, 그 결과 이 가정들의 가치는 그것이 실천에 대해 보여 주는 가능성만 아니라 그것이 재편성하고 해명할 수 있는 사실들의 수에서 나오게 된다. 하지만 그들에게 가지성에 대한 형식적 문제는 무익한 것 또는 아직 때가 되지 않은 것으로 보였다. 우리는 뒤에서 **역사**의 변증법적 경험이 갖는 역사성을 살펴볼 것이다. 역사성이 자신의 내용을 통해 부과되고 실천에 의해 전개된다는 것은 정당하다. 하지만 여태까지 무시되었던[7] 형식적인 난점들을 풀기에 적합한 것은 바로 기계가 작동이 되지 않는 그 순간이다. **역사**가 총체화라면 마르크스주의는 엄격한 의미에서 옳은 것이다. 하지만 인간 역사가 개별적인 여러 개의 역사들로 나누어질 수 있다면, 혹은 전투를 특징짓는 내재성의 차원에서 상대방에 의한 각각의 적의 부정이 원칙적으로 *탈총체화하는* 것이라면 마르크스주의는 더 이상 참이 될 수 없다. 분명 우리는 여기에서 변증법적 유물론이 갖는 충만한 진실을 드러내고자 하는 구체적인 계획이나 가능성을 가지고 있지 않다. 이것은 인간학, 즉 있는 그대로의 구체성에 할애된 한 권의 책에서 우리가 시도하게 될 것이다.[8] 우리의 목표는 오직 적대 관계에 의해 분열된 하나의 실천적 총체 속에서 (다양한 갈등이 있든 이러한 갈등들이 하나의 갈등으로 환원되든 간에) 분열들 자체가 총체화하는 것인지, 그리고 총체의 총체화하는 운동에 의해 유도되는 것인지를 알아보는 데에 있다. 하지만 우리가 실제로 이처럼 추상적인 원칙을 제시한다면 **역사**와 역사적 인식의 운동으로서의 유물론적 변증법은 그것

---

7   1권, 서론, 특히 257쪽 이하와 1372쪽 각주를 참고.(편집자 주)
8   하지만 이 계획은 실현되지 못했다. 『상황』, 9권(갈리마르), 《철학 잡지(*Cahiers de philoso-phie*)》에 기고했던(1966) 저자와의 대담을 참고.(편집자 주)

이 조명하는 사실들에 의해서만 스스로를 증명할 수 있을 뿐이며, 달리 말하자면 다른 사실들을 통해 스스로를 하나의 사실로 발견하게 될 뿐이다.

2. 사회적 총체의 근본적 갈등과 개별적 갈등의 관계

구현과 개별화

만약 총체화가 실제로 진행 중인 하나의 과정이라면 이는 모든 곳에서 이루어진다. 이는 실천적 전체의 변증법적 의미가 존재한다는 사실과 — 그것이 전 지구적인 것이건, 심지어 행성들 사이의 것이 되어야 하건 간에 — 동시에 각각의 개별적 사건은 자기 내에서, 즉 자신의 개별성이 가진 무한한 풍부함 속에서 이 전체를 총체화한다는 것을 의미한다. 이런 관점에서 보면 비판적 연구의 첫 단계에서 각각의 개별적 투쟁이 그 자체로 모든 투쟁의 총체화가 아닌지 여부를 자문할 수 있을 것이다. 비판적 용어로 말하자면 하나의 갈등에 대한 이해 — 예를 들어 우리가 살펴보았던 권투 경기와 같은 — 가 필연적으로 근본적 갈등(희소성) — 이 갈등에 대응하는 사회 전체를 특징 짓는 — 에 대한 총체화적 이해를 가리키는지 여부를 자문할 수 있다. 인식의 이런 차원에서 우리는 아직 상호성의 부정 내에서 볼 수 있는 총체화하는 통일성의 문제를 제기하지 않았다. 이 문제는 답이 주어지지 않은 채로 남아 있다. 하지만 다음과 같은 경우에 이에 대한 대답은 더욱 용이해질 것이다. 즉 **역사**의 한 사건으로서의 투쟁이 적대자들과 분열의 비환원성 자체 속에서 이 비환원성의 전체와 동시대의 분열들을 총체화하는 것으로 우리에게 나타나는 경우다. 이는 각각의 총체화가 다른 모든 총체화의 *현재적*(여기 그리고 지금) 의미 작용으로 해석되는 경우와 같다. 또한 인식의 운동이 자기 자신의 고유한 의미를 드러내기 위해 다른 모든 갈등을 찾아 나서게 될 것이고, 그렇게 함으로써 총체화에 이르게 될 것이라는 점에서도 그러하다. 여기에서 우리는 가지성의 조건으로 종합적 통일화를 특징짓는 이 상호성(서로 관계를 맺는 부분적 사건들과 모든 총체화의 총체화와 관계된 각각의 사건들의 상호성)을 다시 발견하게 된다.

예를 들어 지금 우리 눈앞에서 펼쳐지는 권투 경기를 상상해 보자. 어떤 타이틀이 걸린 경기인지, 프로 경기인지 아마추어 경기인지 등등은 그다지 중요하지 않다. 사실상 우리는 각각의 특정한 경기가 가지는 심오한 진리는 다름 아닌 타이틀을 획득하기 위한 경쟁이라는 점을 단번에 알 수 있다. 물론 대부분의 권투 선수들은 자신들이 소유한 수단에 대해 잘 알고 있고, 자신들의 야망에 제한을 가하기도 한다. 그들이 자신들에 대해 알지 못한다면 코치들이 그것을 가르쳐 줄 것이다. 결국 신참 선수들 가운데 누구를 "키울지"를 결정하고 누구를 "퇴출해야 할" 무능한 선수로 생각하느냐는 코치의 몫이다. 하지만 문제는 거기에 있지 않다. 모두가 인정하는 (심지어 타이틀 "보유자"의 실력이 문제시될 때에도) 랭킹이 존재한다는 사실이 중요하다. 이 랭킹은 자연히 권투계(국내와 국제를 통틀어)의 객관적인 구조로 여겨질 수 있다. 경기는 바로 이 랭킹에 따라 이루어지고, 그로부터 의미를 갖게 된다. 수준이 높은 관객에게는 두 선수가 서로 펀치를 교환하는 것을 보는 것, 나아가 "훌륭한 경기"를 관람하는 것만 중요하지 않다. 오히려 한 선수의 상승이라는 특별한 일화와 또 다른 선수가 추락하기 시작하는 혹은 그의 추락이 심화되는 순간에 참여한다는 것이 중요하다. 상승과 추락은 분명 전체적인 랭킹으로부터 출발하여 이해될 때만 의미를 가질 수 있다. 분명히 어떤 수준에서 — 예컨대 저녁 시간대의 프로그램을 보충해 주는 개막 경기에서 — 관중은 아무런 환상도 가지고 있지 않다. 경기를 하는 두 선수는 서로 비슷할 뿐이다. 그중 누구도 훨씬 높은 랭킹으로 올라갈 수도 또 내려갈 수도 없을 것이다. 실력은 갖추었지만 아직 일천한 이 선수들은 자신들의 역할이 다른 선수들이 스타덤에 오르게 될 이 저녁 시간을 메워 주는 경기를 계속해서 하는 것이라는 점을 알고 있다. 하지만 *이런 경기*도 이 선수들을 전체 랭킹에 자리매김하게 해 준다. 그들은 권투계를 이루고 있는 이와 같은 끊임없는 랭킹의 조정에서 아주 힘들고 거의 타성태적인 하위의 순위를 차지하는 것이다. 바로 앞서 열렸던 경기와 곧 열리게 될 경기(이미 신문에 보도된)들로부터 출발하여 이루어지는 필연적인 총체화는 이 경기가 프로그램 속에서 점하고 있는 자리 자체에서 구체적이고 재총체화하는 의미 작용을 발견하게 된다. 저녁 시간도 위계화되어 있다.(개막 경기에서 주경기까지의 상승과 주경기에서 마지막 경기까지의 하강이라는 이중의 위계화가 그것이다.) 그리고 이 위계는 경기가 거듭될수록 높은 관심을 가지는 (물론 원칙적으로) 관객에 의해 *긴장*으로 체험된다. 랭킹에 대한 예견 자체(선수들은 점점 더 노련해 질 것이다.)와 다소간의 초조한 기다림 — 종종 저녁 경기 시간에 늦게 도착하는 절반가량의 관객과 반쯤 빈 경기장의 객관적인 모습에 의해 — 을 통해 제1경기가 진행되고 있는 과정의 첫 번째 계기로서 다른 경기들에 종합적으로 통합된다. 그리고 바로 이런 이유로 경기는 시간화하는 총체화의 통합적 일부가 된다. 즉 이 경기는 앞으로 진행될 경기를 포함한 저녁 전체를 *의미한다*. 물론 이것은 첫 번째 경기가 앞으로 이어질 경기들을 그대로 예견할 수 있다는 의미는 아니다.(게다가 종종 잘못 예견될 수도 있다.) 반대로 저녁 권투 경기의 조직이라는 활동 속에서 첫 번째 경기는 부분이 전체와 맺는 총체화하는 관계를 갖게 된다. 이 경기가 *시작*이라는 것을 경시할 수 없기 때문이다. 이렇게 해서 통시적인 종합(점진적으로 정립되는 현재의 랭킹)은 공시적인 종합의 실질적 산물(프로모터들이 존재태와 선수들의 명성에 따라 경기를 주선했다.)인 *동시에* 공시적 랭킹의 재총체화하는 시간화다. 저녁 시간의 *시작*은 랭킹의 *하위*를 차지하는 자들의 시간적 등가물이다. 관중, 프로모터, 선수는 모두 경기의 진행 속에서 이 랭킹을 체험하고, 경기가 끝나면 이 사건은 다음과 같은 이중의 명령을 바라는 것으로 보인다. 첫 번째 경기라고 하는 이 일시적인 현실은 사라지는 동시에 그 사라짐 자체에서 자신의 시공간적 위계 속에서의 부동의 자리를 결정하고 확인하게 된다. 그 결과 두 명의 선수는 랭킹이 올라가거나 내려간다.(무승부이면서도 훌륭한 경기를 한 경우 종종 둘 다 랭킹이 올라가기도 하며, 때로는 둘 다 랭킹이 하락하기도 한다. 대부분의 경우는 한쪽이 올라가면 다른 한쪽의 랭킹이 내려가게 된다.) 요컨대 경기를 마치면 그들의 랭킹은 달라지는 것이다. 예컨대 승자는 비록 그가 여전히 하위 랭킹에 머문다 할지라도 어쨌든 몇 단계 상승한다. 이런 대조는 매우 가지적이다. 그것은 단순히 약간 멀리 있는 미래를 드러내 보여 준다. 관중의 박수갈채와 전문가들의 의견을 통해 다음 경기에서는 그가 좀 더 높은 랭킹에 위치하게 될 것이라는 사실을 알게 되는 것이다.

역으로 다음의 경우 타이틀이 걸린 경기는 어떻게 될 것인가? 즉 두 명의 선수가 상위권이 아니고 그다지 알려지지 않은 선수들이라면, 또한 예전에 그들이 벌인 경기가 관중의 기억 속에 남아 있지 않다면, 그들의 상위권 차지가 *실제로* 그들이 물리친 선수들의 수에서 *기인한* 것이 아니라면, 나아가 물리친 선수들이 그다지 두각을 나타내지 못한 선수들이었다면 — 게다가 하위권은 종종 쉽게 잊히게 마련이다 — 말이다. 박수갈채 속에서 화려한 가운을 입고 링에 오르는 (외관상) 컨디션이 아주 좋아 보이는 두 선수는 그들 내부에 이미 "공통점"을 가지고 있다. 즉 각자의 내면에 자신들이 이미 물리쳤던 적들을 내포하고, 이런 매개를 통해 권투 세계 전체를 품고 있는 것이다. 달리 말하자면 랭킹이 이들의 위상을 뒷받침해 주며, 그들은 이 랭킹의 화려한 정상에 있는 것이다. 그리고 이때부터는 이 저녁 시간 자체와 그들이 등장하는 순간이 이러한 사실을 증명해 준다. 앞선 경기들은 이미 치러졌고, 종료되었으며, 전체적인 과정 속에 용해되었다. 앞선 경기들의 과거 속으로의 이런 침잠은 챔피언들의 위계적 우월성에 대한 객관적인 시간화를 실현시킨다. 이와 동시에 이것은 또한 가장 심오한 의미 작용을 통해 실제적이고 진행된 시간화를 가리킨다. 이 시간화는 — 적어도 바로 앞선 몇 년 동안 — 두 선수의 직업적 생활과 동일시된다. 또한 시간화를 통해 이 선수들은 수많은 승부 한가운데에서 공시적인 위계를 스스로 실현하게 된다. 이 위계질서는 그들이 경기를 이김으로써 하위에서 상위로 이동하는 통시적 움직임 속에서 형성된다. 즉 점점 더 유능하고 유명한 선수들과 대결해 감과 동시에 프로그램에서 점점 더 중요한 위치를 차지하면서 형성되는 것이다. 이처럼 그날 저녁에 이루어지는 움직임이 선수들의 삶 전체의 움직임을 재구성한다. 그리고 앞선 경기들은 그들 자신이 치렀던 경기들의 역사와 그들이 물리친 모든 선수가 빠져든 망각을 다시 보여 준다.

어떤 종류이건 간에 이 경기가 모든 경기의 현재적 재총체화라는 사실이 밝혀지면, 이 경기가 *다른 모든 경기에 의해서만* 해석될 수 있다면, 이 경기가 동시대 권투계의(선수들의 수, 선수 각자의 실력, 권투가 갖는 국내외적 중요성, 관중의 열광이나 냉대 등등의) 실질적인 관점 속에 놓임으로써만 의미를 가진다면 우리는 별다른 어려움 없이 다음과 같은 사실을 이해할 수 있을 것이다. 즉 권투계 전체가 경기의 매 순간 요구되는 모든 인간적 가치와 물질적 조건(훈련, 건강 상태 등등)과 더불어 이루어지는 스포츠와 기술로서 주어진다는 점이 그것이다. 이와 같은 사실을 통해 관중은 멋진 경기를 보러 왔으며 프로모터들은 관중에게 훌륭한 경기를 선사하기 위해 모든 조치를 (잘되었든 아니든) 강구했다는 점을 이해해야 한다. 이는 또한 매 순간 습득한 기술 전체를 실현함과 동시에 그것을 뛰어넘는 권투 경기의 실천(상대하는 선수들 각자에게)을 의미한다. 선수들의 움직임 자체는 발명이 될 것이다. 유인 동작 중에 틈을 드러낸 적을 왼손으로 가격하는 것, 혹은 부지불식간에 감수하는 위험 등이 곧 발명인 것이다. 하지만 이와 같은 모든 동작은 기술의 습득 전체 — 민첩함, 펀치, 발놀림 등등 — 없이는, 그리고 더욱 깊이 들어가 보면 균형을 잃지 않고서 체중을 실어 펀치를 가하는 습관이 없이는 시도될 수조차 없는 것들이다. 바로 여기에 존재태, 기술, 그리고 선수 각자의 새로운 발명으로서의 권투가 존재하는 것이다. 물론 빈말로만 만족해서는 안 된다. 선수들, 코치들, 매니저들이 있기 때문이다. 그리고 이런저런 선수에게 펀치의 점진적인 개선이나 "유인 동작"의 개선은 하나의 개별적 삶에 속하는 하나의 개별적인 사건이다. 하지만 — 우리는 뒤에서 다시 이 문제로 돌아올 것이다 — 집단 속에서 연결된 이 개인들은 세계 도처에서 벌어진 수많은 경기를 통해 점차 기술을 연마하게 된다. 이와 같은 기술들은 선수들이 후일 지도자나 코치가 된 이후 통합될 것이다. 종합적인 총체는 우선 훈련 방법, 체중 감량 등에 대해 통일된 교본을 이루어 적당한 언어의 매개를 통해 어느 정도 이론화에 이르게 된다. 그리고 이와 같은 실천적이고 이론적인 통합은 경기라고 하는 사실 자체, 즉 선수들 각자가 기술을 가지고 상대방을 물리쳐야 하는 의무에 의해 요구되는 것이다. 여기에서 우리는 방금 지적한 바를 다시 만나게 된다. 지켜야 할 규칙들 전체를 조정하고 통상 *권투의 기술*이라고 불리는 실천과 이론의 통합을 이루어 내기 위해 의견을 같이한 국내외 권투계의 종합적 통일성이 바로 그것이다. 이렇게 형성된 사회적 대상은 *구성된* 생산물의 객관적 실제를 소유한다. 하지만 이런 양상하에서 볼 때 이 사회적 대상은 단 하나의 추상적 존재만을 가질 뿐이다. 그것은 가능한 의미 작용과 실천들의 전체다. 하지만 이것은 훈련의 매 순간, 경기에서 일어나는 우발적인 상황마다 실현되고 지양된 힘으로서 매 순간 *완전하게* 주어진다. 이 사회적 대상은 외적 현상임과 동시에 내적 현상이다. 내적 현상이란 신체의 확정, 존재태, 기술, 즉 권투 선수라고 하는 한 명의 사회적 인간의 점진적인 생산을 의미한다. 또한 외적 현상이란 선수, 코치, 세컨드만 아니라 매니저와 관중에 이르기까지 모든 사람이 각자 참고하는 이론적-실천적 의미 작용의 편재적 전체를 의미한다. 한편 이 전체는 그 자체로 *지양된 것*인데, 그 까닭은 각각의 펀치가 결국 이러한 전체로부터 출발하여 이해되고 예측되기 때문이다. 또한 이 전체는 *지양*이기도 한데 그 까닭은 현재 벌어지는 경기를 통해 동시대에 이루어지는 모든 경기의 구체적인 총체화를 이루기 때문이다. 선수는 권투를 지양하고 권투는 선수에게로 수렴된다. 왜냐하면 권투 자체가 바로 이 지양을 요구하기 때문이다. 한 번의 펀치에 권투 전체가 들어 있다. 하지만 역으로 보면 이 펀치는 권투가 요구하는 한 가지 이외의 다른 것이 아니고 다른 것이 될 수도 없다. 이런 점에서 보면 다음과 같은 사실을 즉각적으로 지적해야 할 것이다. 권투라고 하는 거대한 샘에서 두 명의 적수가 벌이는 격렬한 적대 관계가 보여 주는 분열은 —— 비록 그것이 결국 가지성 속에 있는 것이든, 근본적으로 비가지성 속에 있는 것이든 —— 통합된 권투계 전체에 의해 조정된 기술의 총체화하는 통일화에 의해서만 실제로 나타날 수 있을 뿐이라는 것이 그것이다. 더 깊숙이 들어가 보면 선수들의 대결 자체가 하나의 동의(물론 이 동의가 항상 지켜진다는 것을 의미하지는 않는다.)의 기반 위에서만 이루어질 수 있다. 즉 규칙을 받아들이고, *동일한 기술 속에서 실력을 겨루는 것*이다.

이처럼 각각의 경기는 권투의 모든 것이다. 권투는 경기에 임하는 선수들이 챔피언 급일 때, 그리고 이들이 서로를 이기기 위해 모든 것을 쏟아부을 때 전체적으로 그리고 긍정적으로 나타날 수 있다. 또는 이 총체화가 부정적으로 이루어질 수도 있다. 즉 관중이 선수들의 자격 미달을 가늠할 수 있는 경우가 그러하다. 왜냐하면 선수들이 우리가 앞에서 권투의 기술이라고 명명한 이론적이고 실천적인 경험을 경기에서 (극복하기는커녕) 실천조차 못 하는 경우도 있기 때문이다. 하지만 이는 기술, "고귀한 스포츠"로서의 권투 경기가 경기장과 링 위에서의 *현재적 실재*만을 갖지 않는다는 것을 의미하지 않는다. 이와 반대로 두 선수의 한계와 능력을 결정짓는 것이 바로 이 실재다. 또한 이 실재는 프로모터들과 매니저들이 기억하게 될 경기장에서의 요구와 항의를 통해 선수들의 경력과 차후의 랭킹을 결정하게 된다. 우리는 다음과 같은 점에서 한 경기가 갖는 현재적 의미의 두께를 느낄 수 있다. 즉 경기를 장악하지 못하는 선수들에 의해 경기가 이끌려갈 때, 그리고 선수들이 경기의 모든 요소를 그들의 실천적 장의 재총체화를 통해 내면화하지 못한 채 경기의 규칙과 의식, 그들이 따라야 하는 목표에 사로잡힐 때가 그것이다. 두 명의 초보 선수가 상대방에 의해서뿐만 아니라 자신의 미숙함의 희생자가 되면서 얽혀 싸우는 경기는 더욱 포착 가능한 실재를 가지고 있다. 왜냐하면 이처럼 노동에 의한 노동자들의 지배는 모든 사람의 눈앞에 그 노동자들의 미래를 펼쳐 보이면서 (그들은 사회의 위계질서의 밑바닥에서 먹고살게 되거나 아니면 직업을 포기하게 될 것이라는) 이 미래를 의미 작용과 운명으로 바라보고 접할 수 있게 만들기 때문이다. 실제로 이 미래는 언어의 한정 작용(그들은 아무 가치가 없는 자들이다, 혹은 그들은 끝장났다 등등의 표현)에 의해 드러난다는 점에서 의미 작용이다. 하지만 권투 경기 자체에 의한 선수들의 지배가 직접적으로 그 선수들의 불행한 미래의 현전으로 포착된다는 점에서는 운명이다.

이처럼 모든 *사람에게* 권투 경기는 비가역적으로 진행되고 특정한 개인들을 장악하는 유일한 사건으로, 그리고 이 사건 자체에서 현재 드러나고 이루어지는 *모든 권투 경기*로서 나타나게 된다. 권투는 매 경기에서 *구현되고*, 실현되며, 실현되면서 진행된다. 매 경기 권투는 고정되고 총체화하는 것으로, 두 특정한 개인들 사이의 그 경기를 *자기 내부에서* 하나의 확대되는 균열로 만들어 내는 환경으로 존재한다. 경기가 갖는 이 두 가지 차원과 권투가 갖는 이중의 현전을 인정하지 못한다면 누구도 관중의 — 종종 선수들 자신의 — 열광을 이해하지 못할 것이다. 만약 구체적인 시간화 속에서 자신을 재총체화하는 고정되고 추상적인 이 세계를 *총체화하지* 못한다면 이 경기는 아무런 흥미를 끌지 못할 것이다. 하지만 이 경기가 "모호한 경기", 즉 소진될 수 없는 풍부함과 적어도 부분적인 예견 불가능성의 개별성 속에 구현되지 않는다면 이와 같은 총체화는 도식적이고 형식적인 것으로 남게 될 것이다.(한 명의 선수와 그의 스파링 파트너가 실제로 때리지 않고 "시범"적인 경기를 하는 경우가 여기에 해당한다.)

하지만 대부분의 관객에게 사태가 더 이상 나아갈 수는 없다는 사실을 부정할 수 없다. 매 경기는 모든 권투 경기를 재총체화하고, 권투(선수들의 객관적인 랭킹과 "몸값"으로서의)는 이미 진행된 매 경기를 재총체화한다. 하지만 관중이 이와 같은 사회적 조직망의 균열이 그 자체로 동일한 "사회"의 모든 분열의 총체화인지를 자문할 필요는 없다. 달리 말하자면 사회적 전체가 부정적 상호성의 개별적 시간화에서 여러 갈등과 더불어 구현되는지 여부를 자문할 필요는 없는 것이다. 어쨌든 이와 같은 필요성은 *투우를 좋아하는 사람*들에게 주어지는 것이 아니겠는가. 물론 이 사실은 그들 스스로가 진행 중인 경기 그 *자체*라는 사실에서 비롯한다. 이와 반대로 폭력적인 스포츠에 반감을 가진 사람들에게는 권투를 "인간의 공격성"의 산물로, 그리고 이와 같은 원초적인 공격성을 증가시킬 수 있는 요인 중 하나로 제시하는 것보다 더 진부한 일은 없을 것이다. 공격성에 대한 이와 같은 관념적이고 자연적인 개념은 차치하고라도 선수들이 보여 주는 폭력은 다음과 같은 두 가지 방식, 즉 직접적이고 일련의 매개를 통해 진행 중인 갈등과 연결되어 있다는 사실을 지적해야 할 것이다.

즉각적인 총체화: 구현

즉각적으로 권투 경기는 모든 갈등의 공적인 구현이다. 이 경기는 희소성의 내재화가 낳는 인간들 사이의 긴장과 아무런 매개 없이 관련된다. 우리가 우선 설명해야 할 것이 바로 이와 같은 유형의 관계다. 우리는 무엇을 확인해야 하는가? 바로 하나의 특정한 싸움에 열광적으로 임하는 사람들이다. 하지만 우리는 이미 이런 싸움이 이른바 권투라고 불리는 규칙이 정해진 일정한 폭력의 형태에 대한 현재적인 구현이라는 사실을 알고 있다. 그런데 이 "기술"을 구성하는 규칙들과 기술적인 요구 사항들 전체는 가장 즉각적이고 적나라한 폭력의 체계적이고 지속된 완성에 그 기원을 둔다. 즉 특정한 무기 없이 자기 자신을 싸움의 도구로 삼는 사람들의 폭력이 그것이다. 오늘날 우리가 아는 모든 사회 집단은 — 비록 그들이 사용하는 기술이 하찮은 것이라 할지라도 — 무장을 하고 있다. 하지만 분노를 가지고 상대방에 대해 분연히 일어선 각 개인에게는 *원초적 투쟁*으로 보이는 전투의 양식에 귀착될 가능성이 남아 있다. 물론 우리는 사실상 이것이 희소성의 장에 위치한 개인들의 최초의 대립이라는 사실만을 보여 줄 수 있을 뿐이다. 확실한 것은 각각의 싸움의 심층적인 기원에는 희소성이 항상 자리 잡고 있다는 것이다. 예컨대 여기에서 도전이 어떤 작용을 통해 내면화된 희소성으로서의 인간적 폭력을 보여 주는지를 설명하기란 너무 방대한 작업이 될 것이다. 하지만 우리는 무엇보다 실천적이고 이해관계가 얽혀 있는 폭력이 어떻게 과격한 대중 앞에서 무사 무욕한 미덕으로서 대자적으로 정립될지에 대해서는 어렵지 않게 이해할 수 있다. 사실상 무사 무욕함은 하나의 신기루다. 싸움을 벌이는 자들은 자신들을 과시하고자 하고, 칭송과 영예를 받기에 합당한 자들로 여겨지길 바라며, 물질적인 이익도 얻을 수 있기를 바란다. 그럼에도 투쟁은 그 자체로 "무상성"이다. 승리를 얻었다고 해서 승자가 직접 패자의 부유함이나 여인을 쟁취하지는 않는다. 여기에는 재판관, 심판, 관객으로 이루어진 복합적인 사회의 개입이 필수적이다. *쟁취*보다는 *보상*이 있는 것이다. 몇몇 경우에(챔피언이 도전자에게 패한 경기에서) 패자는 승자보다 더 많은 돈을 받아 위안을 얻을 수 있다. 직접적인 이익들과의 모든 관련성을 단절하면서, 집단 전체의 매개를 부과하면서, "대전료"를 일종의 성과급으로 삼고, 승리(KO의 경우를 제외하고)를 자질 있는 증인들이 내린 결정으로 삼으면서 폭력은 극단적으로 위급한 상황을 면하게 되고, 이 폭력과 하나가 되어 동기들을 가리키는 동시에 폭력을 모호하게 하는 의미 작용으로부터 벗어나게 된다. 우리의 싸움닭들이 얼마나 많은 호전성과 분노를 가졌든지 간에 그들이 증오의 감정을 통해 서로 대치하는 것은 아니다. 이기고자 하는 열망과 열정이 기능, 즉 *행사해야* 할 폭력으로부터 생겨나는 것이지 분노의 폭력이 경기 자체에서 일어나는 일로부터 생겨나는 것은 아니다. 이와 동시에 주의 사항들 전부(글러브, 마우스피스, 하복부 보호대, 위험한 가격 금지)와 상대방의 전문적인 기술이 보통 길거리에서 일어나는 싸움들이 보여 주는 무질서한 양상을 최소화한다. 실제로 길거리에서 서로 엉겨 붙어 싸우는 두 사람은 서로 비등한 힘을 보여 주기만 할 뿐 어떤 규칙도 — 또한 어떤 기술도 — 알지 못한다. 그들은 서로를 알지 못하기 때문에 엉겨 붙어 땅바닥에 구르다가 제풀에 지치거나 아니면 어쩌다 조금의 상처를 남길 뿐이다. 드러나는 것은 적나라한 폭력보다는 오히려 인간의 한계를 보여 주는 일종의 기괴한 장면이다. 따라서 이 모든 것이 최초의 갈등의 이미지를 모호하게 만든다. 게다가 이것은 하나의 볼거리가 아니라 현기증 나는 장면일 뿐이다. 옆에 있던 사람들은 싸우는 사람들을 서로 떼어 놓든지 아니면 있는 힘을 다해 서로에게 달려든다.

가시적인 모든 제약으로부터 벗어나 있고 지식, 규칙, 능력에 의해 확실히 윤곽이 잡힌 적나라한 갈등이 그 자체로 볼거리로 제시되는 순간은 모든 공동체의 가치를 가늠하는 각성과 부합한다. 개인은 자기 행동 속에서 스스로를 반인간의 폭력에 의해 위협당하는 자로서, 그리고 대항 폭력에 대해 응수해야 하는 자로서 포착할 뿐 아니라 방어적인 폭력에도 하나의 *가치*를 부여한다.(예방 차원의 공격 가능성이라는 점에서는 공격적인 폭력도 마찬가지다.) 희소성이 지배하는 선악 이원론에서 폭력은 **선**(善)에 소용이 되며, 그 자체로 **선**이기도 하다. 개인(집단도 마찬가지로)은 자신의 인간으로서의 존엄성과 그것을 지지하고 있는 대항 폭력을 동일시한다. 그는 이 대항 폭력을 힘이라는 이름으로 미화한다. 선한 인간은 강해야 한다. 힘은 그의 권리를 증명해 주는 것이다.[9] 이유는 아주 간단하다. 싸움에서 진다면 그는 상대방의 권리에 종속될 것이고, 선악 이원론의 원리는 정복될 것이다. 따라서 패배한 자에게 잘못이 있는 것이다. 이렇게 해서 물질적 조건에 불과했던 것이 개인을 가로질러 그를 *타자*와 맞서게 하고, 그럼으로써 하나의 *존재태*가 된다. 이 존재태는 훈련을 통해 나아져야 하며, 상황이 필요로 할 때는 즉각 실천으로 바뀔 수 있어야 한다. 그래서 ― 사회적 기원을 둔 어떤 무기들이 사용되든 간에 ― 폭력을 자행하는 개인은 무엇보다도 무장하지 않은 벌거벗은 상태에서 자기 힘을 확인시켜야 한다. 앞으로 보게 되겠지만 사람이 스스로를 강한 자(즉 스스로를 두려운 자로 만드는 선으로)로 실현시키는 데는 수백수천 가지 방법이 있으며, 이와 같은 방식들은 문제가 되는 집단에 고유한 구조, 즉 물질적인 상황과 기술적인 것의 총체에 달려 있다. 지배 계급이 호전적인 귀족 계급인 공동체들에서 귀족이 자신들의 무기와 구별되지 않는다는 사실은 의심할 여지가 없다. 귀족은 근본적인 싸움, 즉 맨몸으로 싸우는 것을 거부한다. 왜냐하면 이렇게 싸울 경우 검을 자유자재로 사용하는 법을 모르는 평민들을 *돋보이게* 할 수 있기 때문이다. 하지만 이 사실이 중요한 것이 아니다. 중요한 것은 남성적인 힘의 미명하에 폭력을 자행하면서 개인이(집단도 마찬가지로) 그 폭력을 자신의 의무(매일 점점 더 강해지는)와 특권적인 수단으로 대자적으로 정립한다는 것이다. 필연적으로 그는 폭력을 *하나의 대상*으로 만든다. 또

9   힘의 도덕과 폭력의 세 종류에 대해서는 1947년 집필된 『도덕을 위한 노트』(철학도서관 총서, 갈리마르, 1983) 194쪽 이하와 216쪽 이하를 참고.(편집자 주)

한 그의 이원론이 폭력을 통해 보호해야만 하는 개별적이거나 집단적인 이익들로부터 폭력을 분리시킬 경우 이 폭력은 무사 무욕한 *미덕*으로 여겨지기도 한다. 현재 이루어지는 상호적인 폭력으로서의 투쟁은 호전적인 사회에서 *대자적으로 정립된다*. 심지어 **선**을 위한 수단으로서의 폭력이 결국 **선** 자체의 부정적인 실현(**악**의 파괴를 통한)으로서 자기 자신을 자각하고 스스로를 목적으로 정립하게 될 때도 그러하다. 공개적으로 일어나고 공공연하게 절대적 사건으로 존재하는 목적만을 갖는 투쟁이 폭력을 *재현하는* 임무를 가지고 있다고 생각해서는 안 된다. 이 투쟁이 실제로 폭력을 재현하기 위해서는 *상상적인 것*이 되어야 한다. 그런데 폭력은 실제로 존재하며, 싸움의 방식에 따라서는 치명적인 것이 될 수 있다. 싸움에 임하는 자들이 폭력을 *제시하고 있다*고 말해서도 안 될 것이다. 그들은 싸움에 열중해 있고, 특히 싸움이 아주 힘들고 치명적일 경우에는 더욱 그러하다. 이것은 하나의 희극이 아니라 *완전 실현*[10]과 관련된 것이다. 전쟁에서 볼 수 있는 애매한 전투와 비교해 볼 때 기사가 벌이는 승부는 자신의 확고한 순수성 속에서, 그리고 "실험실에서 이루어지는 실험"과 같은 형태로 폭력을 실현할 기회가 된다. 기사는 상대방의 목숨을 빼앗기 위해 자기 목숨을 건다. 그는 항상 말의 발목을 벨 준비가 되어 있는 보병, 궁수, 심지어는 다른 군주 — 그들의 개입으로 인해 개별적 전투의 진정한 전개가 감추어지거나 방해받을 수 있는 — 를 자기 영역에서 몰아내야 한다. 그의 폭력을 하나의 대상으로 정립하는 사회는 이상주의에 빠질 위험 하에서 이 폭력을 물질적인 대상, 즉 공적이고 무상적인 사건으로 실현시켜야 한다. 격렬한 "유희"는 문제가 되는 사회를

---

10   이른바 "완전 범죄"라는 의미와 같은 맥락에서 그러하다.(원주)

특징짓는 폭력의 유형을 *구현한다.* 하지만 실천적 *매개*를 가리키는 이와 같은 특징이 — 뒤에서 여기에 대해 다시 살펴볼 것이다 — 다음과 같은 사실을 가려서는 안 된다. 즉 공적인 투쟁이 우리 모두 앞에서 벌어지는 근원적인 폭력의 구현이라는 사실 말이다.

사실상 관객은 모호한 태도를 취한다. 즉 그들은 "훌륭한 경기"와 "멋진 경기"를 보러 가는 것이고 용기, 재능, 지성 등과 같은 인간적 자질들을 감상하기 위해 가는 것이다. 그리고 그것은 사실이다. 다만 위험천만한 싸움이라는 현실에 의해 촉발되지 않는다면 이러한 기술적이고 정신적인 감상들은 아무런 의미도 갖지 못할 것이다. 극장에서나 볼 수 있는 용기의 상상적인 재현에 의해 감동을 받는 것과 혹은 현재 전개되고 있으며, 그 현실이 우선적으로 포착될 하나의 사건의 내부로부터 점차 용기를 발견해 나가는 것은 [전혀 다른 일][11]이다. 그리고 이것은 정확히 말해 한 판의 체스 경기와는 다른 경우에 해당한다. 관중은 선수들이 피를 흘리고, 고통받고, 때때로 쓰러지는 장면들을 보게 되며, 그들의 얼굴이 타격으로 인해 터지기 직전까지 부어오르는 것을 목격하게 된다. 정확히 말해 이 사건은 상상적인 것이 아니기 때문에 관중은 수동적인 상태에 머물 수 없다. 예컨대 연극에서는 나와 연기자 사이에 극복할 수 없는 거리가 있기 때문에 그로부터 상상적인 힘이 생겨나며 나는 이에 대해 무력하다. 하지만 이와 같은 순화된 싸움을 바라보는 관중은 곧 당사자가 되는데, 왜냐하면 싸움이 정말로 그들 앞에서 벌어지고 있어서다. 그들은 선수들을 응원하거나 비난하며 소리를 지르기도 한다. 사건이 전개됨에 따라 관중은 이 사건을 직접 만들어 내는 것 같은 느낌을 받는다. 사건의 폭력이 전적

---

11   "전혀 다른 일"이라는 표현이 사용되어야 할 것이다.(편집자 주)

으로 현재하고 있으며, 관중은 싸움의 긴박한 진행을 위해 선수들의 폭력을 공유한다. 한편 이 폭력은 싸우는 상대방의 노력을 객관적으로 바라보려고 하지 않는다. 이와 같은 폭력에 어느 한쪽을 유리하게 하거나 선호하거나 편드는 것이 없다면 이는 폭력이 아닐 것이다. 관중은 자신의 관점을 *선택한다*. 그는 선수들 가운데 자신과 동향이거나 공통된 경력이 있는 사람에게 갈채를 보낸다. 혹은 경기가 진행되는 중에 특별한 이유를 들어 특정 선수를 응원하기로 결정하기도 한다. 예컨대 어떤 관중은 마르세유 출신의 선수를 응원하기로 했는데 그 이유는 이 선수가 첫 두 라운드에서 주도적인 경기를 펼쳤기 때문이다. 일단 이렇게 마음을 정한 그는 이 선수가 승리하기를 열망하며, 자신이 좋아하게 된 선수가 당하는 공격을 보려고 들지 않는다. 그는 목소리뿐 아니라 맹렬하지만 공허한 노력을 통해 그 선수에게 자신의 의지를 전달하고자 한다. 마침내 관중은 자신이 응원하는 선수와 동일시되고, 그를 통해 직접 싸움을 벌이게 된다. 다시 말해 관중은 스스로 폭력의 구현이 되며, 심지어 옆에 있는 사람을 때리기도 한다. 경기장에서의 소란은 경기의 정상적이고 예측 가능한 결과로서 언제나 가능하다.

이와 같은 차원에서 구현되는 것은 근본적인 폭력이다. 만약 권투에 대해 몇몇 경험적인 지식을 가졌다 할지라도 관중은 저기 링 위에서 자신이 응원하는 선수가 뻗는 펀치만을 평가할 뿐이다. 선수의 분노를 공유하지 않고는 그처럼 열렬한 편애를 유지할 수 없다. 앞에서 지적했듯이 "실전에 임하는" 선수는 한 대를 맞자마자 분노를 터뜨리게 된다. 때로는 링에 올라서는 순간부터 그렇게 하는 선수도 있다. 이런 분노는 급작스럽게 표출되며, 동일한 분노를 유발한다는 점에서 그의 공격이 지닌 "악의"와 그 가시적인 표현은 관중에게 포착될 수 있다. 어쨌든 관중이 느끼는 분노는 위험이나 승부욕에서 기인하는 것이 아니며, 두려움에 대항하고자 하는 싸움도 아니다. 그것은 증인 자격으로서 관중이 처한 상황에 그 뿌리를 두는 선(先)존재적 폭력의 구현이다. 또한 관중의 분노는 — 이 분노가 외면화할 계기들 밖에서 — 불편함, 과민한 긴장, 때로는 침울한 수동성의 형태로 남아 있다. 이런 의미에서 관중의 폭력은 — 선수들을 지지하고, 관통하여 자극하는 폭력, 그리고 경기를 통해 선수들이 구현하는 폭력 — 관중 각자에게서 사회적 제약, 억압, 소외, 일련의 무기력, 착취, 과중한 노동 등의 원인에 의해 생겨나는 것이다. 이와 마찬가지로 이런 관중의 폭력은 개인적 영역에 해당하는 잠재적 갈등들을 나타낼 뿐인 "내적인" 혹은 사적인 갈등으로부터 발생할 수 있다. 두 명의 선수는 서로서로 내뻗는 펀치를 통해 긴장들과 드러나 있거나 잠재적인 투쟁의 총체를 그들 내부에 끌어모아 재외면화한다. 이와 같은 투쟁들은 우리가 살고 있는 체제를 특징지며, 우리의 최소한의 욕망 그리고 가장 부드러운 애무에 이르기까지 우리를 맹렬하게 만드는 것이다. 하지만 이와 동시에 폭력은 선수들에게서도 증명된다. 그들에 의해서 우울하고 불편하고 감히 밖으로는 표출할 수 없는 증오 같은 것들이 용기, 효율성, 힘의 이원론적 미덕으로 변하게 된다. 관중은 권투 선수들을 *생산한다*. 이는 그들이 선수들에게 전달하는 응원과 비난에 의해서가 아니라 그들이 이른바 세계 타이틀 매치라고 불리는 거대한 시합의 재정을 충당해 준다는 점에서 매우 물질적이면서도 실재적인 것을 의미한다. 따라서 각각의 관중이 스스로 싸움의 생생한 원동력이 되며, 자신이 선호하는 선수에게 그 힘을 불어넣어 준다는 의식은 거짓이 아니다. 이런 의식은 특정한 태도들 속에서 하나의 실천적인 진리를 드러낸다. 그리고 여러 태도(열광, 연호, 휘파람 등등)는 이 진리의 함축적인 이해를 포함한다. 관중이 소리 지르고 분노를 터뜨리고 욕설을 퍼부을 수 있는 것은 돈을 *지불했기 때문이다.* 하지만 역으로 선수들은 실재적이고 날짜가 정해진 싸움 속에서 근본적인 폭력과 이 폭력에 대한 권리를 구현한다. 그리고 이런 구현은 경기장 전체를 변화시키는데 그 이유는 관중이 경기에 *참여하여* 선수들 속에서 자신들의 폭력을 구현하기 때문이다. 즉 경기는 도처에 있으며, 이처럼 도처에 있는 전쟁은 순환을 거듭한다. 관중은 저기에 있는 링 위에서 통일성과 동시에 수많은 분열을 발견하는 하나의 집합체다. 이처럼 자발적이지만 변모하는 이분법은 옆에 앉아 있는 사람을 적대자로 만들기도, (만약 그들이 동일한 선수에게 내기를 걸었을 경우에는) 동지로 만들기도 하는 것이다.

종합적인 단일화 속에서 경기가 전체의 총체화(혹은 총체의 총체화)라는 점에서 볼 때 이런 구현은 총체화의 특수한 한 형태라고 할 수 있다. 그 내용은 총체화되었거나 총체화의 과정에 있는 전체다. 이것은 곧 이런 구현이 전체의 상징이나 표현이 아니라 *지금 여기에서 발생하는 총체성*으로 실제적이고 실천적으로 실현된다는 것을 의미한다. 모든 권투 경기는 모든 근본적인 폭력의 구현으로써 권투 전체를 구현한다. 여기에서 이해의 서로 다른 방법들을 혼동하지 않도록 주의해야 할 것이다. 사실상 나는 권투 경기가 선수들, 그들의 순위, 그들의 위상, 그들이 가진 기술의 동시대적인 전체를 *가리킨다고* 말하지 않으며, 또한 이 전체가 현재의 사건이 관련되어야 하는 추상적이고 초월적인 의미 작용들처럼 폭력의 동시대적인 여러 형태를 *가리킨다고* 말하는 것도 아니다. 이와 반대로 싸움은 실재적인 실체로서, 그리고 실천적인 유용성으로서의 근본적인 폭력을 내부에 포괄한다고 말해야 할 것이다. 이와 같은 폭력은 경기장 내에서 즉각적으로 여기 그리고 도처에 자리 잡고 있다. 그것은 관중에 의한 싸움의 생산이자 싸움에 의한 관중의 단일화(그리고 상호적인 대립)로써 시간화의 움직임을 만들어 내는 재료 그 자체다. 이런 구현의 이유는 신비로운 것이 아니다. 왜냐하면 관중 각각에게 편재한 폭력은 관중에게 스스로 재총체화될 기회를 제공하기 위해 구성된 조직과 집단으로부터 출발하여 스스로 재총체화되기 때문이다. 그리고 근본적인 폭력의 "개인 내에서의" 그리고 전체적인 현전을 강조하고자 한다면 이 폭력이 *다른 곳*에 있지 않다고 생각해서는 안 될 것이다. 이와는 반대로 이 폭력은 그것이 존재하는 도처에 항상 *전체적*으로 있다는 사실을 알아야 한다. **실증적 이성**은 다양한 요인들, 즉 기껏해야 하나의 공통분모로 환원될 수 있는 요인들에 의해 촉발된 갈등의 부스러기들만을 환기할 뿐이다. 그렇기 때문에 실증적 이성은 하나의 특정한 경기와 폭력 사이의 관계, 그리고 이 경기와 권투계를 구성하고 있는 연맹과 조직의 거대한 연계망 사이의 관계를 이해하지 못한다. 하나의 폭력 행위는 그것이 내면화된 희소성의 재외면화라는 점에서 항상 모든 폭력이다. 한편 희소성은 사회적 총체의 외면적 원칙 혹은 추상적 원칙이 결코 아니다. 이것은 매 순간 모든 사람이 비인간적인 물질성과 맺는 종합적인 관계이자 사람들이 자신들 사이에서 물질성을 통해 맺는 관계다. 물론 여기에는 기술, 생산관계, 역사적 상황의 전체가 이 종합적 관계를 결정짓고, 그 통일성을 부여한다는 점이 전제되어야 한다. 따라서 내면화는 객관적 현실로서 동시대적인 그 희소성의 내면화를 뜻한다. 그리고 각자의 폭력은 모든 사람의 우회적인 폭력으로서만 존재한다. 왜냐하면 그것은 오늘날의 사회적 전체를 구성하고 있는 사람들의 수와 그들의 필요의 관계를 통해서만 정의될 수 있기 때문이다. 이와 같은 폭력의 통일성은 개인들과 집단들의 단일화를 이루지 못한다. 왜냐하면 오히려 통일성이 그들을 대립시키기 때문이다. 하지만 각각의 맹렬한 행동들에는 모든 폭력은 — 이와 같은 행동 속에서 혹은 행동에 의해서 — 사람들을 충돌하게 하고, 그들을 부추기는 모든 대립의 통일화로써 존재한다. 우리가 살고 있는 체제의 모든 사회적 폭력이, 술에 취해 아이를 구타하는 아버지와 그의 실질적인 공격성으로 구성되어 있다는 점을 이해하기 위해서는 이 아버지의 행위가 그 자체 속에 억압, 소외, 비참함을 내포하고 있다는 것을 살펴보는 것만으로 충분하다.

우리는 앞에서 구현에 대해 살펴보았다. 이를 통해 우리는 총체화가 *개인화*되어 있다는 점을 보여 주고자 했다. 이와 같은 근본적인 폭력은 지금 여기에서 분출되지만 하나의 지금, 하나의 여기가 갖는 모든 특징을 함께 가지고 있다. 말하자면 구체적인 것의 불분명한 풍요로움과 그 부정적인 결정 작용들을 함께 지니고 있다는 것이다. 북부 출신의 권투 선수와 마르세유 출신의 권투 선수가 파리 사람들 앞에서 경기를 벌인다. 그리고 파리 사람들은 각자 지극히 개인적인 사정에 따라 경기를 관람하러 왔다. 이런 우발적인 상황과 사건들과 더불어 경기는 개별성으로 정의되고 그 개별성에 의해 정의된다. 이때 경기의 개별성은 날짜가 정해져 있고 유일한 사건들로 가득하며, 따라서 환원할 수 없이 개별적이다. 이것은 그날 벌어진 경기가 평범하더라도("특별할 것이 없었다." "경기들이 그저 그랬다.") 그러하다. 이 경기는 모든 폭력을 보여 주는 동시에 또 다른 모습을 보여 준다. 경기는 그것의 특별한 한정 작용으로써만 존재할 수 있을 뿐이다. 이 말은 이 경기가 그 근본적인 폭력과 맺는 관계가 개인이 개념과 맺는 관계와 동일하다는 것을 의미하는가? 그렇지는 않다. 이와 같은 관계 — **분석적 이성**의 차원에서 존재할 수 있는 — 가 성립하려면 다음 세 가지

조건이 충족되어야 한다. 비록 연구 도중에 개별화된 대상 속에서, 그리고 이 대상의 본질적인 구조 속에서 이러한 개념이 발견된다 할지라도 이 개념은 추상적인 규칙과 이미 주어진 규칙으로써 그 대상에게 초월적인 것으로 남아 있어야 한다. 문제 되는 현실에 대한 우연적이고 경험적인 한계들을 제거한다 할지라도 이와 같은 현상은 여전히 남게 된다. 이 관계 ── 선행하는 조건에 관련되는 ── 는 행동(만들어질 수 있는 것은 개념과의 관계도 개념 자체도 아닌 대상이다.)에 의해 만들어지는 것이 아니라 관조적 이성에만 주어질 수 있는 존재론적이고 논리적인 관계일 뿐이다.[12] 마지막으로 대상의 경험적 특성들은 개념 밖으로 떨어지고, 이 개념과 관련하여 단순히 우연적인 사건들로 나타나야 한다. 이것으로 인해 개념은 $y=f(x)$ 혹은 s는 q를 포함한다 등등과 같은 추상적 결정의 총체로 정의된다. 이 개념은 언어(의미 작용을 하는 단위로서 이 결정의 초월의 실재성)를 통한 결정이라는 실재성 이외에 다른 어떠한 물질적 실재성도 가질 수 없기 때문이다. 이와 같은 사실은 분명 개념의 내부에서는 결정들의 총체가 외면성의 관계에 의

---

12 이 말을 통해 내가 의도하는 바는 실천적 태도라고 하는 것이 정적주의적이어야 한다는 것이 아니다. 대상과 개념의 관계는 과학적인 연구가 진행되는 도중에 나타난다. 예컨대 과학적 연구는 질문이나 대답을 찾아 나가는 계획, 실험 기자재를 통해 실험 장치를 구축하는 것 등을 포함한다. 이것이 바로 화학자가 이런저런 물체가 어떤 범주에 속하는지, 이런저런 속성들로 정의될 수 있는지를 확정 짓고자 할 때 일어나는 일이다. 존재적-논리적 관계의 차원에서도 결정이 이루어질 수 있다. 가령 학자가 (예컨대 염이라면 주석산염과 준주석산염으로) 자신의 학문적 원칙을 충족할 수 있는 두 가지 분류를 만들어 내고자 할 때와 같은 것이며, 바로 이 지점에서 실험적 발견은 이와 같은 하나의 관계만을 드러내 줄 뿐이다. 아무래도 좋다. 활동과 대상을 통해 개념을 포착한다는 것은 관조 행위의 궁극적인 목적이다. 왜냐하면 이런 대상들과 개념의 관계 ── 비록 그것이 사람들에 의해 결정된다 할지라도 ── 는 주어져 있고, 설정된 것이기 때문이다. 대상이 실질적으로 자신의 개념을 실현시키는 것도, 개념이 대상 속에서 실질적으로 실현되는 것도 아니다. 이와 같은 타성태가 학자 자신을 상황에서 벗어난 연구자로 만든다. 우리는 여기에서 하이데거가 과학적 태도로 정의한 "……곁에-있는-순수한 존재"를 발견하게 된다.(원주)

해 연결되어 있다는 점을 내포한다. 경험 속에서 동시적으로 혹은 연속되는 변치 않는 순서에 따라 드러나는 특징 또는 특성이 문제가 된다. 이것은 마치 우리가 백조라는 개념(호주에서 검은색 백조가 발견됨으로써 변화된) 혹은 유사 분열이라는 개념을 연구하는 경우와 같다.

만약 우리가 구현을 개념의 예증과 마찬가지로 경험의 개념화와 대립시킨다면 이 구현의 의미 작용을 더 잘 보여 줄 수 있을 것이다. 실제로 이 구현은 결코 관조적인 것이 아니다. 이는 실천 혹은 실천-과정이다. 하나의 폭력 행위는 결코 증인들을 가지고 있지 않다. 분명 경찰이나 미래의 역사학자는 폭력 행위에 직접 가담하지 않았지만 그 행위를 목격한 개인들의 증언들을 탐문한다. 하지만 그런 개인들은 존재하지 않는다. 바로 이런 이유로 증언이란 ─ 그것이 어디에서 기인하든 간에 ─ 원칙상 의심스러운 것이다. 자칭 증인이라는 사람은 참여했던 자다. 그는 싸움을 말리기 위해 개입했거나 혹은 비겁함, 사디즘, 습관 등등에 의해 싸움이 진행되도록 방치한 것이다. 대부분의 법이 위험에 처한 사람들을 "돕지 않은" 사람들에 대한 처벌 조항을 포함하고 있다는 것이 바로 그 증거다. 한 건물에서 어린아이를 죽을 때까지 때리는 세입자가 있을 경우 다른 세입자는 반드시 하나의 선택을 요구하는 상황 속에 놓이게 된다. 즉 고발하거나(이 많은 불행한 사람들, 사회 전체의 희생자이자 아이들까지도 희생시키는 자들과 *원칙적으로 연대*를 이루는 자들 ─ 형리로서가 아니라 희생자로서 ─ , 동료를 경찰에게 넘겨주는 자들은 얼마나 혐오스러운가!) 공모자가 되거나 둘 중 하나가 되는 것이다. 두 경우에서 그들은 함께 혹은 따로 사건을 결정짓는 것이다. 만약 이들이 너무나 무거운 침묵에 짓눌려 있거나 희생자가 죽는 경우 ─ 종종 발생하지만 ─ 이들은 스스로 형리가 되는 것이다. 왜냐하면 **분석적 이성**에 의해서 왜곡된 공모라는 개념 자체는 관계의 내재성을 상정하지 그 외면성을 상정하는 것은 아니기 때문이다. 공모자는 자신의 실천을 통해 행위 전체를 실현시킨다. 이 공모자가 실제로 범죄를 저지른 사람보다 더 죄가 있는지 없는지를 *선험적으로* 말할 수 있는 사람은 없다. 이것은 전적으로 집단이나 집합태 내에서 그가 처한 상황에 달렸다.

따라서 폭력에 대한 증인은 없다. 오직 참여자만이 있을 뿐이다. 비폭력은 격언으로 정립되었을 때조차, 그리고 특히 그러할 때 하나의 공모를 선택한 것이다. 일반적으로 비폭력주의자는 압제자, 즉 희생자를 직접 선별하는 제도화되고 규범화된 폭력과 공모를 한다.[13] 싸움은 공통*의 사건*이다. 분노 때문에 사건을 일으키는 사람들이 있다. 그들의 분노는 계속해서 자신들이 참아 왔고 내면화한 하나의 폭력의 갑작스러운 외면화다. 한편 두려움 때문에 사건을 발생시키는 사람들이 있다. 그들의 두려움은 과거에 자행된 폭력에 대한 생생한 기억을 바탕으로 미래의 폭력을 예견함으로써 생겨나는 것이다. 이 사건에서 행동과 인식은 우리가 계속해서 강조해 온 바와 같이 하나일 뿐이다. 이는 특히 발생한 현실이 변증법적 전개와 비가역적인 시간화로써 *체험된*(즉 투기의 불용해성 속에서 행해지고, 느껴지고, 인식된) 것이지 *관조된* 것이 아니라는 것을 의미한다. 실천의 빛은 현실에 의해 정의되며, 이 현실의 물러섬 없는 전진 과정을 밝히는 데만 한정된다. 여기에서 문제 되는 것은 두 행위를 서로 *비교함*으로써 하나의 공통 개념을 도출해 내는 것이 아니다. *이와* 같은 특별한 경우를 통계로 재편입시킬 수 있고, 그렇게 함으로써 문제나 박해당하는 아이에 대한 결론을 이끌어 내는 것은 정당, 조직, 언론, 정부다. 사실상 참

---

13   물론 전복적인 "비폭력주의자"도 있다.(원주)

여자들은 *하나의 절대를 체험한다.* 행위의 차원에 알 수 없는 상대주의를 도입한다는 것은 부조리한 일일 것이다. *상대적인 것을 위해* 목숨을 내걸거나 자신을 내맡길 수 있다고 생각할 수 있겠는가? 자신의 의지에도 불구하고 한 인간을 비겁하게 만드는 두려움, 이 두려움이 절대적인 것에 대한 두려움이 아닌 다른 어떤 것이라고 생각할 수 있겠는가? 그리고 살인자는 또 어떠한가? 우리는 여기서 『존재와 무』에서 언급했던 바를 다시 발견하게 된다. 즉 상대주의란 일상적이고 즉각적인 삶이 갖는 절대적 성격에만 근거할 수 있는 하나의 역사적 태도라는 것이다.[14] 달리 말하자면 상대적인 것은 다른 상대적인 것에 상대적이기 이전에 절대적인 것에 우선적으로 상대적이지 않다면 비가지적이다. 하지만 이 절대적인 것을 잘 이해해야 한다. 물론 이 절대적인 것이 신학적 교조주의나 관념론을 가리키는 것은 아니다. 절대적인 것, 그것은 무엇보다도 나에게, 나를 위해, 모든 다른 사람에게 삶과 죽음을 구분 짓는 차이다. 이는 실존과 **무** 사이의 간극이다. *삶이 우선적으로 절대적인 것은 아니다. 죽음도 마찬가지다. 하지만 살아 있는 것을 근본적으로 위협하는 것으로서의 죽음, 혹은 그것을 위협하는 죽음에 의해 현실로부터 박탈된 것으로서의 삶, 그리고 스스로를 던져 버릴 수 있고, 죽음의 암초에 맞서 의도적으로 스스로를 깨뜨릴 수 있는 것으로서의 삶이 바로 절대적인 것이다.* 그렇기 때문에 삶을 위협하는 것은 바로 개인들과 사물들의 총체이며, 사람들이 삶을 기꺼이 내놓거나 그런 위협을 무릅쓰는 것도 개인들과 사물들의 총체를 위해서다. 바로 이와 같은 폭력의 분위기에 의해 갈등이나 동지애-공포의 형태하에서 삶은 죽음의 위험이나 필멸의 숙명으로

---

14   『존재와 무』, 4부, 1장, 579쪽(텔 총서, 갈리마르); 『도덕을 위한 노트』, 437쪽.(편집자 주)

정의되고, 또한 죽음은 극복할 수 없고 각자의 삶을 위협하는 극복할 수 없는 한계로 정의된다. 모든 폭력-사건은 *절대적인 것*으로써 발생되고 체험되고 거부되고 용인된다. 첫 번째 이유는 폭력-사건이 근본적으로 나를 과거에 폭력적이게 한 다양하고 혼합된 폭력들의 총체를 바로 지금 현동화하기 때문이다. 두 번째 이유는 폭력-사건이 모든 참여자에게 각자의 삶이 타인(타인들)의 죽음에 기초할 수 있다는 사실을 보여 주면서 삶을 위한 투쟁(**타자**의 죽음을 위한)으로 절대적으로, 그리고 즉각적인 것 속에서 표출되기 때문이다. 이처럼 갈등을 통해 삶은 귀중한 통일성, 비가역성, 나약함, 죽이거나 죽거나라는 양자택일을 통해 자기 자신에 대한 강력한 긍정 속에서 드러난다. 갈등이 그 자체로 죽음을 무릅쓴 투쟁이 아니라는 사실은 중요한 것이 아니다. 왜냐하면 죽음은 흐르는 핏속에, 완수되지 않을 종결로서, 도달하지 못할 미래의 진리로서, 결국 심오하고 근본적인 진리로서 그곳에 자리 잡고 있기 때문이다. 죽음은 뼈와 같이 확연하게 권투 경기 속에 자리하고 있다. 이는 정타이건 아니건 가격이 상대방을 죽일 수 있기 때문이 아니며, 또한 실명이나 광기와 같은 경우 —— 육체적 훼손의 하급의 형태들 —— 가 예전의 권투 선수들에게 종종 나타났기 때문도 아니다. 단순히 말해 그것은 가격하는 행위가 죽음을 불러오는 행위이기 때문이며(글러브를 비롯한 보호 장비들이 이러한 사실을 암묵적으로 보여 준다.) 항상 가능성이 있고, 관중에 의해 항상 기대되는 **KO**는 죽음의 공적인 실현이기 때문이다. 이는 *상징적인* 실현일까? 그렇지는 않다. 진짜 사람이 쓰러져 죽는다. 그리고 이것이 경기의 끝이다. 쓰러진 선수가 로커 룸에서 다시 일어나든 그렇지 않든 간에 관중을 경기 끝까지, 즉 경기가 절정에 이르렀다가 해소되는, 혹은 두 상황이 동시에 이루어지는 모호한 순간까지 충동한 것이다.

하지만 이 현존하는 죽음은 즉자적인 죽음도, 죽음의 개념도 아니다. 그것은 완전히 어떤 개인(아버지에 의해 죽도록 얻어맞은 아이나 권투 선수 등)을 위협하는 죽음과 관계된다. 이웃 사람이나 관중 가운데 누구도 이 죽음에 대한 추상적인 논의 속으로 빠지지 않는다. 단지 한 아이가 당하는 박해를 용인하면서, 또는 권투 선수들을 자극하면서 각각의 참여자들은 살인자나 무뢰한으로서 경기에 참여하는 것이다.(경기 중에 수도 없이 들을 수 있는 "죽여라, 죽여!" "따라가! 끝장내!" 같은 외침들이 이를 증명한다.) 왜냐하면 경기에 참여하는 관중 스스로가 경기 내내 신체적으로 자신이 가격을 입거나 죽는 것 같은 상황을 체험하기 때문이다. (지나친 과로로 인해, 사회적인 선택으로부터 인위적으로 이루어진 빈곤으로 인해, "공권력"이 항상 사용 가능한 폭력으로 인해 혹은 그가 억압 주체와 보조를 같이할 경우에도 혁명적 운동의 폭력에 의해) 경기장에서 관중은 각각의 상대방 속에서 죽이기도 하고 죽기도 한다. 그리고 그들의 선택은 좋아하는 선수를 통해 스스로를 살인자로 만들기도 하고, 역으로 상대편 선수를 통해 스스로를 희생자로 만들기도 한다. 이 모든 것은 전적으로 그들의 책임하에 이루어진다. 왜냐하면 상황의 반전이 항상 가능하기 때문이다. 그리고 관중 각자가 다른 모든 관중과 더불어서, 혹은 상대편 선수를 응원하는 사람들에 반해 링 위에서 벌어지는 싸움을 지지하는 경우, 저기, 여기, 즉 경기장 도처에서 일어나는 것은 개인적인 삶을 통한 삶과 죽음 그리고 둘 사이의 인간적 관계의 구체적 총체성이다. 여기에는 어떤 개념적이거나 단순히 언어적인 의미 작용은 없다. 이와 같은 개인적인 삶들을 삶 전체의 구현으로 만드는 것은 단순히 모든 참가자에게서 볼 수 있는 실천의 열정적 진지함이고, 지금 이 순간 다른 무엇보다도 그들이 선호하는 이 경기에서 눈을 뗄 수 없다는 점이다. 물론 그들은 삶의 또 다른 중요한 근심거리를 가졌다는 사실을 알고 있다. 하지만 이 순간만 큼은 마치 *외면적인* 삶이 존재하지 않는 것처럼, 경기장의 닫힌 문 뒤 에는 아무것도 없는 것처럼, 즉 어두운 밤에 잠긴 도시나 이 도시 주 위에 있는 마을도 없는 것처럼, 마치 세상에는 지금 벌어지는 목숨을 건 경기를 자기들 운명의 구현처럼 생산시키는 일군의 사람들만이 존 재하는 것처럼, 다른 한편으로는 마치 경기장 밖에 있는 20억의 사람 들이 집렬체적 분산과 무기력 속에서 방황하고 있는 것처럼, 하지만 그들 모두 이 단 하나의 중요한 경기 속에서 — 인류의 운명이 이 경 기에 달렸다는 듯이[15] — 총체화되고 하나로 녹아들어 있는 것처럼 여긴다. 바로 이와 같은 양상하에서 경기장에 가지 않은 관중의 총 체성은 이 경기 자체에 의해 총체화된다. 직접적으로는 권투 선수들 에 의해, 간접적으로는 관중의 매개에 의해 그들 역시 경기의 참여자 들이 되기 때문이다. 중계방송을 하는 사람들이 *경기가 진행되는 동 안* 라디오 청취자들에게 경기의 상황을 전달해 준다는 점, 그리고 다 음 날 신문에 경기의 결과가 보도된다는 점에 이 총체화의 실제적 기 반이 있는 것이다. 경기장에 가지 않은 사람들 각자는 생생하고 실제 적인 하나의 현실에 대한 점점 더 희미해지는 재생산처럼 존재한다. 이에 반해 경기장에 있었던 각각의 관중은 이 싸움의 생산자이자 지 지자로 존재한다. 그들은 또한 자신들 속에 이처럼 희미한 그림자들 을 그러모으고, 용해시킨다. 즉 그들은 실천과 경험의 가능한 최대 치 — 희미하고 추상적인 지식으로 분해되고 그 결과 존재론적 지위

---

15   사실 권투 경기는 실효성이 없는 선악 이원론이다. 관중 각자는 선이 악에 대해 승리를 거둘 것 이라는 사실을 알고 있다. 만약 응원하는 선수가 마지막 라운드에서 주춤거린다면 관중은 그를 포기하고 상대편 선수 속에서 스스로를 구현시킬 것이다. 하지만 지엽적 애국심이 개입될 경우 에 상황은 복잡해진다. 이 경우 어쨌든 패배는 수용할 수 있는 것이 된다. (원주)

를 상실하게 될 ── 를 총체화하고 집약하는 것이다.

하지만 바로 그렇기 때문에 다음과 같은 점을 제외하고는 총체화와 구현 사이에 존재론적 혹은 논리적인 어떠한 차이도 찾아볼 수 없을 것이다. 즉 총체화는 구체적이고 실제적이기 때문에 스스로가 부여하는 제한들을 통해서만 작동할 수 있을 뿐이라는 점이다. 모든 *내적 총체화*(전체적 총체화에 포괄되는)[16]는 구현의 실천-과정으로서 실현되거나, 역으로 실천적이고 구체적인 모든 실재는 진행 중인 모든 총체화의 총체화된 전체라는 실증적 내용만을 갖는다. 이 내용은 총체화의 물질성을 구성하고, 그것의 시간화를 주관하며, 그것에 의해 구성된다. *거리 없이* 현전하는 이 내용은 참여자들에 의해 구성되는 것이지 증인들에 의해 관조되는 것이 아니기 때문에 어떠한 초월적 의미 작용도 지칭하지 않으며 ── 생산적 실천의 계기 속에서 ── 개념들이나 낯선 규칙들에 의거할 여지가 전혀 없는 것이다. 즉 사건이 자신의 규칙을 생산해 내는 것이다. 만약 이 규칙이 권투의 기술이라면 선수들과 관중은 매 순간의 기지와 전술을 통해 싸움을 지양하면서 실제적인 싸움을 통해 이런 기술을 재생산하고 실현한다. 하지만 참여자들의 공동 작품인 이처럼 구현된 총체화는 그것이 작동하는 동안에는 총체화로서나 (이 총체화를 구현하는 제한들에도 불구하고) 구현으로서도(다시 말해 단순히 세부적인 사건으로서도) 결코 *명명되거나 사유되지* 않는다. 참여자들이 극단적인 입장을 취한다고 상정할 수 있기 위해서는 그들에게 극한의 상황들을 먼저 부여해야 한다. 사실상 친구를 따라 이와 같은 격렬한 경기를 보러 온 외지인은 ── 이 경

16　우리는 아직 이와 같은 포괄하는 총체화가 존재 가능한지 여부조차 알 수 없다. 뒤에서 우리는 이것이 역사의 모든 가지성의 토대가 된다는 사실을 보게 될 것이다. 또한 이 총체화 ── 서로 다른 방식을 통해서라고 할지라도 ── 역시 구현된다는 사실을 보게 될 것이다. (원주)

기가 아주 지역적인 성격이 짙다고 하더라도 — 이 경기에서 총체화(혹은 적어도 총체화의 *국가적* 양상)만을 볼 수도 있다. 예컨대 투우를 처음 접하는 대다수의 북아메리카인들에게 드러나는 것은 — 말도 개념도 없이 불편함으로 나타나는 — 멕시코 전체(혹은 에스파냐 전체)일 것이다. 나 역시 아바나에서 벌어진 닭싸움을 보면서 무어라 형용할 수 없는 쿠바 고유의 잔혹성 — 그것이 옳은 것이었는지 아닌지는 별로 중요하지 않다 — 을 포착한 적이 있다. 그 닭들은 인간들의 축소판이었다. 역으로 싸움이 끝난 후 이처럼 *인간화된* 짐승들의 맹목적인 폭력성은 하나의 종합적인 도식이자 기준이 되었다. 이것을 통해 나는 여행 중에 보았던 모든 것을 해독할 수 있었다. 그 결과 나와이 도시 사이에 무언지 알 수 없는 일종의 비극이 자리 잡아 나로 하여금 이 도시와 닭싸움 사이의 직접적인 관계를 통해서는 알 수 없었던 비참함을 *발견하게* 해 주었다.[17]

실제로 외지인에게 총체화는 어떤 *관념*도 지칭하지 않는다. 쿠바의 국민 스포츠는 나에게 그 거지를 가리키는 것이었다. 그 역도 사실이었다. 최근의 경험에 비추어 보면 그 거지 역시 쿠바와 그곳에서 벌어지는 닭싸움을 구현하고 있었던 것이다. 이와 반대로 우리가 경기를 엄격하게 개인화된 사건, 경력이 알려진 이 개인과 상대방에게 곧 그들을 향해 열리게 될 구체적인 관점과 함께 영향을 미치는 사건의 성격으로 환원하고자 한다면 우리는 경기의 프로모터나 매니저의 실천적인 관점을 취해야 할 것이다. 이 경우 개별자로의 환원이 새로운 총체화의 매개를 통해 이루어진다는 사실을 반드시 지적해야 할 것이다. 프로모터들이 이 경기를 근본적인 폭력으로 해석하는 데

---

17 저자가 1949년에 했던 쿠바 여행의 회상이다.(편집자 주)

시간을 허비하지 않는 이유는 이 "고귀한 기술(Noble Art)"의 스승들이 — 경기 조직에 공통으로 관여하는 개인들로서 혹은 다른 프로모터들과 경기만큼 잔인하지는 않지만 똑같이 격렬한 경쟁을 펼치는 강력한 주관자(바로 이 점에서도 여전히 공통되는)로서 — 스스로 권투 자체의 대변자들로 자처하기 때문이다. 권투는 프로모터들의 판단에 의해 총체화되고, 이처럼 포괄적인 총체화는 현재 벌어지는 경기를 전체 권투계의 내부에서 벌어지는 하나의 국지적인 사건에 불과한 것으로 환원시킨다. 실제로 중요한 것은 경기에 대한 예측을 확인하고, 선수들의 순위를 다시 조정하고, 경기에서 드러난 대로 선수 각각의 가치와 몸값을 확정하는 것이다. 자본주의가 자본가의 언행에 의해 표현되듯이 권투 역시 프로모터의 평가에 의해 표현된다. 또한 곧 살펴보겠지만 자본주의 역시 부르주아 민주주의 속에서 권투를 통해 표현될 수 있다.

분명 대부분의 관중이 중간 입장에서 갈팡질팡한다는 사실을 인정할 수 있다. 그들 중 누구도 실제로 (요구되는 조건들이 충족되지 않는다면) 양극단의 어느 쪽에도 다다르지 않을 것이다. 실제로 권투와 근본적인 폭력이 이 경기를 통해서 현전한다고 말하는 것이 중요한 것은 아니다. 이 싸움은 필연적으로 마르티니크[18] 출신의 젊은 선수와 파리 출신의 선수가 벌이는 개별적인 갈등이다. 권투 자체가 모든 참여자에 의해 공통으로 생산되며, 이때 인간적 폭력은 공개적으로 전개되기 때문이다.

---

18   서인도 제도의 동부, 앤틸리스 제도에 있는 화산섬으로 1635년 프랑스령이 되었다.

매개된 총체화: 개별화

그로부터 개별적인 특성들과 구현된 전체의 관계는 더 이상 우발적 사건들과 개념 혹은 본질 사이의 관계로 정의될 수 없다는 결론이 도출된다. 우리는 실제로 추상적 보편과 비교해 보면 모든 특수화는 하나의 우발적 사건이라는 사실을 살펴보았다. **분석적 이성**은 이 사건을 외적 요인들을 통해 설명할 것이다. 하지만 거기에서 보편 자체에 의해 생성된 한정 작용을 볼 수는 없을 것이다. 결국 우리는 "집렬체들의 만남"으로 되돌아가게 된다. 이것은 실증주의적 가지성 내에서 발견되는 역설적 비가지성이다. 구현의 실재성을 잘 이해하기 위해서는 우연 역시 **변증법적 이성**에서 동일한 의미를 갖는지, 아니면 이 우연이 하나의 고유한 기능을 가지며 따라서 하나의 가지성을 갖는 것으로 나타나지 않는지를 살펴보아야 한다. 우리는 이 문제를 다시 살펴보게 될 것이다.[19] 하지만 더 시급한 문제를 다루기 위해 여기에서는 단지 싸움의 개별성들과 이 싸움이 총체화하는 구체적인 보편들 사이의 관계에 대해서만 살펴보고자 한다. 이를 위해 우리에게 본질적인 것을 가져다준 즉각적인 총체화에 대한 기술을 포기하고 매개된 총체화의 문제만을 다루어야 할 것이다.

이러한 새로운 총체화를 실현시키는 것은 동일한 참여자들이다. 비록 각 참여자의 행위에 의해, 인간적 폭력을 총체화하는 투기를 통해 이루어진다 할지라도 이 총체화는 실천적 자각으로 발생하지는 않는다. 총체화되는 것은 이 모든 사람의 존재 자체다. 이 존재는 대상 자체 속에서 나타나는데 바로 이것이 구현의 규칙이다. 하지만 이 규칙은 지(知)의 대상이 되지는 않는다. 그것은 체험된 것의 구조 자체

19　이 책 558쪽 각주 참고. 『집안의 천치』, 3권, 434쪽, 각주 2(철학도서관 총서, 갈리마르).(편집자 주)

이며, 이 구조는 실천적 장의 객관적이고 *내재적인* (그들을 위한) 한정 작용으로서 정의된다. 다수의 참여자와의 관계 속에, 하지만 그들 바깥에 엄연히 자리 잡은 관찰자만이 매개들 — 이것을 통해 권투 선수, 권투 경기, 프로모터, 관중이 상호적으로 생산되는 — 의 총체를 이끌어 낼 수 있을 것이다. 여기에서 권투에 대한 역사적이고 변증법적인 해석을 기술하는 것이 우리의 목적은 아니다. 단지 어떤 연구 과정을 통해 구현의 과정을 그 진정한 한계 속에서 지적할 수 있을지를 살펴보는 것으로 그치고자 한다.

권투가 동유럽에 도입된 것은 최근의 일이다. 그곳에서 권투가 도입된 과정은 모든 면에서 자본주의화된 서유럽과의 경쟁이라는 전체적인 틀 속에서 이루어지고 발전했다. 권투는 부르주아 사회에서 생겨났으며, 그런 견지에서 우선적으로 연구할 필요가 있다. 부르주아 사회가 계급화되어 하나의 계급이 다른 계급을 착취하고 억압하는 것이 사실이라면 부르주아적 권투 역시 이와 같은 착취 체제의 실제적인 구조들로부터 출발해서 연구해야 한다. 이런 차원에서 우리는 다음 두 가지 사실을 확인할 수 있다. 하나는 권투가 하나의 경제적인 기업이라는 사실이며, 다른 하나는 기업가들이 착취당하는 자들로부터 노동자를 모집하여 이들을 또 다른 유형의 착취에 종속시킨다는 사실이다. 실제로 대부분의 권투 선수가 노동자 계층 출신이다. 종종 매우 궁핍한 프티부르주아나 드물게 농민 출신도 있다. 이처럼 폭력을 겪으면서 성장한 젊은이들은 폭력을 행사하는 성향이 짙다. 그들이 권투 경기를 통해 구현하는 것은 지배 계급이 노동자 계급에 대해 행사하는 것과 같은 종류의 폭력이다.[20] 거기로부터 근본적

---

20 분명 대부분의 경우 가난한 사람이 가난한 사람을 때리고, 착취당한 경험이 있는 자가 착취당하는 자를 착취한다. 하지만 이와 같은 폭력의 분출은 모든 실천적 총체 속에서 가장 빈번하게

인 폭력이 개별화되는 것을 볼 수 있다. 이런 폭력은 역사적 형태 속에서 우리 *사회의* 폭력으로 나타난다. 하지만 다음과 같은 사실을 덧붙여야 할 것이다. 즉 혁명당과 노동조합들에 의해 공동으로 재수행되는 경우 이 폭력은 사회적 실천 속으로 완전히 흡수되며, 계급적 행동들의 공동 원동력이 된다는 사실이 그것이다. 이것은 개인적 폭력이 집단 행위를 통해 드러나지 않고서도 행사될 수 있음을 의미한다. 공동 실천 외부에서 개인은 모든 *개인적인* 분노를 덜어 내는 것처럼 보인다. 즉 그는 공동 *개인의* 자격으로 조직화된 공동체의 차원에서 과격해지는 것이다. 개인의 분노를 사회화하고, 자기 계급이 치러야 할 몫인 그 분노를 사회로 돌리면서, 노동자 조직은 이 개인을 해방하고, 나아가 이 개인으로 하여금 실천적이고 자유로운 유기체로서 주위 사람들을 향해 모든 종류의 긍정적 상호성을 선택하도록 해 준다. 미래의 권투 선수는 자기 삶의 물질적 상황들에 의해 *이미 선택되어* *있는 것이다.* 만약 그가 프로 선수가 되기로 했다면 그것은 자기 계급으로부터 벗어나고자 하기 때문이다. 그가 자기 계급으로부터 벗어나고자 하는 것은 가정 환경과 어린 시절에 겪었던 사건들로 인해 그가 자기 계급에 편입되었다는 것을 용납하지 않았기 때문이다. 하지만 그는 태어나면서부터 착취와 억압의 폭력을 겪어 왔다. 친구들과 마찬가지로 자신에게 이런 폭력은 내면화되어 있는 것이다. 단지 개인적인 역사가 그를 다른 노동자들과 격리함으로써 그를 이 폭력으로부터 멀리 떼어 놓게 되는 것이다. 이런 폭력의 근본적인 성격을 —— 투

나타난다. 이런 점에서 파농 역시 피식민자 ——혁명적 단계에 이르지 못할 경우 —— 는 다른 피식민자를 괴롭힌다는 사실을 지적한 바 있다. 이처럼 유도된 폭력과 자기 안에서 다른 사람에게 행하는 폭력(왜냐하면 그를 하급 인간으로 취급하기 때문에)은 동류(즉 형제)를 공격함으로써만 그 출구를 찾을 수 있을 뿐이다.(원주)

쟁 집단이 형성되지 않는 한 ― 우리는 전적으로 수동적이고 감내된 것으로도, 전적으로 능동적인 것으로도 정의 내릴 수 없다. 개인을 짓누르고 매 순간 통제할 수 없는 잔인한 행동으로 분출될 위험을 지닌 이와 같은 숨 막히는 폭력은 그가 이 집단에 융화되지 않은 원인과 결과를 동시에 보여 준다. 그는 이 폭력을 자신의 동류에게 향하게 한다. 이와 마찬가지로 그의 분노는 자신을 착취하는 부자들과 그가 되어야만 하는 사람의 모델을 제공한다고 거들먹거리는 노동자들에게로도 향하게 하는 것이다. 정확히 말해 그는 이 노동자들에게서 자신이 그렇게 되었을 때의 이미지를 싫어하는 것이다. 이와 같은 폭력은 사회화되지 않으면 자기 자신에 대해서 자각하게 되고, 또한 대자적으로 정립된다. 그러니까 이 폭력은 다소 모호하게 고유한 규범들을 정립하게 되는 것이다.

물론 이와 같은 힘과 도전이라는 분노의 정신 속에는 파시즘의 가능성이 있는 것이 사실이다. 바로 이 차원에서 우파의 준군사적인 조직들과 부르주아의 억압에 의해 고립된 희생자들의 만남이 이루어질 수 있는 것이다. 억압 체제가 피억압자들 각자에게 심어 놓은 폭력을 억압자들이 이처럼 고립된 자들에게서 포착해 그의 출신 계급으로 되돌리는 것이다. 집단에의 가맹이 이루어지지 않는다면 고립된 폭력의 분출(주먹다짐, 싸움, 범죄 등등)은 여전히 원초적인 상황(억압당하고 착취당한 계급에의 소속과 이 계급에 동화되지 못함)의 극복이자 그가 태어난 계급으로부터 억지로 벗어나고자 하는 모호한 투기와 같다. 그가 드나드는 권투 경기장들에서 코치들이 그의 공격성에 주목하는 것은 그들이 결국 그가 자신의 출신으로부터 벗어나고자 하는 욕망에서 기인하는 *개인적* 폭력을 권투 경기에서 필요한 필연적인 덕목으로 인정하는 것일 뿐이다. 개인이 매우 특별한 신체적 장점들을 지녔을 때만 이런 공격성이 링 위에서 효과적일 수 있다는 사실은 당연하다. 하지만 우연의 일치를 믿어서는 안 된다. 몸이 약한 애송이는 권투 이외의 다른 폭력을 추구했을 것이다. 더욱 교활하고 더욱 약삭빠른 원한에 가득 찬 그는 우회적인 길을 통해 같은 목적을 추구했을 것이다. 반면에 권투라는 "고귀한 스포츠"가 요구하는 힘, 유연성, 민첩성 등은 훈련이나 개막 경기들을 통해 점차 향상될 수 있을 것이다. 이런 의미에서 권투는 이 경기에 맞는 사람을 만들어 내는 것이다.

이와 같은 *계약적 계기* — 선수가 자신의 폭력을 상품화하여 자신의 출신 계급으로부터 벗어나기 위해 모색한 투기, 프로모터들에게는 *한 노동자의 노동력을 이용하는 것과 같이* 이 폭력을 구입하여 자기 이익의 원천으로 삼으려는 투기 — 는 구현의 결정적인 순간이다. 자기 계급 — 이 계급의 모든 구성원은 상품에 불과하다 — 을 극복하기 위해 스스로를 상품화할 생각을 함으로써, 자신의 폭력을 양도함으로써, 그리고 이 폭력을 팔아 그것을 보존하고 그것에 의해서만 사회적으로 인정받기 위해 이 젊은이는 권투를 자신의 개별성을 보존해 줄 보편을 향한 지양으로써, 그리고 그의 원초적인 소외에 대한 능동적인 전환으로써 새로운 가치를 부여하게 된다. 하지만 정확히 관중과 프로모터들이 그를 선택하게 되는 것은 *그가 지닌 지양된 개별성들* 때문이다. 권투란 결코 얼굴 없는 힘들의 충동이 아니다. 결국 싸우는 자들은 인간들이며, 이 인간들은 이해라는 측면에서는 대립되지만 실재성에서는 *다른* — 그들의 몸, 성격, 과거 등등 — 구체적인 개인들이다. 달리 말하자면 권투가 공정을 통해 제조된 로봇들을 대결시키는 것이 아니라면, 그리고 "가장 훌륭한 선수"가 이 인간의 투쟁에서 이겨야만 한다면 이 스포츠는 프로모터들과 참여자들의 매개를 통해 한 선수가 다른 선수에 대해 인간적 자질, 즉 그에게

만 고유한 개별성과 그것을 사용하는 방법을 통해 승리해야 한다는 사실을 요구하는 것이다. 만약 몸이 문제가 된다면 그의 자질들(즉 그의 키, 팔길이, 근육 상태 등등)만 아니라 이런 자질들과 *자신의 단점들*을 이용할 방법을 통해서 그래야만 하는 것이다. 또한 습득한 기술과 "천부적인" 솜씨만 아니라 행동 전체(공격성, 신중함, 용기, 완강함 등등)에 의해서도 그러하다. 이런 행동들은 "심신의" 개별성, 즉 승리자의 개인적 역사에서 유래하는 것이다. 이 선수의 유년기, 청소년기, 나아가 권투 선수로서의 경력 모두가 이 역사에 해당하는 것이다. 체급이 약간 높은 북유럽 출신 선수의 경우를 보자. 상대방으로 하여금 가격하도록 유도하면서 허점을 보이고, 그렇게 함으로써 결정적인 스트레이트를 작렬시키기 위해 끊임없이 자신의 방어를 낮추는 행위, 이 행위 속에 그의 모든 과거가 반영되어 있다. 또한 그는 결정적인 타격을 입을 위험을 무릅쓰고 "강력한 한 방"을 날리고자 하는 것이다. 이와 같은 사실은 권투 선수에게 매우 강인한 저항력과 자신의 저항력에 대한 확고한 신뢰가 있다는 것을 가정하고 있다. 상대방의 가격은 기껏해야 그를 주춤하게 할 뿐이다. 물론 불굴의 용기, 황소 같은 힘을 가졌지만 민첩성과 기교가 떨어지고, 따라서 움직임과 전술상의 창의력이 둔할 수도 있다. 공격성의 도식은 매우 특이하다. 이기기 위해서 스스로를 먹잇감으로 제공하는 것이다. 그 결과 실천의 한복판에 일종의 수동성이 있게 되는 것이다. 이 수동성은 이제껏 참아 왔던 빈곤과 수동적이지만 그만큼 강력한 분노가 동반된 오랜 기간의 인내에서 기인하는 것으로 보인다. 실제로 이런 전술 속에는 끔찍한 과거와 사람들의 견디기 힘든 고통, 파괴의 도구로 여겨질 심신 전체의 탁월한 기술적 사용 등이 집약되어 있다.(그 일부는 선수 자신이 고안해 내는 것이고, 일부는 코치에게 배운 것이다.) 전략은 상황들에 의해 만들어지며, 그 전략에 부합하는 인간을 생산해 낸다. 권투 선수의 얼굴 자체, 즉 그가 지니고 있는 훨씬 개인적인 것은 이와 같이 권투를 하면 망가진다. 효과적인 가격을 위해 펀치를 맞았기 때문에 코가 깨지고, 눈두덩이가 부풀고, 귀가 빨개진다. 간단히 말하자면 그가 거친 모습 — 의도적으로 그런 식으로 흉내 낸 것은 아니지만 — 을 보이면 초보자는 겁을 먹지만 경험이 풍부한 상대방이나 경기에 정통한 관객이 보기에 이런 태도는 처음부터 그의 의도와 능력의 한계를 보여 준다. 나아가 그의 운명, 즉 권투 선수와 한 인간으로서의 서글픈 운명이 정확히 거기에 각인되어 있다. 권투 선수로서 그는 결코 상위권에 이름을 올리지 못할 것이다. 그는 초보자들 몇 명을 물리칠 수는 있지만 실력 있는 선수들에게는 항상 판정으로 패한다. 실력 있는 선수들은 그가 방어를 늦추고 덤빌 때 그를 있는 힘껏 가격하면서도 역습을 허용하지 않기 때문이다. 한 인간으로서 그는 수많은 가격을 당했기 때문에 상대 선수보다도 망막 손상 및 신경 계통의 문제, 정신 이상 등등에 더욱 쉽게 노출된다. 하지만 권투는 이런 무지, 불완전성, 불굴의 용기, 비효율성으로 바뀔 가능성이 높은 무모한 효율성을 필요로 한다. 권투가 이런 요소들을 필요로 하는 이유는 다음과 같다. 즉 경기에 임하는 선수는 그의 동작 하나하나에서 신체적 구조, 역사(신체적 구조를 담고 있는 역사), 긍정적 부정적 자질, 전술, 과거, 운명처럼 밝혀지게 될 미래 등등을 종합하고, 그의 실천을 통해 드러나는 종합적인 전체를 지닌 한 명의 개인이어야 하기 때문이다.[21] 달

---

21 이와 반대로 지능적이고 민첩한 권투 선수는 결코 운명에 한계 지어진 것으로 보이지 않는다. 그의 미래는 다양한 가능성과 함께 열려 있다. 이와 같이 권투의 이해관계는 열린 미래와 닫힌 미래를 대결시키는 것이다. 가장 민첩한 선수가 승리를 얻으리라는 사실을 선험적으로 증명하는 것은 아무것도 없다. 이 민첩한 선수는 어쩌면 상대방보다 신체적으로 열등하고 왜소한 사람일 수 있다. 비록 첫 5라운드에서 많은 점수를 획득했다 해도 한 번의 "방어 풀기 작전"에 걸

리 말하자면 여기에는 돌발적 요소들이 있을 수 없다. 그 이유는 그것들조차도 돌발적 사건으로서 요구되고 기술에 의해 극복되기 때문이다. "미들급"에 속하는 두 선수 사이에는 신장, 팔 길이, 근육 상태의 차이가 현격하다. 한 선수는 키가 크고 팔이 아주 길고 상대적으로 근육은 덜 발달한 반면 다른 선수는 중간 키이고 상대방에 비해 팔 길이가 짧지만 근육이 잘 발달했다. 처음부터 우리는 이와 같은 신체적 구조가 끊임없이 요구되고 재창조되는 전술에 의해 지양된다는 사실을 알고 있다. 또한 앞의 선수가 자신의 빠르기와 풋워크에 의존해 가능한 한 상대방으로부터 떨어져 있으면서 레프트 훅으로 점수를 획득하려고 한다는 사실을 안다. 이에 반해 뒤의 선수는 머리를 깊숙이 파묻고 글로브로 상대방의 펀치를 막아 내면서 느릿느릿한 발걸음으로 계속해서 전진하고, 상대방의 가드 아래로 파고들어 매우 근접한 거리에서 몸을 부대끼며 싸우려고 한다. 이미 모든 것이 이 선수들의 몸과 얼굴에 담겨 있으며, 그들에게 가능한 다른 작전은 없다. 경기의 상황마다 페인트, 위빙, 번개 같은 펀치, 거리와 위험성에 대한 정확한 판단 등등에서 지금까지 배워 왔던 모든 것의 응용이 요구된다. 이런 응용은 바로 각 선수의 개인적인 역사의 종합적인 현동화로 작동한다. 용기, 냉철함, 기교 등 — 아마도 최종적인 결과를 좌우하게 될 — 이 실천의 방식으로서 각 선수의 삶 그 자체인 것이다.

이런 차원에서 선수들 사이의 우연적인 차이 — 한 명은 금발이고 다른 한 명은 갈색 머리를 하고 있으며, 한 명은 호감을 주는 외모이고 다른 한 명은 그렇지 못한 — , 이른바 권투 기술에 속하지 않는 차이들도 요구된다. 왜냐하면 이 차이들은 있는 그대로의 실재성

린다면 단 한 방에 끝장날 수 있기 때문이다. 즉 그는 라이트 혹 한 방에 쓰러질 수도 있으며, 판정으로 패할 수도 있다. 권투 경기란 이와 같은 두 위험 사이에서 펼쳐지는 것이다. (원주)

을 직접적으로 *의미하기* 때문이다. 사실 이와 같은 심신상의 여건과 한 권투 선수의 고유한 스타일 사이에 변증법적 관계를 수립하기란 거의 불가능하다.(특히 한 선수의 "호감을 주는" 외모, 다른 선수의 "혐오스러운" 외모는 정확히 정신적인 태도와는 아무런 상관이 없는 몸 상태의 변화를 매우 정확하게 보여 준다. 전자는 상대의 펀치를 피하면서 빠른 발과 큰 키로 가격당하지 않은 깨끗한 얼굴을 유지하고 있기 때문에 호감을 주는 반면, 후자는 가격의 모든 흔적을 담고 있기 때문에 호감을 주지 못하는 것이다.) 그러나 금발의 챔피언이 승리한 이유가 금발 때문은 아니라는 것이 사실일지라도 관객과 내일 신문에서 그의 사진을 볼 사람들에게 그의 승리를 확증시켜 주는 것은 그의 금발과 멀끔한 얼굴 상태다. 즉각적으로 직관에 호소함으로써 이와 같은 특징들은 개인성에 대한 개인적이고 효과적인 초월인 실천을 비시간적 *존재태*, 즉 시간화의 모든 시기에 나타나는 존재태로 구현한다. 이런 점에서 볼 때 한데 모인 역사와 운명으로서의 얼굴 속에 삶이 구현되고 있으며, 이 삶이 표현(미소, 지적인 외모, 다소간 효과를 발휘한 거친 모습 등등)에 의해 실천적으로 극복된다는 것 *역시* 권투가 요구하는 바다. 즉각적인 것 속에서 얼굴은 진행 중인 시간화를 구현한다. 즉 얼굴은 용모와 그 순간적인 작용들(따라서 비시간적인, 가령 사진 속의 얼굴이 하나의 *반복상*이 되듯이)에 의해 "……을 향한 부정"의 움직임 속에서까지 이 시간화를 압축하는 것이다.

그러므로 이 차원에서 우리는 우연성의 필연성과 우연들의 변증법적 가지성과 조우하게 된다. 이 우연적 사건들은 아무런 결과나 이유가 없는 우발적인 사건들로써 제거되거나 일련의 독립적인 만남에 의해 발생된 것이 아니라 권투 자체에 의해 요구된 것이다. 이런 우연적 사건들은 그것이 개별화시키고, 실천의 자격으로 모든 실천으로 그 자체 내에서 모든 개별성 너머에 있는 인간적 실천에 의해서 포괄되고 통합되며 초월되는 것이기 때문이다. 각각의 고안은 이런 역사에 따라 이루어지는 신체의 엄격한 한정 작용이다. 하지만 이와 동시에 그것은 *하나의* 훌륭한 페인트이고 *하나의* 훌륭한 위빙이기 때문에 훌륭한 권투의 일부다. 구현이란 정확히 구체적인 보편이 끊임없이 개인적인 우연성의 활성화와 시간화로 발생하는 것이다. 이런 점에서 마치 춤을 *한 번* 추는 것과도 같은 *한 번의* 가격은 필연적으로 개별적인 동시에 보편적인 것이다. 따라서 한 경기의 우연적 성격은 모든 경기의 모든 우연적 사건에 해당한다. 그것은 갈등의 필연적인 구조다. 하지만 이런 구조의 필연성은 이 싸움의 개별성 자체 속에서 그것의 절대적 사건이라는 특징을 가지고 참여자들에 의해 생산되고 포착된다. 모든 권투와 폭력은 이런 개별성 속에서 개별화되고, 체험된 개별적인 것은 그것들의 개별성을 드러낸다.

젊은 노동자를 권투 연습생으로 만드는 계약의 계기로 다시 돌아가 보자. 그러면 우리는 국제적 조직들의 준제도적인 총체로서, 그리고 사건들의 통합(경기들)으로서 권투는 그 자체로 이 두 가지 모두를 요구하는 개별성이라는 사실을 알게 된다. 달리 말하자면 성찰과 구체적인 조사에 필수적 매개인 추상적 보편의 계기는 총체화의 최종적 움직임 속에서 용해되어야 한다. 개념화가 이루어지는 순간에 필요한 지식을 갖고 있지 않다면 *가능한 것들에*, 즉 여기에서는 지(知)의 비확정성에 봉착하게 된다. 따라서 문제 되는 현실을 가능한 것들의 하나의 개별화로 포착할 수밖에 없는 것이다. 실천적 다수성에 대한 하나의 이론을 구축하고자 할 때 우리가 부딪히는 지식의 한계로 인해 그런 관점에 이르게 된다. 검증할 수 없는 가능한 것들의 지속적인 만남이 변증법적 경험을 개념화해야 하는 것이다. 우리는 조금 뒤에서 변증법이 이와 같은 개념적인 형식주의를 해체시키는 것을 보게 될 것이다. 하지만 지금 당장에 중요한 것은 다음과 같은 사실을 확인하는 것이다. 즉 하나의 실제적 과정에 대한 지식들이 충분할 때, 그리고 총체화하는 관점에서 본다면 가능한 것이란 현실적인 것의 하나의 구조라는 사실 말이다. 이와 같은 가능한 것과 **존재**의 상관관계는 ── 우리는 나중에 이 문제를 다룰 것이다[22] ── 추상적 보편을 구체적 총체화의 부차적인 구조로 만든다. 실증주의적 역사가가 한 개인 혹은 하나의 개별적 집단을 연구하는 경우에도 그는 이것들을 *가능적 인간*의 예증으로, 즉 개념(개별적 인간, 사회 속의 인간)의 예증으로 파악한다.

그런데 변증법적 운동으로서의 **역사**(실천이 문제이든 이해가 문제이든 간에)는 *인간적 시도* 이외의 것은 알지 못한다. 역사에는 이미 살았던 사람들, 그리고 그들이 만들어 냈던 가능성들에 의해 정의된 사람들을 제외하고는 어떤 사람들도 존재할 수 없고, 또한 존재하지도 않는다. 실제로 가능성들은 사회적 장의 실천적 규정들이다. 그것들은 객관적 선택의 여지로서 정의되고, 총체화만 아니라 각 역사적 주체의 현재 진행 중인 개별적 총체성에 의존한다. 이처럼 우리 각자에 의해 인류의 역사로 시간화하는 거대한 개별성은 인류가 자기 안에서 만들어 내는 가능성들을 구체적으로 결정짓는 구현 이외에 다른 것이 될 수 없다. 물론 다른 세계들이 있을 수 있으며, 이 세계들과 우리의 세계 사이에는 뛰어넘을 수 없는 거리가 존재할 수 있다. 어쨌든 오

22 　저자는 여기에서 가능한 것들에 대한 철저한 연구를 전개하고 있지 않다. 이 책 676쪽(「부록」)과 558쪽의 각주, 『집안의 천치』 2권(철학도서관 총서 또는 텔 총서, 갈리마르) 1815쪽의 각주 2 참조. 앞의 총서에서 간행한 『집안의 천치』 두 권이 절판되었기에 텔 총서에서 재간되었으며, 곧 3권이 재간될 예정이다.(편집자 주)

늘날 우리 모두는 다른 세계들에서 거주하는 실천적 유기체들에 대해서는 알고 있지 못하다. 이런 관점에서 영원한 다원주의, 즉 총체화의 영원한 불가능성이 문제이든 단순히 우리의 실천과 그 실천의 광명이 가지는 현재적 한계가 문제가 되든 *우리의 시도*는 여전히 하나의 특정한 경우로 나타난다. 하지만 *인간적 시도 안에서* 특정한 경우는 이런 식으로 존재하지 않으며, 이런 시도에 내재된 모든 현실은 그 *가능성들과 더불어* 진행 중인 총체화의 완전한 구현으로 생각되어야 한다.

몇몇 챔피언의 예외적인 성공으로 인해 다음과 같은 사실이 감추어져서는 안 된다. 즉 대부분의 권투 선수가 처한 상황이 일반적으로 노동자들의 상황에 비해 약간 나을 뿐이며, 그것도 잠정적으로 그럴 뿐이라는 사실이 그것이다. 게다가 그들이 활동할 수 있는 시간도 정해져 있다. 그들이 성공하기까지 주어진 시간은 기껏해야 10년에서 12년 정도다. "두각을 나타내지" 못한 채 "나이 제한"에 걸리게 된다면 그들은 프롤레타리아 계급으로 다시 떨어지거나 부르주아 사회의 주변부에 머무르며 연명하게 된다. 분명 그들은 소비재나 상품들의 생산자가 아니다. 하지만 피착취자들이다. 파괴적인 폭력하에서 그들이 판 것은 그들의 노동력이다. 봉급생활자들의 수는 부르주아 사회의 발전과 그 사회가 여가에 할애하는 수입의 비율의 증가와 더불어 기하급수적으로 증가한다. 20세기에 들어와 목격할 수 있는 스포츠 문화의 빠르고 거대한 성장은 이 분야에서 나타나는 새로운 가치들이 어떤 것이든 간에 2차 산업 혁명 이후 직접적으로 조건 지어진다. 생산력의 증가는 ── 특히 반자동화된 기계들의 출현에 매우 민감한 ── 노동자 계급의 해체된 혹은 빈곤화된 구성원들을 위한 많은 일자리를 만들어 낸다. 하지만 이들은 부르주아계급의 노예들이 된다. 권투 선수라는 직업도 이와 같다. 그리고 만약 이 선수가 노동자가 아니라면 결과적으로 그를 *비생산적인* 노동자로 취급해서는 안 된다. 그는 자본을 생산하고 있기 때문이다. 실제로 이 선수는 월급이라는 형태로 받는 것보다 더 많은 노동을 행사한다. 그는 "돈을 벌기" 위해 권투를 하도록 한 스폰서에 의해 고용되었다. 자신의 노동력과 자본을 교환하면서 자본으로서의 돈을 재생산하는 것이다. 프로모터, 경기장 소유주 등은 노동력과 자본으로 먹고사는 것이다. 훈련은 봉급생활자에 대한 일종의 캐리커처인 셈이다. 실제로 선수들은 하나의 건설 장비, 보수 장비로 취급되며 모든 것은 다음과 같은 목적에 따라 계산된다. 즉 그들이 가진 모든 가능성을 고려하여 이 선수들에게 가장 파괴적인 힘을 주고, 그것을 간직하게 하는 것이다. 나아가 — 상대하고 있는 양 선수 모두에게 해당되는 진실을 말하자면 — 싸우는 짐승을 길러 내는 행위라고까지 말할 수 있을 것이다. 따라서 훈련이란 한 인간의 양성이다. 이렇게 해서 자기 몸을 순수한 파괴의 힘으로 생각하는 한 개인의 소외가 야기된다. 그의 모든 활동과 모든 욕구는 신체의 도구화에 예속된다. 여기에서 우리가 암시할 수 있는 것은 싸움의 필연성이 이 권투 선수를 "좋은 컨디션을" 유지하게끔 한다는 사실, 즉 최상의 심신 컨디션을 유지하도록 해야 한다는 사실을 포함한다는 점이다. 하지만 이 선수의 신체가 부르주아출신의 모든 아마추어 선수에게 선망의 대상이 되는 것이 사실이라면 — 물론 노동에 의해 망가진 노동자들을 제외한다면 — 이 선수를 이렇게 대하는 목적이 싸움에 있다는 것 역시 사실이다. 경기가 너무 자주 열리면 이 선수가 몇 년 안에 몸을 망칠 수도 있다는 것 또한 사실이다. 선수가 1년에 치르는 경기 수를 적당히 조절하고 이 선수의 개별적 특징을 고려한다면 이 선수의 신체적 훼손을 피할 수 있을 지도 모른다. 아마도 이 현상이 인민 민주주의 체제에서 행해지는 것이다. 이 현상은 또한 서구에서도 많은 아마추어 선수, "프로로 전향"하고자 하지 않는 노동자나 프티부르주아 출신 선수에게도 해당한다. 하지만 프로 경기들이 문제 될 경우에는 다음과 같은 두 가지 요소, 즉 잉여 노동과 잉여 착취를 강화하게 된다. "도장(道場)" 소유자, 모든 종류의 프로모터 등등은 생산될 부가 가치를 높일 생각을 하고 있는 것이다. 이들은 또한 수요에 따라 한 시즌에 한 선수가 치러야 할 경기 수를 결정한다. 즉 선수의 인기, 그 선수의 이름이 끌어들일 수 있는 관중 수, 가능한 대진(즉 호기심을 불러일으킬 수 있는 대결들)이 고려되는 것이다. 다른 한편 선수 자신들이 확고한 명성을 얻지 못했을 경우에는 스스로 희생양이 되기도 한다. 프로모터가 "희망"을 과도하게 심어 주는 경우나 더 이상 성공하지 못하고 패해서 돌아오는 늙은 말은 거들떠보지도 않는 경우가 너무나도 흔하다. 따라서 선수는 매 순간 최선을 다해야 하며 새로운 경기, 또 다른 경기를 계속 찾아야 한다. 더구나 끔찍한 패배를 겪고 부상당한 몸을 추스르지도 못한 채 일주일 만에 다시 링에 올라야 한다. 그러지 않으면 굶거나 결국 링을 떠나야 한다.

소외는 전체적이다. 청소년은 자신의 가치와 자유를 개인적 폭력에 투자했다. 그는 자신이 자기 친구들, 자기 계급에 대한 책임이 있다는 사실을 거부했다. 이런 힘과 지배의 윤리라는 미명하에 그는 희생자로서의 처절함을 발견하고 혐오하며, 자신의 힘과 민첩함, 용기를 팔고, 자신의 전투욕의 기반이 되는 분노조차도 팔게 되는 것이다. 사람들이 그에게서 전투욕을 단번에 앗아 가기 때문에 이 전투욕은 더 이상 그의 것이 아니다. 자신의 주권에 대한 확신이 살아가는 수단인 것이다. 복종이 그의 치기 어린 거만함을 대체하고, 지배자의 기쁨은 혹독한 훈련 앞에서 사라진다. 프로모터에게 가장 커다란 이익을 안겨 주는 방향으로 유도되고, 지도되고, 방향이 정해진 이와 같은 폭력의 연습은 돌발적인 우월성을 손쉽게 과시하기 위함이 아니다. 오히려 불안 속에서 대결하고, 이 선수를 더욱 훈련된 상대와 대결하게 끔 하는 고통스럽고 위험천만한 하나의 노동인 것이다. 이 선수는 외부로부터 부과된 고통을 통해 자기 힘의 한계를 체득한다. 이와 같은 폭력의 은폐는 이 젊은 선수의 새로운 인격을 구성하는 한 요소가 된다. 사람들은 *실제로* 그의 공격성을 빼앗고, 그것을 몰수해서 경기 당일에 그에게 돌려주는 것이다. 링 밖에서 대부분의 선수는 점잖고 예의 바르다. 생계 수단이 되는 폭력은 그들의 실제 삶과는 분리되어 있다. 폭력은 결코 과도하게 사용해서는 안 되는 도구처럼 *진지한 것이며*, 그렇지 않을 경우 단번에 도가 지나치고 해방의 기능을 지닌 그 격정적인 성격을 상실하게 된다.

하지만 선수는 링 위에 오르면서 폭력을 되찾는다.(같은 이유로 그렇지 못한 선수는 링에 오르기도 전에 탈락한다.) 하지만 지금 이 폭력은 공적이고 사회화된 것이다. 그러니까 그 폭력의 의미가 완전히 뒤바뀐 것이다. 이 선수가 노동자 계급에 속해 있는 한 이 폭력은 한 고독자의 착취에 대한 폭발적이고 맹목적인 대응이었다. 하지만 부르주아계급의 노예가 된 지금 링 위에서의 싸움은 경쟁이라는 부르주아적 체제 속에서의 생존을 위한 투쟁을 구현한다. 말하자면 지난 세기의 경제학자들이 설명했던 것과 같은 자유 경제가 아닌 것이다. 트러스트, 반독과점 등이 존재한다. 중요한 결정은 프로모터 차원에서 이루어지며, 여기에 경기의 규칙들이 담합에 의해 다소간 왜곡되기도 한다는 점을 덧붙여야 할 것이다. 하지만 이 모든 특징은 부르주아 경제의 모든 요소에 대해 공통되는 것이다. 경쟁이 직접적으로 고객을 목표로 하는 것은 아니라 할지라도 적어도 선수들 각자는 고용주에게 영향을 주기 위해 관중의 호의에 의지하게 된다. 고용주들은 고객들과 직접적인 접촉을 맺고 있다. 고객의 취향을 파악하고, 그에 부합하는 것은 그들의 몫이다. 하지만 고객이라는 매개를 통해 살아 있는 상품들인 권투 선수들은 고용주에게 스스로를 각인시키려 든다.

우리는 이와 같은 변신의 과정들을 파악할 수 있다. 한 개인이 특별한 성향으로 인해 그가 속한 계급이 당하는 공동의 폭력을 혼자서 느끼고, 그것을 외면화시켜 보편적이고 무정부주의적인 공격성으로 표출하는 것이다. 바로 이런 과정을 거쳐 그는 —— 신체적인 능력이 허용하는 한 —— 개인적인 폭력을 생산할 수 있는 해체된 요소가 된다. 이와 같은 그를 권투 경기가 선택하여 또 다른 고독한 자들과 대결하게 만드는 것이다. 그의 폭력은 그 자체로 그가 처한 비참함과 환경에서 벗어나기 위한 몸부림이지만 헛된 것이기 때문에 그는 이와 같은 폭력이 다른 계급으로 넘어가기 위한 도구에 불과하다는 사실을 용인한다. 사실상 이 이동은 정말로 일어나지 않는다.(극소수의 몇몇 경우를 제외하고는 말이다.) 그는 여전히 자신의 폭력을 팔고, 피착취자로 남아 있으며, 인력 시장에서 노동자들을 대립하게 하는 경쟁적인 적대 관계를 권투 시장에서도 다시 발견하게 된다. 하지만 적어도 노동자들은 다년간의 조합 활동과 사회적 갈등의 결과로 계급의 연대성을 발전시킴으로써 이런 적대 관계를 줄이게 되었다. 이와는 달리 어린 시절부터 서로 연합할 수 없었던 고독한 피착취자인 권투 선수는 이런 경쟁을 완벽하게 겪는다. 더 자세히 말해 그는 이런 경쟁을 야기하고, 그가 임하는 경기 하나하나 속에서, 그리고 그 경기에 의해 그것을 감내하며 체험한다. 상대방을 물리치고자 하면서 그는 싸우는 상대방에 대해서만 아니라 자신이 다니는 도장에서 가장 "유망한 선수" — 일반적으로는 자기 체급의 모든 선수에 대항해 — 를 상대로 싸우는 것이다. 이처럼 아주 훌륭한 경기를 펼치면서 이 모든 이보다 자신이 우월하다는 사실을 증명하는 것이다. 매 경기 그를 사로잡고 동지-적에게 맞서 달려들게 만드는 폭력, 그것은 본래는 억압자에게서 피억압자에게 향하는 폭력 자체였다. 하지만 피억압자에게서 억압자에게로 되돌려지고, 계급들 사이의 대립을 하나의 투쟁으로 부르는 것을 가능케 한다. 그렇게 함으로써 이 폭력은 산업 사회 내의 특정한 형태하에서 희소성의 내재성을 이미 구현했다. 하지만 부르주아 계급은 이 폭력을 구입함으로써 그것을 다시 회수하여 변형시킨다. 이처럼 소외된 피착취자의 공격성은 경쟁적 적대 관계로 변형된다. 권투 선수라는 상품은 마치 인간이 그러듯이 서로 싸우게 되며, 이때 각각의 상품은 다른 상품들을 파괴하거나 가치를 절하시킴으로써 자신의 가치를 드높이고자 한다. 투쟁의 도치는 주목할 만하다. 자유주의 시대에 경쟁은 가격을 내리는 결과를 낳는다. 권투 경기들도 다음과 같은 일반적인 규칙으로부터 자유로울 수 없다. 즉 경기 수도 많고 권투 선수도 많다면 경기는 일시적으로 평가 절하될 위험이 있다. 하지만 경제적 경쟁 관계가 구현되는 폐쇄된 시장에서는 가장 훌륭한 선수로 입증되는 자가 다음 경기에서 가장 비싼 값으로 팔리게 될 것이다. 그 이유는 권투 선수들의 경우 가공된 물질이 인간들 사이에 매개로 사용되고 있지 않기 때문이다. *인간의 자격*으로 가공된 물질인 것은 바로 인간 자신이기 때문이다.

투쟁의 개념화 불가능성

이와 같은 몇몇 관찰을 통해 우리는 권투 경기가 어느 정도, 그리고 왜 개별적 현실인지, 총체화될 수 있지만 개념화되는 것은 불가능한 하나의 과정인지를 이해할 수 있다. 한편으로 권투 경기는 폭력의 여러 계기를 통해 드러나는 미덕들을 나타낸다. 용기, 냉철함, 인내 등등이 바로 그것이다. 하지만 다른 한편으로 링 위에서는 매우 현실적인 이 미덕들도 객관적으로 살펴보면 상품들에 불과하다. 관중은 이러한 인간적 용기를 즐기기 위해 돈을 지불한 것이다. 그들은 자유로운 행동들이 공개적으로 소외되는 장면에 참여한다. 이 모호한 사건 — 즉 권투 경기 — 에서 참여자들은 그들 자신의 소외된 현실, 즉 자유의 근원까지를 포함하는 인간 전체의 현실과 해방적 기능을 갖는 폭력의 현실을 생산하고 포착한다. 그러나 이 폭력은 오직 스스로 더 소외되기 위해서만 소외에 대항하는 것이다. 자신에게로 되돌아오는 사건은 관중이 보기에 근본적인 폭력에 대한 가담인 동시에 폭력의 국지화와 이 폭력에 대한 거리 두기를 구성한다. 이때 거리 두기는 하나의 개별적인 경기 속에 집중되고, 그 안에 포함되면서 그 자체가 하나의 외면적이고 한정적이며 날짜가 매겨진 하나의 사건으로 드러난다. 시간화하는 이 사건은 모든 사람에게 상대방 각각의 개별적인 변천들을 요약하고 있다. 이들 각각에게서 일어나는 피억압자들의 폭력의 개념화와 이를 통한 자신의 소외가 그것이다. 하지만 이와 같은 시간화는 억압과 착취 체제의 진정한 양상을 언제나 *구현한다.* 이는 바로 피억압자들의 폭력의 소외다.

억압자들의 질서가 경찰, 군대, 그들에게 유리하게 작용하는 경제적 상황들에 의해 철저하게 유지되는 한 *억압*에 의해 생겨났지만 그에 의해 무기력해진 피억압자의 폭력은 개인적 행동 이외의 다른 출구나 분출 통로를 알지 못한다. 대부분의 경우 드러나지 않는 개인적인 행동들은 사보타주부터 절도에까지 이르며, 만약 발각된다면 자멸로 이끄는 폭력인 것이다. 실제로 이들 내부에서의 폭력은 드러남과 동시에 평가절하된다. 자신들의 의도에도 불구하고 부르주아적 가치와 이념에 젖어 든 노동자들은 이러한 의미 없는 반항을 부르주아와 같은 준엄함으로 판단한다. 물론 권투 경기가 생겨난 시기에는 반대로 거대한 투쟁들이 일어났으며, 프롤레타리아들은 자신들의 계급적 폭력을 자각하고 있었다. 하지만 반격의 순간, 즉 구질서가 프롤레타리아들에 맞서 재정립되었을 때, "가격-봉급"이라는 악순환 속에 이들을 가두었을 때, 또한 봉급생활자들에 대한 자신들의 의기양양한 행동조차도 부르주아들이 가격에 대해 취한 조치에 의해 무위로 돌아갔을 때 폭력은 그 자체로 무기력함으로 이해된다는 것 역시 사실이다. 하지만 이는 참이기도 하고 거짓이기도 하다. 우리가 투쟁의 일시적인 한 계기만을 확인하는 데 머문다면 사실이 될 것이다. 하지만 이를 통해 우리가 흔히 "평민의 무기력함"으로 명명되는 것을 드러내고자 할 때 이는 거짓이 될 것이다. 물론 부르주아적 선전은 투쟁의 일시적인 계기 속에서 평민의 무기력함을 보여 주고자 할 것이다. 이와 같은 선전이 목표를 달성하는 경우, 싸움에서 패한 직후 낙담하고 있는 노동자들이 스스로를 기만하는 경우 *질서의 관점*과 "민주적" 법칙들의 입장에서 기습적으로 판단된 폭력은 그 가치가 하락하면서 비실재화한다. 즉 폭력의 실재성이 파괴의 *국지적*인 힘이었다면 그 *비실재성*은 스스로를 해방의 도구로 삼는 데서 완전한 무기력함이다. 이와 같은 가치를 하락시키는 비실재화는 하나의 속임수에 불과하지만 속임수가 갖는 모든 *사회적 실재성*을 지니고 있다.

그런데 권투 경기가 구현하는 것은 이런 속임수 자체다. 경기는 두 개인들을 지배하고 이들을 대립시키며 참여자들을 위해, 그리고 그들에 의해 현실적이고 분열된 존재 — 이 존재는 자신의 반쪽을 절단하고 제거함으로써 자신의 통일성을 되찾고자 한다 — 가 되고 마는 폭력이다. 명백한 것은 이 특정한 갈등이 그 해결책을 권투 내에서 발견할 것이라는 점이다. *하지만 권투가 유일한 해결책은 아닌 것이다.*(예컨대 승자가 패자에 대한 자신의 우월성과 더불어 상위 랭킹으로 도약할 수 있는 실질적인 불가능성을 동시에 보여 줄 때 그러하다.) 참여자들의 폭력은 폭발함과 동시에 탈실재화한다. 그것은 자신의 폭발적인 힘 속에서 끊임없이 체험되면서 과시되는 것이다. 모든 사람에 의해 발생한 이 사건은 정말로 실재적이다. 예컨대 펀치, 부상, 선수들의 컨디션을 실제적으로 저하시키고 불구에까지 이르게 할 수도 있을 부상 등등 모두가 실제적이다. 선수들 각자의 창의적인 전략, 견뎌 내는 고통, 용기, 아집 등도 실제적이다. 이와 같은 폭력 전체를 의도적으로 훼손된 폭력 안에 구현함으로써 이 권투 경기를 지배 계급의 대표자들 사이에 이루어지는 하나의 협약으로 축소시키는 금지들의 전체는 이 절대적이면서도 공허한 두 선수 사이의 모험을 본질적인 무기력함의 구현으로, 즉 해방의 기능을 갖는 유일한 힘의 소외의 구현으로 모든 참여자에게 돌아가게 한다. 물론 이와 같은 권투의 양상은 계획된 것이 아니다. 그것은 하나의 선전도 아니다. 그러나 실제로 선전이 이루어지는 경우 모든 것이 이 선전을 구현한다는 사실을 우리는 알게 될 것이다.

어쨌든 경기가 참여자들을 열광시키고 있다는 사실은 분명하다. 하지만 이 경기는 관중에게 노동자의 연맹들이 이미 극복한 현실을 보여 주는 것이다. 경쟁 시장에서 노동력을 파는 자들을 대립시키는 적대 관계가 그것이다. 달리 말하자면 이런 경쟁은 (노동 시장에서의) 하나의 투사에 불과하며, 자본주의 체제가 자신의 발전의 조건으로서 태동시킨 경쟁 체제의 구현에 불과한 것이다. 이해관계가 대립하는 한 노동자들은 실제로 자본주의 체제를 살아가는 인간들이고 그 산물이기도 하다. 그들은 자본주의에 대항해 투쟁의 기구와 단결 조직을 만들어 낼 때만 "자본주의 체제가 스스로 내리는 선고"로서 스스로를 구성할 뿐이다. 그런데 관중이 바라보는 것, 즉 두 선수들 사이의 경쟁은 하나의 같은 계급 내에서 이루어지는 경쟁의 이미지나 상징이라고 말하는 것만으로는 충분하지 않다. 이 경기는 한 계급 내에서 발생하는 경쟁의 매우 실질적인 하나의 일화(왜냐하면 우리가 앞서 살펴본 대로 권투 선수들은 처한 상황을 개선하기 위해 경기에 의존하고 있기 때문에)인 동시에 현재적인 구현이기도 하다. 이 경기를 통해 권투 "세계"는 각 체급에 따라 각각의 선수를 모든 선수에게, 각각의 선수를 각각의 선수에게 대립시키는 갈등, 폭력 안에서만 해결책을 찾을 수 있는 다수의 갈등으로서 총체화된다. 모두 경쟁자일 수 있고, 모두 적대자일 수 있고, 상대의 생명을 파괴함으로써만[23] 자기 생명을 누리게 되는 방식으로 권투에 의해 만들어진 산물일 수 있는 이 선수들 모두는 자신들 내부에서, 그리고 자기 행동들을 통해 그들을 이렇게 만들어 낸 체제의 사회적 구조를 재생산한다. 그들에 의해 경쟁 — 지배 계급에 속한 개인들 사이의 근본적인 관계로서, 착취에 대항해 단결하고자 하는 의지에 의해 지배되고 거절된 계급의 개인들에게 부과된 관계로서의 경쟁 — 은 관중(관중의 대부분의 구성원들은 경쟁 체제를 비난하고 단합에 의해 이 체제와 싸운다.)에 의해 지지되고 동의된 구체적 사건으로서 적나라한 모습 속에서 나타난다. 따라서 관중에 의해 이루어진 권투 경기가 갖는 애매성이 바로 이것이다. 타

---

23 물론 권투가 즉각적으로 사람을 죽이는 것은 아니다. 하지만 사람을 점진적으로 황폐화한다. 특히 승자들은 패자를 제거하는 데 기여한다. 연속적으로 패할 경우 패자는 권투 세계 내에서 그리고 이 권투 세계에 의해 모든 생계 수단을 박탈당한다. 방출당한 그는 죽거나 다른 직업을 찾아야 할 것이다.(원주)

이틀전이 벌어지면 부르주아 관중은 일손을 멈추고 경기에 몰입한다. 그들은 어떤 불편이나 모순도 느끼지 못한 채 눈앞에서 펼쳐지는 경기 속에서 그들이 일상의 현실 속에서 벌이는 투쟁과 그 안에서 찾아내는 도덕적 가치들 — 개인주의 따위 — 을 다시 발견한다. 결과적으로 *이런 형태하에서 근본적인 폭력이 내면화하고 부르주아계급의 내부에서 재외면화한 것이다.*(물론 여기에는 이 계급이 다른 계급들과의 관계에서 보여 주는 억압과 착취라는 근본적인 사실에 대한 고려는 배제되어 있다.) 일반 관중에게 적나라한 폭력의 현시는 모순적이게도 피억압자들에게 공통된 폭력의 한정 작용으로서 *탈현실화*를 통해 모든 이를 경쟁 시장이라는 부르주아적 영역으로 되돌려보내는 것으로서 구성된다. 폭력은 현실화하면서 그 본질이 변화하게 되고, 그들이 현재 처한 현실 속에서 피억압자들을 변화시키게 된다. 계급의 저항으로 받아들여진 이 폭력은 스스로를 개인들 사이의 갈등으로 *받아들여지게끔 한다.* 더 정확히 말하자면 자신들의 규칙을 폭력에 부과하는 데까지 나아가는 *착취 계급에 의해* 촉발된 인간-상품들 사이의 경쟁으로서 받아들여지게끔 하는 것이다.

이처럼 권투 경기는 선수들의 개별성 위에 정초된 하나의 개별적 과정이다. 이 과정은 현재의 사회가 부과하는 다양한 형태의 모순적이고도 동시적인 구현을 통해 이루어지는 근본적인 폭력의 변증법적 개별화로서 발생한다. 이 구현은 단순히 변증법적으로 대립된 특수화의 산물이 아니다. 참여자들 전체에 의해 실현된다는 점에서 이 구현은 또한 자신의 모호성으로도 정의된다. 여기에서 나는 참여자들 스스로가 발생한 사건의 시간화를 통해 집합태, 집단, 상호적인 적대감의 한정 작용들을 스스로에게 부여한다는 사실만을 말하려는 것이 아니다. 내가 특히 강조하고자 하는 것은 이 참여자들이 여러 계급과 환경에 속해 있다는 사실이 양립 불가능한 의미들의 다수성과 함께 동일한 사건을 만들어 낸다는 것이다. 물론 이때 제대로 밝혀지지 않은 양립 불가능성들이 모순들 속에서 구체화되는 것은 아니다. 따라서 사건의 종합적인 통일이라고 하는 것은 어떤 경우에도 하나의 개념에 의해 표현될 수 없다. 이와는 반대로 우리는 사건을 개별화시킬 필요성을 보게 되며, 이 사건이 그 자신 속에 자신의 "우연적인" 개별성들의 근거를 포함하고 있다는 사실을 보게 된다. 하지만 이와 같은 간결한 기술을 통해 우리는 구현이 포괄하는 총체화와 갖는 관계를 더 잘 이해할 수 있다. 우리가 고찰하는 모든 폭력이 거기에 있다. 이 폭력들은 그것들을 파생시킨 근본적인 폭력에 의해 지지되고 있으며, 이처럼 모든 것은 희소성이라고 하는 참을 수 없는 긴장 속에서 전개되는 것이다. 하지만 사건을 발생시키는 데 협력하는 서로 다른 투기들(프로모터의 투기로부터 시작해 선수의 소외와 자유를 거쳐 관중의 투기에 이르기까지)은 그 자체로 구체적 보편이자 그것들을 개별화시키면서 총체화하는 매개적 장을 관통한다. 이것은 곧 서로 다른 투기들이 매개적 장들을 지양하는 운동의 개별적 자질로서 이 장들을 보존한다는 것을 의미한다.

모든 것이 약한 펀치 한 방 속에 들어 있다. 즉 이 펀치를 가하는 사람의 역사부터 이 역사의 물질적이고 집합적인 상황들에 이르기까지, 또한 자본주의 사회의 전체 과정부터 권투라고 하는 상품에 의한 이 과정의 개별적 결정에 이르기까지, 나아가 피억압자가 겪는 근본적인 폭력으로부터 참여자들 각자에게서, 그리고 각자에 의해 이루어지는 이 폭력의 개별적이고 소외시키는 객체화에 이르기까지 모든 것이 담겨 있다. 그리고 만약 모든 것이 현전하지 않고, 따라서 지양되지 않았다면 개별적인 전략, 즉 바로 이날, 이 경기장에서, 그리고 이 관중 속에서 가해진 이 펀치라고 하는 구체적이고 유일한 현실은 가능하지 않았을 것이다. 이와 같은 구현은 모든 것의 총체화로서가 아니면 실현될 수 없는 것이며, 이와 동시에 그것이 총체화하는 것의 순수하게 추상적인 통일성으로 환원될 수 없는 것이다. 결국 이것의 구체적 현실은 방향 지어진 총체화가 된다는 데 있다. 그리고 이와 같은 방향은 정확히 말해 그것의 개별화의 또 다른 양상이다. 투기는 지양된 매개들로부터 주어지는 자질을 통해 개별적인 것이지만 이 매개들은 개별화시키는 것이다. 왜냐하면 투기가 그것의 방향 자체에 의해 매개들을 개별화했기 때문이다. 또한 우리가 이제 갈등을 그 자체의 제거를 향해 시간화되는 사건으로서 연구하고 있는 이상 이 갈등이 중층 결정, 즉 적대적인 행위들의 다수성에 의해 이루어지는 과정임을 알 수 있다. 이렇게 해서 과정으로서의 갈등은 모든 개별적인 의도, 즉 총체성의 모든 모순적인 개별화의 산물 — 모든 인간적 의도를 넘어서는 — 로서 나타난다.

이처럼 비판적 연구의 마지막 단계에서 우리는 다음과 같이 말할 수 있고 또 말해야만 한다. 즉 각각의 투쟁은 활동 중인 사회적 전체의 모든 *상황*의 개별화이고, 이 개별화를 통해 투쟁은 역사적 과정에 다름 아닌 포괄적 총체화를 구현한다는 사실이다. 이미 밝힌 바 있고 또다시 강조하는 바이지만 우리는 이와 같은 포괄적인 총체화가 존재하는지를 아직 증명하지 못했다. 그러나 지금 당장으로서는 각각의 개별적 총체화가 개별성으로서 포괄된 것과 마찬가지로 총체화로서 포괄하는 것이라는 점을 지적하는 것으로 충분하다. 실제로 이 경기가 모든 경기 — 특히 같은 토요일 저녁에 도처에서 벌어진 경기들 — 를 포괄하는 것과 마찬가지로 각각의 경기는 이 경기를 그것의 객관적 실재성 속에서 포괄한다. 이런 점에서 보면 하나의 동일한 사회적 현실로부터 출발해서 다음과 같은 두 가지의 변증법적 과정이 가능하다. 하나는 의미 작용들의 질서를 따라 대상에서 출발해 *전체*에 이르는 줄어드는 팽창의 과정이다.(예를 들어 지폐는 우리가 아는 모든 경제적, 사회적, 역사적 의미 작용을 *가리킨다.*) 이 경우 사유는 이른바 탈*총체화하*는 것이 될 수 있으며, 사건은 의미화된 총체들을 위해 스스로를 상실하게 된다. 다른 하나는 총체화하는 압축의 과정으로 위와는 반대로 사건이나 대상 속에 응축되고 유인된 모든 의미 작용의 구심적 운동을 포착하는 것이다. 경기장을 찾는 몇몇 미트로메가스[24]에게는 실제로 사실, 대상, 외적 의미 작용에 대한 초월적 관계들을 통해 모든 것을 설명해야 할 것이다. 매표소 앞에서 줄을 서서 지폐를 입장권으로 교환하는 개인들이 보여 주는 단순한 광경은 현재의 통화 체계, 따라서 현재의 모든 경제 체계를 참고하지 않고서는 이해될 수 없을 것이다. 이와 마찬가지로 링을 밝혀 주는 강한 조명에 사용된 전구들 역시 필연적으로 외계에서 온 여행자들에게 현재 우리가 가진 산업 기술과 물리학 등등의 수준을 보여 주게 될 것이다. 하지만 이 모든 기초적이고 근본적인 구조들은 교환이라고 하는 사건 자체 속에 직접적으로 집약되어 있다. 교환이라는 사건은 기업가들에게는 부가 가치의 창출임과 동시에 바로 이런 점을 통해 과학 지식에 의존하는 몇몇 기술 원천을 그것들의 개별화하는 운동 속에서 사용하고 통합한다. 따라서 내면화된 이런 한정 작용들 자체가 사건을 개별화하는 데 기여하는 것이다. 또한 이런 한정 작용들이 어떻게 구현의 내부에서 하나의 특수한 행동을 야기하는지를 포착하기 위해서는 새로운 변증법적 과정이 있어야 한다. 불행하게도 대부분의 경우

24   1752년 볼테르가 쓴 작품의 주인공으로 시리우스에서 온 괴물 외계인 여행자를 가리킨다.

마르크스주의적 "분석들"에 국한되는 첫 번째 과정은 *개별화되지 않은* 구체적 총체성들로서의 매개들의 총체 속에 사건을 용해시켜 버린다. 두 번째 과정 — 한 사건의 변증법적 가지성을 포착할 수 있는 유일한 과정 — 은 이 사건 자체의 내부에서 상황들의 개별화로부터 출발해 과정의 개별성을 구성하는 상호 작용들을 발견하는 것을 목적으로 한다. 매개적 장들이 새로운 효율성을 갖는 것은 바로 상황들을 집약하는 *이런 투기*를 통해서다. 정확히 이와 같은 사실을 통해 우리는 개념과 구현 사이의 또 다른 차이점을 살펴볼 수 있다. 개념 속에서는 "내적" 한정 작용들이 외면적 관계들에 의해 통합된다. 반면에 구현 속에서는 모든 차원에서 모든 한정 작용이 구체적이며, 이들을 통합하는 것은 내면성의 관계다.

결론

이상의 첫 번째 검토를 통해 우리는 최소한의 가지성을 확보하게 되었다. 비록 있는 그대로의 투쟁이 모든 총체화에 복종하지 않는 것으로서 드러나야 한다 할지라도 각각의 투쟁 — 분열로서의 — 은 다른 모든 투쟁, 즉 현대 사회가 희소성에 부여하는 특수한 형태들과 동시에 근본적인 희소성의 구현인 것은 사실이다. 하지만 이와 같은 결론들이 실증주의적 다원주의에 대립할 수 있다 해도, 그리고 우리가 하나의 개별적인 투쟁을 현대 사회 내에서 진행되는 것과 같은 계급 투쟁의 구현과 개별화로서 *이해*할 수 있다고 해도 다음과 같은 점은 여전히 사실로 남는다. 즉 본 연구를 더 진행시키지 않는 한 갈등과 같은 생생한 분열은 총체화하려는 노력의 극복할 수 없는 한계처럼 여겨진다. 특히 계급 투쟁에 의해 나누어진 한 사회의 역사적 통일성은 과연 무엇이 될 수 있겠는가? "나누다"라는 말은 적절해 보이지 않는다. 왜냐하면 이 말은 절단에 앞선 통일성을 가리키기 때문이다. 그런데 엥겔스가 옳고, 이와 같은 통일성이 기술되지 않은 **역사**의 시대에 존재했다 할지라도 이미 오래전에 이 통일성은 와해되었으며 모든 **역사**의 구분들을 가지적인 통일성들의 실낙원과 연관 지으려 하는 것은 시간 낭비일 뿐이다. 만약 **역사**가 변증법적으로 가지적이어야 한다면 공시적 총체화가 일어날 수 있는 것은 바로 투쟁의 한복판에서인 것이다. 따라서 이제부터 우리가 찾아 나가야 하는 것은 가장 격렬한 싸움 속에서의 총체화다.

3. 서약 집단 내 갈등의 가지성

미결정과 모순

이제 우리는 이 새로운 연구에 일정한 방향을 부여하기로 하자. 이를 위해서는 매개들이 필요하다. 주어진 사회 내에서 계급의 갈등들이 모순을 만들어 내는지 아닌지를 즉각적으로 결정한다는 것은 불가능할 것이다. 왜냐하면 이런 모순은 하나의 총체화의 실재를 내포하고 있기 때문이다. 이때 각각의 계급은 다른 계급을 배제하면서 이 총체화의 특수화를 보여 주게 될 것이다. 또한 우리는 아직까지 이 총체화를 드러낼 만한 지식과 도구를 가지고 있지 못하다. 가령 국가적 통일체들이 존재하는지, 혹은 국가가 단지 하나의 집합태에 불과한지, 그리고 개인들은 가공된 물질(개발의 대상이 되는 토지와 지하층, 지구 물리학, 지정학적 조건들 전체, 이전 세대들의 유산 등등에 의한)의 매개를 통해서만 국가에 연관되어 있는지를 알 어떤 수단도 가지고 있지 않기 때문이다. 이 문제를 고찰하기에 앞서 보다 해결하기 쉬운 또 다른 문제를 검토하는 것이 더욱 현명해 보인다. 거대한 역사적 전체의 경우 우리는 실천적 다수성들의 종합적 통일성이 존재하는지를 알 수 없다. 반대로 수많은 개별적 경우에서 우리는 실제적 총체화의 내부에서 하나의 갈등을 검토할 수 있다. 실제로 매우 격렬한 적대 관계들이 조직화되고, 제도화된 집단들 내에서 종종 표출된다. 또한 이 적대 관계들이 발생하는 공동체들이 더욱 잘 통합되어 있을수록 이러한 적대 관계는 더욱더 맹렬한 투쟁으로 이어진다. 그러므로 우리의 첫 번째 질문은 다음과 같다. 조직화된 집단 내에서 투쟁을 벌이고 있는 하위 집단들을 공동의 통일성을 훼손하고, 그 통일성을 분열시키는 파괴의 단순한 주체로 여겨야만 하는가? 아니면 이 하위 집단들을 집단의 모순을 담당하고 있으며, 그 모순을 투쟁을 통해 시간화의 변증법적 계기로서 실현시키는 자들로 간주할 것인가?

답은 분명하다. 상황 속의 하나의 변증법에서 모순은 *선험적으로* 이 모순을 담당하는 인간들을 만들어 내는 하나의 절대가 아니다. 오히려 그 반대로 집단 내에서 사람들은 의식하건 아니건 간에 전개되는 모순을 실행함으로써만 투쟁에 돌입할 수 있다. 우선 모든 내적 갈등이 서약자들 사이에서, 그리고 동지애-공포의 종합적 기반 위에서 출현한다는 사실을 지적해야 할 것이다. 게다가 각각의 적대적인 하위 집단들은 자신들만이 대표하고 있다는 *이 통일성의 이름으로* 다른 집단들과 대립한다. 각각의 하위 집단은 다른 한 집단을 *선험적으로* 유죄 집단으로 지시한다. 왜냐하면 이 다른 집단이 고유한 주장을 통해 공동의 통일성을 깨뜨린다고 여기기 때문이다. 이와 동시에 각각의 하위 집단들은 조직화된 집단의 총체화하는 실천을 통해, 이 실천의 이름으로, 그리고 이 실천이 행해지는 기회를 통해 다른 집단과 대립한다. 각각의 하위 집단은 공동 행동에 서로 다른 방향을 제시한다고 주장한다. 이런 점에서 갈등은 결코 집단 형성 이전의 혹은 외부적 차이들(개인적이건 집단적이건 간에)에 의해 나타날 수 없다. 특정 하위 집단에 속한 개인들이 어떠한 환경에서 파생하는지, 그들의 특징은 무엇인지, 각각의 역사는 어떠한지 등은 중요치 않다. 갈등은 공동 개인들을 대립시킨다. 이때 이들은 서약에 의해 변형되고 역할과 권력을 지니게 되며, 그런 자격으로 집단에 의해서만, 그리고 집단이 구가하는 실천을 위해서만 존재하게 된다. 또한 이들은 분쟁의 대상이 되는 경우를 *제외하고는* 모든 점에서 동등자들로 정의되는 공동 개인들이다. 물론 모든 이전의 차이(출신, 역사 등등)는 갈등에 의해 즉각적으로 *재현동화된다*. 조건의 차이(출신, 역사, 교육, 이전의 환경 등등)는 종종 한 개인 혹은 하나의 하위 집단이 다른 개인 혹은 집단들보다 내적 모순들의 양상을 더욱 잘 이해할 수 있도록 해 준다. 하지만 이런 일들이 항상 발생하는 것은 아니다. **국민 의회**에서 **산악파와 지롱드파** 대부분은 프티부르주아 지식인 계층에 속해 있었다. 하지만 이 요소가 작용할 때 그것은 처음에는 탐사적인 요인에 불과했다. 왜냐하면 이 요인이 집단에 의해 *인정되지* 않았고, 단지 받아들여졌기 때문이다. 통합된 집단 내에서 각각은 자신들의 기억 및 성격과 내연 관계일 수밖에 없었다. 이 개인의 공식적인 존재는 하나의 직무에 연결된 행동에 의해 부과되었다. 활동 중인 하나의 당 내에서 당파주의자와 기회주의자 사이의 대립은 성격상의 차이점들을 *드러내거나* 그것에 의지하여, 그것들을 통해 강화될 수는 있지만 대립이 차이들로부터 생겨날 수는 없다. *집단 내에서의 공동 개인들*의 분류는 역사에 의해 행해진다. 이 개인들이 화해와 긴장 완화의 필요성을 발견하게 되는 것은 바로 그들이 맡은 기능을 통해서다. 혹은 그들의 기능은 어떤 행동을 요구하게 되는데 이들은 이 행동을 통해 집단 전체의 목표를 알게 된다. 이 행동의 변천들을 통해 이들은 자신들의 임무를 성공적으로 수행하게 해 주는 공동의 실천 방향을 얻게 된다. 이와 동시에 공동 목표들은 이들에게 부과된 개별적인 목표들에 의해 굴절된다. 그러나 이 모든 것은 여전히 정태적 결정에 불과하다. 강경파와 온건파가 있을 뿐이다. 공동 개인들의 이와 같은 차이가 진정한 적대 관계가 되려면 공동 투쟁의 상황들이 이들에게 새롭고 시급한 선택 사항들을 요구함으로써 그들의 입장을 더욱 완강하게 해야 한다. 이런 의미에서 우리는 공동 개인의 결정 작용들이 집단에서의 노동의 산물이고, 집단의 실천적 전개가 공동 개인으로 하여금 이 집단이 그의 내부에 각인시킨 결정들로부터 출발해서 선택을 하게 만든다고 말할 수 있다. 물론 공동 개인은 자유의 타성태적 한계일 뿐이다. 선택하는 것은 실천적 유기체다. 하지만 이 유기체의 선택은 정확히 자신의 서약된 타성태 속에 도입된 결정들에 기반하고 있다.

이와 같이 자유로운 선택, 즉 개별적 사건, 불안, 분노, 불화와 화해 등으로부터 갈등이 생겨난다. 하지만 이 행동들은 공동 실천이 전개됨에 따라 야기되는 것이다. 이 경우 전개는 내적 조직의 지속적인 조정을 요구하며 끊임없이 불편함, 부적응, 실격, 복직 등을 불러일으킨다. 모순은 갈등에 의해 드러나고, 갈등에 의해 야기된다. 하지만 갈등은 실천의 변천들로부터 유래하지 않을 수 없다. 상황을 결정짓는 것은 전체 집단과 외부 집단 사이의 힘의 관계와 실천적 장과 이 집단이 맺고 있는 관계다. 공동 실천은 자신의 지휘 기관을 통해 느려지거나 빨라지기도 하고, 후퇴하거나 과격해지기도 한다. 또 다른 하나의 전환점을 만들어야 한다. 변화들은 매 순간에 개인의 복권을 요구한다. 공동 개인들은 한정된 수단을 통해 특정 목적에 이르고자 하는 일정한 리듬을 갖춘 하나의 행동의 산물들이다. 만약 리듬과 수단,

목적(최소한 근접한 목적들)이 변형된다면 사람들은 서로를 좌절시키고, 이전의 결정들을 파괴해야 할 것이다. 혹은 그들 자신이 파괴되거나(이는 단순히 그들이 자신들의 지위를 잃고 다시 투사들의 무리에 속하게 된다는 것을 의미할 수도 있다.) 그들이 실천에 앞서 이루어진 결정들의 이름으로 새로운 방향을 대표하는 사람들과 대립하게 될 것이다. 또한 여기에서 문제가 되는 것은 과거와 현재의 단순한 갈등이 아니라 모든 것이 필연적으로 문제가 된다는 사실임을 잘 이해해야 한다. 실천의 변화와 성공에 해를 끼치는 자들이 반드시 "과거의 인간들"인 것은 아니며, 이와 마찬가지로 진정한 요구를 표출하는 자들이 "새로운 사람들"인 것도 아니다. 사실상 한 집단 내에서의 실질적인 갈등에 대한 연구를 통해 우리는 아주 복잡한 선택과 이 선택들의 모호성을 볼 수 있다. 즉 모든 상황에도 불구하고 가장 "보수적인" 선택이 완전히 혁신적인 것이 되고, 가장 "새로운" 선택이 관습과 폐기된 전통에 물드는 것을 볼 수 있다. 정확히 이런 이유에서, 그리고 헤겔이 말한 명제와 반명제와 같이 분명하고도 정확한 모순들을 상상하지 않는다면 다음과 같은 사실은 분명해 보인다. 즉 하나의 활동 중인 집단 내에서 하나의 모순이 취할 유일하고 실제적인 형식이 바로 갈등이라는 사실이다. 역으로 인간들에 의해 이루어지는 객관적인 모순의 현동화가 아니라면 어떠한 갈등도 하나의 통합된 공동체 내에서는 가능하지 않을 것이다.

하지만 어떤 잠재적인 형태하에서 이와 같은 모순이 폭력적인 현동화에 앞서 존재할 수 있는가에 대한 문제가 제기될 수 있다.[25] 단지 우리에게 친숙한 몇몇 예를 살펴본다면 이에 대한 해답을 어렵지 않

---

25 모순들이 전개되면서 갈등에 이르기 전에 집단의 내적 긴장, 즉 종종 ─ 사태들을 긍정적으로 간주한다면 ─ 그 응집력의 한 요인을 보여 준다는 것은 당연하다.(원주)

게 찾을 수 있다. 평범한 예를 한 가지 들어 보자. 즉 능력의 갈등에 대한 예다. 하나의 조직화된 집단 내에서 특정한 조직체는 하나의 사건을 알려고 하고, 또 다른 조직체는 이 사건이 자신들에게 속한 것이라고 주장한다. 이런 일이 종종 발생한다면 두 조직체 사이의 경쟁은 공공연한 두 하위 집단의 전쟁으로 비화할 것이다. 하지만 이런 상황이 무엇 때문에 반복해서 발생하는가? 대부분의 경우 우리는 논쟁의 근원에 상호적인 능력의 현실적이지만 상대적인 미결정 상태가 있는 것을 볼 수 있다. 그러면 이와 같은 미결정 상태는 어디에서 연유하는가? 아마도 그것은 처음부터 존재했을 것이다. 하지만 이와 같은 일은 생각보다 드물다. 사람들은 항상 주어진 상황 내에서 자신들이 할 수 있는 모든 것을 한다. 사실상 공동 실천의 전개가 내적 관계들 내에 예기치 못한 변화들을 발생시키면서 이런 미결정의 상태를 만들어 낸 것이다. 예를 들면 전혀 다른 의도에서 시작된 관계의 점진적인 개선이 두 조직체를 서로 연관되게 만들었을 때 두 조직체는 대립하게 되는 것이다. 처음에 이 조직체들은 같은 기능을 가지고 있었다. 하지만 소통의 어려움으로 인해 서로에게 없어서는 안 되는 역할을 하게 된 것이다. 왜냐하면 그들 가운데 어떤 조직체도 다른 조직체가 나름의 활동을 하는 영역에 대해서 자신의 활동을 실행시킬 수단을 가지고 있지 못하기 때문이다. 또 다른 경우를 보면 전체적인 상황의 변화는 한 집단 내부에서 새로운 사건들이 출현하는 것으로 특징지어진다. 이 새로운 사건들이 일정한 독창성을 가지는 한 상대적으로 예기치 않은 것으로 나타나게 된다. 그렇기 때문에 어떤 특정한 조직체도 그것에 대해 알아야 할 의무를 가지고 있지 않다. 하지만 이 사건들이 예전의 의미 작용들도 가지고 있는 경우에 몇몇 조직체들 — 이번에는 서로 *다른* 능력을 가지는 — 은 바로 이 사건들이 자신들에게 속한 대상들을 내포하고 있다고 생각한다. 몇몇 양상에 민감한 각각의 조직체는 이 사건을 서로 차지하려고 들지만 실제로는 어떤 조직체도 그런 자격을 갖추고 있지 못하다. 따라서 이 집단은 재조정되어야 하며, 새로운 현실들로부터 정의될 수 있는 새로운 직책들을 만들어 내거나 이전의 조직체들을 개조해야 할 것이다. 이런 과정에서 투쟁은 조직체들 사이의 현실적인 관계가 된다. 우리는 뒤에서 이런 종류의 투쟁과 그 산물들에 대해서 다시 살펴볼 것이다.

지금으로서는 이와 같은 추상적인 예들만으로도 모순의 변증법을 살펴보기에 충분하다. 모순의 변증법이 실천에 의해 실현되기 전에는 분명하게 드러나지 않는다는 것은 자명하다. 예를 들어 불편의 첫 번째 형태가 바로 미결정 상태인 것이다. 하지만 이것을 조금 더 자세히 살펴볼 필요가 있다. 이런 미결정 상태(그것이 관계들의 증가에서 기인하는 것이건 아니면 새롭고 예기치 못한 상황에서 기인하는 것이건 간에)는 하나의 *객관적인 실재*다. 상황에 처한 관찰자나 역사가에게 직위와 사건 사이에는 하나의 미결정된 — 즉 충분히 결정되지 않은 — 관계가 객관적으로 존재한다. 그리고 이런 미결정 상태는 기능들에서 대상으로 향하지 않는다. 능력들이 *처음부터* 충분히 결정되어 있지 않다면 이런 일이 발생할 수도 있다. 그것은 역으로 대상에서 기능들로 향한다. 왜냐하면 이때의 대상은 기능들을 해체하고 무효화하는 행동의 새로운 결과로서의 대상이기 때문이다. 이미 살펴보았지만 대상이란 실천 자체의 구현이다. 따라서 자신의 획득물, 즉 스스로에게 부과한 내적 결정들을 문제 삼는 것은 모든 행위다. 예컨대 이것은 역사가가 이런 미결정 상태를 설명하기 위해 사건의 객관적 의미를 기능들의 조직적이거나 제도적인 정의와 비교할 수 있을 뿐이라는 것을 의미한다. 그러나 이런 미결정 상태는 비록 집단의 내적 관계 — 이 관계들이 집단의 행동에 전적으로 의지하는 한 — 의 객관적 성격이라 할지라도 역사적 형태하에서는 여전히 추상적 의미 작용의 차원에 머문다. 미결정 상태는 하위 집단들의 활동을 통해서만 *실천적*으로 실현될 뿐이며, 망설임으로써 *그 모습을 유지한다*. 달리 말하자면 그것은 자신의 내면화 안에서 그리고 그것을 통해서만 실천적 실재를 가질 수 있는 것이다. 우리가 차후에 그것을 구조로서 설명할 수 있다고 해도 우선 행위로만 구체적으로 드러날 뿐이다.

이것은 전혀 놀랄 만한 일이 아니다. 서약된 타성태가 각자에게서 공동 개인을 특징짓는 수동적 결정들의 총체를 구성한다고 할 때 대상과 이 결정들 사이의 관계는 객관적으로 정의되지 않는다. 지금 우리는 수동적 존재와 생명이 없는 것의 종합이라는 영역에 위치해 있다. 하지만 이 공동 개인이 실천적 유기체에 의해 지탱되고 끊임없이 재창조된다고 할 때 이런 미결정 상태의 관계는 개인이나 하위 집단의 기능적 실천이 진행되는 동안 종합적이고 살아 있는 관계의 형태하에서만 실현될 수 있을 것이다. 물론 그것을 *실현시킨다*는 것은 그것을 지양하는 것이며, 이는 또한 하나의 타성태였던 것을 하나의 *실천*으로 만드는 것을 의미한다. 즉 그것을 하나의 투기의 구조로서 내재성 속에서 조직하여 그것으로 하여금 *내면성의 관계 속에서 내면화된 다른 관계들과 더불어 끊임없이 내적 관계를 맺게끔 하는 것이*다. 지양한다는 것은 하나의 어려움을 제거하거나 하나의 문제를 해결하는 것이 아니라 단지 하나의 실천의 특정한 방향 속에서 지양된 것을 구성하는 것이다. 우리가 보았던 예에서 지양은 다음과 같은 상황 속에서 일어난다. 즉 미결정 상태를 부정하고 그것을 이용하는 하위 집단이 확실히 자신들의 것이 아닌 일련의 사태들을 장악하고자 하는 것이 곧 지양인 것이다. 이런 결정 속에서 우리는 공동 실천의 개별화를 분명히 보아야만 한다. 공동 이해관계라는 명분으로 하위 집단은 자신들이 가진 힘에 따라 조직화된 행동에 기여한다는 계획을 통해 새로운 사건들에까지 자신들의 능력을 확장한다. 이런 점만 고려했을 때 우리는 아직 미결정 상태를 모순으로 파악할 수 없다. 게다가 대립을 낳지 않으면서 이와 같은 장악과 기능들의 누적이 하나의 긍정적인 조치로 간주되기 위해서는 또 다른 하위 집단이 만들어지지 않는 것만으로도 충분할 것이다. 심지어 다른 하위 집단이 동일한 조치를 취하게 될 때도 모순은 나타나지 않을 것이다. 하지만 각각의 하위 집단들이 *다른 하위 집단에 반해 동일한 사태*를 자신들의 것으로 요구할 경우, 즉 각각의 조직체들에 의해서 지양된 미결정 상태가 이 조직체들을 적대 관계 속에 하나로 묶는 매개가 될 경우 모순이 발생할 것이다. 달리 말하자면 이 미결정 상태는 *어떤 경우에도* 그 자체로는 모순이 *아니다.* 하나의 모순이란 그것의 항목들이 결정되는 한에서만 존재할 수 있기 때문이다. 하지만 공동 실천이 서로 미-결정된 대상을 요구하는 조직체들(그것이 유사한 것이건 상이한 것이건 간에)을 만들어 냈을 때 객관적 모순은 이 조직체들의 갈등의 의미가 된다. 그리고 이와 같은 모순은 집단의 두 가지 내적 구조가 전체적 시간화의 계기 속에서 함께 시간화할 수 없다는 사실에 불과하다. 하지만 그렇다고 해서 이 새로운 대상들이 이런 불가능성을 밝혀 줄 것이라고 말해서는 안 될 것이다. 실제로 이 대상들은 객관적으로 그리고 동시적으로 이 두 (하위) 집단들을 시간화를 실천적으로 실현할 수 있는 집단으로 만든다. 그리고 불가능한 공존의 실천적 실현이 바로 갈등이다. 이런 점에서 우리는 다음과 같은 몇 가지 유용한 사실들을 고찰해 볼 수 있다.

우선 갈등의 기원은 자유롭고 우연적이며 일화적이다. 각각의 하위 집단이 미결정 상태를 담당하고 내면화하기 때문에 이 기원들은 자유롭다. 이 하위 집단은 틀림없이 숙고 끝에 그렇게 하기로 결정을 내렸다. 심지어 이 지위를 담당하는 지도자들의 태도는 선거가 없을지라도 협력자 과반수의 지지를 받게 되며 그 역도 마찬가지다. 대자적으로 정립된 하위 집단은 사람들이 불행하게도 지나치게 이상주의적인 방식이라고 불렸던 단결심이다. 그러나 갈등을 야기하게 될 각각의 새로운 사건들은 그 자체로 전체적 실천과 그 결과들의 개별화시키는 구현이기 때문에 사태는 항상 우연적 사실성의 양상으로 나타난다. 바로 이것이 개인들이나 공동체들에게 발생한 하나의 특정한 역사이며, 그렇기 때문에 개별적 사건처럼 복잡하고 모호하지만 심오한 의미(미결정 상태) 속에서 분명하게 드러나는 것이다. 동지애-공포의 바탕 위에서 각각의 하위 집단이 우선 타협책을 바란다는 점에서 보면 역사가 촉발한 갈등의 시초 자체는 *일화적이다.* 왜냐하면 개인적인 주도권, 오해, 몰이해 등등은 사람들이 그치고자 하는 논쟁을 악화시키기 때문이다. 그러나 개별적 사건이 (실천의 수단, 목적, 운동 등등이 실천적 장과 적대 행위들의 변화와 맺는 관계의) 실천 계기의 구현인 것과 마찬가지로 오해나 "성격들"의 충돌이 *그 자체 내부에 총체화하는 구현의 기능을 가지고 있지 않다면* — 즉 이것들을 통해 하위 집단들의 공존이 그 불가능성을 드러내지 않는다면 — 즉시 사라지게 될 것이다.

　　국민 공회의 대투쟁 훨씬 이전에 **지롱드파**가 **자코뱅파**의 로베스피에르가 신의 은총을 갈구했다는 점을 비난했던 것은 하나의 일화, 즉 이미 분류된 하나의 사건에 불과하다. 하지만 사실상 이 "사건"은 아주 정확하게 말해 인민과 그들이 가진 "미신"을 경멸하는 탈기독교화한 부르주아계급과 프티부르주아 집단 사이에 발생한 근본적인 갈등을 구현하고 있는 것이다. 프티부르주아 집단의 정책은 인민을 위한 **혁명**을 수행하는 것, 인민의 신념들을 조작하려는 것이었다. 로베스피에르의 모든 종교적 정책과 무신론자들인 자코뱅 당원들을 종교를 가진 다수와 대립시키는 모든 향후의 갈등은 내일을 기약할 수 없는 이와 같은 투쟁 속에 *포함되어 있다*. 이들은 사람들에 의해 투쟁 속에서 실현되기 때문에 존재하는 것이다. 실천 행위는 스스로 제거되는 하나의 총체화 속에서 자기 미래의 모순들을 고발한다. 왜냐하면 이 행위는 불가피한 동시에 시기상조이기 때문이다.

이처럼 갈등은 모순을 *만들어 낸다*. 공존이 불가능하다고 결론짓는 것은 바로 인간들이다. 이들이 이런 결정을 내리는 것은 개별적인 특징들에 의해 종종 부각되는 *개별적인 상황*들 속에서다. 투쟁이 진행되는 내내 같은 집단의 다른 구성원들과 심지어는 하위 집단들의 기회주의자들에게조차 사태는 다음과 같이 전개되는 것처럼 나타난다. 즉 사건들의 우연성 자체와 개인들의 특정한 자유가 갈등 자체의 우연성을 드러내고, 따라서 이 갈등에 종지부를 찍는 것이 언제나 가능한 것처럼 보인다. 하지만 실제로 환상은 자유롭고 실천적인 유기체들 — 집단화되어 있든 고립된 것이든 간에 — 에 의해 결정이 내려진다는 사실에서 기인한다. 각자가 지양될 수 없는 서약된 타성태에 봉사하는 경우에만 이와 같은 자유로운 지양이 이루어질 수 있을 뿐이다. 자유로운 서약의 물질적 산물로서의 이 타성태 자체는 불가능한 공존의 운명으로 구성된다. 이 경우 자유 자체는 이 타성태를 다른 타성태, 예컨대 권력들의 미결정 상태라는 또 다른 타성태와의 내재성의 관계를 맺게끔 한다. 이러한 사실로부터 우리는 투쟁의 이중적 특성을 포착할 수 있다. 투쟁은 갈등을 자유롭게 실행한다. 하지만 이 자유 자체는 지양할 수 없는 타성태의 두 개의 모순적인 항목 사이를 매개한다. 달리 말하자면 집단의 객관적이고 내적인 구조로서의 이 모순이 지닌 절대적 필연성은 *자신들의 자유로운 실천적 운동 속에서 하위 집단들 자체에 의해 이루어진 타성태들 사이의 대립으로부터* 비롯된다. 결국 실천적 유기체의 행위를 통해 공동 *개인*은 자신이 속한 집단의 전체 행위와 이 행위의 내적 결과들로부터 기인하는 새로운 공동의 결정 작용을 받아들이게 된다. 이와 같은 투기는 실천적 긴장이 타성태적 여건들을 연결 짓고 조직하는 힘의 장으로서 존재한다. 그리고 이 소여들은 시간화의 범주 속에서 새로운 하나의 객관적 구조의 통일성으로, 그리고 실천 — 즉 여기에서는 투쟁의 — 의 비가역성으로서 드러나는 것이다. 달리 말하자면 과거로 돌아갈 수 없는 이 불가능성은 새로운 상황들의 표현이다. 이때 새로운 상황들은 서약된 타성태의 지양 불가능성을 통해 하나의 운명(공동 개인의 실천적 측면과 그의 미래의 형식적 규칙으로서)을 구성하게 된다.

공동 개인은 순수한 부정적 실천으로서의 실천적-타성태를 실현한다

이와 같은 몇몇 고찰들은 필연적으로 우리에게 집단을 좀먹는 내부의 암과 같은 반목적성과 집합태들을 보여 준다. 실제로 하나의 내부 갈등의 출현을 가까이서 살펴보면 우리는 이 갈등이 전체적 실천의 즉각적인 결과로서 나타나는 것이 불가능하다는 사실을 곧 알 수 있다. 그러기 위해서는 실천적-타성태의 매개가 필요하다. 하지만 통합된 하나의 집단 내에서 행동의 긴장 상태가 최고조에 이르렀을 때 실천적-타성태는 긴장이 이완된 하나의 사회적 총체 안에서처럼 나타나지 않으며, 실천적 통합 없이는 나타나지 않는다. 앞에서 살펴본 바와 같이 긴장이 이완된 사회적 총체 속에서는 가공된 물질의 매개를 통해 이루어지는 실천적 행동 주체와 타성태적 반응자의 등가 상태가 모든 사람 앞에서, 그리고 모든 사람에 의해 발생된다.[26] 하지만 한창 활동 중인 집단 내에서 반목적성은 하나의 실천에 의해 다시 시작되고 소생하는 경우에만 나타날 수 있다. 이 반목적성은 매개적인 외면성의 환경 속에서 이루어지는 하나의 행동의 변경과 소외로서가 아니라 자유 자체가 제공하는 것처럼 보이는 불명료하고 완전히 내면적인 한계들로서 포착된다. 즉 우리는 다음과 같은 질문들을 통해서 지양의 객관적 한계를 엿볼 수 있다. "왜 그들은 그처럼 멀리 있지 않았을까?" "왜 그들은 다른 사람들에 대해서 이와 같은 명령을 내리지 않았을까?" "왜 그들은 그 상황의 특정한 요구 조건들을 이해하지 못했을까?" 그리고 이와 유사한 다른 질문들을 통해서 우리는 그 한계들을 포착할 수 있는 것이다. 필연적으로 서약된 한계에 연결되어 있음에도 우선 부정적으로 나타나는 이와 같은 한계는 이것이 *자유에 의해 파생되는 한 이 자유 자체에 의해 감내된* 것처럼 보인다. 운명이라는 범주에서 보면 지양은 지양된 것에 자신의 지양 불가능성을 제공한다.

다음과 같은 선택된 예 가운데 하나, 즉 기능들에 상관된 미결정 상태에 따라 발생하는 갈등의 관계에 있는 두 개의 (하위) 집단의 예를 다시 살펴보면 우리는 마침내 반목적성이 긍정적 결과들의 이면으로서만 나타날 수 있다는 사실을 확인할 수 있을 것이다. 가령 관계들이 늘어나는 경우를 보자. 이 경우 소통 수단의 기술적인 개선이 문제가 될 수 있다.(하나의 한정적인, "개인적인" 집단이 잘살게 되어 자동차, 비행기, 원거리 통신 수단을 마음대로 이용할 수 있고 하나의 "공적" 집단이 도

---

26   1권, 제1서, C, 430쪽 이하를 참고.(편집자 주)

로를 건설하고 구성원들의 효율적인 노동을 통해 많은 도로를 건설할 수도 있다.) 또 다른 경우에는 "내적 관계", "접촉들"의 합리화가 문제 될 수 있다.(잘 통합되고, 중앙 집권의 정도가 아주 강한 하나의 당의 행동 — 이것은 하부 구성원들이 상부로부터의 명령에 의해서만 소통할 수 있다는 사실을 내포한다 — 은 그 목적을 이루기 위해 스스로에게 부과된 변화들을 통해 — 임시적이든 최종적이든 간에 — 부분적인 탈중앙화, 그리고 그 결과로 나타나는 하부와의 직접적인 접촉의 증가를 가져올 수 있다. 또한 다소간 비밀스러운 하나의 집단이 하위 집단들과 그 구성원들에 대한 조사에 착수할 수도 있고, 그들의 활동을 규제하기 위해서 서로 연관된 조직들을 구성할 수도 있는 것이다.) 또 다른 상황들도 역시 가능하다. 하나의 집단은 **국가**, 특정 계급, 특정 사회에 봉사하기 위해 교통수단을 개선하는 공공 작업을 "이용할" 수 있다. 이것이 어떤 방식으로 드러나든 간에 우리는 실천-과정의 하나의 한정된 유형과 관련을 맺게 된다. 이 실천-과정에서 우선적으로 드러나는 것은 실천이다. 사실 객관적으로 드러나는 것은 내적 재조직화의 공통된 하나의 행동, 즉 다소 중요한 노동을 동반하는 사람들의 결합이다. 이때 노동은 이 사람들 혹은 그들과 연결된 다른 사람들이 무생물에 대해 수행하는 노동이다. 이 행동은 집단 내에서 그 혜택을 받는 자들(공동 개인이라는 명목으로)에게 실천적 결과들과 하나를 이룰 뿐이다. 하위 집단들은 구성된 조직체들과 늘어난 접촉들을 통해 같은 이해의 관점을 바탕으로 지도자들의 간청과 그들이 통합하는 과정을 포착한다.(이들은 더욱 많은 정보를 가지고 있다. 가령 이들이 제기하는 질문, 이들이 중앙 조직체와 맺은 관계는 항상 대답을 갖고 있거나 혹은 이들이 원하는 대답을 보다 빠른 시간 내에 구할 수 있는 것들이다.) 더구나 지도자들은 재조정을 위한 행동 속에서 더 이상 타성태적 대상이 아니다. 실천은 그들의 협력을 전제하고 요구한다. 그들 스스로 소통의 주도권을 취해야만 할 때 새로운 관계와 새로운 교통수단 역시 그들의 도구가 되어야 한다. 또한 그들이 재조직화 자체를 통해 새로운 기능을 갖추거나 이 기능들이 새로운 특징을 보이게 된다. 이것은 변화를 내면화하고, 그 변화를 권력과 의무라는 복잡한 시스템 속에서 재외면화한다는 것을 의미한다. 결국 모든 것이 행동이다. 전체적 실천은 지도자들의 결정을 통해 (예를 들면) 전반적인 규제를 야기한다. 이런 기도는 국지적인 하위 집단들 차원에서 다양해진다. 이 하위 집단들은 새로운 지위 속에서 스스로를 지위의 산물로 여길 경우에도 이런 기도를 의식하게 된다. 그리고 이런 기도를 다소간 새로운 목표를 향해 지양하면서 다시 한번 자신들의 몫으로 삼는다. 이런 점에서 볼 때 [하위] 집단 A가 동일한 기능을 행하는 것처럼 보이는 [하위] 집단 B를 발견하는 것 역시 하나의 긍정적 소득으로서 즉각적으로 — 권력과 지식의 전반적인 풍요라는 틀 속에서 — 이루어진다. 관계의 다양화는 한 집단에 대한 *상세한* 자각으로 특징지어진다. 이때 각각의 하위 집단은 이 집단을 전체적으로 상당히 모호하게 포착한다. 총체화 중인 총체성은 각자를 위해 그리고 각자를 통해 차별화의 순간에 도달한다. 그 결과 이런 객관적 차별화는 하나의 관조의 대상이 아니라 실현 중인 실천적 과정이 되는 것이다.

그러나 반목적성은 이미 주어져 있다. 두 하위 집단의 관계 수립 이전에 이들이 가진 상호적 유용성은 부정할 수 없는 것이었다. 그러나 그 이후에는 필연적으로 두 하위 집단 가운데 하나가 흡수되거나 제거되기에 이르며, 혹은 제3의 하위 집단이 이들 전체를 흡수하게 된다. 한편 이와 같은 융합이 두 조직체의 차원에서 단순한 협정에 의해 결정될 수도 있다. 그 이유는 행동에 앞선 요구들이 각각의 하위 집단 내에서 하나의 국지적인 특정주의(아마도 당시에는 정당화되었을)

를 결정짓지 못했기 때문이다. 하지만 자발적인 협정으로는 이 융합이 이루어지기 불가능해 보일 때, 그리고 그들의 협소한 실천적 장 내에서 이루어지는 전체적인 실천과 그들의 활동 전개의 영향하에서 그들의 개별적인 현실이 대자적으로 개별성 속에서 정립된다면 *바로 이때* 반목적성은 부인할 수 없게 된다. 즉 지양 불가능(하지만 구체적인 실현 속에서는 항상 초월되는)하고, 한정된 타성태로서의 각 하위 집단들이 가진 기능은 동일한 기능의 *다른 곳*에서, 그리고 *다른 것*으로서의 갑작스러운 출현에 의해 여분으로 발생하게 된다. 그리고 이런 출현은 그 자체로 단순한 실천이 아닌 *과정*으로서의 관계들의 전개를 통해 발생한다. 예컨대 이와 같은 전개가 그 무생물의 총체(도로, 철길, 전화 통신망, 혹은 연결들의 실제적인 계획화와 전체 집단의 객관적인 구조로서의 새로운 시스템)인 한에서 그러하다. 이 총체는 실천을 통해 정립되고, 우선적으로는 이 *실천 안에서* 두 하위 집단 사이의 보이지 않는 매개로 사용되는 것이다. 우리가 여기에서 의식할 수 있고 예견 가능한 것으로 전제할 수 있는 하나의 행동의 결과에도 불구하고 실제로 발생하는 것은 이미 타성태의 종합적 통일성으로서의 이 행동의 부정적 귀환이다.

예컨대 도로는 노동의 결과인 동시에 실제 행위들의 기반으로 나타난다.(이런 점에서 도로가 규칙적인 이동의 물질적인 형상이자 구체적인 기도들을 통한 수단으로서 실현되는 타성태적 수단이라는 점은 *사실이다*.) 하지만 바로 이런 점을 통해 도로는 이 집단에 속한 각각의 공동 개인에게, 즉 문제가 되는 하위 집단들(이 집단들이 전체 집단의 또 다른 조직체들로 편입되든, 아니면 이 집단 내에서 통제되고 지휘되지만 조직되지 않은 다수성을 구성하든 간에)에 속하지 않은 사람들에게 가능성의 장의 타성태적 한정 작용이기도 한 것이다. 이처럼 공동 개인들 각자는 특정 순간으로부터 그의 안에서 ─ 자신의 모든 다른 특징과 함께 ─ 특정 장소(하위 집단 A가 있는 곳)로부터 다른 장소(하위 집단 B가 있는 곳)로 향하는 물질적인 가능성의 타성태에 의해 정의된다. 만약 우리의 가설과 마찬가지로 교통수단들이 신속하면서도 비용이 저렴하다면, 그리고 이 여정을 따르는 이유가 다양하다면 이동의 "*부정적 측면*"은 영(零)에 가까워진다. 이 경우에 도로(혹은 철도)는 수많은 "개인적" 활동과 마찬가지로 모든 실천과 공동 행동을 통해 *그 자체에 의해*, 그리고 집단에 속한 어떤 구성원에게도 하위 집단 A, B와 자신이 맺는 관계들의 타성태적 미결정 상태로 구성된다. 이런 미결정 상태는 *가능성*의 자격으로 서약에 의해 주어진 수동적-존재의 범주에 들어가게 된다. 그리고 두 하위 집단과 비교할 때 ─ 다른 한편으로 경우에 따라서는 개인들에게 ─ , 이런 미결정 상태 ─ 이들 자신을 상대적으로 결정되어 있지 않은 자들로 구성하는 ─ 는 실천적 타성태의 복수, 그리고 가장 심오한 내면성 가운데에서 이루어지는 *외면성*의 새로운 형태 이외의 다른 것이 될 수 없다.

하지만 극복 불가능한 운명의 타성태적 가능성으로서의 이런 미결정 상태는 *그 자체*로 하나의 모순으로 간주될 수 없다. 가공된 물질을 통해 두 하위 집단과 그 구성원들 사이의 관계들(이 구성원들의 매개를 통한 하위 집단들 사이의 관계, 하위 집단들의 매개를 통한 구성원들 사이의 관계)은 오히려 무한한(그리고 순환적인) 집렬체의 토대로서 간주되어야 할 것이다. 다른 한편 두 개의 제도 가운데 어느 하나가 잉여적인 상태에 있거나 이 제도들이 아무런 갈등 없이 관습에 의해, 즉 *과거*에 의해 대표되는 타성태의 힘에 의해 유지된다면 이 상황은 반쯤 집렬체화된 보다 비겁한 집단들 내에서도 일어나게 된다. 즉 투쟁은 존재하지 않게 되며, 사태들은 여기저기에서 무차별적으로 진행되게 된다. 아니면 각각의 하위 집단들이 이 사태들을 다른 집단의 탓으로 돌리게 되고, 결국 모든 것이 무기력의 순환으로 빠져들게 된다. 두 조직체 하나하나는 *타자*가 되며, *타자의 타자* 이외에는 다른 것이 아닌 것이다. 이와는 반대로 한창 활동 중이고 생동하고 있는 한 집단, 동지애-공포가 비록 모든 구성원에게 감추어져 있다고 할지라도 심오한 관계를 이루고 있는 집단 내에서 두 조직체들의 돌발적인 관계 정립은 미결정 상태를 하나의 *부정적* 행동으로 나타나게 한다. 사실상 이와 같은 미결정 상태 — 나중에, 그리고 제삼자에게는 객관적 구조로서 나타나게 될 — 는 행위들 속에서 발생한다. 즉 조직화되지 않은(혹은 또 다른 각각의 구성원에게 또 다른 조직체들에 속해 있는) 각각의 구성원들에게 하위 집단 A 혹은 B에게 무차별적으로 접근할 가능성은 *실천적*으로 실현되는 것이다. 이 가능성은 관조적 지(知)의 대상이 아니다. 단지 개인들이 자신의 편의에 따라 이런저런 하위 집단에 접근할 뿐이다. 그리고 이 집단들은 그 개인을 받아들이고 그의 요청, 제안, 불평 등등을 실질적으로 그의 능력에 속하는 사태를 고려하면서 검토할 것이다.

한편 하위 집단 B에게 그것의 존재 자체, 즉 그것의 기능과 그 기능을 행사할 권리에 대한 공격으로서 갑작스럽게 나타나는 것은 이런 행위들의 긍정적인 총체 — X는 사태를 담당하는 하위 집단 A에 접근한다 — , 즉 실천의 정상적인 흐름인 것이다. 여기에서 우리는 진행 중인 하나의 실천의 구성을 생생하게 볼 수 있다. 두 개의 (하위) 집단들이 존재하고 있기 *때문에* 하나의 하위 집단의 행동은 그 의지에도 불구하고 다른 집단의 권리를 위반하는 것으로서 구성된다. 그리고 *다른 집단에 대한 실제 관계*로서의 이와 같은 구성은 행동 자체를 넘어서고, 행위 주체에게 우선적으로 드러나지 않는다. 다시 말

해 피해를 입은 하위 집단의 구성원들에게만 드러나는 것이다. 공동
행동의 강압적인 움직임 속에서, 이 행동에 의해 한정된 관점 속에서
부분과 전체, 그리고 단기적이고 장기적인 것의 목적이라는 관점에
서 볼 때 이 집단은 자신의 모든 공동 개인을 통해 *순수한 활동*으로
서 대자적으로 나타난다. 그리고 이 행동에 의해 지양되고 수정되는
한에서의 물질적 조건들만을 발견한다. 그 자체에 의한 실천의 확증
속에서 **구성된 이성**은 **구성하는 이성**으로 스스로를 파악하며, 실천
은 이곳저곳에서 실제적이고 반투명한 것이 되고자 한다. 이 경우 *결
핍에 의한 부정*(결함, 무기력, 국지적 실패)은 충만하고 파괴적인 활동으
로 나타난다. 미숙함이나 누구의 책임도 아닌 사고까지도 사보타주
나 공격 행위의 형태로 나타나게 되는 것이다. 어느 정도 위급한 상태
에서는 동지애-공포의 분위기 속에서 나타나는 모든 대립은 메를로
퐁티가 지적했듯이 배신이 되는 것이다.[27] 우리가 흔히 생각하듯이 이
와 같은 일은 단순히 그 상황을 정의하는 역사적 환경들로부터 기인
하는 것이 아니라 이와는 반대로 이 환경들은 변증법적 법칙의 범주
속에서만 그 효율성을 가질 수 있을 뿐이다. 객관적으로 보면 활동 중
인 한 집단 내에서 모든 공동 개인은 근본적으로 능동적인 것으로 만
들어진다. 그리고 그들이 생산해 내는 모든 것은 활동의 조건들 속에
서 해석되게 마련이다. 이런 점에서 나는 대립의 *진실*을 배반이라고
말하고자 하는 것이 아니다. 오히려 그 반대다. 나는 다만 실천의 움
직임 속에서의 배반이 실천의 체험된 현실이라는 점만을 지적하고자
한다. 이는 — 앞에서 살펴보았듯이 — 실천이 만들어 내는 내적 반
목적성들은 결코 스스로를 드러내지 않으며, 실천은 어떤 차원에서

---

27   『휴머니즘과 공포(*Humanisme et terreur*)』(레 제세 총서, 갈리마르, 1947).(편집자 주)

도 국지적이고 특수한 행위들의 조합으로서 만들어진다는 사실에 기인한다. 이와 마찬가지로 이 국지적이고 특수한 행동들 하나하나는 다른 행동들이 그 자체 내에서 만들어 내고 감춘다는 점에서만 타성태적 실천과 접할 수 있을 뿐이다. 따라서 하나의 조직체의 행동은 즉각적으로 경쟁하는 조직체에게 *적대적 실천*으로 그 모습을 드러낸다. 즉 이 행동의 목적은 행동을 하는 조직체를 위해 다른 조직체를 훼손하는 것이기 때문이다. 하지만 이와 동시에 적대 관계는 심화한다. 실제로 각각의 하위 집단은 집단의 공동 목적을 추구한다. 그리고 공동 개인들로 구성된 특수한 조직으로서 이 하위 집단은 부분이 전체를 *구현하는* 것과 마찬가지로 집단 전체를 구현한다. 이것은 특히 이 하위 집단이 통일성, 즉 도달해야 할 목적이라는 명분하에 공동의 행동을 통해 실현되어야만 한다는 점에서 보면 이 집단의 통합의 생산이 최대한으로 요구된다는 것을 의미한다. 하위 집단 자체는 이와 같은 총체화하는 *통일성이며*, 이는 바로 공동 행동이 하위 집단의 행동의 실체 자체라는 의미에서 그러하다. 다른 모든 하위 집단도 같은 상황을 원한다. 이때 매개와 보상, 그리고 균형의 체계들은 처음부터 혹은 점차 그들 사이에 발생할 수 있는 갈등들을 실질적인 균형 상태로 변화시키게 된다. 이런 맥락에서 이와 같은 내포된 대립들은 어떤 하위 집단들도 방해하지 않는다. 특히 각각의 하위 집단이 자신의 기능적이고 실천적인 개별화를 통해 자기 내부에서, 그러나 하나의 특수한 형태하에서, 그리고 특정한 행동, 즉 전체 행동의 특수한 한정 작용을 통해서 총체성을 실현한다는 점에서 그러하다.

대립 관계의 의미로서의 통일성

하지만 총체화하는 통일성의 수렴적 환경과 이 통일성의 실천적 관점 속에서 자신들의 기능에 대한 공통의 미결정 상태를 겪는 두 개의 (하위) 집단들을 바라볼 때 우리는 실천적 통일성의 구현과 특수한 생산으로서의 각 하위 집단이 같은 통일성을 생산해 내는 듯한 *다른 하위 집단*과 관계를 맺게 된다는 사실을 볼 수 있다. 분명 공동 실천은 바로 지금 여기에서 *같은 것*으로 주어진다. 하지만 이것은 조직화된 하나의 집단 내에서 각각의 특수화된 활동이 그 특수화가 총체화하는 행동의 필수적인 차별화라는 점에서 전체적인 통일성에 통합된다는 것을 의미한다. 공동 개인과 그 하위 집단은 공통된 것들로서 *전체다*. 또한 이와 같은 직접적인 차원에서 볼 때 한 집단의 다른 집단에 대한 인정, 그리고 어떤 집단들의 다른 부류의 집단들에 대한 인정은 자발적으로 이루어진다. 즉 "너는 나다."라는 것이다. 예컨대 이와 같은 사실은 집단의 고립된 몇몇 구성원들이 무관심하거나 적대적인 무리를 통해 서로를 인정할 때 발생한다. 하지만 이와 같은 상황은 구체적이고 조직화된 행동 속에서 매개는 필수적이며, 기능들의 분화를 통해서만 집단의 근본적인 통일성이 부분과 전체의 관계로서 각각의 하위 집단 내에서 존속될 수 있다. 이런 기능들의 분화가 더 이상 존재하지 않게 되는 순간,[28] 그리고 서로 구분된 두 부분이 총체화하는 전체와 맺는 특수한 관계 속에서 객관적으로 동일한 것이 되는 순간부터 각 부분이 다른 부분과 "중복되는" 상황(말하자면 이런 미결정 상태에 대한 어떤 이중의 결정 작용도 가능하지 않은 상황)에서 동일자는 객관적으로 *타자*로 등장한다. 이때 동일자는 동일한 통

28　행동이 다수성을 요구한다고 할 때 이와 같은 분화는 동일한 기능을 수행하는 행위 주체들의 수적 다수성과 하나가 될 수 있다. 이 경우에 각 개인은 자신들의 특수한 기능에 의해 동료들과 하나가 된다. 하지만 — 예를 들어 — 그는 기능들을 수행하게 될 분야에서 차별화되는 것이다.(원주)

일성에 통합된 것으로서가 아니라 그와 유사하거나 혹은 동일한 것으로서 존재한다. **역사**에 의해 동일한 속성들을 부여받은 두 하위 집단들의 동시적 존재는 — 그중 한 집단만으로도 이 속성들이 충족될 수 있을 경우 — *이중적 동일성*의 개입으로 인해 실천적 통일성을 위험에 빠뜨리게 된다. 이 하위 집단들은 실제에서나 수적으로나 둘이다. 즉 그들의 내면성의 관계가(동일한 전체적인 기도에 대한 객관적인 협력) 적어도 부분적으로는 외면성의 관계로 변화되기 때문에 이 하위 집단들의 수를 *셀* 수 있는 것이다. 실제로 *유사성*과 *동일성*은 실증주의적 분석에서 드러나는 요인들이다. 우리는 집렬체와 대중을 통해 동일한 수많은 분자를 인간관계들의 물화의 요소와 산물로서 발견했다. 그렇기 때문에 미결정 상태는 총체화의 내부에서 내적 단절의 위험 요소다. 이는 특히 이런 미결정 상태가 총체화 자체의 역사적 산물로 드러날 때 그러하다. 그 결과 이 동일성은 즉각적으로 하나의 위협으로 등장한다. **타자들**이 없는 상황에서는 동일한 것이 곧 **타자**다. 하지만 이때의 타자는 특히 가증스럽고 위험천만한 **타자**다. 다른 하위 집단과 동일할 때 각각의 하위 집단은 다른 하위 집단을 낯선 실천이 되어 버린 자신의 고유한 실재로 바라보게 된다. 그리고 이 다른 하위 집단의 실천적 존재는 동일하면서도 대립되는 *하위 집단* — 동일성이 총체화 과정 중인 총체성과 자신이 맺는 관계의 통일성을 문제 삼는다는 점에서 — 에서만 아니라 *포괄하는 총체화* — 집단 전체, 집단의 효율성, 집단의 목표에 있어서 — 에서조차도 하나의 위험인 것이다.

따라서 이 "순간"은 전체를 위해 제거되어야 한다. 어떤 하위 집단이 다른 하위 집단의 소멸을 추구한다는 점에서 보면 비록 이와 같은 소망이 자신에게 고유한 필요, 열정, 혹은 이익에 의해 생겨난 것이라 할지라도 실제로 이 하위 집단은 전체를 위해 다른 집단의 소멸을 추구한 것이 된다. 한 정당의 내부에서 발생하는 정치적 투쟁들 — 끔찍하고 심지어는 피를 부르는 것이 될 수도 있는 — 속에서는 일정한 부류, 당파 혹은 사람들의 야망과 정당의 정책에 대한 그들의 평가들을 구분하는 일이 무용할 것이다. 부르주아적 심리주의가 저지른 실수는 어쨌든 야망과 강령을 분리시켰다는 데 있다. 부르주아 의회가 처한 상황 자체가 이와 같은 분리를 정당화하는 사람들을 양산해 냈다는 것이 사실이다. 이들의 출세 지향주의는 (부르주아적 생산관계들에 기초하고 있는 사회적 원칙의 틀 속에서) 공허한 것이고, 하찮은 강령에 매달리는 것이다. **역사**의 압력이 증가하고 투쟁들이 확대되는 시기에 야심가는 심리적이고 추상적인 유형의 사람이 아니다. 말하자면 이 야심가는 자신을 특정한 강령과 동일시하고, 이 강령의 실현을 위해 냉정하게 투쟁을 벌이는 정치인이다. 그럴 수밖에 없는 것이 이와 같은 정책의 노선들이 *그에* 의해 실현될 것이기 때문이다. 따라서 성공은 자신의 객체화가 될 것이다. 하지만 이와 같은 객체화는 동시에 그가 속한 당의 실천이 보여 줄 새롭고도 총체화하는 방향이 될 것이다. 스탈린이 "통치의 의지"를 가지고 있다고 보는 것은 부조리할 것이다. 그에게서 단순히 역사적 과정의 단순한 구현을 보는 것은 전적으로 이상주의적인 태도일 것이다. 스탈린이 가진 철의 의지에 의해 역사적 과정이 만들어졌다는 것이 바로 진실이다. 또한 스탈린이 자신의 의지를 통해 모든 객관적 강령보다는 적절한 방법, 실천, 수많은 예측, 구체적인(하지만 매우 중요한) 문제를 제기하고 해결하는 방식 등을 선호했다는 점만으로도 이런 의지가 더욱 강조되었던 것이다. 이와 같은 측면에서 — 그리고 몇 가지 물질적 조건이 스탈린으로 하여금 독재자의 역할을 수행하게끔 하기 때문에 — 역사적 과정은 이 과정을 만드는 사람 자체를 지탱하고 지지한다. 이렇게 해서 반대자들은 배반자가 된다. 위험성은 다음과 같은 두 개의 성스러움의 차원에서 발견되고, 증오로 재내면화된다. 첫째로 부분과 전체의 관계가 하위 집단의 기능, 즉 모든 공동 개인에 의해 인정된 사법권이 되는 차원을 들 수 있다. 다음으로는 이와 같은 동일성이 그 자체로 공동 개인과 그가 서약한 신념의 성스러운 목표로서의 총체화에 대한 내적 분열을 구성하는 차원이 있다. 그리고 이 위험은 우리가 앞서 살펴보았듯이 적어도 우선은 공동 행동의 변화를 통해 생산된 반목적성으로 나타나지는 않는다. 이 위험은 부정적 활동의 결과로서 이중적이고 성스러운 형태(성스러운 것은 양가적이다.)하에서 나타난다. *타자로 나타나는 것, 즉 이 집단의 모든 구성원 그리고 모든 하위 집단과는 다른 자로 나타나는 것은 바로 이 하위 집단이다.* 이때 하위 집단은 확고한 실천에 의해 특정 *하위 집단과는 다른 것으로 나타난다.* 근본적인 배반의 문제가 즉각적으로 제기된다. 이와 같은 기능의 탈취는 반드시 통일성을 깨뜨리는 책략이다. 그리고 *객관적으로 볼 때* 타자의 (부분적이거나 전체적인) 능력의 요구 ── 두 조직체들 각각에 의해 이루어지는 ── 가 행동들을 통해 이루어지는 것은 사실이다. 이와 마찬가지로 이런 요구가 그것에 의해 이 집단에 적대적인 상호성, 즉 복수의 진앙이 도입될 때 통일성의 붕괴로서 나타나는 것도 그러하다.

하지만 이 진앙 하나하나가 *통일성의 이름으로* 다른 진앙과 갈등을 일으킨다는 사실 ── 이것은 아주 본질적인 사실이다 ── 을 살펴볼 필요가 있다. 각각의 진앙이 다른 진앙의 행동을 통일성의 파괴를 목적으로 삼는다고 판단하기 때문에 이 진앙은 붕괴된 혹은 위협받은 통일성을 재건하기 위해 적대적인 (하위) 집단을 제거하고자 한다.(적어도 이 하위 집단을 무력화하거나 복종시키고자 한다. 즉 그것을 조직화된 위계질서 속으로 재통합시키고자 하는 것이다.) 우리가 선택한 예에서 각각의 진앙은 공동 개인을 동일한 두 조직체의 구성원 — 그들 가운데 하나의 조직체는 잉여적이 된다 — 으로 삼는 아주 불길한 미결정 상태를 제거하고자 한다. 이 미결정 상태는 그 자체로 각각의 공동 개인을 해체한다. 이로 인해 이 개인의 내부에서 조직의 엄격한 통일성으로부터 그를 면제시켜 주며, 필요한 경우 집단에 맞서 (자유롭고 실천적인 개인으로서의) *그의 역할을 수행하기* 위해 경쟁 관계에 있는 두 조직 사이의 갈등을 이용할 수 있게 하는 선택의 가능성이 생겨나게 된다. 다른 경우 이 미결정 상태는 행동들을 변화시키는 망설임에 의해서만 나타날 뿐이다. 하지만 이와 같은 망설임은 자신의 기능을 수행하는 과정에서 이중의 종속에 의해 마비된 공동 개인의 객관적인 해체를 보여 준다. 이처럼 갈등의 모든 계기, 두 적대자가 사용하는 모든 전략은 다음과 같은 단 하나의 동일한 목표에 의해 정의된다. 위험에 빠진 통일성을 복원한다는 목표다. 하지만 각자는 자기 자신만을 위해 이 복원을 시도한다. 이와 같은 관점에서 보면 하위 집단 A나 B 가운데 누가 최초의 책임을 지고 있는지는 중요하지 않다. 그보다는 오히려 갈등을 일으킨 사소한 기원으로서의 이 "최초의 잘못", "최초의 충돌"이 집단과 이 집단의 실천적 운동의 이해에서 더욱 중요하다고 할 수 있다. 실제로 사소한 사건은 그 우연성 자체 속에서도 실천의 총체적 계기의 구현이다. 하지만 갈등 자체가 문제가 되는 경우 이 갈등의 진정한 원인은 필연적으로 적대적인 두 하위 집단 하나하나의 내부에 있다고 할 수 있다. 그 이유는 각각의 하위 집단이 자신의 유일한 실천적 존재에 의해 실천적-타성태의 미결정 상태를 수용하고 지양하기 때문이다. 또한 서약된 타성태의 틀이 가지는 형식적인 지양 불가능성 속에서 이 미결정 상태를 조직하며, 따라서 이것을 *집단의* 이름으로 통일성의 요구로 생산해 낼 수밖에 없기 때문이다.

바로 여기에서 우리는 집단 내부에 발생하는 갈등과 모순의 실질적인 관계를 포착할 수 있다. 실제로 대립하는 하위 집단 하나하나는 집단의 실질적인 구현으로 나타난다. 왜냐하면 두 하위 집단 사이의 적대 관계가 나타난다는 사실은 표면적으로는 이 하위 집단들을 총체화하는 행동이 가진 상대적으로 미결정된 양식으로 제한하면서 심층적으로는 진행 중인 총체화와 이 집단들이 맺는 관계를 활성화하고 있기 때문이다. 이 관계는 하위 집단의 심층적 실재이고, 이 하위 집단이 조직화된 집단의 내적 차원에서 이루어지는 관계의 객체화라는 점에서 그것의 존재 이유이기도 하다. 각각의 하위 집단을 통해 집단은 통일성을 유지시키고 다시 얻기 위해 노력한다. 실제로 하위 집단과 대립하게 되는 것은 바로 이 집단이다. 두 개의 진앙 하나하나는 "모든 곳에 중심을 가진" 총체화의 중심이다. 물론 모순을 이상화하는 것도 초조직에 의지하는 것도 문제가 되지 않는다. 이 조직들은 이런 식으로 발생한다는 점에서 전체의 구현이다. 그리고 우리는 은유를 통해서만 전체가 이 조직들 안에서 발생한다고 말할 수 있을 것이다. 총체화는 이 조직들의 개별적 활동 속에서 그것을 통해 구현되고, 이 조직들의 적대적 실천 속에서도 구현된다. 다만 두 하위 집단이 총체화를 만들어 내는 것이 사실이라면 — 따라서 모든 갈등의 구체적인 기원이 부분적 조직 속에서 집단을 이루고 있는 사람들이라는 것이 사실이라면 — 이 하위 집단들이 서약한 공동 개인의 자격으로 한정 지어져 있고, 그 결과 자신들의 자유의 가장 깊은 곳에서 이 자유에 의해 자신들의 자유로운 요구를 만들어 낸다는 것 역시 사실이다. 존재론적으로 보아 서약은 각자 안에서 그리고 각자에 의해 집단을 만들어 낸다. 실천적으로 본다면 공동 행동의 추이 속에서 각각의 하위 집단은 스스로를 *집단 자체의* 구현으로 정의한다. 실제적으로 여러 가지 기능을 수행하는 공동 개인 전체가 문제가 되기 때문에 적대 관계, 요구, 심층 속에서 총체화하는 집단의 포착은 다른 공동 개인 전체에 의해 도래한다. 이와 동시에 각각의 전체는 다른 전체에 맞서 이 기능들을 능동적으로 양산해 낸다. 권리는 침해될 때 그 모습을 드러내는 법이다. 이와 같은 갈등 속에서조차 집단은 각각의 하위 집단을 통해 폭력에 의한 통일성을 더욱 강화하는 경향이 있으며, 결국 이때 "동지애-공포"가 나타난다. 위협받고 있는 통일성은 가장 급한 내적 요구가 된다.

하지만 이런 경향 자체는 진앙의 분화 속에서 발생하기 때문에 집단의 존재, 즉 그 통일성을 가장 커다란 위험에 빠뜨리게 된다. 그러나 두 *개의* 통일성이 있는 것은 아니고, 그럴 수도 없을 것이다.(진정한 분리나 분열의 경우는 예외다. 이 경우에는 두 집단 전체가 독립적인 통일성으로 다시 형성된다.) 다른 집단에 대한 투쟁 속에서 각각의 하위 집단은 (적어도 장기적으로 볼 때) 동일한 목표, 동일한 실천, 동일한 전통, 동일한 공동 경험만 *아니라* 동일한 조직체, 동일한 위계질서, 동일한 전체 기능, 동일한 사람에게도 관련된다. 각각의 하위 집단은 내적인 변화들을 통제하는 규칙들과 실천의 틀 안에서 투쟁한다. 또한 동일한 상층부나 동일한 하층부 — 만약에 이것이 존재한다면 — 에 호소하며, 전체의 중앙 집권화된 통합 작용으로서의 동일한 주권 기관에, 모든 공동 개인의 총체화로서의 동일한 내적 의견에 호소한다. 이것을 통해 각각의 하위 집단은 *하나*를 *제외한* 모든 구현을 받아들이고 강화한다. 이와는 반대로 — 적어도 갈등의 첫 번째 단계에서는 — 집단 전체는 모든 형태하에서 모든 구현을 통해 적대 관계에 있는 하위 집단들 각각의 집단-내-존재를 인정하게 된다. 공동 개인으로서의 제 삼자 입장에서 보면 갈등은 우선 단순한 외관으로서만 나타날 뿐이다. 즉 상호적 부정이 객관적인 무로 나타나는 것이다. 예를 들면 하나의 오해가 있는 경우 그에 대해 생각하고 설명하는 것으로 충분하다. 이것을 통해 각각의 조직과 모든 공동 개인의 실천은 적대자들을 차별화함으로써 통일시킨다. 이들 각자는 나름대로 총체화를 구현하며, 그들이 이루는 전체는 총체화될 수 있어야 한다.(예컨대 이는 종합적 조직화의 규칙으로서 이들 각자가 위계질서의 통일성에 관계한다는 측면에서 그러하다.)

따라서 통일성이 그 자신에 대해 반기를 들지 않으면 갈등이 나타나기란 불가능하게 될 것이다. 투쟁이 나타나면서 통일성을 깨뜨리는 것이 아니라 통일성이 투쟁을 가능하게 하는 것이다. 통일성은 각 부분과 집단 사이의 심층적 관계를 나타낼 뿐 아니라 적대적 관계 자체의 *의미*를 구성하기도 한다. 그리고 이원적 관계의 폭력은 통일성을 재구성하기 위한 열렬한 노력일 따름이다. 여기에 더해 모든 사람의 실천적 태도는 우선적으로 통일성의 그 자신에 대한 투쟁을 하나의 조용하면서도 종합적인 생성으로 구성한다. 이 생성의 부정적 차원은 피상적인 외관에 불과하다. 사실상 갈등에 의해 실현되는 이 미결정 상태는 집단 자체의 통일적인 사태다. 이것은 목표 속에서 실천의 전개에 대한 제도들(혹은 조직들)의 지속적인 재적응의 지연으로 정의될 수 있다. *집단 전체*를 실천의 전개에서의 하나의 계기로서, 그리고 실천 자체를 향한 총체화하는 활동의 요구로서 특징짓는 것은 ── 그것이 비록 국지적이라 할지라도 ── 분명히 어려운 일이다. 이와 같은 대조(새로운 임무, 부분적으로 폐지된 제도)를 모순으로 명명하는 것을 방해하는 것은 아무것도 없다. 왜냐하면 이런 대조는 오직 하나의 실천이 가지는 종합적인 통일만이 즉자적으로 산출해 낼 수 있는 종합적이고 내적인 결정 작용으로 제시되기 때문이다. 결국 가공된 물질성이 되돌려주는 충격이 문제가 되는 것이다. 이것은 특히 이 물질성이 서약된 타성태의 틀 속에 자신의 결정 작용을 각인시킨다는 점에서 그러하다. 하지만 단순히 변형시켜야 할 타성태적 난관만이 아니라 용어의 변증법적 의미에서 하나의 모순이 *실질적으로* 문제가 되기 위해서는 이 모순이 *원동력*이 되어야 한다. 실천적 조직들이 이 모순을 갈등으로 실현시킬 때 발생하는 현상이 바로 이것이다.

앞에서 살펴보았듯이 모순은 존재론적으로 보아 그것의 두 항 각각에서 모호하다. 실제로 각 항에서 이 모순은 타성태처럼 객관적이고 실천처럼 현실적이다. 달리 말하자면 실천은 모순을 제거한다고 생각하면서 오히려 그것을 만들어 내지만 실천적으로는 갈등으로서만(우선 외관적으로 볼 때 우연적인 갈등으로 혹은 **악**에 대한 **선**의 투쟁으로) 나타날 뿐이다. 실제로 실천적-타성태적 결정 작용들의 적대 관계의 재개를 토대로 서약된 수동성을 통해 집단 전체의 통일성은 그 구현들의 투쟁에 의해 위태롭게 된다. 그리고 바로 이와 같은 *실천적 위태로움*이 모순에 대한 생생한 가지성을 만들어 낸다. 즉 통일성이 진앙들의 이원성을 만들어 내고, 이 진앙 속에서 이원성의 지양에 대한 절대적인 요구로 산출된다. 결국 각각의 진앙들 속에서 제거의 기능을 가진 폭력으로 구현되는 것은 곧 이 통일성이다. 그러나 만약 모순이 하나의 복잡한 실재 — 한 면은 투쟁의 실천이고, 다른 한 면은 그 순간의 타성태적 요구인 — 로 나타난다면 그것은 집단의 통일성이 사실상 재통합을 위한 자신의 지속적인 실천 이외에 다른 것이 아니기 때문이다. 공동 행동을 동인으로 가지는 이런 지속적인 운동 속에서는 최소한의 이력 현상, 최소한의 차이, 가장 무의미한 부적응도 실천적인 충동으로 반드시 생산되게 마련이다. 바로 이런 점으로부터 구현들의 다양성을 반영하는 다양한 해결책이 그 자체로 저항에 부딪힌 통합으로 생성된다. 매개의 조직들이 효과적이고 하나의 해결책의 선택이 상대적으로 용이할 때(몇 가지 해결책이 쉽게 포기되고 그중 하나가 가장 적당한 것으로 명증하게 드러날 경우)는 갈등이 표출되지 않기 때문에 모순은 감추어지고, 따라서 암묵적인 것이 된다. 따라서 이와 같은 상황 속에서는 통합이 스스로를 위험에 빠뜨리지 않고서도 다양성들을 제거한 것처럼 보이는 것이다. 이와 같은 은유를 계속 사용해 보면 통합은 순간적인 대립들을 만들어 내고 제거하는 실천적 실체다. 하지만 이런 통합은 갈등이 일어나는 경우와 마찬가지로 암묵적으로 위태롭게 된다는 점을 이해해야 한다. 즉 적절한 상황만이 위기를 모면하게 해 주는 것이다. 역으로 하나의 조직화된 집단 내에서 갈등은 가지적이다. 왜냐하면 이 갈등이 재통합의 한 계기로서 나타나기 때문이다. 이 계기 속에서 물질적 어려움들은 이 어려움의 몇몇 양상들을 구현하고 있는 몇 개의 (하위) 집단을 제거함으로써만 해결될 만큼 심각한 상태에 있다. 가능한 경우에 제삼자의 매개는 대립된 "관점들"의 실질적인 종합으로서만 이루어지게 될 것이다. 이와 같은 사실은 매개된 하위 집단들이 집단 내부에서 자신들이 처한 상황에 의해 그 문제의 총체화로, 동시에 그것의 개별화로 나타난다는 것을 의미한다. 달리 말하자면 이 하위 집단들은 하나의 개별적 해결책이라는 관점에서 이 문제를 현동화하고, 이를 통해 자신들의 개별성을 강화하는 것이다. 이때 적대 관계는 완벽하게 가지적인 것이 된다. 왜냐하면 그것은 구체적인 이 문제에서 하나의 유일한 구현을 통해서, 즉 하나의 유일한 실천적 관점에 따라서는 모든 요구를 실현할 수 없다는 사실을 보여 주기 때문이다.

이처럼 난관은 적대 관계들을 통해 관점과 명령의 다수성으로 실현된다. 이는 어떤 교조적인 관념론의 마법에 의해서 실현되는 것이 아니다. 단지 이 난관이 여러 (하위) 집단 사이의 매개로서의 타성태적 물질성 속에 기원을 두기 때문이며, 전체를 지양하는 종합 속에서 다시 전개되기 전에 (하위) 집단들의 행동을 통해 적대 관계의 다수성으로 생성되어야 하기 때문이다. 이 경우 현존하는 적대 관계들은 이들을 조직하면서 제거하는 하나의 구체적 해결책이라는 관점, 즉 미래의 통일성을 향해 지양해 나가는 현재와 과거의 통일성의 운동 속에서 이해될 수 있다. 고안으로서의 해결책, 화해와 이해는 결국 하나를 이룬다. 부분적인 것은 그 자신이 야기하고, 또한 자신을 통해 투기되는 총체화를 통해 이와 같이 나타난다. 이때 적대 관계는 있는 그대로 나타난다. 총체화가 더욱 잘 짜인 조직화를 위해 그것을 소멸시키기 때문에 *이 적대 관계는* 어떤 면에서는 *아무것도 아니다.* 또 다른 측면에서 보면 이것만이 관점들의 전개를 실현할 수 있는 유일한 방식이다. 각각의 관점에서 볼 때 이 적대 관계는 이 관점을 통해 대자적으로 정립되는 집단의 실천적 운동 속에서 생산되는 하나의 방식이다. 하지만 여기에서 정립된다고 하는 것은 한정된다는 것, 즉 부정하는 것을 의미한다. 그렇기 때문에 진행 중인 통일성에서 하나의 관점의 구현은 분열의 가장 큰 위험 요소(즉 가장 위험한 폭력의 기원)이자 실현된 매개라는 관점의 순수한 무(상호적인 부정)로서 스스로를 노정하는 바이기도 하다. 이때 갈등의 *의미*는 사라지게 되는데 그 이유는 구획을 나누는 작업이 통합된 종합을 위해 깨지기 때문이다. 즉 사람들은 ─ 문자 그대로 ─ 자신들이 왜 싸워 왔는지를 이해하지 못하게 되는 것이다. 이것은 미래의 충만함이라는 관점에서 보면 생각할 수 없는 한계나 불완전성에 불과한 절대적 위치들에 의해서가 아니면 총체화는 절대로 위태롭게 될 수 없다는 것을 의미한다. 후일 역사가들은 진실을 재구성하면서 다음과 같은 사실들을 이해하게 될 것이다. 즉 이와 같은 절대적 위치들은 매개 이후에 자신들의 실재성으로 드러난 공허하고도 단순한 부정이었던 것이 아니라 부정 자체를 포함한 전체가 *실천*을 통해, 즉 여기에서는 투쟁을 통해 전적으로 실천적인 총체화 속에서 실현되어야 한다는 필연성이었다는 것이다. 부정적 결정 작용들 속에서 대자적으로 정립되는 것은 차이 자체가 아니다. 스스로를 정립하면서 차이를 정립하는 것은 하위 집단이다. 이와 같은 위치 자체는 이 하위 집단이 적에게 가한 초기의 공격과 구분되지 않는다.

이처럼 매개는 단지 일관성이 없는 부정을 부인하고 한계들을 뛰어넘게 하는 것처럼 보인다. 사실상 이와 같은 헤겔의 이론은 다음과 같은 경우에만 의미를 가질 수 있다. 즉 변증법이 하나의 초월적 실재, 초인간적인 전개라는 경우가 그것이다. 매개한다는 것은 단지 문제의 여러 다양한 양상을 하나의 종합적 통일성 속으로 용해시키는 것, 즉 그 문제의 해답을 찾아내는 것이 아니다. 그것은 차이들을 다시 떠맡으면서 이 차이들 자체를 통해 — 즉 차이들이 적대적인 관점을 제거하기 위해 활동한다는 점에서 — 자신들의 독창성 속에서 스스로를 만들어 내기에 이르는 두 개의 (하위) 집단들로 하여금 이 해결책을 *받아들이도록* 만드는 것이다. 모순은 바로 여기에서 생겨난다. 명제와 반명제는 실제로 두 개의 총체가 서로에 대해 취하는 실천적인 이중의 관점이어야 한다. 모순의 *실체*는 실천적 상호성, 즉 *각자에게 모순적인 것의 현동화인* 파괴적인 전략들의 고안인 것이다. 바로 이런 이유에서 하나의 부분적 양상을 다른 것과 구별 짓는 한계들은 이미 이루어진 매개의 관점에서 보면 일관성이 없는 부정임과 동시에 모순적인 것의 유일한 *인간적 현실*, 즉 인간들을 통한, 그리고 인간들을 위한 실천적 존재인 것이다. 결과적으로 새로운 통일성의 관점에서 보면 (문제의 타성태적 여건으로서의) 다양성이 갈등을 낳는 것처럼 보인다. 하지만 앞에서 살펴보았듯이 이 다양성은 즉각적으로 실천적인 반면, 모든 인간적인 폭력을 전달하면서 이 다양성을 모순으로 결정짓는 것은 갈등이다. 이와 마찬가지로 매개는 자신이 방금 종지부를 찍은 다소 오래 지속된 싸움 속에서 일련의 혼란스러운 책략과 반책략들만을 보게 된다. 이 책략들은 오직 "입장들을 강화하고", 매일같이 화해를 어렵게 만드는 결과만을 낳을 뿐이다. 하지만 이제 우리는 투쟁의 가장 무용한 순간들 — 각각의 적대자들에게 — 이 투쟁 전체의 구현이자 *이 현재 자체에서* 전개되는 모순의 실천적 현동화라는 사실을 알고 있다.

여하간 지나간 투쟁들이 통합의 통일성의 표면적인 혼란으로 제시된다는 사실이 중요하다. 그러니까 통일성은 실체로서 나타나며, 해체는 이 실체에 *의존함으로서만* 나타날 수 있는 우연처럼 나타난다. 왜냐하면 두 개의 통일성이 있는 것이 아니라 동일한 통합 작용을 실현하는 두 개의 방식이 있기 때문이다. 각각의 방식은 다른 방식을 배제함으로써 정립된다. 따라서 모든 것은 — 개인들과 이 개인들이 구성하는 (하위) 집단들에 의해 만들어진 특수한 행위들의 실제적인 전개를 통해 — 마치 통일성 자체가 자신의 고유한 난점들을 펼치고, 그것들을 모순들의 형태로 강화하면서 더욱 상세히 분류하고, 그렇게 함으로써 그 한계들을 무너뜨리는 것처럼 진행된다. 잊지 말아야 할 것은 바로 이 통일성이 실천적이라는 것이다. 즉 그것은 총괄적인 행동에 의해, 그리고 그것을 위해 지속적으로 유지되고 강화된다는 것이다. 우리가 이 통일성을 하나의 실체적 현실로 간주해야 한다면 — 은유와는 다른 방식으로 — 그것이 분화되고, 그 자신과 대립한다는 사실을 이해하기란 불가능할 것이다. 하지만 실상 통일성이 집단 내부의 여기저기에서 공동 기도인 경우 우리는 다음과 같은 두 가지 사실을 이해할 수 있다. 즉 이 기도가 실천의 총체적인 전개에 의해 적대자들로 출현하게 되는 하위 집단들 내에서도 정확히 동일한 것이라는 사실과 이 기도가 갈등의 동인과 의미 작용을 이룬다는 사실이 그것이다.

이와 같은 고찰은 어떤 이상주의적 낙관론도 허용하지 않는다. 매개가 항상 발생해야 한다는 것은 무엇에 의해서도 증명될 수 없다. 이와는 반대로 매개는 실천의 특수한 경우로 나타나며, 우리는 오직 갈등의 내부에서 총체화의 움직임을 더욱 잘 보여 주기 위해서만 이 문제를 살펴보았을 뿐이다. 하지만 하나의 하위 집단이 또 다른 하위 집단을 제거하는 경우가 종종 발생한다. 당연히 모든 것은 상황과 구조에 달려 있다. 만약 갈등이 매우 엄격하게 위계화된 한 집단의 하위 단계에서 생겨난다면 매개는 상위 단계들에 있는 몇몇 특정 기관들에 의해 인정받는 기능인 만큼 더욱 발생할 가능성이 높다. 물론 이 말은 매개가 반드시 대립하는 관점들의 종합적 지양이라는 것을 의미하지는 않는다. 중재자는 적대자 중 한편에 유리하게 개입할 수 있고, 통일성을 염두에 두고 한쪽이 나타내는 부분적 진리를 고려하지 않은 채 양쪽에 폭력을 가할 수도 있는 것이다. 또한 그는 — 그의 일 자체가 이런 일을 발생시키며, 또한 그가 행동과 사유의 특정한 도구들을 갖추고 있기 때문에 — 그 문제를 제대로 이해하지 못할 수도 있으며, 그 결과 거짓된(따라서 불완전한) 지양을 만들어 낼 수도 있다. 사실상 그는 갈등의 개별적인 세부 사항보다는 객관적인 요구에 더욱 관심을 가져야 한다. 이때의 요구는 그를 통해 이 전개의 단계에 부과되는 총체화하는 행동 자체의 요구다. 예를 들어 그는 이와 같은 실천적 의무를 투쟁의 근본적인 통일성으로 포착해야만 한다. 즉 실천을 통해 발생하는 새로운 임무들에 이 조직들을 적응시켜야 하는 의무가 그것이다. 매개가 불완전하게 이루어졌을 때 내적 재조직화라는 객관적인 문제는 매개의 원상태 혹은 또 다른 상태하에서 지속된다. 그리고 이때 투쟁은 그것을 촉발한 하위 집단들 사이에서 지속되거나 다른 영역으로 옮겨 가거나 하는 식으로 확장되어 집단 전체에 번지게 된다. 이런 사실에도 불구하고 실천적 전개는 완전히 가지적으로 남는다. 행동을 이해한다는 것은 실패에 대한 이해를 내포한다. 달리 말하자면 실패는 이해의 한계로서 나타난다. 특히 이런 이해가 자신의 목표를 토대로 행동을 통해서 드러나는 기도 자체로 정의된다는 점에서 그러하다. 즉 모든 실패에는 하나의 의미 작용이 있으며, 집단 내에서 각각의 실패는 총체화의 난점들을 구현한다.

　이와 마찬가지로 매개가 발생하지 않는다 할지라도 두 개의 하위 집단만이 ─ 매개 기관들 없이 혹은 결국에는 이 매개 기관들을 통해 투쟁이 집단의 한 부분을 나머지 부분과 대립시키기 때문에 ─ 실질적으로 남아 있을 경우에도 가지성이 사라지는 것은 아니다. 우선 매개의 부재는 그것이 가능하지만 거부된 경우에만 하나의 실질 요인이 될 수 있을 뿐이다. 만약 집단의 구조에 이와 같은 가능성이 포함되지 않았다면 이해의 운동은 하나의 비존재를 고려하지 않은 채 나의 갈등을 낳는 현실적인 움직임을 포함한다. 이것은 적대자들의 행동을 통해 객관적 요구를 그 구조들에 의해서 정의된 하나의 집단 내에서 이 투쟁을 요구하는 행위로서 포착한다는 것을 의미한다. 그리고 이 구조들과 이 요구가 총체화하는 실천의 서로 다른 계기들에서 발생하기 때문에 투쟁에 대한 이해는 진행 중인 시간화로서의 전체적 실천에 대한 이해와 동일시된다. 다른 한편 중재가 없기 때문에 죽음에 이르는 것이 될 수도 있는 이 투쟁 속에서 다음과 같은 생각을 해 볼 수 있다. 즉 난관들의 해결책을 고안하는 방식으로는 변증법적 재통합의 실천과 같은 매개의 가지성과 유사한 어떤 것도 발견할 수 없다는 것이 그것이다. 하지만 이것은 부분적으로만 사실이다. 분명 한정된 상황들 속에서 갈등은 분열로 끝날 수도 있다. 한 집단의 분열은 분명 이 집단이 지닌 모순들에 대한 긍정적 해결책으로 간주될 수 없다. 이와는 반대로 이는 기존의 입장의 지양 불가능성을 보여 준다. 하지만 우선 모든 통합은 한 집단 내에서 그것을 해체하는 운동을 통해 실질적인 위험에 빠질 수 있다는 사실을 이해해야 한다. 하위 집단들 사이의 대립은 사실상 그 집단들이 매 순간 행동에 의해 결정되는 분열의 실천적-타성태적 위험들을 현동화할 유일한 방법이다. 달리 말하자면 이 대립은 총체화의 한복판에서 상황에 의해 분열될 수밖에 없다는 점에서 재통합 자체다. 이 경우에 분열이 난관이 되는 문제 자체 — 문제가 제기된 상황에서 해결책을 갖고 있지 못하다는 점에서 — 에 의해, 적대자들 서로를 실천적으로 제거할 수 없다는 사실에 의해, 그리고 이른바 집단의 약점이라고 불리게 될 것에 의해 동시에 규정된다는 점을 우리는 이해할 수 있다.

이와 같은 취약성은 행동을 통해 이 집단에 도래하며, 반목적성의 내적 행동에 의해 점진적으로 규정된다. 그래서 결국 이 취약성을 유지하고, 그것을 극복함으로써 더욱 심화하는 실천(제동, 급발진, 전복, 감속 등등을 통해)을 *규정하기*에 이른다. 예컨대 기독교 안에서도 로마와 비잔틴 간 소통에서의 지체와 불안정성, 이 두 종교 중심지가 역사적으로 분리된 두 개의 운명을 겪어야 한다는 지정학적이고 사회학적인 필연성 그리고 동방과 서방의 기독교인들을 서로 대립시키는 첨예한 차이점들 등이 수많은 분열의 기저에 놓여 있었다. 하지만 적어도 부분적으로는 이 요인들 자체가 **교회**의 **실천**에 의해 양산되었던 것이다. 비잔틴 제국의 건설은 분열에 이르기까지 자신의 반목적성을 계속해서 심화시킨 하나의 종교적 행위였다. 동방의 복음화와 야만족들의 개종은 "환경들"의 이질성을 강화했으며, 응당 되돌아올 충격으로 인해 새로운 신자들은 신앙을 바꾸게 되었다. 하지만 기원에서 출발하고, 교회가 만들어 냈던 상황들의 지양과 이용을 통해 어떻게 호전적인 **교회**의 실천이 점진적으로 정의되었는지를 이해하고자 한다면 객관적 구조로서의 취약성이 생겨나 균열이 발생하고, 결국 붕괴를 초래하는 과정을 조금씩 살펴보아야 할 것이다. 당연히 이 모든 것은 특정한 행위들 속에서, 그리고 그것들을 통해 이루어지는 것이다. 결국 분열은 *해결책으로서* 나타난다. 제삼자에게 분열로 나타나는 것, 이를 각각의 종교 공동체는 삭제로 만들어 낸다. 각각의 공동체는 타자를 축출함으로써 정화된 통일성을 회복하고, 본래적인 **교회**의 통일성을 유지시키는 자로 스스로를 정의한다. 실제로 각각의 공동체는 이와 같은 분리를 재통합으로 체험하고 실현시킨다. 각 집단의 관점에서 보면 실천은 *배제*와 근본적으로 다른 것이 아니다. 하나의 공동체는 이런 배제를 통해 동화될 수 없는 요소들을 축출함으로써 자신의 통일을 회복하는 것이다. 차이는 제삼자에게만 나타난다. 왜냐하면 제삼자가 볼 때 배제는 상호적인 것[29]이기 때문이다. 이 순간부터 가지성의 문제는 변화를 겪는다. 이제 더 이상 통일성 속에서의 이원성이 가지적이라는 사실을 보여 주는 것이 문제가 되지 않는다. 왜냐하면 실제로 구분되는 두 *개의* 단위체들이 존재하기 때문이다. 따

---

29   몇몇 경우에서 배제는 일의적인 것이기도 하지만 배제된 자들은 차후에 분열된 하나의 집단을 건설하기 위해 재결합한다. (원주)

라서 분열된 통일성을 완전히 분리된 두 개의 전체로 변화시키는 과정, 즉 투쟁에서 분리에 이르는 마지막 이행 과정에 대한 이해가 남게 된다. 그러나 실천이 타성태적 객관성을 현동화하기 때문에 단절의 가지성이 온전하게 남아 있다. 총체화의 가장 마지막 계기로서의 이중의 결정은 이와 같은 내적 객관성의 최종 *상태*를 현동화한다. 갈등 관계에 있는 하위 집단들 사이에서 실천적-타성태는 유일한 실질적 매개가 된다. 달리 말하자면 *투쟁*이 분열을 직접적으로 야기하는 것은 아니다. 이런 투쟁은 끝까지 통합적 움직임으로 남는다. 이와 반대로 투쟁의 비의미, 이 투쟁을 효과적으로 수행하고 승리를 얻을 수 없다는 사실이 단절에 의해 현동화되고 지양되는 것이다. 따라서 우리는 여기서 단절에 의한 이와 같은 적대적인 실패로서의 반변증법(투쟁이 야기시킨 반목적성들에 의한 투쟁자들의 소외)의 계기와 투쟁을 현동화하는, 즉 투쟁을 일어나게 하는 단절에 의한 이 부정의 지양을 인간적 실천의 세계에서 "지양된 것"으로 발견한다. 즉 실천적 타성태에 의한 매개로서의 반변증법은 이 비인간적 매개를 모든 매개의 두 가지 인간적 거부로 변화시키는 결정의 변증법적 운동 속에 포함되어 있는 것이다.

다른 하위 집단에 대한 하나의 하위 집단의 승리는 항상 의미를 갖는가?

이와 반대로 하나의 (하위) 집단이 다른 하위 집단을 제거함으로써 승리를 얻었다면 지양의 문제가 제기되지 않을 수 없다. 지양이란 우선 분열된 통일성의 종합적 재통합이다. 투쟁의 시간화 속에서, 그리고 집단의 내부에서 이와 같은 승리는 갈등의 해결책이자 종말로서 갈등 자체를 넘어선다. 실제로 해체의 위험 — 다른 이유들로 인해, 그리고 다른 조직들 사이에서 다시 나타날 수도 있는 ― 은 이와 같은 한정된 사건에 관련지어 볼 때 *완전히 무화되어 있다.* 이것을 통해 시간화의 비가역성이 나타나게 된다. 이 "*이후*"라는 것은 그것 안에서 종결되는 종합적으로 연결된 모든 "*이전들*"의 통시적 총체화로 구성된다.(이 점에 대해서 우리는 통시적 총체화와 그 가지성에 대해 이야기할 때 다시 살펴볼 것이다.)[30] 결국 승리를 거둔 하위 집단 자체는 승리를 통해 과거와는 다른 모습으로 나타난다. 집단 내에서 이 하위 집단의 중요성은 커져만 간다. 이 하위 집단이 거둔 승리는 모든 다른 하위 집단과 모든 개인으로부터 이 하위 집단에 대한 새로운 태도(적대적이건 우호적이건, 존경을 표하건 분노를 표하건, 통일되어 있건 그 자체로 모순적이건 간에 그것은 중요치 않다.)를 불러일으킨다. 달리 말해 이 하위 집단의 대타적 실재, 새로운 환경이 만들어 낸 새로운 의무, 새로이 정립된 소통의 총체 ― 이 하위 집단으로부터 모두에게로, 그리고 총체화로 이루어지는 소통 ― , 내적 흐름, 긴장, 끝으로 승리로 인해 공동 행동의 구조에 나타난 변화에 이르기까지 이 모든 것을 통해 이 하위 집단은 자기 승리의 고유한 산물인 것처럼 드러난다. 그러니까 이 하위 집단은 그 자체의 새로운 지위가 요구하는 실천 속에서 승리를 재외면화하기 위해서는 새로운 내적 긴장 속에서, 즉 힘의 내적인 장 속에서 자신의 승리를 세력의 재분배로서 내면화해야 한다. 결국 어떤 면에서 이 하위 집단은 자신들이 파괴한 하위 집단을 자기 안에 품는 것이다.

　우선 ― 파괴가 개인들을 해치지 않고 기관만을 겨냥하는 경우 ― 다음과 같은 사실이 발생한다. 즉 이 조직은 제거된 조직의 구

30　편집자 서문 참고.(편집자 주)

성원 일부(종종 대다수)를 자기 안으로 통합시킨다. 하지만 특히 하나의 하위 집단이 제거의 대상이 되거나 이 제거 작업이 그 집단의 소멸로 끝나는 경우 승리한 하위 집단은 사라지는 조직의 모든 권능을 당연히 계승하게 되고, 사라진 집단이 수행하던 기능들을 담당해야 한다.[31] 따라서 승리한 하위 집단은 자신의 직무들과 패한 집단의 직무들을 모두 떠맡게 된다. 그리고 이와 같은 병합은 서로 연관된 모든 직무를 종합적으로 조정하지 않고는 한순간도 유지될 수 없다. 바로 이런 점에서 승자의 직무는 더욱 복잡해진다. 왜냐하면 공동 실천의 요구로 인해 이 승자는 흩어진 공동체를 새로운 통일성 속에 흡수하고 구현*해야 하기* 때문이다.

몇몇 국가들에서 공산당이나 이와 유사한 권위적이고 중앙 집권화된 좌파 정당들은 극좌파(좌익 급진주의자들) 조직들과 좌파 중에서도 우파에 속하는 민주적 정당들(사회 민주주의와 같은 정당들)을 소멸시켰다. 이 모든 정당은 과거에는 모두 함께 통치했고, 그들 사이에 존재하는 차이에도 불구하고 실천에 의해 통합될 수 있었다. 일련의 모순들로 인해 가장 강한 당이 나머지 당들을 제거하는 데 성공했을 때 홀로 남은 이 강한 당은 우파와 좌파의 역할을 동시에 감당해야 하는 상황에 처하게 되었다. 달리 말하자면 당 내부에 실천을 통해 분파적 좌파주의, 우파적 기회주의, 중도적이고 중앙 집권적인 매개가 자리 잡게 된 것이다. 이 중도파는 복잡한 상황 속에서 자신들의 임무를 발견하게 된다. 그 임무란 극단적 분파들을 *화해시키고*, 그들의 다양성을 이용하고, 실천이 개인적인 변화를 요구할 때 극단주의자

---

31 적어도 일시적으로, 그리고 집단 전체가 이와 같은 권리들을 다른 하위 집단들에 재분배하거나 사라진 집단과 더 이상 대립하지 않게 될(또한 그럴 것으로 여겨지는) 새로운 하위 집단을 만들어 내어 그 권리들을 담당하게 할 때까지 그러하다.(원주)

들 중 어느 한쪽을 이용해야 — 그렇다고 해서 어느 한쪽을 희생시킴으로써 다른 한쪽을 유리하게 해서는 안 된다 — 하는 것이다. 그렇게 함으로써 결국 양측에서 공히 이루어지는 실천을 통해 상황, 난점, 객관적 요구 들을 발견하게 된다. 즉 이 과정을 통해 이 모든 분파를 동일한 지양 속에서 하나로 통합하기 이전에 모든 관점을 드러내게 되는 것이다. 갈등을 거부하는 권위적이고 중앙 집권화된 이 당은 통일성이라는 엄격한 규칙을 내세워 이런 대립을 내면화했다. 당이 대립을 내면화한 것은 *그것을 이용하기 위함*이었다. 실천에 유용하기보다는 해로운 다른 당들을 제거함으로써 이 당은 통제된 차별화를 통해 빈틈을 메워야 했던 것이다. 그렇다고 해서 일사불란한 하나의 작전을 상정하지는 말자. 하지만 예를 들어 좌파 내의 우파가 존재했을 때 이 분파는 상황마다 공산당의 기회주의자들이 보기에는 "우파"와 같은 입장을 취했던 것이다. 이 기회주의자들은 자신들의 의지에도 불구하고 안심할 수 있었다. 왜냐하면 이와 같은 입장(온건한 혹은 더욱 유연한, 혹은 단순히 인민의 대다수 층들의 이익에 의해 생겨난)은 효과적이었고, 이런 입장의 현동화로 인해 공산당이 그 입장과 관련하여 자신의 의견을 표명할 수밖에 없었기 때문이다. 그러나 그 결과 이와 같은 소심하고도 조심스러운 입장은 공산당과는 거리가 먼 하나의 정치 집단 속에서, 그리고 그 집단에 의해 구체화되었다. 또한 공산당과 관련하여 이 정파들은 부정적 방식으로(일시적 연합 세력 등과 같은 방식으로) 자신들을 규정짓게 되었다. 이들은 스스로 *이와 같은* 정치적인 성향을 고안해 낼 필요는 없었다. 왜냐하면 그것은 우파의 몫이었고, 공산당 역시 대중적인 당파들의 연합을 유지하기 위해 이런 성향을 고려했기 때문이다. 이 정파들이 *자신들이* 주도권을 잡기 위해 원래부터 이런 성향을 취했던 것도 아니다. 실제로 이런 성향은 처음부터

*그들의 것*이 아니었기 때문이다. 그들 자신에 의해 폐기되고 부인된 기회주의는 또 다른 하위 집단 속에서 그리고 그 집단에 의해 전개되었다. 이 하위 집단은 한편으로는 그들의 "동반자"이기도 하고, 다른 한편으로는 "적대자"이기도 했다. 이렇게 해서 그들은 *자신들의* 당인 공산당 내에 더욱 확실하게 편입될 수 있었지만 반대로 공동의 비타협성(혹은 일시적으로 필요한 경우에는 연합 세력을 유지하기 위한 공동의 유연성)을 표명할 수 있었다.

우파에 생긴 빈틈 — 하나의 투쟁, 하나의 쿠데타의 무차별적인 통일성 속에서 이 기회주의자들의 기여로 나타난 — 은 갑작스럽게 이들을 다음과 같이 규정짓게 된다. 즉 누구도 기회주의적인 성향을 더 이상 표명하지 않기 때문에 이들은 과거에 그랬던 것처럼 다시 기회주의자가 되는 것이다. 적-동지는 선거전에서 순식간에 이루어지는 이합집산 앞에서 느끼는 그들의 불안함의 표현이다. 이와 같은 연합이 사라졌을 때 이전에 타자의 것으로 품었던 이 불안은 이제 그들 자신의 것이 된다. 바로 이들을 통해 공산당 내에 — 더욱 통합된 형태로, 하지만 다른 당파들과 확연히 구분되는 실제적인 특징들 없이 — 사회 민주주의적 당파가 다시 출현한다. 물론 이와 같은 내면화는 또한 하나의 왜곡이기도 하다. 공산당의 목표라는 이름으로 기회주의는 특수한 태도와 주장 속에서 다시 고개를 들게 된다. 이와 같은 단순한 사실만으로도 이 기회주의를 충분히 차별화할 수 있다. 이는 공산주의자들을 *위해서*, 그들에 *의해*, 그리고 공산당 내에서 볼 수 있는 공동 목표라는 관점을 통해 실질적으로 정의되는 태도다. 다만 이 현상이 적의 제거를 통해, 부재의 내면화로서 이루어진다는 사실을 밝혀 두자. 그들의 개인적인 역사적 상황, 그리고 특히 우리가 살펴본 바와 같이 당 내 그들의 기능, 공동 개인으로서의 그들의 역사

등이 그들을 이미 기회주의자로 규정했다고 주장할 수 — 이것은 사실이다 — 있다. 하지만 다음처럼 주장할 수도 있을 것이다. 공산당의 승리 없이는 이 기회주의가 실제로 드러날 기회를 갖지 못했을 것이라고 말이다. 이것은 심지어 *존재태로라도 존재할 수 없었을 것*이라는 점을 의미한다. 왜냐하면 공산당에 속하는 각각의 구성원이 이 당의 내적 압력에 복종했을 수도 있고, 이 압력 자체가 연합 집단들의 존재에 의해 통제되었을 수도 있기 때문이다.

하지만 승리한 하위 집단이 패배한 집단을 지양하면서 자기 스스로를 지양하는 것이 사실이라면 — 이때 하위 집단은 새로운 통일성 속에서 패배한 집단에 대한 임무와 기능을 담당하게 된다 — 분열된 통일성 내에서 한 집단이 다른 집단을 제거하는 것은 다음 경우에만 지양으로 간주될 수 있을 뿐이다. 즉 이 제거를 통해 집단 전체의 실천이 더욱 결속력이 강한 통합의 계기, 더욱 진척된 분화의 계기, 이 집단의 주된 목표에 비해 더욱 효과적인 계기를 향해 스스로를 지양하는 경우가 그것이다. 이와 같은 모든 것은 결국 승리가 *하나의 의미*를 갖는지, 다시 말해 이 승리가 공동의 행위라는 관점에서 볼 때 진보를 나타내는지를 자문하게 한다.[32] 물론 이와 같은 사실이 상황과 정황, 조건에 달렸다고 대답할 수도 있다. 이 대답은 전적으로 틀린 것이 아닐 수도 있다. 하지만 가지성의 문제는 이 경우와 마찬가지로 다른 모든 경우에서도 *선험적* 비판 연구를 통해 고려되어야 한다. 이것이 의미하는 바는 승리로부터 유래하는 다양한 가능성 — 만약 그것이 가지적이어야 한다면 — 이 그 사이에 자리를 잡아야 하는 한계들을 결정해야 한다는 것이다.

---

32 나는 여기에서 "진보"라는 말을 가장 단순한 의미로 사용하고자 한다. 즉 이 말은 정해진 끝을 향하는 비가역적 발전, 진행 중인 행동의 전개를 의미한다.(원주)

두 가지 태도를 동시에 배척해야 한다. 이 태도들은 각각 교조주의적 전제들, 즉 낙관론과 비관론에 근거하고 있기 때문이다. 여기에서 문제가 되는 비관론은 **악**에 대한 긍정이기보다는 종종 **악**이 **선**에 대해 승리할 수 있게 하는 무질서다. **선**은 기도의 지속적인 발전을 의미한다. **악**은 그것의 후퇴와 퇴화를 의미한다. 이런 점에서 보면 우연적인 상황과 사건에 의존하는 승리는 그 자체로 우연적이다. 승리는 그 자체로 투쟁의 심층적인 의미가 아닐 뿐 아니라 승리가 아무런 의미도 갖지 못하는 경우(승리를 가능하게 했던 역사적 사건의 경우를 제외하고)도 종종 있다. 그러나 우리는 아직 — 적어도 얼핏 보아서는 — 총체화가 불가능한 것으로 나타나는 거대한 전체들 속에서의 투쟁을 고려하는 것이 아니라 집단이라고 불리는 실천적 총체화의 내적 세력들의 장 속에서의 투쟁을 고려하고 있다는 점을 지적해야 할 것이다. 이 투쟁의 강도와 그것의 격렬함이 집단의 임무, 외적인 위험, 통합을 위한 내적인 힘과 비례한다는 사실은 명백하다. 통합은 또한 그 자체로 공동 개인들의 열의와 기도를 끝까지 완수하겠다는 서약을 보여 준다. 물론 승리 — 시간화의 최후의 계기로서의 — 는 개별적이다. 이는 필연성보다는 우연성을 나타내는 하나의 유일하고도 날짜가 기록된 사건으로 나타난다. 하지만 이 승리가 *하나의 논리적인 결과가* 갖는 추상적인 무미건조함, 엄밀함, 반투명성과 더불어 나타나리라고 기대하는 사람은 없을 것이다. 인간적 사건은 우연적이면서도 필연적이다. 그것의 사실성 — 역사적 행위 주체들의 근본적인 사실성에서 기인한 — 은 우연성이 갖는 필연성으로 정의될 수 있다. 하지만 행동 중인 한 집단, 즉 진행 중인 총체화의 구현으로서 현동화된다는 점에서 이 사건은 필연성이 갖는 우연성을 보여 주기도 한다. 구체적인 것의 실제적인 결정 작용으로서 나타난다는 점에서 이 사건의 필연성은 필연적으로 우연성의 형태를 취하게 되는 것이다.

이 승리에서 모든 것은 새롭다. 하지만 진행 중인 총체화의 특정한 한 계기를 내적이고 국지적인 시간화로 구현하지 않고서 이 승리는 발생할 수 없다. 승리가 분열에 대한 통일성의 승리라는 점에서 승리자는 집단을 구현하고 있다. 역으로 승리는 자신의 내적인 이원성을 흡수하기 위해 실천의 진정한 운동을 구현하는 하위 집단에만 찾아올 뿐이다. 전쟁 중에 벌어지는 척후전을 상상해 보자. 아주 약하고 무장이 덜 된 부대가 자신이 일으킨 것이 아닌 우연적 사건 덕택에 모든 면에서 자신들보다 우월한 적을 물리치는 것은 항상 가능하며, 실제로 종종 발생한다. 우연적으로 자신이 눈에 띄기 전에 먼저 상대편 척후병을 보게 되는 경우가 그것이다. 이 경우 결과는 별다른 의미가 없다. 하지만 그 까닭은 같은 전체에 속하지 않은 두 개의 미시 조직이 문제가 되고, 이들의 만남은 단지 우연적이기 때문이다. 만약 한 군대 전체나 한 민족 집단의 최종적인 승리를 가정한다면 문제는 전혀 다르게 제기될 수 있다.[33] 어쨌든 두 명의 척후병은 중립 지대에서 길을 잃고 홀로 고립되어 있다. 이런 점에서 우연은 다시 한번 의미를 갖게 된다. 소규모 교전이 발생할 확률은 근본적으로 낮다. 왜냐하면 이 척후병들은 타성태적, 혹은 실천적-타성태적 매개에 의해서만 연결되어 있기 때문이다. 만약 그들 중 한 명이 "우연한 전투"에 의해 죽게 된다면 이 죽음의 필연성은 하위 단계에 머무르게 될 것이다. 중립 지대의 성격상 한 명이 다른 한 명의 처분에 맡겨져 있다는 점에서 이와 같은 상황은 합의된 기도(선택된 여정)의 객체화이자 실천적-타성태 속에서의 소외이기도 하다.

---

33   이 문제들은 다루어지지 않고 있다.(미완성 원고)(편집자 주)

이와 반대로 투쟁 중인 하위 집단이 문제가 되는 경우 이 투쟁은 집단 내부에서 벌어진다. 물론 이 투쟁은 반목적성의 토대 위에서 발생하고 실천적-타성태적 요구들에 대한 자유로운 표시이기도 하다. 하지만 아무런 매개의 조직이 존재하지 않는다 해도 어떤 합의된 매개가 시도될 가능성이 없다 해도 투쟁 자체는 여전히 매개된 활동이라는 것은 분명하다. 실제로 투쟁은 인간적이고 실천적인 환경 속에서 일어난다. 모든 다른 하위 집단은 각자 나름의 방식으로 집단 전체의 목적과 이 하위 집단들의 목적이라는 관점에서 갈등의 전개를 총체화한다. 또한 모든 공동 개인은 각자 지금, 여기에서 집단 자체, 즉 이 개인들과 (하위) 집단들의 총체화된 전체다. 마지막으로 집단 자체는 총체화하는 행동의 실천적 통일성을 통해 적대적인 각각의 (하위) 집단들을 유지하고, 둘러싸며, 관통한다. 이 모든 인간적 활동과 구성하고 구성된 모든 변증법이 전투의 변화무쌍한 장과 매개들의 생생한 두께를 형성하는 것이다. 바로 이것이 **에피날** 판화[34]의 소박한 모습이다. "이탈리아 전쟁" 중에 포위된 한 도시에서 지휘권을 놓고 다투는 두 부대의 모습, 바로 이것이 내부 전투가 어느 정도까지 공동 행동에 관련이 있는지를 보여 주기에 충분한 예다. 실제로 방어의 성공 여부, 적의 계속적인 압력, 보급의 문제, 퇴로의 차단, 반격 등등을 통해 두 부대의 투쟁이 전개되는 것이다. 이 투쟁은 각각의 군사 작전과 각각의 사건 내부에 수평적으로 각인된 일련의 내적 결정 작용으로 나타난다. 다시 말해 총체의 시간화 때문에 역사가에게는 종종 감추어지거나 공동 시간화의 단순한 개별화로 주어지는 측면적 시간화로 나타난다. 한마디로 말해 개별성의 부차적인 특징으로 나타나는

---

34   19세기 프랑스 에피날에서 만들어진 교훈적인 내용의 통속화.

것이다. 이와는 반대로 이 투쟁을 그 자체로 고려해 본다면 모든 공동 사건은 매 순간 이 투쟁 자체의 근본적 구조, 의미, "굴곡", 내적인 구성으로 나타난다. 즉 투쟁의 긴장 정도를 결정하는 것이 바로 공동 사건이다.

이런 관점에서 보면 공동 사건은 개별적 투쟁의 변천들을 결정한다. 그리고 이 사건의 매개를 통해 지휘권을 가진 부대의 실수는 적의 객관적 우월성으로 나타나게 된다. 또한 이것을 통해 우리는 또 다른 매개에 접근할 수 있다. 이 우월성은 도시를 지키는 병사들의 태도에 의해서만, 혹은 가능한 범위 내에서 시민들의 태도에 의해서만 객관적이기 때문이다. 이 모든 사람 — 집단을 이루고 있건 대중이건 간에 — 이 실수를 범하지 않은 하위 집단의 우월성을 결정짓는다. 이때 사람들은 포위자에 맞서는 투쟁을 통해 자신들의 힘을 한곳으로 집중시킨다. 이 우월성이 갖는 중요성과 그것의 객관적인 힘은 실수의 객관적인 심각성(공동 전투의 결과에서의 심각성)과 긴급성에 달렸다. 전투의 실제적이고 가능한 결과들은 "질서를 유지하는 힘", 즉 지휘권을 잡고 있는 부대가 이용하는 강제 기구들을 포함하여 모든 사람에 의해 체험된다. 이와 같은 실천적 태도(총체화하는 조직 자체에서 재집단화를 낳는 태도)는 각각의 하위 집단이나 공동 개인에게 전체적 사건 자체의 내면화와 재외면화라는 이중 운동의 산물이다. 만약 특정 장소에서 무장 해제되었거나 경계선 바깥에서 습격을 당한 이유로 이 공격이 성공하지 못했다면 단번에 즉각적인 미래가 되었지만 결국은 모면한(아마도 대립하고 있는 부대의 선제공격에 의해) 이 도시의 점령은 정확히 말해 내적 긴장으로 변화한다. 이는 즉각적으로는 가능하지만 마지막 순간에 실패한 운명 — 매 순간 도래할 수 있는 — 으로 나타난다. 각자에게 이 운명에 대한 거부는 그를 포함한 모든 시민에게 죽음에 대한 거부와 같다. 그리고 지도자들에 대한 불신과 분노, 경쟁하고 있는 부대에 대한 희망 등등은 초기에 취해지는 행동, 즉 내적 규제의 실천적 개시다. 모든 *사람의* 매개를 통해 사건은 어떤 하위 집단을 이롭게 하고, 다른 하위 집단에 불이익을 주면서 투쟁 중인 하위 집단들을 규정하게 된다.

이와 같은 이중의 결정 작용은 매우 중요하다. 조직화된 하나의 집단 속에서 모든 중재가 부재하는 경우, 그리고 분열이 불가능한 경우(예를 들어 도시의 포위로 인해 분열은 생각할 수 없는 것이 된다. 적들이 보여 주는 완전한 절멸의 위협이 도시 내에서 승리에 이르기까지 해체될 수 없는 통일성으로 내면화된다.) 파괴하는 하위 집단은 공동체(전체나 혹은 다수)의 의지(암묵적이든 실제적이든)에 힘입어 자신의 통합 작용을 다른 하위 집단에 강요하게 된다. 이 공동체 전체가 이 하위 집단에게 효율성을 제공하는 조직들을 보증하는 경우 어떤 공격도 생각할 수 없다. 혹은 우연한 사건이나 실천적-타성태가 한 부대로 하여금 다른 부대를 파괴하게 한다 해도 파괴한 부대[35] 역시 나중에는 파괴될 것이고, 공동체는 예전의 형태를 회복할 것이다. 집단 내에서 행동은 각자를 통해, 그리고 긍정적이고 부정적인 개별적 결과들의 종합으로서의 자신의 현전하는 실재 속에서 개별적 조직들의 투쟁을 통제한다. 역으로 각각의 부대는 동맹을 얻고자 노력하면서 다른 부대와 전투를 벌인다. 반드시 공동 개인들 전체의 지지를 받아야만 하는 것은 아니다.(예컨대 일반 병사들, 도시의 "서민층"의 지지를 받는 것으로 충분하다.) 하지만 동맹을 *위한* 투쟁은 집단 내에서 나타나는 선택들을 통해 집단의 구조 자체(그리고 그것의 역사적 의미)를 발견하게 된다. 실제로 이와

35 　원문에 celle-ci로 되어 있으나 celle-là가 옳은 것으로 여겨진다.

같은 선택들을 통해 힘의 위계질서가 실천적으로 재생산되며 확증된다. 몇몇 경우에는 위계질서에서 바로 위에 있거나 아래에 있는 다른 하위 집단들의 지지를 확인하는 것으로도 충분하다. 일정한 규칙에 따라 그들을 분리하고 다시 모으는 조직들 외부에서 포착된 공동 개인들의 총체성은 조금도 중요하지 않다. 또 다른 경우에는 이 총체성만이 상황을 결정짓기도 한다. 운명과 가능성으로서의 미래에 비추어 결정을 내리는 것은 상황들(현재와 과거의)의 총체다.

어쨌든 우리에게 중요한 것은 단 한 가지다. 즉 동맹은 동시에 주어져야 하는 여러 조건에 따라 맺어진다는 사실이다. 우선 기능과 기도에서의 일정한 동질성이 그것이다. 이 경우에 각 조직의 *실천적 전망*들은 서로 가까워질 수 있다. 다음으로는 *이해관계*들 사이의 실질적인 일치가 있어야 한다. 우리는 앞에서 이해관계가 무엇인지 살펴보았다.[36] 하나의 하위 집단에서 이해관계란 내적인 장 속에서 나타나는 이 하위 집단의 객관적 존재다. 특히 그것이 이 집단으로부터 벗어나고 다른 하위 집단들에 의해 위협받을 때, 이와 동시에 자기 행동을 증가시키고 총체화하는 행동을 더욱 넓고, 정확하고, 효과적으로 구현할 객관적 가능성으로 구성될 때 그러하다. 따라서 여기에서 중요한 것은 한 부대의 다른 부대에 대한 승리가 공동의 관점 속에서 통합된 조직들의 총체에 의해 행해진 전반적인 규제로 나타난다는 점이다. 이런 의미에서 이 승리가 전투를 지휘하는 승리한 하위 집단 속에서 재통합된 통일성의 재출현으로 나타난다는 점 역시 중요하다. 이런 점에서 보면 패배한 하위 집단의 제거는 곧 집단의 *분리*를 낳는다. 즉 다른 하위 집단의 주위에 다시 모여들면서 조직들과 공동 개인

---

36   1권, 제1서, C, 480쪽을 참고.(편집자 주)

들은 패배한 하위 집단의 안팎에서 재통합 중인 분열된 통일성을 구현할 힘을 제거한다. 패배한 집단은 마지막 공격을 받기 전에 이미 집단의 *이방인이 된 기관*에 불과하다. 공동체는 자신의 재통합을 완수하기 위해 이 낯선 기관을 흡수하든 제거하든 해야 한다. 세 번째 조건은 위급성 혹은 —— 우리가 살펴본 바와 같이 —— 현재 진행 중인 행동의 요구, 실패할 수도 있는 위험 등이다. 이 조건들을 하나로 엮어 주는 관계는 의당 변증법적이다. 이 관계 속에서 각각의 조건은 실천의 종합적인 통일성 속에서 다른 조건들에 영향을 준다. 하지만 중요한 결정은 공동 행위에 속하거나 아니면 각각의 다른 조건이 또 다른 조건으로 넘어가기 위한 문턱이 된다. 이 문턱의 높이는 공동으로 느끼는 위급성과 위험의 정도에 따라 변하게 된다.

이런 관점에서 보면 제거에 의한 승리는 변증법적으로 가지적이다. 왜냐하면 이 승리는 새로운 공동 관점에 따라, 그리고 전체적 실천의 전개를 특징짓는 위급함과 위험성들의 내면화된 압력하에서 기관들과 개인들의 재집결을 통한 분열된 통일의 재통합 작용으로 나타나기 때문이다.

분명 수동적이고 실천적-타성태에 속하는 저항들이 있기 마련이다. 즉 제도화된 집단들 속에서 몇몇 기관이 보여 주는 무기력함은 주권자나 지도하는 하위 집단들의 손에 들어 있는 강제 기구들의 힘과 효율성에 부합한다. 전통은 재통합 작용 등을 분리하기도 하고 종종 제동을 걸기도 한다. 하지만 모든 경우에서 재통합을 위한 문턱을 넘고 공동 위험성을 낮추는 것이 중요하다. 강제 기관들은 공동체의 부분적 패배를 내면화함으로써 이 기관을 지탱하는 힘과는 반대 방향으로 작용할 수도 있다. 전통은 진행 중인 통합 작용 내에서 해체될 수 있다. 융화 상태에 있는 하위 집단들은 힘의 한계 등에 의해 조직되고 분리된 하위 집단들의 해체를 통해 구성될 수 있다. 이렇게 해서 승리는 집단 전체에 퍼져 있는 매개를 통한 지양이 된다. 이와 같은 매개를 통해 모순의 두 항 중 하나는 다른 항을 제거한다. 하지만 이런 제거를 통해 ── 그리고 이런 제거가 절멸로 나타나는 경우에서조차 ── 이 항은 다른 항을 흡수하고 그 자체로 명제와 반명제를 동시에 지양하는 종합이 된다.

하지만 한 항과 다른 항의 지양은 여전히 *실천적이어야* 한다. 다시 말해 이 지양은 합의된 조작과 작전, 그리고 전략을 통해 실현되어야 한다. 대적하고 있는 부대가 지도 부대의 실수로 얻은 이익을 수동적으로 누리는 것만으로는 충분하지 않다. 즉 이 *이익을 이용해야* 하는 것이다. 우리는 여기에서 자유로운 실천, 고안, 개별적 구현으로 향하게 된다. 아마도 이 부대의 역사와 이 부대를 마비시키는 대립, 이 부대가 병사를 모집했던 환경(예컨대 이 환경을 조건 짓는 물질적 상황 속에서 그 근원을 찾아야 하는 관념적 소심함 또는 비슷한 근원을 갖는 무능력 등등), 또는 단지 그 하위 집단의 내적 구조(연결의 어려움, 그로부터 파생되고 결정을 내릴 가능성을 조건 짓는 느린 소통), 이 모든 요인, 그리고 또 다른 요인, 또는 이 요인들 가운데 하나가 항상 비효율적이고, 사건보다 나중에 도래하는 부적합한 실천, 또는 *부정적* 결과로 나타나게 된다. 하지만 이와 같은 실천의 오류, 실수, 편차는 정확히 부정적 결정 작용으로서 가지적이라는 사실을 살펴보아야 한다. 특히 이 실천이 실제로 *실천-과정*이고, 따라서 하위 집단의 내적 구성과 그 집단이 다른 모든 기관과 맺는 객관적 관계가 객관적 타성태를 구성하여 실천적 지양의 내재적 한계로서 자리 잡게 될 때 그러하다. 왜냐하면 실천적 문제에 대한 극복, 고안, 설명(하위 집단과 이 하위 집단을 구성하는 공동 개인들에 의한)이 존재하기 때문이다. 하지만 공동 실천 속에서 항상 *사후적으로* 우리의 관심을 사로잡는 것은 그것이 항상 물질적 상황을 지양하면서도 *바로 그 지점까지만* 나아가는 자유로운 지양으로서 스스로를 드러낸다는 점이다.

사유의 도구가 갖는 모든 무지와 불완전성을 고려하는 역사가의 상황 지어진 관점에서 볼 때 하나의 행동에 대해 책임이 있는 자들이 다음과 같은 것들을 "할 수 *있었다*"라는 것은 분명하다. 즉 이 행위를 약간은 다른 기초 위에서 시도하고, 자신들이 간과했던 위험을 고려하고, 이미 이루어진 행위의 객관적 결과를 계산하고, 특히 —— 이 결과 덕택으로, 그리고 더 효율적인 수단을 선택함으로써 —— 이 행동을 중도에 멈추기보다는 끝까지 밀고 나갈 수 있었다는 사실이 그것이다. 하나의 계획의 구상에는 부정적인 결정 작용, 즉 우리에게 고안 자체와 혼동되어 포착할 수 없는 한계가 존재한다. 하지만 이와 같은 고안은 주어진 여건의 변증법적 지양을 위한 또 다른 이름에 불과할 뿐이다. 바로 *이 여건,* 즉 투기를 통해 현동화되는 *하나의 관점 속에* 사회적 장의 전체를 지양한다는 점에서 이 고안은 그 자체에 의해 종합되는 여건들을 통해 규정된다. 목적이 수단들의 종합이라는 점에서 볼 때 행위는 주어진 전체의 종합적인 통일성(요구, 위험, 난제, 즉석에서 얻을 수 있는 수단)이다. 이때 행동은 이와 같은 목적을 위해 여건의 전체를 지양하게 된다. 하지만 지양은 구체적인 실천으로의 변형 외에 다른 것이 아니다. 각각의 *지양*은 총체화이고, 모든 여건을 실천적 장의 규제된 변형이라는 초월적 관계로 압축한다.

따라서 지양의 한계들은 한편으로는 지양된 여건들이며, 다른 한편으로는 실천적 장의 초월하는 구조들이다. 즉 우리는 무턱대고 어떤 것을 향해 무언가를 지양하는 것이 아니라 정확히 *저것*을 향해 *이것*을 지양하는 것이다. 행동의 한계에 대한 이해는 항상 가능하다. 왜냐하면 이해란 규정된 목적들과 실천을 개별화하는 한계들을 토대로 스스로를 이해하는 실천 자체에 다름 아니기 때문이다. 작동이 멈춘 선풍기를 갖추고 있는 방 안에서 비바람에도 불구하고 창문을 열려고 일어서는 사람의 행동을 이해하는 것은 곧 이해의 투기 속에서 선풍기가 고장 났다는 사실을 이해하는 것이다. 이와 마찬가지로 한 명의 지도자가 분명 더 나아 보이는 객관적 상황의 지표에도 불구하고 그와는 다른 결정을 내리는 것을 이해한다는 것은 몇몇 지적 도구의 부재나 최초의 서약에 근거하고 있는 특정 존재態의 현전이 내부로부터 여러 선택의 폭과 깊이를 제한했음에 틀림없다는 사실을 이해의 투기 속에서 내면화하는 것을 의미한다. 외면적 부정에 근거한 이해는 존재하지 않는다는 사실을 상기할 필요가 있다. 도구들 ─ 모든 외적 규정 ─ 의 부재는 실제로 이용된 도구들을 토대로 관념적이고 실천적인 방법들을 재생산하도록 자극해야만 한다. 하지만 우리는 실제로 이용된 도구들의 의미 작용과 이 도구들의 현전이 가지는 의미 작용을 포착할 수 있고, 또한 행위 주체의 역사로부터 이 행위 주체의 "손아래에" 있는 이 도구들의 현전의 의미를 포착할 수 있다. 이때 이 도구들의 의미 작용은 개별적인 구현으로서의 집단의 역사를 통해 포착된다.

이처럼 하위 집단이 어떻게 상황(예를 들면 이 상황이 하위 집단에 제공하는 이점)을 이용하는가를 이해하는 것은 두 개의 측면을 가진 하나의 행동을 이해하는 것과 같다. 즉 이 행동이 가지는 새롭고 환원 불가능한 측면과 이 행동을 개별화시키는 결정 작용의 측면이 그것이다. 한편 *지금으로서는* 이 결정 작용이 뛰어넘을 수 없는 한계를 보여 주지만 이것이 행위를 엄밀하게 결정하고 있는 것은 아니라는 사실을 덧붙여야 할 것이다. 대상이 갖는 경계, "습관", 수단, 요구가 있다. 하지만 행동이 고유한 한계를 지양하고 포괄하여 이것들을 그 자체의 지양에 의해 포괄된 것으로 재발견하게 된다는 점에서, 실천적 선택은 긍정적인 개별성이자 구체적 새로움이라는 점에서 예측 불가능한 것이다. 이러한 예측 불가능성은 다음과 같은 경우 이해의 여건 자체다. 즉 이해가 현재적 직관으로서 주어지지 않고 이해해야 할 실천의 마지막 계기까지 스스로 시간화하는 하나의 기도로서 구성된 경우가 그것이다. 요컨대 공동 개인이나 하위 집단은 자신들을 조건 짓는 타성태적 구조들을 자신들에 대한 자유로운 결정 작용으로서 자유롭게 다시 떠맡는 것이다. 그리고 우리가 이 구조들의 의미를 최종적으로 이해하려 한다면 집단 전체와 그 역사로 다시 돌아가야 할 것이다. 다시 말해 모든 전체가 그 자신의 실천적 시간화와 이 시간화에 의해 내부에 분비된 반-목적성(또한 이 반목적성을 제거하기 위한 이전의 시도들)으로 되돌아가야 하는 것이다.

사령관이 자기 부대가 가진 가능성에 대해 잘못 판단하는 것은 *자유롭게* 이루어진 일이다. 이와 마찬가지로 이런저런 이점을 이용하는 것을 소홀히 한 것도 역시 *자유롭게* 이루어진 것이다. 하지만 이와 같은 판단의 실수는 그 자체 안에 하위 집단 전체를 그러모으고, 이 하위 집단을 만들어 낸 집단과의 근본적 관계에 이르기까지 하위 집단과 관련된 모든 것을 구현하고 다시 만들어 낸다. 바로 이런 점에 의해 이 실수가 이해 가능해진다. 우리의 예를 계속 살펴본다면 이 사령관은 적의 부대의 실수가 자기 부대에 가져다준 이점을 실제로 과소평가했던 것이다. 하지만 이렇게 이점을 가졌던 하위 집단의 객관적 구조와 이 하위 집단이 전체 집단과 맺는 심층적인 관계를 보여 준다는 점에서 이와 같은 과소평가는 이 하위 집단의 운명을 만들어 냄과 동시에 드러낸다. 이 기회를 날린 하위 집단은 패배하게 될 것이다. 또한 이처럼 기회를 날려 버리면서 이 집단은 스스로를 패배한 집단으로 확증했던 것이다. 이 하위 집단은 전체 집단과 처음에 맺었던 관계를 망설임, 자신감의 결여, 합법성의 존중, 주도권을 가진 부대 앞에서의 소심함, 혹은 단순히 무능력함과 같은 실천적 형태하에서 재정립하게 되었던 것이다. 이것을 통해 이 하위 집단은 투쟁에 대한 모종의 진리를 드러내었다. 즉 이 하위 집단을 만들어 낸 집단은 오직 이미 패한 자로서만 이 하위 집단 내에서 구현될 수 있다. 또한 공동 개인들이 지휘권을 가진 부대로부터 일탈하여 대적하는 부대에 희망을 거는 순간은 일시적일 뿐이다. 대립하는 자들의 부대가 투쟁을 통해 실천적으로 현동화한 모호성, 일시적인 난제, 복합적인 문제는 처음부터, 하지만 보이지 않게 이 부대를 이미 패할 수밖에 없는 부대로 가리키고 있었던 것이다. 예를 들면 반목적성이 이미 통일성의 분열을 결정하고 있었던 것이다. 이 분열은 그 자체로 모든 도구를 갖추고 있고, 따라서 강한 지지를 받는 견고한 조직을 부차적이고 무장이 제대로 되어 있지 않으며, 갑작스러운 신분 상승으로 인해 내적 통일성 자체가 위태로워진 하위 집단과 대립시키는 것이다. 제대로 이해되지 못한 신분 상승으로 인해 이 하위 집단은 다른 모든 하위 집단으로부터 분리되어 모두의 신임을 얻는 데 실패할 수밖에 없고, 따라서 그들의 진정한 동맹을 얻는 데 실패하게 된다. 혹은 이 하위 집단은 이런 방식으로 공동 개인들의 총체화한 총체와 지휘권을 가진 부대 — 이 하위 집단은 자신이 상황으로 인해 지휘 부대와 대적할 수 없었다 — 사이에 위치해 있는 것이다. 지휘관들은 구현으로 자신들의 존재를 부과하며, 반대자들은 그런 식으로 스스로를 드러내면서 모든 가능한 동맹자에게 걱정을 끼칠 수도 있다. 사소한 저항으로도 그들은 *반란자*가 될 수 있고, 따라서 공동 개인은 공동 실천의 이름으로 그들로부터 등을 돌릴 수도 있다. 물론 나중에 결과를 알 수 없는 전투 속에서 집단이 한순간 그들의 손을 들어 줄 수도 있다. 하지만 그들의 "치명적인" 망설임은 불신을 재외면화하게 된다. 이와 같은 불신은 전체 집단이 그들에게 내보인 것이며, 이들은 자신감의 결여, 열등감, 실패한 행동 등을 통해 이 불신을 내면화하게 된다. 이들로 인해 전체 집단이 표출한 애초의 불신이 잠시나마 그들에게 보여 준 현재의 신임과 대립하게 된다. 결국 집단은 그들에 대한 신임을 철회하게 된다. 하지만 어떤 면에서는 이런 과소평가를 통해 집단은 이 하위 집단과의 관계를 제대로 평가하게 된다. 즉 *전체 집단은 이 하위 집단의 행동을 따르지 않게 되는 것이다.*

그 까닭은 우선 "반란자들"의 태도가 길들이기에 적합하지 않기 때문이다. 또한 집단이 그들에게 보여 준 현재의 신임이 결국은 부정적인 것이기 때문이다. 그들이 진정한 지휘관들로부터 등을 돌린 것은 일시적인 불신 때문이었다. 첫 번째 요인은 집단에 제동을 걸면서 오랫동안 생존해 온 자로 나타날 수 있다. 즉 집단은 변했지만 이 하위 집단은 예전의 결정 작용들을 간직하고 있는 것이다. 바로 여기에 편차가 존재한다. 하지만 두 번째 요인은 집단과 이 하위 집단의 현재적인 조응을 보여 준다. 긍정적으로 말하자면 반란자들은 자신들의 망설임을 통해 집단의 흔들리지 않는 신뢰의 가시적인 구현을 이 집단의 지휘자들 속에서 실현시키는 것이다. 하지만 여기에도 통시적인 것과 공시적인 것 사이에 약간의 편차가 남는다.(우리는 뒤에서 이 문제를 총체적으로 다룰 것이다.)[37] 이 편차 역시 미결정 상태에 대한 환영을 남기게 된다. 집단은 어제와 그제 보여 준 태도로 인해 반란자

---

37   편집자 서문 참고.(편집자 주)

들의 관심을 끌었지만 지금의 집단이 보여 주는 무관심에 당황한 반란자들은 집단의 요구에 응하지 않는다. 그들의 망설임과 집단이 보여 준 신임의 매우 일시적인 특징 사이에 완전한 조응이 있다고 할지라도 우리는 다음과 같은 사실을 생각해 볼 수 있다. 즉 또 다른 기회에 또 다른 부대가 이 동맹을 이용할 수도 있고 — 몇 가지 조건하에서 — 일시적인 것을 결정적인 것으로 변화시킬 수도 있지 않을까 하는 것이 그것이다. 달리 말하자면 집단은 통시적으로 다른 반란자들의 활동을 불가능하게 만들었다. 비록 이 집단이 전혀 변하지 않았거나 혹은 그 변화가 여전히 피상적인 것이라 할지라도 이 집단은 현재 안에서, 그리고 공시적으로 이런 불가능성을 완전히 재생산하지 못한다. 여기서 나는 이와 같은 편차를 지적하는 데 그치고자 한다. 말하자면 이 편차는 역사의 개시를 나타낸다. 그렇다고 이 편차가 가지성을 제거하지는 않는다. 왜냐하면 그 자체가 변증법적 시간화의 산물이기 때문이다. 다만 이와 같은 개시는 타성태적 객관성 혹은 (우리가 다시 다루게 될) 죽은 가능성[38]으로 나타난다.

요컨대 가장 강하고 가장 교활하고 가장 잘 무장한 자가 승리하는 것이다. 이런 자는 가장 훌륭한 작전을 고안해 내고, 사람들이 쳐 놓은 함정에 빠지지 않으며, 오히려 그가 쳐 놓은 함정에 패배자들이 하나둘 빠지기 때문에 상대방을 물리칠 수 있는 것이다. 하지만 이와 같은 힘, 지혜, 능수능란함은 집단 전체의 매개를 통해 그에게 주어지는 것이다. 다시 말해 이 요소들은 이 승리한 하위 집단의 징집 방식, 역사, 집단 구조들의 변화, 모든 다른 하위 집단과의 근본적인 관계들을 표현하고 있다. 이 집단의 승리는 과거의 결과가 아니다. 즉 공동

---

38   558쪽 각주를 참고.(편집자 주)

실천의 전개를 통해 요구되고, 이러한 전개 속에 각인되어 있지만 여전히 보이지 않는 이와 같은 승리는 곧 미래로부터의 요구인 것이다.

우리는 투쟁이 가지적이라는 사실을 살펴보았다. 결국 통일성은 더욱 광범위한 통일성, 즉 포괄적 총체화 속에서 분열되기 때문이다. 투쟁의 가지성은 우리가 이와 같은 총체화로부터 출발하여 공동 실천이라는 관점 속에서 그것을 해석해 내는 순간 나타난다. 총체화하는 통일성은 분열된 통일성의 두 항 사이에서 이루어지는 지속적인 매개다. 그로부터 갈등은 실천의 반목적성에 의해 발생되는 타성태적 문제에 대한 가능한 유일한 해결책으로 나타난다. 바로 이 차원에서 분열은 새로운 의미를 갖는다. 그것은 실천적-타성태가 만들어 낸 외면적 분리의 실천적이며 인간적인 재내면화인 것이다. 이와 같은 분리 혹은 외면성의 부정은 분자적 고독 속에서 항들 사이 관계의 완전한 부재로서 구현된다.(결국 같은 이야기겠지만 관계들의 물화로서 출현한다. 이 사실은 본 연구의 타성태적 실천의 계기를 통해 살펴본 바 있다.) 이에 반해 투쟁은 내재성의 부정으로, 두 개의 진앙을 가진 종합적 관계로 발생한다. 이와 같은 내재성의 부정은 재통합을 위한 이중의 역전된 시도라는 형태로 외면성의 분리를 담당한다. 여기에서 모순은 갈등의 의미, 즉 분리의 관계를 향해 비관계의 위험을 넘어서는 인간적 움직임으로 나타난다. 증오, 살해 의지, 화해의 거부 등은 타성태적 물질성의 인간적 내면화로서 나타난다. 이때 이와 같은 물질성은 동지애-공포 안에서 드러나지 않는 매개 작용을 수행한다. 따라서 우리가 이런 투쟁을 투쟁이 추구하는 지양 자체를 통해 고려하게 될 때 투쟁에 대한 가지성은 해결해야 할 문제들의 전개로 나타난다. 그 이후 이 해결해야 할 문제는 매개를 통해 하나의 해결책이라는 복잡한 통일성 속으로 수축된다. 만약 우리가 재통합을 이룬 이후 행동 속에서 전체의 행동으로부터 개별적 행동의 역사로 되돌아오며 하나의 동일한 총체화의 통일성 속에서 분열을 낳는 자로 스스로를 포착하는 집단의 관점을 취한다면 이때 하위 집단의 일화, 우여곡절, 전복 등이 갖는 복잡한 의미는 저절로 드러나게 될 것이다. 달리 말하자면 포괄적 총체화 — 즉 실천을 통한 모든 구체적 개인들의 통합 — 는 모든 곳에서 결코 자기 자신의 대의명분(우리는 여기서 당장 이러한 비유적 표현이 무엇을 의미하는지를 알고 있으므로 아무런 오해의 여지 없이 이러한 표현을 사용하기로 하자.)으로서 그리고 자신의 고유한 매개로서 계속해서 존재한다. 우리는 적대적 분열이라는 형태하에서 무한한 빈틈이 아니라 여전히 통일성과 인간적 현전을 보게 된다. 포괄된 구현들 사이에 존재하는 틈은 내재성의 통일성이 갖는 충만함을 *전체적으로 파악된 모든 구현의* 총체화하는 개별적인 구현으로 나타나게 한다.

그렇다고 해서 가지성에 대한 이와 같은 연구로 인해 낙관주의에 빠져서는 안 된다. 승리가 승리자에게 귀속되는 것은 집단 전체의 매개를 통해서다. 또한 이 승리가 총체화하는 활동의 한 계기를 실천-과정으로서 구현하는 것 역시 사실이다. 하지만 이와 같은 사실이 이 승리가 고유한 목표들을 향한 집단의 진보를 실현하는 것을 의미하는 것은 아니다. 우리는 *선험적으로* 아무것도 결정할 수 없다. 실천의 상황과 물질적 여건만이 우리에게 정보를 제공해 줄 수 있다. 사실상 어떤 것도 하나의 하위 집단의 제거가 실천의 퇴화를 보여 준다고 증명할 수는 없다. 하위 집단이 사라지는 것은 아마도 그 집단이 불신을 초래했거나 통일성의 이름으로 일반적 무관심 속에서 이 집단을 희생시켰기 때문이 아니라 집단의 구성원들이 자신들의 공동 활동 속에서 신뢰를 상실했기 때문이다. 실천의 여건들이 갖는 예기치 못한 대규모의 복잡함(새로운 적과 새로운 문제가 *외부에서* 출현하는 것)이 집단의 공동 수단과 이 집단을 에워싼 실천적 장의 요구들 사이에 있는 다소간 결정적이고 심오한 편차를 만들어 내지 않는 한에서 그러하다. 다른 모든 경우와 마찬가지로 이 경우에도 갈등은 내적인 문제들로부터 발생한다. 하지만 투쟁은 다음과 같은 사실, 즉 집단이 적에 의해 지배당한다는 사실, 그리고 지나친 행동에 의해 무력해진다는 사실 등등에 의해 조건 지어진다. 집단이 이런저런 하위 집단에 대해 취하는 선택과 집단의 함축적 매개의 특징은 바로 이 집단의 혼란을 말해 준다. 투쟁과 승리는 완벽하게 가지적인 것이기는 하지만 이는 이러한 혼란의 가지적 산물들이고, 혼란을 더욱 악화시키는 데 기여한다. 아마도 이와 같은 암묵적인 선택을 통해 이 집단은 자기 자신에게 불리한 선고를 내리는 것이다.

게다가 투쟁 중인 두 개의 조직 각각이 명석하고 가치 있는 관점과 부분적이기는 하지만 정확한 선택을 보여 준다는 것을 증명해 주는 것은 아무것도 없다. 대개 그 반대 상황이 벌어진다. 하나의 실천적-타성태적 위험이 하위 집단들을 부분적 관점으로, 그리고 실천적이고 분리된 통일로 대립시킬 때 이 하위 집단들은 이미 집단의 역사와 자기 역사의 산물들인 것이다. 이 하위 집단들이 투쟁 중에 내면화하고 재외면화하는 객관적인 난점들은 이 하위 집단들의 구조 자체에 의해 그 진정한 의미와는 동떨어져 있다. 투쟁이 진행되어 감에 따라 우연적 의미를 이 진정한 의미에 덧붙이든 이 투쟁이 문제의 약화로 발생하든 간에 마찬가지다. 이와 같이 실질적이고 심오한 투쟁은 추상적이고 지나치게 형식적인 대립으로 표현될 수 있다. 사람들이 신화나 터무니없는 "의견", 그리고 특정한 교리의 여러 조항을 위해 서로 다투는 일이 종종 발생한다. 물론 갈등의 대상에 대한 이와 같은 신화화는 이 대상이 하나의 심오한 현실이 되는 것을 방해할 수 없으며, 따라서 우리를 실천을 통해 욕구의 차원으로 이끄는 것을 막을 수도 없다. 물론 또한 이 갈등이 갖는 형식적이고 추상적인 특징 자체는 가지적이다. 왜냐하면 그것을 통해 우리는 동시대적 구조 전체와 역사적 맥락으로 향하게 되는 것과 마찬가지로 실천 자체에 의해 발생한 인식과 행동의 도구들로 향하게 되기 때문이다. 그럼에도 추상적인 영역에서, 그리고 물신화된 상징들의 충돌을 통해 이 갈등이 통일된다는 가지적인 사실을 이 갈등의 본성이나 의미와 무관한 것으로 간주할 수는 없다. 사실을 말하자면 이 갈등은 다른 방식으로 표현될 수 없다. 하지만 이 말은 변질된 형태하에서만 표명될 수 있다는 사실을 의미한다. 또한 자신을 가두는 감옥을 만들어 냄으로써 발생한다는 사실과 이런 상징적인 표현이 대자적으로 정립된다는 점에서 부분적으로 그 의미 작용을 상실한다는 것을 의미한다.

그로부터 이런저런 (하위) 집단 내에서 각각의 활동은 그것을 발생시키는 심층적인 운동에서 출발하여 가지적으로 남게 된다. 하지만 각각의 활동은 어느 정도 이 갈등 전체를 혼란스럽게 만들면서 스스로 진퇴양난에 빠지고 길을 잃게 된다. 그들은 천사들의 성별과 관련된 문제 때문에도 서로를 죽일 수 있다. 바로 이 문제가 비잔틴 사회에 내재된 심각한 불안을 보여 준다. 하지만 비잔틴에서 바로 그 시기에 사람들이 *천사의 성별에 관련된* 문제 때문에 서로를 죽일 수 있었다는 것, 즉 사람들이 학자들의 논쟁을 도시와 제국을 좀먹는 모든 진정한 대립들로 가득 채워야 했거나 이 모순들이 지나치게 계층화된 사회의 밑바닥에서 부패하게끔 방치해야 했던 것 등은 정확히 이 불안이 가지는 여러 의미 중 하나인 것이다. 상징들을 통해 이루어지는 이 실천적 힘들의 양극화는 필연적으로 에너지의 부분적인 상실을 초래하기 마련이다. 이 경우 승리는 여전히 가지적인 것으로 남아 있지만 그 의미는 갈등의 의미와 마찬가지로 모호하다.

실제로 초월적 교조주의의 이름으로 이와 같은 투쟁의 신화적인 형태들이 부차적 현상들이라는 것, 즉 일어나고 있는 진정한 변화들의 비효율적이고 단순한 표현이라고 생각하는 것은 지나치다. 당연히 그래야 하는 것처럼 유물론을 *끝까지* 밀고 나가야 한다면 이와 같은 물신 숭배는 다음과 같은 사태들, 즉 물질의 한정 작용, 타성태적 다양성의 종합적 통합이라는 사실과 이런 사태들이 그 *자체*로 적들에게 영향을 끼친다는 사실을 알게 될 것이다. 달리 말하자면 투쟁과 승리는 이미 소외되어 있는 것이다. 하지만 모든 투쟁이 겪는 이와 같은 소외(앞으로 보겠지만 점차 이루어지는 자각에도 불구하고)는 마르크스가 전(前) 역사라고 부른 것과 같은 특징을 가지고 있다. 혁명적 투쟁조차도 고유의 물신 숭배를 만들어 내고, 그 안에서 소외되기도 한다. 심지어는 공산당 내부에서도 천사들의 성별을 두고 다툼이 일어나기도 한다. 하지만 이것은 절대로 **역사**가 의미를 갖고 있지 않다는 의미는 아니다.(우리가 뒤에서 살펴보게 될[39] 이 근본적인 문제는 역사적 연구의 추상적이고 피상적인 차원에서는 다루어질 수 없다.) 이는 단순히 어떤 한 집단 내부에서 갈등을 이루는 적대적인 두 하위 집단 가운데 하나가 진보를, 즉 집단의 입장에서 볼 때 이 집단의 공동 목표를 향한 일보 전진을 보여 줄, 혹은 승리가 진정한 "일보 전진"을 보여 줄 필요가 선험적으로도 없다는 것을 의미한다. 물론 종교적 투쟁에서는 하나의 관점 — 가장 추상적인 신화에서조차도 — 이 특정 환경으로부터 생겨난 몇몇 하위 집단들의 노력, 즉 여전히 모호하기는 하지만 실천적이고 과학적인 **이성**과 교리를 일치시키기 위한 노력을 보여 준다

---

39   편집자 서문과 「부록」의 **진보**에 대한 각주들을 참고, 661쪽 이하.(편집자 주)

는 사실을 생각해 볼 수 있다. 대부분의 경우 이와 같은 노력은 실제로 "상승하는 계급"에서 떨어져 나온 하위 집단들을 하나로 묶어 주게 된다.

하지만 문제는 그리 명확하지 않다. 집단 내의 각 조직이 갈등에 관여한다는 점에서 투쟁은 구조와 상황 면에서는 항상 가지적이지만 투쟁에 임하는 자들이 볼 때는 종종 당황스럽고 무기력하게 만드는 성격을 가진 불안한 동맹 때문에 모호해진다. 왜냐하면 하위 집단들과 집단 전체의 실질적인 이해관계를 감추고 있는 물신들의 존재로 인해 하위 집단들의 적대적인 재편성은 종종 끔찍한 성격을 갖게 되기 때문이다. 예를 들면 프루스트는 반드레퓌스주의자들이 보여 주는 종합적이고 단단한 결속과 완벽한 이질성을 재치 있게 보여 주고 있다. 그리고 이 관계는 *자명하게* 이해된다. 몰락하고 있는 귀족 계급의 노예들인 하인들과 뿌리 깊은 저속함으로부터 거짓 문화로, 그리고 거짓 문화에서 속물근성으로 몰락한 몇몇 대부르주아가 기회를 잘 이용하여 귀족 계급에 들러붙고자 하는 것은 자명하기 때문이다. 하지만 내적 교류와 삼투 작용 등등이 반유대주의라는 실천적 규칙 아래에서, 그리고 물신화된 *군대*에 대해서 이루어졌다는 사실 역시 중요하다. 우연적이고 필연적인 구현으로서의 드레퓌스 사건은 급진적인 부르주아들에 의해 수행된 최후의 전투로서 발생했으며, 이는 곧 여전히 요직을 독차지하고 있는 토지 귀족 계급의 대표자들을 축출하기 위한 것이었다. 하지만 이런 재집단화는 드레퓌스 사건, **군대**의 **명예** 혹은 참다운 **정의**의 이름으로 이루어졌던 것이다. 바로 이런 요소들이 투쟁에 불안한 양상(실제로 당시 프랑스 사회의 애매성을 반영하는)을 보여 주는 것이다. 나는 본 연구의 범위를 넘어서는 이 예에 대해서는 더 이상 천착하지 않을 것이다. 왜냐하면 이 예는 한 사회

내에서 일어나는 집단들 사이의 투쟁 문제를 가리키기 때문이다.[40]

게다가 두 하위 집단 내에서 공동 목표와 갈등의 실질적인 요인들에 대한 명석한 의식을 인정할지라도 다른 하위 집단에 의한 하나의 하위 집단의 제거(한 집단이 활발하게 활동하고 있다는 긍정적 가정에도 불구하고)는 공동 행위를 *일탈시킬* 위험성을 *선험적*으로 내포하고 있다. 대립이 제 기능을 발휘하여 지도 기관들이 스스로를 지양하도록 하며, 스스로가 매개가 되어 (가장 복잡한 계획을 고안해 냄으로써) 대립을 넘어서도록 한다. 우리는 이 제거된 대립이 승리한 하위 집단의 내부에서 또다시, 그러나 다른 형태로 나타나는 것을 보았다. 대립이 외부에 있는 한 모순은 뚜렷하게 드러난다. 대립이 스스로 내면화되는 순간부터 이 모순은 모호해지고, 실제로 모호성이 된다. 이것은 대립이 하위 집단의 통합 정도에 따라 반쯤은 은밀하거나 완전히 은밀해야 하기 때문이 아니라 — 이는 최소한의 중요성에 해당된다 — *적대자*들이 동맹이라고 부를 수 있는 행위를 통해 다수와 연맹하기 때문이다. 앞에서 살펴보았듯이 공동의 역사는 동맹자들을 우선 동등자들로 만들었다.[41] 승리 이후에도 이 동맹자들은 전체적 실천이 완수될 때까지 *동등자*들로 남고자 한다. 설사 이들이 다수와 대립한다 할지라도 이는 정확히 무엇보다도 통일성을 유지하려는 관점 속에서다. 승리를 거둔 하위 집단 내에서의 대립은 실체가 없는 것이다. 이는 대립자들이 대립 상태에 머물고 "당파적 행동"을 취하는 것을 거부한다는 점에서, 즉 실천에 대해 이들이 품었던 고유한 개념을 하위 집단의 통일에 희생시키기 위해 다수와 전적으로 의견을 같이한다는 점에서 그러하다. 이와 같은 사실은 여러 방식으로 표현될 수 있다. 특히 이

---

40 다음 장을 참고할 것.(편집자 주)
41 1권, 제2서, A, 742쪽 이하 참고.(편집자 주)

들이 다수의 통제하에서조차 마련된 계획의 수정을 감히 제안한다고 할지라도 이와 같은 수정이 다수에 의해 채택되지 않는다면 사라져야만 하는 것이다. 실제로 이것은 만장일치로 그런 수정을 거부할 수도 있다는 점을 의미한다. 하지만 이러한 까닭에 실천적 이성은 하위 집단의 타성태적 구조에 종속되는 것이다. 실제로 이 제안이 거절된 것은 실현 불가능해서가 *아니라* 종종 그리고 특히 이 제안이 적용되는 과정에서 내적 구조를 변경시킬 수도 있기 때문이다. 게다가 다수는 이 제안을 그들의 사고의 방편들과 더불어 이들을 양산해 냈던 구조들을 통해 평가한다.

이처럼 모순은 결코 나타나지 않는다. 왜냐하면 모순은 모두에 의해 동시에 거부되기 때문이다. 즉 다수에 의해서는 행동의 계획이라는 이름으로, 그리고 소수에 의해서는 무엇보다도 그들이 소수가 되길 거부하기 때문이다. 하지만 지속적으로 짓눌린 대립과 모순은 하위 집단 내의 객관적이고 내적인 난점이 무엇인지를 [보여 준다]. 개시된 갈등과 매개에 의한 지양은 이 난점들을 떠맡는, 즉 이것을 드러내고 해결하기 위해 실천의 차원으로 넘어가게 하는 유일한 인간적 방법을 보여 준다. 이 난점들에 대항하여 그리고 즉각적으로 (갈등의 매개 없이) 총체화하는 통일을 실현하는 것은 잠정적으로는 총체의 시간화 속에 이 난점들을 가두는 것이지만 결국에는 악화시키는 것이다. 하위 집단은 이 난점들을 떠맡기를 거부하는 동시에 원칙과 수단, 그리고 손수 내세운 목적에 따라 자기 행동을 밀고 나간다. 하지만 이 난점들은 이 하위 집단 내부에서 집단의 총체화하는 행위에서 비롯된 몇몇 요구 — 따라서 공동체 전체의 몇몇 내적 변화 — 를 보여 주기 때문에 — 그리고 이 활동은 동일한 것으로 남고자 하기 때문에 — 하위 집단의 활동은 *일탈하기* 마련이다. 이때 일탈은 *외부로부*

터, 즉 이 집단이 변화시키고자 하는 실천적 장의 외부적 변화들로부터 이 하위 집단으로 오는 것이다. 그리고 이 변화들은 모든 공동 개인에 의해 내면화되고, 또한 이들을 통해 — 비록 이들이 *함께* 행동하지 않는다 할지라도 — 하위 집단의 상황, 즉 보다 정확히 말하자면 이 하위 집단의 *실재*에 대한 근본적인 수정으로 재외면화된다.(우리는 사회적 갈등에 대해서는 소련의 지도 집단들을 통해 뒤에서 살펴볼 것이다. 이 집단은 자신의 실천의 반목적성만을 통해 그 실재 내에서, 즉 소련의 인민 전체와 이 집단이 맺는 관계 속에서 변화된 집단이다.) 하위 집단은 동등자로 남기 때문에 변화한다. 또한 이 하위 집단은 통일을 깨지 않기 위해 동등자로 남고자 애쓴다. 하지만 이와 같은 하위 집단이 하나의 지도 조직이라면 부분적 활동들을 전체 실천에 통합하기 위해서 그것들을 조직하고 조정하는 것은 바로 이 하위 집단 자체가 된다. 이처럼 이 하위 집단은 상황과 조건들에 의해 부과된 엄밀한 한계들 속에서 이 전체적 실천을 결정하게 된다. 하위 집단의 개별적 실천의 일탈은 그것이 미미할지라도 필연적으로 집단의 실천 속에 자리 잡는다. 하지만 특정한 상황에서는 이런 일탈만으로도 공동 실천을 다른 목표나 혹은 실패로 이끌기에 충분하다. 초월자의 압력하에서 이루어지는 실천의 변화, 이런 변화를 통해 이루어지는 내적 일탈의 왜곡 그리고 변화를 겪고 있는 실천에 의해 변형된 일탈의 행위 사이에는 하나의 변증법이 들어서게 된다.

결론

이와 같은 관찰들은 비관주의와 낙관주의를 동시에 배제하게끔 해 준다. 갈등은 총체화하는 실천에서 출발해 인지 가능하다. 왜냐하면 이 갈등은 행동의 반목적성들에 의해 이루어지는 타성태적 대립에 대한 실천적 인수이기 때문이다. 이런 의미에서 보면 통일성의 분열은 재통합 과정의 일정한 계기가 된다. 이것은 비록 분열이 스스로 분열하는 통일성에 의해 마법적이고 이상적으로 이루어지는 것이 아니라 실천적이고 자율적인 두 개의 단일체의 통합적 투기에 의해서 이루어진다 할지라도 그러하다. 이때 두 단일체는 우선은 서로가 무차별적인 유기체이지만 서약을 통해(그 이후에 이루어지게 될 기능적 차별화의 이면에서) 동일한 공동 개인이 된다. 따라서 이런 의미에서 (적어도 과거 안에서 이 통일성을 연구하는 역사가의 입장에서) 볼 때 통일성은 갈등의 *모태이자* 운명이다. 실천적 재통합과 같은 해결책은 그 안에 타성태적이고 재조직화된 구조의 자격으로 모든 대립 — 적대 관계의 상호성을 낳는 이중의 운동 속에서 이전에 재생산되고 인간화된 — 을 포함하고 있다. 게다가 매개 조직들이 결여되었다 할지라도 투쟁에 대한 총체화하는 이해는 이 투쟁을 *매개된* 대립으로 포착한다는 사실을 포함하고 있다. 이때 이와 같은 이해는 모든 공동 개인의 지속적인 매개 없이는 이런저런 방향으로 전개될 수도 존재할 수도 없다. 이 통일성이 자신의 고유한 분열을 낳고 지탱한다고 이해하는 것은 바로 이와 같은 실질적이고 실천적인 의미에서다. 이해가 항상 *선험적*으로 가능하다고 할지라도 우리가 필요한 정보들을 가용할 수 있다면 내적 갈등에 대한 이와 같은 변증법적 합리성은 이 갈등의 전개와 출구에 대해 어떠한 예단도 내리지 않는다. 즉 일탈, 오류, 실패 등은 이해로부터 벗어나기는커녕 거기에 통합된다. 어떤 경우에는 극복할 수 없는 난점들에서 잘못 시작된 갈등이 왜 하나의 공동체의 점진적인 악화를 반영하고 결국 총체적 파괴에 이르게 되는지를 이해하는 것이 가능하기도 하다. 이와 같은 사실을 통해 나는 단지 갈등의 악화와 부정적 전개가 소위 실천-과정의 단순한 실천적-타성태적 단순한 이면이라는 사실을 말하고자 하는 것이 아니다. 오히려 내가 말하고자 하는 바는 다음과 같은 것이다. 즉 *이와 같은* 실천 속에서, 수단의 선택 속에서, 그리고 장단기 목적들에 대한 결정 속에서 이런 악화는 그 자체의 고유한 지양으로 나타난다는 사실이 그것이다. 결국 이 악화는 실패한 행동, 과대평가나 과소평가를 통해 실천적 장과 사람들이 이용하는 도구들의 악화로 나타난다. 이런 의미에서 중앙 조직과 하부 조직으로부터 객관적이고 실질적으로 분리된 상태로서의 "접촉의 상실"조차도 총체화하는 시간화의 관점에서는 하나의 가지적 사실인 것이다. 이것은 다음의 두 가지 이유 때문이다. 우선 이와 같은 사실이 한정된 하나의 집단에 의해 수행되는 전체적이고 역사적인 과정의 내면화이기 때문일 *뿐만 아니라* 이런 내면화는 실천적이기 때문이다. 하층부와 상층부를 가르는 객관적인 간격은 연속성이라는 해결책이 갖는 타성태적 현실 속에서는 결코 포착되지 않는다. 이 간격은 행위들과 그 행위의 결과들에 의해 실현된다(실현되지 않는 명령, 전투원들의 수동성 혹은 적대감, 갱신되지 않은 지도, 다른 집단의 가담 등등). 이와 동시에 그것은 적대적인 하위 집단들의 행동까지도 특징짓는다. 지도자들은 비효율적인 권위주의와 위험한 "추종주의" 사이에서 갈팡질팡한다. 전투 자체는 지지부진해진다. 말하자면 여러 층위에서 이루어지는 것이다. 또한 이와 반대로 이 투쟁은 지도부에서 매우 격렬해지기도 한다. 요컨대 상황과 변모의 과정이 어떠하든 간에 한 집단 내에서의 내적 갈등은 완전히 가지적이다. 왜냐하면 완전히 실천적인 집단이 내리는 실천적 타성태적 결정들은 그 집단의 실천이 지닌 물질적이고 추상적인 조건들로서만 드러나기 때문이다. 이런 의미에서 집단의 결정들은 가지성의 요소들이 된다. 왜냐하면 우리는 이 결정들을 행위의 내부에서 발견해야만 하기 때문이다.

그래야만 이 결정들을 제거하기 위해 정립함과 동시에 지양하는 투기의 운동을 재발견할 수 있다.

이런 점에서 우연 역시 가지적이다. 여기서 내가 우연이라고 표현한 것은 "클레오파트라의 코"나 "크롬웰의 요도 속의 모래알"[42]과 같은 것이다. 왜냐하면 각 하위 집단에서 다른 모든 집단의 매개를 통해 개인적 행동이 갖는 중요성을 결정하는 것은 상황과 인위적 갈등 속에서 재발견되는 위험들이기 때문이다. "모래알"이 중요한 것은 전적으로 크롬웰의 정치 체제가 크롬웰의 사후에도 지속되지 못했기 때문이다. 이는 결국 크롬웰이 자신을 낳아 준 사회로부터 지지를 받지 못했다는 사실을 의미한다. 요컨대 그는 자신의 모순들 때문에 실각했던 것이다. 이 모순들은 실천적 지양에 의해 이루어진 하층부의 실천적-타성태적 대립들이라 할 수 있다. 물론 크롬웰이 5년 정도 더 살 수도 있었다는 것은 사실이다. 앞에서 말했듯이 나는 플레하노프[43]의 그 유명한 무관심에 동참할 생각이 없으며, 그처럼 그래도 결과는 동일했으리라고 설명할 생각은 없다. 이야말로 반역사적이고 비인간적인 교조주의일 것이다. 플레하노프처럼 생각한다면 크롬웰이 5년을 더 살았을 경우 그의 치하에서 죽었을 사람들의 역경은 관심 밖의 일이다. 우리가 말하고자 하는 바는 이것이 아니다. 분명 *추상화의 일정한 단계에서* 결과는 같을 수도 있다. 하지만 구체적 총체화

---

42 올리버 크롬웰(Oliver Cromwell, 1599~1658). 영국의 정치가이자 군인이며, 영국의 군주제를 폐한 1963년부터 죽을 때까지 호국경으로 영국과 스코틀랜드, 아일랜드를 다스렸다. 사망 원인은 요도 결석으로 알려졌고, 여기서 "크롬웰의 요도 속의 모래알"이란 표현은 파스칼이 크롬웰의 죽음으로 인한 영국 공화제의 후퇴를 아쉬워하며 사용했던 표현이다. 그러니까 크롬웰이 요도 결석이라는 병을 얻지 않았다면, 즉 우연적 요소에 의해 그의 생명이 좌우되지 않았더라면 영국 상황이 달라졌을 수도 있다는 의미로 사용되었다.

43 게오르기 발렌티노비치 플레하노프(Гео́ргий Валенти́нович Плеха́нов, 1856~1918). 러시아의 마르크스주의 이론가이자 혁명가.

의 단계에서 보자면 결과는 같을 수도(그 결과 안에 타성태의 추상적 구조들이 포함되었다는 점에서) 다를 수도(그 결과를 직접 체험했을 구체적 인간들의 경우를 보자면) 있는 것이다. 하지만 이는 우리에게 중요하지 않은데, 우리는 집단과 하위 집단들의 구조들뿐만 아니라 이들의 기도와 갈등에 대한 실천적 이해를 바탕으로 우연(즉 문제 되는 총체들과는 다른 하나의 집렬체)이 작용할 필연적 미결정 상태의 여백을 변증법적으로 정의할 수 있기 때문이다. 오래 지속되고, 깨어 있으며, 강력하게 통합된 자기 하층부의 지지를 받는 한 집단 내에서 이런 여백은 최소한으로 줄어들 수 있으며, 거의 없을 수도 있다. 그렇다고 해서 환자와 죽은 자가 그만큼 없다는 것은 아니지만 그들은 역사적 효율성을 상실하는 것이다. 대체 체제가 이미 구축되어 있고, 그 위급한 상황으로 인해 계승자들은 죽은 자들에 대한 정책을 지속할 수밖에 없다.

우리는 뒤에서 통시적 종합이 사망과 출생, 즉 연속성 속에서의 불연속성인 *세대*들에 의해 윤곽을 드러낸다는 점을 살펴보게 될 것이다.[44] 하지만 이 문제는 매우 강하게 통합된 하나의 집단의 지도 조직들 차원에서는 존재하지 않는다. 죽은 자는 그와 같은 경험을 가지고 있고, 그를 도왔던 동시대의 다른 사람 — 종종 죽은 자와 가장 가까웠던 동료들 가운데 한 명 — 에 의해 대체된다. 따라서 개인의 죽음은 정책의 방향을 바꾸거나 불연속성을 만들어 내지 못한다. 이와 반대로 이런 경우가 발생하는 것은 개인의 역할이 매우 중대하고, 따라서 집단의 심층적인 통일성이 그만큼 약하다는 점을 의미한다. 또한 우리는 상황과 공동 행동에서 출발하여 변화가 일어날 한계들을 규정할 수 있다. 만약 스탈린의 죽음이 스탈린주의에 종말을 고한다

---

44   사르트르는 이 문제를 521쪽에서 다루고 있다. 또 『집안의 천치』, 3권(철학도서관 총서, 갈리마르, 1972), 436쪽 이하를 참고.(편집자 주)

면 이는 아주 현실적으로 말해 이 체제가 스탈린 개인에 의해서만 존속될 수 있기 때문이고, 또한 내가 다른 곳[45]에서 기술했듯이 소련의 지도 집단들 차원에서 볼 때 그는 조직의 통일성을 구현해 왔으며, 공포정치를 통해 그것을 실현해 왔기 때문이다. 기이하지만 아주 *분명하게도* 이 개인은 자신의 내부에서, 그리고 자신의 행동을 통해 지도부의 통일을 위해 모든 개인의 희생을 실현했던 것이다. 하지만 스탈린주의의 종말은 ― 그것이 적어도 초기에는 특정한 실천과 원칙의 유지를 전제로 하는 점진적이고 어려운 변화를 보여 주었다는 점을 제외하고라도 ― 크롬웰의 죽음과는 달리 소련 체제의 종말을 초래한 것은 아니었다. 오히려 스탈린의 나이 때문에 매 순간 소련 체제의 종말이 올수도 있었다. 날짜는 우연에 달려 있었다. 하지만 이런 우연에 대한 가지성은 여전히 중앙 집권적인 관료주의에 의해 위장된 소련 사회가 *이미* 탈스탈린화되어 있었다는 사실을 의미한다. 달리 말하자면 스탈린 자신이 이미 유용성을 잃었다는 사실(또는 유용하기보다는 오히려 해로운 존재가 되었다는 사실)과 그럼에도 불구하고 지난 35년간의 실천이 지도 집단을 통합하는 데 일조했기 때문에 스탈린 생전에 이 집단은 변화될 수 없었다는 사실에 기인한다. 그리고 자기 자신의 고유한 실천의 산물인 스탈린은 계속된 실천과 이미 은밀하게 이론이 제기되어 온 미래라는 형태하에서 그들의 과거를 주조해 냈던 것이다. 심지어 이조차도 우연이 아니다. 이와 같은 편차, 자신의 실천에 의해 만들어진 상황에 대한 스탈린 자신의 부적응은 길고도 고통스러운 지배가 막을 내렸을 때만 가지적일 수 있다. 바로 그 순간 *실천과 존재태*가 완전히 일치하게 되며, 이때 각각의 새로운 정책의

---

45   「스탈린의 환영」, 『상황』, 7권(갈리마르).(편집자 주)

고안은 내면화된 공동 과거의 재외면화일 뿐이다. 하지만 정확히 말해 이 지도자는 노화 때문에 죽음의 문턱 앞에 섰던 것이다.

이처럼 역사적 요인으로서의 미결정 상태는 가장 협소한 한계들 속에 포함되어 있다. 즉 그것은 가지성의 일부를 이루고 있다. 지도 집단 내부에서 현재 진행 중인 갈등의 요소 가운데 하나는 정확히 스탈린의 죽음을 기다리는 것, 즉 사건의 예견 가능성과 상대적인 그 날짜의 예견 불가능성인 것이다. 하지만 내부 투쟁의 근본적인 특징은 스탈린의 노화에 의해 조건 지어진다. 왜냐하면 바로 이 노화가 지도자들의 정책과 소련이 처한 새로운 현실 사이의 객관적인 모순을 만들어 내기 때문이다. 이렇게 해서 우리는 다음과 같은 사실을 점진적으로 보여 줄 수 있다. 즉 집단의 역사 자체가 그것의 변증법적인 가지성 속에서 어떻게 매 경우 우연의 몫을 결정하며, 동시에 우연이 담당하는 기능, 즉 우연에 맡겨진 실현 목표를 결정짓는지가 바로 그것이다. 우연이 하나의 임무를 갖는다면 이는 세력들 사이의 관계와 투쟁의 복합성이 실천 자체로만은 모든 것을 실현할 수 없게 하기 때문이다. 그러나 동시대 사람들에게 그 결과가 아무리 놀랍게 보인다 할지라도 변증법 내부에서의 실천적 타성태의 개입과 같은 우연은 실천 자체에 의해 내려진 선고를 집행하는 것에 불과하다. 비록 이 우연을 통해 하나의 하위 집단의 소멸과 다른 하위 집단의 승리가 결정된다 할지라도 그것은 집단 전체가 이미 승리한 집단에게 신임을 했거나 그 집단을 위해 스스로 가진 매개적 힘을 약화시켰기 때문이다.

4. 반노동으로서의 해결되지 않은 투쟁

두 번째 문제가 남아 있다.[46] 집단 내에서 대립하는 하위 집단들은 일종의 부정적 협력을 통해, 그리고 그들의 적대 관계 자체를 통해 공동의 반(反)노동을 실현한다. 실제로 실천적 장의 결정 작용으로서, 그리고 특정한 목적을 위해 특정한 대상을 만들어 내는 것을 목적으로 하는 물질적 작용을 노동이라고 부른다면 — 이는 매우 피상적이고 실천적인 정의다 — 우리는 적대하는 이중의 활동을 반노동이라고 명명해야 할 것이다. 왜냐하면 이때 각각의 하위 집단은 다른 하위 집단에 의해 만들어진 대상을 파괴하거나 일탈시키고자 하기 때문이다. 하지만 이와 같은 반노동 역시 생산적이다. 왜냐하면 서로를 파괴하는 노동의 상호성으로서의 투쟁은 이제부터 공동 집단의 내부의 장을 차지하고, 이 집단의 행동을 굴절시키는 데 기여하는 생산물의 총체 속에서 객체화되기 때문이다. 실제로 이런 이중적 파괴의 시도는 결코 전체적으로 성공하지 못한다. 그것은 결코 생산된 현실의 상호적 무화에 이르지 못한다. 설령 거기에 이른다 할지라도 파괴적인 노동은 에너지의 낭비, 수단의 축적, 실천적 장의 변화, 요컨대 — 비록 파괴나 해체에 의해서일지라도 — 집단 내 새로운 현실들의 구성을 가정하고 있다. 예컨대 지도부가 격렬한 갈등으로 분열되었을 때, 즉 공동 실천에서 근본적으로 대립되는 하위 집단들로 나뉘었을 때 다음과 같은 일이 — 한 집단에 의한 다른 집단의 제거에 앞선 기간에 — 종종 일어난다. 즉 하나의 분파에 의해 제안되자마자 각각의 기획(경제적 계획, 법, 임시적이고 즉각적으로 적용되는 조치, 혹은 하

---

46   사르트르가 역사의 가지성을 위해 중요하다고 생각한 두 문제에 대한 언급, 즉 27~30쪽을 참고.(편집자 주)

나의 당에 관련해서는 행동 강령과 같은 기획)은 다른 분파에 의해 거부되고, 이 둘 사이의 재판관이자 또 다른 분파인 제삼자는 두 분파에 꼭 필요한 매개자로서 역할을 수행하게 된다.

이처럼 서로 다른 입장들로부터 다음과 같은 결과가 도출된다. 하위 집단 A가 취한 당초의 계획, 하위 집단 B가 제안하는 대항-계획 그리고 하위 집단 C가 제안하는 화해적 계획이 그것이다. C라는 하위 집단이 제안한 계획 역시 앞선 두 개의 적대적인 하위 집단들 각각에 의해 변형되게 된다. 그 까닭은 우선 두 하위 집단은 각자 자기에게 유리한 쪽으로 이 계획을 이용하고자 하기 때문이고, 또한 어느 편도 이 제삼자에게 심판관의 소임을 맡기고 싶어 하지 않기 때문이다. 이와 같이 물고 물리는 투쟁의 산물은 어떤 식으로든 세 개의 하위 집단의 표지를 담고 있지만 이 중 어떤 한 집단의 의도에 전적으로 부합하지는 않는다. 어쨌든 하위 집단이 내리는 결정 하나하나는 아마도 잘못되었거나 위험한, 하지만 동시에 합리적으로 수용되고 분명하면서도 의미를 가지는 특정한 제안에 대한 부정이다. 달리 말하자면 협상 과정에서 부정의 부정 등으로 이어질 또 다른 제안도 있는 것이다. 우리는 여기에서 협동의 훌륭한 이미지를 가질 수 있지만 실제로는 *거꾸로 된* 이미지임을 알 수 있다. 대상에 대해 살펴보자면 이 부정들은 대상을 그 구체적인 현실 속에서 결정한다. 하지만 부정들은 이 대상을 어떤 인간적인 의도나 어떤 총체의 기도와 관련짓는 것을 금지한다. 게다가 현존하는 적대 관계들은 최초의 몇몇 조치를 무화할 수도 있다. 그 결과 대상은 부분적인 미결정 상태에 의해서 역시 규정될 수 있다. 미결정과 중층 결정에 대해서는 앞에서 살펴본 바 있다. 이것이 하나의 법령, 행정 조치, 법률이라면 이들의 적용을 보장해야 하는 문제가 남아 있다. 왜냐하면 이 새로운 순간에 집행부가 동일한 갈등의 이름으로 파업을 하는 것도 가능하기 때문이다. 적어도 이는 항구적이고 빈번히 실현되는 하나의 가능성이다. 이와 같은 차원에서 볼 때 현실화는 생산된 대상을 그 자체로 하나의 모호한 의미만을 간직할 뿐인 하나의 투기에 대한 기괴하고도 왜곡된 반영으로 만들게 된다. 비인간적인 것은 그대로 남아 있다. 루이 블랑에 의해 구상되었지만 국회에 제출된 수정안에 의해 많이 변형된 국립 취로 사업장 설립 계획이 어떻게 마리[47]와 그 협력자들에 의해 철저하게 배척되었는지를 상기할 필요가 있다. 물론 이는 매우 오래된 이야기지만 아주 분명한 예 가운데 하나다. *반노동*의 생산물이 보여 주는 왜곡, 반(半)효율성, 전체적인 비효율성, 반(反)효율성 등등이 하나의 의미를 가지기 위해, 이와 같은 모호한 산물들이 변증법적인 가지성을 되찾기 위해서는 하나의 조직화된 집단 내부에서 갈등을 연구하는 것으로 충분할까? 이 질문에 대한 대답이 *긍정적*이라는 사실을 알기 위해서는 우리의 비판적 연구를 더욱 밀고 나가야 할 것이다.

분명 이렇게 왜곡된 생산물이 누구에게도 속하지 않으며 투기의 객체화로 해석될 수 없다는 사실은 의심할 여지가 없다. 하지만 문제는 거기에 있지 않다. 우리는 다음과 같은 사실을 알아야 한다. 총체화될 수 없는 두 (하위) 집단들이 있다는 추상적인 가정 속에서처럼 우리가 생산물이 겪었던 변형들을 나열하고, 이 변형들을 다소간 독립적이고 환원 불가능한 요인들, 즉 하나의 종합 속에 용해될 수 없는 여러 의미 작용의 층위들에 결부시켜야 하는지를 우선 알아야 하는 것이다. 아니면 이와 반대로 포괄적 총체화로부터 출발하여 기괴한 산물 자체가 *비환원성* 속에서 대립하는 두 개의 전술에 대한 변증

---

47   마리 앙투아네트를 가리킨다.

법적 총체화로서 포착 가능한지를 또한 알아야 한다. 인간적인 기도와 더 이상 직접적으로 동화될 수 없다는 점에서 실천적-타성태의 실제적인 규정을 구성하는 생산된 대상에 대해 이런 비환원성은 해석의 다수성 속에 객체화되고 소외된다. 실제로 우리는 비활성적인 것의 종합적 통일성이 그 자체로 종합과 수동성의 상호 작용을 통해 의미들의 상호 침투를 만들어 낸다는 점을 이미 지적한 바 있다. 애초의 계획에 가해지는 계속되는 변형들은 — 서로 조건 지우며 상대의 파괴를 목표로 하는 전쟁 행위가 되고 난 이후에 — 최종적인 목표를 이루는 수동적 종합 속에서 객관적 타성태에 의해 지탱되게 된다. 이렇게 해서 각각의 변형은 다른 변형을 통해 확장되거나 아니면 대상이 가진 유일한 특질(이 대상의 왜곡이 갖는 특정한 특징)을 통해 하나로 용해된다. 모든 투쟁은 그 산물 속에서 객체화되고 소외되었다. 그리고 분명 이 산물은 하나의 실천적-타성태적 현실로서 정당하게 고려될 수 있다. 그렇기 때문에 그 자체로 가지성에서 벗어난다고 말할 수 있는 것이다. 하지만 이것은 하나의 통합된 집단 내에서는 부분적으로만 사실이다. 실제로 이 산물은 어떤 대가를 치르고서라도, 그리고 어떤 변형이 가해지더라도 *사용*된다. 만약 이 산물이 하나의 법률이나 법령이라면 이것들은 이미 적용된 것이다. 한마디로 이들은 하나의 자유로운 실천의 입장에서 볼 때는 좋지 않은 수단이 된 것이다. 이것은 마치 구성하는 변증법 속에서 도구가 자유로운 유기체의 실천에 통합되고 행위의 구조가 되는 것과도 같다.

물론 결과는 부정적일 수 있다. 취로 사업장의 창설 — 첫 번째 계획에 변형과 수정이 가해진 후 — 은 1848년 6월 봉기의 직접 원인이 되었다. 하지만 한편으로 몇몇 지도자들은 빈곤층의 저항을 *예상했고*, 따라서 두려워하지 않고 그런 폭동을 유발할 수 있었다. 다른 한편으로는 조금 전에 살펴보았듯이 **역사**의 가지성은 — 적어도 본 연구의 현재 수준에서는 — 그 최종 목적의 문제와는 전혀 관련되어 있지 않다. 따라서 우리는 다음과 같은 사실을 살펴보아야 할 것이다. 즉 *반노동*의 타성태적 결과*이자* 새로운 하나의 행동에 통합된 수단으로서의 *산물*은 갈등의 재외면화된 객관성으로서, 따라서 (가공된 물질에 의해) 이원성의 부정적이지만 (실천에 대한 재통합을 통해) 실천적인 통일성으로 나타난다는 점이다. 달리 말하자면 적대 관계의 상호성과 관련된 반노동의 산물은 협력의 상호성과 관련된 공동 노동의 산물인 도구보다 더 강한 의미도, 더 약한 의미도 갖고 있지 않다. 가지성은 분명 하위 수준으로 떨어진다. 하지만 이것은 갈등 자체로부터 기인하지 않는다. 만약 우리가 모든 구성원의 동의로 만들어지는 도구들을 통해 하나의 집단을 포착하고자 한다면 이때 수준의 저하는 정확히 동일한 것이 될 것이다. 그 까닭은 단지 우리가 실천적-타성태를 현재 *이용되고* 있는 산물로서 포착하려고 하기 때문이다. 또한 집단이 이 실천적-타성태를 만들어 내는 운동과 그렇게 함으로써 스스로가 그것의 산물이 되는 이중의 운동 속에서 이 실천적 타성태를 이해하고자 하기 때문이다. 수동적이면서 행동에 의해 재활성화된 종합은 극복된 타성태로서 그 내부에서 자신의 가지성에 대한 근본적인 지지와 은밀한 한계를 구성하고 있다. 우리는 두 가지의 변증법과 그것들을 분리하는 반변증법이 어떻게 공시적인 총체화 속에서 총체화되는지를 보여 주는 순간 이 점에 대해 다시 거론하게 될 것이다.[48]

하지만 수동적이면서 재활성화된 종합이기 때문에,[49] 달리 말하

---

48   457쪽 이하를 볼 것.(편집자 주)
49   지금 여기에서 언제 그리고 누구에 의해서 이루어지는 중요하지 않다. 어떤 법이 (하위) 집단 중

자면 구조상에서의 단점에도 *불구하고* 활동하기 때문에, 그 자신이 생존할 수 없게 만드는 기형들에도 *불구하고* (자연히 *이 기형으로 인해*) 살기 때문에 이 산물은 총체화하는 실천에 의해, 즉 다른 관점에서 볼 때 모든 공동 개인에 의해 — 적어도 집단 자체를 폭발시키면서 스스로 폭발할 때까지는 — 자신의 존재 속에서 지지되고 보전된다. 자기 존재 속에서의 이와 같은 타성태적 인내를 통해 이 산물은 갈등 관계에 있는 하위 집단들 사이에서 집단이 갖는 또 다른 형태의 매개를 드러낸다. 달리 말해 집단은 자기 내부에서 이 또 다른 유형을 유지하며 공동 상황 속에서 반노동의 산물을 실질적으로 소유하고 있음을 보여 주는 것이다. 이때 이 소유는 모든 조직과 공동 개인들에 의해 현동화된다. **변증법적 이성**에 의해 발견될 수 있지만 실증주의에 의해서는 발견될 수 없는 반노동에 대한 *하나의 실천적 의미*가 존재한다.

최근 사례를 하나 들어 보자. 소련에서 "유일 국가에서의 사회주의"라는 이념적 괴물이 출현한 것이 그것이다. 비판적 연구를 통해 우리는 다음과 같은 사실을 알 수 있다. 1) 이 슬로건은 지도부를 분열시켰던 갈등의 산물이다. 2) *이 갈등을 통해 그리고 그것에 의해* 이 슬로건은 소련 사회 전체의 특정한 모순과 변화를 보여 준다. 3) 이 슬로건이 유지되는 동안 그것을 *수정하기* 위한, 즉 이 슬로건이 가진 기괴함을 넘어 그것을 진리로 변화시키면서 지식과 실천을 풍요롭게 하기 위한 여러 다른 언어적 표현을 만들어 냈다. 우리는 레닌 사후에

하나를 제거한 이후에 기능하는지, 심지어 적대적인 두 개의 하위 집단들이 사라지고 난 이후에도 작용하는지는 상관없다. 중요한 것은 이 법이 하위 집단들에 대해 — 그것들이 파괴되었건 망각되었건 간에 — 정보를 제공한다는 것이다. 이는 하나의 실천이 이 법에 내용을 부여하고, 따라서 그 자체로 기능이며 임무들을 만들어 내고, 재화, 사람 혹은 언어적 결정의 소통을 규제한다는 점에서 그러하다. (원주)

소련 지도자들을 대립시켰던 갈등의 아주 복잡한 역사는 물론이거니와 이 갈등에 대한 변증법적 해석 역시 여기서 다루지는 않을 것이다. 여기에서는 오직 하나의 예로만 만족하려고 하며, 그 자체를 위해서가 아니라 그것이 가진 교육적 가치에 한에서 살필 것이다.

(1) 이처럼 혼란스러웠던 시기에 트로츠키는 스탈린과 마찬가지로 소련이 처한 상황에 대해 오판하지 않았다. 비록 그가 한때 혁명이 독일을 비롯한 여타의 부르주아 민주 국가들에서도 폭발할 것이고, 노동자들의 승리로 인해 인터내셔널화가 아주 짧은 기간에 소련이 처한 문제들을 변화시킬 것이라는 신념을 가진 적이 있었던 것은 사실이지만 실제 사건은 그의 기대와는 다르게 흘러갔다. 트로츠키는 스탈린과 마찬가지로 유럽에서 벌어지는 노동 운동의 일시적인 퇴조를 의식하고 있었다. 그들 모두에게 소련은 *빈사 상태*에 있는 것으로 보였다. 강한 적성 국가들에 에워싸인 소련은 어떤 대가를 치르고서라도 자국의 산업적, 군사적 잠재력을 증대시켜야 하며, 그러지 않으면 사라져야 할 위기에 처해 있었던 것이다. 여기에 다음과 같은 사실을 덧붙여야 할 것이다. 즉 그들의 과거의 행동을 결정했던 상황들이 망명객인 트로츠키로 하여금 외국에서의 혁명 운동이 갖는 중요성에 대해 더욱 민감하게 했던 반면, 러시아를 떠난 적이 없었던 스탈린은 유럽의 상황에 대해 더욱 무지해졌으며, 따라서 더욱 의심이 많은 사람이 되어 갔다는 것이다. 하지만 스탈린은 전 세계에서 동시에 *공산주의* 체제가 들어서지 않더라도 소련에서만이라도 이 체제가 실현될 수 있다고 주장하지 않았다. 이런 점으로 미루어 볼 때 이 두 지도자와 그들이 각각 대표하는 당파는 상황 자체에 의해 요구된 최소한의 계획에서는 동의할 수 있었던 것처럼 보인다. 즉 당장에 새로운 사회를 건설하는 일에 착수하고, 일시적으로라도 외부의 도움을 기대

해서는 안 된다는 것이 그것이다. 또한 이와 같은 새로운 사회의 건설이 이루어지게 될 방향을 제시하면서, 즉 *미래*를 제시하면서 대중의 혁명 열기를 유지한다는 것이었다. 또한 러시아 민중에게 다음과 같이 이야기해야 한다는 것이었다. 즉 우리는 *버텨 나가야만* 한다. 그리고 우리는 *건설할 수 있다.* 그러니까 건설하면서 버텨 나갈 수 있다는 것이다. 하지만 이와 같은 매우 간단한 요구들이 다음과 같은 사실을 내포했던 것은 아니었다. 즉 이와 같은 강력한 러시아의 건립 — 산업과 군사력이라는 두 가지 차원에서의 — 이 이른바 전(前) 사회주의라고 부를 수 있는 단계를 극복해야만 한다는 것이 그것이다. 노동자 계급이 노동의 도구들을 소유하게 되면 이때 산업화는 구조와 사회 범주의 점진적인 정립을 수반하게 될 것이다. 이와 같은 정립은 국제 정세가 변하게 될 때 — 즉 다른 혁명들이 발생하게 될 때 — 진정한 하나의 사회주의 국가의 정립을 가능하게 해 줄 것이다. 그리고 스탈린과 트로츠키는 또 다른 점에서도 의견의 일치를 *보았을 수 있다.* 빈곤을 사회화해서는 안 된다는 점에서 말이다. 따라서 외국의 위협 하에서 축적이라는 전 사회주의의 어려운 국면으로 진입해야만 했던 것이다. 한편 우리는 트로츠키가 집단화와 산업화의 실천을 근본적으로 밀어붙일 필요성을 역설했던 첫 번째 인물이었다는 점을 알고 있다.

이들 두 사람은 동일한 위급성과 객관적 요구들을 알고 있었다. 모두에게 소련에서의 **혁명**의 실천은 방어적이고 건설적인 것이어야 했다. 그리고 그것을 요구하는 상황이 지속되는 한 이와 같은 자기 성찰도 지속될 것이었다. 실제로 갈등은 다른 영역에서 전개되었다. 두 사람은 과거에 혁명가들이 차르 체제에 대항해 벌였던 투쟁의 두 가지 모순되는 양상을 대표하고 있었다. 트로츠키는 상황의 필요에 따라 놀라운 행동을 보여 준 사람이었지만 우선은 한 명의 이론가이자 지식인이었다. 행동 속에서도 지식인으로 남아 있었으며, 이는 그가 근본적인 행동을 원했다는 것을 보여 준다. 이와 같은 실천의 구조는 그것이 상황에 부합할 때는 전적으로 유효했다. 그리고 바로 이런 점 때문에 그는 군대를 조직하고 전쟁에서 승리를 거둘 수 있었다. 이와 같은 사실의 근간에는 망명이라는 현실이 있었다. 망명 상태에 있던 혁명가들은 러시아 민중과의 접촉을 잃지 않은 채 일정 기간 **서구**에 있는 노동자들의 당과 더욱더 밀접하게 연결되어 있었다. 혁명 운동의 인터내셔널리즘은 그들이 경험한 현실 자체였다. 그리고 이론과 실천으로서의 마르크스주의는 그들에게 *보편성*을 갖춘 것으로 보였다. 보편주의와 급진주의, 바로 이것이 트로츠키가 **서구**에서 마르크스주의를 ── 모든 망명객과 마찬가지로 ── 자신의 망명 자체를 통해 하나의 추상적 보편으로 내면화한 방식이었다. **항구 혁명** 이론은 마르크스주의적 언어의 결정 작용을 통해 내면화된 이런 특징들에 대한 형식화 이외의 다른 것이 아니었다. 이런 점에서 보면 이 이론은 실질적으로 마르크스주의적이었다. 트로츠키에게서 *기인한* 것이라고 할 수 있는 유일한 점은 ── 어쩌면 그것이 *전부*일 수도 있다 ── 그의 펜 아래에서 다음과 같은 주장들이 절대적인 위급성을 부여받았다는 것이다. 즉 **혁명**은 하나의 동일한 변증법적 운동을 기반으로 자신의 고유한 목표들을 끊임없이 초월하면서 심화되어야 하며(급진화), 점차 전 세계로 확대되어야 한다(보편화)는 것이다. 이와 같은 사실은 1917년 이전에는 **프롤레타리아 혁명**이 전 유럽, 특히 고도로 산업화한 하나의 국가에서 발생할 것이라는 점을 의미했다. 하지만 여러 상황으로 인해 "서구화된 자들"이 하나의 저개발 국가에서만 권력을 차지하게 되었을 때 이들이 얼마나 당황했는지를 우리는 잘 알고 있다.

우리는 이들이 주저했던 것과 여러 사건들로 인해 발전의 단계를 뛰어넘어야 했을 정도로 과도기적인 형태들을 만들어 내고자 했던 것을 기억하고 있다.

이와 반대로 스탈린은 항상 망명해 온 지도자들과 러시아 군중 사이의 중개자를 대표해 왔다. 그는 구체적인 상황과 노동을 담당하게 될 인간에게 적당한 임무를 부여하는 역할을 담당한다. 그는 노동자들의 편에 서 있었고, 러시아 대중에 대해 잘 알고 있었다. 1914년 이전에 그는 자신이 장악한 이주자 사회에 대해 오만한 불신의 태도를 감추지 않았다. 이주자들과 그 사이에 있었던 갈등의 역사는 이른바 실천적 배타주의가 어떤 것인지를 보여 주었다. 그에게 중요한 것은 *당장에 사용할 수 있는 수단들*을 통해 명령을 실행하는 것이었다. 그는 이런 수단들에 정통했고, 그의 판단에 따르면 이주자들은 이런 수단을 모르고 있었다. 그에게 마르크스주의는 클라우제비츠의 『전쟁론』과 같이 모종의 전략에 관한 지침이 되었다. 스탈린은 마르크스주의를 자신의 이론적 관점에서 분석하기 위한 교양도 없었고 그럴 여유도 없었다. 비록 존경의 대상이었지만 레닌이 유물론과 *경험비판주의*를 저술했을 때 당황한 스탈린은 이런 행위가 시간 낭비일 뿐이라고 생각했다. 이런 의미에서 보면 그는 마르크스주의의 보편성 —— 물론 그가 이 보편성에 대해 말하고 있는 것이 사실이지만 —— 을 계속해서 놓치고 있었다. *그에 따르면* 이와 같은 보편성은 그것이 발생하게 되는 상황들(러시아의 제정, 신속하지만 서구에 비해서는 많이 뒤처진 산업화, 외국의 자본, 수적으로는 증가 상태에 있지만 여전히 지금도 미약한 상태에 머물러 있는 프롤레타리아 계급, 실제로는 존재하지 않는 부르주아지 혹은 매판 부르주아지, 농민 계급의 완벽한 수적 우위, 지주들의 정치적 힘)에 의해 항상 개별화된 실천 속에서 *구현되는 것*이다. 그리고 이와 같은 상황들은 다음과 같은 이중의 면모를 지니고 있다. 한편으로 이 상황들은 서구 민주주의 국가들에서 일어난 자본주의자들에 대항한 프롤레타리아 계급의 투쟁을 통해 드러났던 교훈의 지속적인 적용을 강요한 것이다. 다른 한편으로 매일같이 투쟁을 수행하고 그 상황들을 자기 행동을 위해 이용하는 사람에게 이 상황들은 — 이주 자들의 기대와 마르크스주의가 갖는 *본래적 의미*와는 달리 — 농업 국가였던 러시아에 이미 **노동자혁명**을 일으키기 위한 분위기가 무르익어 있었던 것을 의미한다.

따라서 두 사람은 각각의 상황을 판단하게 해 주는 실천적 도식만 아니라 추상적인 원칙 혹은 강령에 의해 더욱더 대립했다. 이 두 사람을 통해 실천은 의지주의가 되었다. 하지만 스탈린은 20년 동안 투쟁을 해 왔기 때문에 완력을 내세운 기회주의자였다. 물론 그가 확고한 목표들을 갖고 있어서가 아니다. 이 목표들은 이미 정해져 있던 것이다. 무엇보다도 과거에 행해졌던 것을 굳건히 지킬 필요가 있었으며, 이는 방어 기제를 구축함으로써만 성공할 수 있는 것이다. 그가 있는 힘을 다해 지키고자 했던 것은 원칙이나 급진적인 운동이 아니라 바로 구현, 즉 *이 나라, 이* **권력,** *이와* 같은 내적, 외적 상황 속에 구현된 **혁명** 자체였던 것이다. 이런 하부 구조를 지켜 내기 위해서는 모든 이와 타협도 불사하게 될 것이다. 또한 사회주의 건설 중인 나라를 구하기 위해 민족 자결주의의 원칙도 저버리게 될 것이다. 그렇다면 집단화는? 상황에 따라 도시들에 대한 물자 보급을 확보하기 위해 그는 이 정책을 추진하게 될 것이다. 산업화는? 우선 그는 산업화에 제동을 걸 테지만 산업화가 필수적이라는 사실을 이해하게 된다면 매우 빠른 속도로 산업화를 추진해 나가려고 할 것이다. 하지만 속도가 너무 빨라서 초기 계획의 목표가 소기의 성과를 내지 못할 경우 새로운 규칙 또는 스타하노프 운동[50]과 분업 노동의 재조직을 통해 노동자들에게 초과 노동을 주저하지 않고 요구하게 될 것이다. 스탈린이 트로츠키를 싫어했던 것은 트로츠키가 제안한 조치들 때문이라기보다 그가 그 조치들을 총체적 실천이라는 미명하에 제안했기 때문이다. 우선 스탈린이 산업 생산과 집단화 운동의 강화에 반대한 것은 — 트로츠키는 이것을 옹호했다 — 이 조치들을 옹호하는 자들의 전체 계획을 간파하고 있었기 때문이다. 이 계획의 옹호자는 항상 혁명적 실천의 더욱더 강한 급진화라는 견지에서 산업화와 집단화를 진행하고자 했고, 적어도 스탈린은 트로츠키의 의도를 이와 같은 형태로 이해하고 있었다. 당시 스탈린이 두려워한 것은 혁명이 실패로 끝날지도 모른다는 사실이었다. 왜냐하면 스탈린은 변증법의 구현이 혁명을 개별화하는 순간에조차 이 혁명이 보편적인 것의 추상적인 변증법으로 남길 원했기 때문이다. 이런 관점이 이와 같은 용어로 혹은 또 다른 언어적 결정들로 표현되지 않았다는 것은 자명하다. 단지 트로츠키가 선호했던 실천적 강령 및 하나의 전략과 후일 스탈린이 이용했던 동일한 *강령과 전략* 사이에서 스탈린은 절대적 차이를 보았을 따름이다. 이 강령과 전략은 초기 형태에서는 불안한 것들이었다. 왜냐하면 *이* 혁명은 하나의 실현 수단으로서 소련의 구체적인 상황을 강령과 전략을 통해 장악하기를 원했기 때문이다. 두 번째 형태에서 비록 동일한 조치들로 귀결되었음에도 불구하고 이 강령과 전

---

50   스타하노프(A. G. Stakhanov)는 소련 광부의 이름이며, 1935년 새로운 기술을 이용하고 공정을 변혁함으로써 경이적인 생산 증가를 가져왔다. 이를 계기로 소련에서는 노동자의 동지적 협력과 상호 원조에 의해 창조력을 발휘시킴으로써 노동 생산성과 생산량을 증대시키려는 움직임이 일어났고, 이 움직임을 통해 사회주의에서 공산주의로 이행하여 두뇌 노동과 육체노동의 대립을 해소하는 한편 필요한 노동 생산성을 달성하기 위한 유일한 방법으로 여겨졌다. 이와 같은 움직임을 스타하노프 운동이라고 명명했다.

략은 스탈린을 안심시켰다. 왜냐하면 이들은 오직 구체적인 요구들에서만 기인했기 때문이다. 트로츠키와 좌파가 권장했던 집단화는 익명으로의 추락이자 최후의 순간까지 공격하는 것이 최선의 방어책이라는 실천적 긍정인 것이다. 하지만 스탈린 역시 단호하고 공격적이었다. 그는 필요한 경우 공격을 감행할 줄 알았다. 하지만 실천과 시간화가 갖는 의미, 그리고 행동의 미래적 차원에 대한 이와 같은 선험적인 결정을 두려워했다. 왜냐하면 모든 상황을 새로 만들어 내야 하는 것이 아니라 지키고, 더욱 공고히 하고, 발전시켜야 하는 것으로 파악했기 때문이다.

이 차이는 모든 실천적 차원에서 다시 나타나게 될 것이며, 바로 그로 인해 분석적 이성은 두 적대자, 즉 스탈린과 트로츠키가 계속해서, 그리고 종종 유사한 입장을 취하는 — 하지만 이들의 입장 각각이 결국 서로 상반되는 — 투쟁에서 아무런 사실도 이해하지 못할 것이다. 하지만 처음에 스탈린은 — "중도주의자"이자 매개자로서 — 좌파와 우파의 갈등에 직접 관여하기보다는 오히려 이 갈등을 이용했다. 그가 보기에 우파 역시 그들의 불신, 원칙상의 기회주의라는 측면에서 볼 때 추상적이었다. 우파는 휴지기를 원했으며, 진정한 사회주의로의 점진적인 안착을 원한 것이다. 예컨대 우파는 — 혁명적 권력의 쟁취는 *점진적인 변화* 다음에 이루어져야 한다는 소박한 생각으로 — 권력을 쟁취하기 전에 대부분의 볼셰비키 당원에 의해 표명되었던 의지를 다시 발견하게 되었다. 즉 저개발 국가에서 발생하는 이 소란스러운 **혁명**의 단계들을 조정해 나가기를 원했다. 스탈린은 항구 혁명을 주장하는 자가 아닌 것처럼 혁명 이후의 점진적 변화를 추구하는 자도 아니다. 그는 혁명적 실천 자체를 급진화시키지는 않게 될 것이다. 왜냐하면 적당한 상황이 아니기 때문이다. 예컨대 그는 경쟁을 통한 생산을 장려하기 위해 임금 체계의 광범위한 개방도 주저하지 않을 것이다. 하지만 이와 동시에 각자에게 요구되는 국가 건설의 노력을 급진화시키게 될 것이다.

이와 같은 두 종류의 실천 ─ 트로츠키의 실천, 우파가 지지하는 스탈린의 실천 ─ 이 상충하는 순간부터 우리는 기괴한 논리가 출현하는 것을 목격하게 된다. 그리고 이 기괴한 논리는 아주 독특하고 이들이 벌이는 투쟁 자체의 고유한 특징을 갖게 된다. 즉 각각의 파당이 객관적으로 동일한 요구 사항들에 대해 같은 대답을 제안하는 것이다. 하지만 이와 같은 단기적인 목적들의 유사함이 보다 장기적인 목적과 혁명적 실천의 동일한 방향에 대한 근본적인 차이를 숨기고 있음에도 각각의 파당은 지금 당장에 눈에 띄는 구현을 통해 실천적 방향들의 근본적 차이를 재생산하기 위해 구체적 투기들의 즉각적인 차이들을 강화하기에 이른다. 이렇게 해서 단기적인 목표와 이 목표를 성취하는 수단을 설정하는데 소수파의 선동에 의해 ─ 이들 역시 다수파에 의해 도전을 받았다 ─ 더욱 확고한 입장을 취하게 된 다수파는 다음과 같은 난관을 도입한다. 다른 사람들을 자신들에게 합류하도록 이끌 수 있는 장기적인 동기와 목적에 대한 거부가 그것이다. 조정의 효율성은 현재 진행 중인 갈등에도 불구하고 지도 조직의 통일성을 보존해야 한다는 절대적 필요성, 혹은 달리 말해 과반수 찬성을 만장일치로 변화시켜야 한다는 절대적 필요성에 기초한다. 이렇게 해서 소수파는 매번의 논쟁 이후에 서로를 제거하는 데 시간을 보내기 때문에 쇠퇴하게 될 것이다. 혹은 소수파는 스스로를 반대 계파라고 솔직하게 선언하게 될 것이다. 그리고 싸움이 임박한 상황에서는 스스로를 분파주의자, 즉 "반(反)당파주의자"로 여기게 될 것이다. 이렇게 되면 메를로퐁티가 말한 바와 같이 대립은 그 자체로 배반으로 규정될 수 있을 것이다.

　모든 목표에 대해, 모든 차원에서 이루어지는 이런 투쟁에 대해 우리가 관심을 보이게 되는 것은 전적으로 이 투쟁이 다음과 같은 구호를 내건다는 점에서다. 바로 "유일 국가에서의 사회주의"라는 구호다. 이 표현은 기괴한 논리다. 왜냐하면 이는 필요 *이상*의 것을 말하고 있기 때문이다. 다시 말해 이것은 상황의 분명한 요구를 왜곡하고 있다. 이 구호는 상황의 요구에 하나의 종합적 통일성을 부여한다. 이 통일성의 동인들은 현재적이지만 미래의 시간화 속에서 전체적인 실천과 장기적인 목표의 토대 위에서 실현될 것으로 여겨지는 것들이다. 이는 하나의 말하는 *방식*일 뿐이다. 따라서 우리 자신만을 신뢰해야 한다. 하지만 이와 같이 말하는 방식 자체에는 하나의 언어적 결정 작용이 개입되어 있다. 이 언어적 결정은 사회주의의 가능성에 대한 이론적 평가로 주어진 것이며, 소수파를 진퇴양난에 빠뜨리기 위한 하나의 책략인 것이다. 이 소수파에게 그것을 받아들이는 것은 세계의 프롤레타리아 계급의 실천적 상호 의존성이라는 관념을 *선험적*으로 거부하는 것과 같다. 나아가 그것은 모든 것(무엇보다도 먼저 서유럽의 노동 운동들)이 소련의 적극적인 방어에 종속되어야 함을 인정하는 것이다. 이것은 소련의 공산당이 전 유럽의 공산당들에 대해 진정한 지배권을 행사해야 한다는 것 그리고 그들을 통해서 소련을 방어하기 위한 프롤레타리아 계급을 결집시켜야 한다는 것을 의미한다. 심지어 그들의 혁명적 이익이 국내 차원에서 이처럼 소련을 *방어해야 한다*는 필요성과 전략적 요구들과 일치하지 않더라도 말이다. 달리 말하자면 이것은 국내 차원에서 유럽의 프롤레타리아의 혁명적 공세와 — 잠정적으로는 — 혁명을 통한 권력의 찬탈이 반드시 **혁명** 자체를 지켜 나가는 최선의 방법은 아니라는 점을 인정하는 것이다. 이는 **사회주의 혁명**은 오직 그것이 이상적일 경우, 즉 그것이 구현되기 이전에만 보편적이고 국제적인 것이 될 수 있다는 점을 고백하는 것이다. 그리고 일단 구현되면 혁명은 그것을 이루고, 혁명의 구조와 **역사**가 요구하는 특정한 임무들을 통해 혁명을 지속해 나가는 개별 국가에만 국한될 뿐이다. 하지만 이와 같은 사실을 인정하는 것은 곧 서구 중심주의, 보편주의를 통째로 거부하는 것이며, 산업화한 강대국의 프롤레타리아 계급이 소련에서 최근에 등장한 프롤레타리아 계급보다 더욱 광범위하게 자신들의 해방을 멀리 밀고 나갔다는 점, 그리고 권력을 잡으면 경제적이고 기술적인 힘도 소유하게 되고, 이를 통해 국제적 혁명의 진정한 동력의 역할을 담당하게 될 것이라는 두 가지 가정을 거부하는 것이다. 이는 곧 국제주의와 "영구 혁명"을 거부하는 것이다. 바로 여기에 함정이 있다. 스탈린과 마찬가지로 트로츠키 역시 상황의 요구들을 인식하고 있었다. 이 객관적인 요구들에 대해 그는 조금도 거부를 표명할 수 없었다. 하지만 이 요구들을 하나의 교리의 형태로 제시함으로써 다수파는 트로츠키가 자신의 실천적 원칙들을 부인하고, 이 교리(반대로 그는 이 내용을 상황의 일시적인 요구에 대한 응답으로 받아들였다.)의 실천적 내용을 거부할 수밖에 없도록 만들었다. 보편적인 급진주의에 대항해서 스탈린은 소위 특정주의적 급진주의를 정의했다. 물론 이처럼 기괴한 대상은 언어적 표현의 차원에만 머무르는 것은 아니다. 하나의 선전, 실천의 항구적 특징, 특정한 미래를 정의 내린다는 점에서 우리는 그것을 하나의 *제도*라고 부를 수 있을 것이다. 이는 실제로 러시아 혁명의 제도화를 가져온 모태다. 유지한다는 것은 *또한* 공고히 한다는 것이며, 공고히 한다는 것은 한 사회를 계층화하는 것을 의미한다. 우리는 이것을 뒤에서 살펴볼 것이다. 어쨌든 지금 우리는 이 새로운 *대상* 속에 스탈린주의와 트로츠키주의가 암암리에 공존하고 있다는 사실을 알게 되었다. 다소간 장기적인 미래의 관점에서 보면 소련과 서구의 프롤레타리아 계층들 사이의 실제적인 관계가 *미결정 상태*로 남을 수 있는 반면(이것은 정확히 말해 이 관계가 소련의 지도부에게는 실제적인 무지의 대상이었기 때문이다.) 그 교조적 표현은 트로츠키의 혁명적 국제주의를 *거부된 입장*으로 보여 주고 있다. 어떤 **실증주의적 이성**도 트로츠키를 부인하는 표현 속에서 그의 존재를 *이해할* 수는 없다. 왜냐하면 내면화의 현존과 부정은 그것들의 불가해한 종합 속에서 하나의 다면적인 갈등의 개별적인 구현으로, 다시 말해 두 *적대자에 의한* 대상 속에서의 총체화로 나타나기 때문이다.

(2) 하지만 갈등 자체는 적대자들을 통해 당의 공동 실천이 갖게 되는 모순의 총체화로 나타난다. 그리고 이 모순은 실제적이지만 덜 억압되어 있으며, 더욱 산재해 있는 대립을 내면화한다. 이 대립은 현재 진행 중인 옛 제도들의 붕괴를 통해 소련 사회 자체에 의해 생산되고 체험된 것이다. 당연히 소련 사회는 체제에 의해 실현된 통합에도 불구하고 어떤 방식으로든 하나의 제도적 집단으로 간주될 수 없다. 이 사회는 투쟁, 실천적-타성태적 분파 등등에 의해 분열되어 있다. 게다가 우리는 사회적 통일성의 경험에 접근조차 해 보지 못했다. 만약 그것이 가능하다면 사회적 통일성은 집단들의 통일성과는 명백히 다른 것이 될 것이다. 하지만 투쟁, 다양한 갈등, 집렬체성, 해당 사회의 집단들의 관계가 어떤 형태를 취하고 있든 여기에서 우리가 주목해야는 것은 당과 당이 제시하는 방향, 다시 말해 주권 집단에 의해 수행되는 이러한 다양성의 총체화하는 내면화인 것이다.

1) 스탈린의 슬로건을 1925년부터 1930년 사이에 있었던 소련의 내적 약화와 고립을 통해 설명하고자 하는 모든 실증주의적 역사가

는 만약 그들이 이 두 가지 요소를 어쩔 수 없이 겪어야 했던 상태로 해석한다면 본질적인 것을 놓치는 결과가 될 것이다. 분명 각자가 가난을 겪어야 했으며, 모두가 고립을 겪어야만 했다. 하지만 동시에 이런 상태들은 혁명적 실천의 산물이기도 하다. 다시 말해 그것을 지양한다는 관점에서 생산되고 보존된 이런 상태들은 이와 같은 실천 자체의 하나의 계기를 보여 주는 것이다. 기근, 기술자와 지도층의 궁핍, 고립 등등은 **혁명**에서 치명적인 위험 요소이고, 동시에 이것들이야말로 특정한 상황에서 발생하는 **혁명** 그 *자체*다. 동맹국들이 전쟁을 지속하고자 했던 부르주아 민주주의에 도움을 주었을 수도 있다. 이 부르주아 집단들은 차르의 전제 정치의 전복에 도움을 주었을 수도 있다. 브레스트리토프스크 조약[51]과 볼셰비키주의자들에 의한 권력 찬탈은 그 자체 속에 당연한 결과로서 내전과 경제적 봉쇄, 고립을 포함하고 있는 행위들인 것이다. 이는 하나의 상태로서 겪어야 했던 것이 아니라 장기적인 목표를 가진 실천에 의해 *산출된* 결과였다. 혁명 자체가 진행되는 과정에서 1924년 러시아에서 있었던 기근과 지도부의 부재 및 고립 같은 일들이 일어났던 것이다. 권력을 잡으면서 레닌과 볼셰비키 당은 스스로 하는 일에 대해 알고 있었다. 즉 이 실천은 사태를 극복하기 위해서는 바늘구멍을 통과해야 하는 것과도 같았다. 소련의 혁명가들이 드러내 놓고 이야기하지는 않았지만 어쨌든 결과를 담당해야 했던 것은 실천으로서의 러시아 혁명 자체가 부분적으로는 서구 프롤레타리아 계급의 쇠퇴와 분열의 원인이 되었다는

---

51   1918년 3월 신생 소비에트와 독일 사이에 맺어진 강화 조약. 이 강화 조약은 소비에트가 독일
      에 상당 부분의 보상금을 지불하고 영토를 할애해야 한다는 내용을 담고 있다. 당시 소비에트
      는 1917년 10월 시작된 혁명으로 탄생한 허약한 사회주의 국가 소비에트를 보호하기 위해 독
      일과 강화를 맺을 필요가 있었으므로 그런 가혹한 내용이 담긴 조약을 맺을 수밖에 없었다.

것이다. 이와 같은 상황은 러시아 혁명으로 인해 도처에서(헝가리, 독일, 특히 중국에서) 발생했지만 실패로 돌아간 시도들에 의해, 사회 민주주의(노동자 계급을 배반하고, "엘리트 계층" — 프티부르주아와 전문직 노동자들 — 의 이해관계를 대변하는)와 소련을 표방한 새로운 당파 사이의 혁명을 약화하는 갈등들에 의해, 마지막으로 당황한 부르주아계급의 거센 반발과 파시스트 국가들에서 진행된 특정 부르주아 민주주의의 변화들에 의해 일어났던 것이다. 달리 말하자면 장기간을 요하며, 현격한 물질적 상황들에 의해 한정된 실천으로서의 세계의 중심에서 구현된 혁명은 혁명의 고유한 방향과 지도부의 계획이 지닌 모순을 통해 외국의 프롤레타리아 계급의 무력함을 발생시키지 않고는 전개될 수 없는 것이다. 이런 점에서 우리는 혁명의 구현이 보편화와 직접적으로 모순된다고 말할 수 있다. 또한 이런 상황 — 권력 찬탈의 실천적 결과로서의 — 은 뒤이어 소련과 외국의 프롤레타리아 계급 사이의 관계를 조건 짓게 되었다. 이와 같은 모순은 다음과 같은 점에서 유래한 것이다. 즉 소련에서의 프롤레타리아 혁명이 — 당연히 *그래야 하는 것처럼* — 유럽의 노동자 대중의 해방 요인이 되지 못하고 오히려 이들을 상대적으로 무기력한 상태[52]에 몰아넣었다는 것이다. 내면화된 이런 모순은 갈등으로 표출된다. 그리고 이 갈등에 대

52   이와 같은 무기력을 설명할 여러 다른 요인(기술적 변화 따위)도 있다. 하지만 중요한 것은 이 요인들이 항상 러시아 혁명과 관련해서만 재조직되었다는 것이다. 프랑스에서 산업화의 변화와 맬서스의 인구론은 노동자 계층의 분열을 설명하는 데 충분한 결정적 요소들이다. 하지만 내적 갈등의 폭력은 명백히 다음과 같은 점에서 기인한다. 즉 원래의 기술적이고 전문적인 분열이 정치적 대립과 일치한다는 것이다. 그 심층적인 의미는 항상 소련에 대한 태도들의 차이에 기인한다. 우리가 여기에서 검토하는 소련은 당연히 혁명 초기 단계의 소련이다. 직접적으로든 간접적으로든 혁명이 발생시킨 차후의 중요한 사태들(나치즘의 패배, 중국에서의 공산주의의 승리, 제3세계의 출현)은 고려 대상이 될 수 없다. 왜냐하면 — 비록 이런 사태들이 지금 언급한 시기에 싹트고 있었다 할지라도 — 이 사태들은 당시에는 명백히 나타나지 않았기 때문이다.(원주)

해서는 우리가 앞서 살펴본 바 있다. 한편으로 비록 혁명 정부가 외국의 프롤레타리아들로부터 아무것도 기대하지 않는다 해도 이 정부는 이들의 모든 세력을 도와야 할 실천적 의무가 있다. 다른 한편으로 이 프롤레타리아들의 상대적 허약함과 부르주아 체제가 가진 힘, 전쟁의 위협, 경제 봉쇄 등으로 인해 소련은 극단적인 신중함을 보일 수밖에 없었다. 혁명전쟁 중인 한 나라의 프롤레타리아를 돕는다는 것은 아마도 다른 모든 나라의 프롤레타리아들을 행동으로 이끄는 것이 될 것이다. 하지만 분열로 인해 이 프롤레타리아들이 마비되었기 때문에 예상 가능한 유일한 결과는 자본주의 세력의 재집결이나 전쟁, 즉 현재 상황에서는 소련이 승리할 수 없는 전쟁, 나아가 결과가 어떠하든지 간에 사회주의의 건설을 더욱 어렵게 만들 전쟁이 될 위험이 있기 때문이다. 이런 어려움은 결코 해결되지 못할 것이다. 왜냐하면 — 소련과 부르주아 민주 국가들 사이의 세력 관계를 고려할 때 — 이 어려움은 실제로 해결 불가능한 것이기 때문이다. 스탈린도 수많은 배반을 통해 자신이 생각하기에 서방 세계 군대의 개입을 초래하지 않을 수 있는 선에서 중국과 에스파냐의 프롤레타리아들을 도운 바 있다. 망명 생활을 했던 트로츠키 역시 전 세계의 프롤레타리아들에게 소련이 침공당할 경우 이 나라를 방어해야 한다는 임무를 부여했다. 어쨌든 사회주의의 기반이 소련에 자리 잡고 있었기 때문이다.

이런 관점에서 볼 때 "유일 국가에서의 사회주의"라는 구호는 혁명적 실천의 결과와 그것이 발생시킨 모순들에 대한 성찰의 산물이다. 종합적으로, 그리고 브라질 공산당에 의한 이와 같은 모순적 결과들의 내면화로부터 출발하여 도그마에 이르면서 사람들은 이 구호를 다음과 같은 하나의 시도로서 가지성 속에서 파악했다. 즉 소련이 위험을 무릅쓰고 자국이 가진 수단을 동원하여 외국의 혁명당들을 도와줄 수 있다는 가능성을 남겨둔 채 인터내셔널리즘의 장애물을 제거하기 위한 시도가 그것이다. 고의적으로 파기된 관계는 바로 상호성의 관계다. 만약 독자적으로 사회주의를 건설할 수 있다면 소련은 실제적으로 외국의 도움을 필요로 *하지* 않을 것이다. 한편 소련이 자본주의 국가들 속에서 위기에 빠진 혁명가들을 돕기 위해 개입해야 한다면 ─ 그럴 수 있을 경우에 ─ 이것이 바로 소련의 *임무*이자 "*관대함*"일 것이다. 요컨대 지도자들은 자유로운 선택권을 가지고 있었다. 이 구호는 실천적인 필연성을 *이론화*하고 있다. 트로츠키 좌파가 권력을 잡았다면 이 구호를 채택하지는 않았을 것이다. 한편 이 경우 다른 어떤 것보다 덜 효율적인 개인적 요인들을 제외하고 생각해 보면 유럽과 아시아의 공산당들에 대한 정책은 트로츠키 좌파라고 크게 다르지는 않았을 것이다. 어쨌든 이와 같은 실천이 고유한 이론적 정당화, 즉 앞의 연구에서 우리가 사용한 용어에 따르면 *사상 그 자체*를 산출해 낼 수 있어야 했을 것이다. "유일 국가에서의 사회주의"라는 구호에 의해 명백히 정의되지 않는 이 사상은 그럼에도 동일한 모순을 내포하게 될 것이다. 말하자면 정반대의 모순이 그것이다. 즉 급진화와 보편화가 먼저 확증되고 난 뒤에 상황에 따른 한계들을 설정하게 될 것이다. 분명 우리는 이런 실천의 "관념화"가 보다 더 *진정하고* 현실에 적합한 것이라고 말할 수 있다. 하지만 그것은 가정으로나마 우리가 갈등의 다른 항을 제거했기 때문이다. 급진적 좌파가 없었더라면 스탈린은 분명 총체화하는 실천에 대해 보다 진실에 가까운 해석을 내렸을 것이다. 역으로 트로츠키파가 다수가 되어 소수파가 된 스탈린주의자들과 투쟁을 벌였다고 상상해 보면 이때의 상황은 트로츠키로 하여금 스탈린과 그의 동지들을 궁지에 몰아넣어 복종케 하거나 스스로를 배반자로 선언하게끔 하기 위해 자신의 실천에 대한 도발적인 표현을 만들어 내도록 했을 것이다.

2) 갈등은 *사람*들, 즉 실천의 존재자들이며, 사상과 공동 행위(초조직)로 환원될 수 없는 사람들을 대립시키게 된다. 하지만 이 사람들은 우선 공동 *개인화*되었고, 이와 동시에 실천적이고 자유로운 유기체로서 이들 각각이 갖는 개인성은 그들의 서약이 가진 타성태적 요구들에 대한 끊임없는 지양이자 구체적 상황 속에서의 이 요구들의 실현이기도 하다. 공동 개인의 자격으로, 즉 하나의 통합된 당 ─ 과거의 투쟁 시에 이들은 이 당에서 집단 전체에 의해 한정된 임무들을 수행했었다 ─ 의 구성원 자격으로 이들을 대립시키는 상황을 좀 더 깊이 들여다보면 이런 갈등을 만들어 내고 지탱하는 근본적인 상황이 *역사적인* 두께를 가지고, 즉 현재를 통한 과거의 통시적인 총체화로서 나타나게 될 것이다. 실제로 **혁명** 이후 소련의 고립은 우리가 살펴보았듯이 단지 *하나의* 혁명적 실천이 목표로 했던 동시에 체험한 결과만은 아니다.(*외국에서조차* 부르주아 체제에 대한 **혁명**과 부정이 존재한다는 점에서는 목표된 것이고, 이 부정에 대한 반격이 **혁명**을 위험에 빠뜨린다는 점에서는 체험된 것이다.) 요컨대 소련의 고립을 자본주의 열강의 세력 속에 위치한 첫 번째 사회주의 국가가 겪는 단순한 고립으로 설명할 수는 없는 것이다. 마르크스가 종종 언급했듯이 영국이 첫 번째 **혁명**을 수행했더라면 이 나라는 ─ 산업 기술의 발전에 의해서뿐만 아니라 섬나라라는 지형적 특징에 의해서도 ─ 또 *다른* 사회주의적 고립을 낳았을 수도 있다. 즉 영국은 *다른* 식으로 고립되었을 수도 있는 것이다. 소련의 고립은 우선 다음과 같은 괴물 국가의 고립이다. 즉 이 나라가 일정한 과도기가 없이 봉건 체제에서 생산과 소유의 사회주의적 형태로 바로 넘어간 하나의 저개발 국가였다는 점에서 그러하

다. 이것은 이미 과거, 제정 치하, 1914년 이전의 경제적 구조, 당시 외국의 투자 등과 관련된 일이다.(실제로 이와 같은 투자의 존재는 소련에 대항한 특정 경제, 재정적 집단들의 예외적인 열정을 설명해 주고 있다.)

하지만 외국과의 이런 관계의 기저에는 우선 러시아 전체의 경제적, 사회적 역사가 자리 잡고 있다. 러시아의 지정학적 상황을 고려해 볼 때 특히 그러하다.(즉 이와 같은 상황이 역사적 변화들을 조건 짓고 이 변화들에 의해 스스로 조건 지어진다는 점에서 그러하다.) 여기에서 통시적인 관점을 도입한다고 해도 별다른 장애 요소가 되지 않을 것이다. 비록 아직 이 비판적 연구에서 이런 관점을 도입하지는 않았지만 말이다. 왜냐하면 여기에서 문제는 이 관점을 공시적으로 배열하는 것이 아니라 이 관점이 가진 공시적인 깊이를 구성하는 — 그 방식에 대해서는 결정해야 할 테지만 — 것이기 때문이다. 결국 중요한 것은 소련이 동유럽과 맺었던 관계가 다음과 같은 역사적 상황 속에서 자국 국민에 의해 이미 체험된 것이었다는 점이다. 즉 차르의 제국을 아시아와 유럽 사이의 중요한 매개자로, 계속되는 반대 속에서 유럽과 아시아 국민의 종합으로 만들었던 역사가 그것이다. 그리고 이 변화무쌍한 관계는 때로는 부정에서 긍정으로, 또 그 역으로 이행하기도 했고, 때로는 두 가지 모순된 태도의 변화 가능한 연합으로 나타나기도 했다.(특히 이 연합이 러시아에서 러시아 민중에 의해 일어났을 때 그러했다.) 우선 기술에 대한 매혹, 외국 체제와 문화에 대한 매혹(언제나 러시아 제국보다 앞서 있었던)과 그 결과 유럽의 문물을 동화시키기 위한 러시아 지도 계층과 지식인들의 계속되는 노력이 그 하나다. 다른 한편으로는 근본적으로 다른 체제들, 다른 생산관계, "상부 구조들"(이 상부 구조 중에서도 특히 종교의 차이)에 기초한 불신과 자치주의가 있다.

이런 관점에서 보면 우리가 예로 든 갈등은 개별적이고 역사적인 깊이를 갖게 된다. 즉 가장 산업화한 유럽의 나라들에서 태동한 후한 나라 —— 19세기 말 혁명적 지식인 계층에 의해 경제적, 지정학적 구조를 통해 마르크스주의의 이름으로 하나의 특수성으로서 지칭되는 것처럼 보이는 —— 에 도입된 보편적인 이데올로기와 실천이 그것이다. 여기에서 특수성이란 마르크스주의적인 실천(노동자들의 동원)이 전개될 수 없을 것처럼 보이는 —— 적어도 심오한 변화가 없다면 —— "낙후된" 나라를 말한다. 규모가 커지기 시작한 부르주아계급을 비호한 차르 체제는 은밀한 행위(즉 얼핏 보기에는 대중의 행위와 *반대되는*)를 제약하는 강권적 조치를 통해 유지되었다. 반면 마르크스주의적 경험은 백주에 이루어지는 투쟁의 경험이다.(비록 탄압으로 인해 일시적으로나마 조직들이 비밀리에 재조직화된다고 할지라도 말이다.) 이는 산업화의 압력하에 형성되고 발전한 민주주의 체제의 틀 속에서 바로 이 산업화에 의해 생겨나고 전개된 프롤레타리아 계급의 경험 자체다. 마르크스주의의 도입은 이미 *그것을 특수화하는 것*이 될 것이다. 왜냐하면 사람들은 마르크스주의가 프롤레타리아 계급이 거의 아무것도 대표하지 못하는 국가, 농민이 인구 대부분을 차지하는 봉건 국가에서 혁명적 실천을 주도하기를 요구하기 때문이다.

그럼에도 1917년 이전 러시아의 마르크스주의는 여전히 보편적이고 추상적이었다. 당시 마르크스주의는 노동자 투사, 지식인, 이민자에게 공히 이론이자 전략이었기 때문이다. **혁명** 이후 이 마르크스주의는 대중문화의 기반이 되었다. 러시아 인민들 속에 철저하게 뿌리내린 이 주의는 다음과 같은 두 가지 요소에 의해 동시에 조건 지어졌다. 한편으로는 지도자들의 실천에 의해 정의되었다는 점에서 교육에 의해서이고, 다른 한편으로는 계속적으로 증가하는 노동의 집중화, 즉 농민들의 공장으로의 유출에 의해서다. 여전히 불만투성이

이고, 아주 빠른 시간 내에 양산된 이 노동자들, 농민에 더 가까워 보이는 이들은 마르크스주의에 물들면서 그것을 변화시켜 나갔다. **역사**의 이론-실천적 운동에 불과했을 때도 마르크스주의는 유럽에서 대중적이고 민족적인 문화로서 *구현되었다.* 헤겔의 용어로 말하자면 — 하지만 헤겔의 관념론은 너무 명백한 나머지 오히려 방해가 된다 — 마르크스주의는 *한 민족의 객관적 정신이다.* 마르크스주의는 기만당한 농민들로 하여금 다른 모든 교리를 파기하도록 한다는 점에서는 하나의 교리로 자리 잡는다. 또한 농민들을 계몽한다는 점에서 스스로 통속화되기도 한다. 이들을 해방시킨다는 점에서는 이 농민들 안에서 소외된다. 마지막으로 농민들이 자신들의 경험에 대한 철저한 해석 속에서 이것을 극복하고 재창조한다는 측면에서는 화석화된다. 마르크스주의는 "철학의 세계-생성"이라는 심오한 특징을 스스로에게 구현함과 동시에 모든 사람의 눈에 그 자신이 *소련 대중에 의해 끊임없이 생산되고 체험된 현실로서의* 새로운 우월성으로 보이도록 만든다. 고유한 원칙에 따라 서구의 보편적 마르크스주의는 특정주의적인 마르크스주의, 즉 러시아 민족과 건설적인 국면에 접어들고 있는 러시아 혁명에 의해 정제된 산물로서의 마르크스주의에 종속되었다.

바로 여기에 첫 번째 도치가 자리한다. 구현된, 따라서 개별화된 보편성이 추상적 보편성의 진리가 된 것이다. 서구의 혁명 운동들을 이해해야 하는 것은 바로 소련에서였다. 왜냐하면 이 운동들은 권력 쟁취에 이르지 못했던 반면 **러시아 혁명**은 그보다 더 멀리 나아갔기 때문이다. 이 사회의 거대한 역사적 변화는 내부에서 발생한 마르크스주의의 변화로 이어졌다. 소련 사회가 마르크스주의를 이런 변화의 이념으로 삼은 것이다. 다시 말해 실천이 마르크스주의에 새로운 특징들을 부여하게 되었다. 개별성에 종속되고, 그 안에 포함된 보편성, 바로 이와 같은 개별적 역사의 변화에 따라 방향 지어지고 변형된 보편성, 바로 이것은 이론적이고 문화적인 상황에서 볼 때 이미 "유일 국가에서의 사회주의"라는 구호의 객관적 현실인 것이다. 이 단계에서 갈등은 분명히 드러난다. 하나의 저개발 국가의 문화로 구현되면서 이론적-실천적 총체로서의 마르크스주의는 자신의 보편적이고 변증법적인 통일성을 다음과 같은 두 가지 특정한 보편성으로 분리한다. 즉 서구에서 일어난 혁명 운동의 보편성이 그 하나다. 이것은 추상적인 보편성이 되었고, 소련의 역사를 *비특권화된* 역사적 과정으로서 변증법적으로 해석하는 권리를 스스로 거부하게 되었다. 이 보편성이 갖는 개별성은 소련에서 구현된 마르크스주의의 역사적이고 구체적인 발전에 이어지는 *추상화*가 되었으며, 연구를 통해서보다 바로 이와 같은 과정을 통해서 더욱 빛을 발하게 되었다. 다른 하나는 *러시아 마르크스주의*의 보편성이다. 이것은 마르크스주의가 소련 역사 속에서 객체화됨에 따라 바로 이 소련의 역사 속으로 소외되는 것이다. 이런 점에서 보면 "유일 국가에서의 사회주의"라는 구호는 소외된 마르크스주의에 대한 정의임과 동시에 **역사**의 대상 — 이 역사에 대한 조명은 아니다 — 이다. 또한 이 구호는 마르크스주의의 첫 번째 이론적-실천적 산물이면서 이 투박한 문화에 대한 첫 번째 결정이기도 하다. 만약 연속되는 혁명이 마르크스주의의 다양한 구현을 실현하면서 새로운 모순들을 통해 그것이 하나의 생동적이고 구체적인 보편성을 재발견하게 해 주었다면 아마도 이와 같은 사태는 일어나지 않았을 것이다.

이처럼 소련의 역사적이고 혁명적인 고립, 혁명적 운동의 역류, 자본주의 세계의 포위, 소련 대중에 의한 마르크스주의의 개별화 그리고 소외된 마르크스주의를 통해 발생한 소련 대중의 해방 등과 같은 특수한 결정 작용들에서는 각각의 결정 작용이 다른 모든 결정 작용들을 설명해 준다. 우리가 실천적 태도들에서 소련 사람들의 근본적인 결정 작용을 다시 발견하게 되는 것은 바로 이 차원에서다. 즉 사회주의를 통해 요구되고 용인된 민족주의, 보편적인 것의 구현으로 내면화된 지역 자치주의, 열등한 기술(레닌이 이미 미국의 기술자 학교들을 본받아 시작해야 한다는 필요성을 강력히 역설하는 가운데 사람들은 완전히 다른 형태의 보편성을 발견하게 된다.)에 대한 자각에 맞물린 민족적 자긍심("이 민족은 다른 모든 민족의 안내자다."라는 식의) 등과 같은 결정 작용이 그것이다. 이런 관점에서 "좌파적" 대립의 제거는 *이와 같은 부류의* 인간들을 양산하는 모순을 제거하기는커녕 스탈린주의를 더욱 분명하게 정의 내리는 효과를 낳게 될 것이다. 왜냐하면 스탈린주의는 결국 *자기 내부에서* 모순을 다시 발견하게 될 것이기 때문이다. 같은 방식으로 유배 중이던 트로츠키는 트로츠키주의를 통해 마르크스주의의 추상적 보편성을 재발견하게 된다. 그는 마르크스주의를 이론적-실천적 도식으로써 드러냈으며, 소련의 사회적 변화를 보편적 마르크스주의의 빛으로 해석해 냈다. 하지만 모순을 완전히 드러내지는 못했고, 소련에 대한 그의 태도는 자신의 망설임으로 인해 다음과 같은 사실을 보였을 뿐이다. 즉 트로츠키주의는 건설 중인 소련 사회를 단지 *현실적 구현의 토대 위에서* 이루어지는 하나의 일탈로서만 포착할 수 있다는 것이다.(비록 관료주의가 소련 사람들에게서 권리를 빼앗는다 할지라도 사회주의의 토대는 놓이게 될 것이다. 트로츠키는 *배반당한* **혁명**이라는 매우 의미심장한 제목으로 이와 같은 결과 중 하나를 지칭하고 있다.) 이런 의미에서 보면 3차, 4차 인터내셔널 갈등의 기원은 1차 세계 대전 이전에 이주해 온 지식인들과 러시아에서 활동 중이던 투사들 사이를 대립시켰던 긴장에 기인한다. 이와 같은 긴장에서 유래한 후일의 투쟁은 그 긴장을 자기 내부에 끌어모아 변형시키고 급진화시키면서 그 충만한 의미를 부여하게 될 것이다. 스탈린과 스탈린적 관료주의가 소련에서 보편적인 것의 특수화를 위한 도구가 됨에 따라 개별적인 실천과 마르크스주의를 통한 대중의 침투의 산물인 소련 사람들은 *자신들의 지도자 가운데서 자기들 모습을 인식하게 되었다.* 이와는 반대로 러시아 혁명을 역사의 중요한 계기인 동시에 보편적 변화로 — 유럽의 프롤레타리아 계급에게 인터내셔널이라는 옛날 형태(보편적인)의 차원에서 그들의 절대적 자율성을 완벽하게 보전해 주면서 — 해석하고자 했던 모든 혁명가는 트로츠키가 주도하는 행동 속에서 자신들의 실천적 요구들을 알아보았다. 결국 어떤 면에서는 트로츠키주의를 통해 혁명 상태에 있던 유럽은 소련 제국으로부터 벗어나고자 했던 것이다. 실제로 *진정한 트로츠키주의자들* — 군대를 만들었던 투사들 — 은 "서구인들"이었던 것이다.

하지만 모순은 그만큼 극복되지 않았는데(*게다가 극복될 수도 없었다.*) 왜냐하면 제4인터내셔널의 모든 실천이 소련 혁명을 이끈 두 지도 분파의 대립에서 비롯된 갈등을 통해 우선은 소련에서, 이후에는 항상 구현으로서의 혁명에 *대해* 의견을 달리했던 두 혁명 전선에서 결정되었기 때문이다. 이런 관점에서 보면 "유일 국가에서의 사회주의"라는 구호는 소련 사람을 양차 대전 사이에 이론적으로, 그리고 실천적으로 생산되고 등장한 사람으로 정의 내리게 되었다. 이와 같은 *대상* — 대립하는 양측이 이 인간에게 남겼던 흔적 — 에 대한 다원적 결정 작용은 순수한 결정 작용이 되었다. 이것은 집단 전체(러시아에서 이 집단과 함께 투쟁했던 당과 하위 조직들)라는 관점에서 볼 때 실천의 요구들과 실천적 해결책을 정의하고 있는 교리 사이의 과도

한 편차는 다음과 같은 방식으로 단순한 의미가 되었다는 것을 보여 준다. 즉 여전히 전통적으로 문맹자들로 가득한 이 나라가 오랜 전통의 전복, 전통적 자기반성, 국제적이고 보편적인 이념의 점진적인 흡수 — 산업에 흡수된 농민들에게 농촌 경제에서 제조업 경제로 이행하는 과정을 보여 주는 — 를 통한 새로운 전통의 습득 등을 흡수하는 동시에 동화시켰던 것이다. 하지만 이 구호는 왜곡된 것이었다. 왜냐하면 그것은 지도자들의 갈등이라는 차원에서 볼 때 상반된 활동들의 산물이기 때문이다. 당의 시각, 즉 체계적인 재총체화에 의해 내면화된 것과 같은 객관적 소여들의 총체라는 시각에서 볼 때 이와 같은 왜곡은 *그 자체*로 실천적이고도 이해 가능한 의미 작용이다. 허위로 가득하고 조잡한 이 구호에서 이런 왜곡은 여러 인간을 통해 이루어지는 마르크스주의의 재구현을 보여 준다. 마르크스주의는 그것이 수용하고 전달하는 일탈 그 자체를 통해 사람들의 과격한 의지주의와 미숙한 치기를 보여 준다.

언어적 사유와 이론–실천적 원칙으로서 비가지적인 이와 같은 기이한 논리는 행동의 특정한 계기 속에서 이론과 실천, 보편성과 개별성, 여전히 소외된 역사의 전통주의적 깊이와 문화적 해방 운동, 반성의 부정적 움직임과 희망의 긍정적 움직임 등과 같은 전체를 포함하는 동시에 이들을 통합하는 하나의 총체화하는 행위로 이해 가능하다. 그 이념적 일탈이 갖는 특징은 총체화된 총체화다. 왜냐하면 이 특징은 그것이 구현되는 역사적 개별성, 즉 건설 중인 공동체 내부에서와 실천적 장의 외부에서 그것이 담당하는 객관적 임무들의 특수성 속에서 혁명적 실천을 표명하는 동시에 강화하기 때문이다. 금본위 이론은 페루 광산 개발 시기에 특정한 통화 운용에 대한 사유로서 이해될 수 있다. 물론 이렇게 말한다고 해서 이 사유가 명백하고 진실한 것도 아니고, 우리 논의와 관련해서는 마르크스주의에 상응하는 것도 아니다. 또한 이 사유가 장기적인 면에서 "유효한"것도, 다시 말해 반목적성의 과잉 없이 유효한 것도 아니다. 간단히 말해 역사학자들은 이 사유를 하나의 유일하고도 총체화하는 행동 속에서 이해하게 될 것이다. 왜냐하면 역사가는 이 사유에서 과학적 단언이 아니라 실천 자체를 보게 될 것이기 때문이다. 이때 실천은 우회하고 스스로를 상실함으로써 자신의 고유한 모순, 즉 공동 개인들 사이의 갈등을 통해 재발견될 것이다. 하나의 진행 중인 총체화의 내부에는 다양한 요인이 있다는 점을 고려할 때 우리는 각각의 요인들이 이와 같은 총체화의 특수한 표현이라는 점을 알아두어야 한다. 이처럼 이해는 각각의 요인을 진행 중인 전체의 객관적이고도 개별적인 관점화로서 포착하는 것 그리고 각각의 관점들을 통해 개별화되는 총체화 —— 이와 같은 모든 개별화를 포함하면서도 또한 개별적인 종합인 총체화 —— 를 통해 이와 같은 여러 관점화를 총체화하는 것을 의미한다.

이런 점에서 보면 이 구호(다른 모든 유사한 산물들)는 그 전개 과정에서도 보충적으로 고려되어야 한다. 구호는 지속된 기간을 통해(과거와 이 구호를 통해 만들어졌지만 그것을 지탱하는 여러 계층에 의해) 확고해지고, 또한 자신의 공고해진 영속성을 언어의 타성태와 공동 개인들이 맹세한 수동성으로부터 빌려 온다. 이처럼 이 구호는 당과 사회 속에서 권력을 행사하고, 자신의 반목적성들을 야기하며, 건설적 활동의 실천적-타성태를 만들어 내는 데 기여하기도 한다. 하지만 새로운 문제 —— 변증법과 반변증법의 관계 —— 는 여전히 우리 영역이 아니다. 본 연구는 곧 이 문제를 다루게 될 것이다. 우리가 보여 주고자 했던 것은 다음과 같은 사실이었다. 즉 한 집단 내부에서 은밀한 갈등의 하찮은 산물이 갖는 비의미가 하나의 행위에 의해서가 아니라 (하나의 공동 목표에 따라 조직화된 단합된 활동들의 전체에 의해) 혹은 *적어도 두 개의 행위*들에 의해 구성되는 차원에서 나타난다는 것이다. 두 행위 가운데 하나는 다른 행위를 무효화하거나 다른 행위 주체를 파괴하기 위한 수단으로 삼는 경향이 있다. 물론 실천들이 구체적 현실 속에서 드러나는 것도 바로 이 차원에서다. 이때 중요한 것은 하나의 상황으로부터 자신들의 활동을 직접 결정하는 집단화된 인간들이다. 하지만 이런 인간들은 집단 전체의 내부에서 공동 *개인*들로 나타나고, 문제가 되는 산물들에 이르게 되는 반노동들로서 그들의 대립은 이들의 근본적인 통일성을 통해 불거진다.(권력을 획득한 후 미래 사회를 건설하면서 과거의 획득물을 보존해 내려는 이와 같은 위급한 사업에 뛰어든 브라질 공산당의 지도자들의 통일이 그 예다.) 이 사람들은 또한 모든 공동 개인의 지지를 받으며, 이때 이들은 (위계 조직의 상이한 차원들에서) *특정한 집단*을 구성한다. 그리고 투쟁의 초기에 이와 같은 지지가 적대하는 두 세력에 동시에 주어지는 것은 다음과 같은 두 가지 이유에서다. 우선 각각의 개인은 총체화하는 집단의 통일성을 유지시킨다는 자신의 서약을 통해 공동 개인이 되기 때문이다. 그다음으로는 갈등이 실제적이고 공적인 모순의 형태하에 함축적이고 주제화되지 않은 모순을 드러내기 때문이다. 이 모순으로 인해 각각의 개인은 공동 실천의 객관적 난점들을 내면화시키기 위한 움직임 속에서 스스로와 대립하게 된다.

이런 관점에서 보면 집단은 자신의 공동 활동을 통해 반노동에서 기인하는 괴물들[53]을 지지한다. 결국 이 괴물들이 생존 가능한가 아니면 태어나자마자 죽을 수밖에 없는 운명인가를 냉정하게 결정하

---

53 선서를 통해 집단 구성원이 되지만 결국 이 집단에 해를 끼치는 사람들을 가리킨다.

는 것은 바로 집단이다. 집단이 이 괴물들 가운데 하나를 지지할 경우 ─ 즉 집단이 이 개인을 책임지고, 자신의 실천을 통해 이 괴물을 세부에 이르기까지 실현할 때 ─ 이 집단의 실천은 그 자체로 이해와 *하나가* 될 뿐이다. 각각의 공동 개인과 각각의 하위 집단은 이 괴물을 지지하고 먹여 살린다. 왜냐하면 이 괴물은 공동 개인과 하위 집단의 모순에 대한 가지적이고 실천적인 극복으로 나타나기 때문이다. 물론 이와 같은 극복이 객관적인 난점들에 대한 진정한 종합이자 해결책이라는 것을 의미하지는 않는다. 하지만 이 괴물은 각자에게 내면화된 모순을 통해 하나의 기도 속에서의 모순들의 재외면화로서 이해될 수 있다. 실제로 모순은 괴물들 각자 안에 함축적으로 자리 잡고 있으며 감추어져 있다. 이 모순은 이해의 결정(여러 양상 가운데에서), 즉 자유의 비가시적인 한계와 생산된 대상의 직접적인 연관성으로 나타난다. 우리의 논의에서 보면 한계는 문화의 첫 번째 단계로서 마르크스주의가 반드시 거쳐야 하는 세속화와 특수화에서 기인한다. 보편적인 것의 특수화와 세속화는 그 자체로 감추어진 모순이다. 왜냐하면 이것은 각자의 문화 수준, 즉 결코 *보이지도* 않고 매개되지도 않는 자기 자신과의 함축적인 연관성을 동시에 표현하기 때문이다. 하지만 "유일 국가에서의 사회주의"라는 구호가 갖는 부조리성을 포착할 수 없는 부정적인 틀 속에서 이 개인은 이 구호가 갖는 긍정적인 측면을 *인식한다.*

만약 실제로 지금 문제가 되는 추상적인 상황이 필연적으로 이 교리를 포함하고 있지 않은 것이 사실이고 또한 이 구호를 실천하고 희망하는 단순한 이유들을 바탕으로 선전하는 것이 추상적으로 가능했다면 모든 것은 바뀌었을 것이다. 특히 새로운 마르크스주의를 실천하고 마르크스주의적 교육을 통해 그들 내부에 이념이라는 미명하에 하나의 절대적 신념을 요구하는 구체적 인간들을 살펴보는 순간 모든 것은 변할 것이다. 실제로 이 구체적인 인간들에게 부정적 계기는 이미 극복되어 있다. 혁명을 수행하는 것은 하나의 새로운 질서를 구축하는 것이다. 바로 이것이 언젠가 트로츠키가 "대중은 숨을 쉴 필요가 있다."라는 말로 표현하고자 했던 바다. 이것은 구체적 개인들이 가졌던 지나치게 단순한 교양이 구질서의 흔적을 체계적으로 제거하려는 긍정적 가치에 대한 신봉을 방해했다는 것을 의미한다. 이들이 보기에 구질서는 *이미* 사라졌던 것이다. 따라서 이와 같은 목표를 요구하는 것은 상황이 아니라 이런 상황을 직접 겪었던 사람들 자체다. 하지만 이들은 이런 상황을 체험하면서 만들어 냈기 때문에 다음과 같이 말하는 것이 더욱 정당할 것이다. 상황이 바라는 추상적 요구들은 살아 있는 사람들을 통해 구체적인 요구들이 됨으로써 더욱 분명해지고, 종종 모순된 의미를 띠게 된다는 것이다. 공동 개인에 의해 인정받고 지지되는 *경우* 이 산물은 총체화하는 집단에서 볼 때 가지적인 것이 된다. 즉 이 개인들이 이 산물을 자신들의 요구에 대한 응답으로 재생산해 낼 때 특히 그러하다. 자신의 작전에서 성공한 하위 집단이 기대하는 것이 바로 그것이다. 즉 이 하위 집단은 자신의 작전 속에서 모든 이로부터 지지받기를 원하는 것이다.

물론 집단 전체가 이 갈등을 다시 떠맡는 경우와 각각의 공동 개인이 대립 중인 양 진영에 속하는 경우가 있을 수 있다. 이 경우 그 결과들의 가지성은 사라지는 경향이 있다. 하지만 그것은 분열이 임박했기 때문이다. 사실 하나의 하위 집단이 다른 하위 집단을 제거함으로써 통일성을 복원시킨다는 가정에서 볼 때 앞에서 살펴본 대로 집단은 지속적인 매개자가 되어야 한다. 이것은 정확히 말해 실천적 공동체의 뿌리 깊은 통합성이 보존되어 있다는 것을 전제로 한다. 그리고 바로 이 통합성으로부터 반-노동의 결과물에 가지성이 주어진다. 실제로 이 결과들은 집단이 자기 자신에 대해 행하는 하나의 활동으로부터 선택된 도구들이 된다.

(3) 결국 — 이와 같은 검토가 통시적 총체화의 문턱으로 우리를 안내할지라도 — 괴물은 계속되는 경우 공동 실천을 통해 재조직되고, 새로운 가지성에 통합되면서 즉각적인 비가지성을 상실하게 된다는 사실을 지적해야 할 것이다. 실천은 자신의 고유한 우회의 방식들을 수정함으로써 그 자신의 실천적 지위를 재정립한다. 그리고 이와 같은 수정은 우회 자체에 기원을 두고 있다. 하지만 시간화의 비가역성은 뒤로 돌아가는 것을 금지한다. 이처럼 수정의 방식은 풍요로워지는 지양을 통해 이루어져야만 하며, 이때 지양은 그 자체 내에 첨가, 전개, 보상, 상호 교환 등등과 같은 복잡한 체계들을 통해 자기 자신의 진리를 부여하는 우회를 보존해 나간다.

실제로 애초에 "유일 국가에서의 사회주의"라는 구호가 갖는 미결정 상태가 있었다. 그 까닭은 "사회주의"라는 단어가 상당히 애매하기 때문이다. 실제로 하나의 동일한 사회 체제, 즉 프롤레타리아 계급이 미래에 건설해야 할 사회를 지칭하기 위해 마르크스주의자들의 문장에서 "사회주의"와 "공산주의"라는 용어가 무차별적으로 사용되는 경우가 있었다. 이 경우 이 단어들은 국가의 쇠락이나 몰락과 마찬가지로 계급의 폐지와 모든 노동자에 의한 노동 도구의 소유를 가리켰다. 다른 한편 사회 민주주의라는 말 역시 이 키워드를 요구하지만 장기적인 개혁과 변화 끝에 사회주의 사회에 도달할 수 있다는 주장을 고려할 때 "사회주의"라는 용어는 약간의 변화를 겪게 된다. 이 용어는 "사회 민주주의"의 수정주의적 환영을 지칭하는 데 사용될 수도 있다. 이 경우 "공산주의"라는 용어가 정확성의 측면에서 "사회주의"

라는 용어보다 우위를 점할 수 있다. "공산주의"라는 용어는 문제가 되는 체제가 혁명을 통해서만 실현될 수 있을 때만 이 체제를 지칭한다. 이처럼 앞에서 살펴본 구호를 위해 사용될 경우 사회주의라는 용어는 약간의 미결정 상태로 인해 공산주의라는 용어와 구분된다. 이와 같은 *의미론적* 차이는 곧 분명해질 것이며, 지칭된 대상의 구조와 시간화의 여러 계기 속에서 완전한 차이가 될 것이다. 달리 말하자면 "사회주의"라는 [용어]는 점차 새로운 의미를 부여받을 것이다. 공산*주의 체제 바로 이전에 도래할 것이* 바로 자본주의와 공산주의의 과도기[54]다. 어쨌든 이 과도기적 체제는 *혁명 권력의 쟁취 저편에* 위치한다. 이 과도 체제의 특징은 생산 단계의 근본적이고도 필연적인 전복이다. 즉 사회 전체가 생산 수단 전체를 소유한다는 것이다.

하지만 국가는 존속한다. 국가는 프롤레타리아가 독재를 행할 수 있게 해 주는 기관이다. 물론 이것은 계급들이 완전히 철폐되었음을 의미하지는 않는다. 실로 이와는 거리가 멀다. 특히 억압 계급의 대표자들은 새로운 사회의 깊숙한 곳에 숨어서 하나를 이루고, 반-혁명 세력을 규합한다. 후일 스탈린 역시 주저 없이 다음과 같은 사실을 덧붙였다. 즉 사회주의의 실현이 수와 규모에서 증가함에 따라 계급들 사이의 갈등 역시 확장되었다는 사실이 그것이다. 내, 외부의 적에 의해 만들어지고, 사유권의 변화가 국가의 점진적인 쇠락을 가져오는 순간에 **국가** 기제의 강화를 통해 특징지어지는 이 체제는 모순으로 인해 분열할 것이다. 실제로 공식적인 마르크스주의자들은 점차 "사

---

54 1914년 이전부터 많은 연구가에게서 이와 유사한 구분을 찾아볼 수 있다. 하지만 당시 이런 구분들은 하나의 논리적이고 철학적인 가치밖에는 가질 수 없었다. 즉 이론의 이름으로 용어를 구분했던 것이다. 새로운 것이 나타나는 것은 하나의 교리("유일 국가에서의 사회주의"라는)의 이름으로 "사회주의"와 "공산주의" 사이의 구분이 하나의 실천적이고 대중적인 가치를 가졌을 때, 즉 이 구분이 소련 사회의 변화의 여러 국면을 지칭하기 위해 사용되었을 때다.(원주)

회주의의 모순들"에 대한 문제를 제기하게 될 것이다. 상황의 압력하에서 새로운 의미들을 받아들이는 이 "사회주의"라는 용어는 다른 의미를 가지게 된다. 이렇게 해서 이 용어는 좀 더 협소한(여전히 충분하지 않은) 의미로 소련에서 점진적으로 확립되어 가며, 과도기적인 것으로 주어지는 하나의 개별적인 체제를 지칭하기에 이르렀다. 그렇다면 이 개별적 체제는 결국 단순히 뒤로 돌아가 이 "사회주의"라고 하는 개념의 내용물을 우리가 앞에서 살펴보았던 바와 같이 "전(前) 사회주의 체제"라는 것만을 *의미하는* 것으로 변화시키는 것과 같은 것인가? 그렇지는 않다. "전 사회주의"라는 말은 — 이 말의 구성 자체로 볼 때도 — 심각한 해석상의 오류를 포함하고 있다. 실제로 단 하나의 전 사회주의적인 체제가 있을 수 있으며, 그것은 바로 자본주의다. 아주 단순히 말해 그 이유는 이 체제가 *이전에* 도래한 것이기 때문이다. 하지만 **프롤레타리아 혁명**이 이루어졌을 때 사회주의는 *이미 거기에* 있는 것이다. 왜냐하면 사회주의를 근본적으로 특징짓는 것은 풍요로움도, 계급의 완전한 철폐도, 노동자 주권도 아니기 때문이다. 물론 이와 같은 특징들이 적어도 본질적인 변화의 장기적인 목표로서 필수 불가결한 것이긴 하지만 말이다. 결국 사회주의란 착취와 억압의 폐지, 혹은 좀 더 적극적인 용어로 말하자면 생산 수단의 집단 소유인 것이다.

한편 — 전쟁으로 인해 황폐화된 나라가 어떤 형태의 기근 상태에 있든지, 이 국가의 산업 시설들의 파손이 어떠하든지 간에 — 이런 집단 소유는 **소비에트주의자들**이 정권을 잡자마자 바로 이루어졌다. 이는 단 한 번도 문제시되지 않았다. 상당 부분의 잉여 가치를 자기를 위해 보존하는 관료 계층의 출현에 대해 어떤 의미를 부여하더라도 이 사실에는 변함이 없다. 집단 소유가 부딪칠 수 있는 유일한 실질적인 위험은 소련 사회 전체를 봉쇄, 자본주의 사회들의 포위, 내부의 적들에 의한 여러 기도에 노출시킨 위험과 동일한 것이다. 실제로 *바로 그런* 사회주의 체제가 소련에서 자리 잡은 것이다. 다만 이체제는 자칫하면 사라져 버릴 실천적인 필연성(자유의 필연성), 혹은 피를 흘리면서까지 엄청난 노력을 기울여야 존재할 수 있는 나라가될 필연성에 의해 특징지어진다. 외국의 위협하에서 거의 폐허 상태에 이른 나라에 도입된 이와 같은 집단적 소유화는 가장 강력한 생산수단들의 공동 소유로 점차 변해 가야 할 것이다. 그리고 유일 국가에서 사회주의를 건설해야 하는 것은 정확히 이 사회주의가 가장 형편이 어렵고 빈곤했던 한 나라 — 이 사회주의는 결국 이 나라의 고립을 담당하고 강화했다 — 에서 출현했기 때문이다. 이처럼 과거에 허위였던 이 구호는 다음과 같은 조건하에서 진정성을 띠게 되었다. 즉사회주의를 통해 토지와 기계들의 근본적인 사회화에 기초한 체제를구축하는 하나의 실천-과정을 만들어 낸다는 조건이 그것이다. 또한 이 체제는 위급 상태에서, 그리고 생산성의 가장 *빠른* 증가를 위해 모든 것을 다시 희생하는 것에 의해 구축된다. 분명 아주 *빠른* 시간 내에 제도화된 정복이면서 동시에 수 세대에 걸쳐 퍼져 나가는 기도라는 점에서 이 체제의 근본적인 모순을 찾아볼 수 있다. 하지만비상 상태는 이에 따르는 실천적인 결과들(통제 경제, 권위적인 계획 경제, 관념적인 의지주의, **국가** 기구의 강화, 관료주의, 공포 등등)과 함께 이 체제-기도의 정의에 필연적으로 개입하게 된다. 왜냐하면 이 체제를 공포 — 비상 상태에 의해 부르주아 민주주의 사회에서 야기된 — 의결과로서 선동하는 것은 이와 같은 비상 상태이기 때문이다. 이때 장기적인 목표로서 일상적인 투쟁과 모든 기도의 구현되지 않은 저편에 남아 있는 것은 바로 공산주의 체제 자체다. 여전히 추상적으로 **혁**

명의 국제화, **국가**의 소멸, 풍요, 자유로서 정의되는 것은 공산주의 체제다. 이와 같은 이론적 종합 속에서 *사회주의*는 공산주의와 근본적으로 동질적이다. 경제적, 사회적 구조의 근본적 변화가 **혁명**의 초기 단계에서 이루어진다는 점을 고려할 때 특히 그러하다. 사회주의는 단순히 *사회화*라는 추상적인 계기와 공동의 향유라는 구체적 계기 사이의 매개일 따름이다. 특정한 역사적 상황 속에서 볼 때 사회주의가 *지옥*과 동의어가 될 수 있다는 의미다.

이렇게 해서 상황에 의해 더 이상 정당화될 수 없게 되었을 때 처음에는 허위였다가 점점 진정성을 회복한 스탈린의 구호는 마침내 그 실효성을 잃고 명분만 남게 되었다. 그러니까 **중국 혁명**과 중부 유럽에서의 인민 민주 국가들의 출현이 "사회주의의 고립"을 사라지게 하고 소련 정부의 또 다른 실천을 요구하게 되었을 때 그런 것이다. 물론 그사이 이처럼 지양된 실천의 반목적성들, 즉 계층화와 실천적-타성태적 구조들은 소련을 변화시켰다. 이와 같은 개별적인 구현은 스스로 제도화되면서 항상 더욱 개별화되게 된다. 새로운 요구에 대한 이처럼 특수한 현실의 적용은 길고도 어려우며, 방해를 받는 길이 될 것이다. 물론 본질적인 것은 보존되었다. 변화가 격렬할 수는 있지만 그렇다고 해서 혁명의 성격을 갖지는 않을 것이다. 그 결과 이 기이한 구호는 그 실천적 진리치를 획득하게 된다. 이 구호가 정말로 이와 같이 기괴하고 필수 불가결한 변화와 *우회된* 실천의 관념이었기 때문이다. 하지만 이런 실천의 개별적인 우회는 하나의 기도 — 애초에 이 우회에 의해 조건 지어지고 *규정된* — 속에서 스스로를 초월하는 구현의 현실(따라서 진리)이었다. 결국 **역사적 이성**은 통시적이고 공시적인 이중의 총체화를 통해 반노동의 산물을 포착하게 된다. 그 까닭은 이 이성이 시간화의 특정한 계기 속에서 그리고 이 시간화가 진행되는 내내 공동 통합과 포괄적 총체화의 가지적인 결과이기 때문이다.

5. 사회적 투쟁은 가지적인가?
(소련 사회에 대한 역사적 연구)[55]

역사화 운동의 세 시기

앞에서 살펴본 예는 제한된 영역만을 보여 줄 뿐이었다. 이 예에서 투쟁은 실제로 이미 통합된 하나의 집단이 보여 주는 변천들로만 나타날 뿐이다. 결국 우리가 보여 주고자 했던 것은 다음과 같은 것이었다. 즉 종합적 통일성이 이미 존재한다면 ── 공동 실천의 결과와 조건으로서 ── 행동에 의해 생겨난 반목적성들의 실천적인 수락으로서의 내적 갈등은 ── 객관적 산물 속에서와 마찬가지로 적대적인 상호성의 운동 속에서도 ── 하나의 구현에 불과하고, 통합적 총체화의 역사화에 불과하다는 사실이다. 이때 통합적 총체화 역시 내적 갈등의 이화 작용이 낳는 산물과 쓰레기를 총체화해야 한다. 우리는 또한 총체화가 하나의 관념적이고 초월적인 운동이 아니라 공동 서약의 기반 위에서 이루어지는 여러 개인의 분산적 활동의 산물이라는 사실을 살펴보았다. 그러나 통일성이 선행되고 내적 부조화를 낳는 이 특권적인 경우는 비록 그것이 구체적 경험 속에서 ── 실천의 모든 수준에서 ── 종종 발생한다 할지라도, 즉 이 경우가 발생하는 사회의 전반적인 변화의 조건이자 결과인 *역사라는 고유한 영역*에 속한다 할지라도 역사적 과정의 하나의 특수화에 대해서만 분명히 드러날 수

---

55 부록에 수록된 사르트르가 계획 중이던 저서의 소개와 목차를 참고할 것.(편집자 주)

있을 뿐이다. 역사가가 그 구조와 시간화[56] 속에서 연구해야 하는 총
체들이 항상 진정한 통일성 없이 — 적어도 얼핏 보기에는 — 나타
나기 때문에 사회적 투쟁들의 가지성은 더욱더 옹호하기 어려워 보
인다. 그렇다면 우리의 후진적 연구는 어떠한가? 엄밀하게 역사적인
의미에서 이 연구는 "사회들"에 대해 우리에게 무엇을 가르쳐 주었는
가? 다음과 같은 사실을 제외하고는 아직은 아무것도 없다. 즉 15세
기 플랑드르의 한 도시나 1789년과 1794년 사이 "프랑스" 사회가 문
제 될 때 내재성의 통일성과 외면성의 다수성이 이 사회들을 동시에
특징짓는 것처럼 보인다는 사실 말이다. 실제로 이 도시나 국가가 각
각 그들을 에워싼 도시나 나라들 전체와 맺는 하나의 관계가 있으며,
이 내면화된 관계는 이것이 문제가 되는 다수성에 의해 포착된다는
점에서 대상에 대한 실천적 통일성으로 나타난다. 하지만 다음과 같
은 사실을 잊지 말고 지적해야 할 것이다. 즉 집렬체들은 전체 사회를
통해 퍼져 나가고 가지를 친다는 것이다. 이렇게 해서 이와 같은 내면
화 — 그것이 한정된 한 집단의 사건이 아니라면 — 는 회귀성의 상
황 속에서 이타성의 집렬체적 관계로 변형될 것이다.

같은 방식으로 있는 그대로의 제도적 총체는 법 적용의 임무를 띠
는 조직체들 내에서 사회적 복수성이 지닌 주권적 통합을 표명한다.
그러나 우리가 이미 살펴본 바와 같이 주권자는 자신의 힘을 집렬체
들의 무기력 위에서 확립한다.[57] 실천적-타성태적 개인이 법의 봉사
자이고, 외적-조절들[58]을 통해 스스로 규제되게끔 방치하는 것은 타

---

56   나는 여기에서 오직 국가적 전체들만을 다룰 뿐이다. 왜냐하면 비판적 연구는 이른바 "세계적"
      또는 "보편적" 역사의 문제를 다루기 전에 국가의 역사를 다루어야 하기 때문이다.(원주)
57   1권, 제2서, A, 1354쪽 이하를 참조.(편집자 주)
58   1권, 제1서, D, 339쪽 이하를 참조.(편집자 주)

자의 *자격*으로서다. 결국 우리는 무엇을 살펴보았는가? 이질적인 집단들(기원, 구조, 목표, 시간화의 속도만큼이나 행동의 성격, 폭, 깊이, 규모 등에 의한)은 때로는 다소간 직접적으로 서로를 조건 짓고 때로는 대립하며 또 때로는 서로를 모르는 상태에 있지만 집렬체로부터 벗어났다가 집렬체 속으로 다시 추락할 준비가 되어 있다는 것이다. 이와 같은 사실들을 차치하고라도 개인들 사이에서, 그리고 심지어 집단들(이 집단들이 상호 연대 혹은 상호 대립 속에서 직접적으로 서로를 규정하지 않을 때) 사이에서도 언제 어디서나 가공된 물질의 매개는 인간들 사이에 맺어진 상호적이고 직접적인 관계들의 *변질*과 *물화*를 통해 실천적 타성태의 수동적 통일성을 만들어 낸다. 우리가 이미 살펴본 대로 몇몇 경우에 — 특히 계급들이 조직화한 집단들의 매개를 통해 투쟁에 돌입하게 될 경우 — 집단의 통일성은 집합태의 타성태적 깊이 속에서 각자를 위한 통합의 가능성(자신의 *타자-존재*를 공동 *개별성*으로 변화시킬 가능성)으로 반영된다.[59] 그러나 계급 전체가 자신의 집렬체성을 제거한다 하더라도 여전히 착취, 억압, 그리고 억압에 대한 투쟁은 실천적-타성태적 분열에 의해 조건 지어질 것이다. 조직화된 집단에서 이 분열은 오직 그것을 이미 떠맡은 실천을 통해서만 나타날 수 있을 뿐이다. 하지만 반대로 "사회들" 속에서 실천적-타성태는 그 자체에 의해 드러나고, 각각의 실천의 소외 속에서, 그리고 그것에 의하여 나타나는 하나의 객관적 실재다. 생명이 없는 물질에 의해 임무가 부여되고 흡수된 것처럼 보이는 것은 바로 개인적 실천이다.

이렇게 해서 계급 투쟁 역시 하나의 지양으로 그리고 각 계급에 의해 다른 계급에 대항하여 반목적성을 다시 책임지는 행위로서 나

---

59   1권, 제2서, B, 877쪽 이하를 참고.(편집자 주)

타난다. 하지만 투쟁 집단, 파당, 연합은 통일성으로부터 *생겨난다기*보다는 다른 계급에 대항한 실천적-타성태적 집렬체성으로서 하나의 계급의 통일성을 실현하고자 한다. 계급의 각 조직의 근본적인 목적(비록 그것이 가장 추상적이고 장기적인 것이라 할지라도) 역시 마찬가지다. 다른 계급을 없앤다는 것(결국 같은 이야기가 되겠지만 이 계급을 결정적으로 복종시키고, 스스로의 노예 상태를 자인하는 노예로 만드는 것), 그것은 조직화된 집단에서처럼 이 목적을 부여하는 행동의 통일성을 재정립해야 한다는 실천적 필연성이 아니다. 오히려 이와 반대로 각각의 계급에서 행동의 통일성을 정립한다는 것은 [이 목적]을 실현하는 것이다. 또한 이 목적을 하나의 사회 — 물질성을 지배하고, 그 안에서 인간이 인간들 사이에서 지속적인 매개가 되는 사회 — 를 건설할 유일한 수단으로 만들어 내는 것 역시 실천적-타성태가 갖는 분열 자체다. 결국 여기에서 두 개의 적대적 단위가 서로를 대항하며 *만들어지고*, 각각의 단위들은 하나의 실천적-타성태적 과정에 의해 나타난 무기력의 집렬체성에 대항하여 만들어진다. 달리 말하자면 집단 내부에서의 갈등은 구성된 변증법의 한 계기였던 것이다. 하지만 구성하는 변증법과 구성된 변증법을 구분하는 반변증법적 단절 위에 구축된 이와 같은 부정적 상호성에 대한 *변증법적 가지성*을 어떻게 생각할 수 있겠는가? 규모가 큰 총체들의 차원에서 볼 때 역사는 통일성과 복수성, 변증법과 반변증법, 의미와 무의미의 모호한 상호 침투가 아니겠는가? 정황들과 문제 되는 전체들에 따라 그 자신들 사이에 공존 혹은 또 다른 외적 관계들 외의 어떤 관계도 갖지 않는 여러 총체화가 있지 않겠는가? 하나의 동일한 실천 과정이 여러 다양한 층위에서 재총체화의 방향들을 결정하고, 하나의 동일한 사건이 다양한 행동 속에서 야기하는 의미의 성운을 한정 짓는 것은 오직 역사가가 자신의 역사적 경험 속에서 담당해야 할 몫이 아니겠는가? 이와 같은 주장을 받아들인다면 우리는 우회를 통해 역사적 신실증주의로 되돌아가게 될 것이다. 실제로 현대의 많은 역사가가 다소간 암묵적으로 복수적이고 분석적인 하나의 역사 내부에서 소위 *변증법적 시퀀스*라고 불리는 것을 받아들이고 있는 것이 사실이다.

그러나 이 같은 사실들을 결정짓기 이전에 역사가 인간을 만들 듯이 인간 역시 역사를 만든다는 점을 기억할 필요가 있다. 현 단계에서 이는 실천의 반목적성을 통해 실천적-타성태가 발생한다는 것을 의미한다. 정확히 말해 삶의 불가능성을 야기하고 무기력으로 특징지어지는 집렬체성이 자신을 극복하는 총체화하는 통일성을 만들어 낸다는 점을 의미하는 것이다. 결국 역사화의 움직임은 세 시기로 구분된다. 첫 번째 시기에는 공동 실천이 하나의 총체화하는 행동을 통해 사회를 변화시키고, 이때 이 행동의 반목적성은 획득된 결과들을 실천적-타성태로 변화시킨다. 두 번째 시기에는 실천적 타성태의 반사회적 세력들이 자기 파괴라는 부정적 통일성을 부여하고, 이 세력들을 낳았던 실천의 통합적 힘을 빼앗게 된다. 세 번째 시기에는 탈총체화한 통일성이 반목적성들로부터 목표를 되찾기 위한 공동의 노력 속에서 재총체화된다. 바로 이것이 보다 자세하게 살펴보아야 할 사항들이다. 부르주아 민주주의의 예 ─ 가장 복잡하고도 특별한 ─ 를 살펴보기 이전에 러시아 혁명에 대해 다시 살펴보자. 하지만 이번에는 소련 사회의 역사를 그 다양함 속에서 고려할 것이다.

미래에 의한 통합

프롤레타리아 혁명의 목표는 노동자가 생산 과정에 대한 지속적이고 통합적인 통제권을 갖는 사회의 건설을 가능케 하는 데 있다. 이런 관점에서 보면 노동의 도구들에 대한 공동 소유는 이런 통제권에 이르게 되는 유일하고도 *가능한 수단으로* 간주될 수 있다. 하지만 생산관계들에서의 이와 같은 급격한 변화는 — 그것이 필연적인 것이라 할지라도 — *오직 하나의 수단만을 나타낼 뿐이다.* 이것은 혁명가들이 권력을 쟁취한 후 초기 몇 년 동안 도달할 수 있는 본질적이고도 즉각적인 목표다. 하지만 바로 이 지점에서 소련의 역사는 다음과 같은 사실들을 보여 준다. 즉 무엇도 아직 완성되지 않았으며, 노동에 대한 노동자들의 참다운 통제는 그들이 경제적 과정에 직접적인 영향력을 행사할 수 있을 때에야 비로소 가능하다는 사실이다. 이는 또한 생산 이익이 먼저 어느 정도 축적되어 있어야 한다는 점을 전제로 한다. 이런 의미에서 **당**과 통치 기관들의 공동 결정이 이루어진다. 산업화와 집단화의 노력을 극단적으로 강화하는 것은 단지 지속적인 변화와 경제적 수단의 확충을 통해 기반을 유지하는 것만을 목표로 하지 않는다. 이와 같은 공동 결정은 인간에 의한 생산 과정의 통제에 이르게 되는 유일한 길로 제시된다. 그 의미는 분명 (가공된 물질을 통해) 반인간적인 매개체들의 제거여야만 하고, 인간 소외의 장인 실천적-타성태의 철폐여야만 한다. 이는 다음과 같은 사실 역시 의미하고 있다. 즉 실천적 자유에는 노동자들이 자신들이 행하는 노동과 모종의 공동 관계를 맺고 있어야 한다는 사실, 그리고 이와 같은 노동의 반목적성을 제거할 능력이 있어야 한다는 사실 혹은 적어도 이러한 반목적성이 한 무리의 타성태 속에 집결되어 실천적 유기체와 공동 개인들을 하나로 연결하는 새로운 변증법적 관계 속에서 반변증법적인 분열을 재구성할 수 없게 하는 능력을 지녀야 한다는 사실 등이 내포되어야 한다. 어쨌든 근본적인 형태하에서든 실천의 여러 다른 차원에서 이루어지는 또 다른 구현하에서든 문제는 *바로 이것이다.*

예컨대 패배한 계급들의 점진적인 제거와 궁핍으로 인한 쇠퇴 때문에 조금씩 소외를 가져오는 무용한 요인과 생산과 생산자 사이의 부조리하고도 해를 끼치는 중개자가 될 수밖에 없는 국가의 점진적인 쇠락이 의미하는 바 역시 그것이다. 이와 같은 통치권의 실천(여기에서 통치권이라는 말은 **러시아 혁명**이 일어난 시기와 1954년 사이에 전개되었고 변화를 겪은 브라질 공산당의 경우를 의미한다.)은 하나의 특정 사회의 입장에서 볼 때, 그리고 이 사회를 통해 이루어지는 모든 사회의 입장에서 볼 때 다음과 같은 의미에서 총체화하는 작용을 한다. 즉 이 실천이 **러시아**라고 부르는 잡다한 집합과 집단들 전체에 대해 이들을 주어진 역사적 상황에서 출발하여 인간적 통일체로 만드는 수단들을 부여하고자 한다는 사실이 그것이다. 따라서 *미래를 통한* 이와 같은 다수성의 실질적이고 현재적인 통합이 존재하게 되는 것이다. 그리고 여기에서 미래는 단지 한 개인 혹은 집단이 품는 하나의 가능성이나 꿈이나, 희망이 아니다. 오히려 이 미래는 장기적이고 절대적이며("전(前) 역사"라는 불가피한 용어로, *동시에* 현재적 필요만 아니라 고통과 갈등에 대한 즉각적이고 근본적인 요구로 제시된) 추상적이고 *구상 불가능*하긴 하지만 엄격한 목표다. 이와 같은 목표에서 출발하여 통치자가 통제를 받는 집합에 부과하는 목표들의 실천적 위계질서가 정해진다. 그리고 각각의 생산자 — 그의 태도, 그의 노동의 성격과 해방의 정도가 어떠하든지 간에 — 는 이 미래(결국에는 동요되고 마는 이 육중한 전체에 대한 공동의 통제)를 생산적 노력의 물질성 자체(수고나 피로를 통해 포착된 작업 중인 대상이 보이는 시련의 정도, 계속되는 내전으로 인해 발생한 기근의 정도에 따른 피로와 고통의 증가)를 통해 포착한다. 이 생산자가 이와 같은 실천(우리는 잠시 후 적들 — 이 실천을 거부하는, 다시 말해 최종적 목표를 거부하지 않은 채 *이와 같은 형태하에서* 실천을 거부하는 집단과 계급 — 에 대해서 살펴보도록 하겠다.)에 동의한다면 그의 입장에서 국가의 통일은 우선 모든 개인의 운명의 수렴을 통해 단호하게 표명되는 하나의 미래적 종합으로 보일 것이다. 수많은 동인이 서로에게 영향을 주는 수많은 목표 수행 과정에 개입하게 된다. 각 세대마다 이와 같은 동인들은 새로운 동인들을 낳으면서 폭발하고, 이 동인들의 변화는 더욱 강화된 운동들의 수렴을 동반한다.

바로 이 차원에서 — 만약 개인이 통치자의 실천에 동의하면서도 그에게 통합되지 않는다면 — 개인이 받은 명령의 실천 혹은 단순히 그의 생을 다시 살아갈 수단을 제공해 준 노동은 한 명의 자유로운 소련 시민이 *자유롭게 행하는 실천적 가담*인 동시에 자신의 일상생활을 통한 운명의 단호하고도 객관적인 방향 설정으로 나타난다. 이런 관점에서 볼 때 수렴 — 즉 역사적 과정의 거역할 수 없는 힘으로 포착된 통치권자의 실천 — 은 각 노동자에게 *동일한 것*이다. 각각의 운명과 비교해 볼 때 모든 운명이 갖는 유일하고도 동일하면서도 계속되는 접근이 있게 된다. 일시적으로 목표들이 갖는 후진적 위계질서를 통해 미래의 목표는 과거를 "민족적"으로 규정하게 된다. 그 까닭은 정확히 이 목표 그 자체가 민족성의 제거에 대한 요구이기 때문이다. 이와 같은 인터내셔널리즘, 즉 여러 인민의 *미래적* 통일성을 통해 소련 시민은 다음과 같은 사실을 발견하게 된다. 조국이 모든 민족을 단 하나의 운명으로의 수렴 속으로 유도하기 위해(**역사** 자체에 의해) 지명되었다는 사실이다. 민족주의의 시기에 이 민족은 다른 모든 민족을 고립으로부터 구할 수 있는 바로 그 *민족*으로, 간단히 말해 선택된 인민으로 여겨졌다. 그리고 이 선택된 민족의 고통과 영웅주의는 책임에 비례해야만 했다. 이 운명은 민족성(이 민족성은 언젠가는 세계적 통일성 속에서 사리지겠지만 반대로 이 통일성이 건설되는 도중에는 **혁명**에 의해 그 자체로 의미를 갖게 된다.)의 관점에서만 나타날 수밖에 없다. 이 관점은 또한 현재 상황의 물질성 속에 각인된 역사적 과거의 관점이기도 하다. 예를 들어 소련의 미래 역사와 러시아의 과거 역사는 상호 조명을 통해 서로를 비춘다. 하지만 만약 지나간 역사의 통일성이 모호한 다양성이 갖는 생생한 깊이로 밝혀진다면 그것은 바로 다음과 같은 의미에서다. 즉 사회적 과거의 타성태적 통일성(가공된 물질성의 수동적 종합으로서)은 자기 자신 이전의 무한한 계기들 속에서 *소생하고 재구성*되기 때문이다. 이때 이 통일성은 자기 과거의 깊이 속에서 미래의 운명이 바라는 통일적 요구와 어렴풋하고도 간접적으로 혁명을 준비하는 데 적합한 행동들을 만들어 내고, 또 그것들을 직접 체험했던 것이다. 민족적 운명이 갖는 개별성에 의해 밝혀진 러시아 차르 체제의 신화(*유일한 러시아 민족*)가 갖는 추상적이고 불가사의한 통일성은 러시아 민족은 언제나 특별한 임무를 떠맡아 왔다는 일종의 모호한 인식 — 그러나 실제로는 이런 인식을 갖지 못한 — 이 된다. 좀 더 적절히 말하자면 여기에는 기만도 "물신화"도 존재하지 않는다. 문제가 되는 것은 오히려 두 대중문화(하나는 민속적이지만 부분적으로는 종교적, 사회적인 이데올로기에 의해 구체제로부터 소외된 것이고, 다른 하나는 유물론적이지만 통치권자의 결정을 토대로 실천의 단호함과 더불어 인민 속에 파고드는 것이다.)의 필수적인 상호 교류다. 이 두 문화에서 새로운 문화가 과거의 문화를 합리화한다는 점을 고려할 때 새로운 문화 역시 과거의 문화에 의해 개별화된다. 실제로 문제가 되는 계기 속에서 산업화를 통해 너무나도 빨리 노동자로 변모한 농부의 입장에서 볼 때 마르크스주의적 교육을 *받은* 것, 이 교육 덕택으로 혁명이 갖는 역사적 개별성을 사회 경제적 상황 — 다름 아닌 러시아를 *이* 모순들로 인해 찢겨진 바로 *이* 국가로 만들었던 — 을 토대로 해석하는 것 혹은 자신의 조국을 선택된 나라라는 관점에서 바라보는(비록 그가 다소간 자신의 종교적 신념을 포기하고, "미사를 올리는 것"을 포기했다 할지라도) 등은 결국 같은 의미다. 하지만 이처럼 *수용되었다*는 점에서 볼 때 교육 자체는 각자에게서 통치자의 실천으로, *교육된* 문화를 통해 체험되고 이루어진 통합으로 주어진다. 요컨대 이 교육은 이미 모든 사람을 한 사람으로 만드는 종합, 이론적 실천적 도식과 규정 전체에 대한 내면화를 통해 각각의 실천적 유기체를 한 명의 공동 개인으로 만들기 위한 노력인 것이다.

따라서 통치적 실천은 집렬체적 분산의 차원과 이 분산들에 대항하는 하나의 통일성을 *선험적으로* 만들어 내는 것처럼 보일 수 있다. 게다가 바로 이것이 내부와 외부에서 공식적인 선전을 통해 주장되는 바다. 실제로 선거 제도는 다음과 같은 목표를 위해 고안되었다. 즉 다수당이 너무나도 압도적이고 소수당이 너무나도 보잘것없기 때문에 이 소수당은 곧 사라지는 것으로, 다수당은 곧 *만장일치*가 되는 것으로 만든다는 것이 그것이다. 여기에서 목표는 단지 인민이 정부의 정책을 지지한다는 것을 보여 주는 데 있지 않다. 그러기 위해서는 절대다수로 충분할 것이다. 사실 여기에서 문제가 되는 것은 선거 제도를 유지하는 것이지만, 부르주아 선거권자들의 대중화된 분산(선거 인단은 자본주의 사회에서는 필연적으로 하나의 *집합태*일 수밖에 없다.)을 재통합의 실천적 과정으로 대치하면서 이 제도를 유지하는 것이다. 소련 시민 각자의 입장에서 보면 선거 결과는 자신의 투표를 하나의 집단 속에서 한 명의 공동 개인이 행하는 하나의 행동으로 여기는 것과 같다. 더 정확히 말하자면 어느 정도 지속적인 모든 집단화가 의지하는 만장일치의 행동, 즉 하나의 서약으로 여기는 것과 같은 것이다.(실제로 만장일치란 — 이것이 어디에서 유래하든 간에 — 하나의 집합태로부터 나올 수는 없다. 반대로 이와 같은 만장일치는 각각의 투표자가 매우 막대한 희생의 대가를 치를지라도 다른 모든 투표자와 일치를 실현하는 것을 목표로 할 경우에만 이루어질 수 있을 뿐이다.) 지금 당장에는 이 만장일치가 다소간 외관적이라는 사실, 그리고 통치자도 이 만장일치를 실현하기 위해 실질적으로 집렬체적 무기력에 의지하고 있다는 사실 등등은 중요치 않다. 중요한 것은 오히려 한 사회 전체의 통일성을 비가역적인 하나의 실천으로 통합시키면서 그 통일성을 발견하고자 하는 결정 작용이다. 부르주아적 민주 사회가 갖는 보편적 문화는 — 적어도 얼핏 보기에는 — 각자에게 비시간적인 명령을 부과한다. 소련에서 통치 집단은 문화와 선전을 통해 각자에게 구체적이고 시간이 정해진 임무를 부여한다. 즉 다소간 단기적인 목표와 비교해 볼 때, 그리고 가장 장기적인 목표라는 관점에서 볼 때 부분적인 활동으로 스스로를 결정하는 임무들을 부여하는 것이다. 이 부분적 활동들의 통합을 통해 전체적 실천이 진보하고, 만약의 경우 이런 부분적인 활동이 없다면 이 전체적 실천의 후퇴가 나타나게 될 것이다. 이런 방식으로 각각의 실천 주체는 긍정적 혹은 부정적 지표와 더불어 총체화하는 시간화 속으로 통합되어야 한다. 그리고 긍정적이든 부정적이든 이와 같은 결정 작용은 그 자체로 *시간화하는 것*이다. 왜냐하면 이와 같은 결정 작용은 결국 총체화하는 실천에 의해 방향 지어진 전개와 비교해 볼 때 실천 주체의 순기능 혹은 역기능을 보여 주기 때문이다.

사물에 대한 인간의 지배부터 관료 제도까지:
실천과 실천-과정

이처럼 통치적 실천은 결국 통일성을 산출해 내는 것을 목표로 한다. 그러나 *시도된 총체화*를 통해 자신의 반목적성을 발전시키면서 실천적-타성태적 장을 구성하는 것은 바로 이 실천의 운동 자체다. 실제로 스탈린이 죽었을 때 이루어졌던 토지와 기계의 소유는 여전히 집단적이었다. 이와는 반대로 생산에 대한 통제는 완전히 지도 관료 계급의 수중에 넘어갔다. 이렇게 해서 사람들은 새로운 역사적 사실 앞에 서게 되었는데 소유와 감독 사이의 엄격한 분리 현상이 바로 그것이다. **프랑스 혁명**과 부르주아들이 지배했던 19세기는 지도자와 소유주의 일치에 의해 특징지어졌다. 이런 일치는 이론적으로도 정당화되었다. 소유자들이 공공복지에 대한 현명한 행정에 개인적으로 어떻게 *관심을 기울이게* 되었는지, 그리고 어떻게 오직 소유자들만이 국사(國事)를 담당하게 되었는지를 우리는 설명한 바 있다. 그 까닭은 소유주 개인의 번영이 공공의 안전과 번영에 달려 있었기 때문이었다. 사회주의 이론과 마르크스주의 자체가 이와 같이 근본적인 관계를 보존할 수밖에 없었다는 사실은 매우 놀랍다. *이론적으로 볼 때* 노동자들의 공동체는 생산 수단을 소유하고 있다. 정확히 바로 이런 이유 때문에 이 공동체는 생산 과정을 감독하고 통제한다. 그리고 이와 같은 관계는 다음과 같은 이중의 이해관계에 근거하고 있다. 한편으로는 오직 조직화된 공동체만이 그 자체의 목적인 진정한 공동의 경영을 결정할 수 있다는 것이다. 다른 한편으로는 실천적-타성태의 매개를 제거하면서(예를 들어 시장과 여타의 집합태들의 규제적이거나 준규제적인 "메커니즘"들을 거부하면서) 새로운 소유 체제가 다소간 장기간에 걸쳐 통합된 생산자들이 자기 자신에 대해 잘 아는 경제 체제를 구축하도록 해 주는 것이다. 이 경제 체제는 그 자체 내에 그것이 사용하는 타성태의 힘들을 포함하고, 또 이 힘들을 지배하고 있다. 물론 이때 이 경제 체제는 이 힘들이 인간들 사이의 비인간적인 매개들과 같이 스스로에 대해 정립되는 것을 허락하지는 않는다. 이처럼 생산과 경영의 통합은 사회주의 체제를 특징짓는다. 사회주의적 인간은 사물들을 지배한다는 점에서 볼 때 인간적이다. 반면 사물들이 인간을 지배한다는 점에서 (약간의 차이가 있을 수 있지만) 다른 모든 체제는 비인간적이다.

그런데 **러시아 혁명** 이후 곧바로 닥친 위급한 위험 때문에 볼셰비키 당은 사물에 의한 인간의 지배를 최소한으로 줄이고자 했다. 단번에 크고 작은 개인 소유를 없애는 것으로는 충분하지 않았다. **혁명**의 *이해관계*는 모든 분야(농업 분야에 이르기까지)에서 공동 소유를 *실현하고*, 대경작지를 소규모의 경작지들로 대치하는 것에 있었다. 여기에는 두 가지 이유가 있다. 첫째로 토지와 도구의 공동화는 — 예컨대 콜호스(집단 농장)에서처럼 — *반드시* 농장의 규모를 확장시키기 때문이다. 두 번째로는 (순환적인 조절이 문제가 될 경우) 대농장은 이론적으로[60] 소규모 경작지들에서 나오는 이익보다 더 큰 이익을 가져다 주기 때문이다. 따라서 처음부터 상황이 지도자들의 실천에 강요하는 특징과 사회주의 혁명의 근본적인 목표 사이에 어느 정도의 규제가 있었던 것으로 보인다. 산업화 운동이 본격적인 궤도에 오르기 전부터도 어떤 대가를 치르고서든 실천적-타성태의 영향을 최소한으로 줄일 필요가 있었다. 간단히 말해 한 사회학자[61]가 최근에 지적했듯이 *즉자적* 경제를 즉자적이면서 *대자적인* 경제로 바꾸어야 했던

---

60   여기에서 "이론적으로"라고 말한 까닭은 오직 추상적인 상태에서만 그 원칙이 참되기 때문이다. 역사적 상황들의 전체, 특히 농촌 계급의 태도는 이 원칙의 적용을 왜곡할 수 있다. 라코시의 통치하에 있던 헝가리에서는 콜호스에서의 수익이 — 모든 상황을 고려해 볼 때 — 잔존하던 개인 소유지에서 나오는 수익보다 전반적으로 낮았다. 물론 그 이유는 농민들의 수동적인 저항 때문이었다. 우리는 이 문제에 대해 다시 논의하게 될 것이다.(원주)

61   이 각주는 원고에 없다. 여기서 말하는 사회학자는 레몽 아롱이다. 특히 1955~1956학년도 강의록인 『산업 사회에 대한 18개 강의(*Dix-huit leçons sur la société industrielle*)』(이데아 총서, 갈리마르)를 참고.(편집자 주)

것이다. 하지만 정확히 실천적-타성태적 분야의 내면화와 극복을 통해 지도자의 실천은 그 전개 과정에서 소련 사회에, 즉 이 실천이 행해졌던 실천적 장에 새로운 실천적-타성태적 응결과 새로운 분열을 낳게 되었다. 실제로 스탈린 체제의 특징을 (순환적 조절과 항상 관계를 맺고 있는) 모든 *사람에 의한* 노동 도구의 소유와 상대적으로 제한된 집단에 의한 모든 *사람의* 통치라는 두 가지 사실의 통합으로 볼 수 있다면 다음과 같은 사실을 지적할 수 있다. 즉 이와 같은 두 가지 특징 사이에 있는 원초적인 관계는 하나의 통일시키는 실천의 결과로서가 아니라면 전혀 생각할 수 없다는 것이 그것이다. 비록 이 원초적인 관계가 스탈린 체제의 *타성태적 특징화*, 말하자면 *과정*으로서 동시에 나타난다 할지라도 그러하다. 역사가, 사회학자 또는 경제학자는 오직 다른 의미를 통해서만 의미를 가질 수 있는 의미 작용들의 통일성을 포착하게 된다. 하지만 이와 동시에 이들은 이와 같은 통일성이 자신의 종합적인 힘을 실천 자체에 의지하는, 그리고 이 힘을 타성태적 물질 속에 각인시키는 수동적 종합에 불과하다는 사실을 발견하게 된다. 과정으로서의 *체제*는 생산하면서 생산된다.

사실상 처음에 지도부는 두 가지 커다란 문제에 봉착했다. 우선 지도부는 국가에 산업 장비를 제공해야 한다는 점에서 인구 양상을 전면적으로 수정해야 했다. 즉 지도부를 새로이 만들어 내야 하며 노동 계층의 규모를 대폭 증가시켜야 했던 것이다. 만약 혁명이 이미 발전한 자본주의 국가 내에서 발생했다면 사회적 투쟁들에 의해 이미 해방된 프롤레타리아 계급에게 협력을 요구할 수도 있겠지만 대다수가 여전히 문맹 상태에 있고, 공장에서조차 여전히 농민으로 남은 나라에서는 이런 협력을 기대하기란 어려울 것이다. 어쨌든 러시아가 **10월 혁명** 이후 노동자 계급을 만들어 냈다고 주장할 수는 있다. 도시인이 된 이 농민들은 요구된, 그 자체로는 혁명적이라고 할 수 없는 각고의 노력을 통해 점진적으로 그리고 느린 방식으로만 해방될 수 있을 뿐이었다.[62] 1958년에는 완전히 받아들일 수 있었던 노동자 경영 위원회, 노동자 관리 위원회라는 개념이 1930년에는 더 이상 의미를 가질 수 없었다. 이때는 소련의 노동자들이 농민의 탈을 힘겹게 벗어던질 때였으며, 노동 집약의 통일성이라는 꿈은 여전히 헛된 꿈에 불과했던 것이다. 여전히 불확실한 상태로 생성 중이던 이 계급, 가장 발전한 요소들조차 내전의 참화 속으로 사라졌고, 10년 동안의 처절한 투쟁에 의해 지쳐 있던 이 계급은 지도 계층에 지속적인 압력을 행사함으로써 **당**의 세력을 균형 잡을 능력이 없었다. 이와 마찬가지로 지도층의 부재, 한 명의 기술자를 양성하는 *데 필요한* 시간, 너무 빠른 시간 내에 양성된 초기 기술자들의 무능력 등등과 같은 요소가 지도자들로 하여금 모든 기능을 차례로 떠맡을 것을 요구했다. 이들의 권한은 초기에는 그들의 직능으로 인해 제한받을 수 없었다. 오히려 그 반대로 그들의 능력 범위가 그들의 권한에 의해 결정되었다. 이런 점에서 지도자는 자신의 무능력에도 불구하고, 또한 *사람들의 저항도 없었기 때문에* 전능한 통치권을 마련할 수 있었다. 하지만 이와 동시에 지도자들은 사물들의 저항을 빠른 시간 내에 제거하기 위한 실천적인 지식과 책임을 서둘러 축적해야만 했다. 피지배층과 맺고 있는 이 관계를 통해 지도부는 자신의 주요한 특징들 속에서 조금씩 형성되어 갔다. 정치가 경제에 대한 우선권을 주장했기 때문에 마르크스주의의 실천적 전복이 우선적으로 수행되었던 것이다. 한편 기술자들의 부재로 인해 정치인들이 기술적인 결정 사항들에도 권한을

---

62   이와 같은 노력이 혁명에 유용한 것이라고 말하면 그만이다.(원주)

행사해야만 했다. 이에 따라 이 결정들을 *정치적으로* 내려야 했던 것이다. 다른 한편으로 여타의 수단을 통해 혁명을 지속시킨다는 점에서 혁명적 실천 자체에 다름 아닌 계획 경제 역시 정치적 차원에서 직접적이고 장기적인 목표들을 갖게 되었다. 중요한 것은 체제를 살리는 것이었다. 하지만 이 체제는 수호되어야만 하는 특정 사회 속에서 구현되는 것이다. 따라서 실제로 중요한 것은 소련이라고 하는 한정된 국가에 산업과 군사적 잠재력을 부여하는 것이었다. 이런 잠재력은 내부적 가능성만 아니라 외부 열강과의 관계에 따라 결정되는 것이다. 보다 일반적으로 말하자면 자원의 분배(소비와 투자 사이의)와 다양한 분야 사이에서의 투자의 분배는 단순히 경제적인 사실로(부르주아 민주주의에서 일어나거나 그래 보이는 방식으로) 정립된 것이 아니라 다음과 같은 사항들을 종합적으로 고려하는 진정한 결정의 대상이 되는 것이다. 가령 생필품(즉 수동적 저항이나 노동력의 실질적 감소를 야기할 수도 있는 혼란을 면하게 해 줄 만큼의 최소한의 수준에서), 무장의 필요성(외국 열강의 무장 상태나 국제적 협력 등의 문제와 직접적인 연관이 있을 경우), 설비 개발의 의무(경제 봉쇄와 연관된, 그리고 이후에는 외국과의 무역 가능성과 연관된, 더 나중에는 저개발 국가들에 대한 원조와 확장 정책의 요구들과 관련된), 요컨대 혁명을 관리할 필요성(유지, 강화, 심화, 전 세계로의 확장) 등등이 그것이다.

스탈린 시대의 *의지주의*는 다음과 같은 실천적 요구들로부터 나타난 것이다. 한편으로 **당** 지도층에서 형성된 *만능의 지도부*는 자신으로부터 모든 것을 요구하는 것, 즉 "과도기" 동안 부족하고 무능력한 모든 기술자를 대치하는 것을 배우게 된다. 다른 한편으로 변화 중인 대중은 수동성으로 인해 교환의 대가로 지도부에 최소한의 책임도 부여하지 않으면서 이 지도부에 모든 것을 요구하는 상황에 처한다. 결국 정치에 대한 경제의 종속은 실천적으로 보아 존재의 의무-존재에의 종속과 일치한다. 여러 단계를 뛰어넘고(통합 발전), 서유럽을 따라잡기 위해 약 50년의 세월을 뛰어넘어야 한다는 절대적인 요구는 계획 경제에서 모든 유연성을 앗아 갔다. 사람들은 — 그럴 만한 수단이나 권리도 가지고 있지 않았기 때문에 — 서로 다른 경제 분야가 상호적이고, 적어도 일시적인 독립성 속에서 — 비록 지도부에서 이런 정보들을 취합한다는 사실에도 불구하고 — 그 자체에 의해 자신들의 가능성과 필요가 결정되도록 내버려 둘 수 없었다. 지하 투쟁의 시기에 필요했던 중앙 집권화는 사회주의 건설 시기에도 역시 그 필요성을 유지했다. 모든 가능성은 *요구로부터* 정의되는 것이지 그 역은 아니었다. 너는 해야만 한다. 따라서 너는 할 수 있다.

　하지만 산업의 발전 자체는 그것이 계획, 즉 공동 실천에 부합한다는 점에서 지도층에 영향을 주어 이 지도층을 세분화했고, 지도 조직 또한 다양화시켰다. 실제로 이 기술과 생산의 시기에 모든 대기업 — 자본주의 기업이든 소련의 기업이든 간에 — 이 공통적으로 가지는 특징은 통제, 행정, 협력, 합리화(임무의 준비와 용역의 단순화 등) 등등이 가진 기능의 괄목할 만한 발전을 요구한다는 것이다. 게다가 루카치가 잘 보여 주었듯이 어떤 방식으로든 어느 정도의 규모를 가진 모든 산업적 전체는 발전하기 위해서 혹은 현상 유지를 하기 위해서 전문가들이 일종의 *경제적 협력*에 의지하기를 요구한다. 루카치의 잘못은 이와 같은 협력을 자본주의 기업들에 한정시켰다는 데 있었다. 사실상 이런 협력은 비록 항상 동일한 문제들에 적용되지는 않는다 할지라도 소련의 계획 경제에서도 필수 불가결한 것이었다. 자본주의 세계의 사기업들로부터 차용되었던 이 협력은 그 자체에 의해 발전해 나갔다. 계획 경제는 정확한 조직화와 국제 정세에 대한 분석과 국내 상황에 대한 그것의 반향으로부터 출발하여 모든 가능성을 염두에 둔 결정을 내포하고 있다. 물론 서약된 타성태의 구조로서의 조직은 자신의 실천적인 인식이자 해석에 다름 아닌 계산과 하나를 이룰 뿐이다. 이 계산은 이 조직의 형성에서 주요한 도식들을 제공해 준다. 우리는 이런 유형의 *객관적 사유*를 알고 있다. 산업 사회에서 경제적 계산이 조직 집단에 속하는 것과 마찬가지로 "시대에 뒤떨어진" 소련 사회에서는 친족 관계에 대한 추상적인 인식이 그것을 대신한 것이다. 규칙, 즉 서약된 타성태 위에 토대를 둔 관계 자체의 타성태적 체계를 정립하거나 드러낼 가능성에 기반한 조직의 주요 도식은 결국 *최소한의 종합된 수동성*(이미 존재하는 조직체의 전체로부터 출발하여 종합된)이다. 이와 같은 최소한의 수동성은 실천을 통해 실천적 상황을 향해 극복되어야 하고, 그 결과 새로운 창조에 의해(새로운 조직의 창조에 의해) 이 상황에 적응되어야 한다. 조직적인 도식주의는 따라서 가공된 물질이다. 서약된 타성태를 조직할 전반적인 가능성에 대한 추상적이고 타성태적인 전체다. 추상적인 차원으로 옮겨진 *이런 타성태*는 바로 이와 같은 도식주의에 속한다. 여기에서 이 타성태는 계산하는 사람의 입장에서 볼 때 *현재 상태*의 지양에 대한 시급한 조건이 된다. 한마디로 조직적 도식주의는 조직자들에게 그 자신의 실천을 통해, 그리고 이 실천을 이용하기 위해 스스로 만들어 낸 타성태의 결정을 보여 주는 것이다. 또한 이런 타성태의 결정은 모든 지양에 필수적인 골격을 보여 주지만 바로 이 사실로 인해 각각의 상황에 대한 응답을 고안해 낼 가능성을 심각하게 제한한다. 지도부는 피지배자들의 관계를 결정하면서 점차 자신들 역시 규정짓게 될 타성태 안에서 생겨난다. 다시 말해 이 지도부는 피지배자들의 서약이나 집렬체성을 통한 타성태를 내면화함으로써(여기에 대해서는 다시 보게 되겠지만) 이와 같은 집렬체성의 기반 위에서 작동하는 새로운 집단화의 고안에 의해 지양되고 부정된 것으로 재외면화할 수 있게 된다.

지도자들이 임금의 폭에 대한 문제를 제기하는 것을 본다면 자연히 곳곳에서 실천이 자기 자신에게로 되돌아가면서 화석화하는 충격을 더 잘 볼 수 있을 것이다. 1917년 그리고 그 이후조차도 볼셰비키들이 내세웠던 원칙은 가능한 한 초기 단계에서 수입(즉 각자에게 분배된 국부의 몫)을 평준화하는 것이었다. 하지만 이미 살펴보았듯이 **프롤레타리아 혁명**은 — *왜냐하면 이 혁명 자체가 스스로를 구현하고 있기 때문에* — 개별적인 상황으로부터 유래한 개별적 요구들과 더불어서 나타났다. 이런 개별적 상황 속에서 혁명이 전개되었고, 이 상황이 갖는 특이성은 필연적으로 이 원칙과 정면으로 배치되었다. 이 원칙을 간직한 채 **혁명**을 성공시킬 수 있다는 것은 사실이 아니다. 또한 이 원칙을 당장에 내버리면서 혁명의 전체 전개 과정을 지속시킬 수 있다는 것도 사실이 아니다. 따라서 **혁명**의 발발과 이 혁명의 일탈 사이에서 선택해야만 한다. 일탈이란 곧 우회하는 것이다. 스탈린은 바로 이와 같은 우회를 선택했던 사람이다. 혁명을 유지하고 새로운 사회를 건설하면 후속 세대는 이 원칙으로 다시 돌아오게 될 것이고, 반드시 그렇게 되리라는 것이다. 물론 그는 이렇게 함으로써 자신들 속에 초월해야 할 상황들이 갖는 타성태적 물질성으로서의 이러한 우회를 내포하는 세대가 만들어질 것이라는 사실을 알지 못했다. 이와 같은 우회를 통해 만들어진 세대는 그것을 내면화하게 되었다.(이와 동시에 문화의 발전과 생활 수준의 향상이 원칙이 가진 보편성에 스스로를 재확인하고 특정주의와 갈등에 빠지게 될 가능성을 부여하게 된다. 하지만 이 문제는 우리의 주제가 아니다.) 그 까닭은 지도부가 어떤 대가를 치르고서라도 현실(원칙이 아닌)을 구하기 위해 단호한 태도를 보였기 때문이다. 이때 현실이란 생산 수단의 집합적 소유를 가리키며, 이는 **역사**의 바로 *이* 순간, 그리고 *이* 특별한 나라에서 실현되는 것을 가리킨다. 지도자들이 인상된 급여야말로 생산을 촉발하는 가장 훌륭한 방법이라는 사실을 확신한 이상 ── 무용한 조심성으로 인해 임금의 폭을 넓히는 일이 방해받는다 할지라도 ── 이런 현실을 보존하기 위한 유일한 수단은 매일매일 가차 없이 생산율을 증가시키는 것이었기 때문이다.

여기에서 다시 한번 지도자들이 조직하는 실천적 장이 이들에게 선택된 해결책을 제안하고, 때로는 강요했다는 사실을 확인할 필요가 있다. 오늘날 소련의 지도자들은 자발적으로 *대중으로 하여금 생산에 대해 관심을 갖게 하는* 조치에 대해 논하며, 흐루쇼프가 취한 지방 분권화 조치 역시 이 목표를 내포하고 있다. 하지만 현실의 생활 수준, 기술의 숙련도, 대중문화 등이 결국 이런 지방 분권화를 가능케 했고, 필연적으로 만들었다. 실제로 이와 같이 신중하고 거의 귀족적인 용어들로 이미 제기되었던 문제, 즉 생산에 대한 전반적 통제에 대한 문제가 오늘날도 제기되고 있다. 대중이 이런 상황과 스스로에 대해 자각하게 되었던 순간부터 보면 이들을 생산에 "관심을 갖도록" 하는 단 하나의 ── 충분하고도 필요한 ── 수단만이 존재하는데 그 것은 바로 그들에게 경영 통제권을 부여하는 것이다. 하지만 **1차 세계 대전** 이후 성장의 위기를 겪는 노동자 계급의 부족한 교양과 무관심은 노동자들의 빈곤과 마찬가지로 생산율의 성장에 대한 공동의 관심을 일깨우는 모든 수단을 박탈해 버렸다. **혁명**에 이어지는 시기에 정치화되었고, 해방된 노동자들은 자기 내부에서 새로운 모순을 이미 발견했던 것이다. 사회주의를 *원한다*는 점에서 이 노동자들은 만인의 복지를 위해 자신의 생산을 강화하고 소비를 억제하는 것을 받아들일 수 있었다. 하지만 그들이 보기에 사회주의 역시 *우선적으로* 초과 노동과 과소 소비의 종말이었다는 점에서 볼 때 이들 각자의 개인적 욕구는 공동 개인으로서의 실천과 모순을 이루게 되었다. 결국 노동자들은 **혁명** 이전의 사회 운동(부르주아 체제를 부정하는 것으로서의)에 대해 그러했던 것만큼 혁명 건설에 열심히 가담하지 않게 되었다. **혁명** 이전에 그들의 개인적 요구는 공동의 요구(일단 조합을 통한 통일에 의해 경쟁적 적대 관계가 극복되고 나면)였다. 그리고 이 공동의 요구는 대중 속에서 소요를 유지하고, 노동자 계급의 해방에 기여하며, 만약 고용주들이 양보할 경우 체제를 흔든다는 세 가지 효과가 있었다. 하지만 혁명 이후에는 공동 활동이 계획된 건설의 요소가 되면서 사회주의적 개인은 우연의 차원에 내던져지게 된 것이다. 그의 현실적인 요구는 공동 목표의 이름으로 언제나 환원될 수 있는 것으로 제시되었다. 하지만 그런 공동 목표에 도달하기 위한 유일한 수단이 전문가나 전문적인 관료만이 실행할 경제적 계산의 대상이 되었기 때문에 규범, 이윤, 투자의 분배 등을 결정하는 것은 공동 *개인으로서의 그 자신도 아니고* 동료들의 통합된 전체도 아니었다. 그의 운명은 통치자에 의해 객관성이라고 하는 엄격한 결정 작용의 형태로 그에게 주어지게 되었다. 그의 임무 역시 생산 장비, 무기, 소비의 요구를 결정하는 통계적 자료로부터 정해지게 되었다. 그리고 이처럼 계산된 여건들에 대한 통속화된 요약을 통해 이런 사실들이 그에게 통지된 것이다.

이러한 사실은 시민이 통치자와 맺는 관계들의 사물화를 내포한다. 시민은 통치자의 계산에 따라 단순한 소비와 생산의 단위로서 정의된다. 시민과 통치자 사이에는 *계획*이라는 매개가 자리 잡고 있다.

즉 이 계획은 특정 지도부가 내세우는 의지적이고 정치적인 계획인 동시에 — 최소한 이 공장 혹은 이 콤비나트[63]에 부과되는 임무를 통해 주어진 것과 같은 계획 — 소련(사회주의의 베이스캠프)을 구하기 위해 각자가, 그리고 모든 사람이 수행해야 할 조건들에 대한 단순하고 엄격한 규정인 애매모호한 현실인 것이다. 따라서 해방된 노동자들은 지도 조직의 고의적인 전략에 의해서가 아니라 경제 협력의 필요성과 이 문제에 대한 자신들의 무지 사이에서 증가하는 불균형에 의해 통제와 주도권을 상실하게 되었다.[64] 이 노동자들의 통치자에 대한 복종은 사물화되었고(이는 자본주의 체제에서와 마찬가지지만 질적으로 다른 방식으로 이루어졌다.), 이는 물리 법칙에 따르는 것처럼 체험되었다. 실제로 계획 경제를 통해 우리는 자유주의가 즐겨 환기하는 것과 같은 경제 법칙의 엄격함을 재발견하게 된다. 하지만 이와 같은 엄격함이 소련에서는 *하나의 기계*를 통해서 지각된 반면 자유주의자들은 이 엄격함을 순수한 외면성 속에서 포착했다는 차이가 있다. **계획**의 입안자와 이를 실천하는 생산자는 폭풍우와 싸우는 비행기 조종사에 비유될 수 있다. 이 조종사는 실천적으로 "자연적 사실들"을 비행기라고 하는 타성태적 종합을 통해 이미 선택되고 여과된 것으로 파악한다. 반면 이와는 달리 자유주의 내의 *경제적 인간*은 외부에 위치하고, 자기 자신과 그가 자기 외부에 세운 결과들 사이에 아무런 매개 없이 자연적 힘에 복종하는 것이다. 어쨌든 지도자와 생산자 사이에는 첫 번째 타성태적 제약을 통해 일종의 빈틈이 발생하며, 이 빈틈으로 인해 생산자는 결코 수행할 수 없는 기능을 지도자가 떠맡게 한다.

---

63   소련의 종합 공업 공동체.

64   원고에는 여기에 해당하는 주석이 없다.(편집자 주)

우리는 지금까지 형성 중인 노동자 계급의 의식 있는 소집단에 관해서만 말했을 뿐이다. 하지만 다음과 같은 사실을 잊어서는 안 될 것이다. 즉 비농업 분야의 일자리(3차, 2차 산업)는 4년에 걸쳐 (1928~1932) 1000만에서 2000만으로 늘었고(1억 5100만 명의 남성 인구를 기준으로 했을 때), 1932년부터 1955년까지는 4500만까지 늘어났던 것이다. "서비스업"은 부르주아 민주 사회에 비해 발전이 더뎠기 때문에 (우리는 그 이유를 곧 살펴볼 것이다.) 새로이 "도시로" 편입된 자들은 대거 2차 산업 노동자들의 대열에 합류하게 되었다. 우리가 관심을 갖는 기간(1928~1932)에 배가된 노동자 계급은 결국 스스로 마비 상태에 빠지게 되었다. 농업에 종사하다가 도시로 새로 편입된 자들, 문맹이거나 겨우 글을 읽고 쓰는 자들, 갑작스럽게 노동의 리듬과 생활 방식이 바뀌어 방황하게 된 자들 등등은 노동자들의 공동 이해관계를 상상할 수도, 이해할 수도 없었다. 이들이 새로운 조건을 자각하는 데는 길고도 어려운 적응 과정이 필요했다. 이 노동자들로부터 권리를 빼앗았다고 지도자들을 비난한다면 나는 다음과 같이 묻고자 한다. 그들에게 권리를 인정했다고 가정했을 때 그들은 과연 어떻게, 어떤 사유의 도구를 가지고, 또 어떤 통합의 이름으로 그 권리를 행사했을까? 게다가 설령 이들의 요구가 받아들여졌다 해도 부정적인 차원에 속했을 것이라는 점은 분명하다. 새로운 노동자들의 고용 *비용*은 *비쌌고*(특히 중공업 분야에서), 따라서 임금을 *낮추어야만 했다.* 이들은 과도한 노동으로 인해 녹초가 되었다. 물론 이들은 노동 시간의 감소와 임금 인상을 요구했을 수도 있다. 이와 같은 요구는 이들의 절실한 현실을 반영했으며, 따라서 확실한 근거를 가지고 있다는 것은 당연했다. 하지만 생산에 대한 전반적인 통제의 틀 속에서 그리고 **계획**에 대한 *적극적인* 조정과 연계되어 제시되지 못한 이런 요구들은 *지*

도자들의 눈에는 산업화를 방해하는 요인들로 보일 수 있었던 것 역시 당연하다. 이처럼 노동자들의 요구 조건과 투쟁 속에서 통일성을 발견하게 될 노동자들의 저항의 가능성을 피하기 위해서 계획 경제는 *최소한의 요구를 최소한의 비용을* 지불함으로써만 수용할 수 있는 객관적이고 부정적인 요소로 간주했다. 이와 같은 요구를 합리적이지만 *가장 정확하게 계산하여* 만족시켰다는 사실, 이에 대한 선전, 강제 등은 여전히 자신들의 계급과 권리에 대해 자각하지 못하는 노동자들의 부정적 효과를 낳는 통합을 방해하는 것들이었다. 하지만 교육을 통해 이 사회적 원자들을 공동 *개인들*로 변화시키는 일이 추구되었다. 그러나 교육은 그들에게 이들이 맞서야할 공동 현실을 보여 주었고, 이들은 **계획**의 규범을 유지하고 극복하는 데 기여해야만 했다. 이와 같은 긍정적 종합에는 노동자 규합 세력이 은밀하게 이들의 대중화를 추진한다는 사실이 가정되고 있었다. 이 세력 가운데서도 가장 중요한 것은 바로 2차 산업 종사자들의 엄청난 증가라는 요소였다.

이처럼 선전과 교육은 몇몇 노동자들에게 생산의 의무를 각인시켜 줄 수 있었다. 하지만 *산출해야 할 이익*은 대중 차원에서는 노동의 객관적 조건으로 실현될 수 없었다. 정부는 생산 과정의 통제를 요구하기에는 너무나도 낙후해 있었고, 너무나도 가난했다. **계획**은 설비와 군수 산업에 과도한 투자를 요구했다. 따라서 정부는 산업화를 통해 이루어진 발전에 상응하는 실생활 수준의 고양은 고려조차 할 수 없었다. 다른 한편 반세기에 이르는 낙후를 만회하고 축적해 나가야 할 단계들을 뛰어넘기 위해 계획 경제에 의존하는 체제 속에서 생활 수준의 고양은 그 자체로는 불가능한 일이었다. 임금 폭의 개방은 *빈약한 수단*이었다. 수익에 따른 이윤의 분배, 스타하노프 운동의 전개,

경쟁심 유발 등도 마찬가지였다. 목표는 분명했다. (1) 모든 *사람*의 생활 수준을 고양할 수 없다면 *누구에게나* 자기 삶을 개선할 가능성을 마련해 주어야 한다. 이런 방식을 통해 경쟁적이고 적대적인 실천이 재도입되었다. 하지만 이것은 더 이상 소련에는 존재하지 않는 자본주의적 시장에서가 아니라 공장에서 이루어지는 생산의 차원에서 이루어진 것이다. 각자는 더욱 많은 노력을 기울일 경우 더 많은 임금을 받을 수 있으며, 결국 몇몇 *사람*들만 프리미엄과 임금 인상의 혜택을 받게 될 것이다. (2) 제조업에서의 핵심 활동가들의 존재는 그 자체로 규범을 고양시키는 데 기여한다. 그렇게 되면 다른 노동자들에게는 이득의 감소가 초래될 것이다. 결국 *임금이 감소하지 않기 위해서*는 이들도 더욱 많은 일을 해야 할 것이다. 요컨대 노동 영웅, 스타하노프 운동가, 활동가, 그리고 "스탈린상"을 받은 모든 특권 계층, 임금을 최저 수준으로 평준화하는 데 대한 거부, 노동자의 등급(여기서 임금의 차이는 엘리트들이 아파트에서 사는 것과 같은 특별한 혜택을 누릴 가능성에 의해 더욱 증가한다.), 공장들 사이의 경쟁과 명예 훈장(훈장 명단에 이름을 게시하는 것 등등)을 통해 촉발하고자 했던 모든 경쟁심, 이 모든 것은 대중으로 하여금 생산에 "관심을 갖도록" 하면서 보다 근본적인 운동을 야기할 수단을 갖고 있지 않았던 지도부가 생산의 의지주의(임금의 최저 수준을 "끌어올리거나" "견인하는" 엘리트층을 통해)를 수직화하기 위해 벌인 실천의 일환이었다. 지도자들의 실천은 하나의 근본적인 선택으로 이어졌다. 단순한 강제력으로는 이윤의 증대를 가져올 수 없었기 때문에 *자극책*과 *장려책*을 선택해야만 했다. 산업화의 필요성으로 인해 대중이 생산율을 높이는 만큼 자신들의 삶도 개선될 것이라는 점을 보장해 줄 수 없었기 때문에 원칙(1917년의 평등주의)과 *가능한 유일한 자극책*(이는 자본주의적 경쟁 체제로 슬그머니 되돌아가는 것이 아니라 노동자들 사이에서, 그리고 노동 영역 내에서 유도된 경쟁 체제로의 통합을 일컫는다.) 가운데서 선택해야만 했다.

　두 번째 항을 선택할 수밖에 없도록 만든 실천적 목표가 노동계 내에 계층화된 위계질서를 도입한 것은 *분명 아니었다*. 오히려 여기에서 문제가 되었던 것은 하부와 엘리트 계층 사이의 왕복 운동을 각인시키고, *각자를 위해* 살아 있는 가능성의 영역을 개방함으로써 빈곤을 보상해 주는 것이었다. 하지만 어떠한 것이든 간에 목표는 실제로 계층화를 통해 이루어져야만 한다. 즉 2차 산업의 꾸준한 확장, 상여 제도, 훈장 제도, 특별직 등등의 확대 시행이 필요한 것이다. 물론 이 과정에서 이미 이런 제도의 수혜를 받은 자들(젊은 사람들이 이러한 사람들을 돌보게 되며, 이들은 자신들의 은퇴를 한참 기다려야만 한다.)을 침해해서는 안 된다. 대중으로부터 이와 같은 인재들을 "선택"하는 것은 지도 집단의 이미지에 맞는 자발적인 엘리트층을 형성하는 결과를 낳는다. 엘리트층 구성원들은 산업화를 위해 자신들의 모든 힘을 경주하면서 스스로의 운명을 개선하게 될 것이다. 결국 공동의 이해관계와 개인적 이해관계가 하나가 될 뿐이다. 그러나 정확히 말해 이와 같은 융합이 개인들 — 이들이 스스로를 *대중에* 맞선 자들로 구성하는 한(자신들이 대중에 속한다는 사실을 부정하면서, 그리고 대중의 지도자는 아닐지라도 적어도 객관적으로 이들의 선도자가 되면서) — 에게서만 전개될 수 있기 때문에 우리는 이 개인들에게서 개인주의(야망, 개인적 이익, 자만심)에 입각하여 사회주의라고 하는 공동의 대의명분에 대해 전적으로 헌신하는 "소련 엘리트"의 고유하면서도 아주 특별한 하나의 종합을 발견하게 된다. 이는 이 개인들이 통치자의 의지주의를 내면화하고, 또한 자신의 노동 속에서 이 의지주의를 재외면화한다는 점에서 그러하다. 하지만 이 개인들이 대중으로부터 벗어날 가능성을 결정하는 것은 바로 지도자들이라는 점을 고려할 때 이 개인들 역시 통치자와 연결되었다고 할 수 있다. 그리고 지도자들의 실천이 사회주의의 건설이라는 의지주의적 전망 속에 엘리트 계층을 부추긴다는 점에서 볼 때 이들은 통치자의 실천을 통해서만 사회주의 사회의 건설을 구상할 수 있을 뿐이다. 이와 같은 두 가지 이유로 이들은 엄격한 규율을 갖게 된다. 이들은 전체적 시간화의 총체화하는 환경 속에서 자신들의 삶에 다름 아닌 이와 같은 실천적 시도를 시간화한다. 또한 이들은 위계질서 속에서 이루어지는 자신들의 점진적인 지위 상승을 유일 국가에서 사회주의의 점진적 실현과 일치시킨다. 이렇게 해서 지도부는 자신들의 고유한 조력자들을 선발하여 이들을 계획 경제의 전망 속에서 자신의 통치권을 수행하는 의지주의적 산물로, 그리고 불굴의 의지를 담지한 자들로 만들어 낸다. 결국 **계획**이 **계획**에 적합한 인간을 만들어 내는 것이다. 하지만 이 **계획**은 결국 인간의 실천에 다름 아니다.

하지만 역으로 지도 조직과 행동 조직 전체는 스스로의 실천이 갖는 반작용으로 인해 충격을 받게 된다. 이 전체는 임금 정책을 통해 스스로를 규정하고 결정하게 된다. 임금 체계를 개방하고 표창 제도를 확대하면서 이 전체가 만들어 낸 위계화된 사회 속에서 지도 집단은 객관적으로 볼 때 위계화된 구조들을 통해 이 집단이 통합된 사회적 장의 결정 작용으로 변모한다. 이 집단은 자신의 통치권을 스스로의 실천으로부터 이끌어 내는 혁명적 전체로서만 아니라 제도화된 통치자로 지칭된다. 이 통치자의 권력은 위계질서의 정점에 자리 잡은 지도자들에 의해 객체화되고 결정된다. 실제로 위계질서의 정점을 차지한 인간(혹은 인간들)으로 스스로를 정의 내리지 않고서 어떻게 하나의 위계질서를 만들겠다는 생각을 하겠는가? 스스로 가장 영예로운 훈장을 받아 보지 않고서 어떻게 표창을 수여하겠는가? 또한 모든 중간 단계 없이 어떻게 위계질서의 정점과 하부를 결정짓겠는가? 스스로 가장 많은 임금을 받아 보지 않고서야 어떻게 임금 인상을 일종의 보상으로 규정하겠는가? 여기에서 다음과 같은 사실을 상상하는 것은 의미가 없다. 가난하고, 특권과 직책을 갖고 있지 못하며, 그것을 거부하는 — **레닌**이 그랬듯이 — 혁명 대원들로 구성된 한 집단이 실천의 필요로 인해 훈장만 화려하게 주어진 고위직 사회를 형성하게 된다는 사실 말이다. 이와 같은 치장은 체제가 겪는 위험이 크면 클수록, 체제를 유지하기 위한 노력이 더욱 강화될수록 그만큼 더 분명해진다. 이처럼 실천은 자신의 반목적성을 발전시키게 된다. 이와 같은 실천을 통해 특별 대우를 받고, 평균을 넘어선 자리로 상승한 의지주의자들의 중개를 통해 이 실천 자체는 이를 행동으로 옮기는 자들을 고관들로 변모시키게 된다. 그 결과 사회적 계층화는 저개발 상태에 있는 *이* 나라에서 계획 경제를 통해 경제 성장을 이룩하기 위해 부과되는 수단이 된다. 이와 동시에 이것은 대중이 생산에 관심을 갖는 것이 허락되지 않는 상황 속에서 *자극책*을 찾는 반사회주의적이고 실천적-타성태적인 결과가 된다. 이것은 실천 자체에 의해 겨냥된 것이 아니라 실천을 통해 거둔 결실과 같은 것이다.

이와 같은 본 연구의 첫 번째 계기에서 무엇보다 우리는 소련에서의 실천적-타성태와 사회적 환경 사이의 균열의 출현을 조건 지었던 요인을 되짚어 보는데 많은 관심을 할애했다. 실제로 우리는 *계층들*로 명명된 사회적 타성태의 여러 층위의 탄생을 살펴보았던 것이다. 그리고 특히 이와 같은 계층화가 *실천의 과정으로서* 생성되었다는 사실을 인정해야 할 것이다. 또한 다음과 같은 사실은 의문의 여지가 없다. 즉 지도층의 기능과 소유권의 분리가 부정적 타성태의 구조, 대중과 행정가들 사이에 맺어지는 관계의 내적이고 극복 불가능한 하나의 제한, 요컨대 사물화를 보여 준다는 것이 그것이다. 하지만 동시에 계획 경제는 그 자체로 이질적인 계층들로 구성되고, 지속적인 증가 일로에 있는 프롤레타리아 계급을 집합태로 구성하게 된다. 계속 불균형 상태에 있는 거대한 대중의 내적 구조는 *하나의 실천적 과정*이 낳는 실천적-타성태적 결과다. 실제로 **계획**은 새로운 공장의 설립이나 옛 공장의 확장을 예상한다. 이렇게 함으로써 이 계획의 직접적인 관심사는 일정 수의 농민들에게 노동자*의 자리*를 만들어 주고, 그 결과 이 직책을 통해 그들에게 직함을 보장해 주고, 이들 각자에게 장비를 마련해 주고, 농촌 출신 노동자를 전문 노동자로 *양성하기* 위해 필요한 경비를 마련해 주었다. 후일 지도자들은 농촌 특별 지역을 설정하여 농촌 인구의 이동을 뒷받침할 수 있게 해 주었다. 아마도 그들은 인적 자원과 인구와 생산 사이의 관계(*계획의 필요성*이라는 관점에서 판단된)에 따라 직권으로 각 지방의 몫을 설정하게 될 것이다. 물론 이 결정은 상부의 여러 기관에 의해 채택될 것이며, 이 가능성 자체는 지도부의 *타성태적 존재*를 그대로 드러내 보여 준다. 이 점에 대해서는 곧 살펴보기로 하자. 비록 임무의 특정한 양상들이 여러 하위 집단을 통해 결정된다 할지라도 어쨌든 통일은 이루어진다. 왜냐하면 중앙 기구가 미래의 계획(그러니까 고스플랜[65])의 전체적인 방향, 목표, 전반적인 요구 사항을 결정하게 되기 때문이다. 하위 집단들의 활동은 이와 같은 실천의 *특화*를 보장하는 것을 목적으로 한다. 이 활동들은 **계획**의 종합적 통일(이미 전체적이고 구체적인 형태를 띠었지만 여전히 세부화되지 못한 형태하에서 조정을 필요로 하는)과 통치권이라는 이중의 근

---

65   1921년부터 1990년까지 존속한 소련의 계획 경제 중심 기구의 명칭.

본적인 토대 위에서 이루어지게 된다. 이 두 개의 토대는 하나일 뿐이다. 지도부의 중앙 집단은 **계획**을 *위해* 그리고 이 **계획**에 *의해* 하위 직책을 만들어 낸다. 이처럼 실행 중인 **계획** 속에서 객체화되는 실천은 자신의 고유한 기관을 만들어 내는 순간에도(비록 이와 같은 것이 이미 획득되고 타성태적인 하나의 위계 구조로부터 출발해서 이루어진다 할지라도) *여전히 그리고 항상* 실천인 것이다. 실천이 특히 다양한 사회적 결과를 낳게 되는 것은 결국 인구 변동이라는 *차원*에서다. 그리고 이 실천은 *자신이 낳은 결과들*을 감수하면서 스스로 이와 같은 인구 변동을 극복하고 변화시켜야 할 물질적이고 타성태적인 환경으로 재발견하게 된다. 대체 이것은 어디서 비롯되는가?

그것이 다음 사실들에서 비롯한다는 것은 분명하다. 즉 **역사**는 두 가지 원칙을 가진다는 사실이다. 우선 역사란 인간의 행동이라는 원칙이 있다. 이 행동은 모든 것인 동시에 아무것도 아니며, 사물들의 타성태가 없다면 덧없는 정신처럼 곧 사라질 것이다. 다른 하나의 원칙은 역사란 역사의 행위 주체와 이들 밖에서 이루어지는 물질적 타성태라는 점이다. 이 물질적 타성태는 모든 실천적 결과물을 지탱하고 우회시키며, 나아가 그 구성을 야기한다.(이는 물질적 타성태가 이미 이전의 실천에 대한 종합적이고 수동적인 우회라는 점에서 그러하다.) 이처럼 무생물(이것을 통해 나는 집합태와 마찬가지로 석탄 덩어리도 의미한다.)에 대한 집단의 모든 행동은 이 집단 자체 내에서 그리고 이 집단의 이전의 구조들을 통해 규정된 형태하에서 자신의 실천이 객체화되는 타성태 자체에 대한 내면화라는 결과를 필연적으로 갖게 된다. 그리고 집단의 내적 변화를 통해 내면화된 타성태는 실천을 그 원천에서 이탈시키고, 스스로를 이 같은 이탈된 실천으로 재외면화시키게될 것이다. 이러한 사실은 다음과 같은 경우 더욱더 가지적이게 된다.

즉 자유로운 실천적 유기체로서의 집단이 자신의 타성태를 재외면화해 통제된 하나의 타성태의 중개를 통해 외부의 타성태에 영향을 미치는 경우에서다. 또한 상호 작용의 차원에서 볼 때 우리는 개인 노동의 경우 필연적으로 물리-화학적 세계에 대한 외적 통일성을 재발견하게 되고, 공동 노동의 경우에는 물리적, 화학적 세계와 인간적 세계의 외적 통일성을 재발견하게 된다.(이는 이 세계가 인간들 사이의 매개를 낳는 가공된 대상들로 가득 차 있다는 점에서 그러하다.) 1928년 농민들의 문맹은 당이 추진하는 농촌 정책에서 중대한 위험 요소였다. 하지만 이와 같은 차원(문맹이 발견되는)에서 지도자들에게 문맹은 하나의 부정적이고 물질적인, 즉 자신들이 만들어 내지 않고서 물려받게 된 여건이다. 이들은 이 여건을 실천에 대한 수동적 저항으로 발견하게 되고, 이런 의미에서 이 여건은 그 보편성과 분산을 통해 동시에 특징지어진다. 게다가 이런 타성태는 *하나의 결핍일 따름이다*. 다만 여기에서는 **마르크스**가 **고대 그리스인**의 이주를 자연 과학의 실천적 적용에 대한 무지로 설명한 것과 같이 외적 부정이 문제 되는 것은 아니다. 오히려 문제가 되는 것은 하나의 *내적* 부정이다. 즉 이 내적 부정은 부정을 드러내고, 거기에 부딪히며, 자기 내부에서 수단의 부재, 위협의 현존, 보상을 고안해야 한다는 다급함 등으로 포착하는 행동을 통해 드러나고 구성된다.

이와 같은 *부정적* 요소 외에도 *긍정적이고 실천적인* 특성이 발견된다. 정해진 상황 속에 특정 지역에서 특정한 경작을 하는 농민은 하나의 생활 방식에 의해 특징지어진다. 이와 같은 생활 방식은 능력과 타성태의 혼합 또는 능력에 의해 점차적으로 만들어진 타성태에 기초한 권한들의 전체다(예를 들어 도시인들이 거의 견딜 수 없을 정도의 환경에서 노동할 가능성, 그러나 역으로 시간화의 실천적 도식과 타성태적 한계와 같은 리듬의 결정 등등). 이와 같은 특성은 도시인들의 노동이 갖는 새로운 자격에 대한 유기체적인 저항과 노동자 생활에 대한 도시인들의 적응의 제동과 같은 것이다. 그리고 이 특징을 이들의 *실천적* 양상으로부터 앗아 가는 것은 바로 지도부의 실천이며, 이렇게 하는 것은 이 특징을 도시인들의 타성태의 토대 위에서만 고려하려고 하는 것이다. 실제로 농민의 힘은 제조업에는 소용이 없다. 왜냐하면 이 힘은 전적으로 농사짓는 일에만 사용되는 수단들이기 때문이다. 이 힘들을 뒷받침하고, 특히 생산 규칙에 부합하는 데 뒤따르는 난점과 그 불가능성에 다름 아닌 노동의 리듬을 만들어 내는 결정 작용들만이 남게 된다. 결국 농민은 자신의 "도시화"가 이루어지는 초기 단계에서는 여전히 농부로 남아 있다는 사실을 덧붙여야 할 것이다. 노동자들이 주로 거주하는 교외 지역 "환경" 속에서 방황했던 농민은 살기 위해 일을 한다. 하지만 그가 처음부터 새로운 세계와의 연대 의식을 느낄 수는 없다. 이와 같은 방황(물론 특정 개인에게서는 그 정도가 감소하기도 하지만 노동자 대중 전체를 보자면 일정하거나 심지어 도시화의 리듬에 따라 증가하기도 하는)은 새로운 노동자가 자신의 새로운 환경과 맺으면서 감수하게 되는 관계인 것이다. 혹은 오히려 *이와 같은 관계로부터 도출되는 것은 바로 부정적인 성격을 띤 관계*다. 이와 같은 관계(**계획**에 맞게 맺어진)를 통해 타성태적 종합의 지지 기반으로서의 물질적 환경은 인간들 사이의 매개(주거, 공장, 기계 등등)가 된다.

　이와 같은 타성태적 결정들은 모든 다른 결정이 이루어지는 기초적 관계들이다. 그런데 우리는 이와 같은 모든 결정이 결국 *실천을 통해 만들어졌다*는 사실을 쉽게 알 수 있다. 제동, 유기체적 리듬의 저항, 환경의 변화 등은 노동자들이 집중되는 상황에서 부정적인 현실로 나타나고, 이런 집중 현상은 도시 주변에서 일어나는 타성태적 집단화가 아니라 지도부[66]에 의해 결정되고 통제되는 인구 유입 현상인 것이다. 그리고 이런 타성태적 결정 작용의 요소들 가운데 다른 환경(시골)에서 발견되는 몇몇 요소들은 생산에 적극적인 역할을 할 정도로 유효한 것이었다. 중요한 것은 한창 발전 중인 새로운 환경(노동자의 집중)이 통치 행위에 의해 만들어진다는 사실이다. 이런 환경 속에서 통치 행위는 각각의 긴장 곡선을 유지하게 된다. 그리고 바로 이와 같은 긴장과 내적 곡률을 통해 이전의 결정들은 서로를 수정하고, 그렇게 함으로써 타성태적 응결물, 제동 및 우회의 장치를 구성한다는 것 또한 중요하다. 요컨대 하나의 실천적-타성태적 장이 형성되는 것이다. 이 장은 총체화하는 실천으로부터 자신의 통일을 이끌어 낸다. 바로 이것만이 이 장을 체제, 과정, 혹은 단순히 장치라고 부를 수 있게 해 준다. 하지만 이 장은 또한 이와 같은 실천적 종합을 통해 다시 합쳐지고 하나로 융화되는 타성태들로부터 *자신의 존재*를 이끌어 내게 된다. 즉 이 장은 1930년대 러시아 노동자 계급의 입장에서 볼 때 지속적인 분자화나 집렬체화의 원천이 된다. 그 결과 선전의 필요 때문에 단순화되고, 수정된 하나의 이념에 젖어 든 이 계급은 자신의 통일성을 통치자라는 매개를 통해 자기 외부에서만 발견할 수 있게 되었다. 그리고 특히 이 초월적이고 피상적인 통일성은 실제로 이 계급의 구성원들에게 요구된 희생의 통일성만을 나타낼 뿐이다. 이와 달리 지도부와의 진정한 관계는 일시적으로 사물화 상태에 머물러 있었다. 초월적 통일성이라는 기만적인 신기루, 지도자들과 맺는 사물

---

66 실제로 이 지도부는 도시화를 확장하는 데 그치지 않는다. 지도부는 모든 요소(예컨대 공업의 필요성과 동시에 주거지 부족 등)를 고려하면서 각 도시에 맞게 도시화를 통제하고 제한하기도 한다. 예를 들어 모스크바에서는 결정된 하나의 직책이나 직업을 통해 거주권을 얻지 못할 경우에는 체류가 금지되기도 했다.(원주)

화된 관계, 분자화와 집렬체성의 내적 구조, 새로운 집단과의 지속적인 혼합 등등이 증가의 위기를 겪는 노동자 계급의 현실인 것이다. 이와 같은 현실로 인해 노동자 계급이 조정타를 잡고 직접 독재권을 행사한다는 것은 *선험적*으로 상상하기 힘든 일이 된다. 바로 이런 이유로 지도자들은 *노동자 계급에 의해* 이 계급을 *대신하여* 독재권을 행사하는 자들이 된다. 또한 이 지도자들은 이 계급을 그 모집 방식에 따라 당장에는 생산을 통제할 능력이 없는 집단으로 보는 것이다. 이처럼 전체적 행위와 이 행위에 의해 결정된 실천적 장의 내부에는 타성태적 상태에 있는 조절의 상호성이 자리 잡고 있다. 지도자들이 노동자들의 집중 현상을 야기하는 것처럼 이 지도자들을 만들어 내는 것 역시 노동자들인 것이다.

하지만 조금 더 논의를 진척시키기 위해서는 다음과 같은 사실을 이해할 필요가 있다. 즉 이 노동자 계급 — 조합들 내에서도 도움을 받지 못하는 — 에 각인된 특징들이 더욱더 심오한 소여, 혁명 운동이 극복하고자 했던 상황과 같은 여건을 반영하고 있다는 사실이다. (1) 인구의 측면에서 볼 때 소련의 "저개발 상태"는 처음부터 비농촌 노동자와 농촌 노동자 사이의 수적 불균형으로부터 비롯된다. 관습, 문화, 혁명 의식 등과 같은 점에서 소련의 저개발 상태는 근본적인 차이들을 낳게 되었다. (2) 위급성과 위험들로 인해 도시화 과정의 유례없는 가속화가 필요했다. 소련의 **혁명**을 수행했던 노동자 계급은 야만인들에 의해 침해당하고 분열되었다고 말할 수 있다. 이처럼 농촌은 실천을 통해 도시에 통합되었다. 또한 실천을 통해 도시 주변 지역 출신의 대중이 부분적으로 도시화되는 반면 침해당한 도시의 대중은 그들의 자율성과 통일성을 상실하는 새로운 균형이 발생했다. 농촌 이주자와 오래된 노동자 사이에 나타나는 이와 같은 간극은 현재 처한 상황과 **계획**의 마지막 단계에서 이 산업화가 거두어야 할 상황 사이에 놓인 극복해야 할 간극의 반영인 동시에 하나의 구현에 불과한 것이다. 생산에 필요한 이 두 계기 사이의 간극이 5년 후에 좁혀질 수 있다고 가정하더라도 — 이것이 바로 실천의 목적이므로 — 여전히 이 간극이 노동자 대중에 의해 내면화되었다는 사실만큼은 분명하다. 이것은 노동자 계급이 그 자체 내에 그들이 흡수할 수 있는 것보다도 더 많은 낯선 요소를 받아들였다는 점에서 그러하다. 모든 것에는 대가가 따르는 법이다. 행동한다는 것, 그것은 외부에서 모순을 제거하는 행동들 전체를 통해 이 모순을 내면화하는 것이다. 농업 국가의 산업화 — 농민들의 도시화를 통한 — 는 노동자 계급의 농민화이자 계급의 확장을 위해 이들의 정치적, 문화적 수준을 일시적으로 낮추는 것과 같다. 이는 바로 생산이 생산성보다 훨씬 더 빨리 증가한다는 사실을 의미한다.

이처럼 노동자 계급이 갖는 일시적인 특징은 1928년의 실천적-타성태적 현실로서의 소련의 경제적 상황과 주권적 실천을 정의하는 목표로서의 미래의 상황(1933년 혹은 그 이후의) 사이의 종합적인 관계를 현재의 사물화된 인간관계로 변모시키는 데 있다. *이 계급이 이런 특성들을 일시적으로 제공해야 한다 할지라도 이것이 하나의 필연성이라는 점만큼은 의심할 여지가 없다. 이와 같은 사실을 통해 우리는 도시화가 이런 실천의 틀 속에서 그리고 이 실천을 야기하는 상황으로부터 출발하여 다른 방식이 아닌 오직 이런 방식으로만 실행되었어야만 한다는 사실을 지적하고자 한다.* 그렇다고 해서 이 실천을 "*사회주의 국가에서의 산업 성장의 전형(혹은 모델)*"으로 제시해야 한다는 의미는 아니다. 만약 그렇다면 이것은 마치 스스로 결정되는 경제적 과정으로서의 산업 성장이 우선적으로 존재한다거나 그 결정 작용이 사회주의 국가 혹은 자본주의 국가에 고유한 방식에 따라 변형된다고 말하는 것과 같다. 이와 같이 상황 지어지지 않은, 따라서 비인간적인 관점은 경제적 사회학의 관점이기도 하다. 그러나 이와 같은 관점은 초월적 변증법의 반(反)인간적인 교조주의와 연결된다고도 말할 수 있다. 실제로 필연성을 객관적이고 실천을 소외시키는 실천적-타성태적 연결의 전체로서 보여 주는 것과는 달리 사람들은 우리에게 이 필요성을 실천을 조건 짓고 실천에 선행하는 것으로 제시한다. 이런 가정하에서 보면 소련의 지도자들은 초월적 증가에 도움이 될 수도 있다. 이런 증가는 지도자들에 의해 실행될 것이다. 지도자들은 무엇을 하든 간에 어쩔 수 없이 증가를 실현하게 된다. 물론 사회학자들은 이런 증가에 대한 역사가 있다는 사실을 부정하지 않는다. 하지만 이와 같은 역사가 자신들의 범위를 넘어선다는 사실을 인정하는 데에서 그치곤 한다. 이것만으로도 경제적이고 사회적인 모델의 *자율성*을 지적하기에 충분하다. 하지만 사회학자들은 다음과 같은 경우 이 모델이 지탱될 수 없다는 사실을 잊고 있다. 즉 이 모델이 하나의 통일성에 대한 타성태적 객체화가 아닌 경우 그리고 이와 같은 통일성이 미래를 향해 현재를 지양하는 통치 행위를 제외하고는 어떤 것도 될 수 없는 경우다. 그들이 아무리 이 모델을 자율적인 기능 속에서 — 통계를 통해 그것을 확정하면서 — 제시하려고 할지라도 소용없을 것이다. 만약 이 모델에서 *하나의 역사*를 통해 이루어지는 실천적-타성태의 변화를 보는 데 동의하지 않는다면 이들은 이 모델이 갖는 의미를 상실하게 될 것이다. 소련의 역사를 제거하는 것, 산업화가 외국의 위협하에서 실천적으로 수행되었다는 사실을 망각하는 것(그리고 파괴적인 전쟁에 의해 중단되었다는 것을 망각하는 것), 이 산업화가 외부(노동 운동의 후퇴, 파시즘 등등의)에 끼친 결과, 그리고 그로부터 다시 영향을 받은 결과를 고려하지 않는 것, 혁명당의 변화와 이 당이 가진 모순을 망각하는 것 등등은 스스로의 작동을 통해 타성태적 전체를 양상하고, 지탱하며, 극복하는 방향 지어진 총체화를 고려하지 않은 채 이 타성태적 전체를 바라보는 것이다. 레몽 아롱이 다른 형태의 사회주의적 성장들(중유럽 국가들과 중국에서의)이 있다는 점을 지적했을 때 그는 다음과 같은 사실을 망각한 것이다. 즉 이와 같은 다른 형태들 — 긍정적인 양상과 부정적인 양상을 모두 가지고 있는 — 은 단지 소련 "모델"에 결합할 때만 가능하다는 사실이 그것이다. 즉 소련의 산업화는 이와 같은 다른 형태들을 만들어 내고 지탱하는 데 필수적이라는 사실, 인민 민주주의 국가의 지도자들이 취하는 조치들 각각은 — 그것이 훌륭한 것이든 나쁜 것이든 간에 — 그 자체만으로는, 그리고 국내 경제의 요구와의 단순한 실천적 관계 속에서는 이해될 수 없으며, 이들 국가와 소련의 정치적 관계와 소련 사회화의 역사[67]를 반드시 참고해야 한다는 사실이다.

산업 중심지의 다양화에 따라 통신 수단의 개선 필요성이 제기되는 순간부터 — 하나의 예만 들자면 — 특정 원자재를 필요로 하는 특정 지역과 가장 가까이 광산을 끼고 있는 다른 특정 지역 사이에 하나의 종합적이지만 타성태적인 관계가 맺어지게 된다. A 지역이 B 지역에 대해 행하는 타성태적 요구로서 나타나는 이 관계는 수많은 위험을 통해서 모습을 드러낼 수 있다. 예컨대 재료의 부족으로 인한 수익의 감소, 부분적 실업의 위협, 실질적인 가능성에 비해 A 지역에 과도하게 투입된 시설(즉 B 지역에 의해 "제공될 수 있는" A 지역의 가능성과 비교해 볼 때) 등등이다. 이와 같은 요구는 지역 자체와 소련 전체

---

67   중부 유럽에서 취해진 많은 조치는 실제로 1939년 이전 소련에서 성공을 거두었던 조치의 관습적인 적용에 불과했다.(원주)

의 차원에서 보면 하나의 현실이다. 하지만 이 현실은 실천을 통해 관계를 맺는 지역들로부터 비롯된 것이다. A 지역이 설립되고, 상당한 발전을 이루었으며, 그 지역 공장들이 시설을 갖춘 것은 B 지역이 A 지역에 충분한 광석을 공급할 수 있다는 *전망 속에서*였다. 이로 인해 두 지역 사이에 펼쳐진 타성태적 땅은 갑작스럽게 종합적으로 *하나가 된다*. 이 땅은 분리인 동시에 통합이다. 결국 이 땅은 두 가지 인간적 활동 사이의 타성태적 매개(광산, 공장)가 되지만 그 역할을 *계획*의 범주에서 수행할 뿐이다. 실제로 이 땅이 갖는 물질성(땅의 지층, 기복, 수로망)에 이와 같은 매개의 역할과 예측 불가능한 반목적성들을 낳을 가능성을 부여하는 것은 특정 자본가의 개인적 이해관계가 아니라 *계획* 자체인 것이다. 문제가 새로이 위급성을 갖기 위해서는 다음과 같은 사실로 충분하다. 즉 완전히 다른 차원에 속하지만 항상 실천에 의해 통합된 요소들을 통해 A 지역의 생산이 급속도로 강화될 수 있다는 사실이 그것이다. (A 지역이 B 지역에 의해 정규적으로 재원 조달을 받는 경우에) 하나의 철도가 A 지역과 B 지역을 연결하기 때문에, 정해진 시간에 정해진 수의 왕복이 완수되기 위한 여러 조건(객차의 수, 원자재의 상태, 철도, 인력 등등)이 갖추어졌기 때문에 옛날에 A 지역에 세워졌던 공장은 가속화된 성장의 관점 ─ 수익을 증가시킬 것은 무엇도 간과할 수 없게 만드는 ─ 에서 볼 때 그 자체로 하나의 문제가 된다. 이 문제는 실제로 A 지역과 B 지역 사이를 연결하는 현재의 철도교통이 분명히 부족해졌다는 사실, 그리고 다른 한편으로는 *계획*에 따라 운송 수단의 건설에 대한 투자가 최소한으로 이루어졌다는 사실로부터 기인한다. 이와 같은 규약은 분명 무상적인 것이 아니다. 그것은 다음과 같은 상황 자체로부터 기인한다. 즉 인접해 있거나 비교적 멀리 떨어지지 않은 채굴 지역으로부터 대부분의 공장 지역을 공급할 수 있는 가능성, 하나의 상품 제작에 따르는 여러 단계 — 채굴부터 마지막 공정에 이르기까지 — 를 무엇보다 중공업에 투자할 필요성과 수직적인 집중 속에서 집약하고자 하는 시도들에서다. 결국 **계획**의 균형 자체가 이 규정을 요구하는 것이다. 그러나 실천 자체를 통해 서로 다른 타성태들을 관계 맺는 것으로부터 하나의 모순이 발생한다. 즉 중공업의 생산율을 높이고, 노동자들을 대중으로부터 분리하고 감독관으로 하여금 조금 더 중요한 직책에 이르도록 해 주는 상여금과 포상 제도를 정비하면서 통치자는 A 지역에 자신의 이익을 증가시킬 수단, 즉 의무를 부여한다. 하지만 이것은 예전에 산업화를 *더욱더 성공적으로 이끌기 위해* 거부했던 *몫을 산업화의 이름으로* 운송 부분에 재투자해야 하는 의무를 스스로에게 지우는 것이다.

물론 이 두 지역만 놓고 본다면 아무런 문제가 없다. 하지만 가장 빈번하게 일어나는 일은 여러 다양한 지역에서 하나의 총체적인 운동이 동일한 요구를 야기한다는 것이다. 이렇게 되면 **계획**의 한 분야에 특권을 부여하거나 **계획** 자체의 수정을 전제하게 된다. 어쨌든 이 예를 통해서 우리는 실천 자체가 외부적 타성태들을 종합적으로 통일시킨다는 점에서 필연성을 스스로 만들어 낸다는 것을 알 수 있다. 실제로 철도 교통의 희소성을 낳는 것은 공장의 확장을 통한 실천 자체다. 이것은 이미 이 실천이 A 지역의 공장 건설을 통해 A와 B 지역 사이의 땅을 매개적 외면성으로 만들었던 것과 같은 이치다. 그리고 이런 희소성을 하나의 실천적 문제로 만들고 실천적 타성태적 전체를 통해 선택의 필연성으로 내몰리는 것은 이미 이루어진 투자의 분배를 통한 실천 자체다. 하지만 가공된 물질 속에서 노동에 의해 객체화된다는 점에서 이 선택 자체는 또 다른 문제를 제기하면서만 그 문제를 해결할 수 있을 뿐이다. 왜냐하면 타성태적 종합으로서 생산된 대상은 사회를 통해 매개의 지속적인 가능성으로 실현될 것이기 때문이다. 그러나 이 행동을 통해 이른바 인간적 필연성에 다름 아닌 종합적 필연성의 유형이 만들어짐과 동시에 역사적이고 개별적인 특징(통치자의 행동이자 하나의 "계획 경제"인 특징)으로 인해 이 행동은 *그 자체 내에* 스스로 만들어 낸 실천적 타성태를 *간직하게* 된다. 이때 이 행동은 충족시켜야 할 요구, 해결해야 할 문제의 자격으로 나타나기도 하고, 충족 중인(또는 이미 충족된) 요구, 해결 중인(혹은 이미 해결된) 문제의 자격으로도 나타난다. 이와 같은 문제나 요구를 토대로 또 다른 실천적-타성태적 응결들이 실천적 장에서 또 다른 요구나 해결책과 더불어 확정될 것이다.(또는 확정 중이게 될 것이다.) 이와 같은 단순한 예를 통해 우리는 통치적이고 계획적인 실천의 경우에서 필연성을 다음과 같은 일시적인 실천의 소외로 포착할 수 있다. 즉 서로 다른 가공된 수동성들의 종합적인 관계 맺기를 통해 자신의 고유한 실천적 장에서 이루어지는 실천의 일시적 소외가 그것이다. 달리 말하자면 행동은 세계의 깊이에 의해 내부로부터 범람하게 되고, 매 순간 그 자체로부터 생겨난 문제들 — 이 행동은 스스로 이 문제들을 낳는다는 의식을 가지고 있지 않다 — 을 해결해야 하는 것이다. 이런 관점에서 보면 경제학자들이 성장이라고 지칭하는 과정은 실천의 외면성이다. 이것은 이 실천이 이 과정의 내면성 속에서 스스로를 드러내 보인다는 점에서 그러하다. 분명 모든 산업 사회는 오늘날 *성장*[68]에 의해 특징지어진다. 이와 같은 성장은(앞으로 살펴보게 되겠지만 부르주아 사회에서도 그러하다.) 주어진 상황 속에서 한정된 기술을 통해 희소성을 극복하고자 노력하는 하나의 실천의 외면성이다. 과정의 통일성은

---

68   원고에는 여기에 해당하는 주석이 포함되어 있지 않다.(편집자 주)

총체화하는 실천의 종합적 통일성이 갖는 타성태 속으로의 투사인 것이다.

다시 앞에서 들었던 예(실천-과정으로서의 소련의 계획 경제)로 돌아가 보면 러시아의 인구와 이들에게 양식을 제공한 땅은 매 순간 지도자들에 의해 총체화되었다고 할 수 있다. 왜냐하면 지도자들의 즉각적인 실천의 영역(가장 긴급한 기도의 시간화와 그 공간화하는 확장이 상호적으로 서로를 결정한다는 점에서)이 모든 자원과 문제를 포함한 국가 전체에 해당하기 때문이다. 이와 같은 국가 전체라는 개념은 완수된 **혁명**, 달성해야 할 목표, 그리고 자본주의 국가들의 포위로 인해 이 국가가 마주하게 된 위협의 내면화를 통해 포착된 것이다. 이처럼 소외와 일탈은 외부로부터가 아니라 — 개인의 경우에서처럼 — 국가가 자신의 실천적 영역 속에서 만들어 낸 타성태적 응결들로부터 비롯된다. 특히 지도 집단은 자신들의 고유한 활동으로 인해 동요되는 실천적 장 속에 자리한다. 국가가 이 영역에서 만들어 내는 타성태적 결정 작용들에 의해 타격을 입는 것도 바로 지도 집단이다. 그렇기 때문에 실천은 집단의 계층화에 의해 일탈할 것이며, 실천적으로 보면 생산을 증가시켜야 한다는 필요성이 노동자들의 무능력과 임금의 계층화라는 실천적-타성태적 결과로 이어지게 만드는 일련의 조치들로 나타나게 된다는 점에서 이 집단 역시 계층화될 것이다. 그러므로 실천의 일탈은 그 전개가 가져오는 직접적인 결과라고 할 수 없다. 하지만 이와 같은 일탈은 그 자체로 제도화된 실천이 되며, 지도자들이 사회 전체와 이 실천에 의해 변모되었을 때 그리고 혁명가이기를 그치고 **혁명**의 고관이 되기 시작했을 때 이 실천은 자신의 의지에도 불구하고 스스로 수립했던 등급 속에서 *인정받게 된다.* 달리 말하자면 계획 경제가 지속되는 동안의 사회주의 사회 속에서 실천의 주체들은 자신들의 실천 내부에 있게 되며, 실천이 실천적-타성태를 매개로 하여 만들어 낸 변화의 여파를 겪게 된다. 그리고 실천은 이 주체들에게 영향을 끼치는 변화들의 매개를 통해서만 변화된다. 실천은 사회를 만들어 내며, 이 실천의 틀 속에서 사회는 자신의 형상에 따라 지도자들을 만들어 낸다. 그리고 지도자들은 자신들의 새로운 *존재태*에 따라 실천을 변화시킨다. 하지만 이는 *정확히* 다음과 같은 사실을 의미한다. 즉 지도자와 피지배자의 관계는 총체화의 상호성으로 제시된다는 사실이다. 결국 실천적-타성태의 매개를 통해 *이 피지배자들이 지도자들이 된 것이다.*

분명 산업의 성장은 이른바 축적이라는 첫 단계를 내포한다. 이 단계에서는 공장들을 건설해야 하며, 기계를 만들 기계를 제작해야 한다. 이 첫 번째 시기에서 투자는 무엇보다도 중공업에 집중된다. 중공업은 인구 지형의 첫 번째 변화를 특징으로 한다. 즉 1차 산업을 희생시켜서 2차 산업을 성장시키는 것이다. 그 결과 더욱 많은 노동자가 필요해지는데 그 이유는 정말로 많은 공장이 들어서기 때문이다. 하지만 성장의 두 번째 단계에서는 "생산성"의 증대에 의해 새로운 변화가 이루어진다. 이것은 또 다른 인구 지형의 변화를 내포하고 있다. 농업 노동자들의 이익을 증대시키기 위해 농촌 인구의 수적인 감소를 보상할 필요가 있다는 점에서 보면 1차 산업이 다소간 지속적으로 2차 산업에 새로운 인력을 제공해야 한다는 점은 분명하다. 하지만 경작이나 경작 집단의 규모로 인해 통제와 조직화의 지속적인 작업이 필요하다는 점에서, 이와 동시에 생산성의 본질적인 요소들 가운데 하나가 협동 노동과 작업을 위한 준비 과정이라는 점을 고려할 때 이번에는 2차 산업을 희생시켜 3차 산업이 성장하게 된다. *생산성을* 위해서는 육체노동자보다는 사무직 노동자가 *더 많이* 필요하기 때문에 여기에는 하나의 순환성이 있는 것이다.

　소련에서 계획 경제는 이와 같은 요소들이 결합된 전개 과정을 통해 생산의 이윤을 축적하기 위한 투쟁과 생산성을 증대시키기 위한 투쟁을 나란히 진행하게 되었다. 이런 이유로 1차 산업에서 2차 산업으로 인구 지형의 변화가 아주 급격하게 일어나게 된다. 게다가 지도자들은 비생산적인 일자리가 증대되는 데 대한 본능적인 거부감을 가지고 있으며, 우리가 앞에서 지적했던 바와 같이 관리자들 역시 상당한 노력에도 불구하고 기술 교육을 전개하기에는 충분치 않은 상태에 있다. 이와 같은 이중의 실천적 결정 작용의 결과로 정치적인 행정 기관들 전체는 고등 3차 산업의 기능을 담당하게 된다. 한편으로 이는 다음과 같은 실천의 또 다른 목표와도 부합하는 것이다. 즉 계획 경제에 *정치적* 특성을 담지하고자 하는 것이다. 기술자는 존재하는 것을 결정하며, 정치인은 존재해야 하는 것에 비추어 행해질 수 있는 것을 결정한다. 그런데 건설의 필요성 자체로 인해 이 두 부류는 농민에게와 마찬가지로 노동자에게도 초과 노동을 강요할 수밖에 없다. 마르크스에 따르면 노동자는 자신의 생산에 미치지 못하는 임금을 받는다. 자본주의 사회에서 그 나머지는 소유주에게 돌아가고, 부분적으로는 기업에 재투자된다. 바로 이것이 축적을 가능하게 하는 것이다. 그렇다면 사회주의적 축적의 시기에는 이와는 다른 상황이 나타나겠는가? 생산자에 의해 소비된 가치가 그가 생산한 가치와 동일하다면 어떻게 설비를 발전시키겠는가? 결국 중요한 것은 착취가 아니다. **계획** 속에서 소비 가치와 생산 가치 사이의 차이를 공동 이익을 위해 재투자하기로 결정하는 것은 집합체다. 하지만 이 집합체는 지도자들을 통제할 만큼 성숙되어 있지 않으며, 스스로 지도자가 되기에도 역부족이다. 따라서 노동과 경작에 의해 해방되어야 하는 노동자 계급을 이 순간 만들어 *내야* 하지 않을까? 이처럼 지도자들은 부르주아 민주주의 사회에서라면 잉여 가치라고 불렀을 것을 모두를 *위해* 만들어 내야 하는 개별 집단으로서 불안정한 상태에 있었던 것이다.

이처럼 매우 특별한 상황은 지도자들의 행동 자체에 의해 결정된다. 권력을 잡고, 행사하고, 주권적으로 결정을 하거나 아니면 혁명의 결과를 수호하는 것을 포기해야 하는 것이다. 하지만 다른 한편으로 볼 때 지도자들은 현재의 대중에 반해 미래의 공동체의 동맹자로서 그들이 담당하는 임무 자체에 의해서도 구성되어 있다. 여기에서 "미래의 공동체"라는 말은 먼 훗날의 공산주의 사회를 의미하는 것이 아니라 단순히 동일한 *존재태*에 의해 특징지어지고, 자신들의 권리와 의무를 알고 있으며, 문화에 의해 변모된 공동 개인들을 의미하는 것이다. 이들 각자는 이른바 "소련인"의 특별한 예가 될 수 있다. 이 개인들은 자신들의 능력과 지식을 통해 현재부터 지도자들을 지지할 수 있는 존재들이 되었고, 그 결과 그들을 통제할 수 있게 되었다. 요컨대 1958년의 러시아 젊은이들이 바로 여기에 해당할 수 있다. 이들의 모습은 지도자들이 실제로 그렇게 만들어 내고자 했던 모습과 같았고, 실제로 그렇게 만들어 낸 모습과도 같았다. 이들은 **공포**를 무용지물로 만들었다. 아마도 그들은 곧장 공포의 사용을 불가능하게 만들 것이다. 하지만 1930년 지도자들은 스스로 만들어 낸 대중으로부터 고립되었고, 그들은 분신과 강제적 조치 속에서 이 고립을 재외면화했다. 여기에서 다시 한번 이 첫 번째 균열을 이해해야 할 필요가 있다. 즉 그것이 행동 자체로부터 비롯했다는 사실이다. 대중과의 접촉 단절은 **공포**의 결과가 아니라 그 원천이었다. 혁명 지도자들이 더 이상 접촉할 수 없는 대중을 만들어 낸 것은 바로 실천이었다. 그 이유는 우선 그들의 상황과 행동이 그들로 하여금 스스로 만들어 낸 가치의 한 부분을 취해(큰 폭의 선취를 *결정해*) 그것을 자의적으로(이 대중으로 인해 그들의 권력 자체가 자의적인 것이 되었으며, 오직 미래의 결과에 의해서만 정당화될 수 있다는 점에서만) 다시 사용하도록 만들었기 때문이다. 다음으로는 그들의 전(前) 혁명적 교육, 그들의 투쟁, 그들이 가진 마르크스주의적 문화, 그들의 내면화된 폭력이 그들을 방황하는 수백만의 농민보다도 오히려 자본주의 국가의 프롤레타리아와 더 유사하게 만들었기 때문이다. 방황하는 농민의 상당수는 혁명을 직접 수행하지는 않았지만 ── 그들은 혁명에 참가하기에는 너무나 어렸다 ── 그 결과를 겪고 있으며, 빈곤에서 발생한 절망적인 폭력을 자신들을 노동자로 만든 체제를 향해서만 표출할 수 있었을 뿐이다. 하지만 이와 동시에 그들이 모든 혁명적인 폭력과 더불어 시도했던 건설적인 운동이 오히려 그들을 외국의 노동 운동이 보여 준 여전히 부정적인 단계와 다른 입장에 처하게 만들었다. 이렇게 고립된 집단들에게 권력을 보장해 줄 유일한 정당화는 *객관적 과정*이다. **10월 혁명**의 실천적 성공은 혁명의 시기가 권력의 획득으로부터 비롯된다는 점을 증명해 주고 있다. 지도자들은 산업화를 성공시킬 경우, 즉 실천이 정확한 계산과 수단에 기초한 엄격한 기술이 될 경우 *자격을 얻게* 될 것이고, 노동자 계급의 이익을 진정으로 대변하게 될 것이다. 통치권은 절대적 객관성에 의해 정당화되고, 지도자는 자신의 행동 속으로 용해될 것이다. 즉 그를 단순한 목표의 담지자로 해체시키고 제거하는 계획의 엄격한 결정 작용 속에서 그런 것이다.

그러나 지도자 *개인*이 사라짐에 따라 지도자의 기능은 모두에 의해 확인되고 준수된다. 위계질서의 체계가 순환성 속에서 형성되는 것이다. (우리가 위에서 살펴보았듯이) 경쟁심을 도입해야 할 필요성은 하부 조직들의 위계질서를 결정짓는다는 사실 그리고 그 위계질서가 지도 계층을 상부 조직들 ─ 여전히 모호하지만 *정의되어야 하고* 명시되어야 할(관계: 기능↔임금↔위엄) ─ 로 지칭하지 않는다는 것도 의심의 여지가 없다. 하지만 역으로 위계질서화된 권력 자체가 지도 계층의 독재주의의 결과물이라는 사실 역시 분명하다. 왜냐하면 이 독재주의는 다양한 운동이 포함하고 있는 하부 구조가 상부 구조와 일시적으로 단절된 사회에서의 의지주의가 갖는 필연성만을 표현하기 때문이다. 좀 더 깊이 들어가자면 상부의 계층화는 정치적 필연성이 낳은 실천에 의해 재내면화를 표현한다. 경제와 기술에 대한 정치인들의 지배(즉 사회주의 세계의 건설)를 보존하기 위해서는(전문가로 이루어진 정부의 위험을 제거하기 위해서는) 한창 개발 중인 사회에서 지도자들은 융합한 이 계급들의 보편적 유동성에 참여해서는 안 된다. 이 지도자들의 행동은 매 순간 새로운 상황에 적응하고, 풍부해지며, 종종 주저 없이 스스로를 부정해야 한다. 하지만 행동이 지닌 극도의 유연성은 개인이 취하는 태도에 따라야 한다. 지도자는 변화를 만들고 통제하고 감독하는 항구성이어야만 한다. 너무 빈번하게 발생하는 개인의 변화와 국가를 뒤흔드는 성장의 변화 사이에는 저촉이 있을 것이다. 그 결과는 내적 법칙이 없는 마비, 동요, 혼란일 것이다. 이렇게 해서 결국 성장 자체가 지도자들에게 그 고유한 법칙과 항구성으로 각인된다. 이 성장이 항구성을 요구하게 되는 것은 성장 자체의 문제와 세계 정세에 끊임없이 적응하기 위해서다. 이와 마찬가지로 지도자들의 혁명적 문화 역시 대중의 무지몽매에 의해 제한되고, 강화되고, 조명되기도 한다. 역으로 오직 이와 같은 문화만이 ─ 그것이 혁명적이기 때문에 ─ 대중의 무지몽매를 역사적으로 *보아* 단순히 다용도 기계의 부재로서가 아니라 진행 중인 **혁명**의 의미를 이해하지 못하는 일시적 불가능성으로 정의된다.

이처럼 이전의 실천을 통해 선정된 지도자들이 부과하고 행사한 상황들 속에서 태어난 이와 같은 특정한 *정치적* 행동은 실천적 장에서 피지배자 전체를 순환적 반복 운동이 아니라(다른 모든 사회에서와 마찬가지로) 하나의 비가역적 시간 운동에 통합되는 것으로 규정한다. 이런 행동을 통해 하나의 국가는 더 이상 하나의 *존재*가 아니라 하나의 *행위*, 즉 하나의 기도다. 이러한 기도의 목적은 사회생활의 경제적 토대들을 정치적으로 축조하는 것이다. 이와 같은 사실에서 보면 실천은 이 실천을 실행하는 통치자를 *경제와 기술 직책들을 담당하는 하나의 정치적 집단*으로 여기게 한다. 즉 통치자는 3차 산업에서의 생산을 제한하고 통제하며 당의 모든 고위 공무원을 통합하면서 모든 3차 산업의 생산물을 자기 내부로 흡수시킨다. 순수 기술자에 대한 이런 불신(이 기술자를 양성하기 위해서는 많은 시간이 필요하다는 사실과 이에 결부된 불신, 왜냐하면 우선은 그를 교육시켜야 하기 때문이다.)은 통치권자의 구성원들로 하여금 모든 것에 관여하도록 강요하면서 이들을 그들의 실천적 특징 내에서 규정한다. 가령 조급하고, 무질서하며, 새로운 문제들이 생김에 따라 획득된 문화(이 기술자가 "우리는 이것을 할 수 있을 뿐 그 이상은 아니다."라고 말한다는 점에서 보면 기술자는 잠재적인 파업자인 것이다.)라는 의지주의 등등이 있다. 국가 활동의 전체를 활동의 영역으로 삼는 통치자. 거대한 기도 속에 몸을 던져 시간의 희소성만 아니라 도구와 소비재의 희소성에 대항하여 싸우는 통치자. 3차 산업의 직책들(행정, 협력, 조직)과 정치적이고 통치적인 기능들을 한데 섞는 통치자. 어떤 대가를 치르고서라도 소련 사회의 지속적인 변화와 지도자 계층 —— 바로 이 사실로 인해 행정상의 더딤, 주도권의 부재, 그가 피통치자들에게 요구하는 유연성과 일치, 그들의 유연한 움직임 그리고 이들의 적응(야기된 새로운 흐름에 의해 하나가 된 대중의 자격으로)의 점진적인 계층화를 동시에 만들어 내는(시간의 희소성의 내면화와 대중과 지도자를 가르는 공백의 결과로서) ── 의 의지주의를 소유하고 있는 통치자. 사람들은 이런 통치자에게서 소련의 *관료주의*를 발견하지 않겠는가. 물론 이때 관료주의는 대중에 의해 ── 일시적으로라도 ── 통제되지 않으면서 그들을 동원하는 하나의 행동이 지닌 비가역적인 시간화 속에서 아무런 직책도 갖지 않은 채 자신의 통치 기능만을 통해 만들어진 것과 같다. 이와 같은 *관료주의*는 통치자의 타성태적 존재이자 그 무생물(우리가 이미 살펴보았듯이 이는 그 내부에서 발생하는 집합태의 소생과 같다.)이다. 하지만 만약 이와 같은 실천적 타성태적 구조가 단순한 *체험된* 효과로서 자신의 실천에서 유래한다면 총체화는 존재하지 않을 수도 있다. 실제로 내면화와 재외면화의 하나의 변증법적인 운동이 있는 것이다. 결국 통치자는 행동을 통해서 관료화되고, 또한 이 행동을 *위해* 스스로 관료화된다고 말해야 할 것이다.

사실을 말하자면 이 두 번째 관점은 우리를 혼동시킬 위험이 있다. 실제로 관료화는 어떤 경우에도 통치자의 목표가 아니며, 통치 수단도 아니다. 하지만 우리가 살펴보았듯이 가장 잘 단결된 집단 내에서조차 존재하는 타성태적 물질성의 매개를 통해 관료주의는 통치자가 실천적 시간화 속에서 취하는 모든 조치의 외면적이고 종합적인 의미가 된다. 그리고 하나의 예를 들자면 **혁명**을 구하기 위한 강력한 의지가 통치자에게서 하나의 이상적 의지주의가 되는 것은 바로 대중의 타성태라는 매개를 통해서다. 물론 이 의지주의는 통치자 자신에게만 속하는 바로 이 **혁명**(실천적 시간화로서의)이어야만 한다는 오만한 의식을 통해 표명된다. 실천의 외면적 존재(즉 집단의 관료주의적 지위)가 자신의 타성태적 통일성을 시간화된 내면화로서의 목표와 행위로부터 이끌어 내는 것은 바로 도처에 존재하면서도 왜곡된 이와 같은 목적성을 통해서다. 그리고 이 외면적 존재는 행위 주체의 방향 지어진 행동을 통해 반목적성으로 규정되기 때문에 그것은 필연적으로 이 행동의 목적과 마찬가지로 근거, 긍정적 의미, 지속적 통일성을 가리키게 된다. 그 결과 역사가의 입장에서 볼 때 행위의 의미를 고정하는 것, 이 의미로부터 반목적성으로 이행하는 것, 즉 이 행동이 이루어지는 외부 기구로 이행하는 것 혹은 외부 기구의 변화를 연구를 통해 시작하는 것과 이 행동과 마찬가지로 이 변화들이 요구하는 원칙으로 거슬러 올라가는 것 — 이 변화들이 이 기구를 굴절시키고 왜곡하며, 또한 이처럼 추락한 형태하에서 이 기구가 이 변형들의 타성태적 통일성을 규정한다는 점에서 볼 때 — 등은 결국 같은 의미다.

잠재적 갈등의 모호성

실천적 장에서 노동자와 지도자를 대립시키는 잠재적 갈등에 대해 말하자면(우리는 도처에서 수차례에 걸친 태업이 있었다는 사실을 알고 있다. 존 스콧[69]은 마그니토고르스크[70]에서 일어난 태업에 대해 말하고 있다. 이와 같은 갈등은 수동적 저항, 불법 노동, 암시장 등과 같은 다른 형태일 수도 있다.) 우리는 이 갈등이 공동 실천에 의해 파생된 실천적-타성태적 균열을 다소간 명시적으로 규정하는 행동으로 혹은 실천적 특징으로서의 재개라는 것을 이해하고 있다. 공동 실천은 노동자에게 부여

---

69   John Scott(1912~1976). 미국의 작가로 2차 세계 대전 당시 미국 정보기관인 CIA의 전신 OSS(Office of Strategic Services)에서 일했다.

70   러시아의 첼랴빈스크 지방에 위치한 산업 도시이며 철광업으로 유명하다.

된 노동을 통해 노동자를 만들어 내며, 실천적 장에서 노동자의 현존을 통해 지도자를 만들어 낸다. 노동자의 계급적 존재와 지도자의 관료적 존재가 현재 진행 중인 종합화의 실천적 타성태 속에서 이루어지는 투사라는 점에서, 그리고 노동자와 지도자 모두가 가공된 물질의 수동적 요구라는 매개를 통해 자신들의 존재 속에서 서로를 규정한다는 점에서 볼 때 노동자의 수동적 저항과 지도자의 권위주의로서의 잠재적 갈등은 후일 눈에 띄게 투쟁으로 바뀌게 될 고정된 대립 관계들에 대한 가정인 것이다.

그렇다고 해서 이와 같은 잠재적 갈등이 위에서 살펴본 갈등들과 비교될 수는 없다. 다른 갈등들(브라질 공산당에서 생긴 것과 같은)은 통일성이 갈등을 통해 표명되었던 한 집단의 내부에서 전개되었던 것이다. 여기에서 통일성은 항상 존재하지만 이는 더 이상 내적 공동의 장에서의 통일성은 아니다. 이 통일성은 오히려 통치 행위와 실천적 장의 통일성이다. 실천은 객체화되면서 지도자와 피지배자가 함께 참여하는 하나의 실천적 장을 구성한다. 달리 말하자면 정치적, 경제적 조합 속에서는 지략가도 지략의 요소가 된다. 이 지략은 지략가를 용해시켜 또 다른 요소들과 직접적인 연관을 맺게끔 한다. 이 다른 요소들 또한 지략의 장에서 변모된 것이다. 즉 갈등은 더 이상 동일한 의미를 갖지 못하게 된다. 지도자들이 특정한 실천적-타성태적 구조들을 용해시키기를 원하는 것은 그들의 타성태 때문이 아니다. 이것은 오히려 주어진 상황 속에 있는 그대로의 이 구조들이 이미 시작된 행동의 속도를 늦추는 제동 체계를 구성할 수 있기 때문이다. 이런 점에서 보면 지도자들은 빈곤이 집중되는 것을 피하기 위해 노동자들의 거주지를 증축할 수도 있다. 그들은 또한 선전을 통해 표면적으로나마 노동자 계급이 하나의 집단이라는 환상, 그리고 이 계급의 구성원이 공동 개인들이라는 환상을 불러일으킬 수도 있다. 하지만 이와 동시에 그들은 무기력한 집렬체성을 유지시키고자 한다. 이 집렬체성의 기원은 노동자들의 집중 현상이 보여 주는 이질성에서 찾아볼 수 있으며, 그것은 실천적으로는 모든 합의된 행동을 불가능하게 만든다. 게다가 이 대중은 자신들의 타성태로 인해 사람들이 지렛대처럼 이용할 수 있는 하나의 장치가 된다. 집렬체성의 수동적인 힘들을 조금이라도 이용할 줄 안다면 이 장치 역시 사용할 수 있을 것이다. 이때 대중은 목수의 손에 들려 있는 망치와 같이 공동 실천에 통합되며, 실천적 장 속에 각인시키는 결과들 속에서 스스로를 지양하고 객체화된다. 결국 이와 같은 사실이 아무리 역설적으로 보인다 할지라도 지도 집단은 있는 그대로의 집렬체들을 *총체화한다*. 특정 분야에서 생산을 가속화시키고, 노동력의 일부를 한 분야에서 다른 분야로 이동시키기 위해 취해진 조치들은 그 자체로 집렬체적 반응들에 대한 예측과 집렬체성의 구조들에 대한 실천적 인식을 토대로 이 반응들을 중화시키기 위한(혹은 이용하기 위한) 절차를 내포하며, 지양하기도 한다.

　하지만 집렬체가 탈총체화의 도피하는 혹은 소용돌이치는 통일성으로 정의된다고 해서 과연 통치자가 그것을 총체화한다고 말할 수 있겠는가? 여기에 대한 대답은 "총체화하다."라는 말을 어떻게 이해하느냐에 달렸다. 만약 지도자가 **"*타자들*"**을 하나의 서약 집단으로 통합하기 위해 타성태를 용해시킨다면 이와 같은 시도 ── 권력에 대해서는 위험한 시도 ── 는 기만적인 형태하에서를 제외하고는(그리고 우리가 곧 살펴볼 매우 부차적인 또 다른 형태를 제외하고는) *선험적*으로 배제되어 있다는 것이 자명하다. 사실 이와 같은 현실적인 총체화는 하나의 타성태적 지렛대를 고유한 통치권을 만들어 내는 하나의 공동체로 변화시키는 결과를 낳을 것이다. 하지만 지도자들이 사용하는 단어들, 즉 대중, 여론, 민중, 노동자 등의 단어들을 고려해 볼 때 우리는 이 단어들이 모호한 의미를 가졌기 *때문에* 선택되었다는 사실을 즉각적으로 확인할 수 있다. 종합적 통일성의 의미를 띠는 물질적이고 타성태적인 현실에 속한다는 점에서 이 단어들은 총체화된 대상들과 관계를 맺고 있는 것처럼 보인다. 하지만 이 단어들을 이용하고 지양하는 행동은 이 단어들이 생명 없는 물질을 통해 매개된 분산에도 관계된다는 사실을 보여 준다. 다만 이와 같은 모호성은 특별한 의미를 가진다. 즉 집렬체가 통치자에 의해 총체화되는 방식은 마치 수학자가 초한수 개념을 통해 정수론적 회귀를 총체화하는 것과 같다는 사실이 그것이다. 이 수들은 다음과 같은 의미, 즉 이것들이 가능케 하는 연산의 집합에 의해 정의된다는 의미에서 하나의 실천적 지양인 것이다. 지양이 지양된 것을 간직하고 있는 것과 마찬가지로 초한수에 대한 연산의 실천적 양태는 결국 집렬체의 실제적 구조들에 의해 결정된다. 언론 매체를 통해 정부는 드러내 놓고 겨냥된 집렬체들과 관계를 맺는다. 정부의 이런 행동은 결국 집렬체성을 외적-조절로 변화시킴으로써 전체적인 결과를 얻고자 하는 목표를 가지고 있다. 이처럼 총체화는 과정의 시작과 끝에서만 나타날 뿐이다. 시작에서 나타난다는 것은 전파되는 운동이 자신을 실천적 장의 총체성과 결부시키는 하나의 종합적 투기의 대상이기 때문이다. 끝에서 나타난다는 것은 이 운동이 성공적일 경우 집렬체는 하나의 총체화될 수 있는 결과 속에서 객체화될 것이기 때문이다. 예컨대 어떤 하나의 집합태 ── 용광로에서 일하는 노동자들 ── 는 사람들이 이 집합태를 잘 이용할 경우 5개년 계획이 끝날 시점에는 1000만 톤의 주물을 생산하게 될 것이다. 그리고 이 *1000*만 톤이라는 양은 어떤 의미에서는 정확히 집렬체적 분산과 상응하는 외면적 분산을 보여 주기도 한다. 그러나 다른 의미에서 — 가장 중요한 의미에서 — 볼 때 이 양은 또 다른 노동자들의 집합체의 매개를 통해 이미 이 주물들을 기계로 바꾼 실천적 지양에 의해 총체화된다.

이런 점에서 자신의 결과 속에서 일어나는 이와 같은 집렬체의 총체화는 *이 집렬체에 맞서* 이루어지는 것이다. 왜냐하면 그 속에서 집렬체는 *집렬체로서* 객체화되고, 가공된 물질 전체가 이 집렬체의 소외를 반영하기 때문이다. 따라서 중요한 것은 대중에 맞서 통치자가 수행하는 행동이다. 결과적으로 이 행동은 대중을 더 잘 이용하기 위해 이들을 이타성의 분리 속에 유지시키는 것이다. 하지만 이와 같은 행동의 객관적 특징(축적을 기원으로 하는 특징)은 계획적인 억압의 시도를 동반하지 않는다. 이와 마찬가지로 — 내가 위에서 암시한 것은 통치자에 의해 집합태들부터 추출된 집단들에 대해서다 — 행동가들과 또 다른 선전가들은 아주 빨리 해체된 통일성의 핵들을 자기편 사람들 주위에 만들어 낸다. 이들의 행동은 이런 지역적이고 긍정적인 재집단화가 부정적인 집단들의 자발적인 형성을 가로막을 정도로 오래 지속된다. 이와 마찬가지로 소련의 위계질서를 구성하는 피라미드 형태의 조직들은 대중으로부터 가장 활동적인 요소들을 제거함으로써 이 대중을 혹사하고, "엘리트들"을 위한 가능성의 장과 노동자 계급과는 동떨어진 미래를 만들어 내면서 이 대중의 봉기를 위한 재집단화를 막는 효과를 낳게 된다. 대중으로 하여금 중노동을 하도록 강요하는 역할을 담당하면서 자신들의 실천을 한창 팽창 중인 거대한 집합체의 불안정성과 무기력함에 적응시키면서 지도자들은 *실천적으로 다음과 같은 일들을 할 수밖에 없는* 상황에 처하게 된다. 즉 이들은 자신들의 투기가 가지는 종합적 일관성과 이 투기의 내부에서 그들이 지양하면서 재총체화하는 수동적 종합들이 갖는 효율성으로 인해 혁명 이후 시기의 고유한 모순을 잠재적이지만 항상 드러나 있는 억압으로서 재외면화해야 하는 것이다. 이런 점에서 볼 때 장의 재통합을 추구한다는 점에서 지도자들은 갈등에 대해 일정 부분 책임을 가지는 것이다. 러시아의 산업화가 보여 주는 역사적 상황들 속에서 지도자들의 실천이 갖는 *의미*는(이 실천의 진리나 정당화를 말하고자 하는 것은 아니다.) 이 노동자들을 자유롭고 실천적인 유기체로, 그리고 공동 개인으로 해체하고, 이런 해체의 바탕 위에서 참다운 인간을 만들어 낼 수 있다는 데 있다. 물론 바로 이 점에서 그들이 *비난을 받기도 한다*. 우리 역시 여기에서 그들을 옹호할 생각은 없다. 그들이 항상 모든 곳에서 오류를 범했다는 것은 자명하다. 이들이 오류를 범했다는 사실이 모든 역사적 과정의 모든 순간에 자명했던 것과 마찬가지로 모든 지도자와 때로는 피지배자에게서도 그러했다. 물론 후일 무엇이 잘못이었는지는 드러나야 할 것이다. 우리의 역사적 연구 역시 형식적 관점[71]에서 이 문제를 제기하게 될 것이다. 어쨌든 *여기에서* 오류는 (이 오류가 무엇인지 알고 있다는 가정하에서) 강제력을 지닌 가혹한 억압이나 구체적인 조직들의 사용 속에서 *범해졌을 수 있다는* 것을 알 수 있다. 억압 자체는 축적 단계와 생산성의 단계를 동시에 실현하는 것을 목적으로 했던 하나의 실천이 갖는 근본적 특징이었던 것이다. 이와 관련해 "소비에트들과 감응"이라는 레닌의 표현이 종종 인용되기도 한다. 이를 통해 사람들은 스탈린이 자행했던 억압의 *원칙*에 반대되는 논거를 도출해 내고자 했던 것이다. 이런 관

---

71 이와 같은 지적을 통해 우리는 이 책의 모든 연구가 1947년 집필된 『도덕을 위한 노트』에서 제기한 역사 속에서의 도덕의 문제에 새롭게 접근하기 위한 긴 우회로였다는 것을 알 수 있다.(편집자 주)

점에 따르면 이 두 조건이 변증법적으로 연결되어 있다는 사실을 이해하고 감응됨에 따라 소비에트들의 권력이 증대되어야 했다. 하지만 이것이 가능하려면 노동자 계급이 어느 정도는 동질적으로 남아 있어야 하고, 아버지들에 의해 시작된 노동이 그 자식들에 의해 지속되어야 했다. 아주 빠르게 이루어진 산업화가 옛사람들을 새로운 사람들의 물결 속에 빠뜨리면서 노동자 계급의 구조를 와해시켰다는 사실이 종종 잊히고 있다. 결국 해방은 장기적인 과정으로서 현실적인 것이 될 것이다. 하지만 자신들의 조건과 미래를 옹호해야 한다는 사실을 아는 노동자들이 절대적인 가치로 고양된다 할지라도 이상 비대 현상에 걸려 형태를 갖추지 못한 대중 속에서 이들이 차지하는 비율은 거의 동일한 상태로 남아 있었다. 이 노동자 계급의 급진적인 변화와 문화 수준의 고양이 가능해진 것은 스탈린의 죽음 이후였던 것이다.

이렇게 해서 지도자들의 실천은 총체화의 내적 환경 속에서 이 실천에 의해 발생한 필연성에 따라 억압적인 것으로 규정되었다. 이 억압이 갖는 모호성은 더 잘 이해할 필요가 있다. 사실상 노동자 세력이 야기하는 거의 참을 수 없는 긴장을 "어떤 대가를 치르고서라도"(이것은 1928년에 스탈린이 사용했던 표현이다.) 만들어 내야 한다는 것이 사실이라면, 그리고 이 목적을 위해 무기력한 집렬체성을 유지하는 것이 실제로 필요하다면 다음과 같은 사실 역시 인정해야 한다. 즉 통치자의 경계심은 그가 몸소 만들어 가는 노동자 계급의 내적 불균형으로부터 유래한다는 사실이다. 또한 종종 탄압적인 실천을 통해 이와 같은 불신의 반복을 유지하는 동시에 이 지도자는 노동자 각자의 문화적 수준을 고양시키기 위한 지대한 노력을 통해 하나의 진정한 사회주의적 공동체를 건설하기 위한 토대를 마련하고자 한다. 이와 같은 노력을 통해 지도자는 잠재적 갈등의 이편저편에서 피지배자들로 이루어진 공동의 통일성을 다시 발견하게 된다. 이 경우 피지배자들은 지도자가 행하는 실천의 직접적인 목적이 되는 것이지 단순한 수단이 되는 것은 아니다. 이렇게 해서 **관료 계층**과 노동자들을 대립시키는 잠재적인 갈등의 모호성은 관료주의적 실천이 가지는 내적 모순 속에서 다시 드러나게 된다. 달리 말하자면 실천적 장의 내부에서 볼 수 있는 갈등의 가능성은 아주 모호한 상태로 총체화하는 실천의 내부에서 시간화하는 모순 속에서 주어지게 된다.

역으로 우리가 갈등의 또 다른 측면, 즉 노동자 대중을 검토한다고 했을 때 우리는 동일한 모호성을 발견하게 될 것이다. **10월 혁명**을 촉발시킨 핵만을 우선적으로 고려해 본다면 승리를 거둔 직후부터 그 핵의 내부에서 모순이 발생했다는 것을 인정해야만 할 것이다. 사실상 봉기의 순간에서 "기제(基劑)"를 이끈 것은 대중이다. 그리고 대중이 조직화된 집단으로 변화함에 따라 조직화된 운동 역시 심대한 변화를 겪게 된다. 항구적 집단, 즉 당이 행사하는 통치의 현실이 집렬체의 억압에 의해 집렬체성의 내부에서 계열적 개인들의 가능한 통일성으로 포착된다는 사실은 의심할 여지가 없다. 우리는 이 사실을 앞에서 살펴본 바 있다.[72] 이처럼 총체화된 통일성의 도식적 존재가 내부에서, 그리고 혁명적 상황의 압력하에서 진행 중인 총체화의 요인으로 체험된다는 사실 역시 의심할 여지가 없다. 하지만 한창 진행 중인 시점에서 이 총체화는 당을 난처하게 만들거나 무용하게 만들고자 한다. 당은 스스로 적응할 수 있을 때만, 다시 말해 혁명의 물결하에서 자신의 고유한 한계들을 넘어설 수 있을 때만 상황을 통제

---

72   1권, 제2서, A, 796쪽 이하 참고.(편집자 주)

하고 인도할 수 있을 뿐이다. 볼셰비키 당원들은 사실상 자신들의 실천이 수용했던 한계들을 자각했을 때 그리고 이런 한계들을 극복함으로써 재내면화했을 때 자발적인 조직들을 통제할 수 있었다. 달리 말하자면 그들은 모든 "단계"를 포기하고 단지 권력을 잡고 사회 혁명을 조직하는 데 전념했던 것이다. 나는 이미 다른 지면을 통해 집렬체성의 해체의 움직임 속에서 필연적으로 대중이 급진적이어야만 하는 이유를 제시한 바 있다.[73] 계열체적 무기력의 차원에서 현실은 살아남을 수 없다는 것이다. 이타성의 제거와 실천적 타성태의 파괴를 통해 이룩된 공동 권력의 탄생은 현실의 변형을 동반한다. 공동 권력의 실천적 장으로서의 이 현실은 살아남을 수 없다는 사실에 대한 명백한 부정이 된다. 체제를 파괴하는 것을 제외하고는 아무것도 바랄 수 없다는 점에서 대중은 *무엇인가*를 요구하기 위해 하나로 뭉치자마자 이런 통합 자체에 의해 모든 것을 요구하는 방향으로 나아가게 된다. **당**의 입장에서 이 모든 것은 곧 권력의 획득과 새로운 체제의 건설을 의미한다. 하지만 당이 명령권을 가지고 있고, 이중적 권력(소비에트주의자들과 정부 기구)의 암초들을 피하며, 이 운동의 방향을 고수한다는 점에서 볼 때 당은 하나의 변형된 실천에 참여하게 된다. 이 실천은 의식적 목표만 아니라 한계들에 의해서도 결정될 것이며, 이 후에는 새로운 특성 속에서 당을 새롭게 정의하게 될 것이다.

사실상 권력의 획득, 즉 자신의 목표를 강화하려는 결정이 이루어지자마자 당은 집렬체들을 제거하려는 움직임에 대한 자신의 모순에 의해 정의된다. 그리고 이 모순은 정확히 말하자면 당이 당으로써 인민의 요구들을 총체화했다는 사실에서 비롯한다. 사실 이런 요구들

---

73   같은 책, 796~797쪽.(편집자 주)

은 그것이 하나로 통합되고 혁명적인 대중의 운동 자체라는 점에서 비시간적이다. 형성 중인 집단들이 즉시 모든 것을 요구한다고 말하는 것은 옳지 않을 것이다. 하지만 이런 요구가 장기적인 관점에서 건설적인 시도의 형태를 띠리라고 생각하는 것은 더욱 심각한 오류가 될 것이다. 실제로 요구 사항들에 대한 만족에 의해 이루어지는 하위 계층의 전반적인 인간화라는 목표와 무기력에서 공동 실천으로의 폭력적인 이행에 의한 전반적인 인간화라는 대중 집단들의 실천적 구성 사이에는 즉각적이면서도 모순적인 관계가 존재한다. 동지애-공포의 상황에서 *인간*은 서약을 통해 지배 집단에 소속된 구성원으로서 *태어난다*. 하지만 이런 인간은 요구 사항들의 충족과 빈곤의 타파를 통해서만 실질적이고 전체적으로 인간화될 수 있다. 그런데 이 만족을 위한 물질적 조건들만 아니라 혁명적 상황의 특성이 제공되지 않는 것은 정치적이고 사회적인 긴장과 폭력의 상황 속에서 패배한 전쟁이나 경제적 위기가 한 나라의 막대한 자원을 앗아 가기 때문이다. 이와 같이 살아남을 수 없다는 사실이 더 이상 단순히 억압과 착취 계급의 지배하에서 매일같이 마지못해 살아가야 한다는 사실을 의미하지는 않는 순간, 그리고 이것이 기근과 즉각적인 죽음의 실제적인 위험을 의미하는 순간 이런 위협하에서 대중은 이러한 상황을 모든 측면에서 제거하기 위해 집단화하고 조직화한다. 그리고 이들의 이런 재집단화의 움직임으로 인해 그들의 실천은 모든 것을 요구하기에 이를 정도로 급진화된다. 이와 같은 요구의 비시간적 특성은 다음과 같은 사실로부터 비롯한다. 즉 실천적-타성태로부터 해방된 노동자는 죽음의 운명을 지닌 인간일 뿐이지만 그 순간 죽음에 맞서는 한 인간으로 스스로를 정립한다. 어떤 체제, 어떤 정책, 어떤 정부도 그에게 *인간*으로서 살아갈 수단들을 바로 제시해 줄 수 없다. 이처럼 **전체**

는 주어진 것인 동시에 거부된 것이고, 즉각적이면서도 도달할 수 없는 것이며, 기근과 빈곤에 의해 공허하게 요구된 혁명적 실천 속에서 체험되고 실현되는 것이다.

그런데 이와 같은 모순은 역전된다. 지도자들은 급진적인 요구들을 담당하면서 필연적으로 장기적 실천에 참여하게 된다. 그들에게서 **혁명-묵시록**은 시간적인 시도가 된다. 즉 대중의 즉각적인 목적으로서의 **전체**는 조직화된 행동의 궁극적인 목표가 되는 것이다. 그리고 즉각적인 목표는 *하나의* 질서를 구축하는 것이 되어야 한다. 이 질서는 분명 새로운 것이지만 — 대물림된 빈곤이 구체제에서 비롯된 것이며 때로는 일시적으로 가중되었기 때문에 — 그것이 결핍으로 인한 강제적인 조직화이자 이때는 또다시 살아남을 수 없다는 현실이 도래한다는 점에서 사라진 질서와 유사한 점을 가지고 있다. 따라서 혁명 집단들이 자신들에게 주어진 지도자들과의 투쟁을 통해서는 발생하지 않는다는 것은 불가능하다. 이 지도자들은 모든 즉각적인 개선의 불가능성을 구현해야만 한다. 즉 피억압 계층이 대항하여 일어섰던 부정적 권력을 다시 담당해야만 하는 것이다. 하지만 승리의 순간에도 빈곤 속에서 살아야 한다는 필연성, 그것은 여전히 빈곤을 만들어 내는 대중적 실천인 것이다. 이 실천이 극단적인 *경제적* 효과를 실현하기 위해 극단적인 *정책*(체제를 전복시키고 권력을 장악하는 것)으로 향하기 때문이다. 그리고 요인들을 서로 *관련시킴*으로써 실천적 종합 속에서 이와 같은 혁명적 모순과 즉각적인 급진주의와 장기적 시도의 급진주의 사이에 내재하는 항구적인 모순을 구성하는 것도 바로 이 실천인 것이다. 이와 같은 대중적 실천은 집렬체들의 해체를 통해 대중을 집단화하고, 이 대중으로부터 나온 지도자들을 대립하도록 만든다. 이와 마찬가지로 이 실천은 지도자들을 양산해 내고,

융합되고 있는 대중과 대립하게 만들기도 한다.

하지만 다른 한편 노동자들이 그들 스스로를 당과 대립시키는 모순을 자신들 *내부에서* 만들어 낸다는 점에서 보면 그들이 지도자들과 전면적인 갈등에 돌입할 수는 없다. 그들은 동시에 시간적인 시도*이기도 하다.* 왜냐하면 이런 시간적 시도가 스스로를 비추는 빛이 되고, 고유한 시간화를 만들고 드러내 주기 때문이다. 달리 말하자면 노동자들은 즉각적인 필요의 인간들인 동시에 장기적인 목적을 가진 인간들이기도 하다. 그들은 계급의 개인으로서 이 둘 사이의 매개자가 된다. 즉 살아가기 어렵다는 것이 현실이 되는 순간 이들 생산자는 시도의 가장 장기적인 목표와 필요의 가장 즉각적인 목표 사이에 동일성이 존재한다는 점을 인식하게 된다. 동일한 목표를 두 가지 언어로 표현할 가능성, 이 목표를 두 가지 체계 — 순간과 시간화 — 속에서 차례대로 검토할 가능성은 1928년 10월의 첫 번째 피아틸레트카[74]를 결정했을 때 러시아 프롤레타리아 계급의 열광으로 충분히 설명될 수 있다. 생계가 어려운 자들에게 강렬한 필요 사항들은(물론 그것을 넘어서는 어떤 활동도 더 이상 가능하지 않은 특정한 보루로부터 출발하여) *실천적 긴장 속에서* 전개되고 시간화된다. 이때 중요한 것은 모든 *사람의 모든 필요에* 대한 충족이 이런 총체적인 동원의 심오한 의미가 된다는 것이다. 개인의 욕구는 충족될 수 없을 것이다. 하지만 이 욕구는 개인의 노력의 벡터적인 긴장이 되며, 그렇게 함으로써 실천적 급진주의, 즉 의지주의로 변환된다. 이와 같은 실천적 형태(**공포**가 그 양상들 가운데 하나다.)하에서 이 개인의 욕구는 부분적으로(그리고 일시적으로) 생리적 위급성을 손실한다. 사회주의 건설이라는 시각

---

74   러시아의 첫 번째 경제 5개년 계획을 가리킨다.

에서 볼 때 견딜 수 없는 영양실조 역시 얼마간은 참아 낼 수 있을 것이다. 사태를 자각하고 있는 노동자들의 이와 같은 의지주의라는 틀 내에서 대중과 지도자들의 통일이 실현된다. 하지만 유기체가 결코 뛰어넘을 수 없는 문턱(쇠약, 질병, 지속적인 기아 상태 등등)을 결정적으로 확립하게 된다는 점은 분명하다. 이처럼 직접적인 상태로의 재추락(즉각적인 만족을 요하는 생리적 필요)에 의해 대중과 지도자들의 대립은 통일성 속에서 다시 나타나게 된다. 이는 바로 여기에 하나의 온전한 변증법적 운동이 존재한다는 의미다. 피지배자들이 자신들의 지도자들을 인정하게 되는 것은 이 지도자들의 투기를 다시 떠맡기 때문이다. 피지배자들은 지도자들의 의지주의를 내면화하면서 자신들의 기근 상태를 *객체화시킨다*. 이처럼 긴장 ── 시도 안에서 그리고 시도에 의해 욕구의 초월과 보존을 통해 이루어지는 ── 은 그들에게 객관적 현실, 즉 *동일하면서도 다른* 현실이 됨과 동시에 (나열하기에는 너무나도 많은 특정 상황 속에서) 가능한 소외가 된다. 하지만 이 지배자들이 *기도의 통일성*을 통해 통치자의 권력을 인정하기 때문에 이들은 그에게 ── 종종 그의 의사와 반대되는 방식으로 ── 이 기도를 추구하는 수단들을 요구하게 된다. 즉 욕구 자체가 객체화되는 것이다. 욕구는 고통과 위험으로 체험되는 동시에 그것의 만족인 생산성의 증가에 필수적인 것으로 정의되기도 한다. 게다가 바로 이런 점에서 피지배자들은 지도부와 공유할 수 있는 의견을 발견한다. 이 지도부 역시 이윤을 손해 보지 않고 특정 한계 이상으로 소비를 감소시킬 수 없다는 사실을 알고 있다. 결국 대립의 원천은 언어나 의도에 있지 않다. 그것은 더 이상 내려가게 되면 생산 자체가 불가능해지는 생활 수준의 규정 속에, *이와 동시에* ── 이 점에 대해 동의가 있다 할지라도 ── 느린 조직화 속에, 물자 공급의 어려움 속에, 관료 제도의 오류 속에, 요컨대 통치자를 *실제로* 그가 담당한 직무보다도 열등한 자로 만드는 모든 것 속에 있다. 근본적인 차이가 바로 여기에 있다. 자본주의 착취 체제에서 사회의 정상적이고 지속적인 산물로 여겨지는 기근, 곤궁, 빈곤 등이 건설 중인 사회주의 체제에서는 집단 혹은 사람들의 오류나 특정 순간의 특정한 필요들의 탓으로 여겨진다. 해방된 프롤레타리아 계급의 저항이 분명하게 드러나고, 자기 조직과 표현을 발견한다는 점에서 이 저항은 지도자의 급진적인 변화와 **계획**에 대한 수정을 요구할 수 있다. 하지만 이 저항은 체제의 혁명적 토대도, 이미 시작된 시도를 추구해 나가야 할 필요성도 부정하지 않는다. 노동자들이 제거하고자 하는 실천적-타성태는 지도자 계층의 경직화와 노동자 계급의 집렬체성은 아니다. 그것은 오히려 부차적인 반목적성들의 총체(게으름, 낭비, 무질서, 주도적 행동의 결여, 혹은 지방 공무원의 출세 지향주의 등등)인 것이다. 전체적으로 보아 이와 같은 반목적성들은 결국 실천-과정 자체의 관료주의적 체제가 낳은 결과들이다. 하지만 이것들은 직접적인 것과 특정한 것들 속에서 항상 교정 가능한 것으로 드러난다. 이런 점에서 불화들은 하나의 특정한 통일성을 상정하는데, *이와 같은 관료주의의 속성(물론 모든 관료주의가 그렇다는 것은 아니다.)*[75]이란 관료들을 관료주의적으로 추궁하는 것, 다시 말해 여러 가지 오류를 이런 관료들을 낳은 시스템이 아니라 그 사람들만

---

75   통치자의 타성태로서의 관료주의는 상대적으로 안정된 시기를 거치는 역사적 집단화 속에서는 그 자체에 이의를 제기하지 않는다. 반대로 그것은 안정성(느린 쇠퇴의 움직임일 수도 있는)을 표현하며, 이런 안정성은 이 제도를 반영한다. 모든 것에 문제가 없다.(적어도 사태의 흐름 속에서 스스로의 정당성을 찾는 관료에게는 그러하다.) 하지만 스탈린 체제 시절의 관료주의가 항상 모순을 안고 있었던 것은 다음과 같은 양립 불가능한 두 가지 특징을 지녔기 때문이다. 우선 이 관료주의는 의지주의적 관료주의다. 이 관료주의 안에는 가장 맹렬한 과격 행동주의와 타성태가 공존했다. 즉 이 타성태가 과격 행동주의의 수단이었던 셈이다. 그래서 관료주의 체제에서의 과격 행동주의는 끊임없이 관료들을 비난했던 것이다.(원주)

의 탓으로 돌리는 데 있기 때문이다. 스탈린주의 시절 사회주의적 민주주의 속에서 사태들을 변화시키기 위해서, 그리고 종종 이 사태들을 변화시키지 않기 위해 사람들을 대대적으로 바꾸었다는 것은 주지의 사실이다.

물론 지도자와 피지도자의 통일성은 하나의 집단의 구성원들이 이루는 통일과 같지 않다. 하지만 다음과 같은 사실들을 지적해 둘 필요가 있다. 즉 혁명적 노동자들의 핵심부에서 볼 때 사회주의의 근본적인 모순을 이런저런 노동자들에 의해 내면화시키는 행위, 따라서 지도자와 피지배자가 동일한 내적 갈등을 떠맡는 행위는 말 그대로 억압을 모면하게 해 줄 수 있다는 것이다. 실제로 생존 불가능성에 대한 거부가 시간화하면서 *의지주의*가 된다는 사실을 고려한다면 집중화되어 있고, 견고하며, 권위주의적이긴 하지만 피지배자들 스스로가 지지하는 (그 결과 통제받게 되는) 실천을 생각해 볼 수 있다. 역으로 이런 수정들이 ─ 지도자 계급이 신뢰했던 ─ 노동자 계급에 의해 공동의 의지주의라는 명목하에 요구된다면 지도자들은 힘의 남용을 추적하여 제거하는 데 더 많은 노력을 기울이게 될 것이다. 우리는 잠재적인 갈등이 이 차원에서 기괴한 괴물이 아니라 인지 가능한 생산물들에 의해 생산적 실천의 통일성 속에서 드러날 것이라고 말할 수 있다. 실제로 노동자들의 압력은 관료주의적 과잉을 제거하고 따라서 위계질서를 제한하려는 성향을 가질 수 있다. 이 경우 ─ 게다가 이 경우는 추상적이라 할 수 있는데 왜냐하면 이것은 곧 산업화의 초기 형태를 보여 주기 때문이다 ─ 지도 집단과 대중 속에(자신들의 무기력을 감내하는 개인들 속에서) 잠재된 모순으로서의 투쟁은 *그 자체로 통일성의 요인*이라고 말할 수 있다. 이 투쟁은 권위주의적인 계획 경제와 지도 핵심부가 주도하는 계획을 제거하지는 않지만 결국 억압을 무용지물로 만든다. 산업적 성장이라는 사실을 이해하지 못했던 관념주의자들이 바란 것과 같이 어쩌면 이 투쟁은 전기 보급 발전에 비례하여 소비에트들의 권력을 증가시킬 수도 있을 것이다.

하지만 우리는 이와 같은 지도 핵심부가 이주자들의 억압하에서 곧 폭발하게 된다는 것을 알고 있다. 또한 지도자들은 매일매일 바뀔 수 있는 불안정하고 교양 없으며 통일되지 않은 대중을 조작해야 한다는 사실 또한 알고 있다. 이 노동자들의 대부분은 혁명 세력이 아니다. 권력을 잡기 전에 이들은 농민들이었다. 심지어 광대한 농장과 성 안에서 "분노의 기치"를 높였음에도 이들의 폭력은 조련되지 않은 저항에 그칠 뿐이다. 어쨌든 이와 같은 폭력을 통해 그들은 영주들의 땅을 소유하기에 이르렀다. 하지만 이런 폭력 자체만으로는 산업적 생산의 의지주의에 이를 수는 없었다. 이와 마찬가지로 그들이 오랫동안 도시화한 농민의 신분으로 남아 있을 것이라는 사실 그리고 이들의 계급 의식이 형성되는 데는 오랜 시간이 필요할 것이라는 사실을 이해할 수 있다. 게다가 이와 같은 혁명의 초기에 어떤 형태를 취할 수 있겠는가? 권력 장악이 완료된 것이 사실이라면, 착취 계급이 패배했다면, *어쨌든* 기근으로 인해 자신들의 마을에서 쫓겨나거나 갑작스럽게 이주된 이 노동자들에게 산업 분야에서의 노동이 하나의 의무나 존엄성이 아니라 일종의 저주로 인식된다면 — 특히 이들에게 요구된 엄청난 노력을 생각해 본다면 — 이 계급 의식은 어떤 *실천적* 내용을 갖게 되겠는가? 하지만 혁명이 무엇인지 여전히 이해하지 못했다 하더라도 이들은 자신들이 저항을 일으키게 될 경우 반혁명 세력으로 몰릴 수 있다는 사실을 모르지 않았다. 즉 그들은 이들을 프롤레타리아화시킨 이 체제가 결국 영주들을 몰아낸 체제와 같은 것임을 알게 된 것이다. 이와 같은 촌뜨기들에 대한 지도자들 — 이들 대부분은 여전히 **정교회**의 영향하에 있었다 — 의 경계심은 새로 이주해 온 자들 각자가 타인들에 대해 품는 경계심과 같이 내면화되었다. 이와 같은 억압을 낳는 경계심은 완전 고용을 실현하는 사회주의 국가에서는 자본주의 사회에서 경쟁적인 적대주의가 담당했던 역할을 수행하게 된다. 즉 경계심이 이들을 집렬체화하는 것이다. 각자는 이웃에 대해 다시 **타자**가 된다. 그 대신에 참여할 수 있는 **타자**가 아니라 고발하거나 경솔한 행위로 인해 체포당할 수 있는 타자가 되는 것이다. 이 거대한 집합태 속에서 봉기를 일으키는 연합은 상상할 수조차 없다. 매우 극단적인 무기력은 체념으로 체험되거나 극단적인 경우라도 수동적인 저항으로 변화될 뿐이다. 봉기를 일으킬 수 없는 무기력함은 결국 생산의 무기력함으로 재외면화되는 것이다. 종종 개인적 폭력이 기껏해야 태업으로 나타날 뿐이다.

　이처럼 갈등이 존재하지만 그것은 이름을 가지고 있지 않은 갈등이다. 억압은 착취가 아니다. 계급 투쟁도 없다. 게다가 노동자 계급은 *대자적*으로가 아니라 *즉자적*으로 존재한다. 다른 한편 새로 이주한 자들은 체제에 대해 어떤 태도를 가지고 있든지 — 그들의 출신과 역사, 지도부의 개입으로 인해 — 서로 간에 집렬체화되는 동시에 통치자의 실천에 의해 통합된다.(이 통치자의 실천이 그들을 집렬체의 타성태적 통일성 속에서 취급한다는 점에서도 그러하다.) 특히 이들이 통치자의 실천에 의해 한계가 정해진 실천적 장, 다시 말해 국가에(축적된 재화의 물질적 소여 — 불충분한 자원 — 와 인적 자원의 전체로서의 국가에) 통합되기 때문이다. 이와 같은 통합은 결코 그들이 이런저런 실천적-타성태적 전체나 집단과 맺는 실제적인 관계에 대해서는 어떤 속단도 하지 않는다. 그것은 단지 모든 것이 항상 통치자의 매개를 통해서, 즉 실천적 장에 대한 통치자의 결정에 의해서만 도래한다는 것을 의미한다. 제철소나 철강소 주변에 도시를 건립하는 것이 문제라면 *관료 계층*은 그곳으로 사람들을 이송시키는 임무를 담당하고, 그들에게 물질적 재화(마그니토고르스크에 설치된 텐트들)를 분배한다. 관료들은 이미 그곳에 주거지를 건설하기로 결정했지만 실제로는 여러 번에 걸쳐 계획의 실천을 미루게 될 것이다. 그리고 여기에 대한 책임은 그들 자신이 지게 될 것이다. 물자 공급을 책임지고 임무와 규정을 확정하는 것은 지도부의 몫이다. 필요하다면 지도부는 원래 상인들을 위한 철길이었던 단선 철로를 석탄과 철광석을 나르기 위한 복선 철로로 대치할 것이다. 교육을 받고, 자신들의 전문적인 경험을 완전히 습득하고, 자신들의 교양을 성장시킴에 따라 노동자들은 그들 자신이 2000킬로미터나 떨어진 두 생산 중심지에 의해 통합되고 구성된 하나의 체계 내부에 분명하게 위치해 있다는 사실을 발견하게 될 것이다. 그중 하나는 우랄산맥(마그니토고르스크의 철광석 지대의 채굴과 제강 산업) 주변에 마련된 중심지이고, 다른 하나(쿠즈바스[76])는 탄광 지대 주변에 마련된 중심지다. 탄광 지대에서는 철광석 지대로 연료를 보내고, 우랄산맥의 철광석 지대에서는 여분의 제련된 철을 다시 쿠즈네츠크[77]로 보낸다. 여기로부터 노동자들은 스스로의 실천적 장을 통치자의 장 내부에 위치한 아주 미미한 하나의 결정 작용으로 포착하게 된다. 그의 노동은 *예상된* 것이다. 기계들의 실천적-타성태적 요구들은(우리가 앞에서 살펴본 바와 같이)[78] 통치자의 비가시적인 종합적 요구를 직접적으로 나타내 보여 준다. 이 기계들은 계획에 의해 예견된

---

76   쿠즈네츠크 탄전을 줄여서 쿠즈바스라고도 부르며, 이 탄전을 중심으로 발달한 중공업 지대 쿠즈네츠크 콤비나트를 가리키기도 한다.
77   러시아 동부 지역 시베리아에 위치한 분지로 아시아에서 납과 아연이 가장 많이 보존되어 있는 지역이다.
78   1권, 제1서, C, 463쪽 이하를 참고.(편집자 주)

것이며, 이 계획에 합당하게 만들어진 것이다. 그리고 대기 상태에 있는 기계들(이것들은 자신들의 노동자를 기다린다.)은 통치자의 기다림에 대한 수동화다. 기계들은 이런 통합적 실천을 이끄는 장소가 된다. 사실 이 실천은 필요한 장소를 찾아 이 철광산 문턱까지 왔으며, 생산의 필요를 예상하여 그곳으로 노동자를 이송시켰다. 그의 삶, 다시 말해 그의 양식을 비롯해 다른 모든 욕구의 충족은 그가 이렇게 미리 정해진 임무(사전에 그에게 부여된)를 완수하는 방식에 달려 있으며, 이처럼 정해진 임무는 전반적인 계획의 하나의 단순한 분류에 해당한다. 하지만 그의 열정도 그가 통치자에 의해 결정된 규범을 극복하거나 아니면 단순히 그것에 도달할 수 있으리라는 것을 보장해 주지 못한다. 이 역시 쿠즈바스에서의 석탄 채굴의 리듬과 운송에 달렸다. 쿠즈바스의 노동자들 역시 계획의 요구들을 완수할 때만, 나아가 통치자 자신도 운송에 충분한 투자를 할 경우에만 우랄산맥에 있는 노동자 역시 계획에 통합되어 통치자의 명령을 수행할 수 있는 것이다. 그리고 실천적으로 볼 때 이런 보편적 의존성은 다른 생산 분야에 있는 다른 노동자들과의 연대를 강화하지는 못한다. 그가 필요로 하는 것은 쿠즈바스의 광부, 철도 종사원, 열차 기관사 그리고 ── 그가 개인적으로 하나의 거주지를 가지도록 지명받았다는 점에서 ── 건물에서 일하는 노동자의 강도 높은 노동이다. 실제로 다른 편에 있는 사람과의 이와 같은 연대성은 각자에게 가장 집중된 노력을 요구하게 된다. 그래야만 자신의 노력을 극대화하면서 스스로의 삶을 꾸려 나갈 수 있을 것이기 때문이다. 노동자는 지도부와 연대를 맺어야 한다. 지도부가 부여한 임무를 완수하려면 정확히 이 지도부가 다른 사람들에게 기대하는 것을 그 역시 기대해야 한다. 그것도 최대한으로 말이다.

지도부는 사물들을 통해 사람들 사이를 매개한다. 왜냐하면 지도부는 무한한 작업을 통해 실천적-타성태를 혼합하기 때문이다. 지도부는 또한 사람들을 통해 사물들 사이를 매개한다. 마그니토고르스크의 철강소 노동자들은 쿠즈바스의 광산과 운송의 빈도 그리고 광산 노동자들에게 동시에 의존하기 때문이다. 이 두 경우에서 이와 같은 상호 의존성은 통치자에 대한 의존성으로 변화한다. 이처럼 조정된 타성태는 그것의 집렬체성 자체를 통해 조작하는 실천의 통치적 통일성을 드러낸다.

하지만 집렬체들이 실천적으로 총체화된다 할지라도 집렬체에 속한 개인은 여전히 자신의 극단적인 소외 속에서 그리고 그 소외를 통해 자유롭게 자신의 집렬체적 존재를 실현할 인간으로 남아 있다. 그는 외적-조절을 통해 자신의 존재를 실현하는데 이 조건은 총체성의 매혹으로, 통치자의 행동하에 전파된 무한한 운동으로 드러난다. 이것이 의미하는 바는 다음과 같다. 즉 집렬체에 속한 개인은 통치자 자신에게서, 다시 말해 그 개인에게 특정한 실천적 장을 지도부에 의해 *이미 총체화한* 것으로서, 그리고 그 개인의 집렬체적 존재를 의도를 가지고 겨냥된 것으로 제시하는 *실천-인식*에서 **타자**로서 *존재하는* 것으로 규정된다는 것이다. 이런 의미에서 이 개인이 매 순간 시도하는 실천적 총체화는 (집렬체의 존재로서 어떤 행위를 하게 될 때도) 이미 총체화된 것의 총체화다. 이와 같은 방식으로 어린아이의 실천적 장은 부모에 의해 이미 개간된 장의 총체화다. 이 장에서는 어린아이가 발견하게 되는 모든 대상은 이미 사람들의 눈에 띄고 명명된 것이며, 이미 고정된 사용법을 가진 것들이다. 이런 의미에서 볼 때 선전이 성공했다면 개인은 통치자의 총체화를 그 자신의 총체화의 깊이로 이해한다. 결국 어린아이의 실천적 장은 **정치국**이나 이 기관에 종사하는 전문가들에게서와 마찬가지로 국가 자체인 것이다. 그리고 만약 그가 자신의 인식과 직능을 무한히 발전시킬 수 있다면 이를 통해 그는 자신의 장에서 전체적인 깊이를 재발견할 뿐이다. 어쨌든 통치자의 총체화는 이 개인의 무기력이자 무지다. 그는 이 총체화를 통해 자신의 부정적 개별성 속에서 이미 규정되어 있다. 하지만 또 다른 방식으로 이 총체화는 그 자신의 가능한 지식이자 모든 사람의 실천에 고유한 참여이기도 하다. 개인들의 입장에서 볼 때 통치자는 개별성으로서의 자신들의 무지와 국민 각자에 의해 이루어지는 특정 국가의 가능한 총체화로서의 자신들의 전체적 앎 사이의 매개인 것이다. 다른 한편 순전히 조작된 것일지라도 집렬체들의 총체화는 각각의 집렬체적 개인들에게는 통치자의 총체화하는 실천에 의해 이루어지는 무한한 도피의 복귀로 나타난다. 이처럼 집렬체적 존재는 유기체적 존재로 체험된다. 우리는 바로 이것이 외적-조절된 행동의 특징 자체라는 것을 이미 살펴보았다.[79] 이와 같은 기술의 마지막 단계에서 보면 다음과 같은 사실은 여전히 분명하다. 즉 지도자 집단의 총체화는 개인에 의해 재총체화된다는 사실이다. 이 경우 재총체화는 지도층의 총체화하는 실천 속에서 이미 예견되고 촉발된 것이다.

하지만 여기에 반영의 상호성이 존재한다 할지라도 지도 집단은 여전히 **타자**로 남아 있다. 개인 그 자신이 타자들에 의해 이타성에서, 그리고 타자들에 의해 유지되고 조건 지어진다는 점에서다. 이런 점에서 볼 때 이 두 가지 총체화는 동일한 것과 *다른 것들*로 동시에 주어진다. 달리 말해 개인은 자신의 실천적 장 속에서 이루어지는 총체화를 *다른 곳*, 즉 완전히 근본적으로 다른 사람들에게서 심화되고 분명하게 드러나는 것으로 체험한다. 이때 총체화가 갖는 통치권은 집

---

79   1권, 제2서, A, 1157쪽을 참고.(편집자 주)

렬체의 무기력을 통해 집단의 힘으로 체험된다. 이 차원에서 이타성은 성스러운 특징을 지닌 것으로 나타난다. 개인의 실천적 장의 총체화는 심연에서 이루어지는 종합 ─ 이 종합의 전형적인 형태는 성스러운 것이다 ─ 에 대한 표면적인 종합으로 남는다. 이와 같은 특징이 집렬체들의 저항과 봉기를 통한 해체일 경우 사라진다는 것은 당연하다. 사실 우리가 고려하는 점은 하나의 특수한 소외의 형태다. 한 명의 개인의 일상적인 활동 속에서 국가가 총체화된다면 이 국가는 세속적인 것으로 남게 된다. 이와는 반대로 국가가 성스럽게 되는 것은 이와 같은 불명확한 총체화가 그것으로부터 벗어나는 명백한 통치적 총체화 속에서 이루어질 경우다.

하지만 우리는 보충적인 실천에 대해서도 살펴보았다. 과격 행동주의자들은 정부에 의해 신중하게 확정되었고, 이 정부의 총체화하는 실천 속에서 종합적 목표로서 나타나는 여러 전략 지점 내에서 집렬체성의 일시적인 붕괴를 초래한다. 이미 살펴보았듯이 이와 같은 재집단화 속에서 동지애-공포는 각자가 행사하는 통치권과 더불어 **당**이나 **정치국**의 결정을 다시 떠맡는 공동 개인으로서 다시 생겨난다. 이 차원에서 개인은 성스러운 것을 다시 흡수하게 된다. 이것은 이 개인이 집렬체성을 해체하고, 자신의 실천적 장을 심화시킨다는 점에서 그러하다. 개인의 총체화와 통치자의 총체화 사이에는 동질성이 존재한다. 더 정확히 말하자면 그 자신의 총체화 운동은 결국 통치적 총체화의 한 계기이자 이 총체화를 완전히 실현 가능하게 하는 무한한 과정의 한 단계다.(바로 이런 점에서 이 개인의 총체화 운동은 사회 전체와 이 사회의 구성원인 개인 자신에게 이런저런 결정이 어떤 중요성을 갖게 되는가를 보여 준다.) 개인적 총체화와 공동 총체화 사이에 개인(혹은 지역 집단들)에게서 이루어지는 새로운 총체화의 노력을 통해 나타나는 모순적인 두 가지 관계(한편으로는 이타성과 성스러운 것, 다른 한편으로는 근본적인 동질성) 사이에 하나의 변증법이 성립한다. 지금으로서는 이와 같은 변증법으로부터 야기되는 새로운 변화는 그다지 중요치 않다. 이와 같은 예시에서 우리가 주목하고자 했던 것은 우선 통치자의 총체화가 총체화 불가능한 것들을 실천적으로 통합하고, 그다음으로 이 총체화 자체는 개별적인 총체화들에 따라 규정된다는 점이다. 이 개별적 총체화들은 통치자의 총체화를 재총체화하고, 그 결과 겨냥된 목표들에 부합하게 된다. 역으로 이는 또한 이와 유사하게 통합된 사회에서 각자는 외적-조절에 의해 소련의 시민으로서 집렬체적 **타자**와 공동 개인 사이에 *적어도* 매개자라는 사실을 보여 준다. 왜냐하면 그는 자신이 드러내고 자기 행동 하나하나를 통해 변화시키는 전반적인 총체화의 내부에서 자신의 실천적 장을 총체화하기 때문이며, 진행 중인 총체화에 의해 이미 예견되고 인도된 행위 주체로서 행동하기 때문이다.

그럼에도 불구하고 통치적 총체화의 한 개별적 목표(노동, 임금, 생활 수준 등등)를 향한 지양으로서의 각각의 개별적인 총체화는 이번에는 총체화의 총체화 — 즉 궁극적 총체화 — 로 나타난다. 이처럼 개인과 집단을 포괄하는 **지도부**의 총체화는 구체적 총체화들의 다양성 속에서만 그 자신의 구체적인 실제를 발견할 수 있다. 이 구체적 총체화 하나하나는 지역적 실천의 관점에서 지도부의 총체화를 재총체화한다. 하지만 이런 점에서 통치자의 총체화는 자신의 재총체화(비록 이것들이 집렬체적이건 공동적이건 개별적이건 간에)로부터 예견되고 실행되는 통일에 의해 스스로를 실현하는 것을 목표로 갖는 하나의 실천 이외에는 다른 것이 아니라고 할 수 있다. 집렬체와 집단의 이질성은 중요치 않다. 왜냐하면 통치자는 자신의 목적을 실현하기 위해 이와 같은 이질성을 고려하고 그것에 의존하기 때문이다. 이런 이질성은 실천적 계산에 편입되는 순간 총체화의 하나의 필수적인 계기, 재총체화들을 방향 짓고 제한하는 등의 수단, 이들을 대립시키거나 투기의 방향으로 이것들을 촉진시키는 수단이 된다. 모든 것은 마치 이 개인이 통치적 총체화의 압력하에서 그리고 그 빛 속에서 살아가는 방식으로 이루어진다. 이 통치자의 총체화 속에서 개인은 총체화된 요소로 나타난다. 또한 모든 것은 마치 이 통치적 총체화 자체가 열정과 구현의 투기로서 포착되는 것처럼 이루어진다. 왜냐하면 이 총체화는 각자에 의해 지양 불가능한 총체성으로 재총체화되기 때문이다. 나는 뭔지 알 수 없는 이미 정립된 조화나 사회적 낙관주의를 말하고자 하는 것이 아니다. 오히려 중요한 것은 다음의 사실들을 보여 주는 데 있다. 즉 한 명의 통치자의 현전에 의해 특징지어지는 사회 속에서의 역사적 의미 작용 — 그것이 무엇이든, 어디에 기원을 두었든 간에 — 은 재총체화된 총체화와 계획된 재총체화의 총체화라는 이중의 움직임 속에서 이해되어야 한다는 것이다. 결국 최악의 분쟁이 일어날 수도 있으며 당파들의 투쟁, 경찰의 억압, 계급들 사이의 갈등이 악화될 수도 있다. 우리는 단지 이런 투쟁들 자체가 재총체화된 총체화의 틀 속에서만 발생할 수 있다는 점만을 지적하고자 한다. 바로 이 차원에서 모순이 발생하고, 통치자에게 저항하기 위한 집단 역시 형성된다. 왜냐하면 통치자의 실천이 이전 단계에서 성공할 수 있었던 것도, 즉 계획된 재총체화에 의해 목표가 달성될 수 있었던 것도 바로 이 차원에서였기 때문이다. 실증주의적 역사가는 **역사**를 왜곡했고, "대중"이나 "여론"이나 하나의 물리적 요소가 "자연적 과정"에서 나타나는 변화를 조건 지을 수 있는 방식으로 특정 개인들 혹은 집단화의 부류를 결정하는 조직화된 세력을 보여 줄 때마다 이 역사에 대한 이해를 불가능하게 만든 것이다. 이 역사가는 역사적 실천의 근본적 계기들 가운데 하나를 제거하고, 그렇게 함으로써 다음과 같은 명확한 사실을 간과하면서 총체화의 모든 가능성을 제거한 것이다. 즉 *역사가 행동에 대한 행동의 행동을 연구하는 한 특정한 실천이 엄격한 예측에 따라 특정한 다른 실천을 야기할 수 있는 환경은 필연적으로 재총체화를 발생시키는 환경*이라는 사실이 그것이다. 이런 관점에서 보면 갈등과 각각의 투쟁의 국면들은 이해 가능하다. 다른 실천에 의해 이루어지는 각각의 반대 실천에 대한 이와 같은 상호적인 재총체화는 그 자체가 재총체화될 때 스스로 하나의 모순적인 환경을 구축하게 된다. 이와 같은 환경 속에서는 각각의 행동이 다른 행동을 자신의 실천적 제거로서 촉발시킨다.

이처럼 통치자와의 갈등은 실천적 내부에서, 그리고 이 장에서 발생하고 나타난 통일성 속에서 이루어진다. 이 장은 원래 진행 중인 하나의 행동에 의해 만들어진 주위 환경에 대한 유동적인 종합에 불과했다. 하지만 여기에서 모순은 이러한 통합된 환경 속에서 실천적 장의 특정한 결정 작용들로서 여러 인간, 즉 주권자들(각자가 자신의 실천적 장을 가지고 있다는 의미에서)이 있다는 사실에 그 근거를 둔다. 이 사람들이 통치자의 적인지, 즉 자신들을 포괄하는 실천적 장을 부정하고 통치자에 의해 부정될 수밖에 없는 자들인지의 여부는 여전히 불투명한 상태다. 하지만 억압적인 계획 경제의 현실은 더욱 복잡하다. 사람들을 집렬체성 속에 묶어 두고, *이를 통해* 그들로부터 최대한의 노력을 끌어내는 억압을 통해 지도부는 이들과 맞서게 된다. 따라서 이들은 자신들 내부에서 수단으로서의 지위, 즉 사물화된 개인, 지양된 초월의 지위를 내면화하게 된다. 그들의 유일한 자유는 스스로를 통치자의 실천에 완전히 내맡기고 자신들의 지위를 가로지르는 낯선 의지주의 속에서 사물화를 피하는 것이 될 것이다. 하지만 다른 한편으로 실천에 사용되는 수단들은 이 실천의 목적이기도 하다. 강제 노동이 계속됨에 따라(노동의 방식과 규범에 대한 강제적인 동의보다는), 행동의 첫 번째 결과들이 알려짐에 따라 점차 소련인이 만들어지게 되는 것이다. 이 소련인의 *자긍심*은 그의 첫 번째 실현으로부터 유래한다.(비록 이 첫 번째 실현의 대부분이 — 예를 들어 마그니토고르스크의 거대한 철강소들 — 그 자신의 생활 수준을 직접적으로 향상시키지는 못한다 할지라도, 그리고 특히 그렇기 때문이다.) 그리고 그의 *강인함*은 내면화된 억압에 불과하다.(그는 자신에 대해 엄격하고 규칙을 잘 지키며, 통치자에 의해 정립된 역전된 연대성을 통해 각자에게서 생산 운동을 지연시킬 위험을 가진 이웃의 느슨한 태도를 폐기해야 할 것으로 재빨리 규정한다.) 지도자들에 대한 매우 일시적인 수동성은 단지 그의 무기력에 대한 내면화일 뿐 아니라 점차 높아진 교양에 의해 획득하게 되는 다음과 같은 근본적인 확신의 산물이기도 하다. 즉 지도자 개인의 변화 자체보다는 산업의 성장이 더욱 중요하며 — 체제를 구하려고 한다는 조건하에서 — 각자와 모든 사람의 임무, 경주해야 할 노력, 생활 수준 등은 사회주의 건설이라는 동일한 *계기*에서 볼 때 같은 것으로 느껴질 수 있다는 확신이다. 이 "소련인" — 미래로부터 출발해서(그리고 과거의 기반 위에서) 현재를, 사회주의적 미래로부터 출발해서 그 자신의 개인적 미래를 *실질적*으로 규정하는 첫 번째 사람 — 을 싼 가격에 만들어 냈다고는 생각할 수 없다. 아마도 많은 경우 이 사람은 단지 후속 세대의 출현과 더불어, 즉 전쟁 전의 이민자들의 후손과 더불어 나타나게 되었다. 다만 이런 유형의 사람이 부르주아 민주 국가에서도 나타날 수 있는지는 여전히 알아보아야 할 문제다. 억압은 노동 수단과 자원의 소유권을 공동으로 갖는다는 사실에 대해서는 아무런 변화도 가져올 수 없다. 그리고 점차 증가하는 해방이라는 관점 속에서 주인을 위해 노동하도록 만드는 억압과 자식을 위해 아버지로 하여금 일하도록 만드는 억압, 그리고 손자를 위해 자식을 일하게 만드는 억압은 서로 별개의 것이다.

이처럼 새로운 이주자와 그 자녀들은 다음과 같은 점을 제외하고는 혁명적 노동자들의 관점을 점차 되찾게 된다. 즉 그들이 보존하고 있는 하나의 **국가** 내에서(국가란 스스로 망해갈 것이라는 신화를 마음속 깊이 간직한 채) ― 바로 이 **국가**는 이들의 손에 의해 이루어지지 않은 혁명의 산물이기 때문에 ― 지속적이고 끊임없이 개선되는 진보의 방향으로 향하고 있다는 점을 제외하고는 말이다. 이와 같은 보수주의와 진보주의의 독특한 결합은 각자에게 총체성의 내면화로 나타난다. 이 결합은 실천의 방향 자체를 보여 준다. 즉 (본질적인 정복들을) 유지하기 위해서 진보하고, 진보시키기 위해서 (생산을 촉발하는 수단으로서의 위계질서로부터 생겨난 계층화를) 유지하는 것이 바로 그것이다. 동시에 이 결합은 도시화한 농민이나 그 아들이 **혁명**과 맺는 진정한 관계를 생산관계 속에서의 급격한 변화로 이어질 봉기를 통한 권력의 쟁취로 실현시킨다. 정확히 말해 혁명을 일으키는 것은 그 농민이 아니다. 하지만 이 혁명으로부터 탄생한 통치자가 그에게 부여한 교육, 그리고 자기 삶의 의미를 지켜 내야 할 필요성 ― 게다가 새로운 체제가 갖는 객관적 실재 ― , 이 모든 것이 물려받은 이 체제(경우에 따라서는 감내해야 하는)가 한편으로는 *떠맡겨진* 것이라는 사실을 기억해야 한다. 따라서 이 체제의 기반을 다시 문제 삼는다는 것은 생각할 수 없다. 달리 말하자면 교육과 선전은 각자에게서 거의 서약된 것에 다름 없는 타성태의 영역을 결정짓게 된다. 이 영역은 정확히 **혁명** 자체를 가리킨다. 이는 이 농민이 이 영역을 자신의 원초적인 추상

속에서, 자기 자신의 과거-존재 속에서 각각의 구체적인 행동을 통해 초월한다는 점에서 그러하다. 또한 이 혁명이 그의 기도와 삶의 장기적인 목적, 즉 그의 극복할 수 없는 운명이라는 점에서 그러하다. 요컨대 이 농민이 하나의 절대적이지만 추상적인 시작으로 다른 사람들에 의해 정립된 것을 *실현한다*는 점에서 그러하다. 그 자신이 이런 내막을 알게 되는 순간부터, 그리고 동일한 운동을 통해 자신의 실천적 장을 통치적 장의 개별적인 하나의 결정으로, 그리고 자신의 삶을 진행 중인 기도와 통치적 시간화의 제한된 개별화로 포착하는 순간부터 그 자신과 통치자의 대립은 통치자 자신의 이름으로 이루어진다. 예컨대 주택이 부족하게 되는 것은 — 부르주아 사회에서와 마찬가지로 — 누구도 주택을 짓는 일에 관심이 없어서가 아니라 수개월 또는 수년에 걸쳐 주택 건설을 나누어 진행하고자 하는 통치자의 계획된 결정이 *실현되지 않았기* 때문이다. 그럼에도 불구하고 스탈린 통치하에서도 갈등은 잠재되어 있었다. 왜냐하면 의지주의는 낙관적인 결정이기 때문이다. 즉 모든 것은 항상 제대로 진행되고 있다는 생각이 그것이다. 명확하게 표현된 대중의 요구 사항은 통치자의 *계획과 이 계획을 실현할 실천의* 이름으로 그에게 행해진 첫 번째 통제가 될 것이다. 하지만 낙관주의가 항상 **공포**의 원천이자 결과라는 점에서 볼 때[80] 갈등은 대중의 수동적 저항의 차원, 즉 그들의 의지주의의 한복판에 자리 잡고 있는 것이다. 이처럼 촉발되고 (노동의 악조건 등을 통해) 유지된 (익명의 시위처럼) 타성태로서의 이러한 저항은 결국 실천적 장의 통일성 속에서 이루어지는 다음과 같은 또 다른 타성태의 내면

---

80 이는 비관적인 예측들이 가장 그럴듯해 보이는 시기에 이 낙관주의가 실천의 근본적인 특징으로(실천의 가능성에 대한 결정) 발생한다는 점에서 그러하다. 그것의 격렬한 성격은 그 내부에 부정된 위협들로서의 비관주의와 절망을 포함하고 있다는 사실에서 기인한다.(원주)

화에 지나지 않는다. 즉 관료주의적인 경직화가 그것인데, 이는 통치자에 의한 그 자신들의 부정으로서 이 경직화로부터 해를 입게 되는 사람들에 의해 그 *자신*에 *반하여* 되돌려지게 된다. 점차 의식을 갖게 되는 이런 사람들의 중개를 통해 스탈린적 실천은 자신의 실천적 장 속에 이 실천을 부정하는 변화들을 축적해 나가게 된다. 그리고 이와 같은 부정은 새로운 노동자 세대를 통해 실천 자체로 되돌아오게 된다. 하지만 역으로 이 부정적 투기 ── 위계화된 계층화를 통해 반박된다는 점에서 ── 는 통치적 실천 속에 장기적인 목적 중 하나로 명백히 포함된다. 그 까닭은 우선 현재 상황이 국가의 강화를 요구하는 것처럼 보인다 할지라도 이 실천은 이 **국가**의 멸망 이론을 다시 보여 주기 때문이다. 다음으로는 축적의 시기에 노동자들에게 요구된 노력 자체(그리고 그로부터 발생하는 모든 실천적 특징, 가령 의지주의, 권위주의, 중앙 집권화, 공포)가 의도적으로 *일시적인* 것으로 주어졌기 때문이다. 마지막으로 위급한 상황이 해소될 때(소련이 민주주의 체제에 뒤떨어졌던 것을 따라잡게 될 때) **국가**는 존속하게 될 것이지만 기술 관료의 출현만큼이나 노동자들의 인간적이고 전문적인 교양의 상승이 관료주의적인 정부와 계층화된 위계질서를 점점 더 비효율적으로 만들게 될 것이고, 그 결과 지도자 개인이 사라지도록 하거나 정부의 형태를 상황에 맞게 규제하도록 강제하게 될 것이기 때문이다.

이처럼 스탈린적 통치주의가 겪는 모순은 바로 그 목표가 국가의 산업적, 군사적 잠재력과 피지배자들에게 가하는 변화를 통해 스스로 *무용지물화*된다는 것이다. 또한 이와 같은 모순은 정권 탈취 이후의 기간에 사회주의 국가 건설이 낳는 근본적인 모순의 표현에 불과하다. 다른 한편 관료주의가 확립됨과 동시에 스탈린적 통치주의가 위계질서화되면서 특정 사회 계층에 유리하게 작용하는 경향이 있다는 점은 당연하다. 하지만 소련 관료들은 실천적-타성태의 장을 결정하고 실천적 장 전체를 매개로 삼아 실천에 의해 만들어졌다. 그 결과 이들은 공동의 이익과 개인의 이익의 관계를 동일시할 수밖에 없었다. 하지만 우리는 이 두 가지 이해관계가 혁명 이전 단계의 건설이 진행되는 상황에서 노동자 대중에게는 모순 관계에 있다는 것을 알고 있다. 그러나 우리는 또한 노동자 위계질서의 출현이 하나의 보상 체계 — 일부 노동자*에게는* 모순이 제거되었던 것과 같은 — 를 만들어 내려는 경향이 있었다는 사실을 알고 있다. 즉 가장 빠르고 가장 일을 잘하는 것은 가장 많은 보수와 가장 훌륭한 대우를 받는다는 것을 의미했다. 계층화가 위계질서를 확고히 한다는 점을 고려한다면 이 위계질서는 *그 자체를 위해, 대중에 맞서, 그리고 동시에 공동 실천의 가장 높은 효율성* — 이 효율성은 관료들에게서 나타날 수도 있다 — *을 위해* 유지되는 경향이 있다. 하지만 자신들의 권력을 (*그리고 이 권력에 의해*) 강화하는 행동 자체 속에서 관료들은 이 행동이 지속되는 기간을 제한하게 된다. 이들은 권력의 지속 기간에 대해 의식하고 있었다.(그들은 적어도 가장 교양 수준이 높은 자들이다. 물론 그렇다고 해서 위계질서상 가장 높은 단계를 차지하고 있는 자들이라고 말할 수는 없다.) 왜냐하면 이들에게 주입된 모든 이념이 *한시적이고 거의 "임시적인" 권력*의 성격을 분명하게 보여 주었기 때문이다. 물론 이들은 소련이라는 나라를 건설할 수는 있지만 하나의 계급을 만들어 낼 수는 없는 것이다. 계급이 그들에게 부여한 특권에도 불구하고 그들의 행동 자체가 그렇게 하는 것을 금지했기 때문이다. 이들의 관료주의는 산업 성장의 특정 단계에서(계획 경제이든 그렇지 않든 간에 그러하다. 앞으로 우리는 이 사실을 보게 될 것이다.) 통치의 기능과 소유 양식의 분리를 확립시킨다. 하지만 관료주의는 또한 피통치자들에 대한 파급 효과를 통해 사회주의 체제 안에서 발생한 이와 같은 이런 분리가 갖는 일시적인 특징을 보여 준다. 그 결과 소련 노동자들의 해방 — 서구 노동자 계급의 해방과는 다름에도 불구하고 — 은 소련 **관료주의**에 대한 유죄 선고를 내렸다고 말할 수 있다. 하지만 다음과 같은 사실을 덧붙여야 할 것 같다. 즉 소련 노동자들의 해방이 이 관료주의에 반하여, 그리고 이 관료주의에 의해 유죄 선고를 내렸다는 사실이 그것이다. *이와* 동시에 이 유죄 선고는 관료주의가 이미 수용한(적어도 원칙에서)[81] 실천적 결과로써 내려졌던 것이다. 반복적이고 편재하는 이와 같은 모순 — 계획 성장이 낳은 모순 — 은 이 모순이 생산해 낸 인간들, 즉 지도자와 피지배자의 통일성을 구축하는 데 기여하면 할수록 더욱 강하고 명료하게 나타난다.

이런 의미에서 — 초기에는 혁명의 핵을 위해서만 아니라 — 점차 모든 개인과 모든 집단을 위해, 집렬체성들의 부분적인 강화와 부분적 와해를 통해, 가지적인 통일성을 강화하면서 갈등을 분명히 드러내는 것은 바로 진행 중인 총체화라고 말할 수 있다. 다만 이 총체화가 집합태들을 와해시키지 않는다는 사실과 집단 내에서 볼 수 있는 다수성의 통합이 아니라는 사실에는 유의하자. 실제로 이 총체화는 근본적으로 일의적인 관계 속에서 자신의 실천적 장을 정의하는 모든 통치권의 총체화다. 즉 실천적 장은 실천에 의해 생성되고, 또한 이 실천에 의해 지속적으로 변화한다. 그리고 만약 실천적 장에 의한 (실천의) 행위 주체들이 일으키는 변화에 대해 말해야 한다면 이런 변

---

81 이는 결코 관료주의의 제거가 반드시 차분한 진보에 의해 이루어져야 함을 의미하는 것은 아니다. 여러 상황만이 이 제도의 급격함과 과격함을 결정하게 된다. 우리가 단정할 수 있는 모든 것은 과정 전체—다소간 완전한 합의, 일련의 어려운 적응 혹은 유혈 사태들—가 개혁적 실천의 틀 속에 자리 잡고 있다는 사실이다.(원주)

화는 근본적 관계가 갖는 일의성을 해치지는 않을 것이다. 실제로 되돌아오는 충격은 장 내부의 이질적인 요소들의 관계에 의해 발생한다. 이런 관계 정립을 외면성의 종합적 내재성으로 실현하는 것은 바로 시간적 측면과 자질(목표, 긴장 등등)에 의해 포착된 행동인 것이다. 또한 요구들이 외면적인 것의 내면화에 근거해 나타나는 것은 바로 이와 같은 종합을 통해서다.(예컨대 그 까닭은 양 — 수백만 톤의 철과 주물들 — 이 실천[82]에 의해 정해지는 새로운 목표 속에서 희소성, 가능성, 불가능성, 수단, 단기적 목적 등등으로 내면화되기 때문이다.) 만약 이 요구들이 행위 주체들을 변화시키고, 이들을 통해 실천을 왜곡한다 하더라도 이 요구들은 이들이 맺는 상호성에 대해서까지 동일한 행동을 보여 줄 수는 없다. 실제로 이 요구들은 물질에 의해 왜곡된 실천 자체일 뿐이기 때문이다. 그렇기 때문에 인간은 자신이 만들어 낸 생산물을 매개로 스스로를 만들어 가며, 이때 이 작용이 반드시 이 생산물의 물화를 전제할 필요는 없는 것이다. 피지배자들이 주권자들과 맺는 관계를 바로 이와 같은 비상호성에서부터 출발하여 고려해야 한다. 이 관계가 타성태적이고 조작된 집렬체성들이라는 점에서 본다면 피지배자들이 지배자들과 맺는 관계는 일의적이다. 이 집렬체들은 무한한 작용을 통해 가공된 물질에 해당한다. 이 집렬체들이 보여 주는 있는 그대로의 요구들은 모든 수동적 종합에 내재한 타성태적 요구들이다. 이것은 종합이 행위 주체들에게로 되돌아오고 수동화되며, 반목적성을 야기하는 그들의 실천을 보여 준다는 점에서 그러하다. 그리고 현재의 관점에서 보면 사회주의 역군에게 수동적 명령의 형태로 불리하게 되돌아오는 것은 분명 이 사회주의가 내포하고 있는 근

---

82 실천은 종합적 통일 속에 통합되는 것이지 뭔지 모를 자연의 변증법, 즉 여기서처럼 실천적 질을 양으로 변화시키는 것이 아니다.(원주)

본적인 모순이다. 이 명령들은 그것에 자신의 실천을 적용하고자 하는 시도 자체를 통해 통치자를 변화시키게 될 것이다. 같은 방식으로 노동을 통해 혹은 태업을 통해 자신을 만들어 낸 상황들의 자유로운 지양으로서의 개별 노동자들은 이것만으로는 통치자와 맺는 상호성의 관계를 정립할 수 없다. 그럼에도 불구하고 이 노동자는 자유롭다. 즉 그는 자유롭게 행동하고 복종하거나 저항하는 것이다.(그러니까 자신의 무기력이나 가능성을 직접 담당하면서 그런 것이다.) 우리는 이 노동자가 통치자에 의해 관찰되고 예견되고 만들어지며, 따라서 하나의 운명을 지니고 있다는 사실과 그의 고유한 실천적 장이 그 자체로 전체적 장의 특수화로 정의된다는 사실을 알고 있다. 즉 통치자의 실천은 개인을 관통하고 이 개인을 실천적 타성태의 이질적인 총체로써 조직화하는 것이다. 만약 개인이 스스로를 자유로운 실천으로 객체화하는 경우 통치자는 전 세계를 다른 것으로 만드는(즉 보이지 않는 현존을 위해 소외된) **타자**가 된다. 만약 이 개인이 실질적으로 전체적 장에 통합되고, 그렇게 함으로써 생산의 명령들을 자기 것으로 받아들이고자 한다면 이때 그는 **타자**로서의 통치자가 된다. 바로 이와 같은 순환적이고 비상호적인 통일성은 변증법적 총체화로서의 가지성을 확보하는 데 충분조건이 된다. 실천적 장에 속하는 각각의 대상은 다른 모든 대상과 그 모순들의 총체화인 것이다. 하지만 비상호성은 총체성 속에서 하나의 위계질서를 유지한다.

드러난 갈등, 통일성을 향한 진보

그러나 지금까지 살펴본 실천적 장 속에서는 실천적-타성태가 갖는 실질적인 자율성(집단과 계급 간의 갈등의 원천으로서)을 확인할 수 없었다. 다시 말해 하나의 행동이 이 행동 자체에 가하는 참다운 저항이 낳는 일시적인 결과(이 행동이 통치자와 피지배자들 안에서 동시에 구현되기 때문에)를 살펴보지 못했다. 그런데 우리가 고려한 예시 속에서는 이와 같은 자율성이 존재한다. 즉 통치자와 노동자 계급을 농부와 대립시키는 진정한 내전으로 이끄는 것은 바로 이 자율성이다.

1923년 이후 트로츠키와 그 동지들은 신경제 정책(NEP)[83]에 종지부를 찍고자 했다. 초창기에 이 정책을 채택했던 사람들은 소련의 산업적 낙후를 만회해 줄 유일한 수단이라는 점을 고려해서 이 계획 경제의 커다란 필요성을 역설했다. 하지만 여전히 추상적인 이 계획의 순수 이론적인 차원에서 볼 때조차도 이런 정책 제시에 담긴 실천적 통일성은 실천적 장의 내부에서 새롭고도 종합적이며 타성태적인 관계들을 정립시켰다. 기존 산업 거점의 개발, 새로운 거점의 건립 등등이 계획의 *구상* 단계서부터 다양한 요구로 제시되었다. 우리는 여기서 내적, 종합적 관계의 유형 자체를 파악할 수 있다. 단순히 기계의 숫자를 늘리는 것은 이 기계를 사용하는 노동자의 수를 늘리는 결과를 필연적으로 낳는다. 타성태적 물질의 부분으로서의 기계 자체가 이런 요구를 제시하기 때문이 아니라 *사회적*이고 가공된 재료로서의 이 기계가 수동화된 인간(즉 감독관, 엔지니어, 건설업자 등등)의 목표 — 이들의 통일성을 구성하는 — 에 대한 타성태적 지지이기 때문이다. 그리고 이 목표가 유효하고 구체적이었을 때 그것은 정확히 만들어진 대상과 이 대상의 기능에서 출발하여 이 기계를 사용하는 사람의 숫자를 가장 정확하고도 가장 경제적으로 결정하는 데 있었다. 기계의 숫자와 특성에 따라 증가하는 이런 다양한 요구로 인해 추상적 인간은 산업화의 전망 속에서 필요한 *기계 사용자*로 지칭될 것

83   1921년 소련의 레닌이 채택한 경제 위기 타개책.

이다. 또한 — 체제와 무관하게 — 특성과 상황은 나라마다 다르게 나타난다는 점을 지적해야 할 것이다. 이민자들의 나라인 미국은 자본 축적이 이루어지는 기간에 외국 노동자들의 유입을 경험했다. 고립되고 가난했던 소련은 지하자원에 의존하여 살아가는 실정이었다. 이와 같은 상황은 이 나라의 역사적 변화에 의해 야기되었던 적대 관계를 반영한다. 따라서 새로운 기계들은 소련 자국민들 내에서만 기계 이용자를 확충할 수 있을 뿐이었다. 즉 노동계의 확대가 필연적으로 농촌 노동자의 감소로 나타난 것이다. 사람들은 여러 요소의 이질성을 지적할지도 모른다. 예컨대 기계들, 경제 봉쇄, **10월 혁명**에 대한 외국의 반응으로서의 군사적 고립, 봉건 시대로부터 형성된 무지한 농업 중심의 대중 사회에서 산업화의 역군들을 충당해야 하는 처지에 놓인 이 나라의 저개발 상태 등이 그것이다. 너무나도 이질적인 상황들이 1차적인 필연성을 구성한다면 이는 투기의 실천적 종합이 이 요소들 사이의 내재적 관계를 정립하기 때문이다. 그리고 이 관계들을 통해 새로운 기초 관계들이 나타나게 된다. 이 기초 관계들은 수학적이고 논리학적인 형태, 즉 **분석적 이성**(이 요소들을 따로 살펴본다면)에 속하는 것이다. 노동자 몇 명과 그들이 차지해야 할 이십 여 개의 일자리가 있다. 이런 양적 관계는 모든 일자리를 제공할 뿐 아니라 그 일자리들을 배가시키는 것을 목표로 하는 실천 속에서만 농부들을 *위한* 실천적 필연성이 될 수 있을 뿐이다. 이와 마찬가지로 엄격히 말해 부정적이라 할 수 있는 이 관계, 즉 "외국 이민자들이 없다."라는 사실은 실천이 사람들을 그들이 있는 곳에서 고용하기로 결정한다는 점에서 내면성의 부정(이 부정적 관계는 각각의 소련 농부들의 가장 개인적인 측면과 관계된다.)이 된다. 우리는 이렇게 해서 실천적-타성태의 기원 자체, 즉 순수한 외면적 관계를 내면화하는 통합을 다시 발견하게 된다. 그리고 이와 같은 기원을 통해 우리는 인류 역사의 근본적인 모순을 발견할 수 있다.[84] 이 점에 대해서는 다시 살펴볼 것이다. 여기에서는 다만 다음과 같은 사실만을 지적하도록 하자. 즉 트로츠키의 계획은 농민과 노동자의 잠재적인 통합을 내포하고 있었으며, 그것도 농민 중에서 사람을 뽑아 노동자 수를 증가시키고자 했다는 사실이다. 게다가 앞에서 살펴보았듯이 새로운 노동자와 노동자 대중 전체는 이 새로운 노동자를 통해 농민의 특징과 *존재태*를 일시적으로나마 다시 보게 된다. 하지만 바로 이와 같은 사실에서도 농민은 "스스로를 노동자화한다". (비록 부정적 폭력을 사용한 반작용 속에서일지라도) 특히 이들 각자에게 공장에서 일할 가능성이 *선험적으로* 배제될 수 없기 때문에 더욱 그러하다. 트로츠키의 이 계획은 일종의 상호 침투와 동시에 인구의 점진적이고 신중한 혼합을 내포한다.

그러나 외면성의 내적 관계로서의 필연성은 증가한다. 나는 트로츠키가 30년도 채 안 되어 비농업 노동자의 수를 네 배로 증가시킨 특별한 도시화 운동을 예견했는지 여부는 알 수 없다. 하지만 그가 인구의 변화가 매우 극심할 것이라는 점을 알고 있었다는 점만큼은 분명하다. 통치적 실천을 통해 노동자 수가 1000만에서 3000만 혹은 4000만으로 증가할 것이라는 사실을 고려했는지는 모르겠지만 어쨌든 그는 농촌 *생산자* 수를 줄이기 위해서는 그들의 *생산성*을 높이는 수밖에는 없다는 사실만큼은 알고 있었던 것이다. 게다가 새로운 노동자 가운데 많은 수가 중공업 분야에 배치되었다. 이와 같은 사실은 노동자 대중의 구매력이 감소했다는 것을 의미한다. 거점 도시들에서는 식료품과 내구재가 교환되지 못했다. 왜냐하면 경공업 분야는 의

---

84   이 책의 부록 739쪽 「인간에게 역사는 본질적인가?」.(편집자 주)

도적으로 저개발 상태로 유지되었기 때문이다. 이것은 정확히 도시 거주자들이 구입할 수 있는 농업 생산물(혹은 적어도 그들에게 꼭 필요한 농업 생산물 일부)이 없었다는 것을 의미한다. 좌파 소수 집단에서 볼 때 해결책은 단 하나였다. 즉 집단화가 그것이다. 여기서 우리는 그 이후에 실천적-타성태가 될 것의 두 번째 층위가 행동을 통해 구성될 것이라는 사실을 지적할 수 있다. 도시와 농촌 사이의 교환의 흐름 속에 하나의 결핍, 즉 지속성에 대한 타성태적 해결책을 갑작스럽게 도입시킨 것은 실제로 중공업에 집중된 투자 계획(이 계획은 고립 등등과 같은 또 다른 차원에 의해서도 정당화되었다.)이었던 것이다. 사실을 말하자면 교환의 흐름은 이미 아주 희박해져 있었다. 암시장, 사유 재산권의 재확립 등등과 같은 요인들 — 그리고 교통수단의 악화 등과 같은 이질적인 다른 요소들 — 로 인해 체제의 초기 단계부터 생필품 수급의 문제가 전면에 부각되었다. 그럼에도 불구하고 소비 산업과 운송 분야를 발달시켰더라면 — 이는 부조리하고 순전히 *경제적인* 가정이다 — 교환은 빠른 속도로 증가했을 것이다. 체제는 여기에 저항하지 못했을 것이며, 또 다른 힘들(예를 들어 외국 군대의 힘)에 의해 무너졌을지도 모른다. 근본적으로 중공업을 선택했다는 것은 교환의 부정적 타성태로 나타나게 된다. 한편에는 *무엇인가*가 있지만 다른 쪽에는 아무것도 남지 않게 되는 것이다.

트로츠키는 이와 같은 이중의 모순에 대해 다음과 같은 하나의 해결책, 즉 생산성의 증가만을 고려했을 뿐이다. 실제로 타성태적 부정은 요구로 변화되었어야만 했다. 교환의 단절로 인해 도시들, *다시 말해 체제가* 무너질 위험에 있었다. 여기서 우리는 농촌 사람과 도시 사람을 대립시키는 모순의 발생을 보게 된다. 이제 겨우 봉건 시대에서 벗어난 농촌 사람들은 자신들의 의지와는 상관없이 도시 사람들의 운명을 손에 쥐게 되었다. "의지와는 상관없이"라는 말은 그들이 어쨌든 새로운 체제에 호의적이었다는 것을 의미하는 것이 아니라 단지 그들이 이 체제에 무관심했고, 나아가 이들의 활동이 이 체제를 보존하거나 파괴하는 것과는 아무런 관련이 없었다는 점을 의미한다. 역사가 르페브르가 훌륭히 보여 주었듯이 1789년과 1797년 사이 프랑스 농민들은 도시에서의 혁명과는 무관하고 부르주아와 상관없는, 즉 이들이 포함되지 않은 자신들만의 혁명을 완수했다. 이것이 테르미도르[85]의 원인 가운데 하나다. 통치자가 자신의 실천 속에 국가의 총체성을 포함시키지 않았더라면 1917년 이후 소련에서도 마찬가지의 상황이 이루어졌을 것이다. 사실 트로츠키는 두 가지 주요 조치를 생각했다. 소비재를 제공할 수 없기 때문에 산업을 통해 농촌에 기계가 보급되도록 하는 조치가 그것이다. 이 조치를 통해 농업의 기계화가 가속화될 것이다. 따라서 1차 계획부터 트랙터 제작을 고려해야만 했다. 하지만 농촌 사람들의 교육을 동반하는 이와 같은 기계화는 오직 집단화 속에서 그리고 집단화에 의해서만 완수될 수 있었다. 소련의 대평원에 매우 적합했던 트랙터는 소규모 개인 소유 체제 속에서는 그 유용성을 완전히 상실했다. 다른 한편으로 집단적이고 기계화된 대기업들로부터 나오는 수익은 소규모 농지 소유자들에게 토지의 부분 개간보다 집단 농장이 갖는 기계적이고 경제적인 우월성이 훨씬 더 크다는 사실을 증명해 주었다. 이와 같은 작업은 세 가지 이점을 가져다줄 것으로 생각되었다. 즉 체제를 위협하는 부농의 성장을 저지하는 것, 생산을 증가시키는 것, 군소 개인 기업보다 대규모 기업을 더욱 잘 감시해야 했던 국가의 통제를 더욱 공고히 확립하는 것

---

85   프랑스 혁명력 열한 번째 달을 지칭하는 말로 이때 일어난 반혁명 운동, 즉 테르미도르 반동은 로베스피에르의 공포 정치 종결로 이어진다.

이 그것이다. 이것을 통해 국가가 수확물에 대해 징수의 몫을 증가시킬 가능성을 제공한 것이다. 이와 같은 세 가지 실질적인 이점에 덜 직접적이긴 하지만 기계화와 집단화라는 두 가지 이점이 더해진다. 이 두 가지 이점은 농부를 기계 운전사로 만들면서 농촌의 노동과 도시의 노동을 접근시키게 되었다. 이와 같은 이점들은 큰 말썽 없이 소유권을 사회주의 체제로 통합시켰다. 우리는 이 계획 내에서 통치적 실천이 현재 형성 중인 실천적-타성태를 이용하는 계기와 이런 실천이 통치자가 시민과 맺는 인간적인 관계로서 구성되는 계기를 볼 수 있다. 기계화 덕분으로 이루어진 수익의 증가는 *외적* 비교를 통해 정립할 수 있는 양적 관계다. 특정 지역에서 소규모 농지 소유자들의 평균적인 생산도 *그만큼이었고*, 같은 지역에서 같은 경작을 하는 집단화가 된 거대 경작지의 산출 역시 *마찬가지였다*. 그리고 거대 경작지의 평균 생산은 오직 하나의 기계 — 타성태적 통일성이 인간의 노동과 추구된 목적으로부터 유래하는 물리 화학적 체계 — 가 가져온 결과만을 보여 줄 뿐이다. 하지만 우리는 곧바로 기계 자체로는 수익을 배가시키는 것이 불가능하다는 사실과 농업의 생산성(헥타르당이든지 아니면 노동자 1인당으로 따진 것이든지)을 향상시킬 수 있느냐의 여부는 그 *기계를 다루는 사람*에게 달렸다는 사실을 알 수 있다. 즉 이 사람이 기계의 사용법을 이해하는 정도, 이 기계로부터 나오는 이점을 이해하는 정도, 기계에 대한 예속성을 수용하는 정도에 따라 달라지는 것이다. 그 결과 농업의 기계화는 기근에 저항하지 못할 위험을 가지는 하나의 체제가 갖는 타성태적 요구가 됨과 동시에 인간들 사이에 인간적 관계를 맺음으로써 그들을 설득하려고 하는 교육자들의 종합적 기도가 된다.

결국 트로츠키의 계획은 거부되고 말았다. 그의 급진주의 — 신

경제 정책이 시행되자마자 — 는 스탈린과 부하린이 중심이 된 우파를 불안하게 만들었다. 특히 트로츠키는 *시간의 희소성*이라는 매우 중요한 요인을 고려하지 않았다. 1924년부터 농업의 기계화에 필요한 산업을 발전시켰더라도 소규모 농지의 통합과 자본의 집중(부농이 이것을 행한 최초의 사람들이었다.)을 향해 나아가고, 갑자기 — 1928년에 — 스탈린으로 하여금 "밀 파업"이라고 하는 사건, 즉 도시인에게는 죽음의 위협과 같았던 사건을 맞닥뜨리게 한 농민 주도로 이루어진 운동을 앞지를 수는 없었을 것이다. 우리의 관점에서 이 사태들을 다시 고려해 보면 이 노동자 운동 — 그 자체로 엄격하게 조건화되어 있다고 할지라도 — 은 통치자와 농민 대중 사이에 맺어지는 관계들의 *실질적인 미결정* 상태에 따르는 것이다. 저개발 국가에서 농촌 부르주아의 구성으로 이어질 수 있는 토지의 집중을 가져오는 봉건적 소유권 이양의 형성 과정을 검토하는 것은 우리의 의도가 아니다. 확실한 것은 바로 이 과정이 다음과 같은 상황 속에서만 끝까지 지속될 수 있다는 점이다. 즉 국가 내에서 농촌이 *상대적으로* 자율적으로 남아 있는 경우, 다시 말해 국가가 토지 소유권의 자본주의적 재편에 이르는 교환 체계, (빈농에 의한) 판매 체계, (부농에 의한) 구매 체계에 개입하지 않는 경우다.(또는 국가가 이런 재편성을 *조장하는* 경우에도 마찬가지다.) 소련에서 이 과정이 갖는 자율성은 통치자의 상대적 무기력을 보여 준다. 이 통치자가 정권을 잡았을 때 농촌 사람들 전체는 실천적 장에 속해 있었다는 것은 분명하다. 하지만 하나의 통합된 실천의 장이 존재한다는 것과 이 장에 대한 완전한 이용과 통제를 혼동해서는 안 된다. 각자는 — 구성하는 변증법의 예를 보자면 — *자신의 고유한 장*이 얼마나 많은 미결정과 무지로 가득 차 있는지를 알 수 있다. 그리고 이와 같이 알려지지 않았거나 오해된 분야는 분명 실천의 충분치 못한 전개에, 그리고 독립적이고 모호한 지대를 밝히고 조절할 수 있는 기술과 도구의 부재에 해당하는 것이다. 실천의 형식적인 통일성은 위태로워지지 않는다. 왜냐하면 각자는 이와 같은 미결정의 지형도를 통해 자신의 권력, 지식, 조직, 즉 현재 자신의 발전 정도를 확실히 알게 되기 때문이다. 반대로 위험에 빠질 수 있는 것은 행동의 *구체적* 성공이다. 1928년의 "밀 파업"은 그때까지의 실천이 보여 주었던 주요 특징과 실천 도구의 구현이었다. 이 파업은 우선 도시 거점에서 노동자 계급을 통해 **혁명**을 수행한다는 볼셰비키들의 의지, 즉 몇 년 뒤 마오쩌둥이 취하게 될 것과는 완전히 반대된 결정이었던 것이다. 하지만 이와 같은 대조는 양국 사이에 놓인 근본적인 차이로부터 해석되어야 한다. 특히 러시아 혁명 운동은 1900년과 1914년 사이에 있었던 급격한 산업의 발전과 떼어 놓을 수 없는 것이다. 두 번째로 이 파업은 이런 실천적 미결정의 결과로서 농민 계급에 대해 제대로 알지 못했다는 사실과 토지 분배 이후 이 계급의 반응을 예측할 수 없었다는 사실 때문에 발생했다. 셋째로 이 파업은 우리가 앞에서 교환 운동과 관련하여 언급했던 타성태적 단절, 가장 빠르게 산업화를 이룩해야 할 필요성 속에 그 기원을 두는 단절을 구현한 것이었다. 넷째로 이 파업은 방대한 국가와 농민, 즉 노동자 대중, 그리고 인구의 대부분을 차지하고 있던 *지침을 따르는* 계급의 수에 비해 적극적으로 행동하는 사람의 수가 상대적으로 적었다는 사실 ─ 바로 이런 이유 때문에 이 파업은 또 다른 형태로 혁명 계급들 사이의 불균형만을 구현할 수 있었을 뿐이다 ─ 을 구현하고 있다. 마지막으로 이 파업은 운송의 느린 속도와 불충분함 ─ 소련 경제 계획 입안자들에 의해 항상 무시되었던 분야다 ─ 과 이에 따른 통신의 희소성과 어려움을 구현한 것이다. 결국 우리는 여기에서 결핍의 형태로, 즉 타성태적 부정의 형태로 실천에 의해 주어지는 한계 자체, 즉 실천이 그 자신의 수단과 목표와 관련하여 능동적으로 결정되는 순간에 주어지는 한계를 다시 발견하게 된다. 또한 우리는 이와 같은 한계의 기원이 실천을 통해 극복되고 부정되며, 실천 속에 자신의 특수화로 보존되는 물질적 상황으로부터 기인한다는 사실을 알 수 있다.

이와 같은 사실을 토대로 우리는 실천적 장의 한가운데에서 모든 실천의 부정과 마찬가지로 *분리*가 일어나는 실천적-타성태적 지대가 만들어지고 공고해지는 것을 볼 수 있다. 실제로 자본주의적 토지의 재편성은 하나의 *집렬체적*인 과정이다. 이런 재편성은 가난한 농민들의 무기력한 고립 상태를 보여 준다. 상황이 유리할 때 바로 이런 고립을 통해 부농이 형성된다. 그리고 부농에 의해 이루어지는 토지의 집중 현상은 각각 또 다른 새로운 집중의 시작이 된다. 이것은 부자의 치부가 점차 가난한 자의 빈곤화를 결정한다는 점에서 그러하다. 하지만 이와 같은 집렬체적 운동은 인간의 통제를 벗어나는 자동 제어 장치로서만 —— 토지에 의해 이루어지는 인간들 사이의 매개로서만 —— 나타난다. 그리고 이와 같은 부정적 결정은 이 운동을 내면성 속에서 구성한다. 이러한 결정이 운동에 영향을 주는 것은 다음과 같은 사실로부터 기인한다. 즉 이 운동이 전체적으로 보아 통치자의 통제에 종속된 실천적 장의 내부에서 이루어진다는 사실이다. 달리 말하자면 통치자의 부정으로서 실천적 장 속에서 포착된 이와 같은 새로운 회귀는 같은 이유로 통치자에게는 자신의 고유한 내적 부정이 되는 것이다. 하지만 이런 부정은 실천과 실천적 장의 통일성 속에서만 일어날 수 있다. 즉 이 실천이 이루어지는 장의 내용을 통한 이 실천의 비상호적인 재조절로서만 일어날 수 있다. 이와 동시에 모든 실천이 대상에 대한 *실천적 포착*이라는 점에서 이와 같은 부정은 전체적 장의 기반 위에서 이루어지는 특수화로 나타나며, 이 전체적 장은 이 부정을 대자적으로 정립되고 총체성 속에 용해되어야 하는 대상으로 지칭한다. 달리 말하자면 이 장 전체는 이와 같은 낯선 결합이 깨져야 한다는 타성태적 요구로서 나타나는 것이다. 요구를 통한 이 재총체화는 예를 들어 도시인에게 생필품 공급의 문제로 나타난다. 또한 이 재총체화는 바로 이 문제를 통해 산업화의 과정을 거쳐 사회주의의 건설이 가능할지를 재검토하는 것이다. 우리는 여기에서 조절의 과정과 그 순환성을 보게 된다. (1) *실천적-타성태의 출현을 반목적성으로 규정하는 것은 바로 통치적 실천이다.* 실제로 부르주아 혁명이 일어났다는 가정을 해 보면 중공업의 발전은 러시아 혁명에서 볼 수 있었던 것과 같은 규모나 위급성, 통치 방향의 통일성도 가지지 못할 것이다. 시장의 메커니즘(그리고 외국의 투자)이 교환의 조정자로서 개입하게 될 것이다. 경공업이 농촌 노동자들의 요구에 부응하기 위해 구축될 것이라는 점은 의심할 여지가 없다. 산업적 자본주의와 토지 자본의 집중화 사이에서 일정한 조화가 생겨날 것이며, 이렇게 되면 농민은 도시에 수확물을 판매할 수 있을 것이다. 왜냐하면 부르주아 사회에서 판매는 곧 판매자들의 개인적 이익으로 연결되기 때문이다. 이와 동시에 상업 활동이 늘어나면 토지의 집중과 가난한 자들의 징수 역시 늘어나게 될 것이다. (2) *실천적-타성태*로 인해 실천은 산산조각이 날 위험에 처한다. 이 위험은 실천적-타성태가 자신의 주요한 수단(노동자의 노동력)에 대해 행사하는 부정적 영향력에 의해 생겨나는 것이다. 실제로 집중화의 반복적인 움직임은 토지분배의 결과인 동시에 권력자의 무능력의 결과로서 나타나는 것이다. 이런 무능력은 이 저개발 국가에 이미 존재하던 두 가지 특징을 동시에 반영한다. 즉 운송 수단의 부족과 농촌과 도시 인구 사이의 수적 불균형이 그것이다. 통치자가 산업 생산을 증가시키면서 이런 결핍을 제거하고자 하며, 도시화를 끝까지 밀고 나감으로써 이 불균형을 감소시키고자 한다는 점에서 그는 자신의 무능력을 증가시키게 된다. 왜냐하면 그는 산업화의 시도 속에 자신의 모든 긍정적인 힘을 결집시키기 때문이다. 하지만 이와 같은 무능력은 그것이 체험되고, 감수되었기 때문에, 그리고 문제화되고, 자각을 야기하며, *해결책*(좋은 것이든 나쁜 것이든 그것은 중요치 않다.) 속에서 재외면화될 것이기 때문에 *그 자신의 실천적-타성태적 결과* 속에서 행동의 *내적 악*이 될 것이고, 근본적으로 실패할 수밖에 없는 *위험*이 될 것이다. 이처럼 통치자는 통일성을 위험에 빠뜨리는 도피하는 분열성으로 통일성에 통합된다. 다시 말해 통치자의 실천이 모든 도시에서 볼 수 있는 구체적이고 보편적인 *하나의* 위험으로서 기근의 위협에 직면하게 된다는 점에서 반목적성은 행동으로부터 통일성을 빼앗아 가고, 그 부정의 통일성으로서 그 행동에 다시 포함된다. "밀 파업"을 집렬체적 사건으로 불렀다는 사실 ─ 이는 하나의 합의, 조직화된 조직, 계급 의식 등을 암시한다 ─ 은 지도자들이 어느 정도까지 위험을 종합적으로 드러내는지, 이런 위험을 통해 그것을 결정짓는 조건이 무엇인지를 보여 준다. 이때 이 위험은 그 자신의 행동에 대한 굴절되고 목적론적인인 환경을 통해 지도자들에게 나타난다는 점에서 그러하다.

하지만 실제로 밀 파업은 없었다. 하나의 복잡한 과정이 있었을 뿐이다.(토지의 재편성, 농촌 지역의 새로운 사회 질서 출현, 소유 체제의 변화, 즉 봉건 시대에서 부르주아 시대로의 이행에 기초한 부자들에 대한 가난한 자들의 새로운 독립 그리고 이런 모순을 통해 나타나는 체제의 징수원들에 대한 불신. 이런 불신을 통해 표현되는 것은 단지 구체제의 오래된 전통만은 아니다. 이것은 우선 농촌에서 건설 중인 질서, 즉 집단적인 것으로서의 소유의 집중화와 도시에서 진행 중인 질서, 즉 사회주의 사이의 양립 불가능성을 보여 준다.) 이와 같은 복잡한 과정은 진행시킬 수 있는 수단이 없는 나머지 결국 포기된 통치 행위의 악화에 불과하다. 그럼에도 불구하고 "파업"에 대해서 언급한 것은 거짓이 아니다. 통치자와 도시의 관점에서 보자면 거짓이 아니기 때문이다. 또한 도시 전체가 생필품 공급을 경험한 바 있다는 점에서 사회주의의 건설이라는 관점에서도 마찬가지다. 이와 같은 사회주의 건설은 단지 *살기 위한 수단이 아니라 참여한 전투에서 승리하기 위한* 필수적인 수단인 것이다. 또한 행동의 차원에서 볼 때 모든 것은 항상 행동(그것이 긍정적이든 부정적이든 간에)이라는 점에서, 그리고 실천이 위급한 것일수록, 타성태의 저항 — 이것이 필연적으로 사람들을 통해 드러난다는 점에서 — 은 더욱 태업으로 나타난다는 점에서도 거짓이 아님을 알 수 있다. 이렇게 해서 라코시는 몇 달간의 노동이 끝나고 나서 부다페스트의 땅이 지하철을 건설하기에는 적합하지 않다고 이야기한 기술자들을 감옥에 보냈다. 이들을 통해 그가 감옥에 보낸 것은 바로 부다페스트의 땅이었던 것이다. 의지주의적 낙관주의는 필연적으로 **공포**다. 이 낙관주의는 *반드시* 사태들의 역행 계수를 과소평가하기 마련이다. 인간의 능력에 대한 신뢰의 명목으로 이 낙관주의는 타성태의 저항, 반목적성, 아주 느리게 진행되는 상호 침투(그것이 시간의 희소성을 증가시킨다는 점에서) 등등을 알지 못하고 단지 배신만을 겪게 된다. 또한 이런 의미에서, 즉 내적 시간화 속에서 행동은 말로가 말했듯이 선악 이원론적이다. 이렇게 해서 실천의 조직인 통치 행위의 진실 속에서 농민 계급을 동요시키는 복합적인 과정은 *이미* 반혁명 집단의 단일한 실천인 것이다. 이것은 그 결과가 사회주의를 위험에 빠뜨리는 순간부터 이루어진다. 이런 관점에서 볼 때 이와 같은 입장을 취하는 것은 강제력에 의한 농민들의 실천적 *재통합*의 시작이다. 바로 이런 관점에서 우리는 암울한 특징을 찾아볼 수 있다. 하지만 이 암울함은 실천 자체 속에 있는 것이다. 우리는 집합체가 몰살당할 수 있는 외적 위협을 근본적으로 부정적인 총체화로 내면화할 때 융화 집단이 생겨난다는 것을 이미 살펴본 바 있다. 실천은 자신이 만들어 낸 실천적-타성태를 그 자체 내에서 폭발시키거나 해체하기 마련이다. 초기에 실천은 실천적-타성태에 한 집단이 가진 부정적 통일성을 부여한다. 그러고 나서 이 실천은 농민 계급 속에 또 *다른* 통일성을 만들어 내고자 한다.

앞에서 살펴보았듯이 집단화는 통제를 더욱 강화한다. 원래 이 집단화는 국가에 의해 징수될 토지 생산물의 양을 기존의 17퍼센트에서 35퍼센트로 늘리고자 하는 통치 행위를 목적으로 하고 있었다. 다른 한편 이 집단화는 부농을 억압하고 막 시작된 자본주의적 부의 집중을 사회주의적 집중화로 변화시키고자 하는 정치적이고 즉각적인 목적을 가지고 있다. 하지만 *시간의 희소성*(즉 1928년에 있었던 위기 상황)은 *강제에 의해* ── 즉 기계화나 선행 교육 없이 ── 집단화를 해야만 하는 의무로 실천적으로 받아들여졌다. 우리는 이와 같은 폭력적 조치의 결과를 알고 있다. 즉 두 가지 유형의 통합이 이루어지는 것이다. 우선은 농촌 대중의 집단화된 공동체로의 변화가 그것이다. 이런 변화는 엄격하게 통제된 대규모 개간에 기초한다(처음에는 "공권력"에 의해, 나중에는 MTS[86]와 같은 시설을 통해). 그다음으로는 ── 체제에 대한 이와 같은 피상적인 통합하에서 ── 농민 저항으로 이루어진 통일성의 (일반적으로는 지역에 국한된) 집단화된 공동체로의 변화가 있다. 이와 같은 통일성은 종종 진정한 반혁명주의자들에 의해 조직되

---

86   1929년에 세워지고 1958년에 사라진 기계와 트랙터 기지들.(편집자 주)

곤 했다. 요컨대 통치자의 갑작스러운 개입은 실천적-타성태 — 즉 사물과 그 사물에 의해 매개된 인간의 저항 — 를 자신의 실천에 반하여 뭉치는 인간 집단으로 변화시킨다. 시간의 희소성은 자원의 희소성과 결합하여 모순을 갈등으로 변화시킨다.

하지만 적대자들이 떠맡는 모순으로서의 이와 같은 갈등 자체는 전체적 실천에서는 더욱 위험한 것일 수도 있지만 어쨌든 보다 상위 단계의 통합을 보여 준다. 우선 이 갈등은 노동자 대중의 이질성을 축소시키는 데 기여한다. 이 대중은 자신들이 동일한 위험에 처함에 따라 공동의 비약을 통해 통치자를 지지하게 된다. 도시화는 농촌 출신 노동력의 유입을 통해 계속 진행되지만 도시에서의 통일성은 농촌에 반하여 이루어진다.(당시에 체제의 적대자들은 오직 부농뿐이라는 이야기가 조심스럽게 회자되었다는 점은 별로 중요한 사안이 아니다. 어떤 농부라도 힘을 가지면 부농이 된다는 것을 모두 알고 있었기 때문이다. 또한 체제에 반대하는 모든 사람은 비록 그가 농민일지라도 부농으로 취급될 것이라는 사실도 알고 있었다.) 그다음으로 농촌의 집합체들이 와해되었다. 어디에서나 동일했던 이러한 상황은 *새로운 집단* 속에서도 동일한 반응을 불러일으켰다. 하지만 이와 같은 동일성 속에서 조직화된 저항의 조건이 부분적으로 발생하게 되었다. 우리는 그 결과를 알고 있다. 즉 농민은 자신들의 손으로 수확물과 가축을 파괴하고, 그 결과 1932년에서 1933년에 이르는 동안 기근이 만연하게 되었다. 만일 체제가 모험 속에 휘말리지 않았다면 그것은 *무엇보다도 노동자와 농민의 통일성* (**10월 혁명**을 가능케 했던)이 불가능해졌기 때문이다. 1917년 만하더라도 두 계층의 이해관계가 일치했었다. 그러나 1930년에 이르러 그것들은 서로 대립하게 되었다. 일반적으로 생산 수단의 사회화에 찬성했던 노동자들은 사회주의에 대한 거부로써 규정된 농민들의 저항에 찬성할 수 없었다. 이런 반목은 다음과 같은 점에서 실천적으로 분명히 드러나게 되었다. 즉 노동자들의 이익이 직접적이고 엄청난 양의 징수를 요구했다는 점이 그것이다. 국가 공동체를 위해 초과 노동을 하기 위해서는 농부들 역시 *초과 노동을 통해* 이들을 먹여 살리는 데 동의해야만 했던 것이다. 이처럼 통치자의 의지주의적이고 강제적인 정책은 그들의 고유한 요구를 구현하고 있었다. 그들은 이 정책을 *그들 자신에게서 비롯한 것으로* 인식했다. 그리고 체제를 구해야 한다는 또 다른 이유는 농민에게 공동 목표와 지침을 가지고 모든 고장에서 세분화된 조직화를 통해 그들 자신의 실천적 통합을 추구하는 것이 더 이상 불가능하다는 사실을 의미했다. 이것을 통해 *집단들의 해체*(개인들의 해체를 대체하는)는 통치적 실천을 통해 이미 총체화된 — 그러나 다른 방식으로 — 소여들 전체를 농민들의 패배에서 부정적 조건으로 재총체화한다. 방대한 국가, 다양한 언어와 민족, 소통의 결여(운송 수단의 부족 등등) 등은 통치자와 마찬가지로 혁명자에게도 — 오히려 더 — 영향을 미쳤다. 왜냐하면 이 통치자는 혁명을 일으킨 자들이 사용할 수 없었던 몇몇 수단(장거리 통신 등등)을 이용할 수 있었기 때문이다. 혁명이 무엇보다도 *도시적*이었다는 사실(당시에는 당연했지만 오늘날에는 러시아 혁명을 특징짓는 사실, 여기에 반해 중국의 혁명은 *농촌 중심적*이었다.)은 저개발 상태에 있는 러시아의 한계를 보여 주는 것이었다. 1914년 이전에는 산업 부분이 존재했고, 빠른 속도로 발전하기도 했으며, 그 결과 많은 노동자의 집중화 현상을 야기했다. 또한 도시인의 기술, 문화, 정치적 수준과 농민의 수준 사이에 막대한 차이를 초래하기도 했다. 농민들은 자신들이 증오했던 구체제로 되돌아가는 것을 거부했다.(비록 황제를 지지하는 반혁명자들이 하나의 이념과 종종 특정한 경험을 이용했음에도 불구하고 농민을 조직화하려는 시도를 감히 할 수 없었다.) 농민들은 그들로 하여금 부르주아 자유주의에 기초한 행동 강령을 사회주의에 대립 가능하게 하는 수단을 소유하고 있지 못했다.

이처럼 이른바 "농민들의 전쟁"이라고 잘못 불려 온 — 간헐적이고 "자살적인" 파괴, 그리고 수동적 저항 — 것이 갖는 주요한 양상은 정확히 혁명적 실천을 통해 "도시-농촌"의 관계를 반영하고 있다. 즉 농민들은 체제에 맞서 *그들이 할 수 있는 것들을 다 했다. 그들은 더 이상 행동할 수 없기 때문에 패배할 수밖에 없었다.* 즉 이들의 패배(광범위한 조직으로의 통합 불가능성, 하나의 공동 목표, 무지, 문맹, 기술 부족 및 무기 부족 등에 대한 명증한 자각의 불가능성) 원인은 10월 혁명을 조건 짓고 발생시켰던 저개발 상태이자 혁명적 통치자 — 그의 주요 목적은 저개발 상태를 타파하는 것이었다 — 가 자기 안에서 지양하고 보존하고자 했던 저개발 상태였다는 점에서 그러하다. 지도자들은 저개발 상태의 국가가 이용할 수 있었던 불충분한 수단들을 가지고 이 저개발 상태의 구현 자체라고 할 수 있는 사람들의 저항을 분쇄하기 위해 투쟁하였다. 통치자들이 러시아의 빈곤을 제거하고자 했을 때 이들은 이와 같은 빈곤에 의해 양산된 사람들이 자신들에게 맞서 봉기하는 것을 목격했다. 이 반항을 통해 빈곤과 과거의 억압은 지도자들을 타파하기 위한 인간적인 요소가 되었다. 역으로 통치자들이 모든 반란의 시도를 진압하고자 했던 끔찍한 폭력성은 이러한 상황에서 구현되는 시간의 희소성인 것이다. 이때 희소성 자체는 두 가지 요소, 즉 외부의 위급한 위협과 내부의 위험에 달려 있었다. 하지만 이 두 위급한 요소들은 공히 저개발 상태에 의해 조건 지어져 있었다. 즉 매우 빠른 속도로 산업화를 진행해야만 했다. 왜냐하면 소련과 자본주의 사회의 격차가 너무나 커졌기 때문이다. 소비 산업을 발전시킬 만한 시간적 여유가 없었다. 따라서 힘을 집중시킬 필요가 있었다. 특히 트랙터가 부족한 상황이었다. 또한 농민들을 교육할 만한 시간도 없었다.

역으로 이와 같은 폭력성은 통치자의 통치 방식을 단일화하게 된다. 관료 제도가 프롤레타리아들의 이익을 위해 독재를 선택하였고, 농민 계급에 대한 잠재적인 억압, 농민 계급에게서 표출된 억압 등을 통해 이 독재를 유지할 수밖에 없었다.[87] 독재가 **공포**로서 모든 곳 그리고 모든 분야에서 격화된 것은 바로 이와 같은 농민에 대한 투쟁을 통해서였다. 임시로 세워졌던 위계질서가 점차 고정화되는 것은 바로 이와 같은 **공포** ── 공고한 힘을 필요로 하는 ── 로부터 출발했을 때다. 결국 이와 같은 사실로부터 통치적 실천으로서의 **공포**가(우리는 앞 장[88]에서 어떤 메커니즘을 통해 그러한지를 살펴본 바 있다.) 내면화되고, 그 결과 통치 기구의 내부에서 산발적인 말살이 자행되었던 것이다. 급진적이고 필요할 때마다 폭력적인 통합의 실천으로서의 내적 공포는 외적 공포의 운동을 급진적이고 폭력적인 다양한 실천적-타성태에 대한 통합으로 재생산해 냈다. 그리고 이와 같은 내면화는 여기에서도 역시 이해 가능하다. 통치자는 다음과 같은 경우에만 자신의 실천적 장에 대한 엄격하고도 단호한 통일성을 이룩할 수 있었을 뿐이다. 즉 그가 몸소 순수한 통합의 힘, 즉 어떤 수동성도 갖지 않은 종합적 실천인 경우가 그것이다. 실제로 수동성은 항상 현존하기 때문에 ── 다수의 공동 개인의 자격으로 ── 이 통치자는 자신을 좀먹는 타성태를 항상 축소할 수밖에 없는 처지에 놓이게 된다. 그는 실천적 장을 통합해야 할 처지에 놓인다. 왜냐하면 실천이 이 장의 통합을 실현시키는 것과 마찬가지로 다양한 실천적 장은 통치적 다양성을 현

---

87   물론 그 반대도 마찬가지다.(원주)
88   1권, 제2서, A, 1052쪽 이하 참고.(편집자 주)

동화하기 때문이다. 통치자들이 "하나가 되어야 하는 것"은 바로 준엄한 조치를 적용하기 *위해서*다. 그러나 통치자들이 이 조치들을 구상하고 적용할 *때* 이들은 다수가 된다.(다수가 될 가능성이며, 이 가능성만으로도 충분하다.) 통치적 종합이 가진 순수한 힘에 의해 이루어지는 실천적 장의 통합과 현재 진행 중인 총체화 속에서 통합이 와해시키는 대상에 의해 다양해진 실천들의 재통합은 시간화의 변증법적 여러 계기를 구축한다.

바로 이 차원에서 우리는 갈등이란 통일을 향한 진전이었다고 말할 수 있다. 즉 갈등은 교환의 타성태적 불가능성을 계급 투쟁으로 대체시켰다. 문제가 되는 계급들은 여전히 서로 대항하여 투쟁하지 않았던가. 노동자 계급은 집렬체들과 집렬체들의 집렬체들에 의해 관통되면서 어떤 안정성도 갖지 못한 채 한창 증가 일로에 있었다. 농민 계급은 해체로 특징지어진다. 실제로 갈등은 통치자의 매개를 통해 나타났다. 결국 이 통치자가 타성태적 관계에 종합적 필요성의 양상을 부여했던 것이다. 그는 이때 농촌 사람들에 의한 도시 사람들의 생필품 공급을 하나의 긴급한 사태로 만들었던 것이다.(즉 자신의 고유한 목적에서 출발하여 교환의 계속되는 어려움들을 매우 중요한 문제로 변화시켰다.) 계급들 사이의 매개자인 이 통치자는 오직 단절만이 존재했던 바로 그 상태에서 갈등의 첫 번째 계기로서 상호성을 정립했다. 농민 계급이 노동자 계급의 운명이 되는 것을 피하기 위해 이 통치자는 노동자 계급의 이름으로 노동자 계급을 농민 계급의 운명으로 삼기 위해 억압이라는 자신만의 기제를 사용했던 것이다.

하지만 이 갈등 — 아무리 그것이 유혈 사태일지라도 — 이 그 고유한 목적에서 모든 것을 다 제거해 버리는 것은 아니다. 농업 생산을 통제하고 증가시켜 국가 기관으로 하여금 *최대*의 비율을 징발하도록 하는 것이 문제이지 어떤 경우에도 계급으로서의 부르주아를 제거하는 방식으로 농민 계급을 제거하는 것이 문제가 되지는 않는다. 실제로 산업을 통해 농업의 산업화와 기계화가 시작되었다. 점차 농민에 의해 이용 가능하게 된 노동자의 생산물은 도시 노동자의 *리더십*을 정당화시켜 주게 되었다. 이 기계화 ── 완성에 이르려면 아직은 멀기만 한 ── 가 오늘날까지도 여전히 진행되고 있다는 점을 고려할 때 우리는 그 목표와 한계가 어떤 것인지를 알 수 있다. 이 기계화는 결국 억압을 통한 통일이라는 명분하에 *사람들 사이의 접근*을 추구하는 것이다. 하지만 이들에게 상호 관점에 대해 토의하도록 하는 것을 허락하는 것이 아니라 기계화가 농업 기계 전문가로서의 농민을 도시에서 사용되는 기계들의 전문가로서의 노동자들과 점차 닮아 가는 사람들로 만들어 내게 된다. 그러므로 실천적 장 속에서 통치자의 실천이 갖는 총체화적이지만 개별적인 특징을 간파할 필요가 있다. 이 적대 관계를 해체시키는 위험을 무릅쓰는 실천적-타성태를 갈등으로 변화시키고, 동시에 두 적대자와 이들 각각의 종합적 통일을 결정하고 그 자체로 투쟁의 방향과 출구를 결정하는 구속력이 되기 위해 이 통치적 실천은 실천적 장에서의 적대 관계의 심화를 야기함으로써 다음과 같은 행동을 감행하게 된다. 즉 어찌 되었든 간에 가해진 억압을 통해 재정의된 농민 계급 속에 그 자체로 제한되어서 동화될 수 없는 마르크스주의적 문화뿐만 아니라 완만한 침투를 통해 생산 수단을 도입시킨 것이 그것이다. 이 생산 수단을 통해 생산성의 향상과 동시에 이 생산에 적합한 인간, 즉 집단 농장의 사람들 ── 수익성을 위한 전투에서 자신들의 도구를 가지고 투쟁을 시작한 사람들, 그리고 자신들이 행하는 전투에 의해 노동자로 정의된 사람들 ── 이 양산될 것이다. 억압 기제는 이 세대가 살아 있는 동안이 아니라면 적어도 새로운 세대가 그 뒤를 잇게 될 때 지배력을 포기하게 될 것이다. 왜냐하면 이 집단 농장 출신의 젊은이들은 어렸을 때부터 집단화를 경험했고, 기계의 출현과 그 사용의 일반화를 목격했기 때문이다. 따라서 계급들 사이의 동질성, 항상 가능한 상호 침투성이 존재하게 될 것이고, 그 결과 농업의 산업화와 더불어 도시와 농촌 간의 차이가 실질적으로 거의 사라지게 될 것이다.

당연히 이와 같은 실천의 내용은 다음과 같은 몇 가지 유보 조건들을 만들어 낼 때만 인정될 뿐이다. 첫째로 농업의 산업화를 계획 경제 성장의 특수한 결과물로서만 여길 수는 없다. 이 산업화는 여러 선진 자본주의 국가에서 훨씬 더 빠른 속도로 이룩되기도 한다. 분명 1차 산업 분야에서의 생산성 증가는 항상 더디다. 하지만 미국에서 690만 농민이 1억 6500만의 국민을 먹여 살리는 반면, 소련에서는 5000만의 농촌 노동자가 2억 1500만 명을 먹여 살리기 위해 필요한 상황이다. 실제로 소련인들에게 1차 산업에서의 생산성 개선은 농기계의 실질적인 증가와 일치되지 않는 상황이다. 1928년과 마찬가지로 1958년에도 여전히 ─ 하지만 그 위급성은 덜하다 할지라도 ─ 농업 생산성의 문제가 정부의 최우선 과제로 남아 있다.

하지만 이와 같은 유보 조건들은 다음과 같은 때 설명될 수 있다. 즉 이 유보 사항들을 통해 통치적 실천을 그 외면성 속에서 해석해 낼 수 있을 때, 이 실천적 장 ─ 달리 말하자면 실천에 의해 종합되는 타성태적 물질성을 통한 이 실천 자체에 대한 반성에서 기인하는 ─ 에서 비롯한 반목적성들에서 유래하는 자질을 결정지을 수 있을 때 그러하다. 억압받는 자들의 모든 적극적 행동을 미리 방해하는 동시에 이들이 행동을 위해 집단화를 이루는 의도까지를 사전에 방해하는 강제력은 계속되는 저항의 상태에서 이 강제력의 영향을 받는 자들을 현 상태에 묶어 두기도 한다. 게다가 이런 저항은 무기력과 불가분의 관계를 맺고 있기 때문에(생산 집단의 외형적 통일성하에서 강제는 집렬체성을 유지한다.) 수동적 저항으로 특징지어진다. 체제에 맞서 어떤 행위도 행해지지 않은 것이다. 무엇도 *이루어지지 않았으며*, 몇몇 명령은 완수되지 않았다. 트랙터의 출현이 경작민들을 재집결시키지 못했던 것이다. 이들이 ─ 도시로부터 왔고, 초과 노동과 노동자에 대한 재평가를 요구하는 ─ 기계와 맺는 관계는 모호하다. 사람들은 이 기계들을 불신하고, 이 ─ 국영 트랙터 기지에서 임대해 온 ─ 기계들에서 새로운 통제와 억압의 수단을 발견하게 된 것이다. 하지만 이 기계들이 생산성을 증가시키게 될 것이라는 사실을 부인하는 것은 아니다. 그러나 이와 같은 증가가 생산율의 증가를 조건 지으려면 농민들이 이 기계의 출현을 열렬히 환영해야만 한다. 즉 이들이 사회주의 체제를 진정으로 인정하고 국가의 요구를 받아들여야만 하는 것이다. 이와 같이 통치적 행위의 두 방향(힘을 집단화하는 방향과 집단화를 수용하게끔 하는 수단을 점차 제공하는 방향)은 서로 대립하는 경향이 있다. 하지만 집단 농장 출신의 새로운 세대는 기계화와 토지의 집단 소유를 더 이상 문제 삼지 않는다. 체제 자체도 더 이상 문제되지 않는 상황이다. 하지만 이 세대는 동력화와 마크르스주의적 교육 등에 의해 형성되었다 할지라도 여전히 이전 세대가 품었던 무기력한 분노와 불행의 흔적을 가지고 있다. 현 단계에서 흐루쇼프가 취한 조치들에도 불구하고 ─ 특히 MTS의 와해, 즉 탈집중화 ─ 새로운 세대는 소련 내에서 분리주의는 아닐지라도 적어도 일종의 특정주의를 여실히 보여 주고 있다. 최근 《프라우다》 역시 집단 농장의 대표들이 제시한 낯선 제안을 보도하고 있다. 이 제안의 목적은 소련 **집단 농장 노동자들**의 자율권을 위에서부터 아래까지 보장하는 데 있다. 만약 ─《프라우다》가 기사를 통해 전제하는 것과 같이 ─ 이 제안이 일반적인 내용을 반영하는 것이라면 우리는 이 제안이 농민들에게 일종의 *계급 의식*을 보여 주는 것이라고 말할 수 있을 것이다. 마르크스주의에 의해 계몽되고, 대다수가 도시에서 교육받은 이 기술자들은 ─1930년 지도자들이 예견했던 바와 같이 ─ "진정한 소련인들"인 것이다. 즉 이들은 고통으로 단련되고, 용맹하고, 강한 의지를 지녔으며, 식료품 생산 증가의 필요성을 절실히 느꼈던 자들이다. 그러나 *이와 동시에* 도시에 사는 자신과 비슷한 사람들에 대해 두었던 것과 동일한 거리를 두고 가족들이 경험했던 **공포**를 내면화한 자들이기도 하다. 교육을 받지 못했던 부모들은 강요된 초과 노동과 새로운 소유 체제를 거부했다. 반면 교육을 받은 자녀들은 생산성의 증가를 받아들이게 되고, 집단화 자체를 옹호하게 될 것이며, 소련 체제를 지지하게 될 것이다. 하지만 자녀들에게서는 소련의 자긍심에 대한 특수한 감정으로서 성숙기에 이르렀다는 의식과 사회주의 체제 속에서, 그리고 이 체제를 보호하기 위해 노동자에 대한 후원을 거부해야 한다는 의식을 찾아볼 수 있다.

따라서 집단 농장 노동자들의 이런 성향 ─ 통치적 실천 속에 새로운 변화를 야기하게 될 ─ 은 스탈린적 실천의 객체화와 같은 것이다. 그러나 이와 같은 객체화는 ─ 예를 들어 고립된 노동자나 규모가 축소된 집단이 *외부로부터의 외면성*, 즉 그들의 노동이나 이 노동의 객관적 결과를 앗아 갈 때 나타나는 차이와는 달리 ─ *내부로부터의 외면성*처럼 실현된다. 이는 다음과 같은 사실을 의미한다. 즉 이와 같은 존재태가 ─ 그 자체로 행동이 될 수 있는 ─ 그 자체 내에 30년간의 통치적 실천을 구현하고 집약하는 동시에 이 실천에 대한 모든 판단을 내리고 있다는 사실이 그것이다. 결론은 회고적 총체화다. 이처럼 농민들의 태도가 갖는 양가성은 통치자가 갖는 모순들의 *특권적 의미* 작용으로 나타난다. (이 모순들이 통치자의 이전 행동들에서 나타난다는 점에서) 우리가 이 의미 작용을 *결정적*이라 하지 않고 *특권적*이라고 한 사실에 주목하자. 도시와 농촌에서의 산업화의 전개에도 불구하고 소련인들의 통일성이 실현되지 못할 것이라는 사실을 예견하게 해 주는 것은 없기 때문이다. 이 경우, 그리고 이와 같은 새로운 결과의 관점에서 볼 때 통치자의 실천 ── 1928년과 1950년 사이의 ── 은 새로운 평가를 얻게 될 것이다. 하지만 이와 같은 차후에 진행될 발전은 다른 것들과 마찬가지로 우리가 앞서 통시적 총체화로 불렸던 것에 속하게 될 것이다. 이런 새로운 상황, 예견 불가능한 문제, 그리고 독창적인 실천을 통해 이와 같은 평가들이 이전의 실천에 가해지게 될 것이다. 이전의 실천은 이런 평가들을 수동적으로 받아들이게 될 것이다. 왜냐하면 이 평가들이 이 실천의 산물은 아닐 것이기 때문이다. 특권적 의미 작용은 실천의 내적 결론이다. 이 의미 작용이 실천적 시간화의 일시적 한계라는 점에서 그러하고, 또한 이 의미 작용은 실천 자체가 진행되는 동안 통치자의 내면성과 실천적 장 속에서 실제로 정립되었던 내재적 관계들(긍정적이든 부정적이든 간에)*에만* 관계된다는 점에서다. 이런 의미에서 농민 계급의 현재적 존재태는 스탈린적 **공포**의 긍정적 성공과 부정적 한계를 회고적으로 총체화한다. 이 존재태는 소련 사회 전체의 모호성과 특정 조건하에서 새로운 발전을 일궈 낼 가능성을 동시에 보여 주기 때문이다. 강제에 의해 형성된 집단 내부에서 강제적 통합의 노력은 트랙터를 이용할 수 있었던 대규모 경작이 시행되고 진행되도록 해 주었다. 국가기구의 압력하에서 이 집단들은 자신들의 실천적 통일성을 동력화된 기계의 생산을 가능케 해 주는 산업화의 발전을 통해 획득했던 것이다. 만약 이 억압이 기근과 체제의 붕괴를 부정적 방식으로 면하게 해 주었다면 이 억압은 그것에 의해 발생한 저항들에 의해 농민 계급을 "계급 없는 사회"에 통합할 수 없게 되고, 결과적으로 농업 생산율의 증가를 전체 생산성 증가에 맞추는 것 역시 불가능하게 된다. 여기에서 내적이고 특권적인 의미 작용을 결정짓는 것은 이중의 교체(세대의 교체, 지도부의 교체)다. 하지만 러시아의 농민들을 소련인으로 변화시키고자 했고, 또 그렇게 만들었던(모든 특정주의에도 불구하고) 계급 투쟁은 여전히 그 결과에 이르기까지 가지적이어야 한다. 그것도 통치적 실천에 의해 결정된 통합 수단으로서, 반목적성들을 통해 이 실천을 역으로 규정짓는 수단으로서 가지적이어야 하는 것이다. 계급 투쟁의 어두운 이면, 절반의 실패 등은 행동이 갖는 내적 외면성을 회고적으로 재총체화한다. 이 절반의 실패가 하나의 상황을 발생시키고, 그 상황을 겪으면서 극복하는 사람들을 만들어 내기 때문이다. 우리는 특권적 의미 작용 속에 포함된 내재적 부정으로부터 통치적 통일성 속에서, 그것에 의해 생겨난 기생적 반목적성들의 종합으로 회고적으로 이행한다. 결국 우리는 *이 과정을 총체화하는 것*이다. 긍정적 구조들은 *지금 거기*에 집약된 기도의 객관적 의미, 즉 이 기도 자체의 *지나간, 과거에서의* 총체화 운동을 다시 발견하게 된다. 물론 이와 같은 회고적 연구의 두 방향은 완전히 불가분한 것이다. 이 방향들을 극복하면서 재총체화하는 젊은 집단 농장 노동자의 행동 속에서도 역시 그러하다.

이처럼 통치적 실천 안에서 일어나는 실천적-타성태의 매개된 계급 투쟁*으로의* 변화는 통합을 향한 변증법적 진보를 보여 준다. 통치자는 자신의 반목적성을 야기하면서 스스로 만들어 냈던 실천적-타성태의 응결을 제거하고자 한다. 하지만 인간들 사이에서 일어나는 타성태의 매개인 실천적-타성태가 매개된 인간들을 통해 수동적인 저항을 표현하기 때문에 **공포**는 그것이 만들어 내어 인간들에게 영향을 주는 타성태적 응결을 제거(결국 인간들의 제거를 통해)하려는 통치자의 노력이다. 통치자의 승리 ─ 그것이 피로스식 승리[89]라 하더라도 ─ 는 투쟁의 진정한 의미를 보여 준다. 세력들의 관계는 처음부터 그에게 유리했던 것이다. 물론 이때 유리하다는 말은 단순히 수적 관계만을 의미하지 않는다. 실제로 수적 관계는 노동자 대중과 지도 기관들에 대항하여 역할을 하게 될 것이다. 실제로 이 개념은 적대자들 각자에게 하나의 복잡하고 변증법적인 관계를 보여 준다. 이 관계는 역동적인 강도(즉 통신 수단들에 의해 매개된 자로서의 사람들), 조직화와 재조직화의 가능성, 위급성, 이런 위급함으로 인해 각자와 모두에게서 조건 지어지는 비약, 요구와 행동의 프로그램 ─ 이 프로그램 속에서 실천의 구분된 목표들은 가장 장기적인 목표 속에서 통일성을 발견하게 된다 ─ 을 통해 모든 세력을 동원할 수 있는 구체적 수단들 사이에서의 관계다. 통치자가 승리하는 것은 이 조건들이 피지배자들을 위해서가 아니라 바로 그 자신을 위해서 실현되었기 때문이다. 실제로 1931~1932년의 심각한 위기에도 불구하고 실천적 장의 통일성은 진행 중인 어떠한 갈등에 의해서도 위태로워진 적이 없다. 하나로 통합될 수 있는 물질적 수단들이 결여되었다는 것과 상황에 대한 자각과 프로그램을 만들 능력을 부여해 줄 이론적 도구들을 가지고 있지 못하다는 것은 농민 대중에게 마찬가지의 의미를 가지는 것이다. 농촌 대중의 기술적이고 문화적인 저개발 상태는 실천적 요구들 속에서 하나의 프로그램을 중심으로 자신들의 통일성을 구축할 수 없다는 점으로 나타난다. 문자 그대로 농민은 집단화를 원하

---

89   피로스는 고대 그리스 왕의 이름이며, "피로스식"이라는 표현은 "많은 피해를 입으면서 거둔 승리"를 되미한다.

지 않지만(특히 통치자가 제공한 아주 거친 형태의 집단화) 자신들이 진정
으로 원하는 바에 대해서는 자각하고 있지 못하다. 왜냐하면 그들은
어떤 것도 원할 수 없기 때문이다. *진정한* 부농은 물론 자신들의 소
유권을 유지하기 위해 투쟁한다. 하지만 가난한 농민은 자신이 소유
하고 있지 않은 땅, 그가 알지 못하는 부르주아적 소유권의 원칙을 옹
호할 수 없으며, 그에게 조금이나마 남아 있는 땅을 빼앗아서 부자의
영역을 조금이라도 넓혀 주는 이 지속적인 부의 이동을 막을 수도 없
다. 농민의 저항은 분쇄되었다. 왜냐하면 이 저항은 *원칙이 없기* 때문
이다. 하지만 이 저항이 원칙을 갖고 있지 못한 이유는 전통, 지역적
이해관계, 제약, 불신 등에도 불구하고 농촌 사람들이 어디에서도 이
런 것들에 대립할 만한 본질적인 이유를 찾을 수 없기 때문이다. 원칙
에서부터 농민의 저항은 통치자의 실천에 의해 *극복되게* 되어 있다.
왜냐하면 농민의 저항이 *시대에 뒤진* 것인 반면 통치자의 실천은 *진
보적인* 것이기 때문이다. 물론 그렇다고 해서 이 말들에 내가 절대적
인 의미를 부여하는 것은 아니다. *진보적*이라 함은 하나의 총체화하
는 실천 내부에서 주어진 사회적 장을 위해 기도된 총체화를 진행하
거나 어쨌든 실현시키는 활동들을 일컫는다. *시대에 뒤진* 것이라 함
은 전체적인 실천의 폭발을 실제로 낳을 수 없는 상태에서 실천을 하
면서 하나의 실천적-타성태의 제동을 가져오는 활동을 일컫는다. 물
론 이것의 기원은 —— 적어도 부분적으로는 —— 실천 그 자체를 야기
한 물질적 상황 속에서 찾아야 한다. 우리가 실천적 전체(실천, 실천적-
타성태, 실천적 장)를 하나의 고립된 체계로 여김에 따라(몇몇 추상적 예
를 제외하고는 항상 완전하지 못한 논의이긴 하지만) 아무리 격렬한 저항이
라 할지라도 그 운명은 미리 결정되어 있는 것이다. 이와 같은 저항이
성공하기 위해서는 아주 적당한 시기에 일시적으로라도 외부의 도움

이 있어야만 한다. 이런 의미에서 비록 이 저항이 각자에 의해 고안되고, 자유로운 기도 ─ 종종 영웅적인 ─ 에 의해 경험되고 실현된다 할지라도 이는 가속과 제동의 체계 속으로 다시 들어가게 된다. 실제로 이런 가속과 제동의 체계는 실천 자체에 의해 발생한 것이며, 그것도 이것들을 흡수할 위험을 무릅쓰고 이 실천을 야기한 물질적 상황과 이 실천에 의해 확정된 목표로부터 출발해서 발생한 것이다.

그럼에도 불구하고 이런 관점에서 실천이 하나의 거대한 피드백 기계 ─ 통일성은 이 기계의 순환성을 결정짓는다.(다시 말해 반복의 주기를 나선형으로 변화시키는 것이다.) ─ 로 나타나는 것이 사실이라면 행동의 이 양상은 정확히 내부에 대한 자신의 외면성이다. 통치자가 자신의 제약들을 만들고 이를 바탕으로 집단화를 시작할 때 그는 자기 적들의 운명을 알고 있음과 동시에 모르고 있는 것이다. 그 적들의 저항이 갖는 *시대에 뒤진* 양상을 이 통치자가 아는 한 그는 이들의 궁극적인 패배를 예측하고 있는 것이다. 하지만 그가 다음과 같은 요소들의 전체, 즉 일부는 그의 행동의 내부에 있고, 그 행동에 의해 발생하며, 다른 일부는 ─ 이 실천에 의해 야기된 것이든 아니든 간에 ─ *외부적 위험*으로 이루어진 요소들의 전체를 모르는 한, 또한 실천의 특징 자체로 인해 행위의 총체화된 객체화를 실현하고 이것을 통해, 그리고 다른 이유가 덧붙여져서 예측할 수 없는 *이후의 상황*을 만들어 내는 대상으로서의 그 자신의 승리가 갖는 의미와 효율성을 알지 못하게 되는 한 통치자는 맹목적으로 결정하는 것이나 다름없다. 경제적 계산에 대한 추상적이고 기만적인 객관성하에서 그의 계획은 모든 인간적 시도를 특징짓는 *요행수적인* 양상을 되찾게 된다. 즉 모험을 감행하고, 무언가를 만들어 내야 하는 것이다. 하지만 보통 이야기되는 것처럼 *내기를 걸어서는 안 된다.* 내기는 모든 항이 이미 정해진 대안을 가정하기 때문이다. 반대로 여기서 최종적 결과는 비록 추상적으로 (승리가) 예견된다 할지라도 실천적으로는 예견 불가능하며, 따라서 *이 사람들 — 즉 그들이 이런 사유의 도구들을 가지고 있는 한 — 에게는* 미확정의 상태로 있는 것이다. 가장 훌륭한 사람들만이 — 자신들의 고유한 수단을 넘어서서, 그렇다고 다른 수단들을 고안해 내는 것이 아니라 단지 자신들의 한계를 발견하면서 — *결과를 부정적으로나마 예상할 수 있을 것이다.* 이렇게 해서 우리는 실천의 인간적인 특징을 실천-과정의 경험된 양상으로서, 그리고 과정 자체의 동력으로서 다시 발견하게 된다. 게다가 이와 같은 무지 — 미래에 대해 미확정 상태로 남아 있는 이와 같은 부분 — 는 자연히 그 자체로 행위자가 물질적 상황을 책임지는 것과 마찬가지다. 즉 적대자의 저항을 정의하고 제한하는 상황을 책임지는 것이다. 따라서 이런 무지는 상황 지어진 역사가에게 하나의 *어두움*(행위자에게와 같이)이 아니라 투명한 가지성인 것이다.

결론

5장을 통해 우리는 실천적-타성태적 분열, 갈등, 부조화가 실천-과정의 통일성을 깨뜨리기보다는 독재자가 통치하고 있는 한 사회 속에서 이런 통합의 결과이자 통합을 공고히 하기 위한 수단이 된다는 점을 살펴보았다. 이처럼 1917년부터 1958년에 이르기까지 우리가 살펴본 바와 같은 소련 사회를 만들어 낸 거대한 역사적 혼란을 역사가는 변증법적으로 이해할 수 *있어야 한다.* 즉 통치자의 실천과 끊임없이 이 실천을 벗어나고, 끊임없이 실천에 재통합되는 과정의 통일성 속에서 이해해야 하는 것이다. 이와 같은 결론은 그 자체로는 낙관적이지도 비관적이지도 않다. 즉 우리는 투쟁이 격렬하지 않았다거나, 개인적인(그리고 수많은) 상처들이 몇몇 실천을 치유할 수 없을 정도로 못쓰게 만들었다고 주장하는 것은 아니다.(우리는 공동 실천 내에서 일어나는 개인들의 실패에 대해 다시 살펴볼 것이다.)[90] 우리가 도달한 변증법적 연구의 차원에서 볼 때 우리는 이 모든 것이 다른 방식으로는 이루어질 수 없다고 말할 권리도 없다.(게다가 그 반대의 말도 할 수 없을 것이다. 굳이 말하자면 우리는 가능한 것들에 대해서 여전히 아무것도 알고 있지 못하다고 할 수 있을 것이다.)[91] 우리가 발견한 것은 단지 통치적 실천 ― 그것이 어떤 것이든 간에 ― 이 항상 총체화의 형태로 제시되었다는 것에 불과하다. 그리고 실천-과정의 성격 자체 속에서 우리는 ― 이것이 우리의 유일한 낙관적 관점이기도 하다 ― 이 실천이 *구성된 변증법*으로서 가지적이었다는 사실을 확인할 수 있었다. 하지만 비독재적인 사회[92]에 대한 연구로 넘어가기 전에 몇 가지 사항을 명시해야 할 필요가 있을 것이다.

90   이 책 733~734쪽 참고.(편집자 주)

91   이 책 558쪽 각주를 참고.(편집자 주)

92   사르트르가 최종적인 구상 속에서 염두에 둔 방식을 따라간다면(「부록」, 733~734쪽 참고) 통제 사회가 아닌 곳(사르트르가 계획서에서 "반목하는 사회"라고 부르고 있는)에서의 공시적 총체화(투쟁들의 가지성)에 대한 질문은 바로 여기에서 다루어질 수 있을 것이다. 그러고 나서 그는 통시적인 총체화("그렇지만 정확히 바로 이것이 역사다."), 즉 역사로 넘어갈 수 있을 것이며, 이어서 포괄적 총체화의 문제로 나아가게 될 것이다. 그 이후에는 통제 사회에서의 포괄적 총체화의 문제만이 다루어질 것이다. 사르트르의 이런 계획이 그대로 유지되었을지는 의문이다. 실제로 반목하는 사회들에 대해서 우리는 서약 집단에서와 같은 복원해야 할 통일성도, 투쟁을 통해 총체화의 계획을 가지적으로 만드는 통제 사회들의 "미래에서의 통합"도 발견할 수 없다. 하지만 이와 같은 반목하는 사회들을 인간을 매개로 통일시키는 것은 바로 가공된 물질이다.(「부록」, 713쪽 이하 참고) 게다가 포괄적 총체화를 다루는 부분에서(558쪽 이하 계획의 마지막 부분) 계급 투쟁의 새로운 문제가 야기될 수도 있다고 할 수 있다.

또한 「부록」에서 볼 수 있는 각주에서(가장 개연성이 높은 시간적 순서대로 배열한) 저자가 우선 통시성(역사적 사건, 진보 등등)에 관심을 가졌다는 사실을 지적하자. 이와 같은 사실로 미루어 보아 저자는 **역사**가 갖는 의미에 대한 근본적 문제를 제기했으며, 이후 다음과 같은 계획에 이르게 되었다. 즉 비통제 사회에서의 총체화와 종종 그가 "체계"라고 부르는 포괄적 총체화가 말이다.(편집자 주).

B. 통제 사회에서의 포괄적 총체화: 변증법과 반변증법의 관계

1. 통치적 실천의 개별성과 구현

우리가 포괄적 총체성[93]이라고 부른 것은 무엇인가? 이와 같은 종합은 어떤 유형의 객관적 현실을 가지고 있는가? 이 종합은 어떤 경로를 통해 어떠한 관점 속에서 어떠한 관찰자(혹은 어떠한 행위 주체에게)에게 나타나는가? 부르주아 민주 사회들에 이런 유형의 조직이 존재한다고 할 때 통제 사회[94]에서 볼 수 있는 분명 덜 복잡한 구조 속에서 그것을 먼저 연구하지 않으면 그 의미를 포착하거나 정립하기는 어려울 것이다. 그러므로 우리가 제시한 예들로 돌아와 그 안에서 이러한 총체화를 탐색하는 것만으로도 충분할 것이다.

실제로 우리는 소련 사회에서 각각의 지역적 실천, 즉 각각의 개별적 운명이 총체화하는 실천과 전체적 과정의 구현이라는 사실을 이미 알고 있다. 이것이 실천적으로 의미하는 바는 다음과 같다. 활동

---

93   혹은 "총체화". 이 문단 마지막 줄과 88~89, 154~155, 207~208, 384, 467쪽을 참고.(편집자 주)

94   여기서 문제가 되는 것은 "통제적" 혹은 "독재적"이라는 말이 거의 차이가 없으며, 이런 사회들에서 하나의 제한된 집단 혹은 개인이 통치자가 될 수 있다는 것이다. 대부분의 경우 선택된 예시에서 본질적인 것은 저자가 차후에 언급하게 될 권력의 집중화다.(457쪽 각주를 참고).(편집자 주)

중인 사회 내부에서 하나의 체계가 생겨나면 그 폭과 복잡함이 어떠하든지 간에 이 체계는 자신의 총체성 내에 포착된 실천-과정의 모든 특징을 끌어모은다. 앞에서 보았듯이 실천적-타성태 자체는 그것이 실천의 반목적성에 의해 실천적 장의 지역적 결정으로 발생하는 경우 하나의 실천적 장, 즉 본질적 투기의 공간화하는 시간화가 존재할 수 있게 하는 행동 자체를 *타성태적 종합*(일반적으로 요구나 위험으로서의)으로서의 통치자에게 되돌려준다. 어쨌든 실천-과정의 개별화가 된 각각의 구현은 그 자체로 이 실천 과정을 그것의 통합성 속에서 실현시킨다는 점에 주목해야 한다. 이때 이와 같은 실현에 대한 자각이 필수적이지는 않다. 우리가 권투 경기를 통해 살펴보았던 것이 이것이다. 즉 현재적 구현은 총체화하는 실천-과정이 추상적 구체성[95]이 되는 구체적이고 개별적인 경우가 아니라는 것이다. 이것은 매우 구체적으로 다음 사실을 보여 준다. 즉 포괄적 총체화는 *만약 그것이 존재한다면* 하나의 단순한 규칙이 되어서는 안 되며, 개별적 사건들의 시간화를 외부로부터 보장하는 하나의 종합적 도식이 되어서는 안 된다는 것이다. 이와 같은 포괄적 총체화는 그 자체 내에서 개별성과 구현이 되는 경우에만 특정한 순간에 특정한 사건 속에서(혹은 특정한 행동 속에서) 개별적 구현으로 실현될 수 있는 것이다. 게다가 그것의 *역사성*을 구성하는 것도 바로 이 점이다. 또한 이와 같은 역사성의 이름으로 우리는 러시아의 그 **혁명**을 하나의 유일한 모험으로 받아들일 수 있으며, 스탈린의 그 체제를 그 전개 과정에서 매우 개별적인 하나의 국면으로 생각할 수 있는 것이다. 이런 표현들이 **역사**의 물신주의를 감추고 있지는 않은지, 기만에서 벗어난 역사가가 실증주의

---

95   61~64쪽을 참고.(편집자 주)

적 유명론에 만족해서는 안 되는지 등은 더 살펴볼 일이다.

그런데 포괄적 총체화의 실천적 현실은 변증법적 경험 자체에 의해 증명된다. 실제로 우리는 모든 구현이 역사적 전체의 두 가지 방식으로 연결되어 있다는 것을 살펴본 바 있다. 한편으로 그것은 자기 내부에서 역사적 전체의 응축을 실현한다. 다른 한편으로는 감압적인 전개 속에서 실천적 의미 작용의 전체를 가리킨다. 이 의미 작용의 전체는 사회적이고 역사적인 장에의 소속 관계 속에서 이 모든 구현을 결정짓는다.[96] 이 권투 경기는 국제적 긴장 분위기(예를 들어 안슐루스의 날[97]) 속에서 개최되었다. 이 경기를 관람한 적은 수의 사람들은 여기, 바로 그 순간에 모든 프랑스인의 염려를 구현하는 것이다. 하지만 경기 조직자들에 의해, 통상 웅성거림으로 가득 찬 경기장의 약간은 암울한 모습을 통해, 각각의 관중에 의해 그리고 변변치 못한 흥행 수입이라는 형태하에서 이 구현이 바로 여기에서 체험된다 할지라도 이런 구현은 필연적으로 *내면성* 내에서 그것을 전적으로 규정짓는 상대적 자율성을 간직한 차후의 사건들을 가리키게 되는 것이다. 또한 구현은 동일한 중요성을 가지거나 더욱 큰 범위를 가진 분야들에서 그것을 발생시킬 수 있는 구현 사이의 위계질서를 가리킨다. 집으로 돌아간 관중은 "경기장에 사람이 별로 없더군."이라고 말할 것이다. 그러면 부인은 이렇게 대답할 것이다. "극장에도 사람이 없더군요. 어쩌겠어요. 사람들이 모두 집에 있는데요." 그리고 만약 긴장이 지속된다면 사치품 상점이나 공연도 운동 경기의 흥행 부진을 통해 이미 모습을 드러내고 예견된 위기를 경험하게 될 것이다. 이와 같은 위기는

---

96   이 책 96쪽 참고.(편집자 주)

97   독일어로 Anschluß 혹은 Anschluss는 '병합'이라는 뜻이며, 역사적으로는 1938년 있었던 나치 독일에 의한 오스트리아의 병합을 의미한다.

프랑스 경제의 좀 더 심층적인 구조들을 가리키고 있으며, 다른 한편으로는 정부의 실천(외교 정책) 등도 가리키게 된다.

여기에서 집렬체적 요소나 집단들의 문제는 그다지 중요한 것이 아니다. 중요한 것은 개별화의 내면성과 그것을 포괄하는 총체성에 대한 동시적인 이중의 참조다. 지금으로서는 부르주아 사회에서 이와 같은 총체성이 효과적인지 아닌지 알 수 없다. 분명 의미 작용들이 서로를 가리키기는 하지만 모든 것은 집렬체나 공백 속에서 사라져 버릴 수 있다. 하지만 누군가가 소련에서 자신의 행동을 통해 어떤 개인적인 사건을 실천적 장 속에서 만들어 낸다면 이 사건은 외면성과 내면성 속에서 전체와 내재적 관계를 맺게 되는 것이다. 즉 이 사건은 통치적 실천과의 관련을 통해 통합된 실천적 장의 개별적 결정으로서 정의된다. 아마도 개인적인 운명들이 지닌 극도의 다양한 양상을 지적할 수는 있을 것이다. 예를 들어 우랄산맥과 시베리아 평원의 제강소 지척에서도 "주술사가 주술 행위를" 할 수 있는 것이다. 우리는 형성 중인 이 세계, 즉 마그니토고르스크에서의 무질서를 충분히 상상해 볼 수 있다. 즉 소련의 노동자(이주민), 현지에서 채용된 노동자(시베리아 농민), 외국인 노동자(높은 수준의 기술적, 전문적 자질을 갖춘), 그리고 강제 노동에 처해진(일반적으로 "보통법"에 의해) 작업조 등등이 혼재하는 것이다. 하지만 이런 부조화 자체가 다원주의는 아니다. 각각의 개인은 전체에 의해서 결정되며, 그들이 전체와 맺는 관계의 내면화를 통해(통치적 실천을 통해) 건설의 *바로 그 순간* 소련 사회에 대한 개별적 구현을 실현하는 것이다. *주술사들의 존속*과 마찬가지로 외국인 노동자들의 현존은 만회해야 할 낙후 상태와 작업 중인 소련의 한 도시 마그니토고르스크의 구조와 시베리아의 집단들 사이의 간극을 보여 준다. 따라서 이와 마찬가지로 모두가 통치적 실천을 구현하는 것이다. 이 통치적 실천이 결정된 계획에 부합하게 진행되든 자신의 반목적성들을 전개하면서 스스로 제동을 걸든 마찬가지다. 또한 모두가 이 총체화하는 실천을 가리키게 된다. 이것은 이 실천이 실천적 장의 모든 의미 작용을 발생시킨다는 점에서, 그리고 바로 이 총체화하는 실천에서 출발하는 것이 아니면, 그것의 내면성의 사건으로서가 아니면 누구도, 어떠한 것도 정의될 수 없다는 점에서 그러하다. 각자가 가리키게 되는 것은 당연히 이 포괄의 개별성이지 교조적이고 상황에서 벗어난 규칙이 아니다. 우리는 지역 행정가들의 명령 — 결정들의 위계화된 집렬체에 의해 촉발된 — 으로부터 출발하여 중앙 기구와 통치적 결정으로 향하게 된다. 이는 특히 이 결정이 실천적 장의 새로운 양상에 대한 극복이라는 점에서 그러하다. 따라서 너무 빨리 도시화한 *어떤* 농민의 소진, 불만, 몰이해가 하나의 태업으로 객관적으로 설명될 수 있는 것도 바로 이 *명령*으로부터 출발해서다. 달리 말하자면 *이* 구체적인 태업은 *하나의* 행정적 처분이 갖는 구체적이고 명시된(그것을 지탱해 주는 공간화하는 조작에서와 마찬가지로 진행 중인 시간화 속에서도 유일한) 그 결과들을 가리키는 것이다. 앞에서 살펴보았듯이 이런 행정적 조치들 역시 자신의 장에 의한 실천의 재조건화와 이 재조건화에 대한 극복 — 통치자의 개별적 고안물로서 — 에 의해 동기가 부여된 유일한 것이다.

물론 여기에서 중요한 것은 명령이 어떤 차원에서 발효되든지 간에 반복적이고 심지어 보편적인 특징을 가지고 있다는 점이다. 이 명령은 일반적으로 — 그 자리에 있는 개인들이 마찬가지로 같은 자리에 있는 한 개인에 의해 선택되는 순간을 제외하면 — 규범적이고 가언적인 형태의 판단으로 나타난다. 즉 "모든 x는 y이어야 한다.", 다시 말해 "m이 x면, m은 y이어야 한다."라는 것이다. 하지만 이 명령이 추종자들에게 보여 주는 것, 그 자체로 환상일 수 있는 이 보편적 측면에 이와 같은 추상적 일반성을 부여하는 것은 바로 앎의 미결정성이다. 특별한 상황 속에서 사람들은 이 미결정 상태를 구체적인 총체성 내부에서의 결여로 다시 발견하게 된다. 예컨대 군 참모부의 명령은 그 70연대를 어떤 지역으로 이동하게 하고, 그렇게 함으로써 특정 도시에 주둔하도록 정하는 것이다. 참모부는 이 연대의 장교들에 대해서 알지만 병사들에 대해서는 통일성의 차원이 아니면 알지 못한다. 참모부는 또한 이 부대가 "만반의 준비가 되어 있다."라는 사실을 안다. 게다가 참모부는 이 부대의 *사기*를 결정할 수 있는 정보들을(우리가 아직 결정하지 않은 복잡한 관계)을 가지고 있다. 이는 이 참모부가 이 부대를 상황에 따라 이곳저곳에 배치한다는 것을 의미한다. 여기에서 문제가 되는 것은 *하나의 개별적 실재* ─ 참모부에 의해서도 이와 같이 여겨진 ─ 인 것이다.(이 실재는 *하나의 역사*를 가지고 있으며, 사람들은 이 역사를 따라 이 실재를 하나의 새로운 지역적 실천의 수단으로 평가한다.) 하지만 이 실재는 인간에 의해 만들어진 제도적 틀에 속한다. 인간에 의해 실천적 장 속에서 구현되는 이 제도적 틀은 개별화된 실재가 된다. 하지만 이 통일체로 인해 참모부가 자신의 무지라는 미결정 상태를 보편성으로 변화시키지 못한다면 우리는 이와 마찬가지로 *여기와 보편성*의 경우에서 근본적인 무지가 갖는 엄격한 동일성을 보게 된다. 명령 속에서 "만약 어떤 병사가 70연대에 소속되었다면 그는 곧 전출될 것이다." 등과 같은 결정을 내리는 것은 소용이 없다. 전체가 제도적으로 결정되어 있기에 이것은 무용한 것이다. 하지만 애초부터 동일했고, 이 병사들을 통합시키는 종합적 전체에 의해 변형된 표현들만이 문제가 된다.

이와 달리 **군대**에는 보편성을 띤 수많은 명령이 존재한다. 하지만 군대는 병사의 수, 하위 집단 그리고 집단의 수를 정확히 알고 있다. 차이는 단지 상황에서 유래할 따름이다. 예컨대 명령은 위계질서를 통해, *직접적으로* 개인들에게 전달될 수 있다. 가령 도시에서 지켜야 할 행동이나 휴가 등에 관련된 명령이 그 예다. 이 경우 명령은 675만 2309명[98]에게 전달된다.(*아마도* — 명령의 성격에 따라 다르겠지만 — 제대한 병사들을 대신할 동일한 숫자의 "신병들"에게 전달된다.) 하지만 총체화는 보편성하에서 사라지게 된다. 왜냐하면 명령은 현재 있는 그대로의 개인들에 의해 수행되어야 하기 때문이다.(예를 들어 *각자는 자기* 신발을 닦거나 *자기* 옷의 단추를 달아야 하기 때문이다.) 비록 목표가 집렬체적이거나 종합적인 상태에 있는 주민들에게 가해지는 총체적 효과라 할지라도(군부대의 주둔 — 병사들 각자가 "정예 요원인" — 은 도시 노동자들의 신뢰감을 증가시키는 데 기여하게 될 것이다. 왜냐하면 이 부대 역시 통치자의 모습을 구현하고 있는 것이며, 병사들에 의해 잘 준수되는 규칙은 노동자들에게 — 일정한 조건하에서 — 이 체제의 힘을 가늠하게 해 주기 때문이다.)[99] 결국 각 병사의 개인적 태도, 즉 이 병사가 자신의 복장에 대해 취하는 자세, 상관이나 시민들에 대해 그가 보여 주는 행동 등을 *하나의* 공동 현실로 종합하고자 하는 객관적 움직임을 통해 집렬체화되거나 또는 통합되는 것은 바로 이 주민들 자체다. 상관의 명령과 주

---

98 물론 이 숫자는 우연히 떠오른 숫자다.(원주)

99 여기에서 문제가 되는 것은 — 만약 이 노동자들이 체제의 지지자들이라고 가정한다면 — 시민들의 종합적 통일이다. 즉 이들은 신뢰를 통해 하나가 되는 것이다. 물론 나는 아주 거칠게 논의를 단순화했다. 반대로 거의 기계적인 일사불란함(거의 기계를 흉내 내는 것 같은 모양)을 보일 정도로 규율이 잘 잡혀 있고 통일된 군사력의 과시는 아무리 통일된 모습을 보여 준다 할지라도 불평분자들 — 예를 들어 농민들 — 에게는 집렬체적인 무기력함을 증가시키게 된다. 내전의 경우, 즉 국민해방군이 비록 인적, 물적 면에서는 빈약하지만 농촌 사람들 전체에 의해 지지받고 양식을 제공받으며 보호를 받는 경우 투쟁 자체는 농촌 사람들의 통합에 다름 아닌 것이 된다. 이들은 군대의 통일성을 보호한다는 점에서 스스로 하나가 되는 것이다. 그러나 이와 같이 통합이 지속되기 위해서는 군 집단 내에서 철저한 규율이 확립되어야 한다.(원주)

위에 있는 주민들의 매개를 통해 병사는 통일성의 종합적인 결속을 강화할 수 있는 개인적 수단으로 여겨진다. 이 결속을 위한 움직임 자체는 집단(혹은 집렬체) ── 병사들의 인간적 환경을 구성하는 ── 에 의해 이루어지는 병사들의 통합을 내포한다. 그러나 상관의 이 명령은 제한된 집단과 관계있는 하급 지도자들의 경우를 제외하고는 자신의 개인적 실재 속에서 익명으로 있는 병사를 겨냥한다. 이처럼 엄격하게 개별화된 병사들은 보편적인 사람들로 겨냥되는 것이다. 이것은 그들의 *주어진* 개인성이 여기에서는 무용하고도 무시되고 있다는 점에서 *그리고* 이들의 공동 개인으로서의 행동이 모든 곳에서 이 여건의 실천적 극복으로서 *동일한 것*이어야 한다는 점에서 그러하다.

일반적으로 통치자의 결정은 외부적으로 *보편성*의 양상을 가질 수 있다. 행정부의 제안에 따라 능력을 갖춘 의회를 통해 정식으로 통과된 하나의 법률은 공무원들의 파업권을 제한하거나 억압할 수 있다. 우리는 법조문의 전문에서까지 ── 만약 그것이 있다면 ── "y=f(x)"라는 도식으로 되돌아오게 된다. 만약 x가 공무원일 경우(즉 몇몇 추상적인 조건을 완수하고 몇몇 서비스의 제공에 대한 대가로 주어지는 이익을 누리는 공무원일 경우) 그는 파업자가 될 수 없다. 하지만 이 보편성은 하나의 역사적이고 개별적인 결정이다. 통치자나 그에게 복종하는 기관들도 *일반* 공무원이 일으키는 총파업을 생각하지는 못한다. 통치자의 입장에서 보면 법은 특정한 사회적 소요나 막 발생한 파업에 대한 응수인 것이다. 파업이 발생하는 순간 이 법은 여러 세력 사이에 주어진(그리고 개별적인) 관계("공권력"은 파업이 발생한 경우 총징집령을 적용할 수 있는지, 이런 조치가 사회의 여러 층위에서 어떤 반응을 낳을 수 있는지 등과 같은)를 보여 준다. 게다가 이 법은 특정 사실에 대해 통치자가 곧 국가라는 생각을 개별화하고 실현한다. 즉 마지막 분석에서 이 통치자의 정치적 실천은 심층적으로 역사적 정세(즉 힘의 관계이긴 하지만 경제적이고 사회적인 "전체"와 경제-사회적 변화의 방향이라는 관점에서 새로이 고려된 세력 관계)를 반영하고, 또한 그 자체로 개별적인 실천을 반영한다는 생각이 그것이다. 이와 같이 명령이나 법은 결정된 미결정 상태라는 이중적 특성을 갖게 되며, 이에 대해서는 구체적 보편의 문제를 다룰 때 더 자세히 살펴보게 될 것이다.[100]

어쨌든 이런 예들은 통치자 자신이 상황과 실천적 요구에 따라 *피통치자*들을 어느 정도 통합된 *통일체*의 구성원으로 취급할 수 있거나, 아니면 그들의 노력이 객체화될 순전히 타성태적인 결과를 매개로 이들을 비결정성(개인적이거나 집렬체적인) 속에서 겨냥할 수 있다는 사실을 보여 준다. 전쟁 시에 통치자는 "특정 지역의 시민들을 피신시킬 것"을 결정할 수도 있고, 아니면 반대로 평화 시에 구상하는 계획 속에서는 "특정 해에 생산한 주물의 양은 이러저러해야 한다."라는 법령을 발할 수도 있다. 어쨌든 그는 자신이 한정된 전체(혹은 그 성장 자체가 정해진 전체)에 하나의 임무를 부과하고 있다는 사실을 알고 있다. 두 번째 경우에서 보편성은 타성태적 물질을 통해, 즉 이들이

---

100 이 책에서 이 문제는 뒷부분에서 간접적으로만 다루게 될 것이다. 이 책 79쪽 이하를 참고할 것. 이 주제에 대해 『집안의 천치』, 3권(철학도서관 총서, 갈리마르) 431쪽, 각주2를 참고할 것. "이처럼 진행 중인 모든 총체화에서 일반적 총체화가 개별적 총체화와 직접적으로 맺는 관계(구체적 일반성에 의한 개별적인 것의 총체화)는 이 두 총체화 사이의 변증법적 관계에서 고려되어야 한다. 즉 전체와 부분의 관계, 상황의 *매개*를 통한, 즉 이 상황에 의해 만들어지고 각 부분에 의해 재총체화된 *구체적 보편성*의 매개를 통한 거시적 총체화와 미시적 총체화의 관계가 그것이다. 이 구체적 보편은 상황적 사건(총체화의 총체화된 구현)과 동시에 세계의 일반적인 측면에 의해 개인적 개별성을 결정짓는다.(즉 모든 부분 사이에 맺어지는 실제적 관계에 의해 그러한 것이다.) 물론 이때 이 부분들은 전체를 직접적으로 표현하는 것이 아니다. 반대로 이 전체를 재총체화하기 위해—이 부분들에 의해 내면화되는 것으로서의 전체를 재외면화하기 위한—자신들의 운동을 통해 이 전체와 구별되는 점에서 그러하다." 『상황』, 9권, 62쪽 이하 참고(「작가와 그의 언어」).(편집자 주)

생산해야 할 것으로 보이는 주물의 양을 통해 인간에게 오게 되는 것이다. 이것을 통해 통치자는 이들을 *미결정된 수단*, 즉 미래의 객체화로 포착하는 것이다. 그러나 명령이 하나의 집단을 겨냥하든 혹은 하나의 범주를 겨냥하든 간에 개별적 상황에서 유일하고도 결정된 하나의 결과를 만들어 내는 것이 문제다. 외면성 속에서, 즉 순간 속에서 포착된 ─ 혹은 결국에는 같은 말이 되겠지만 ─ 시간화의 외부에서 고려된 수백만 톤의 주물이 하나의 수동적 종합에 의해 통합된 외면성에 속한다는 것이다. 나중에 이런 종합 자체는 사라지고 물리화학적 총체만 남게 될 것이다. 하지만 실천적 총체화 속에서 고려할 경우 이 주물들은 살아 있는 목적 속에서 수단의 통일성을 재발견하게 된다. 실제로 이 주물들은 특정한 실천적 실현에 필수적인 수단들로 존재한다.(즉 생산된 주물의 양은 정확히 시간화의 동일한 순간에서 볼 때 중공업 ─ 그리고 몇몇 경공업의 분야 ─ 이 소화할 수 있고 소화해야만 하는 양과 일치할 것이다.) 또한 동시에 이 주물들은 또 다른 통일성(혹은 오히려 같은 통일성이기는 하지만 순환성의 또 다른 단계에서)에 의해 목적으로서(다시 말해 매개적 목적들로서) 관통된다. 이때 이 통일성은 이 주물들을 *수동적 요구*(예를 들면 산업화가 진행 중인 특정 지역이 요구하는 생산 수단으로서의 *이러한 주물의 중량은 그에 맞는 운송 수단을 요구하고, 그것도 그 기능을 잘 수행할 수 있게 해 주는 규정된 총체로서 요구하게 된다.*)의 형태로 종합하게 된다. 우리가 택한 "시민들의 철수"라는 또 다른 예에서 볼 때 지역에 배치된 군 당국과 여기에 복종하는 군인들은 종합적 전체의 자격으로 자신들의 매개를 통해 완수되어야만 하는 임무에 종속되어 있다. 행위의 대상과 그 목표로서의 그 시민들은 이들의 복수성(아마도 이들의 집렬체)의 초월적 통일성이 된다. 그리고 이와 같은 통일성의 보존(철수하는 동안)이 군 당국과 병사들이 처음에 보여 주었던 실천적 다수성에 대한 진정하고도 종합적인 객체화를 이룩하게 될 것이다. 그것도 이들의 행동이 갖는 지속적인 의미 작용으로서, 그리고 이들 행동의 최종적 결과(만약 이것이 완수된다면)로서 실현하게 될 것이다. 이런 관점에서 보면 행위 주체 — 장교에 의해 재현동화한 객관적 요구의 자격으로 — 를 결정짓는 것은 가장 낮은(혹은 거의 낮은) 수준에서까지도 수행해야 할 임무인 것이다. 결국 이 행위 주체는 추상적이고 우연적인 것으로 보이는 하나의 관계에 의해서만 규정된다. 적이 의미를 갖지 못하는 사건들과 무관하게 구상된 계획에 따라 상당한 횟수의 반격과 방어를 필요로 하는(예를 들어 차후 폭격의 위협하에서 시민들을 대피시켜야 한다는 *위급한 상황*을 만들어 내는) 작전을 수행할 때 다른 연대가 아닌 특정 연대가 바로 이 특정 지점에 있는 것은 종종 "우연"일 수 있다. 이처럼 공격(공습을 예견하게 해 주는 정보들), 임무, 진지, 부대 배치 등등은 대상 속에서 해독되는 객관적 요구를 결정하게 되고, 나아가 이 요구는 완전히 미결정 상태에 있는 행위 주체의 유일한 실천적 결정이 된다.

하지만 실제로 행위 주체는 타성태적으로 한정된 하나의 도구일 뿐이다. 참다운 구체성은 화재에 휩싸인 집에 남아 있는 여인들과 아이들 같은 것이다. 행위 주체의 상대적인 미결정 상태는 상황이 보여 주는 전적이고도 구체적인 결정 상태와 죽음을 무릅쓰고 있는 시민들에 기인한다. 이 시민들 각자는 나이, 성별, 건강 상태, 그리고 자신을 에워싸고 있는 공간화된 힘 속에서 그가 처한 상황에 의해 시시각각 다가오는 죽음을 보여 주는 것이다.

그럼에도 불구하고 연대의 병사들은 *하찮은 존재*들이 아니다. 결국 공동 개인이 떠맡은 임무를 수행하는 것은 그들이 자유로운 실천적 유기체라는 점에서 그러하다. 이런 관찰은 구현의 순환성을 다시 보여 주고 있다. 왜냐하면 구체적이고 객관적인 진리 속에서 볼 때 이 병사를 그 자신의 추상적 존재 속에서 결정짓는 임무는 이 임무의 실천을 통해 *다시* 구체적 개인들과 집단 사이에 맺어지는 하나의 구체적 관계가 *되기* 때문이다. 특정 병사가 특정 노인을 구출하는 것은 자신의 모든 인격과 모든 역사, 그리고 그가 동원할 수 있는 모든 수단을 통해서다.(혹은 보호의 임무를 띠는 특정 하위 집단이 특정 시민 전체를 구하는 것 역시 마찬가지다.) 이런 구출은 이전의 행군(명령을 통해 이 지역으로 이 병사가 배치된)에 의한 피로, 그 자체로 우연이 아니라 구체적인 결과인(원칙상 반드시 나타나게 되는 결과인) 피로 그리고 소규모 군사 작전이나 전쟁의 차원에서 이루어지는 생물학적 시간화로부터 야기되는 피로 속에서 이루어지는 것이다. 이 병사와 이 병사에 의해 불길에 휩싸인 집에서 구출된 민간인은 *최종적인 고안*을 통해 서로의 긍정적 상호성 속에서, 그리고 매개적 제삼자(장교, 또 다른 병사, 또 다른 민간인, 사회주의 옹호라는 차원에서 보다 광범위하고 심층적으로 행해진 요구)의 덕분으로 하나의 구체적이고 엄격한 통일성을 이루게 된다. 이 통일성이 갖는 종합적 총체화는 바로 이 두 *사람*(서로에 의해, 그리고 함께)이 *고안해* 낸 행동인 것이다. 결국 특정 시민의 철수 명령에 따라 *실제로* 겨냥된 것은 정확히 말해 상황에 대한 자유로운 지양에 의해 필연적으로 개별화되었지만 상호적이고 공동으로 이루어지는 행위들인 것이다. 장군이 내린 명령 속에서 이루어지는 미결정은 구체적 상황에 대한 무지를 그 기원으로 하고 있다. 이 상황들은 필연적으로 절대적 구체화 속에서 생산될 뿐 아니라 *동시에* 다음과 같은 경험적 명증성 속에서 발생하게 된다. 즉 명령된 조치의 적용은 시공간의 *이와* 같은 모순들을 통해 발생하는 인간들의 유일하고 엄격히 개인적인 결정과 *이* 인간들에 의해 시공간 속에 흔적이 남겨진 길들이 갖는 유일하고 엄밀히 개인적인 결정으로 실현될 수 있다 — 비록 한순간이라고 할지라도 — 는 사실이다. 보편성 — 지도자들이 갖는 필연적인 무지 — 은 결국 수단들의 경제성에 불과하다. 하지만 이 보편성이 어떤 특정 종류나 특정 유형을 가리키는 것은 아니다. 이와 같은 *추상적 결정*은 행위 주체들의 진정한 실천적 시간화에 의해 삼켜지고 와해된다.

하지만 명령의 하부적 측면이 시간을 절약한다는 위급성과 필연성 때문에 추상적 미결정 형태를 취하고, 그 결과 *특정한 유형*을 가리키는 것처럼 보일 때 우리는 다음과 같은 사실을 알 수 있다. 지도자들(어떤 지위이든 간에)의 고안으로서의 동일한 명령이 하나의 개별적 산물, 즉 하나의 구체적이고 *유일한 대답*, 그것도 집단이 독창적이고 비교를 불허하는 역사적 상황(*존재하는 그대로*의 상황으로는 *결코 다시 발견될 수 없는*)에 의해 엄격히 *기한이 정해지고* 조건 지어진 난점들에 부여한 대답이라는 것이다. 예컨대 계획 경제를 담당하는 기관들은 갑작스럽게 현재 진행 중인 실천 계획에 중대한 수정을 가해야 할 입장에 처하게 된다. 하지만 우리는 이미 이 실천을 담당하는 기관들이 이 실천에 의해 개별화되었다는 사실을 알고 있다. 이 경우 이 실천은 이들에 의해 자신의 고유한 사유 도구들을 극복하면서(즉 여기서는 그것들을 이용하면서) 고안되게 될 실천이다. 또한 (실천적 장의 내면성 속에 머물러 있다면) 우리는 다음과 같은 사실 역시 알고 있다. 즉 이 어려움이 반목적성을 반영하고, 또한 이 반목적성에 의해 야기된 실천적-타성태를 반영하고 있다는 사실이 그것이다. 이것은 *자신에게 맞는 사람들을 만들어 낸* 동일한 행동이 이 행동을 야기한 특별한 상황에 기초하여 *자신에게 맞는* 바이러스를 만들어 낸다는 점에서 그러하다. 문제와 이 문제에 대한 해결책 — *해당 문제와 그 해결책이 인간들에*

의해 만들어진다는 차원에서 — 의 발견이라는 차원에서[101] 우리는 순환성으로서의 구현을 다시 발견하게 된다.(이 순환성은 결정에 의해 초월되고 "통솔될" 것이다.) 그리고 이 구현은 그 자체의 고유한 빛을 발하게 된다. 즉 구현은 비가역적인 *이 시간화* 속에서, 이 시간화의 바로 그 계기에서 *이 시간*의 희소성으로 나타나는 것이다.

이렇게 해서 결정 — 그것이 개인으로서의 통치자의 결정이든 집단의 결정이든 간에 — 은 그것을 수행하는 자들을 위해 그리고 이들에 의해 *개별성*으로 나타난다. 이런 관점에서 볼 때 문제의 변수들이 통계에 속한다는 사실과 이 문제가 위에서 언급된 경제적 조합에 의해 제기되었다는 것 등등은 그리 중요치 않다. 이런 수치들을 통해 드러나는 종합적 진실은(예를 들어 1928년 여름의 몇 달간) 매우 특수한 위협이었으며, 이런 위협은 농촌 계급의 *역사적* 저항을 통해 기근에 허덕이는 도시와 붕괴에 다다른 사회주의를 바로 *이 체험된 순간*에 포괄했던 것이다. 트로츠키의 계획을 급히 다시 채택하고 토지의 집단화와 강제로 이루어진 산업화 속에 준비 없이 무작정 뛰어들기로 한 갑작스러운 결정은 다음과 같은 두 가지 측면에서 볼 때 정확히 *역사적*이고 개별적인 결정이었다. 우선 실제로 하나의 실천은 수많은 난점을 뚫고 위협적인 위험에 대한 *유일* 가능한 해답(즉 통치자에 의해 그렇게 간주된)으로 윤곽을 잡는다는 측면이 그 하나다. 그리고 많은 분야에 걸쳐 알려지지 않은 이 실천은 훗날 역사 속에서 스탈린주의

---

101   이렇게 말한다고 해서 어떤 기존의 조화가 있다고 이해해서는 안 된다. 이 인간들은 이 문제에
        속하는 자들이다. 왜냐하면 이 문제는 이들의 한계로서 이들 내부에 있으며, 이와 마찬가지로
        이들의 생산물로서 이들의 외부에 있기 때문이다. 이와 같은 상호적 구현은 (특정 상황 속에서)
        다음과 같은 결과를 낳을 수 있다. 즉 실현 가능한 하나의 해결책을 발견해 낼 수 없게 되는 결
        과, 혹은 실천적 개념을 만들어 내는 사유 도구 — 내면화된 실천에 의해 각자의 내부에서 만들
        어졌던 — 에 의해 이루어진 모든 자각의 불가피한 일탈이라는 결과가 그것이다.(원주)

라는 이름을 갖게 될 이와 같은 비가역적 시간화, 즉 장엄하고도 끔찍한 모험을 시작하게 될 것이라는 또 다른 측면이 그것이다. 그러나 이 결정에 포함된 역사적 계기는 또한 "우파"를 무기력한 반대로 내모는 좌파로의 급격한 선회가 이루어진 계기이기도 하다. 트로츠키가 계속해서 소련에 있었던 것은 사실이다. 하지만 가택 연금 상태에 있었다. 이처럼 이 새로운 상황과 이 상황을 부정하기 위해 지양하는 결정을 통해 결국 스탈린이라는 *개인*은 모든 적대자에 대한 완전한 승리를 거두었던 것이다.

이 승리가 갖는 변증법적 의미는 분명하다. 스탈린은 정부에서 트로츠키를 배제하기 위해 우파에 의지했던 것이다. 왜냐하면 스탈린은 *기질*(투사로서의 실천을 내면화함으로써) 원칙, 급진주의, **영구 혁명**에 반대했기 때문이다. 스탈린은 결코 트로츠키가 세운 계획을 받아들이지 않은 것이 아니었다. *오히려* 이 계획 속에 나타난 실천이 갖는 고유한 특징을 그는 거부했던 것이다. 실제로 그는 좌파에 속하는 적들을 *이해하지 못했다*. 이른바 낙관주의자가 아니었기 때문에 그에게 자신감을 불어넣어 준 유일한 결정들은 상황에 의해 *요구된* 것들이었다. "밀 파업"이 일어나 강력한 조치가 필요했을 때 스탈린은 상황을 트로츠키에게 유리하지 않은 것으로 판단했다. 스탈린에게 문제가 되었던 것은 *긴급한 위험에 의해 그 필연성이 보장된* 구체적 기도 속에 전적으로 가담하는 것이었다. 스탈린에 따르면 이 모든 것은 지식인의 *선험주의*와는 아무런 관련이 없는 것이었다. 관념은 곧 사물 자체였다. 하지만 정확히 말해 현재적 요구들의 물질성 속에서 실천적 관념을 발견하고자 했기 때문에 그는 순전히 이론만을 내세우는 것으로 보였던 우파와 결별할 수 있었다. 왜냐하면 우파의 계획(사회주의를 향한 느린 행보)은 저개발 국가들과 **혁명**에 대한 보편적인 검토로부터 유래한 것이었기 때문이다. 혁명은 모든 나라 중에서 가장 큰 나라, 즉 **러시아**에서 발생했다. 우파가 내세웠던 신중함은 *정확히* 1928년의 위험으로 인해 비난받은 것이었다. 그들의 신중함은 *이론적 타성태*, 즉 현실에의 적용을 제한하는 실천적 도구였을 뿐[102] ― 사회주의 건설의 관점 속에서 ― 물질적 명령에 기초해 나아가고자 하며, 역시 *이들에 기초해* 자신의 실천을 실현하고자 하는 스탈린의 결정과는 어울리지 않는 것이었다. 요컨대 지노비예프와 카메네프[103]를 숙청한 것은 결국 *1928년의 비극*이었다. 하지만 이들은 스탈린에 *의해* 숙청된 것이다. 즉 상황, **역사**의 도구로서의 스탈린 ― 마르크스주의자들이 너무나 자주 그렇게 생각하듯이 ― 에 의해서가 아니라 반대로 순간순간의 요구에 합당한 응수를 하면서

102 실제로 볼셰비키 우파는 너무나 갑작스럽게 이루어지는 모든 사회주의화에 맞서기 위해 마르크스와 엥겔스의 원칙을 참고했다. 즉 공산주의로 넘어가기 위해서는 매우 높은 생산 수준에 이르러야 한다는 것이다.(이런 생각은 1844년 이후 마르크스에게서, 즉 볼셰비키에게는 알려지지 않았던 『경제와 정치(*Économie et politique*)』라는 저서에서 발견된다. 이와 마찬가지로 우리는 이와 같은 생각을 엥겔스가 뒤링에 반대하여 쓴 책에서도 발견할 수 있다.) 하지만 그 자체로 명백한 이 원칙은 다양한 적용 가능성을 가지고 있다. 사실상 이 원칙은 카메네프가 주장한 신중하고도 느린 진행과 마찬가지로 모든 단계를 뛰어넘을 것을 주장하는 트로츠키식 의지주의에도 적용될 수 있다. "우파"가 이 원칙을 자신들의 반대를 정당화하기 위하여 사용하는 경우 이 원칙은 부분적 진리로(즉 우파의 반대만이 이 원칙으로부터 발생할 수 있는 유일하고도 가능한 결과라는 생각으로) 고착될 위험이 있다. 동시에 반대자들로 하여금 다른 가능성들을 품지 못하게 한다는 점에서 이 원칙은 지양할 수 없는 타성태, 즉 서약된 수동성이 갖는 타성태적 결정이 된다. 분명 우파의 실천적 태도가 이 원칙으로부터 파생되었다고 생각하는 것은 부조리하다. 반대로 이 원칙의 부정적이고 제한된 사용을 결정하는 것이 바로 이 태도다. 이 원칙이 인간들에게서도 구현되기 때문에 이들의 실천적 결정 작용을 발견하고 이해하기 위해서는 혁명 운동의 역사로 되돌아가야 할 것이다. 하지만 이와 마찬가지로 다른 경우에서도 순환성은 사실로 남아 있다. 즉 원칙에 대한 제한적이고 선험적인 긍정을 통해 이루어지는 선택-서약은 정확히 이 원칙에 타성태적 엄격성과 부정적이고 초월 불가능한 행동을 부여하는 것이다. 이러한 사실을 토대로 객관적 적응 불가능성의 원칙은 이와 같은 선택을 운명으로 변화시킨다.(원주)

103 1926년경 스탈린과 결별하고 트로츠키와 더불어 통합 반대파를 결성한 러시아의 정치인들이며, 후일 스탈린에 의해 숙청당했다.

자신을 상황의 인간으로 만들어 나간 스탈린에 의한 것이었다. 달리 말하자면 1차 *경제 계획*이 결정되던 날 한정되고 개인화된 실천이 망설임과 상당히 폭넓게 이루어진 동요(지도자들이 레닌의 후계자이자 경제 계획의 상속자들이 된다는 사실에 의해, 그리고 지도자들 각각의 개별성 속에서 야기된)를 대면하게 된 것이다. 하지만 이와 같은 실천은 지도 집단의 재편(그리고 순환적으로 볼 때 이 실천은 또한 이 집단의 재편으로 나타난다.)에 의해 이루어진다. 이 재편을 통해 집단 지도 체제는 1인 통치권으로 바뀌게 되었다.

2. 개인 속에서 이루어진 통치자의 구현

구현의 우연성과 적합성

여기에서 우리는 한 개인의 독재의 기원을 설명하거나 개인숭배의 의미를 밝히려고 하는 것은 아니다. 여기에 대해서는 이미 다른 곳에서 이야기한 바 있다.[104] 중요한 것은 전혀 다른 것이다. 오늘날 독자들은 다음과 같은 사실, 즉 사회의 여러 분야에서 개인의 힘과 역할을 결정하는 것은 공동 실천을 통해 이루어지는 사회의 움직임과 이 사회라는 장의 재편이라는 사실을 이미 당연한 것으로 여기고 있다. 단 한 명에 의해(혹은 *한 명*의 지도자의 주도권에 의해) 이루어지는 행동이 갖는 개인적 힘과 효율성에 대한 결정은 주어진 하나의 사회, 한 시대 그리고 인간 활동이 이루어지는 여러 분야에서 반드시 *동일한* 것은 아니다.(모든 관계를 고려하더라도 그러하다.) 지도 기관들 속에서

---

104 「스탈린의 환영」, 『상황』, 7권, 229~233쪽(1965년판).(편집자 주)

통치자가 *한 명의 개인인 경우*(한 명의 공동 개인인 경우) 이들의 실천과 목표에 의해 요구된 통합의 형태는 한 명의 지도자를 위해 각자에게 고유한 여러 권리를 포기함으로써만 이루어질 수 있고 보장될 수 있다. 물론 이런 포기에는 뒤집어진 행위, 즉 증여가 뒤따른다. 통치자는 각자에게 이전의 모든 권력이나 부분적인 권력을 되돌려주게 되는 것이다. 하지만 이때 이 행위는 그 자신의 자유로운 통치권에서 나오는 무상의 증여 행위다. 이런 변화에 이르기 위해서는 불균형, 해결될 수 없는 갈등, 실천적-타성태의 집단 내로의 침범 등이 필요하다. 그렇다고 해서 통치자의 힘이 공동의 힘과는 다른 것이라는 사실, 그의 통치권이 집단의 통치권들의 응축이 아니라는 사실에는 변함이 없다. 단지 통치자의 힘과 효율성은 집단이나 지도 집단의 총체가 이 통치자의 보증하에서 새로운 구조의 영향을 받는다는 사실로부터 유래하는 것이다. 이 새로운 구조는 타성태 속으로 추락하면서 공동 개인들의 무기력과 수동적 저항을 훨씬 더 강화된 통합과 매개된 관계들의 다양화라는 이중의 수단을 통해 물리치려는 필요성 위에 이 통치자의 자유롭고 매개적인 활동을 정초시킨다. 어떤 의미에서 통치자는 권력을 행사하는 하위 집단들의 집렬체화에 의해 지탱된다. 오직 이 통치자만을 통해 *집렬체화가 와해될 수 있고, 집단들이 재구성될 수 있기* 때문이다. 실제로 이 통치자는 자신의 총체화하는 실천에 의해, 그리고 이 실천을 위해 계속해서 집렬체들의 와해와 재집단화를 수행한다. 하지만 이런 와해와 재집단화는 항상 일시적이며, 하나의 결정된 행위를 가능케 하는 것에 국한된다. 통치자가 실질적으로 물러나게 되는 순간에 집합태가 다시 나타나게 된다. 바로 이것이 그 자신의 협력자들의 반복되는 무기력을 통해 통치자가 자신의 실천을 훌륭하게 실현할 수 있는 수단인 것이다.

어쨌든 중요한 것은 다음과 같은 사실이다. 즉 공동 개인으로서 스탈린은 단순히 한 명의 *개인*이 아니라는 사실이 그것이다. 그는 인간적 피라미드이며, 자신의 실천적 통치권을 모든 타성태적 구조와 각각의 하위 지도 집단(각각의 개인)의 동의로부터 이끌어 내는 자다. 이렇게 해서 그는 인간 피라미드의 모든 곳, 모든 차원, 모든 지점에 있게 된다. 왜냐하면 그의 총체화하는 실천은 모든 구조의 지양과 보존을 의미하기 때문이다. 달리 말하자면 그의 실천은 이와 같은 모든 타성태적 구조화의 종합적 시간화이기 때문이다. 하지만 역으로 그가 단순히 스탈린이라고 불리는 사람이 아니라 통치*자*이기 때문에 그는 피라미드가 가지고 있는 모든 복잡한 결정에 의해 자기 자신 속에서 *재총체화된다*. 즉 그는 모든 사람에 의해 한 개인이라는 종합적 단위 속에서 사회 계층, 위계질서, 갈등이 발생하는 지대, 집렬체적 지형 등을 내면화하는 사람이 되는 것이다. 이와 같은 모든 요소는 정확히 그의 행동을 일으키는 수동적 수단들인 동시에 그에 의해 이루어지는 재집단화의 타성태적 방향이기도 하다. 달리 말하자면 개인적으로 권력을 차지하는 순간부터 스탈린은 지도 기관들의 피라미드 속에서 스스로를 구현하며, 이 피라미드는 스탈린 속에서 구현되는 것이다. 이 공동 개인은 통치자이자 *나아가서는* 한 명의 집단적 개인이기도 하다. 하지만 이와 같은 구현의 상호성은 여전히 추상적으로 남아 있다. 왜냐하면 그것은 스탈린이 가진 역사적 현실, 즉 그가 자라난 환경과 어린 시절로부터 출발하여 그가 겪은 투쟁의 상황을 통해 형성된 투사로서의 현실을 고려하지 않고 있기 때문이다. 이 집합적이고 집단적인 통치자는 세계 속의 유일한 한 개인 속에서 구현된다. 그리고 그의 존재태(그가 극복한 조건들의 단순한 내면화로서는)는 그의 외모나 생리적 구성만큼이나 독창적이다. 이것이 의미하는 바는 모든 구현에서 그렇듯이 스탈린이 앞에서 기술되었던 공동-집합으로서의 통치자 *이상이자 통치자와는 다른* 존재라는 사실이다. 오히려 구체적 존재 속에서 그는 이런 통치적 실천과 피라미드의 *사실성*이라 할 수 있다. 이것을 통해 이해할 수 있는 것은 우선 이 구현의 *사실성*이 모든 상호성으로부터 배제되어 있다는 점이다. 이 사실성은 그것을 총괄하는 사람에 의해 계층화된 거대한 관료 체계에 나타나게 된다. 이런 관점에서 보면 스탈린은 도처에 존재한다. 소련 혁명의 비할 수 없는 인물로서 모든 벽에 얼굴이 걸린 사람으로서만 아니라 각자의 내부에서 내면화된 타성태의 구조로서도 그러하다. 마치 개인들 속에서 엄격히 개인적이지만 *다른 존재로*(다시 말해 구체적 명령으로서) 발생하는 모든 의지의 구체적 통일성과 같이 각자에게 스탈린은 서약된 수동성의 생생한(그리고 기만적인) 이미지인 것이다. 하지만 이 경우에는 하위 집단들의 통치자에 대한 거역을 가능하게 하는 총체화하는 상승은 찾아볼 수 없다. 왜냐하면 최고의 구현을 실현하는 것은 *그의 과거, 그의 몸, 그의 얼굴*이기 때문이다. 혹은 달리 말해 이전의 실천 ─ 그가 통치권을 행사하기 *이전에* 그리고 다른 사회에 속해 있었을 때 ─ 을 통해 그에게 특정한 성격들이 만들어졌기 때문이다. 그러므로 이와 같은 사실성은 환원 불가능한 것으로 보인다. 게다가 우리 연구의 현 단계에서는 사실성을 구성하는 여러 특성이 그들 상호 간의 환원 불가능한 것이 아닌지를 확신할 수 없다.[105]

하지만 가장 먼저 살펴보아야 할 점은 통치권이 그것을 행사하는 개인의 사회화를 실현한다는 것이다. 이것이 의미하는 바는 우선 적

---

105 물론 모두가 통시적인 구조들에 관련되어 있다는 점에서, 그리고 우리의 연구가 통시적 총체화가 존재하는가라는 근본적인 문제에는 이르지 못했다는 점에서 그러하다.(원주)

어도 추상적으로는 공적인 스탈린과 사적인 스탈린을 구분할 수 없다는 것이다. 역사적 인물로서 그의 사실성은 그의 실천에 깊이 통합되어 있으며, 그 실천의 *자격*이 된다. 내면화된(습관, 도구 등을 갖춘) 과거로서의 *존재태*는 공동 개인과 불가분의 관계를 맺고 있다. 각각의 통치적 실천이 실천적 유기체를 통한 서약된 타성태의 자유로운 지양이기보다는 개별적 개인으로서의 공동 개인의 일의적인 지양이 될 정도로 그러하다. 그 역 또한 마찬가지다. 달리 말하면 집단들 속에서 결정된 기능은 지금 그 기능을 행사하는 자가 도래하기 이전에도 존재했다는 점에서, 그가 다른 직책으로 떠나거나 죽은 이후에도 존속될 것이라는 점에서 공동 *개인*을 겨냥하며, 이 공동 개인을 개별적 개인으로서의 일정한 미결정 상태와 더불어 구성한다. 개별화된 개인은 자신의 직무를 완수하는 동안 ─ 결국 그가 각각의 임무를 시간화의 구체적인 결정 작용으로 실현하게 되지만 ─ 아주 미묘한 편차에 의해 자신의 기능으로부터 분리된다. 이 편차, 즉 분간하기 어렵지만 본질적인 이 틈은 실천의 한가운데에서 서약된(그러므로 극복 불가능한) 타성태적 결정 작용의 현존에 의해 구성된다. 이때 실천은 추구된 모든 목적 속에서 결정 작용을 되찾기 위한 운동으로써 그것을 지양한다. *이와 반대로* 스탈린은 자기 권력의 유형과 조직, 요컨대 이 권력의 특수한 현실을 전적으로 구성한다. 이런 작업이 관료주의적 피라미드 속에서 축적, 붕괴, 계층화, 재집단화 등등을 통해 일어난다 할지라도 그것은 여전히 이런 것들의 종합적 통일성(즉 여기서는 이용이라 할 수 있는)으로 남아 있다. 그런데 개인적 권력을 초래하는 사회적 변화들에 대한 구체적이고 종합적인 통일성은 필연적으로 권력을 구현하는 통치자라는 개인 ─ 그의 역사적이고 실제로 존재하는 ─ 인 것이다. 이때 이 권력은 정확히 하나의 개별적이고 우연적인 사건이지 아직 하나의 제도는 아니다.(이런 묘사는 아버지의 죽음 이후에 유산으로 왕좌를 물려받은 후계자의 경우라면 아무런 의미도 없을 것이다.)[106] 그것은 스탈린에 *의해서* 정립되었고, 그와 함께 사라졌다. 흐루쇼프가 여러 직책을 거쳐 왔을지라도 그의 막대한 권력은 스탈린의 권력에는 미치지 못하는 것이었다. 만약 그가 *개인적인 권력*을 행사해야만 했을지라도(이것보다 확실한 것은 없다.) 그는 그 권력을 한 사회, 즉 한 사람에 의한 권력 장악이 *용이했던* 성향과 경화된 구조(몇 가지 점에서)를 지닌 사회에서 행사했다. 반면 스탈린은 모든 개인 독재가 불가능해 보였던 실천 내부에서 한 개인의 통치권을 *정립했던* 것이다. 이와 같이 하나의 결정이 적용되는 *방식*(유혈의 폭력성 따위)이 위급한 위기에 대한 지도부 전체의 실천적 반응을 보여 주는지, 아니면 스탈린의 *고유한 방식*(과거의 실천에 대한 내면화를 재외면화하는 것으로서)을 보여 주는지를 결정하는 것이 ─ 적어도 몇몇 경우에서는 ─ 실천적으로 불가능했을 뿐만 아니라 지도자들 각자에게도(혹은 가장 낮은 지위부터 가장 높은 지위에 이르기까지의 행정가들을 포함하여) 동일한 구분은 여전히 실현 불가능하다. 실제로 각 지도자는 자신의 권력을 스탈린에게 빚지고 있다. 그렇기 때문에 각자는 스탈린의 의지주의에 영향을 받는 것이다. 이와 동시에 각자는 자신의 실천 자체에 의해, 그리고 이런 방식으로 한정되고 구조화된 사회 내에서 행동할 가능성에 의해서 형성된다. 하지만 이러한 실천과 가능성은 타성태 속에서 끊임없이 지양된 과거로서 내면화된다는 점에서 사실상

---

106 각각의 통치권이 왕에서 기인하는 나름의 색채를 가졌을지라도 어쨌든 결국에는(루이 15세가 죽은 이후 장차 루이 16세가 될 황태자가 권력 앞에서 느끼는 감정과 불안감을 떠올려 보자.) 개인과 통치자 사이에 하나의 틈이 존재한다. 이는 다른 직책들과 관련하여 앞에서 언급한 것과 동일한 의미에서다. 통치자-개인은 그 차제로 신성이며, 그 자신 내부에서 신성의 양가성을 겪는다.(원주)

지도자 각각은 다소간 스탈린의 장기적이고 간접적인 영향하에서 구성된다. 각 지도자는 스탈린에게 복종해야 한다. 그리고 이들 각자를 통해 성스럽게 되는 자도 역시 스탈린이다. 균형과 사회적 보상의 체계 —— 이것을 통해 각자의 행동이 추구되는 —— 를 도처에서 작동하게 만든 것도 스탈린 혼자서 한 일이다. 그리고 특히 이 지점에서는 더욱 그러하다. 나는 상승하는 관계(*하위 지도부에서 스탈린에 이르는*) 속에서 어떻게 지역 책임자가 스탈린에게서 하나의 개인으로 전락하게 되는지, 즉 한 인격으로서가 아니라 최대한의 사회적 통합[107]의 생물학적 실체로 전락하게 되는지에 대해서는 이미 다른 곳에서 밝힌 바 있다. 역으로 하위 지도자들과 관계를 맺는 것은 개인으로서의 스탈린이다. 이것은 그의 실천이 그 자체로부터 스탈린에게 *고유한 개별적 특징*을 재발견한다는 것을 의미한다. 왜냐하면 이는 소련의 혁명(*시간의 희소성*)의 항구적인 요구이며, 스탈린이 그것을 소유하고 있기 때문이다. 개인적인 것을 구분할 수 없는 상황에서 기능으로서의 권력, 시간화의 속도로서의 의지주의, 그리고 스탈린의 맹렬한 의지는 일체를 이룬다. 이처럼 공동 개인성의 차원에서 [지역 책임자]는 *절대적으로 구체적인 결정 작용들*을 극복할 수 없는 요구로 받아들인다. 이 결정 작용들은 그를 스탈린에 의한 지속적인 창조물로, 그리고 *지금, 여기에서, 이와 같은 사람들* 앞에서 이 통치자 개인의 구현으로 규정한다. 여기에서 소외는 절대적인 응결에 해당한다. 스탈린은 지역 지도자 속에서 *타자로서* 구현된다. 어쨌든 우리는 여전히 이러한 타성태적이지만 개별화된 이타성을 서약된 타성태와 구별 지을 수 없다. 이것은 지역적 차원에서 취해진 결정의 경우에도 그러하다. 스

---

107 「스탈린의 환영」, 『상황』, 7권과 이 책 1권 제2서, A, 1157쪽을 참고.(편집자 주)

탈린은 자신의 고유한 과거를 공동의 과거로서 혁명에 부여했던 것이다.

결국 지도자의 실천이 갖는 개별적이고 구체적인 특징이 드러나게 되었다. 하나의 추상적 혁명에 대한 이런 실제적 구현은 — 이전의 상황에서 출발하여 자신의 고유한 수단을 발생시키면서 — 다음과 같은 방식으로 개별화될 수밖에 없다. 즉 이 구현은 통합을 극단까지 밀고 나가고, 그러고 나서 한 명의 개인 속에서 구현되기 마련인 것이다. 독자들이 실망할지도 모르겠지만 우리는 여기에서 다음과 같은 상황, 즉 스탈린이 시베리아에서 죽었다거나 트로츠키가 다수의 지지를 받았다면 일이 어떻게 되었을지에 대해서까지 살펴보지는 않을 것이다. 만약 이렇게 했다면 우리는 또 *다른* 스탈린이 등장했을까, 트로츠키는 개인적 통치권을 결국 장악했을까, 그는 실천적으로 동일한 결정들을 내릴 수 있었을까, 아니면 그는 다른 정책을 시도했을까? 결국 러시아 혁명은 실패하고 말았을까? 등등에 관련하여 의문을 던졌을 것이다. 우리는 지금으로서는 가능성의 문제들에 관해서는 논의하지 않을 것이다.[108] 게다가 사회화와 군사 작전의 실시에서 보여 준 스탈린의 *실천적* 역할과 그 중요성은 여전히 잘못 정의되어 있는 것처럼 보인다. 예컨대 사람들은 간혹 그를 세계 지도 위에서 독일군의 전진을 지켜만 보는 모습이나(그러므로 군 지도자로서 주도권을 제어하거나 중단하는) 사무실에만 앉아 있는 무능력한 모습으로 보여 주거나, 때로는 이와 반대로 모든 것을 알고 결정하고 조직하는 모습으로 보여 주기도 한다. 따라서 역사가가 그에게 걸맞은 자리를 부여한 것은 나중의 일이다. 중요한 것은 이와 같은 사회주의적 사

---

108   563쪽 각주 참고.(편집자 주)

회 — 즉 여러 형태의 사회 중에서도 사람들을 만들어 내는 사회적 환경을 통해 이들을 고려하고, 개인들이 갖는 역사적 중요성을 최소한으로 축소시키는 사회 — 는 이 사회 자체의 기도가 갖는 성격에 따라 모든 차원에서 한 개인의 *매개*를 통해 이 사회의 실천적 흐름과 고유한 개선을 결정하게 된다는 것이다. 달리 말하자면 스탈린이 전쟁을 치르는 것이 문제가 되었을 때 스탈린이 능력을 갖추었는지 아니었는지를 아는 것이 가장 중요한 것은 아니다. 중요한 것은 비록 그가 최종적으로 결정을 내렸을지라도 군 수뇌부 집단은 구조적으로 *스탈린 개인에 의해* 이 수뇌부가 장악되도록 되어 있었다는 점, 즉 이 수뇌부에 의해 이미 수립되어 있던 공격 전략의 종합적 재총체화를 다름 아닌 스탈린 개인에게서 촉발시키도록 되어 있었다는 점이다. 그런데 이와 같은 재총체화는 그 과정상 원래 계획의 구현일 수밖에 없다. 즉 원래 계획에는 어쨌든 재총체화 속에서 구현을 실현해야 했던 것이다. 재총체화는 스탈린을 특징짓는 삶의 한계와 방식을 나타내고 있다.

이와 같은 고찰은 당연히 경제 계획부터 그 세부 적용에 이르기까지 모든 통치적 결정에도 역시 유효하다. 이런 의미에서 우리는 실천과 실천적 장의 통일성에서 볼 때 한 개인 내에서의 구현의 필연성이 무엇을 의미하는지를 이해할 수 있다. *이 통일성이* 바로 이 개인 자체이기 때문에 총체화하는 시간화는 이 개인의 내적 제약들로부터는 발생하지 않는 특징을 갖게 된다. 구현이 요구되는 것은 실천적 유기체의 통일성이 조직화된 집단의 활동과 관계되도록 하기 위해서다. 하지만 구체적 개인에 의해 이루어지는 이와 같은 통합과 더불어 실천적 유기체에 근거한 또 다른 고유한 양상 역시 실천과 관계되며, 이 실천 자체에도 불구하고 그것을 개별화한다. 무엇보다도 인간 조건에서 유래하는 이 양상들(특정 시기에 인간적 유기체들을 특징짓는 결정-한계의 전체)을 꼽을 수 있다. [그 첫 번째 양상이] 바로 늙고 죽을 수 있다는 가능성이다. 소련 사회의 경직화는 스탈린의 노화 속에서 구현될 것이고, 스탈린 개인은, 그가 없더라도 새로운 모순이 사회를 와해시켰을 시간 *너머서까지* 이 사회를 유지시킬 것이다. 게다가 혁명의 마지막 단계는 통치자의 죽음에 일치하게 된다. 실제로 우리의 경험은 만들어진 사회의 새로운 구조들을 감추면서 스탈린주의가 살아남았다는 사실, 그리고 스탈린주의의 종식이 스탈린의 죽음과 정확히 일치했다는 사실을 보여 준다. 이와 같이 구현을 통해 ── 적어도 소련의 경험에서 볼 수 있는 1단계와 2단계 사이의 구현 ── 통시적으로 탄생과 죽음으로부터 인간에게 왔지만 시간화의 주어진 한 계기에서 볼 때 여기에는 반드시 실천의 전개 양상이 아닌 불연속성과 단절이 도입되었다. 통치적 실천과 그 기관들에 의해 작동하던 체계 속에서 볼 때 스탈린의 죽음은 1단계의 내적 한계였던 것이다. 왜냐하면 그의 죽음은 이미 후계자의 문제를 제기했고, 또한 모든 소련인(*심지어 적대자에게도*)에게 잊히지 않을 죽음이었기 때문이다. 스탈린의 죽음 *이후에도* 모든 사람에게 알려지지는 않았지만 분명 객관적 상황에 기초해 형성되고 *예견 불가능한 단절에서 시작될* 또 한 명의 스탈린이 나타나게 될 것이다. 이와 같이 실천의 최초의 단계는 인간의 삶이 갖는 죽음을 향한 시간화 속에서 구현되어야만 한다. 한편으로는 한 인간의 유한성과 그의 최종적인 소멸 사이에 하나의 변증법이 성립하고, 다른 한편으로 축적이라는 실천의 최종 지점을 향한 행진이 이루어지게 되는 것이다. 하나의 유기체에 대한 근본적인 부정으로서의 죽음은 승리를 돋보이게 하여 그것도 산업화의 첫 단계에 대한 긍정적 성공으로 나타난다.

하지만 이것이 전부가 아니다. 내가 다른 곳에서 보여 준 바와 같이 사실성의 근본적 특징은 바로 각 개인에게 *그 자신의 우연성의 필연성이다.*[109] 이 개념을 다음과 같은 의미로 이해해야 할 것이다. 즉 각각의 개인은 *자신의 고유한 실존을 정초하는 상황 속에 있지 않다는 사실,* 그가 이 사실성을 탈존(脫存)시킴에 따라 그 사실성으로부터 벗어난다는 사실, 그리고 실존은 세계 속에서의 개별적인 참여 — 선험적으로 모든 *비상*을 배제하는 — 를 통해 특징지어진다는 사실이 그것이다. 바로 *이와 같은* 유한성에 의해서만 개인이 존재할 뿐이며, 또한 바로 *이런* 관점이 갖는 개별성에 의해서만 개인이 존재할 뿐이다. 후일 일어나는 모든 지양 행위는 원초적 사실성을 제거하기는커녕 그것들을 그 자체 내에 행동을 규정하고 변화의 모든 내용을 미리 소묘하는 요구로서 보존한다. 그러므로 역사적으로, 그리고 실천적으로 또 다른 사람이 스탈린의 역할을 수행하게 될지 또는 스탈린이 자기 역할을 다른 방식으로 수행할 수 있을까를 아는 것은 중요하지 않다. 우리는 이 문제를 뒤에서 재론할 것이다. 하지만 각 개인에게 주어진 것은 단순히 *그의* 우연성이다. 즉 스탈린이 자신의 고유한 토대가 아니고 그의 사실성이 그를 다른 모든 개인 사이에서의 특정한 개인으로 구성한다는 — 자신의 차별성(다른 이들에 비해)과 자신의 독창성(모든 결정은 부정이라는 점에서)의 원인을 자기 자신에게서 이끌어 내지 않는 — 점에서 볼 때 산업화가 진행 중인 한 사회의 전체적 실천은 이 사회의 심층에서까지 이 개인의 우연성에 의해 관통된다. 경제 계획의 기술자들이 원하는 바와 같이 객관성의 필연적 전개에 의해 제기된 문제들에 대한 필연적인 대답으로서 제시되는 것

---

109   『존재와 무』(텔 총서, 갈리마르).(편집자 주)

과 달리 이 우연성은 시간화의 엄격함 속에서 이 개인의 고유한 실천의 정립 불가능성으로 나타나게 된다. 즉 이 개인을 벗어난 과거에 기초해서, 선택의 장을 전체적으로 포착하는 것을 방해하는 개인적 한계를 통해서 그가 해야 할 행동을 결정하고 문제를 해결하는 것으로서 드러나는 것이다.

그런데 우리가 이미 지적한 바와 같이 하나의 실천은 그것이 집단과 하위 집단들의 조직화한 총체의 실천이라 할지라도 하나의 사실성의 지양으로 나타난다는 사실만큼은 의심할 여지가 없다. 실제로 이 실천을 촉발하고, 이 실천을 결정하면서 제한하는 것은 이전의 상황들이다. 이것은 이 상황들이 욕구를 통해서 드러나고 원초적 투기에 의해 이 상황들의 변화가 추구된다는 점에서 그러하다. 그 결과 ── 여러 가지 중에서도 ── 행위 주체로 하여금 이와 같은 과정 중에 변화되어야 하는 상황들이 갖는 타성태적 실체를 통해 현재 진행 중인 변화를 이해하도록 하는 실천적 도구의 전체가 구성되는 것이다. 그러나 모든 실천이 갖는 부정할 수 없는 이런 특징 ── *갑자기 유산을 상속받은 외동딸의 경우와 같은 우연성* ── 은 다음과 같은 경우에서 현저하게 강화되고, 일반적인 실천이 요구할 수 있는 것을 지양하게 된다. 즉 한 개인이 자신에게 고유한 우연성을 통해 바로 이 우연성을 구현하는 경우 충분하게 결정되지 못한 미래를 향해 이루어진 모든 기도에 나타나는 무지와 맹목성이 특정한 한 개인의 무지, 맹목성, 지적 한계, 아집과 일치되는 경우가 바로 그것이다. 물론 이와 같은 강화가 긍정적 결과(적어도 행동이 "상승하는" 시기에)를 낳을 수 있고 낳아야 한다는 점은 분명하다. 그리고 한 개인의 의지주의가 **"철인"**의 의지 속에서 구현된 것이 바로 러시아 혁명의 성공인 것이다. 그러나 *같은 이유로* 몇몇 부정적 특징은 통치자의 개별화로 인해 과장되기도 한다. 스탈린이라는 통치자는 트로츠키보다 교육을 덜 받았기 때문에 결점을 가질 수도 있었다. 피곤한 상태로 차출되었고, 항상 새롭고 부족한 정보와 상황 판단에 따라 조급하게 구성된 관료는 *그가 스탈린 자신일지라도* 보편적인 무능력을 가질 수밖에 없다. 결국 이렇게 되면 마르크스주의는 고착화된 교조주의 안에서 경직화된다. 분명 우리는 이와 같은 경직화가 실천적 필연성이며, 대중의 수준을 단번에 끌어올리기 위해서는 문화를 통속화해야 한다는 사실의 동의어라는 점을 알고 있다. 도시화를 겪고 있는 농민들은 마르크스주의의 행보를 무겁게 했다. 하지만 대중문화라는 혁신적인 유산을 수혜받은 그 자녀들은 차르 시대에 대한 증가된 혁명적 요구를 재발견하게 된다. *다른 한편* 이와 같은 교조적 무거움은 완고함의 원칙을 중요시하는 행동의 인간인 투사 스탈린의 무거움이기도 하다. 왜냐하면 사람들은 행동하는 동시에 이 원칙을 문제 삼을 수 없기 때문이다.

새로운 원칙, 즉 여전히 스탈린적이며 모순되지 않은 채(혹은 그 모순이 드러나는 것을 허락하지 않는) 이전의 원칙들에 덧붙여질 수 있는 원칙의 지속적인 고안, 그리고 기회주의적 결정에 대한 이론적 정당화의 제공을 그 유일한 목적으로 하는 원칙의 지속적인 고안 등과 같은 경험주의와 현학주의의 혼합은 분명 상황들에 의해 *거부된* 것이 아니라 그것을 고안한 장본인이 바로 스탈린 자신이었기 때문에 *거부된* 것이다. 그리고 사람들이 "유일 국가에서의 사회주의"라는 슬로건의 출현을 설명할 때조차도 스탈린적 구현에 다름 아닌 포착 불가능한 여분은 여전히 남아 있었다. 결국 이 슬로건을 창안한 것은 스탈린 자신이었다.

이와 같은 지적을 통해 우리는 더 멀리 나아갈 수 있다. 역사가가

*상황들이 요구했던 것*에 대해 정밀한 검토를 하는 것이 가능하다면 (그러나 그 외관에도 불구하고 그 가능성은 매우 드물게 주어지는), 이 사실을 토대로 — 추상적인 도식일지라도 — 객관적 요구만을 고려함으로써 실현될 수 있었을 프로그램을 작성할 수 있다면 통치자-개인의 경우에서 이 최소한의 프로그램과 실제로 실행되었던 프로그램 사이의 차이를 설명할 수 있을 것이다. 그것은 *이 인간의 우연성과 유한성*을 통해서다. 이처럼 스탈린주의자가 아니었던 수많은 마르크스주의자에게 소련에서의 산업화와 집단화는 긴장이 수반된 전 국민의 엄청난 노력을 필요로 했고, 그 결과 *제약* 없이는 이루어질 수 없었던 것이다. 그들이 보기에 농민의 저항 역시 불가피한 것이었으며, 대규모 농업 개발의 즉각적인 착수(1928년 이후)는 도시의 식료품 공급을 보장하는 유일한 수단이었다. 간단히 말해 이들은 노동자 중심 지역에서의 거짓 선전, 숙청, 경찰력을 이용한 탄압과 농민들의 봉기에 대한 잔혹한 진압을 *피할 수 없는지*를 자문했던 것이다. 이들 대부분이 이와 같은 과잉 행동이 실제로 피할 수 있는 것이었다고 생각한다는 점에서 볼 때 이들은 이런 과잉 행동을 사회주의 초기 단계에서 가속화된 성장의 산물로 여기지 않고, 스탈린 한 사람(혹은 같은 이야기가 되겠지만 그의 주변 사람들과 참모들)의 책임으로 돌렸던 것이다.

나는 여기에서 *그들이 피할 수 있었던 것*이 무엇이었는지를 이야기하고자 하는 것이 아니다. 중요한 것은 다음 사실이다. 즉 통치권의 개별화가 통치자에 의한 실천의 왜곡의 문제를 낳기에 이르렀다는 것이다. 즉 이 통치자는 자신이 해야 할 것보다 더 많이 혹은 더 적게 "했던" 것이다. 물론 이 주장은 아주 모호해 보이긴 하지만 정당한 이유가 있다. 우리는 아직까지도 몇 가지 점을 제외하고는 이 계획의 실질적인 적용의 역사에 접근할 수 없기 때문이다. 정확한 자료가 없는 상황에서 전쟁 이전 몇 년에 걸쳐 발생했던 대숙청을 바로 *이런 상황* *속에서* 불가피한 조치로 만들었던 변화가 정확히 *어떤 순간*에 일어난 것인지를 결정하는 것은 불가능하다. 하지만 이와 같은 숙청과 "모스크바 재판"의 요구가 저개발 국가에서 이루어진 산업 성장에 대한 총체화하는 객관성 속에 포함되어 있지 않기 때문에 이와 같은 변화의 기원은 스탈린에게로 돌아갈 *수밖*에 없는 것이다. 이것은 스탈린이 통치적 총체화이자 동시에 한 개인의 개별성이라는 단순한 이유 때문이다. 이와 같은 방식으로 우리는 변증법적 운동 속에 일종의 실증적인 분석을 재도입하는 우를 범하는 것처럼 보인다. 즉 좀 더 유연하고, 좀 더 선견지명을 갖추고, 좀 더 인간의 삶을 중시하는 정책을 폈다면 *우리는* 피 한 방울 흘리지 않고 같은 결과(예를 들어 집단화)를 얻을 수 있었을지도 모른다. 하지만 스탈린, 더 많은 제약을 받았고 상상력이 부족했던 만큼 유연하지 못했던 이 스탈린은 인간을 기계들의 제작에 종속시키려는(즉 인간들을 가공된 물질성에 종속시키는) 러시아 구성주의 ── 이것은 기계 제작에의 종속을 의미한다 ── 의 경향을 극단까지 밀고 나갔던 것이다. *스탈린의* 결정을 통해 생산이라는 선고가 인간에게 내려졌고, *필요할 경우* 이들에게 사형 선고가 내려지기까지 했던 것이다. 여기에서 우리는 일련의 두 개의 독립 변수들을 발견할 수 있지 않은가? 또한 이것을 통해 실증적 *이성* 속에서의 비합리적 요소, 즉 우연을 발견할 수 있지 않은가?

잠시 우연의 문제는 제쳐 두도록 하자.[110] 다만 일련의 두 요소들을 살펴보고, 이것들이 독립적인 요인인지를 살펴보도록 하자.

110　이 책의 「부록」, 「역사는 인간에게 본질적인가?」에 나온 ○○○쪽과 ○○○을* 참고.(편집자 주)
　　● 원문에 쪽수가 표시되어 있지 않다.

과정[111]에서 나타나는 요구들이 스탈린의 통치 방식을 완전히 정당화시키지는 않는다는 — 자세히 살펴보지 않으면 그럴듯해 보이는 — 사실을 가정해 보자. 헤겔에게 실천이 진리처럼 *생성된다*는 것은 다음 사실을 의미한다. 즉 스탈린적 제약에 의해 획득된 결과들은 — 비록 이 결과들이 양적으로 *보아* 산업화의 총체에 의해 요구된 결과들이라 할지라도, 그리고 1934년에 생산된 주물의 총 중량이 정확히 전문가들에 의해 예견되고 요구된 것과 일치할지라도[112] — 사회주의 수호라는 실천-과정에 의해 요구된 구체적 실현과는 *다르다*는 사실이다. 우리는 실제로 이 결과들이 단순한 양의 문제가 아니라 모든 분야에 걸쳐 모든 다른 부분과 맺는 *내적* 관계들을 통해 이루어지는 총체화 속에서 결정된다는 사실을 이미 알고 있다. 이런 관점에서 그리고 인간의 해방이라는 사회주의화의 관점에서 볼 때 위협과 유혈 강제 조치(처형, 강제 수용소 등등)를 통해 획득된 1000만 톤의 주물은 동일한 전망 속에서 권위주의적이긴 하지만 강제 조치를 취하지 않는 정부에 의해 획득된 1000만 톤의 주물과는 결코 비교될 수 없는 것이다. 폭력의 사용을 통해 얻어지는 이런 결과의 변화는 단기적이고 장기적인 미래에 그 영향을 반드시 미치게 된다. 이와 같은 변화와 그 결과에 내적으로 연관된 전체는 장기적인 관점에서 보면 실천의 일탈을 가져올 수 있다. 우리는 이미 그 자신의 결과에 의해 일탈된 실천(예컨대 임금 체계의 위계화가 사회 계층의 분화를 가져왔을 때 살펴본 실천)을 살펴본 바 있다. 하지만 어쨌든 이처럼 일탈된 실천은 반목적성에 대해 전체적 행동이 취하는 내적 반응에 불과했다. 스탈린

---

111   "유일 국가에서의 사회주의"의 실현에서 요구되는 과정, 곧 스탈린의 계획의 실천-과정을 의미한다.

112   실제로는 그렇지 않다는 사실을 알고 있다.(원주)

의 계산에 의해 숙청과 재판이 이루어졌다고 할 때 그로 인해 초래된 일탈은 개인적 요인들의 탓으로 돌려져야 하며, 그 결과 혁명적 총체화와는 *거리가 먼 것이다.*

이 사실들을 좀 더 자세히 살펴보도록 하자. 이 실천이 시간화를 통해 다음과 같은 상황을 만들어 낸 것은 실천 자체에서 *기인한 것이*다. 즉 통치 기관들이 한 개인의 손에 자신들의 권력을 내주지 않고는 존속하거나 행동할 수 있는 다른 수단을 갖지 못했다는 상황이 그것이다. 여기에서 문제가 되는 것은 *이* 실천에 대한 내적이고도 긍정적인 성격 규정이다. 이는 이 실천이 당의 생각(집단 통치로 중앙 집권화된 민주주의)과는 배치되는 가운데 나타나고, *유일한 해결책*으로서 나타나는 만큼 더욱 분명하다. 그러나 개인 통치자의 사실성을 *요구하는 순간부터* 이 실천은 그 자체 내에 즉각적인 반목적성으로서의 개인성의 표지를 필연적으로 지니게 된다. 엄밀히 말해 다음과 같은 사실이 가능하다. 즉 한 부서에서 시작된 하나의 계획 — 토론과 무엇보다도 모든 사람에 의해 행해진 각 개인적인 요인들의 철저한 제거 이후에 모든 공동 협력자에 의해 그 세부 사항이 결정된 계획 — 은 실천과 그 실천의 장이 바라는 객관적 요구들에 대한 엄밀하고 객관적인 하나의 해답으로 주어질 수 있다는 사실이다. 그 이유는 공동 개인들의 통일성이 각각의 구체적인 개인에 대한 부정을 통해 이루어지기 때문이다. 이렇게 해서 사람들은 대상에 따라서만 한정되고 규정되는 순수하고 익명적인 행동을 실현시키고자 했던 것이다.[113] 사

---

113   심지어 이런 식으로도 공동 실천으로서의 실천의 개별화로부터 벗어날 수 없다. 우리는 이 사실을 앞서 살펴보았고, 뒤에서도 보게 될 것이다. 실제로 이 실천은 객관성에 의해 요구된 것이 아니라 사람들이 자신들의 사유의 도구를 통해 포착한 요구에서 결정되는 실천인 것이다. 대상 자체가 전체적으로 보아 이 대상과 동시대를 사는 행위 주체들의 구조에 상응한다는 것은 분명하다. 하지만 그렇다고 해서 사람들이 요구(바로 이 역사적 문맥 속에서 그 안에 위치한 사람들

실 이 시도가 성공했다 할지라도 하나의 실천적 추상화를 낳는 데 그 치고 말았다. 그렇게 되면 이런 추상화를 실천적 장 속에서 객체화하기 위해서는 매개된 구현들에 의지할 필요가 있다. 하나의 계산된 체계를 위한 이 인간들의 익명성과 그들의 제거가 프로그램이 구축되는 일정 단계에서 나타날 수 있는지 여부는 그리 중요하지 않다. 다만 통치자가 *한 명의* 개인인 경우 개인적 요인이 제거될 수 *없다는* 사실만큼은 분명하다. 이와 같은 제거는 순환하는 상호성, 즉 개인의 또 다른 개인 앞에서의 후퇴, 한마디로 복수성을 전제로 해야 할 것이다. 달리 말하자면 이 제거는 지나치게 "추진되지" 않은 통합을 전제로 한다. 하지만 체제 전체가 *최대한의* 통합을 빌미로 개인 통치자를 요구할 때, 그리고 이 개인이 피라미드의 정상에서 모든 다수성에 대한 실질적인 제거가 되기 위해, 나아가 소련을 건설하기 위한 노력 속에 이 사회 — 모든 유기체적 이념을 추방했던 사회 — 가 한 개인의 생물학적 불용해성 속에서 자신의 통일성을 발견한다는 사실이 내포되어 있을 때 이 개인이 자신 속에서 그리고 자신의 실천 속에서 하나의 추상적 객관성을 위해 특이성으로써 제거될 수 있다는 점은 생각할 수조차 없다. 분명 이 개인은 자신의 특정주의 속에서 스스로를 *인식하지* 못한다. 스탈린은 자신을 *알아보지* 못했고, 객관적 상황에 대해서만 관심을 가졌을 뿐이다. 하지만 정확히 말해 이 개인이 — 통치자이든 아니든 간에 — 자신의 개별성 속으로 축약되는 것은 스스로를 인식하지 못할 때다. 지도 조직 속에서 타자의 존재태가 제거될 수 있는 것은 정확히 각자가 이 *존재태*를 알아 감에 따라

을 위한 대상에 대한 요구)와 응답(모든 개인적인 평등을 제거하고자 했고, 서약된 구조와 타성태들의 공동 개별성을 보존하면서 개별적 차이들을 제거할 수밖에 없었던 집단 지도 조직) 사이에 발생하는 불일치를 피할 수 있다는 의미는 아니다.(원주)

서다.

그런데 바로 이와 같은 사실로부터 모든 것은 또 다른 의미를 갖게 된다. 우리는 여러 가지 가능한 토의[114]로 돌입하기 전에 *한 명의 타자*가 더 넓은 시야와 관점, 지식 등등을 가질 수 있다고 말하는 사람들에게 다음과 같이 대답할 것이다. 즉 이 타자는 — 그가 존재한다고 가정한다면 — 정확히 *한 명의 타자*일 것이라는 점, 즉 이 타자는 순수한 객관성이 특이성에 대립하는 것처럼 스탈린에게 대립하는 것이 아니라 *하나의 개별성이 다른 개별성*에 대립하는 것처럼 스탈린에게 대립한다는 것이다. 스탈린의 정책이 공격받을 때 다음과 같이 대답하는 스탈린주의자들의 모습을 볼 수 있을 것이다. "아마 그럴 수도 있다. 하지만 트로츠키가 권력을 장악했다면 마치 **파리 코뮌**을 기리듯이 실패한 **러시아 혁명**을 기리게 될 것이다." 나는 이 말의 진위를 알지 못한다. 그리고 우리는 "만약"이라고 가정을 해야 할 경우들을 보게 될 것이다. 하지만 이와 같은 논의는 나름의 장점이 있다.(이 논의를 이용하는 사람들조차 모르는 장점이다.) 즉 이 논의가 트로츠키라고 하는 "개별성"을 스탈린이라고 하는 "개별성"에 대립시킨다는 것이다. 그렇다. 트로츠키가 더욱 지적이었고, 교양 있는 사람이었으며, 탁월한 조직자이기는 했다. 하지만 그에 의해 표명되었고, 그의 특이성 속에 포함되는 급진주의가 ……했으리라고 누가 장담하겠는가? 이런 점에서 볼 때 만약 우리가 체제에 의해 요구된 것이 스탈린이 아니라 실천의 비확정적 지지로서의 *한 인간*이었다고 주장한다면 그것은 오류를 범하는 길이 될 것이다. 실제로 이 체제가 한 인간을 요구한다면(이 형태하에서도 우리는 그것이 절반 정도만 사실이라는 점을 보게 될 것이다.) 어

---

114   346쪽 각주 참고.(편집자 주)

쨌든 이 인간은 개별적(그리고 특이한 시간화 속에서 지양된) 결정들의 엄격한 종합이 될 것이다. 체제가 요구하는 개인은 그 자신의 결정 작용 자체에 의해 결정될 것이고, 실천을 결정하게 될 것이다. 같은 경우에서 우리가 말할 수 있는 것은 다만 그의 결정 작용이 확실하긴 하지만 — 실천의 요구에 비해 볼 때 — 미결정 상태에 있다는 것이다. 결과적으로 총체화하는 실천의 특이한 결정 — 실천을 통해 이루어지는 체제의 결정 — 은 *불가피한* 것이다. 비록 이 결정이 처음부터 미결정 상태에 머물러 있다 할지라도 그러하다. 사회화의 첫 번째 단계는 한 인간의 표지 — 트로츠키나 스탈린 혹은 다른 누군가 — 를 담지하게 될 것이다. 곧 이 거대한 공동 기도가 한 명의 통치자-개인을 갖게 되는데, 이때 이 기도 자체는 이 개인이 갖는 결점이나 지나친 행동으로 인해 이 개인 자신이 되는 것이다. 결국 중요한 것은 **역사**의 *다원적 결정*의 경우다. 실천은 필연적으로 자신의 요구보다 더 받거나 덜 받게 마련이다. 실천은 한 개인의 매개를 통해 통합되기를 요구한다. 하지만 바로 이런 이유로 실천은 개별화되는 것이다. 실제로 통합의 절대적 모델은 특이성의 전형 자체이며, 이와 같은 두 가지 특징은 상호적으로 서로를 조건 짓는다.

만약 계획 경제의 성장 과정이 한 천사에 의해 인도될 수 있다면 실천은 최대치의 객관성을 갖춘 최대의 통일성을 누리게 될 것이다. 천사는 결코 맹목적이지도 완고하지도 잔혹하지도 않을 것이다. 각각의 경우에서 천사는 꼭 필요한 일을 할 것이다. 하지만 바로 이런 이유로 천사는 사람이 아닌 것이다. 천사는 미덕과 지혜의 추상적인 모델이다. 상황에 처해 있고 무지하고 걱정을 안고 있으며 허약하고 갑작스러운 위험에 의해 당황하는 진짜 인간은 (자신의 역사에 따라) 처음에는 나약하게 대응하다가 그 이후에는 지나칠 정도로 과격하게 대응할 것이다. 이와 같은 급격한 움직임, 가속화, 급정지, 급선회, 폭력 등이 바로 스탈린주의의 특징이었다. 하지만 이런 특징들 모두가 사회화의 목표와 필요에 의해 요구된 것은 아니었다. 이와 같은 사회화가 첫 단계에서 한 명의 개인에 의해 지도될 필요가 있다는 점에서 이와 같은 특징들은 불가피한 것이기도 했다.

우리는 우연이 담당하는 몫을 도외시한 것은 아니지만 최소화했다. 우리는 통합의 필연성이 이 우연을 — 그것이 어떠한 것이든 — *필연적인* 것으로 만들었다는 점을 살펴보았다. 여전히 우연의 내용은 요구에 의해 결정되는 것으로 보이지는 않는다. 어쨌든 스탈린에게 유리한 쪽으로 균형이 기울게 했던 상황들에 대해 다시 한번 살펴보자.

실제로 — 그리고 우선적으로 — 다음과 같은 사실을 상기할 필요가 있다. 즉 통치적 총체화는 비록 통치자가 하나의 집단일 때도 *그 자체에 의해* 이미 개별화되어 있다는 것이다. 총체화는 특정한 목표들을 겨냥할 뿐만 아니라 이 목표들을 특정한 방식으로 겨냥한다. 브라질 공산당에서 일어났던 정치적 갈등의 여러 양상 가운데 하나가 이 당의 역사적 행동을 정의하는 특정한 하나의 개별적 상황을 보여 주고 있음을 우리는 살펴본 바 있다. 이와 같은 개별성을 통해 실천은 그 자신으로부터 벗어나게 된다. 만일 개별성이 실천을 다시 떠맡을 수 있다면 이 개별성은 하나의 행동 자질이 아니라 겨냥된 목표의 한 가지 특징이 될 것이다. 이 개별성이 실천적 결정 작용이 되지 않은 채 실천에 대한 하나의 결정이라는 점에서 실천 전체는 다시 굳어져 과정이 되게 마련이다.

실제로 지도 집단을 그것의 객관적 현실 속에서 파악한다면, 즉이 집단과 그것의 통치권 바깥에 위치한 관찰자나 역사가처럼 파악한다면 이 지도 집단은 그 자체 내에서 일어나는 무기력한 이타성의 해체를 통해 집렬체성에서 벗어나면서 형성되는 하나의 실천적 공동체로 파악될 것이다. 볼셰비키당은 다음과 같은 역사를 통해 구성되었다고 할 수 있다. 즉 러시아의 상황에 대한 자각(각 구성원에게서의 자각)과 러시아에서의 투쟁적 활동, **1905년의 혁명**, 이주민들 사이의 갈등, 이주해 온 혁명가들과 러시아에 머물고 있던 투사들 사이의 긴장, 전쟁, 차르 체제의 붕괴, **10월 혁명** 등을 포함하는 역사가 그것이다. 이것이 의미하는 바는 우선 이 실천 집단이 자신의 집렬체적-존재의 지양을 통해 정의된다는 것이다. 그리고 이 존재는 소외 속에서 실천적-타성태적 장의 결정으로 정의된다. 이 장은 계급-존재로서 그리고 국가적-존재로서 동시에 구성된다. 그 결과 집렬체로서의 프롤레타리아 계급-존재는 역사적 경계들을 통해 결정된 경제적, 사회적, 정치적 발전의 종합적 총체에 의해 개별화된다는 것을 우리는 알 수 있다. 물론 그렇다고 해서 단지 종종 언급되곤 하는 상황들에 대해서만 말하고자 하는 것이 아니다. 즉 부르주아와 프롤레타리아의 수적 열세, 봉건적 **국가**와 토지 귀족 계층의 존속, 신속하지만 여전히 불충분하고 외국의 자본에 의존하는 산업화, 농민들에게서 볼 수 있는 전통적 보수주의와 말 그대로 혁명적인 폭력 사이의 모순, 한창 형성 중인 노동자 계급의 특별하지만 실제적인 동질성을 가지고 있지 않은 특징 등에 대해서만 말하고자 하는 것은 아니다. 여기에 더해 우리는 지리적이고 인종적인 차원의 특징 —— 유라시아의 제국으로서 러시아의 상황과 여러 소수 민족 등등 ——, 이런 특징에 의존하는 역사적, 문화적 결정 작용 —— 외국과의 정치적, 경제적, 문화적 관계 ——, 거기에서 기인하는 러시아만의 고유한 모순 —— 세계화의 방향으로 나아가고자 하는 "유럽적" 경향과 자기 자신에게로 되돌아오고자 하는 특정주의적 경향 — 에 대해서도 지적하고자 한다. 이와 같은 특징들은 한순간도 서로 분리된 요소들로 간주될 수 없다. 실제로 이 특징들은 그것들을 지양하는 집단적 혹은 개인적인 활동(다른 언어를 사용하는 노동자들과 하나가 되기 위해 애쓰는 바쿠[115] 노동자들의 활동, 유럽의 자본에 의존하고 있으며 대봉건 영주들이 점하는 정치적, 사회적 우위로 인해 서구의 주요 경제 흐름으로부터 단절되고 고립된 부르주아 기업가의 활동, 기독교적이고 무정부주의적이지만 매우 러시아적인 "민중을 향한" 운동과 마르크스주의 교리를 외국에서 차용하는 것 사이에서 주저하는 혁명적 지식인들의 활동 등등)에 의해 극복될 때만 존재할 수 있는 것이다. 이 활동들 하나하나는 각각의 개별성 속에서 다른 모든 활동에 대한 표현이자 그것들에 대한 실천적 이해다. 실제로 자유로운 실천은 우리가 앞에서 나열했던 모든 조건에 대한 총체화하는 지양일 뿐이며, 이 조건들은 가공된 물질에 의해 매개되고, 실천적-타성태 속에서 객체화되면서 소외된다는 점에서 모든 자유로운 실천의 총체일 뿐이다. 이처럼 각각의 총체화하는 활동은 객관적 목표를 향한 그 자신의 총체화적이고 자유로운 기도의 분출 속에서, 필연적인 소외 속에서 탈총체화된 집렬체의 실천적-타성태적 요소다.

이런 점에서 보면 서약되고 조직화된 집단으로서의 혁명적 운동은 동지애-공포의 공동 긴장 속에서 이루어지는 이 소외와 이 필연성에 대한 지양에 다름 아니다. 따라서 이 혁명 운동은 이 모든 특징을 간직하는 것이다. 이것이 의미하는 바는 우선 이 운동에 가담하는 노동자 혹은 지식인이 총체화된 구조들을 상실하지는 않는다는 점이다. 이 구조들은 이들로 하여금 자신의 집렬체적-존재를 실현하도

115   러시아에서 분리된 아제르바이잔의 수도이며 석유 산업으로 유명한 도시.

록 해 준다. 이것은 이 집렬체적-존재를 극복하려는 총체화적 기도를 통해서다. 이처럼 이들 각자는 서약된 신념을 통해 공동 개인으로 변화된다 할지라도 또 다른 모든 총체화에 대한 개별적이고 소외된 총체화로 남게 된다. 공동 실천에 다름 아닌 이와 같은 자각은 계급-존재나 역사적 전체에 대해 *상황에서 벗어나* 관조하는 것을 의미하지는 않는다. 즉 이 과정은 그것이 만들어 낸, 달리 말하자면 그것을 만들어 내면서 양산된 개인들에 의해 드러난다. 이 과정은 그 자체로 자신의 드러남의 한계이자 특수한 자질이다. 이 과정이 그 자신에 의해 생산된 실천적 유기체들을 확고하게 특징짓기 때문이다. 이것을 조금 더 잘 이해하기 위해서 우리는 이 반성적 회귀를 순수한 인식이라는 용어로 표현할 수 있다. 또한 각각의 투사가 이 과정 내에서 양산된 원칙과 전제, 도식, 전통을 통해, 그리고 이것들에 의해 실천적-타성태적 과정을 해독한다고 말할 수도 있다. 따라서 총체화는 순환적인 것이다. 보는 관점에 따라서는 이 반성을 비반성적 기도에 의해 총체화된 조건들을 *재총체화하는* 것으로 간주할 수 있으며, 지양된 조건들의 종합적 총체성을 반성에 의해 이루어지는 해독이라는 이런 지양 속에서 총체화하는 것으로 간주할 수도 있다.

이런 점에서 보면 스탈린만이 개별적이었던 것이 아니라 그의 승리 이전에 그의 정책 방향에 동참했던 모든 구성원 역시 개별적이었다고 할 수 있다. 따라서 이전 상황들의 공통된 토대에서 출발하여 볼 때, 갈등과 다양한 동맹 관계의 개별화된 산물로서 간주해 볼 때 이 통치자의 실천은 이중적으로 개별적인 것이다. 이 조직들의 총체 속에서 우리는 *한편으로는* 각각의 공동 개인이 피지배자들의 요구에 *순응한다* —— 그들과 같은 과거를 공유하기 때문에 —— 고 생각할 수 있으며, *다른 한편으로는* 특정 개인 혹은 특정 집단이 특히 대중에 매우 가깝다고 할 수도 있다. 왜냐하면 이들은 이 공통된 과거를 특별한 방식으로 체험함으로써 피지배자들의 상황과 요구를 더욱 잘 이해하게 되었기 때문이다. 우리는 이런 관점에서 스탈린이 트로츠키와의 경쟁에서 승리했다는 사실을 이미 살펴본 바 있다. 특히 *러시아에서 발발한* **프롤레타리아 혁명**이 특수화되고 민족주의화되었다는 점에서, 혁명 운동을 외부로 유출시키면서도 동시에 자기 자신에게로 향한 움직임을 시도했다는 점에서 살펴보았다. 즉 이 혁명은 유럽 프롤레타리아들에 대한 소련의 불신의 기원이자 그 산물인 것이다. 달리 말하자면 소련에서 *구현되었을 때* 이 **혁명**은 소련 내 투사들에게 유리하도록 다른 나라로부터의 이주를 자동적으로 약화시켰다. 이렇게 해서 레닌의 사후 그루지야 출신의 투사 스탈린과 혁명적 구현의 확실한 전유가 있었던 것이다. 게다가 우리는 이 국가가 — 엘리트 노동자들에게조차 — 이론, 보편주의(인터내셔널리즘의 *지적인* 형태), 급진주의에 적대적이며 새로운 체제의 신중하고 경험적인 구축에 참여하고자 하는 경향을 가진다는 점을 살펴본 바 있다. 여기에서 피지배자들이 스탈린을 재발견하게 된다는 점은 전혀 놀랄 만한 일이 아니다. 왜냐하면 스탈린은 그들과 같은 과거를 같은 방식으로 체험했기 때문이다. 그의 과거 행동들을 통한 실천적 사유의 재총체화로서 그의 개별성은 그들의 개별성과 진행 중인 사회화의 개별성과 만나게 된다. 스탈린이 동일한 보편성의 이름으로 대립하고 있는 우파와 좌파 이론가들로부터 벗어나기 위해 당은 물론이거니와 공장에서까지 동맹자들을 찾아낸 것은 다음과 같은 이유에서다. 그러니까 스탈린은 *교리*들을 신봉하고, *이론*들을 불신하며, 러시아에서 이루어지는 사회화의 문제가 갖는 개별성(러시아가 처한 상황의 근본적인 개별성)을 간파하고 있는 러시아 특정주의, 나아가 어떠한 서구적 사유도 이 복잡한 국가 내에서 적용의 실천적 장을 찾을 수 없다는 사실을 확신하고 있으며, 다른 유럽 국가 사람들보다 러시아 국민들이 기술적, 문화적으로 열등하다는 사실과 동시에 *인간적인 측면에서는* (에너지, 용기, 참을성 등등) 러시아 사람들이 우월하다는 사실을 확신하는 러시아 특정주의의 대표자 자격을 가지고 있었다. 또한 러시아적 진리를 점진적으로 발견하고자 하는 인내심이 강하고 우직하며 고집스러운 투사로서의 모습도 가지고 있었다. 이 순간부터 혁명적 구현이 보편적인 것에 대하여 개별적인 것을 선택했으며, 국제적인 것에 대해 민족적인 것을 선택했다고 말할 수 있을 것이다. 그리고 스탈린 자신은 선택된 개별자가 되기 이전에 개별적인 것에 대한 공동 선택의 구현으로서 등장했다.

물론 사회화의 실천이 개별적인 한 명의 통치자를 선택했던 것이 그의 개별성 속에서 이 실천이 선택되었기 때문은 아니다. 우리가 알고 있듯이 스탈린의 권위는 더욱 엄격한 통합의 요구의 형태하에서 지도 조직들 내부에 내면화되어 있는 얼마 전에 시작된 사회주의 체제 속 제약의 위급성과 필연성으로부터 기인한 것이다. **공포**는 스탈린을 통해 선택되었다. 하지만 스탈린의 지위 자체는 다음과 같은 두 가지 움직임의 통합을 통해 확실해진 것이다. 한편으로는 위급성, 즉 고립과 경제 봉쇄의 위급성, 즉 *강제된* 개별성의 위급성으로부터 **공포**가 발생하는 움직임을 볼 수 있다. 다른 한편으로는 국가적 개별화 ─ 외국인과 지식인에 대한 불신으로서의 개별화 ─ 가 그 자체 내에 자기 자신으로의 회귀로서 사회적 태도, 즉 의심의 요소들을 포함하고 있다는 점을 볼 수 있다. 집렬체적 규칙으로서의 의심은 곧 그 자신의 반대 항, 즉 모든 의심 위에 있는 인간을 요구하게 된다. 바로 그 한 사람에게만 의심으로부터 벗어날 수 있는 권리가 주어진다. 당연하게도 의심은 공포를 요구하는 객관적 위급 상황 앞에서 경험의 개별화가 이루어질 경우에만 최고의 강도를 지니고 나타날 수 있을 뿐이다. 외국인에 대한 불확실한 불신과 외국인을 상기시키는 모든 것에 대한 이와 같은 불신은 **공포**의 내적 구조인 *상황의 모순* 속에서 *배반자들에 대한 감시*로 변화된다. 그리고 모순-공포 속에서 일어나는 이 불신은 분명 객관적 토대를 가지고 있다. 외국인은 자국의 전쟁 수행 능력 및 산업 생산 역량과 소련의 그것들 사이의 차이가 극복되지 않는 만큼 여전히 걱정에 휩싸여 있을 것이다. 그리고 계획 경제가 갖는 의미 자체가 *정확히* (그 긴급성 속에서) 이 차이를 가능한 한 빠른 시일 내에 메워야 하는 것이기 때문에 각자는 자신의 생산 활동의 매 순간 통일된 부르주아 민주 국가들을 자신에게 가해지는 내적 억압의 *외적* 원천으로 재발견하게 된다. 더구나 반혁명주의자들은 어떤 식으로든 외국인과 연관되어 있었고, 현재에도 연관되어 있다고 보아야 한다. 내전이 이를 잘 보여 주고 있다. 그리고 위험이 증가함에 따라 각자는 조국이 첩자들로 넘쳐난다고 생각한다. 하지만 개별화의 내적 결과물인 이와 같은 불신은 정확히 스탈린의 일상적인 태도 가운데 하나, 즉 자신의 역사의 침전물인 것이다. 그의 일생을 자세히 살펴보지 않더라도 우리는 다음과 같은 사실을 잘 알 수 있다. 즉 이와 같은 불신이 그루지야식 특정주의, 러시아 국가의 통일, (부정적 교조주의로 여겨지고 또한 거기에서 벗어날 수 없는) 이론, 실천, 그에게 명령을 내렸던 이주자들, 그에게 복종했던 러시아 내 투사들의 형태로 서로 종합적으로 나타나고 유지된다는 사실이 그것이다.

우리는 바로 여기에서 통치적 구현의 근본적인 특징을 접하게 된다. 공동 실천은 개인적 실천 속으로 흘러 들어가도록 요구하며, 그 결과 자신의 내적 필요성이 우연적 사실성이 갖는 종합적 통일성에 종속되도록 요청한다.(사실 통합의 난점들 앞에서 구성된 변증법은 구성하는 변증법 속으로 용해되고, 이 구성하는 변증법을 만들어 낸 모태 속으로 회귀하고자 한다.) 이는 공동 실천이 통치자-개인에게 예속되는 것을 의미하며, 이 경우 이 통치자-개인의 *자질들*(존재태)은 행동을 넘어서는 동시에 이 행동이 요구하는 것과는 (다소) 다른 것이 된다. 이 사실은 공동 실천, 즉 통치 집단으로 하여금 다음과 같은 두 가지 사실을 떠맡게끔 한다. 하나는 *단 한 명*에게서 유래하는 우회가 그것이고, 다른 하나는 시간화의 이 단계를 죽음에 *의해*(단 한 사람의 죽음에 의해) 제한된 것 — 즉 미래에서(하나의 변화된 상황 속에서)의 와해의 위험을 받아들여 현재에 닥친 위험을 모면하는 것을 받아들이는 것 — 으로 여기도록 하는 것이다. 그러나 실천이 이처럼 스스로 구현되면서 우연적 사건이 갖는 심층 구조를 갖게 되는 것이 사실이라면 어떤 개인이든지 간에 우연적 존재로서 실천의 주권자가 될 수 있다는 것은 사실이 아니다.(물론 나는 레닌의 유산을 받아들일 수 있는 몇몇 개인들을 말할 뿐이다.) 실제로 총체화하는 행동 역시 그 자체의 우연적 개별성(앞으로 살펴보겠지만 무엇보다도 통시적 총체화에서 나타나는)과 그 자체로 변증법적 가지성으로부터 절대로 배제되지 않는 우연적 개별성을 가지는 것이다. 1914년 당시 유럽에 대한 연구를 통해 러시아의 봉건 구조가 세계 대전에 저항할 수 없다는 사실, 역사적 상황 내에서의 세력 관계들이 러시아라는 나라를 프롤레타리아 혁명을 수행할 수 있는 *유일한 국가*로 만들었다는 사실이 드러난다 할지라도, 그리고 후일 통시적 총체화를 통해 프롤레타리아 혁명과 이 혁명을 수행한(역설적으로 혁명을 수행하기에는 가장 준비되어 있지 않은 것처럼 보였던) 저개발 국가 사이의 밀접한 관계가 드러난다 할지라도 다음과 같은 두 가지 사실은 여전히 분명하다. 첫째, 혁명적 실천과 이 실천에 의해 고무된 사회의 전체적인 움직임이 *유일하고*(앞으로도 유일한 것으로 남을 것이다. 왜냐하면 이 구현은 *시기적으로 보아 최초이므로*)도 개별적인(계획된 다른 구상들이 또 다른 상황들에서 나타나게 될 것이다. 우선 또 다른 구상들은 *구현이 실현된 이후*에 나타나게 될 것이다. 이것은 또 다른 구상들이 확고한 모델을 확립하기 위해 러시아적 방식을 취하게 됨과 동시에, 실수를 피하기 위해 소련적 경험을 이용할 것이라는 점을 의미한다.) 구현이라는 것이다. 둘째, 이와 같은 유일성과 개별성이라는 특징이 역사학자들의 관조에서 드러나는 단순한 타성태적 특징들이기는커녕 오히려 그 자체의 역사적 효율성을 통해 모습을 드러낸다는 것이다. 유일한 **러시아 혁명**도 와해될 수 있다. 이와 같은 성격 규정이 부르주아 민주 국가들이 추구하는 정책의 방향을 결정지었다. 그리고 불신 속에서 내면화된 이와 같은 정책이 **공포**를 지지하게 될 것이다. 역사상 처음으로 발생한 **10월 혁명**은 소련에 사회주의 세계에 대한 확고부동한 리더십을 제공하게 될 것이다. 게다가 우리는 또한 이와 같은 역사적 유일성이 필연적으로 국가적 특정주의로서 체험되고 또한 실현되어야 한다는 사실을 살펴보았다.

이처럼 *우연적 사건* ― 즉 통치적 실천의 개인적 자질 ― 은 제한적이고 한정되어 있다. 러시아 혁명은 트로츠키를 배척했다. 왜냐하면 트로츠키는 국제적 혁명을 주창했기 때문이다. 이와 같은 국제적 혁명은 익명의 개인에게서 시작된 기도이자 후퇴 ― 우리는 이 사실을 신경제 정책을 다루면서 살펴보았다 ― 도 타협 ― 민족성의 원칙에서 살펴본 ― 도 거부해서는 안 되는 기도다. 그런데 만약 이 기도가 러시아에서 하나의 실천적 필연성을 갖게 된다면 적용하지 못하는 교리의 엄격성을 더욱더 필요로 하게 될 것이다. 이 기도는 일시적인 우회를 거친 이후 이 교리로 다시 돌아오기 위해 그것들과 거리를 둔다는 점에서 볼 때 이 기도와 교리 사이의 관계는 파악될 수 없는 상태로 유지된다. 따라서 이 기도는 교조주의적 기회주의자인 한 명의 통치자를 요구한다. 결국 이것은 다음과 같은 두 가지 사실을 의미한다. 즉 이 통치자가 러시아적 경험이 보여 주는 독창성에 대해 예리한 의식을 가져야 한다는 것이 그 하나이고, 이 통치자가 마르크스주의를 사정권 밖에서 이와 같은 경험이 갖는 장기적이고 보편적인 의미로서 유지함과 동시에 마르크스주의를 이 경험에 종속시켜야 한다는 사실 —— 그것도 실천의 내부에서 우연적 사건들에 대한 실천적이고 변화무쌍한(즉 매 순간 이 사건들에 의해 변화될 수 있는) 조명으로써 —— 이 다른 하나다. 이 기도는 투사 중에서도 나머지 투사들에 대해 잘 알고 전투적 태도가 확고한 잘 알려진 한 명의 투사(이 사람만이 유일하게 당을 통합할 수 있다.)를 요구한다. 나는 이 점에 대해서는 더 이상 강조하지 않겠다. 또한 자신이 앞으로 수행해야 할 임무(즉 우리 모두가 아는 결과를 거두기 위해 그가 노동자와 농민에게 부과하게 될 초과 노동에 의해 주어지는 임무)는 이 한 명의 투사가 확고부동하고 냉철하고 현실적인 사람이 되기를 요구한다. 마지막으로 경험 자체가 *개별적*이기 때문에 이 투사의 행동은 원칙 이외의 다른 형식을 참고하지 않은 채 *개별적인* 상황들에 적응하도록 요구되고, 또한 고립 —— 국가적 개별화의 결과이자 원천 —— 으로 인해 발생한 이와 같은 불신은 이 투사로 하여금 실천을 자신의 고유한 개별화로 체험하도록 요구한다. 실천이 통합을 요구하기 때문에 통합 역시 통합의 공동 방향들이 생물학적 통일이라는 압력하에서 통치자의 개인적 행동에 밀접하게 연관된 자질들이 되어야 한다는 점을 요구한다. 이런 자질들이 혁명적 과거(즉 혁명에 대한 공동 과거)를 통해 이루어지는 통치자의 현재적 실천의 재총체화로써 통치자 개인에게 주어진다는 사실을 고려해 볼 때 총체화에 대한 요구들은 하나의 우연적 외면성 — 즉 통치자 개인에게 이와 같은 자질을 갖게 해 주는 다행스러운 우연 — 을 겨냥하는 것이 아니라 이와는 반대로 공동 과거를 지양했던 하나의 특정한 방식을 겨냥한다. 이런 방식이 지닌 특수성은 현재적 실천이라는 관점에서 볼 때 이전의 실천과 경험에서 *생성된* 진실로 나타난다. 이처럼 실천은 이 실천(따라서 이 개별성의 존재태는 결국 실천의 침전물이다.)에 의해 형성된 것으로서의 개별성을 요구할 뿐만 아니라 — 즉 이 실천은 회고적으로 스스로를 요구한다 — 실천에 의해 선택된 개인의 실천적 경험에 의미와 진리를 부여하는 것이 현재의 행동이기도 하다.

개인차: 우회의 필연성

그렇다면 우리는 스탈린이 좀 더 개별적으로 가지고 있는 것 속에서까지, 그의 환경, 어린 시절, 모험(신학교 입학 따위)이 제거된 특징들에서 유래한 결정들 속에서까지 스탈린이 요구되었다고 말할 수 있겠는가? 정말로 과거 *그루지야 출신 신학생이* 필요했던 것일까? 만약 「방법의 문제」[116]에서 전개한 주제 가운데 하나를 상기한다면 그렇다고 말할 수 있을 것이다. 실제로 나는 이 저서에서 어린아이는 자신의 가정 환경을 통해 일반성(환경, 그리고 이 환경을 통한 계급, 국적 등등)의 개별화를 실현한다는 사실을 제시한 바 있다. 바로 이런 사실을 통해 우리는 정신 분석학을 마르크스주의적 해석의 내부에서 필수적인 매개 가운데 하나로 생각할 수 있었다. 이처럼 우리는 아마도 스탈린의 완고한 성격 속에 내면화된 힘든 어린 시절을 통해 장차 혁명적 실천을 자기 것으로 만들게 되는 주요 원인을 다시 발견하고자 할

---

116 1권, 54쪽 이하 참고.(편집자 주)

것이다. 그리고 이것은 매우 정확하다. 하지만 살아 있는 총체성 내부에서 매개된 부분들이 갖는 상대적 자율성을 고려해야만 한다. 이것은 각자가 타자 속에 있다는 것을 의미하지는 않는다. 오히려 이들의 실천적 비환원성, 즉 동질성의 일원론 속에서 이들을 해체할 수 없다는 사실을 의미한다. 달리 말하자면 어린 시절에 그 기원을 두고 있는 스탈린의 완고함과 요지부동은 사회적 모순들의 결과(지양)인 것이다. 전체적으로 보면 이와 같은 사회적 모순들은 분명 **러시아 혁명**의 근본적 요소들 가운데 하나였다. 더 정확히 말해 어린 스탈린은 힘든 어린 시절과 격렬한 반항을 통해 러시아 역사의 그 순간을 구성하는 실천적 총체화를 구현하고 개별화한 것이다. 다만 어린 시절이 그의 모든 행위를 무차별적으로 구조화하는 경향이 있다는 점에서, 개인과 그의 사회적 기반 사이의 매개가 *하나의 어린 시절로서* 그리고 그 *시기의 특수한 성격과 함께* 발생했기 때문에 이 매개는 또한 대자적으로 정립되는 하나의 분리이기도 하다. 적어도 역사가의 목표(혹은 단순히 친구나 적대자의 목표)가 이 개인을 그의 전기를 통해 이해하려는 것이 아니라면 그러하다. 이런 경우라면 목표가 사회적인 것의 개별화로 남기 때문에 우리는 결국 각각의 매개 속에서 모든 매개를 다시 발견하게 될 것이다. *왜냐하면 이 경우에 우리는 특이성이 갖는 종합적 근거만을 찾고자 하기 때문이다.*

나는 「방법의 문제」에서 다양한 매개들이 실천적이고 개별적인 지양을 통해서 각각의 차원이 다른 모든 차원을 포함하고, 또 가리키고 있는 환원 불가능한 복수적 차원으로 어떻게 조직되는지를 살펴본 바 있다.[117] 하지만 통치자 개인에 의해 이루어지는 실천의 총체화

---

117 같은 곳.(편집자 주)

의 경우에서처럼 우리의 목적이 *개별적인 것의 사회화*를 드러내는 것이라면 단지 개인의 혁명적 과거만이 문제 될 뿐이다. 왜냐하면 이 과거가 그의 현재적 실천의 자질을 *구성하기* 때문이다.(예를 들어 스탈린이 러시아에서 투쟁했다는 사실이 그것이다. 이때 그는 이 투쟁을 통해 국가적 고립주의의 흐름을 더 잘 이해하고 조장할 수 있는 입장에 서게 된 것이다.) 공동 행동의 요구는 결국 스탈린의 과거와 연결된다. 달리 말해 환원 불가능한 여건은 존재하지 않는다. 이런 의미에서 볼 때 모든 분리는 또한 매개이고, 모든 매개는 그 자체로 매개되어 있다.(자율성은 비가지적인 복수주의를 내포하고 있지 않다.)[118] 하지만 미리 정의된 연구의 관점에서 볼 때 총체화하는 변증법은 환원 불가능한 것들(목적에 따라 변할 수 있는 것들)과 만나게 된다. 그 까닭은 단순히 이 영역들이 현재 진행 중인 공시적 총체화를 가리키지 않는 매개들에 의해 생산되었기 때문이다.(뒤에서 살펴보겠지만 비록 이 영역들이 통시적 총체화를 통해 복원될 수 있다 할지라도 그러하다.)[119] 이런 관점에서 보면 1928년에 시작된 실천과 관계된 특이하고 *상대적으로 불투명한* 소여들이 존재한다. 비록 또 다른 관점에서 보면 이 여건들의 가지성이 나타날 수 있다고 하더라도 사정은 마찬가지다. 실제로 중요한 것은 *사태들의 한 차원에서 다른 차원으로의 이행*이 아니다. 즉 어린 시절은 성인 통치자의 행동과 마찬가지로 하나의 사회적 사태이며 진행 중인 과정의 구현인 것이다. 역사학자들로 하여금 자신의 관점을 변화시키고 동일한 사회적, 실천적 변화를 고려된 구현에 따라 다양한 방식으로 총체화하도

---

118 하나의 특징에서 다른 특징으로 넘어갈 가능성이 전혀 없음에도 "그는 반유대주의자였다", "그는 테니스를 좋아했다", "그는 예술가적 취향을 가지고 있었다" 등과 같은 특징들을 무작정 나열하는 실증주의와는 다른 것이다.(원주)

119 편집자 서문을 참고.(편집자 주)

록 만드는 것은 오히려 모든 비가역적 시간화에 고유한 모순들이다. 이 점에 대해서는 곧 살펴보게 될 것이다.

스탈린에 대한 변증법적 전기의 관점에서 볼 때 그의 어린 시절과 이 시절의 환경으로 거슬러 올라가지 않으면 아무것도 이해할 수 없을 것이다. 하지만 1928년의 상황이 실제로 이 통치자의 완고함을 요구하는 것이었다고 할지라도 이와 같은 요구는 이 완고함의 개인적 근원의 문제에 대해서는 여전히 확답을 주지 못하고 있다. 그리고 이 완고함이 생각할 수 있는 무한한 어린 시절로부터 출발해서 요구된 한 개인의 *존재태*가 될 수 있기 때문에 모든 것은 마치 — 그 기원은 무시된 채 — 이 완고함이 하나의 *성격적 여건*으로 나타나는 것처럼 진행된다. 한편 바로 이런 점 때문에 이 완고함은 *정확히 요구되지 않은 것*으로서도 필연적으로 나타날 수 있는 것이다. 그것을 요구하는 실천에 의해 발생했다고 보면 이 완고함은 요구되지 않은 것일 수도 있다. 하지만 어쨌건 간에 이 완고함이 다른 것에서 유래되었을 수도 있다는 점에서 보면(즉 동일한 실천으로부터, 그러나 특정한 이전의 관계 — 상황에 따라 가변적인 — 로 인해 이 실천이 *다른 것*이 된 경우) 그 실천적 목표는 근본적으로 하나의 새로운 사회의 건설이라는 어려운 목표가 될 수 없다. 이 완고함을 요구하는 상황 자체는 그것이 그의 임무에 적합하지 않았다는 것이 아니라 단지 적응하지 못하는 것일 뿐이라는 점을 내포하고 있는 것이다. 이것은 명백히 통치자-개인이 점차 실천에 적응해 나갈 것이라는 사실을 가정하고 있다. 왜냐하면 실천 역시 이 개인의 과거에 형성된 특이성에 적응할 것이기 때문이다. 점차 서로 공모하면서 결국 이 사람의 변화와 기도의 우회로 균형이 나타나게 될 것이다.

하지만 바로 여기에서 플레하노프의 거짓 합리성, 즉 모든 것을 단지 실증주의적 비합리성으로 환원시키는 태도를 거부해야만 할 것이다. 그는 적어도 **역사**의 **차원**에서, 즉 사람들이 일화를 무시하는 순간에서부터 출발하여 실천 — 심지어 통치자가 한 명의 개인일 때조차도 — 으로부터 모든 개인차를 제거하고자 했던 것이다.

한편 이와 같은 개인차를 제거하기 위한 두 가지 방법이 존재하는데, 플레하노프의 방법과 더욱 비합리적인 다른 하나의 방법이 그것이다. 이 두 가지 방법 모두 이론적으로는 생각할 수 있는 것이지만 실천적으로는 부조리한 것이다. 실제로 우리는 다음과 같은 주장 — 내 생각으로는 그것을 실행 가능하게 하는 것은 없어 보이지만 — 을 할 수 있을 것이다. 즉 완고함의 모든 가능한 양적, 질적 변화들이 소련에서 발생했다면, 그리고 이 변화들이 그것에 맞는 사람들(하나의 변화에 맞는 한 명의 사람)을 만들어 내어 이들을 권력을 장악할 수 있는 조건 속에 위치시켰다면 공동 실천은 모든 완고한 자들을 장악했을 수도 있었을 "삶의 투쟁"을 통해 이 실천에 매우 적합한 개인적 변화를 그 자체로 선택할 수 있었다는 것이다. 달리 말하자면 여기에서는 요구된 특징(그리고 매체인 인간)이 **가능한 것 가운데 하나로** 반드시 포함되어야 하는 하나의 무한한 집렬체가 문제가 될 것이다. 목적론적인 적응이 — 가정상 이것이 결여되었기 때문에 — 하나의 합리적인 선택에 의해 대체된다. 통치자-개인이 지닌 다윈주의[120]는 그 자체로 너무나 부조리하기 때문에 여기에서 논의되는 것처럼 부조리에 의한 하나의 증거의 요소로서가 아니라면 결코 생각될 수 없다. 플레하노프의 라마르크주의[121]가 덜 어리석은 것이라고

---

120 영국의 박물학자이자 생물의 진화와 자연 선택에 의한 새로운 종의 기원을 주장한 다윈의 이론을 지칭한다.

121 프랑스의 선구적 생물학자이자 획득 형질의 유전을 주장한 라마르크의 이론을 지칭한다. 이

생각할 수 있겠는가? 플레하노프라면 나폴레옹이 툴롱에서 살해되었을 경우[122] 오주로나 모로 같은 인물[123]이 그를 대신했을 것이라고 생각했을지 모른다. 진정한 한 명의 지도자가 필요했으리라는 것이다. 왜냐하면 부르주아지가 한 명의 개인적 통치자를 요구했기 때문이다. 하지만 이런 추론은 독재자가 바뀜으로써 생기는 결과들이 역사적으로 볼 때 무시할 수 있다는 — 이 점에 대해서 우리는 이미 비판한 바 있다 — 사실만 아니라 본질적으로는 오주로 혹은 모로가 테르미도르를 주도한 부르주아들의 요구에 가감 없이 순응했을 것이라는 점 역시 전제하고 있는 것이다. 또한 이 추론은 두 장군이 맡은 임무를 충실히 수행할 수 있을 것이라는 사실, 이 장군들이 다른 장군들에 의해 곧 축출되지 않을 것이라는 사실 그리고 전쟁에 종지부를 찍지 않을 것이라는 사실, 혹은 전쟁을 승리로 이끌 것이라는 사실, 어쨌든 이들이 잘못 시작된 전쟁에서 전투를 잘못 이끌거나 군대에 대한 불신으로 패배하지는 않으리라는 사실을 전제한다. 하지만 여기에서 다음과 같이 대답하는 것은 아무런 소용이 없다. 즉 테르미도르를 지지했던 부르주아지가 독재자를 지지*해야만* 했다는 사실(오직 이 독재자만이 자신들이 요구하는 체제를 제공해 줄 것이라는)과 현 상태의 *군대가* 전쟁에서 반드시 승리해야 한다는 사실(이 군대의 구조, 이해관계, 이 군대가 나라 전역에 걸쳐 행사하는 새로운 기능을 고려할 때)이 그것이다. 왜냐하면 독재자가 요구된 것은 공공의 세력들이 행동을 추진하는데 *그의 매개를 필요로 할 때*였기 때문이다. 이것은 독재자의 매개가

이론은 후일 다윈에 의해 반박되었다.

122 1793년 이 도시가 왕당파에게 함락되었을 당시 보나파르트는 포병 부대의 일개 장교일 뿐이었다.(편집자 주)

123 당대의 유능한 장군들의 이름이다. 브뤼메르 18일(나폴레옹이 쿠데타를 일으킨 날)에 나폴레옹을 지원한 모로는 보나파르트의 경쟁자였다.(편집자 주)

상징적인 것이 아니라 *실천적*이었다는 것을 의미한다. 달리 말하자면 통치자 개인은 국민 전체의 힘을 성공적으로 통합시켜야 하거나 아니면 국가를 멸망시키면서 사라져야 했던 것이다. 물론 이런 상황은 지도 집단들의 사회적 힘과 사회 자체를 구조화했던 상황들로부터 기인한다. 이때 이 사회는 한 사람의 손에 의해 실천이 마비되거나 중앙화되는 *방식*으로 통치된 사회다. 이렇게 해서 우리는 플레하노프의 실수가 무엇이었는지를 알게 된다. 즉 사회란 독재자 개인에게서 개인으로 변화한다는 사실과 이 조건들 속에서는 독재자의 실천적 역할이 매우 중요하다는 사실을 이해하지 못했기 때문에 플레하노프는 누구라도 적당한 시기가 오면 정권을 담당하게 될 것이라고 상상했던 것이다. 그 결과 결국 플레하노프가 주장하는 라마르크주의(기능이 그것을 사용하는 인간을 창조한다.)는 우리가 거부한 다원주의와 다시 만나게 되는 것이다. 역사적 진행 과정은 스스로 구현되는 것도 스스로 개인화하는 것도 아니다. 이 일반적이고 추상적인 운동은 한순간에 한 인간을 찾아내어 그에게 통치자의 임무를 부여할 수 있다. 하지만 이 사람은 자신의 기능에 의해 만들어질 것이며 결과적으로 이 기능에 적응하게 될 것이다. 만일 우연적인 몇몇 *자질*이 그의 행동을 넘어서는 것이라 할지라도 (어떤 이는 더욱 투쟁적이고, 또 다른 이는 더욱 평화적인) 진행 중인 과정은 이러한 일시적인 일탈들을 고쳐 나가게 될 것이다. 이는 즉 과정 — 보편적인 것으로 여겨지는 — 이 개별자들의 행동을 보편화시킨다는 것을 의미한다.

일탈의 의미: 인간은 인간을 위해 만들어지지 않았다

하지만 상황 — 즉 활동 중인 사회의 유동적 구조 — 이 개인의 권력을 결정한다는 사실을 인정할 경우, 이 개인의 권력이 거대해질 수 있고, 그 결과 다양한 능력을 요구할 수 있다는 사실을 이와 같은 경험적 진리의 엄밀한 결과로 받아들일 경우, 다른 한편 우리의 변증법적 방법들의 총체를 통해 인간이 자신의 기능에 적용하는 것 ── 성인들과 관련되고 업무가 *장교*를 만들어 낼 경우 ── 이 (내면화된 과거 때문에) 어렵고 (구조화된 과거의 저항으로 인해) 종종 매우 더딘 과정이라는 사실을 확신할 경우, 앞에서 살펴보았던 바와 같이 이런 적응 ── 그것이 가능하다면 ── 이 개인을 변화시킴에 따라 기능을 일탈시키는 경우, 그리고 마지막으로 우리가 구체적이고 구현된 총체화를 플레하노프의 보편화(즉 감압, 탈총체화)와 대립시키는 경우 우리는 다음과 같은 사실들을 동시*에* 인정해야만 한다. 즉 누구도 *선험적으로 주어진* 역사적 전체 속에서 행위 주체의 역할을 제한할 수 없다는 사실과 이 전체가 통치자 개인에게서 진정한 능력을 요구할 때 인간의 역사는 생산물, 도구 등등의 희소성에 의해서 정의될 *뿐 아니라 인간의 희소성에 의해서도 역시* 정의된다는 사실이 그것이다. 이것이 의미하는 바는 만약 요구되는 것이 완고함이라면 우리는 완고함이 갖는 모든 변이체를 발견할 수 없을 뿐 아니라 오직 하나의 변이체만 존재하거나 혹은 변이체가 *아예 없을* 수도 있다는 점이다. 권력을 행사할 위치에 있게 될 사람들은 어쨌든 같은 종류의 가능한 것들의 총체화된 집렬체와 비교해 볼 때 무한히 작은 수의 실천적 가능성들을 보여 주게 될 것이다. 그리고 각각의 실현된 가능성은 ── 그것을 전체적 집렬체 속에 다시 위치시킨다면 ── 무한한 가능성을 통해 실현된 다른 가능성들과 구별될 것이다. 개인의 사회화가 이루어지고 사회의 개인화가 이루어지는 이런 *계기*들 속에서 통치자가 될 수 있는 후보자는 드물다. 하지만 어떤 후보자도 임무를 완전히 수행하지는 못한다. 요청된 모델에 가장 접근한 자는 비록 그가 권력을 장악하고 시간의 희소성에 사로잡힌다 할지라도 실천의 요구들에 적응하기 이전에 자기 행동을 개시하게 될 것이다. 역사가 인간의 희소성에 의해 결정될 때 한 명의 통치자에 의해 역사가 총체화하는 것은 너무나도 당연한 일이다. 이때 자신의 기능에 대한 통치자의 상대적인 부적응은 이 냉혹한 희소성의 법칙을 구현하고 개별화한다. 앞에서 살펴보았듯이 변증법적인 사태이자 인간이 실천적 장과 맺는 실천적 관계의 내면화인 이 희소성은 상황의 요구에 따라 모든 분야, 모든 차원, 모든 현실에 관계된다. 그리고 매 경우 이 희소성은 *세계가 인간을 위해 만들어지지 않았음*을 의미한다.[124] 우리는 "수단의 희소성"이라는 항목 밑에 도구들의 희소성(가공된 물질)이라는 항목을 둘 수도 있다. 이 희소성은 계급 형성(착취에 의한)의 요소 중 하나이고, 부르주아가 지닌 천부적인 힘을 전복시킨 *이후* 지금의 상황에서 기계와 도구를 만들어 내는 기계들을 축조할 필요성을 결정짓는 것이다. 그러나 인

---

124 이는 인간들의 과잉이 보여 주는 경험이기도 하다. 사실상 희소성에 대한 기능적이고 원초적인 관계(우리는 2차적 혹은 3차적인 희소성에서도 그만큼 더욱 복잡한 예들을 볼 수 있다.) 속에서 정부는 사람들을 독립적인 변수들로 여길 수 있다. 즉 경제적 침체기에 있는 현대 국가에서와 마찬가지로 포위된 중세 도시에서 전문가들은 군식구들이 있다는 사실을 단언하게 될 것이다. 즉 이 군식구들이 갖는 잉여적 성격(자원에 비해 볼 때)은 이들의 실질적인 이용 가치에 의해 보상을 받기는커녕 장의 결점들을 시정하거나 끔찍하고 격렬한(포위당한 사람들의 예를 따라 하루에 한 끼 이상도 먹지 못하면서 싸우는) 노력을 치러서라도 (필연적인) 반목적성들을 퇴치하려는 모든 공동적 실천의 입장에서 볼 때 매우 강력한 위험 요소가 된다는 사실이다. 해방적 혹은 규제적 행동은 자기 자신의 잔해를 보여 준다. 이 잔해들을 도시 밖으로 내버리는 일은 항상 가능하다.(자본주의 시대에서 이것은 가격 지표가 오르게 내버려 두고, 기근이 점차 잉여적 인간을 제거하는 것을 내버려 둔다는 사실을 의미한다.) 하지만 이런 실천들조차도 그 놀랄 만한 용이성에도 불구하고 항상 효과적이지는 않다.(혹은 저항이나 체제의 전복을 불러일으키기도 한다.) 인간의 희소성과 과잉은 종종 결합하기도 한다. 한자리에 너무 많은 지원자가 몰리지만 누구도 요구된 조건들을 충족시키지 못하는 경우도 있다. 이때 경우에 따라서 문제가 되는 자리는 "채워지지" 않을 수도 있고 잘못 채워질 수도 있다. 그리고 "이 불행한 지원자들"을 다른 분야로 보내서 해당 분야의 노동과 관련해 *재교육하는 것*을 고려할 수도 있다. 하지만 이것은 사회적 비용을 전제로 한다.(원주)

간이 수단이 되어야 할 경우(통치자가 실천에 소용되고 집단들 사이의 매개자가 된다는 의미에서) 이와 같은 수단의 희소성은 이번에는 인간을 겨냥하고 규정한다. 하나의 기도에 필요한 인간이 충분하거나 혹은 없을 경우 우리는 이런 희소성을 통해 다음과 같은 역사적 진리의 구현을 확인하게 될 것이다. 즉 세계의 산물로서의 인간은 인간을 위해 만들어지지 않았다는 것이다.[125]

국사를 이끄는 일이 *한 명의 개인* 혹은 한정된 귀족 계급(베네치아의 상원과 이 상원에 조직화된 위원회들)에게 맡겨질 때 이런 경험은 **역사** 자체를 특징짓는 보충적 의미 작용을 구성한다. 역사가 만들어 낸 사람들은 역사를 만드는 데 필요한 사람들이 결코 아니다. 스탈린이나 나폴레옹처럼 비할 바 없는 사람들의 경우에도 그러하다. 물론 군사 독재의 복잡한 성격 — 부르주아들과 군대에 의해 지지를 받는 — 은 전쟁을 *일으키는 성향이 있다.* 이 독재는 평화보다 전쟁을 더 쉽게 만든다. 물론 나폴레옹은 전쟁으로 인한 인명 손실을 그치고자 했다. 너무 늦게 그런 생각을 했지만 말이다. 그리고 과거의 무게, 즉 동맹 국가들 사이의 다양하고 긴장된 관계들(전쟁만이 유일하게 해결할 수 있는 갈등들)에 의해 그리고 내적 구조들의 계층화(군사화된 나라와 경제, 군인을 무장시키고 먹여 살리며 경제 봉쇄를 실현하는 등의 계층화)에 의해 *적에게서* 재내면화되었고 전쟁을 끝까지 수행할 계획 속에서 다시 지양된 과거의 무게는 거의 처음부터 타협의 여지를 거의 남겨 두지 않았다.(우리는 여러 차례의 만남과 조약이 어떻게 되었는지를 안다.) 하지만 평화가 여전히 *요구되었다*는 사실(나폴레옹의 쿠데타를 지지했던 부르주아들에 의해 다소간 장기적으로 요구된)과 이 평화를 장교들이 쉽

---

125 원고에는 이 해석에 해당하는 어떠한 주석도 보이지 않는다.(편집자 주)

게 수용하도록 할 수도 있었다는 사실(지쳐 있던 군대는 휴식만을 요구했을 따름이다.)은 의심할 여지가 없다. *평화를 주창하는 사람*(이 사람은 아마도 로베스피에르였을 것이다. 그런데 그는 1794년에는 의심을 받는 평화주의자들에 맞서 전쟁을 주창하는 인간이었다.)은 *어쨌든* 나폴레옹이 아니었다. **공포**로 인한 유혈 사태가 지나간 이후 그는 권좌에 있을 수 없었던 것이다. 그리고 근대의 가장 뛰어난 장교는 평화를 원했던 국민과 더불어 전쟁을 끝까지 수행했던 것이다. 이렇게 하면서 그는 국민에게 공화적이고[126](보편적인) 독재적이며(중앙 집권) 동시에 평화적(이 장교가 죽은 이후에도 법전은 살아남았으며, 예외적으로 전쟁보다도 평화의 시기가 더 많았던 한 세기를 살아남았다.)이고 군사적인(여기에서 중요한 것은 문화와 교육 등등의 획일화를 통해 인간을 획일화하고, 로마 황제 치하에서처럼 개인을 그의 *재산*과 마찬가지로 법률적이고 소외될 수 없는 개별성으로 환원시켜 그에게서 실천적 실재를 빼앗거나 정부, 즉 민법 등을 위해 그의 행위들을 유도하는 것이다.) 제도들을 안겨 주었던 것이다.

　스탈린과 관련해서는 어떤 상황들로 인해 구현이 시작부터 자기 자신에게로 향하게 되었는지를 이미 살펴본 바 있다. 그리고 스스로 정립되면서 나타나는 **구체적 이성**이 아니라 어떻게 보편적 이성 ── 변증법적 추상화로서의 ── 이 트로츠키의 손을 들어 주었는지를 살펴보았다. 하지만 이 몇 가지 예들만 살펴보아도 이런 내향은 문화적 고립주의를 부조리한 상태까지 밀고 나가는 것을 *요구하지는 않았다.* 이와 마찬가지로 서구의 노동자와 소련 노동자 사이의

126　다시 말해 부르주아적이라는 말이다. 법전은 부르주아적이었다. 왜냐하면 이 법전은 제헌 의원들의 소원을 실현시켰기 때문이다. 즉 이것은 사유 재산 제도에 대한 결의론이었다. 개인을 그의 재산으로 환원시킨다는 점에서 이 법전은 군사적이기도 하다. 재산을 양심적으로 존중한다는 조건에서 이와 같은 사실은 개인의 실천적 권리들(자유)을 무화시켜 버린다. (원주)

생활 수준의 차이가 처음부터 너무나 컸던 나머지 결국 "철의 장막"을 치지 않을 수 없는 상황이 되었던 것이다. 하지만 이런 차이가 유럽 노동자들의 조건에 대해 계속해서 거짓말을 하도록 *요구했던 것은 아니다.* 몇 년이 지난 후 점령군에 의해 자본주의 국가들과 접촉하게 된 러시아 국민이 전체적으로 보아 (스탈린의 판단과 달리) 그들이 발견한 체제들에 그다지 매력을 느끼지 못했던 만큼 거짓말을 할 필요는 더 줄어들었다. 달리 말하자면 거짓과 누락이라는 공식적인 베일이 특히 1945년의 접촉 이후로 서서히 걷히게 되었던 것이다. 이 베일을 유지하고, 소련 사회가 다른 사회에 대해 갖는 특별한 불신(우리는 이 불신의 객관적 원인들을 알고 있다.)을 체계적으로 조장하고, 1950년을 전후하여 이 소련 사회를 첨예한 스파이 피해망상증에 빠지게 만든 장본인은 바로 스탈린이다. 유럽 문화의 영향에 대한 그의 두려움 — 항상 현존하고 있던 — 은 이런 의미에서 볼 때 보편주의에 대한 그의 거부(1924년에서 1928년 사이의)를 새로운 방향으로 전개한 것에 다름 아니었던 것이다. 이후 그의 이런 두려움이 민족 문화를 위해 세계주의(보편주의가 단순히 *둔화된* 형태)를 철저하게 부정하는 쪽으로 나아가게 될 것이라는 점을 우리는 알고 있다.

하지만 소련은 외국의 기술을 수입하는 데 주저하지 않았다. 그리고 *그것은 옳은 처사였다.* 소련이 외국의 문화적 가치들을 수입해서 자신의 고유한 자양분으로 변화시키는 것은 상황에 의해 요구된 일이었을 수도 있다. 엄청난 산업 성장 — 러시아 사회의 통치자이자 구현으로서 스탈린이 1차적으로 책임을 가지는 — 은 1950년경에 소련이 팽창 정책을 *요구하는* 쪽으로 나아가게 했다. 이때도 이 나라의 권력 기관들과 그 수장은 여전히 불신 속에서 내향적인 정책을 고수해 나갔다. 또한 경제적 발전으로 인해 인종적인 반유대주의가 사라지던 시점에서 *정치적인* 반유대주의를 조장했던 것도 스탈린이며, 여기에는 모든 인터내셔널리즘(사회주의 국가와 혁명당 사이의 *보편적 관계로서의*)에 대한 그의 증오가 포함되어 있다. 이와 같은 사태들이 갖는 무의미성이 플레하노프에게 위안을 주었을 수도 있다. 건설 경기가 절정에 달하고, 사회주의 건설이 계속되고 있었던 것이다. *그가 보기에 중요한 것은 바로 이것이었다.* 하지만 플레하노프는 다만 성장 중인 사회가 자신의 잔재를 해소하는 데 시간이 오래 걸린다는 사실을 모르고 있었던 것이다. 미국의 청교도주의가 여기에 대한 분명한 예를 보여 주고 있다. 여전히 순수한 무신론으로 해체될 수도 없었고, 따라서 그토록 많은 가톨릭으로의 개종 가운데에서도 하나의 서약된 타성태로서 여전히 존재하는 이 무신론적 종교의 예가 말이다.[127] 달리 말하자면 그는 "통시적인 것"을 모르거나 단지 시효가 지난 의미들의 저항만을 지적하면서 마치 이런 저항이 **역사**의 주된 요소가 아닌 것처럼 통시성으로부터 벗어날 수도 있었을 것이다. 우리는 여기에 대해 뒤에서 다시 언급할 것이다.[128] 지금으로서는 사망한 스탈

---

127 막스 베버의 생각처럼 프로테스탄티즘이 자본주의의 기원에 있다는 것은 사실이 아니다. 그 역도 마찬가지다. 실제로 프로테스탄티즘과 자본주의는 처음부터 서로의 요구를 반영하고 있었으며, 서로에 의해 발전해 나갔다. 하지만 상대적으로 독립적인 변수를 대표하는 것은 자본주의다. 어느 정도냐 하면 경제 영역들에서 이루어진 점진적인 세속화가 논리적인 결과로 이 종교의 결정적인 폐지(쇠락에 의한)를 낳을 수도 있었다. 이런 관점에서 볼 때 프로테스탄티즘─다른 면에서 보면 그것이 나타난 순간부터 무신론을 향한 혁명적 진보를 보여 주는─은 비종교의 발전에 제동을 걸었다. 이때 프로테스탄티즘은 보편적이고 평등한 순수 이성과 신성한 추상화로서의 보편성과 더불어 개인적인 것의 종합으로부터 생겨나는 가치 체계를 보존하기도 한다. 이렇게 해서─우리가 수없이 언급했듯이─미래를 향한 운동은 아주 뜨거워졌을 때 혁명적 발전이나 전복으로서 실현된다. 하지만 이미 지나갔고, 노쇠한 의미 작용, 그럼에도 불구하고 그 타성태적 물질성이 여전히 위력을 발휘하는 의미 작용으로서 이 운동은 미래의 행동에 대한 가장 효과적인 제동 중 하나로 남게 된다.(원주)

128 통시적 총체화와 관련된 이 주제는 여기에서 다루어지지 않았다.(편집자 서문을 참고할 것.) 다만 「부록」의 「역사적 사건」을 참고. 407쪽 이하.(편집자 주)

린이 소련의 대다수 집단과 개인들 속에 여전히 내면화되어 있다는 사실과 실천을 통해 야기된 여러 문제에 합당한 해답의 이력 현상으로서 그가 여전히 재외면되고 있다는 사실만을 지적하기로 하자. 그는 집단적 실천의 몇몇 경우에서도 여전히 *타성태적 개인성*을 대표하고 있다.(예상할 수 있는 일이지만 현재의 행위 주체들이 사망한 스탈린을 그의 살아생전에 미워했는지 아닌지는 중요하지 않다. 조직화가 이루어지지 않으면 개인적 반대들은 단순히 하나의 "주관적" 기질의 지위를 갖게 된다. 이런 이유로 인해 스탈린의 적들은 ─ 자기 자신도 모른 채, 그리고 자신의 의지에도 불구하고 ─ 스탈린화한다.)

과잉과 결핍 ─ 만약 통치자-개인이 지위를 유지하고 결정된 목표의 일부를 달성하는 데 성공한다면 ─ 은 분명 사회적 실천이 요구하는 방향으로 나아가게 될 것이다. 스탈린의 *상대적인* 무지는 하나의 *부정적* 요소다. 하지만 이 무지는 그를 보편주의, 즉 **혁명**이 단호하게 "모든 나라의 프롤레타리아들이여, 단결하라."라고 선언하면서 거부한 보편주의로부터 그를 보호했던 것이다. 역으로 그의 가혹함과 기회주의적 교조주의는 무언가를 *믿고*, 하나의 희망을 정의하는 교리들에 의해 지지를 받을 필요가 있었던 노동자 계급에 유용하게 이용되었다. 하지만 이와 같은 요소들이 행동으로부터 결정된 요구와 개인 사이의 차이를 보여 준다고 할 때 이 요소들은 행동을 더욱 용이하게 해 준 만큼 일탈시키는 역할도 수행했다고 할 수 있다. 앞에서 살펴보았듯이 바로 이런 의미에서 스탈린주의의 구현으로서의 스탈린에 대한 정신 분석학적 해석은 우리의 논의 바깥에 있다. 그 까닭은 우선 중요한 전기적 요소들(개인의 관점에서 볼 때 사람들이 이 개인에 대해 규정한 바와 동시에 그의 현재의 실천을 구현하는 요소들), 예를 들면 여자들과의 관계와 성생활과 같은 요소들은 실천적 총체화에는 실질적으로 아무런 영향을 주지 못하거나 사회적 임무의 관점에서 볼 때는 단지 일화적 중요성[129]만을 가지기 때문이다. 그다음으로는 역사적 문제가 분석가들이 그렇게 상상하듯이 공식화되지는 않기 때문이다. 만약 로베스피에르가 열등감에 시달렸다고 가정한다 해도 **공포**를 만들어 낸 것이 이 콤플렉스라고 할 수는 없다. 이는 실천적 장의 필연성, 실천의 요구들이었다. 이 나라가 침략의 위협하에 있으며, 내전으로 인해 황폐화한 시점에 그리고 끔찍한 투쟁들이 **국민 공회**에서까지 **공화주의자**들을 서로 대립하게 만든 시점에서 이 실천은 혁명의 획득물을 구하고자 했다. 즉 공포를 만들었던 것은 도시의 요구(생필품의 보급)와 징발에 대한 농촌의 저항이었다. 또한 **자코뱅파**와 과격 공화파를 대립하게 만든 것은 모호한 갈등(이후에는 분명히 계급 투쟁이 될 갈등)이었다. 프티부르주아 정부는 부자를 존중할 필요뿐만 아니라 동시에 민중에게 기원을 두고 있는 **공포**, 즉 몇몇 일시적인 소강상태에도 불구하고 **바스티유**의 점령 이후 계속해서 증가해 온 공포를 자

---

129 나는 특히 개인적이고 공적인 요인들(말하자면 스탈린의 결혼 생활과 막 시작되었던 끔찍한 탄압)의 결과인 그의 두 번째 부인의 자살을 생각하고 있다. 하지만 이 결과가 하나의 기원은 아니다. 아마도 이 결과는 스탈린에게서 행동에 의해 약해진 이 현실, 즉 부인을 빼앗긴 개인에게 타격을 주었을 것이다. 아마도 이 "사건"(그 자체로 보아 1928년과 1935년 사이에 볼셰비키들을 몰살시킨 일련의 자살들을 개별화하는 구현인)은 부분적으로 스탈린이 통치자로서의 모든 실천 속에서 암시했고, 그로 하여금 정치국에 사표를 제출하게 했던 유일한 불편함을 야기했을 수 있다. 어쨌든 이 일화는 당시로 끝났다. 왜냐하면 다른 식으로 전개될 수는 없었기 때문이다. 만약 후퇴했다면 체제의 실추로 이어졌을 것이다. 아마도 이와 같은 폭력을 가지고 탄압 속으로 뛰어들지 않았을 수도 있다. 하지만 탄압은 이미 시작된 이상 지속될 수밖에 없었던 것이다. 반대로 이것은 통합이 이러한 정책의 책임을 진 지도자 주위에서 더욱 강화될 것이라는 사실을 전제한다. 잠시의 침묵이 지난 후 몰로토프*는 스탈린에게 다시 임무를 수행할 것을 간청했다.(원주)
• 뱌체슬라프 미하일로비치 몰로토프(Вячеслáв Михáйлович Мóлотов, 1890~1986). 러시아의 정치가이자 외교관. 10월 혁명 때 군사 혁명 위원으로 혁명에 참가했으며, 1926년 정치국원이 되어 스탈린을 보좌했고, 2차 세계 대전 이후 러시아의 외교를 담당했다.

신의 고유한 목적으로 이끌고 방향 지어야 할 필요성이 있었다. 조직화해야 한다는 점, 즉 *의도성*을 *가져야* 한다는 점에서 정부가 주도하는 **공포**(**공화국**의 안녕을 위해 이러한 모순들을 극복하고 이용해야 하는 실천으로서의)는 사람들에 의해(로베스피에르나 다른 자들에 의해) 그들이 내면화한 객관적 위험들에 대한 실천적 외면화로서 고안되어야 한다. 하나의 콤플렉스가 이들 중 몇몇 사람으로 하여금 심지어 노동하는 중에도 자신들의 빼앗긴 개별성으로 향하게 한다는 점에서 이 사람들은 그런 만큼 공동 *개인*들이 되는 것을 중단하고 집단행동의 바깥으로 떨어지게 될 것이다.(피크 지역[130] 회장이었다가 다시 소통 불능 상태에 빠졌던 사드의 예를 들 수 있다.)

이처럼 그 *자체로부터* 출발해서(다시 말해 우리가 앞에서 기술했던 요소들로부터 출발해서) 실천-과정을 이해하는 데 국한되지 않는 총괄적 *전체로서의* 이 실천-과정에 대한 모든 해석은 우리를 즉시 주관적 이상주의로 향하게 할 것이다. 하지만 역으로 플레하노프의 교조주의적 태도는 객관적 이상주의로 향하고 있다. 즉 최후의 함의까지 나아가다 보면 사람들은 다음과 같은 생각에 도달하게 될 것이다. 모든 실천은 항상 그것이 될 수 있고 되어야만 하는 모든 것이며, 모든 실천은 항상 그것을 수행하기 위해 필요한 모든 사람을 발견한다는 것이다.(혹은 선택된 사람들은 항상 최소한의 시간 속에서 그들의 직무에 적응한다는 것이다.) 사실상 실제 **역사**가 흔히 생각하듯 실천적-타성태의 차원이 아니라 사회적 투쟁의 차원에 있다고 할 때 개인-통치자(혹은 통치권을 행사하는 제한된 집단)의 중요성, 다시 말해 인간들의 희소성은 차

---

130 파리의 이 지역은 처음에 방돔 광장으로 지칭되었고, 1792년 '피크 지부'라고 불리다가 1795년 원래의 이름을 되찾았다. 1794년 7월 로베스피에르 실각 때 국민 의회를 지지했으며, 파리 코뮌에 가담한다는 서약을 하기도 했다.

이 속에서 드러나게 될 것이다. 즉 객관적 요구들과 그 실현을 분리하는 거리 속에서 드러나게 된다. 그리고 희소성의 세계 속에서 이 거리는 다만 *그 자신의 구현*을 통한 실천의 일탈만을 의미한다. 우리는 통치권이 한 개인 속에서 구현되지 않을 때에도 *마찬가지*로 이런 일탈이 나타날 수 있다는 사실을 뒤에서 살펴보게 될 것이다.[131] 하지만 지금으로서는 우리 연구에 집중하자. 즉 한 통치자-개인의 경우에서 부분적 성공에서의 — 즉 차이 속에서의 — 일탈은 엄격한 의미에서 특정한 실천적 총체화들에 대한 가지적인 방향을 보여 준다고 할 수 있다. 이미 살펴보았듯이 역사적으로 볼 때 그리고 스스로 결정짓는 구체적 요구들에 의해 이 총체화들은 특정한 상황 속에서 *특정한 한 명의 통치자*를 요구하는 것으로 구성된다. 이처럼 권력의 개인화는 그 자체로 이해 가능하다. 하지만 이 첫 번째 관점에서 보면 개인화는 과거에 의해 조건 지어진 하나의 실천의 계기에 의해 요구되며, 그렇기 때문에 이 실천의 *사실성*을 밝혀 주고, 이를 통해 스스로를 밝히는 데 국한된다. 즉 모든 실천은 유산이며 모든 행위 주체는 상속자인 것이다. 이전 상황들과 장의 물질성의 전체에 의해 조건 지어져 있다는 점에서 내향과 억압의 필요성 — 그 결과들 가운데 하나가 **공포**가 될 수 있다 — 은 스탈린의 사실성, 즉 그 산물을 통해 **러시아 혁명**의 *사실성*으로 나타나게 된다. 하지만 다른 한편 여기에서 구현은 결과들 속에서 그 자신이 드러낸 *차이*를 통해 이 실천의 근본적인 조건을 드러낸다. 즉 인간의 행동은 그들 자신의 희소성에 의해 조건 지어져 있다는 사실이 그것이다. 역사적 실천이 그 자체로 기근에 대한 투쟁이라는 점에서 이 역사적 실천의 기근도 존재한다. 그리고 희

---

131 분명히 부르주아 민주주의 **국가**를 암시하는 부분이다.(편집자 서문을 참고할 것.) 283쪽 각주를 참고.(편집자 주)

소성의 내적 변증법으로서의 이 기근은 항상 결과 속에서 발견된다. 이 결과는 최악의 경우 궁극적인 실패로 드러날 것이며, 최선의 경우에는 하나의 일탈로 드러날 것이다. 그리고 이와 같은 기근에 대해 실천이 이전의 전개 과정에서 일정 부분 책임이 있다는 것은 그리 중요하지 않다.(한 정부의 과오와 이 정부가 대중의 신임을 받지 못한다는 사실이 스스로의 방어 수단들을 강탈한다는 점을 통해 이 사실을 확인할 수 있다.) 모든 실천이 자신의 기근을 내면화하면서 그것에 대한 책임이 있다고 하더라도 이 실천은 기근을 만들어 낸 것이 아니라 오직 *그것을 알리기*만 할 뿐이라는 점 또한 사실이다.

이런 점에서 스탈린과 그의 일탈(즉 스탈린의 탓이라고 할 수 있는 *제한된 의미에서의 일탈*)은 모든 변증법적 가지성 속에서 소련의 실천이 갖는 다음과 같은 내면화된 필요성을 보여 준다. 즉 단지 그 시기에, 그 혁명 이후에, 그 봉쇄의 위협하에서, 이 나라의 계획화된 산업화가 되어야 하는 필요성만 아니라 개인적 우연성 속에서 자신의 고유한 구현의 재구현이 되어야 할 필요성이 그것이다. 하지만 바로 이와 같은 사실로 인해 사회적인 것, 즉 기근으로서의 실천의 개인화로서의 스탈린은 실천적 장, 즉 기계의 부족에서부터 농민의 무지에 이르기까지의 장에 내재된 모든 기근에 대한 변증법적 가지성을 구현하고 있다. 하지만 구현은 상징이 아니다. 상징은 이와 같은 부족을 평화롭게 반영하는 것으로 그치지 않기 때문이다. 상징이 이 부족을 구현한다면 그것은 여기에 그 자신의 불충분함으로 인한 인간의 부족함을 종합적으로 덧붙이면서 그러할 것이다. 왜냐하면 이 부족함들은 일탈을 만들어 낼 것이기 때문이다. 이와 마찬가지로 결과 속에서 고려된 순전히 스탈린적인 의미에서의 일탈(차이)은 구현된 **프롤레타리아 혁명**으로서의 **러시아 혁명**이 구성하고 있는 전반적인 일탈들과는 *다른 것*이다. 그렇다 하더라도 이 일탈들은 전체적인 일탈을 구현하고 있다. 왜냐하면 이 일탈들은 전체적 일탈의 급진화이기 때문이다. 구현되고 개별화된 노동자 **혁명**은 단 한 사람의 통치권을 요구하는 데 이를 정도로 일탈한다. 그리고 하나의 일탈로부터 생겨난 이 통치자는 이 일탈을 극단까지 밀고 나가며, 자신의 정책, 즉 자신의 고유한 사실성의 우연성 자체 속에서 다음과 같은 사실을 드러낸다. 그러니까 자신의 고유한 반목적성과 자신의 유산, 그리고 실천적-타성태의 전체에 의해 일탈한 구현으로서의 실천은 예상할 수 없고 차이가 나는 일탈들의 우연성 자체를 통해 구체적 개인화의 극단까지 이를 수밖에 없다는 사실이 그것이다. 또한 이 실천은 스스로도 알지 못한 채 요구된 통치자의 특이한 매개를 통해 스스로에게 이러한 우연성을 부여하게 마련이다.

우리 논의를 제대로 이해할 필요가 있다. 실천의 우연적이고 개인적인 성격은 어떤 경우에도 이 실천이 무질서하게 전개된다는 것을 의미할 수는 없다. 즉 우연성은 엄격한 요구들을 통해서만 나타날 수 있다. 모든 일탈과 장래성이 없는 길을 통해 *역사적 과정*이 자신의 길을 따르게 된다는 점을 우리는 뒤에서 살펴볼 것이다. 간단하게 말하자면 이 길은 초월적 변증법을 통해 *선험적*으로 결정된 길이 아니다. 이 길은 실천을 통해, 즉 교정, 조정, 수정을 통해, 합의된 우회를 통해, 심지어는 종종 계산된 후퇴를 통해, 세대의 단절을 통해 실현되고 결정된다. 그리고 오직 이 단절만이 새로운 통치자들에게 꼭 필요한 거리를 만들어 줄 수 있다. 이 미세한 거리를 통해 그들은 공동 목표의 이름으로 이전의 실천이 갖는 편차들과 일탈을 평가할 수 있게 된다. 우리는 통시적 총체화와 관련된 이 문제들에 대해서는 뒤에서 다시 살펴볼 것이다.[132] 역사를 우연성 혹은 우연적 사건에 종속시키는 대신 나는 역사란 자기 자신의 사실성의 명백한 표지이자 필연적인 결과로써 이 두 가지 요소를 통합하게 된다는 사실을 보여 주고자 했다. 지구상에는 너무나도 많은 사람이 있고, 대다수는 영양실조 상태에 있다. 하지만 엄밀한 의미에서의 역사를 매일 만들어 나가기에는 사람 수가 충분치 못하다. 이것이 보다 광범위하고 추상적인 관점을 취하면서 역사의 엄밀성을 되찾을 수 없다는 의미는 아니다. 또한 일탈을 포함한 모든 실천이 변증법적으로 가지적이지 못하다는 의미도 아니다. 제한된 전체들을 고려했을 때 역사는 엄밀한 것이 아니다. 왜냐하면 변증법적이고 총체화하는 이성들(우연적 사건들이 아닌)이 실천의 기원에 있는 목표들에 관련된 *우연적* 구현으로서 이 역사가 스스로를 항상 실현하도록 강요하기 때문이다. 또한 다음과 같은 이유에서라도 역사는 엄밀한 것이 아니다. 첫째, 역사는 항상 실수와 교정을 통해 진행되기 때문이다. 둘째, *어떤 식*으로든 역사는 보편적 도식주의가 될 수 없으며, 전(前) 역사적 상황에서 출발하여 전개되는 하나의 유일한 모험이기 때문이다. 이 전 역사적 상황들은 그 자체로, 그리고 모든 목표와 실천의 관련 속에서 근본적 일탈의 잘 알려지지 않은 무거운 유산을 구성한다. 요컨대 스탈린주의는 사회주의를 일탈시키면서 사회화를 구해 냈던 것이다. 그리고 스탈린으로부터 이와 같은 일탈을 교정할 수단들을 물려받은 계승자들이 남아 있다.

132　248쪽과 편집자 서문을 참고.(편집자 주)

3. 포괄적 총체화, 구현들의 구현

노동자 혁명은 **10월 혁명** 속에서 구현된다. 스탈린은 이와 같은 구현의 구현이다. 그가 스스로 포괄적 총체화가 되었다고 이해해야만 할까? 분명 그렇지는 않을 것이다. 하지만 문제를 더 잘 이해하기 위해서는 스탈린주의의 의미를 이해할 필요가 있다. 우리는 이 예를 통해 총체화가 개별화하는 구현이라는 사실을 알 수 있다. 왜냐하면 이 총체화가 — 우리가 검토하고 있는 경우에서 — 개인-통치자의 사회화와 변증법적으로 연결된 사회의 개인화를 보여 주기 때문이다. 하지만 우리는 이미 이 포괄적 총체화가 하나의 존재(초월적 교조주의)도 하나의 실존자(초조직)도, 개별적 모험에 부과되는 하나의 규칙(외부적 보편주의)도 될 수 없다는 사실을 알고 있다. 따라서 이 포괄적 총체화가 어떤 유형의 객관적인(그리고 개인적인) 실재를 소유하는가를 알아보는 것이 좋을 듯하다. 만약 우리가 이미 총체화가 총체성을 의미하지 않는다는 사실을 밝히지 않았다면 이 문제에 대한 해결책을 생각하기란 불가능했을지도 모른다. 달리 말해 이 문제는 실제로 우리가 실천-과정이라는 이름을 부여한 대상의 범주에 속하게 된다. 순수하고 구성하는 하나의 실천 — 즉 고립된 개인, 그리고 추상화에 의해 일의 완수라고 하는 사회적 조건 외부에서 포착된 개인의 노동(예를 들어 일요일에 하는 집안일들) — 은 추상적으로만 실천적 행위 주체로부터 분리될 수 있을 따름이다. 이것은 우리가 이 실천을 대상에 의해 수동적으로 지지되는 변형들의 종합적 통일로 간주하지 않는다는 조건하에서 그러하다. 실제로 이 실천은 실천적 유기체가 장과 도구들을 매개로 가공된 물질과 맺는 생생하고 일의적인(준상호성의 후광을 받은) 관계인 것이다. 인간과 행위를 구분해 내는 것은 불가능하다. 노동을 재료와 구분하는 것 역시 추상적이다. 구체적 현실은 *자신의-노동을-통해-물질에-형상을 부여하는-한 명의 인간*인 것이다. 마르크스는 이 사실을 잘 보여 주었다. 즉 한정된 상황 속에서 노동자의 노동이 마치 적대 세력처럼 노동자에게로 되돌아오게 하는 것은 착취라는 사회적 체계라는 것이다. 이런 점에서 보면 구성하는 총체화의 구조는 구성된 총체화의 그것과는 완전히 다르다. 행위 주체를 총체화하는 것은 노동도, 행위 주체의 객체화(즉 그의 타성태 속으로의 각인)도 아닌 것이다. 이와 반대로 행위 주체를 특정 목표를 향해 투사하는 제한된 지양과 시간화를 통해, 그가 실현시키는 구체적 노동을 통해 스스로 총체화하는 것은 바로 *이 행위 주체*인 것이다. 일시적 통일은 미래로부터 현재로 되돌아오며, 바로 그렇기 때문에 과거의 의미 작용을 결정짓는다. 이와 동시에 꾸준하게 이루어지는 시간화의 점진적 운동은 물질이 갖는 역행 계수와 구성의 어려움, 자기 미래의 존재 이유가 되는 장·단기적인 목표를 통해 자신의 통일성이 나아가는 방향의 의미, 전체적 시간화에 대한 근사치적인 결정, 자신의 노력이 갖는 심층적인 의미를 구현하고 지탱한다. 하지만 여기에서 실천의 행위 주체 이외의 다른 것을 보아서는 안 된다. 왜냐하면 이 행위 주체의 실재는 "유예 상태"에 있는 동시에 끊임없이 행위에 의해 스스로를 총체화하는 것이기 때문이다. 우리 각자에게 실존하고 목적을 향해 지양해 나가며, 바로 이 지양 자체에 의해 스스로 총체화하고, 총체화의 악마적이고 전도된 반영, 즉 역사의 근간 ― 가공된 물질의 타성태적 종합 ― 을 만들어 내는 것은 결국 같은 것이다. 요컨대 이런 관점에서 보면 *개인*들이 곧 총체인 것이다.

　집단 혹은 통치 집단과 집렬체를 포함하고 있는 전체들이 문제가 되기 시작하면 실천은 상대적인 독립성을 얻게 되고, 그렇게 함으로써 대자적으로 스스로를 정립하게 되며, 각각의 행위 주체 앞에서 대상으로 스스로를 정립하게 된다. 바로 이런 이유로 우리는 다음과 같은 이중의 운동을 살펴볼 수 있었다. 즉 [행위 주체]가 실천적 총체화를 구현하고, 이 실천적 총체화가 이 주체를 넘어서는 운동이 그 하나이고, 이 주체가 이 총체화를 구성하는 객관적 구조들의 전체를 참고하는 운동이 다른 하나다. 그 이유에 대해서는 이미 살펴본 바 있다. 각자에게 있어서, 그리고 각자를 위해 공동 실천은 완전히 내재적이다. 각자가 공동 개인이라는 점에서 그리고 기능들의 차별화가 피상적 필연성으로 주어진다는 점에서 그러하다. 이 필연성은 서약된 신념이 갖는 절대적 통일성에도 여기저기 모든 곳에서 동일*자*가 되는 권리이자 의무인 동지애-공포에도 이르지 못한다. 달리 말해 유기체적 연대성은 통일성의 재구성에 불과하다. 하지만 다른 한편으로 집단이 여러 개의 하위 집단으로 구분되고, 특정 기관의 행동이 다른 기관에 협조를 요청하며, 이 두 가지 임무의 종합이 ── 다른 기관들과 마찬가지로 ── 협력과 규제를 담당하는 기관에 의해 통제를 받는 제삼자에 의해서만 이루어질 수 있다는 점에서 볼 때 각각의 통일체의 행동은 하나의 실천적 투기의 단순한 객체화가 아니다. 이 행동은 그 자체로 통제와 협력의 수동적 대상이 되며, 이 대상은 외부로부터 전체의 필연성에 적합하게 된다. 이런 의미에서 능동적 하위 집단(*이 집단이 필연적으로 하나의 타성태, 즉 구성원들의 다수성, 생물학적 유기체의 물리-화학적 물질성 등등과 같은 타성태를 보여 주는 한에서*)은 그 자체로 가공된 물질이 된다.(*이 하위 집단이 거기에 열렬하게 임하는지 마지못해 임하는지는 별로 중요치 않다.*) 사람들은 이 하위 집단을 외부로부터 이동시키고, 더욱 강화시키고, 성장시키고, 변모시킨다. 이렇게 하면서 하나의 실천적 장 속에 단순히 공존한다는 의미로 이 하위 집단의 기능을 변화시키며 또한 다른 하위 집단을 만들어 내게 되는 것이다. 결국 모든 사회학자가 지적했듯이 이 하위 집단의 상대적 지속성과 이 하위 집단의 구성원들이 갖는 상대적인 불안정성(어떤 이들은 이 집단을 단지 거쳐 갈 뿐이고, 다른 이들은 이 집단에 머문다. 하지만 은퇴나 죽음으로 인해 후자들 역시 이 집단 밖으로 흘러 나가게 된다.)으로 인해 상호적인 관계 속에 하위 집단은 하나의 구성된 혹은 전(前) 제도적인 타성태로 나타나게 된다. 하지만 각각의 기관이 자신의 기능에 의해 정의되고, 이 기능은 외부(즉 집단의 내부에서, 그리고 문제가 되는 하위 집단의 외부에서)에서 조건 지어지기 때문에 이와 같은 예견 가능하고 수정 가능한 객관성의 형태하에서 실천-대상이 되는 것은 결국 기능 자체인 것이다.

이렇게 해서 각자가 객관적으로 — 이것은 옳다 — 공동 실천을 구현하는 자로 스스로를 포착한다는 점에서 보면 각자 또한 극도로 복잡한 기계의 한 부속으로 스스로를 포착한다. 이 기계를 이루는 각각의 부속은 수동적인 동시에 *다른 부속들에 의해 그리고 그것들을 위해* 수동적으로 조건 지어져 있다. 즉 요구 혹은 긍정적으로 이루어진 조건화의 실천인 것이다. 이 차원에서 보면 지연, 명령의 취소, 불의의 사건, 즉 공간적 분산에 의해 시간화에 가해지는 모든 제동, 소통의 어려움, 운송 수단의 부재, 장기 출장에 의한 피로 등은 구성된 실천을 인간들의 노동에 의해 지탱되고 끊임없이 수정되어야 할 물질적이고 타성태적인 현실로 실현시킨다. 이런 점에서 출발해서 우리는 다음과 같은 사실, 즉 이 수동적 객관성이 갖는 첫 번째 구조는 곧 실천적-타성태적 결정에 의해 그리고 실천의 반목적성들을 통해 풍요로워질 것이라는 사실을 알 수 있다. 실제로 외부적 결정이 머무는 곳은 바로 실천적 과정의 내부인 것이다. 정확히 말해 그 까닭은 지도 기관들에 의해 매개된 하위 집단들이 서로서로에 의해 수동적 외면성의 상태(단순한 차별화에 의해 부정적 내면성에 놓이는 것이 아니라)에 놓이게 되기 때문이다. 이 전체를 통해 공동 실천은 그 자체의 효율성에 힘입어 *자신의 고유한 외면성*을 담당하고, 그것에 둘러싸이게 된다. 즉 정확히 말해 이 공동 실천을 굴절시킬, 그리고 초창기의 방향을 되찾기 위해 이 공동 실천에 의해 해체될 실천적-타성태를 담당하고, 또 그것으로 둘러싸이게 되는 것이다. 이처럼 또 다른 하위-집단들(고려되는 하위 집단에 의해 특정한 기여를 요구받거나 혹은 적합한 매개를 통해 이 하위 집단에 특정한 봉사를 요구하는 다른 하위 집단들)과 전체의 구조들에 대한 필연적인 참조를 통해 이 하위 집단은 의미 작용의 순환적인 위계질서를 되찾게 된다. 이 위계질서는 실천적 공동체의 차원에서 이 하위 집단이 자신의 행동 속에서 구현하는 질서의 투사와 같은 것이다. 구조들과 의미 작용들은 서로 간에 외면화된 내면성의 관계를 맺는다. 이 관계는 타성태의 감압과 산재 속에서 내면성의 전체적인 외면화로 끊임없이 변모되는 경향이 있다.(즉 집단의 분열로 변모되는 경향이 있는 것이다.) 하지만 정확히 이런 위험으로 인해 ── 위험 자체가 갖는 심층적인 의미로 인해 ── 이 실천의 내적인 외면화는 내재성의 토대 위에서 발생한다. 그리고 이 내재성은 공동 활동의 *생동적인 통일성* 외에 다른 것이 될 수 없다.

이렇게 해서 모순이 명백히 드러난다. 즉 수동적 종합들의 전체는 다음과 같은 경우에만 하나의 행동 집단을 형성할 뿐이다. 즉 이 종합들이 실천의 본체, 고립적인 유기체와 마찬가지로 공동체로 하여금 장의 타성태에 작용하게 하는 이 타성태 자체를 보여 주는 경우 말이다. 달리 말하자면 각각의 하위 집단이 *실제적*으로 공동 행동에 기여하는 만큼 실천은 자신의 생동적인 내면성의 범주, 즉 자신의 변증법적 시간화의 범주 속에서 자신의 외면성(즉 실천이 자신의 목표를 실현하기 위한 노력을 통해 자기 내부에서 배출하는 잔재와 독소에 의한 그 자신의 쇠락)을 유지하는 것이다. 즉 시간적 종합은 연장을 시공간적 장으로 통합시키는 것이다. 하지만 각각의 하위 집단과 이 하위 집단들의 각 구성원에게 이와 같은 실천적 시간화의 전반적인 통일성은 스스로를 내면성의 너머에 있는 것으로 파악한다. 그리고 이들은 공동의 장을 부식시키는 실천적-타성태적 외면성의 매개를 통해서만 내면성의 너머와 관계할 수 있다. 이런 점에서 보면 노동, 즉 압축과 구현의 운동 속에서 각각의 하위 집단은 자기 내부에서 통일성을 되찾게 된다. 그 까닭은 이 하위 집단들이 통일성을 재생산하기 때문이다. 이 통일성은 총체적 실천이자 각 하위 집단에서 동일한 *것*이기도 하다. 지연, 공급 부족, 더딘 운송 등으로 인해 하위 집단이 위계적 구조로 되돌아가게 된다면 이때부터 실천은 자신이 지지하고, 종종 이용하며, 변모시키는, 그리고 그로 인해 황폐화할 위험이 있는 외면성 뒤로 사라지게 된다. 물론 그렇다고 해서 실천이 완전히 없어지는 것은 아니다. 이 차원에서 보면 실천이 다음과 같은 두 가지 조건을 충족하는 경우에만 포괄적 총체화가 있을 수 있다. 즉 실천 자체 속에서 외면적 감압을 설명할 수 있고, 이와 같은 통합의 운동 속에서 압축과 구현을 각 하위 집단 내에서의 공동 실천의 구체적 실현으로 구현할 수 있다는 조건이 그것이다. 그렇기 때문에 실제로 포괄적 총체화는 종속된 구현들과의 진정한 차이를 갖게 된다. 즉 이 총체화는 그 자체로 그리고 그 자체 내에서 유의미적 구조들의 위계질서와 이 과정의 타성태적 운동을 지지하는 것이다. 이렇게 해서 이 총체화는 고도로 구조화된 이런 체계를 통해 모든 가능한 구현의 장소와 상응 관계들의 전체를 보여 준다. 이 상응 관계들의 전체를 통해 각각의 상응 관계는 자기 자리에서 그리고 자신의 관점 속에서 모든 관계를 구현하게 된다. 달리 말하자면 이와 같은 구조화는 2차적 총체화 속에서의 타성태적 골격으로서 우리가 발견할 수 없는 것이다. 왜냐하면 각각의 2차적 총체화는 이 외면적 관계들을 실천[133]의 내재적이고 종합적인 조건으로 변형시키기 때문이다. 하지만 바로 이런 구조화가 있기 때문에 2차적 총체화들이 존재할 수 있으며, 그것도 질서 정연한 체계의 실천적 재총체화로서 존재할 수 있는 것이다. 요컨대 이처럼 타성태적이지만 *외부로부터* 끊임없이 통제되고 변화되는 관계들의 골격을 만들어 내는 것도 바로 이 구조다. 만약 외부가 없으면 어떤 구현의 가능성도 주어질 수 없다. 또한 이 구조화는 정확히 다음과 같은 *존재*라는 사실을 덧붙일 필요가 있다. 즉 그것이 없다면 포괄적 총체화가 사라지게 될 테지만 그 자신의 실천적 통합의 힘이 없다면 그 자신 역시 외면성 속으로 사라지게 될 존재인 것이다. 우리는 어떤 매개를 통해 이러한 실천적-타성태의 실질적 총체가 점차 그 자신을 발생시키고 지지해 주는 실천을 일탈시키는지를 살펴보았다. 예컨대 우리는 기초 단계에서 일어나는 위계적 첫 번째 결정 작용들이 어떻게 통치자를 변화시키기에 이르렀는지를 살펴보았다.

이처럼 모든 부분적 총체화에 의해 전제되고 겨냥된 것으로서의 포괄적 총체화는 다음과 같은 점에서 실천 자체라고 할 수 있다. 즉 실천을 지지하고 일탈시키는 본체를 낳고 매 순간 자신의 고유한 외면성을 내재성으로 용해시키려고 한다는 점에서 그러하다. 이 두 번째 사실이 가정하는 것은 단순히 실천이 그 자신의 객체화에 의해

---

133 위계화되거나 그렇지 않은 구성원들을 가지는 모든 하위 집단, 그 기능이 실천적 장의 범위를 제한하는 모든 하위 집단 역시 집단을 구성하는 공동 개인들을 각자를 위해 내면화된 외면성의 체계를 지탱한다. 하지만 이와 같은 세부적 구조들이 총체화하는 체계의 골격을 반드시, 그리고 종종 상징할 필요는 없다.(원주)

과정의 형태로 타성태 속에서 객체화되고 지지되고 제한된다는 것이 아니다. 이 사실은 또한 포괄적 구현이 실천적 과정의 모든 수준에서 실천적-타성태의 매개와 해체로서(혹은 그것의 이용으로서) 스스로를 실현한다는 사실 역시 포함한다. 하지만 우리가 모든 관념적 해석을 거부한다는 점에서 보면 이와 같이 해체적 기능을 갖는 매개가 결국 사람들에 의해 이루어진다는 것은 당연하다. 그리고 우리가 아직 소련 사회의 예로부터 벗어나지 않았기 때문에 이런 매개는 애초부터 통치자의 소관이라고 할 수 있다. 이 사실을 통해 우리는 *개인이 가진 용해될 수 없는 통일성*의 실천적 결과인 이 통치자의 *편재성*을 말하고자 하는 것이다. 왜냐하면 이 통치자는 실제로 자신이 *차지하고 있는 모든 장소(그의 모습, 연설, 매스 미디어를 통한 선전 등을 통해) 전체에* 빠짐없이 있을 수 있기 때문이다. 이 통치자는 임무이자 노동을 통제하는 관찰자이기도 하다. 그는 지도자이자 시선이고 통일의 드러나지 않는 실체, 즉 단 한 사람 속에서 구현된 소련인 것이다. 그는 이와 같은 다양한 전체의 모든 점에서 무한한 다수성의 부분들을 가지고 있지 않은 통일성으로서 스스로를 나타낸다. 그의 수많은 초상화는 결국 *하나의* 초상화일 뿐이다. 그는 모든 장소, 모든 사무실, 모든 공장에서 다른 모든 사람의 현전을 종합적 환경과 철저한 감시의 형태하에서 실현한다. 모든 집렬체의 모든 항에 현전함으로써 집렬체화된 그는 홀로 하나의 집합태를 이룬다. 그리고 이처럼 즉각적이고 항구적인 현전은 필요할 경우 통일성이라고 하는 기만적 양상하에서 반복을 유지한다. 하지만 이와 동시에 통합이 극단적으로 이루어지는 모든 곳에서 이 현전은 그에 의해서 혹은 그의 현전 속에서 실현된다. 그의 의지주의는 각자에게 분리의 이타성과 통합의 의지로 나타난다. 이 의지주의는 외부와 내부의 동일성을 보여 준다. 이 개인에 대한 숭배는 러시아의 사회화라고 하는 이 거대한 시공간적 사건의 객체화된 내면화에(즉 이 "조국"이 사회화된다고 하는 점에서는 러시아에, 그리고 소련에서 자신이 출현한 것이 이 국가에 새로운 영광을 더해 준다는 측면에서는 사회주의에) 관계된다.

그렇다면 도대체 사회주의 건설을 위한 스탈린 시대에 대한 포괄적 총체화란 무엇인가? 말하자면 그것은 스탈린 자신이다. 하지만 모든 사람의 실천을 통해 그 구조를 통합하고, 그 외면성을 내포해야 하는 통치자적 유일성으로서 만들어지고 또한 지탱된 자로서의 스탈린이다. 달리 말하자면 우선 지도자들(그 역시 이들 가운데 한 명인)의 통치적 실천에 의해 제시된 대로의 스탈린, 결국 통일성의 지양 불가능한 모델로서 만들어진 대로의 스탈린, 그리고 구성된 실천을 그 자신의 구성하는 자유로운 실천의 변증법적 통합 속에서 해체하는 덧없는 위임장을 가진 자로 만들어진 스탈린인 것이다. 그리고 총체화하는 운동 속에서 볼 때도 역시 포괄적 총체화는 스탈린이다. 이 경우에는 사회화된 개인, 즉 모든 사람(혹은 적어도 모든 지도 기관)의 건설적 운동에 의해 이 구성하는 실천 속에서까지 재총체화된 개인으로서의 스탈린이다. 이때 실천은 공동의 재총체화를 통해 구성된 실천의 단순한 재현동화가 된다. 달리 말하자면 이 스탈린은 이 사회의 임무들을 통치적으로 결정하는 스탈린인 것이다. 왜냐하면 이 사회 자체가 그를 결정하고 이 사회가 그에게 부여한 통치권을 통해 그의 내부에서 내면화되기 때문이며, 그를 만들어 내고 지지하는 상승 운동 속에서 이 사회가 *그의 깊이*를 구성하기 때문이다. 게다가 이 시간화의 새로운 계기 속에서 볼 때 포괄적 총체화는 다음과 같은 스탈린이다. 즉 이처럼 내면화된 깊이를 재외면화하는 ── 그의 특이성이 부과하는 일탈들과 더불어 ── 스탈린, 즉 그를 재총체화한 공동의 요구들을 그 *자신의* 공동 해결책을 향해 지양하는 스탈린인 것이다. 실천의 바로 이 계기에서 그는 통치적으로 국가적 장을 장악하고, 이것을 통해 심지어는 실천적-타성태적 전체를 실천의 통일성 속에 통합시키기도 한다. 우리는 앞에서 추상적으로만 지적한 바 있는 포괄적 총체화의 도식을 여기에서 찾아볼 수 있다. 하지만 유기적 내재성의 극복할 수 없는 한계 속에 자신의 외면성을 유지하는 공동 실천으로 모습을 나타낸다는 점에서, 그는 각각의 구현 속에서 통일성의 가시적인 본체로서의 현전으로 스스로를 재현동화한다. 정확히 말해 바로 이 생물학적 통일성이야말로 매 순간 구현들(개별적 총체화들)을 주재하며, 이 구현들에 의미와 방향을 부여하는 것이다. 실제로 총체화의 이와 같은 새로운 계기는 우리에게 스탈린과 동일시*되는* 소련 사회, 그에 의해 개인화되며, 그의 편재적 존재를 통해 행위 주체의 용해될 수 없는 통일성이 사람과 사물의 표면상의 분산이 가지는 *진리*라는 점을 증명하는 그런 소련 사회를 보여 준다. 하지만 이것은 다음과 같은 사실을 의미한다. 즉 갈등들에 의해 분열된 이 사회가 지도부의 하위 기관들의 매개를 통해 이 사회의 구성원들 각자가 스스로를 국가적 개인으로 포착한다 ── 그들이 이 사회에 동조하는 자들이든 대립하는 자들이든 간에 ── 는 것이다. 이 국가적 개인의 엄격한 통합은 단 한 명의 개인이 갖는 특이성에 이르기까지 급진화된다. 우리가 실제로 총체화의 순환 운동을 포착한다면 지도 집단들에 의한 스탈린의 재총체화, 그리고 스탈린에 의한 사회주의 국가의 재총체화가 갖는 실천적이고 역동적인 통일성이 존재한다. 즉 반(反)추상적 실체로서의 조국과 구체적인 것의 극복할 수 없는 한계로서의 개인의 심층적인 동화의 통일성이 있는 것이다.

하지만 하나의 개별적 구현에 대한 이와 같은 개별화는 통치자가 갖는 하나의 실천이다. 매스 미디어, 의례, 활동가 등등이 이 실천의 수단이 될 수 있다. 그리고 이 실천이 갖는 장기적인 목표는 개인들의 *자동-길들임*이다. 스탈린이 생각한 것은 다음과 같다. 즉 국가가 무용해지게 될 때, 다시 말해 국가가 완전히 실현되었을 때(이것은 국가가 모든 분야에 침투하고 모든 개인 속에 내면화될 때를 의미한다.) **국가**의 쇠락이 시작될 것이라는 생각이다. 모든 개인이 사회적 전체 속에서 바로 이 전체와 관련하여 — 그것이 아무리 거대한 전체라 할지라도 — 공동 *개인*들로 구성될 때, 그리고 이 개인들이 제약과 검열을 내면화하여 그것들을 "제2의(혹은 제3의) 본성"으로, 즉 자발적으로 변화되어 버리면 분리되고 (그것의 외연적 확장에도 불구하고) 특정한 실재로서의 **국가**는 더 이상 어떤 존재 이유도 갖지 못할 것이다. 각 개인은 자신의 실재 속에서도 *타자*로서의 통치권과 근본적인 관계를 이루게 될 것이며, 자발적으로 *자신과*는 **다른 자**로 활동하게 될 것이다. 이런 관점에서 보면 개인에 대한 숭배는 각각의 개인들에게 주권을 갖는 **국가**를 한 *타자의 구체적 양상하*에서 검열자이자 초자아로 자리 잡게 만든다. 그는 완벽하게 개인화된 한 명의 **타자**, 사진사들에 의해 호의적이고 호감이 가는 모습으로 연출되는 얼굴, 필연적으로 추상적인 임무를 그들에게 감추려고 이 사진사들을 사로잡고 있는 얼굴을 가진 타자다. 사회주의를 향해 나아가는 러시아 자체인 이와 같은 개별화하는 구현 속에서 각 노동자들의 의무는 이 얼굴과 그들에게 이 의무를 부과하는 자의 목소리에 의해 개별화한다. 그리고 이 두려움의 대상이 되는 통치자는 노동자 대중 각각의 고립되거나 집렬체화된 분자 속에서 내면화되고자 노력한다. 이렇게 해서 이 각각의 분자 속에서 *타자*, 즉 신성한 개인으*로서의* 노동자나 농민 자신이 되고자 하는 것이다. 이때 통치자의 명령은 라디오를 통해 각자에게 일제히 들려올 수 있으며, 각 청취자의 내면에서 자기 자신의 주권적인 결정인 것처럼 울려 퍼질 수 있게 되는 것이다. 왜냐하면 각 개인 스스로가 스탈린이기 때문, 즉 사회주의 조국의 용해될 수 없는 유기적 구현이기 때문이다. 이처럼 통치자가 모든 개인을 흡수해 버림으로써 소련 사회는 스탈린이라는 매개를 통해 대중과 집단의 공동 개인을 하나 되게 만든 것이다. 개인숭배는 예부터 지금까지 농민들의 분산 상태가 (분산된 개인들의 수에 의해) 노동자들의 집중보다 우월했던 한 사회를 하나의 서약된 집단으로 변화시키기 위한 잘 알려진 첫 번째 시도다.

4. 나선형: 순환성과 변질

이처럼 포괄적 총체화는 한 명의 통치자 개인의 매개를 통해 무기력(실천적-타성태에 의해 생겨난)에서 벗어나는 집단들의 상승과 하강이라는 이중의 운동이다. 통치자 개인은 국가 사회의 특이성, 즉 하나의 체제, 하나의 한정된 임무 그리고 하나의 국가에 대한 내면적이고 외면적인 편재적 구현이 되는 개인으로 사회화된다. 개인화된 사회로부터 사회화된 개인으로 거슬러 올라가는 이런 순환적 관점 속에서도 역시 우리는 실천에 의해 야기된 새로운 계층화가 지도 계층을 변모시키고, 이 사회화된 개인을 공동 행동에 대한 실천적이고 통치적인 기반으로 변화시키는 것을 볼 수 있다. 즉 이 개인이 사회를 통해 추구하는 실천, 사회가 이 개인을 통해 추구하는 실천을 일탈시키는 것을 보게 된다. 우리는 실천적 장의 변화 속에서 이 일탈의 결과들을 보게 될 것이다. 그리고 수정된 장 속에 이 사회를 복원하면서처럼 통치자에게서 사회로 다시 내려오면서 다른 여러 분야에서와 마찬가지로 생산과 관련된 인간적 관계들 속에서 이 일탈의 결과들을 발견하게 될 것이다. 이렇게 해서 구성된 통치자에게로 다시 돌아가게 될 것이며, 그에게서 그 자신의 새로운 재총체화를 통해 생산된 변화들을 발견하게 될 것이다. 이와 같은 순환적 예를 오랫동안 추적해 본다면 우리는 결국 사회의 실질적 상태인 통치자와 사회가 스스로에 대해 갖는 의식 사이에서 일종의 간격을 발견하게 된다. 1948년부터 1953년 사이 스탈린의 실천은 그 자체로 기괴한 모습을 낳았다. 그는 새로운 사회주의 **국가들**의 존재에 의해 야기된 문제들을 해결할 수 없었다. 러시아가 고립에서 벗어났을 때 자기로의 회귀와 고독의 인간은 오직 불신만을 느낄 뿐이었다. 티토[134]와의 불화, 인민 민주주의 국가들에서 행해졌던 부조리하고 범죄적인 재판 그리고 정치적 반유대주의의 재발 등이 거기에 더해졌다. 그는 또한 이와 같은 불신으로 인해 전쟁을 다시 시작하기를 원하는 마오쩌둥을 비난하기도 했다. 게다가 내부적으로는 새로운 세대의 등장과 점점 증가하는 기술자들의 존재가 그를 불안하게 만들기도 했다. 스탈린은 결국 **공포**, 즉 숙청으로 다시 돌아가게 된다. 그는 늙고, 자신의 예전의 실천에 의해 만들어진 강경파가 되었다. 30년 동안 격렬한 노동에 시달린 몸과 두뇌 속에서는 그가 생각해 낸 것들을 실현할 수 있었던 오래된 도식들과 그의 행동 속에서 조직되었던 주제들이 미래에 대한 장애 요소, 극복할 수 없는 타성태가 되어 버렸다. 한편 그가 만들어 낸 사회는

---

134 본명은 요시프 브로즈(Josip Broz, 1892~1980). 티토는 당원명이다. 구유고슬라비아의 대통령을 지낸 정치가. 1948년 6월 유고슬라비아 공산당이 코민포름에서 제명되고 그의 정강에 수정주의라는 낙인이 찍혔으나 그는 이후 독자적인 사회주의를 목표로 한 비동맹 중립 외교 정책을 굳게 유지했다.

그 자신의 정책과는 근본적으로 다른 정책을 요구했다. 이렇게 해서 이 사람의 개인화는 이번에는 그 자신의 실천의 결과가 된 것이다.(그 바탕에 육체적인 노화가 있음은 명백한 사실이다.) 우리가 살펴본 바와 같이 이와 같은 실천은 대체적으로 — 약간의 "차이"는 있지만 — 상황에 의해 요구된 실천이라고 할 수 있다. 하지만 더 이상 그 자신 이외의 다른 누구에게서도 구현되지 못한다는 점에서 그리고 그를 진정한 사회적 운동으로부터 고립시키면서 새로운 한계를 통해 그를 규정한다는 점에서 이 실천은 그에게 무기력과 실패라는 비극적 특이성을 준 것이다. 그렇지만 자신의 통치적 개인성에 의해 재총체화되어 있는 그 사회에서 그는 여전히 특권적 매개이다. 하지만 스탈린은 그 자신에게서 경직되었던 것처럼 각 개인에게서도 또한 경직된다. 스탈린은 소련인들에게서 자기 자신을 다른 사람들, 실천적 장, 그리고 그의 고유한 현실과 분리시키는 *부정적* 요소가 된다. 따라서 그는 비지식과 무의식의 원천인 것이다. 비록 이 총체화가 스탈린에 의해 응고된 세계의 여전히 무기력한 요구들과 이 세계를 응고시키면서, 그리고 그가 응고시킨 세계에 의해서 스스로 응고된 것으로서의 스탈린 개인 사이의 폭발하는 하나의 모순을 드러낸다 할지라도 이 마지막 계기 속에서 총체화는 순환적인 것으로 남아 있다. 실제로 그 모순이 발생해야만 하는 것은 내면성의 통일성 그 자체 내에서이며, 순환의 마지막 계기로서다.

이처럼 순환성만이 포괄적 총체화를 우리에게 드러내 보여 줄 수 있다. 그리고 이 총체화가 결코 완성되지 않는 운동이듯이 시간화의 전망 속에서 이 순환성은 하나의 나선을 이루게 된다. 물론 이와 같은 사실은 어떠한 경우에라도 고려된 사회 속에 순환적인 관계들만 존재한다는 것을 의미하지는 않는다. 관계들은 단순히 수직적이든 아니면 비스듬하거나 수평적일 수 있다. 간단히 말해 이 관계들이 완전히 새로운 곡률을 부여하게 될 공간화하는 시간화의 운동을 통해 수립된다는 점을 간과해서는 안 된다. 달리 말하자면 우리가 앞에서 검토한 전형적인 한 사회 속에서(그리고 우리가 곧 살펴보게 될 또 다른 사회들[135] 속에서) 고려된 관계들의 구조가 어떤 것이든 간에 이 구조들은 효율적으로 모순 혹은 포괄적 총체화의 내면화된 운동을 이루는 굴절의 유형에 참여하게 된다. 예컨대 문제의 구현의 어떤 것이든 행위 주체는 통치자 개인에 의해 전적으로 조건 지어진 하나의 실천적 장 속에서 행동하게 된다. 게다가 그는 대중 매체의 선전에 의해 *침투된*다. 결국 그의 행동 중 어떤 것도 위급성에 의해 매우 심층적으로 통합된(이 사회를 분열시켰던 갈등들 자체의 내부에서) 이 사회, 즉 통치자 자체 혹은 그의 지역 대표자들과 완전히 무관하지는 않다. 그의 우정과 사랑 자체 — 완전히 상호성의 수평적 관계들에 머물면서 — 가 순환성의 차원을 확보하기 위해서는 그 이상이 필요치 않다. 달리 말해 이런저런 방식으로, 각각의 사건이 비록 "개인적인" 것일지라도 구현으로 간주되어야 할 것이다. 그리고 포괄된 총체화로서 각각의 사건은 포괄하는 총체화의 매개를 통해 다른 모든 사건을 구현한다.

하지만 이 사실을 좀 더 자세히 살펴보면 포괄적 총체화가 하나의 실천(즉 자유로운 유기체의 행위)이 아니며, 심지어는 하나의 공동 실천(가령 하나의 스포츠 팀에서 끊임없이 통제되고, 규제되고, 지도되는 행위가 그런 식으로 명명될 수 있다는 점에서)이라는 점이 명백해진다. 분명 우리가 목적론적 영역을 벗어나지 못하고 있다는 것은 의심의 여지가 없다. 즉 지도자들의 행동은 여러 목적을 가지고 있으며 이 행동은 끊임없

---

135 부록에 있는「비독재적 사회 속에서의 총체화」에 대한 주석들을 참고하라. 706쪽 이하.(편집자주)

이 수정된다. 피지배자들의 행동 역시 고유한 목표를 세운다. 그리고 분명 실천의 장에서 실천적 타성태적 구체화의 출현조차도 이 사실을 바꿀 수는 없을 것이다. 실천적-타성태가 실천적 장 속에서 하나의 위험으로, 부정적 타성태로, 반목적성으로 나타나게 될 때 행위는 실천적-타성태를 제거하는 것을 그 목적으로 한다. 이런 식으로 진행되는 것이다. 분명 우리는 이런 행동이 자신도 모르는 사이에 자신의 반목적성들을 정제시켰고, 뒤이어 자기 목표의 갈등이나 타성태적 부정을 통해 여전히 발견해 나갈 것이라는 점을 지적했다. 그렇기 때문에 실천은 이미 전문가들의 계산에 포함되지 않았던 부차적인 결과들을 낳게 된다. 아무래도 상관없다. 필연성이 나타나는 것은 행동이 물질성들과 분리된 요소들 사이에서 매개일 경우다. 이처럼 정립된 관계들은 총체화의 통일성 속에 남게 된다. 왜냐하면 이 관계들은 행동을 통해 정립되었고, 또한 이 행위의 종합하는 힘이 없다면 존재하지 못할 것이기 때문이다. 이와 마찬가지로 반목적성은 자신과 싸우는 실제적이고 현재적인 사람들의 입장에서 보면 파괴적인 힘을 갖고 있다. 하지만 이론적으로 이 반목적성들은 전체의 통일성을 위험에 처하게 만드는데 그것은 반목적성이 이 통일성의 내용을 공격할 때만 그러하다. 실제로 반목적성 안에서 볼 때 역방향의 목적성들은 실천적 장의 외부에서는 존재할 수 없고, 또한 행위 주체가 도달하고자 하는 긍정적 목적들로부터 자신들의 부정적 존재를 빌려 오지 않고는 존재할 수 없는 것이다. 하지만 앞에서 살펴보았듯이 실천을 동반하는 반목적성의 전체와 더불어 이루어지는 이 실천의 객체화는 이 실천을 기도했던 사람들을 변화시키게 되고, 이를 통해 행위 주체들도 모르게 이 실천을 우회시키는 결과를 낳게 된다. 거기에 바로 순환성이 나타난다. 왜냐하면 우리들은 실천을 통해 인간들에서 출발하여 이들의 실천적 장으로 향해 가고, 또한 그렇게 함으로써 실천적 장으로부터 다시 인간들과 수정된 실천으로 되돌아가기 때문이다.

그런데 이번에는 인간들의 행동이 사물들의 매개를 통해 그 자신들에게 낳는 결과는 예견 불가능할 뿐 아니라 이 행위의 희생자인 그들 자신으로부터 벗어나기도 한다. 만약 이들이 이 결과를 발견하게 된다면 그것은 애매한 불편함과 그 자체로 일탈된 사유 도구들의 수단을 통해서다. 우리는 지금 인간과 사물 사이에 맺어지는 내적 관계로서의 실천이 자신의 고유한 외면성을 낳는 차원에 위치해 있다. 이실천은 외부들이라는 하나의 몸체를 갖는다. 순환성을 가능하게 하는 것은 바로 이 몸체다. 이것은 알려지지 않은 변화들의 전체가 타성태적이고 계층화되고 구조화된 결정 작용들로 축소되기 때문이다. 하지만 우리가 이미 살펴보았듯이 행위 주체들은 행동의 통일성을 유지하고 외면성의 내면화를 보장한다. 하지만 바로 이 현상들이 행위 주체들을 변화시키고, 여전히 유지되는 통일성 속에서 계속해서 행동하고 성공하면서 전체는 암암리에 변해 가는 것이다. 몇 차례의 변화 끝에 이 인간들은 다른 수단들을 통해 목적들을 실천하려고 전념하는 다른 사람들이 되어 있는 것이다. 물론 이들은 그 사실을 알지조차 못한다. 물론 나는 극단적인 예를 들었다. 장기적인 목표들은 ─ 그것이 장기적이라는 사실로 ─ 거의 변화가 없을 수 있다. 신속한 *자각* ─ 특정 상황, 예컨대 세대교체 혹은 너무나도 소란스러운 모순 등등을 통해 용이하게 된 ─ 은 수정을 초래할 수 있다. 그리고 이와 같은 일탈은 다소 빨리 이루어지기도 한다. 모든 것은 상황에 달렸다. 그럼에도 *본질적으로* 포괄적 나선 운동은 타성태적이고 의식적이지 않은 반응을 통해 이루어지는 실천의 변화를 보여 준다는 것은 여전히 분명하다.

하지만 이처럼 작동 중인 실재는 *실천적-타성태*라고 말해질 수 없다. 어쨌든 실천적-타성태를 특징짓는 것은 타성태인 것이다. 이 실천적-타성태에서는 처음부터 끝까지 모든 것이 행위다. 그리고 선택된 예에서 모든 것은 적극적 행동주의이자 의지주의인 것이다. 어떠한 부차적이고 부정적인 반응도 실천과 이 실천이 갖는 통일적 힘에서 유래하는 것이 아니다. 총체화는 총체화된 인간들이 행동에 의해 시간화함에 따라 스스로를 *시간화한다*. 혹은 행위 주체들과 그들의 변신으로 막을 내리는 포괄적 총체화는 구성된 실천의 변증법적 시간화를 진정한 지속으로 여긴다고 할 수 있다. 이런 이유로 우리는 소외에 대해서 말할 수 없을 것이다. 소외란 외부적인 것에 의해 행동의 결과를 도둑맞는 것이다. 나는 *여기에서* 행동한다. 하지만 저기에서 일어나는 타인 혹은 집단의 행동이 외부에서 나의 행동의 의미를 변화시키는 것이다. 하지만 여기에서는 상황이 그렇지 않다. 악화는 *내부적인 것*으로부터 오기 때문이다. 분명 행위 주체와 그의 실천은 실천적-타성태에 의해 변화를 겪지만 이 변화는 내재성의 차원에서 이루어진다. 결국 행위 주체와 그의 실천이 이 실천적-타성태를 실천적 장의 내부에서 활동하게끔 하는 것이다. 끝으로 실천적-타성태가 집열체적 이타성을 통해 미결정 상태와 보편적인 것(미결정된 것으로서의)에 이른다는 사실을 잊어서는 안 된다. 이와 반대로 포괄적 총체화는 특이적(그리고 완전히 결정된) 우연성의 사실성에 의해 이루어지는 **역사**의 사실성에 대한 구현이다.

사실상 포괄적 총체화는 시간화의 계기를 보여 주는데 이 계기에서 행위 주체는 ── 성공에도 불구하고 혹은 그 성공 때문에 ── 그 자신을 만들어 내고, 일탈시킨 행동 속에서 방향을 상실하기도 하고, 이 행위를 통해 스스로 일탈하기도 한다. 이처럼 스스로 총체화하는 것은 *인간을 넘어서는 행동*이다. 인간은 자기 내부에서 이 행위의 잔해들, 이화 작용의 산물들을 간직하게 된다. 그리고 만약 인간이 이 산물들을 통해 변화된다면 그것은 실천적 통합 안에서 그리고 이 통합을 통해 이 산물들을 더욱 효과적인 것으로 만드는 내적 통일성을 부여하기 위함이다. 또한 이런 일탈들이 행위 주체(내부로부터 변화되는)에서 벗어난다 할지라도 역사적 경험 속에서 포괄적 총체화에 이르게 되는 것은 바로 이 *실천적 통일*이라는 측면을 통해서일 뿐이다. 그 증거는 다음과 같다. 스탈린이 취한 조치들 — 외교 정책, 그가 기자들에게 했던 발표나 선언들 — 을 판단하는 것이 문제가 되는 경우 그가 한 행동은 부르주아 민주 국가에 살았던 동시대인들에게는 사실성의 결정 작용과 구조와 균형의 내적 단절에서 벗어나는 순수 실천으로 나타났다는 것이다. 즉 서구 공산주의자들은 그의 행동에서 상황에서 유래하는 상세하고도 엄격한 요구들에 대한 객관적이고 엄격한 응답만을 보았던 것이다. 반공산주의자들은 그의 행동에서 무엇보다도 "조종"(외부와 내부 모두를 겨냥한 선전)을 발견했다. 동시에 반공산주의자들은 이 행동을 좀 더 가혹하게 비난하기 위해 1928년 이후 그의 모든 실천으로부터 효율성과 필연성이라는 "변명들"을 제거했다. 이 "조종들"은 결코 요구되지 않았으며(적어도 그것들이 현실화한 특수한 형태로도), 예컨대 지도자들을 탄압으로 내몰았던 광적인 집단화가 없었더라면 "밀 파업"은 중단될 수 없었기 때문에 *채택된 조치와* 수행된 농촌 정책 등은 스탈린의 성격(혹은 공산주의들의 악의)만을 반영하는 결과를 낳았다. 역으로 5개년 계획이 성공할 것이라 생각하지 않았기 때문에 오랫동안 이 계획이 비효율적이었다고 선언한 이후에 사람들은 — 소련 산업의 괄목할 만한 성장을 인정해야만 했을 때조차 — 또 다른 미봉책을 생각해 냈다. 즉 1914년 전에는(이는 사실이기도 하다.) 러시아의 산업화가 매우 빠른 속도로 성장했다는 것이 그것이다. 이 무용한 **10월 혁명**이 발발하지 않았더라면 러시아의 산업화는 계속해서 진행되었을 수도, 러시아는 자본주의 체제를 유지하면서 생산성의 증가율 역시 사회주의 시기에 이루어졌던 증가율과 거의 같은 수준을 유지했을 수도 있고 또한 그 누구도 강제를 사용하지 않았을 수 있다. 여기에서 문제가 되는 것은 무의미하고 근거 없는 가정을 논하는 것이 아니라 선동전에서 이와 같은 가정의 기능을 지적한다는 점이다. 만약 계획 경제와 그것에 따르는 무자비한 탄압이 자유롭고 부르주아적인 평화적 산업화로도 충분히 만들어 낼 수 있었을 것에 이르렀던 것뿐이라면 사회주의적 지도 체제는 도달해야 할 목표를 통해서도 요구되지 않았다. 즉 모든 독재자 중에서 가장 독재적인 사람이 독재화했던 것은 극소수의 독재자들에 의해 세워졌던 지적 논리의 철저한 적용이었던 것이다.

기이하게도 사람들은 행동의 실질적인 효율성을 제거하는 동시에 사물들의 무게와 이것들의 역행 계수를 지우기도 한다. 행동은 그 자체의 객체화와 행동을 통해 만들어진 타성태적 종합에 의해서도 더 이상 지배되지 않는다. 새로운 경제를 세우는 것이 문제가 되었을 때는 효율적이지도 전문적이지도 못했던 볼셰비키들이 정적들을 투옥하고 숙청하는 과정에서는 절대적인 효율성을 보여 주었다. 이와 같은 범죄는 대가가 없는 것이었기 때문에 더욱더 자유로웠다. 사회주의 건설에 따르는 어려움을 상상할 수 있었다면 적어도 이와 같은 어려움의 이름으로 보편화된 탄압의 수단들이 즉각적으로(물론 장기적인 일탈에 대해 이야기하는 것은 아니다.) 소련의 경제 성장을 위태롭게 만들지는 않을지 쉽게 자문해 볼 수 있었을 것이다. 하지만 출발점에서부터 이 경제 성장을 모든 체제하에서, 그리고 어떤 전망 속에서도 이미 획득된 것으로 여긴다면 우리는 다시 플레하노프가 마르크스에게 반대해 전개했던 이론들로 돌아가게 될 것이다. 플레하노프를 추종했던 부르주아들은 통치 기관들을 순수한 부대 현상(경제 분야에서)으로 만든 동시에 탄압과 **공포**의 영역에서 범죄자이자 전적으로 책임 있는 자(용서할 수 없는 자)들로 만들었다. 효율적이지 못했던 이 **공포**는 오직 이 통치 기관들로부터 비롯된 것이다. 공포가 없이도 소련의 발전은 보장되었던 것이다. 공포는 이 발전에 제동을 걸지도 못했다. 하지만 적어도 하나의 영역에서는 공포의 효율성이 온전히 남아 있다. 즉 통치자들은 이미 폐지했다고 주장했던 강제 노동을 다시 실시하고 일반화했으며, 그렇게 함으로써 사람들을 죽였던 것이다. 대가가 없기 때문에 더욱 자유로웠던 이 절대적인 행위들은 파괴라고 하는 유일한 효율성에 의해서만 특징지어진다. 그리고 그들은 이 파괴를 자신들의 목적으로 삼았다. 이렇게 해서 볼셰비키들 —— 이 점에서는 산업 부르주아 계층과는 구별되었던 —— 은 그들의 탓으로 돌려진 *부정적*이고 *파괴적*인 실천에 대해 전적인 책임을 가지는 것으로 비쳐졌다. 소련은 그 자신을 둘러싸고 있는 자유로운 활동들의 망과 이와 같은 네소스의 망토[136]를 통해 모습을 나타냈다. 투명하고 부식 작용이 강한 이 망토는 치명적인 활동망을 통해 고유한 방식으로 산업 성장을 추구하는 이 나라, 즉 소련을 에워쌌던 것이다. 이것이 곧 포괄적 총체성이다. 왜냐하면 반공주의자의 입장에서 보면 이는 소련에 대해 *해를 끼칠 자유*를 보여 주기 때문이다. 이것의 즉각적인 특성은 실천적 종합이 되는 것에서 찾아볼 수 있다. 반공주의자가 실천적 장에서 집단들이나 개인들이 *겪*은 고통 속에서 이 자유를 발견하고,

---

136   헤라클레스를 죽게 한 독이 묻은 망토.

또 발견했다고 생각한다는 점을 고려할 때 그는 이와 같은 *수난들을* (고유한 의미에서의) 이 수난을 야기한 구체적이고 총체화하는 행동으로 그 자신을 인도하는 것으로 해석한다. 이처럼 공동의 환영은 순수한 힘으로서의 행동이 그 장에서 **스토아학파**가 내세우는 **주장**과 같은 방식으로, 즉 이 행동이 가져다주는 변화로 인해 충격을 *입지 않은 채* 영향을 행사하게 된다는 것이다. 만약 행동이 변화된다면 그것은 그 자체에 의해서다. 그리고 상황에 적응하기 위해 이 행동이 스스로에게 행사하는 통제는 실천의 최고 단계를 보여 준다. 왜냐하면 이러한 통제는 행위가 그 자체에 대해 갖는 실천적 자각이자 반성이기 때문이다.[137]

그러나 만약 외국에 있는 반공산주의자의 경험(혹은 그의 적인 공산주의자의 경험)을 통해 소련이 국제적 실천의 장에서 순수하고 수동성이 없는 실천으로 나타나지 않았다면 이와 같은 환영은 가능하지조차 않았을 것이다. 사망 이후 오늘날에도 여전히 스탈린은 힘들었던 통치 준비 기간에 의해 분리된 것처럼 보이는 여러 행위(내적 조치, 예컨대 MTS의 붕괴, 외부와 관련된 결정들과 핵실험의 일방적 폐지, 실천적 실현, 예컨대 인공위성 발사)를 통해 모습을 드러내고 있다. 이것은 포괄적 총체화의 주요 특성이 (일인 또는 일당 독재가 이루어지는 경우) 무엇보다도 상황 지어진 증인들과 관련하여 시간화하는 실천의 통일성이 된다는 것을 의미한다. 달리 말하자면 실천의 외면성(그것의 외부-존재)

---

137 행위의 이와 같은 구조는 실제로 존재하며, 우리는 이 구조를 이미 집단들을 살펴보면서 설명한 바 있다. 이 구조는 스탈린 치하의 관료 계급에게도 있었다. 심지어 자아비판의 명목으로 숭배되기도 한다.(즉 이 구조는 언어적 물질의 종합적 결정으로 변화하며, 사물이 되기도 하는 것이다.) 그러나 이 구조가 완전한 투명성을 확보하게 될 때 문제가 되는 것은 이 구조 자체가 아니다. 이 구조는 행동의 여러 실천적 구조 가운데 하나로서 포괄적 총체화의 내부에 있지만 실천-과정이 겪은 변화들을 통해 다시 은폐되기도 한다.(원주)

이 그 자신의 투명성 자체 속에 감추어져 있다는 의미다. 우리는 실천적 조치들(생산성을 높이기 위한 상여 제도나 "포상" 제도에의 의지)이 *외부로부터* 지도자들을 변화시키면서 이런 포상을 통해 이들의 실천을 어떻게 변화시켰는지를 살펴보았다. 즉 위계질서가 *재정립되어야 하고*, 그렇게 함으로써 각각의 자리를 차지한 사람을 위해 보호되어야 할 이해관계를 **창출해야** 하는 것이다. 달리 말하자면 공무원의 이해관계는 직무가 갖는 물질적이고 명예로운 이득 속에서 소외된 자기 자신의 고유한 객체화인 것이다. 대부분의 관찰자에게는 실천의 반작용으로서의 이와 같은 이해관계의 출현과 계층화가 눈에 띄지 않는다. 공산주의자들은 **관료 계급**이 갖는 특권 속에서 사회화를 위한 관료들의 절대적 헌신에 따르는 보상만을 보았다. 반공주의자들은 마치 물질적 이해관계가 *우선적으로* 존재하는 것처럼 이와 같은 이해관계의 이름으로 또는 *이해타산에* 따라 지도 집단들이 제일 큰 몫을 차지하는 것처럼(국부에서 가장 커다란 몫을 자신들이 이익을 위해 철저하게 빼돌린 것처럼) 추론했다. 과격파의 환영은 여기에서 *그 절정에 달했다.* 이는 인간 본성의 지속성(각자는 자신의 이익을 추구한다.)을 전제로 하며, 실천은 특정한 개인적 이기주의나 특정 집단의 특정주의의 도구가 된다. 달리 말하자면 **대의명분**에 *대한 절대적 헌신을 바탕으로 이익을 추구하고* 자신에게 발생하는 것을 이해하기도 전에 이미 "이해관계를 갖는" 이 **관료 계급**의 애매모호한 위치는 탐욕스럽고 논리적인 활동 때문에 사라져 버렸다. 이 활동은 이기적인 목적에 도달하기 위해 자기가 가지고 있는 수단들을 단단하게 결합하며, 그렇게 함으로써 실패하지 않고 목표에 도달하게 되는 것이다. 사람들이 변화를 겪게 함으로써 실천을 일탈시키는 것은 이 실천에 의해 종합적으로 통일된 것으로서의 실천적-타성태가 아니다. 처음부터 혹은 어쨌든 실천의 객관적인 가능성이 주어진 순간부터 자신들의 이익을 위해 실천을 일탈시키고 자신들의 이해관계를 위해 혁명의 이상을 고의로 희생시켰던 것은 — 자신들은 변하지 않았다. 왜냐하면 그들은 *이미* 이해관계를 가지고 있었기 때문이다 — 바로 이 지도자들이다.

이와 같은 결점이나 초월적 교조주의(스탈린주의의 모든 발전 과정을 상황에서 벗어난 외면성의 법칙으로 설명하고자 하는)에 빠지지 않기 위해서 우리는 포괄적 총체화란 바로 *자율적* 실천이며, 또한 그렇게 스스로 자율적이라고 단언하는 실천이라고 말한다. 이 실천이 수동적이고 그 자신의 하위-생산물들로 재현동화한 통일성으로서 자기 자신의 고유한 타율성을 낳고 겪고 드러내며 감춘다는 *점에서 그러하다.* 이런 점에서 보면 포괄적 총체화는 겨냥된 결과(예견된 결과와 더불어)와 이 결과가 가져오는 예견할 수 없었던 그 파급 효과 사이의 변증법적 연결로 드러난다. 왜냐하면 실천적 장의 총체화 속에서 이루어지는 그것의 구현은 행위 주체들 자신을 포함한 이 장에 속한 모든 요소를 멀리서나마 조건 지을 수 있어야 하기 때문이다. 오직 이 포괄적 총체화만이 — 시간화된 나선 속에서 — 긴급성에 따라 통치권의 실천적 조직을 해석할 수 있게 해 준다. 그리고 이 포괄적 총체화만이 — 되돌아오는 충격에 의해 — 행동에 종합적 통일성, 방향, 반목적성을 부여하면서 그리고 자기 내부에서 스스로를 시간화의 잔재물로 만들어 내면서 계층화 과정의 출현을 이해하게 해 준다. 이렇게 해서 우리는 하나의 거대한 *사회-대상*이 포괄적 총체화에 따라 그리고 그것이 타성태 속으로 투기되는 여러 양상하에서 하나의 거대한 공동 기도의 내적 외면성으로 형성되는 것을 볼 수 있다. 이 사회-대상은 산업 성장의 타성태적 운동임과 동시에 그것의 고유한 구조 속에서는 소유권과 통치권 사이의 분리를 통해 정의된 사회적 전체인 것이다. 하지만 다음과 같은 경우 우리는 이 연구의 실마리를 잃어버릴 수 있다. 즉 이 *사회-대상으로 산출되고 도구화되는 것이* —— 실천적 장이 제기하는 중요한 문제들에 대한 계산된 대답 속에서 —— 바로 이 기도 자체라는 것을 알지 못할 경우다. 더 정확히 말해 *이 사회의 의미 작용이 실천-과정으로서의 이 기도라는 것*(우리는 앞에서 이 사실을 드러내기 위해 노력했다.)을 이해하지 못할 경우, 또한 *이 사회* —— 자기 자신 속에 실천적-타성태를 담고 있는 행동과 더불어 자신의 필연성을 만들어 내는 —— 가 이 기도의 *운명*이라는 것을 이해하지 못하는 경우를 말한다.

사회는 그 자체로만 보면 사회학에 속한다. 타성태적 종합 —— 통일성 없는 통일체들 —— 이 사회와 사회학 사이를 연결한다. 사회학자들은 성장이 계층화를 야기할 수도 있고 계층화가 성장을 야기할 수도 있으며, 때로는 서로가 서로를 야기할 수도 있다고 말한다. 하지만 성장 혹은 사회적 유형의 결정과 같은 단일한 현상이 갖는 의미 작용은 그 자체로 근본적으로 사회학으로부터 벗어날 수밖에 없다. 왜냐하면 이런 의미 작용은 반드시 *행동일 수밖에 없는* 타성태적 통일성의 원천을 가리키기 때문이다. 이 경우 사회학자는 카드의 브리지 게임에 참여하고 있는 사람과 유사하다. 그는 카드의 움직임, 카드의 연속적인 위치, 패를 돌리는 행위, 패를 모으고 가르는 행위 등을 설명하는 게 전부임에도 자신이 절대적인 객관성을 증언하고 있다고 믿는다. 하지만 그는 카드놀이에 참여하고 있는 자들의 존재(카드를 바라보고 있는 눈이나 카드를 쥐고 있는 손에 대해서도)나 놀이의 규칙도 지적하지 않는다.(이른바 브리지 테이블 위에서 사용할 카드의 움직임에 관한 수많은 연구가 이루어진 이후 대담하고도 이론의 여지가 있으며, 어쨌든 이의 제기를 불러일으키는 귀납을 통해 이러한 규칙을 재구성하려는 노력은 미래의 사회학자의 몫이 될 것이다. 게다가 이와 같은 귀납을 통해 규칙은 하나의 자연법칙, 즉 외면성 속에서의 법칙으로 정립될 것이다.)

하지만 역으로 우리가 실천-과정을 **스토아주의자들**이 말하는 **명분**으로 간주해야 한다면 우리는 늘 *실제와*는 다른 모습으로 알려진 스탈린주의의 오류에 빠지게 될 것이다. 왜냐하면 스탈린주의는 스스로를 몸체 없는 하나의 활동으로 여겼기 때문이다. 이런 식의 관념론은 직접적인 것이 아니라 상황에서 기인한 것이다. 객관성, 즉 통치자들에게 있어서 장 속에서의 실천적-타성태는 그들의 질료였던 것이다. 달리 말하자면 그들의 효율성이 가미된 대상이었던 것이다. 하지만 바로 이런 점으로 인해 이 객관성은 그 순간까지 아무런 구체적 관계도 가지고 있지 않았던 인간들, 도구들 그리고 대상들의 종합적이고 실천적인 관계 맺기(장을 구성하는 요소들의 변형을 통해)에 다름 아닌 실천과 관련이 없는 것으로 전락하게 된다. 이와 같은 관계 정립 그 자체(예를 들면 철로 건설과 같은)는 객관적인 원천들과 요구로부터 출발하여 총체의 관점(이 관점은 그 자체로 공동 목표들과 장의 총체에 의해 영향을 받는다.) 내에서 할 수 있는 (*정확하게 계산된*) *최대치*로 정의된다. *객관성 속에서 발견된 응답*으로서 그리고 객관적 가능태들에 대한 경제적 계산으로서의 실천은 그 객체화, 다시 말해 그 결과 속에서만 대상으로 인식될 수 있다. 분명 오류들을 범할 수도 있다. 하지만 이 오류들은 우리의 무(조급함, 몰이해, 경박함, 나태 등과 같은)에 그 기원을 두고 있거나 반혁명적인 태업을 감추는 거짓 오류들이다. 우리는 이 오류들을 부정의 부정(강제)을 통해 제거할 수 있다. 하지만 전적으로 긍정적인 작업이 그것의 결과 속에서 객체화된다고 할 때 이 결과는 당장 사용할 수 있는 수단들과 함께 제기된 요구의 실현에 다름 아니다. 스탈린의 모든 낙관주의가 바로 여기에 있다. 건설업자들은 건설의 결과들로부터 벗어나 있으며, 건설은 건설업자들의 목표에 부합하는 것이다. 물론 건설업자들은 일을 하면서 스스로를 만들어 낸다. 하지만 해야 할 일을 하면서 그들은 스스로를 필요한 존재로 만든다. 스탈린이 **역사**는 하나의 과학이라고 주장했을 때 이는 곧 그가 생각하는 사회가 역사를 가지지 않았다는 것을 의미한다.(이것은 역사는 또한 운명이라는 점에서 그러하다.) 스탈린주의자는 **역사**를 만들지만 **역사**는 스탈린주의자를 만들지 않은 것이다. 그는 엄격한 추론으로부터 출발해서 사실과 반응들을 예견하지만 그는 마르크스주의가 적용되는 영역의 밖에 위치해 있다. 마르크스주의적 해석의 대상도 될 수 없으며, 대상으로 예견될 수도 없다. 그는 **역사의 주체**이며, 역사를 자기 마음대로 주관한다. 마르크스주의의 위기는 부분적으로 바로 이와 같은 점에서 기인한다. 사회주의 국가들에 관련된 하나의 전체는 **역사** 한가운데에서 **역사**로부터 벗어나 있는 것이다. 왜냐하면 사회주의 국가들은 역사를 겪지 않고도 만들어진다고 주장하기 때문이며, 이론-실천적인 마르크스주의는 부르주아 민주주의를 이론적으로 해석함과 동시에 소련 통치자들의 활동들을 (어떤 왜곡을 감수하고라도) 실천적으로 정당화하는 데 집착했기 때문이다. 요컨대 스탈린주의적 실천은 자신의 외면성을 담당하고자 하지 않았으며, 바로 이런 이유로 맹목성 속에 *빠져 버렸다*. 스탈린주의의 실천에 있어서 자각은 거부해야 할 대상이었다. **역사**에 대한 이런 태도는 포괄적 총체화 속에서 그 자신의 역사적 운명을 구성하는 요소, *행위*가 스탈린주의에게 부여했던 존재의 구성 요소가 된다.

이와 반대로 순환성의 운동은 끊임없이 존재(행위에 의해 지지되고 발생된 것으로서)에서 *행위*(존재를 부정하면서 그것을 보존하는 지양 자체를 통해 자신의 존재를 표명하는 것으로서)로 이행하게 해 준다. 포괄적 총체화에 고유한 인식의 방식과 이 총체화를 규정하는 객관적 현실의 유형을 구성하는 것은 정확히 말해 다음과 같다. 즉 시간적 나선 운동 속에서 행위의 존재에서 존재의 행위로의 지속적인 이행, 운명의 실천이 갖는 의미 작용에서 실천의 운명으로의 지속적인 이행이 그것이다. 또한 곧바로 집단 혹은 집단들을 기도를 위해, 그리고 이 기도에 의해 조직되는 것으로 고려하지 않은 채 구조화된 총체를 수동적 대상으로 간주하는 것은 불가능하다는 사실이 그것이다. 또한 이 결과들 자체를 통해 실천적 시간화 ── 침전 작용, 침전물, 결정화, 지층, 굴절 ── 내에서 *행위의* 결과들을 참조하지 않은 채 이 행동의 결과들을 총체화할 수 없다는 사실이다. 다시 말해 하부로 다시 내려오기 위해 통치권의 정상으로 올라가야만 하는 지속적인 필요성이 그것이다. 이때 이 결과들은 포괄적 총체화에 고유한 인식의 양태와 이 총체화를 규정하는 객관적 현실의 유형을 동시에 구성한다.

포괄적 총체화는 한편으로 실천적으로 행위 주체들(통치자들과 그 주변 인물들)의 목표를 실현하며, 다른 한편으로 다른 결과들을 발견하면서 이 행위 주체들을 자신들의 목표에 이르렀다고 믿는 또 다른 사람들로 변모시킨다. 왜냐하면 이들 스스로가 목표와 함께 변화했기 때문이다. 요컨대 사람들은 스스로를 객체화하면서 스스로를 실현하며, 이와 같은 객체화가 그들을 *변형시키는* 것이다.(물론 이것은 총체화 전반, 즉 다른 곳에서 기인하는 또 다른 종합들에 의해 영향을 받지 않을 총체화에 대한 추상적 가정 속에서 그러하다.) 하지만 이와 같은 변형이 정확히 실현으로부터 기인하기 때문에, 그리고 이와 같은 실현은 성공 속에서 변형되기 때문에 의미 작용과 운명 사이에서 심층적인 가지성의 관계가 드러난다. 이와 같은 의미 작용은 운명을 만들어 낸다. 우리는 이런 운명을 의미 작용 속에서 발견하게 되는데 이때 운명은 실천적-타성태와 맺는 현재적 관계를 통해 자신의 미래적 존재로 나타나게 된다. 그리고 객체화된 결과가 한정 작용과 일탈 — 실천적-타성태 속에 던져진 — 을 보여 준다는 점에서 실현된 운명은 이런 의미 작용에 대한 의미 작용인 것이다. 이때 한정 작용과 일탈은 이런 의미 작용을 실현한 실천 그 자체를 통해서 주어져야만 한다. 예를 들어 우리는 *이와 같은* 사회-대상(스탈린적 사회)과 이 저개발 사회 속에서 계획되고 가속화된 *이와 같은* 성장의 실천 사이의 관계를 볼 수 있으며, 동시에 실천 속에서 지양된 과거와 **존재**, 즉 물질성, 혹은 같은 말이 되겠지만 과거 속에서 종합적 타성태로서의 실천의 객체화와 연결되는 관계를 볼 수 있다. 행위의 과거-되기와 과거의 행위-되기(혹은 행위의 타성태적 구조) 사이에는 관점들의 상호성이 존재한다. 이것은 마치 실천과 체험된 일탈의 경첩이자 의미 작용과 운명의 경첩인 통치자-개인과 그의 공동 내면화가 타성태적이고 실천적인 총체들, 즉 자신들의 조건을 *감수하*고 있으며, 도구와 (지양 자체를 통해 자신들의 조건을 실현하면서) 생필품을 *생산하*는 노동자들에게 부여하는 거짓 통일성 사이에 상호성이 존재하는 것과 같다.

이런 관점에서 보면 총체화는 실제로 철두철미한 것이다. 그 결과 우리는 총체화가 하나의 형식적 의미 작용과 매우 보편적 운명의 추상적 놀이가 아니라는 점을 이해해야 한다. 총체화는 그 자신의 바깥에 실천적 장의 어떤 요소도(인간, 사물, 실천, 실천적-타성태, 집렬체, 집단, 개인) 남겨 두지 않는다. 그리고 바로 이런 이유로 총체화는 *이 모든 것에 의해* 만들어진다. 즉 모든 노동자가 — 자발적이든 강제적이든 간에 — **계획**을 실현하는 데 기여하지 않는다면 통치적 실천의 결정 작용으로서의 계획 경제는 하나의 꿈에 불과하게 될 것이다. 하지만 역으로 이런 인간들이 집렬체적 무기력함 속에서 (다른 행동가들에

게는 열정인) 그들을 변화시킨 압력과 그들에게서 모든 권력을 앗아
가 다시 위계질서를 만들어 낸 사회적 재조직화를 지탱하여, 결국에
는 개인-통치자에 의한 "소유"라는 체계적인 기도의 희생자가 된다
는 점, 농민 봉기와 그들에 대한 억압이 왕정주의자이면서도 분리주
의자인 새로운 인간, 즉 콜호스 구성원들과 같은 새로운 인간을 만들
어 낸다는 점, 바로 *이런* 점들 때문에 이 *사회-대상*(반대자, 지지자, 중
립적인 위치에 있는 자들, 그리고 위계질서와 놀라운 비약, 타성태, 또한 생산관
계들과 통치자와 피통치자의 관계, "하부 구조"와 "상부 구조"[138]의 관계들을 모
두 고려한)은 하나의 현실, 실천적 효율성, 특이성, 구체적 부유함과 미
래를 갖게 되는 것이다. 만약 우리가 추상적 구조들과 목표들의 차원
에 머물러야 한다면 우리는 단순히 사회학을 다시 발견하는 것에 그
치게 될 것이다.

5. 통일성의 세 가지 요소

어쨌든 초유기체설에 빠지지는 말아야 한다. 즉 어떤 초인간적 종
합도 여기에서는 실현될 수 없는 것이다. 자신들의 운동 속에서 진행
중인 사회화로서의 **러시아**를 형성하는 각각의 인간들은 그 자신들
을 만들어 낸 상황들을 넘어서는 하나의 자유로운 실천적 유기체로
남게 된다. 이것은 결과적으로 이들이 실천적-타성태 속에서 소외되

---

138   나는 이 용어들을 일시적으로 사용하고자 한다. 이 용어들을 계속 사용하는 것이 좋을지, 아니
      면 순환성의 관점이 이 용어들의 의미를 제거하는 것인지에 대해서는 뒤에서 다시 보게 될 것이
      다.(원주)•

      • 사르트르는 이 문제에 대해 다시 언급하지 않는다. 이 점에 대해서는 『상황』 9권에 있는 "인간
      학"이라는 제목의 "철학 노트"를 위한 대담(1966)을 참고하기 바란다.(편집자 주)

든지, 아니면 공동 개인의 형태하에서 일정한 집단에 통합되든지 간에 그러하다. 간단히 말해 통일성은 다음과 같은 *세 가지* 요인으로부터 기인한다.

(1) 통치적 실천은 실질적이고 물질적이며 강제적이다. 그리고 자기에게 진정한 영향력을 부여하는 경찰 기구와 당에 의지하게 된다. 명령은 그것을 받는 자들에 의해 대가 없이 내면화된 단순한 언어적 결정 작용이 아니다. 또한 통일성은 **목적의 도시**의 그것이 아니며, 관념론에 의해 목적들 사이의 정신의 일치라고 명명된 통일성도 아니다. 중요한 것은 노동을 *통해* 획득된 통합의 통일성이다. 즉 하나의 독재 체제하에서(그것이 사회주의 체제라 할지라도) 경찰들이 용의자들 ── 즉 모든 사람 ── 에 대해 영향력을 행사하는 것은 상당히 추악한 노동을 통해서다. 어쨌든 하나의 노동이 문제가 된다. 추적하고 체포하고 감옥에 송치하고, 구타하거나 단순히 감시하고, 미행하고 뒤를 캐는 데에는 모두 에너지가 소비된다. 그리고 가격과 감금 기간, 강제 수용 생활 등은 실질적인 결과들이다. 여기에서는 이것들을 복종으로 재흡수하기 위한 피해자의 노동도 있다. 반대파를 억압하는 것이라는 점에서 보면 이와 같은 이중의 노동은 체제를 지지하는 자들의 노동이 갖는 더욱 넓은 틀 속에서 이루어진다. 이들은 체제의 통일성을 보존하고자 하며, **계획**의 역동적인 통일성에 따라 서로에 대해 그리고 자기 자신에 대해 통제와 검열을 *실질적으로* 행사한다. 이처럼 실천은 끊임없이 행사되고, 인간이 인간에 대해서 행하는 물질적 행동인 통합적 노동에 의해 유지된다. 이와 같은 노동은 노동자에게 있어서는 에너지의 소비를 유발하고, 피해자에게 있어서는 유기적 변형을 유발한다. 그렇기 때문에 실천의 통일성은 노동하는 인간들(스스로를 노동의 대상으로 여기는)의 물질적 생산 작용인 것이다. 이 통일

성은 자발적인 것이 아니라 정립된 것이다. 즉 총체화 내에서 최초의 타성태의 출현을 구성하는 것이 바로 공동 실천의 *존재론적* 실체로서의 이런 통일성(한편으로는 *현재 진행 중이지만 결코 완성되지 않은*)이다. 여기에서 "최초"라고 이야기한 것은 단지 수동적 종합들이 각인된 추상적 틀의 논리적이고 근본적인 선행성을 언급하기 위한 것이다.

(2) 다른 한편 강제력과 노동의 모든 형태를 통해 통치적 통일성을 창출하는 것, 즉 실천적 장에 대한 통치자의 제도적이고 실제적인 관계를 만들어 내는 것은 각자의 삶의 환경을 타자-통치자의 성스러운 장에 대한 공간-시간적인 결정 작용으로 변화시킨다. 동시에 개인과 하위 집단의 장을 통치권의 장과 잠재적으로 일치하는 것으로서 만들어 낸다.(이는 각자가 자기 자신인 동시에 타자라는 점에서 그러하다. 즉 스탈린은 모든 집렬체의 무한함에 위치한 기만적인 통일체다. 하지만 너무 멀리 나아갈 위험이 있으므로 우리는 이 변증법을 더 이상 전개하지 않겠다.) 물론 여기에서 문제 되는 것이 "주관적" 결정 작용들은 아니다. 통치적 총체화의 장 내에서 그리고 통치자의 매개를 통해(행정 기구, 경찰 기구 혹은 선전 기관을 통해)서는 *모든 인간적 사태의 내적* 변화(인간적 사태의 유기적이고 구성적인 실천에서 실천적-타성태에 이르기까지)를 일으키지 않고는 *어떤 것도 어디에서도 발생할 수 없다.* 이와 같은 내적 변화는 *도처에서*, 이 영향에 선행하는 그 어떤 실천적 관계도 없이 그리고 이 영향과 거리를 두고 발생한다. 이것은 너무나도 실질적이고 객관적이다. 이와 같은 가능성의 논리적 토대는 그 누군가와 다른 누군가를 연결하는 형식적 상호성이다. 나는 이 사실을 이미 지적한 바 있다. 모든 사람은 모든 사람과 연결된다. 비록 그들이 서로를 모른다 할지라도 내재성이라는 상호적 관계로 연결되는 것이다. 하지만 이 근본적인 관계는 내용에서만큼이나 그 기호(긍정적 혹은 부정적) 혹은 그것

의 고유한 긴장(연대 관계 혹은 적대 관계가 갖는 힘)에서 전적으로 미결정 상태로 남는다. 언제든지 스스로 현동화할 가능성을 지속적으로 갖고 있는 현실들의 미결정 상태(예를 들어 처음 만났을 때 "단번에 호감이 간다든지, 단번에 적대감을 느꼈다고" 말할 수 있는 것과 같은 상태)는 이와 같은 새로운 인식을 통해 두 사람의 관계를 항상 존재해 왔던 것처럼 드러낸다.[139] 대개 이유 없이 찾아오는 "그가 별로 맘에 들지 않는다"와 같은 판단 속에는 각자가 타인을 총체화된 과거 속에서, 그리고 반복으로 인식되는 미래 속에서 겨냥하고 있다는 사실이 담겨 있다. 그리고 바로 이 점을 통해 그 자신도 같은 방식으로 스스로를 정의한다. "이 사람은 태어나서 죽을 때까지 저 사람을 불쾌하게(혹은 즐겁게) 하도록 만들어져 있다."라는 말은 통합적이고 통치적인 행동 속에서 더욱 엄격하고 객관적인 결정에 자리를 내어주게 된다. 실천적 장속에서 이 결정은 근본적인 것이다. 왜냐하면 도처에서 내재적 관계들의 객관적 노정들을 보여 주기 때문이다. 하지만 이 장의 구체적 통합은 이와 같은 노정들의 무한함을 통해 각각의 개별적 변화를 만들어 낸다. 이때 이 변화는 이 노정들 가운데 일부의 현동화를 통해 장속에 모든 참여자(인간과 사물이 모두 포함되는데, 특히 인간은 사물들의 매개를 통해, 사물들은 인간의 매개를 통해 그러하다.)에게 영향력을 미치게 된다.

이런 의미에서 상호성은 하나의 관계의 장(지형학적 공간처럼)이다. 이 장에서 행위는 운동 자체를 통해 이동로들을 만들어 낸다. 사태들을 가장 추상적인 의미 작용의 차원에서 파악할 때 *개인들의 삶의 수준에 관한 통계 자료들*은 서로 다른 민족들("저개발 국가들", 유럽 혹은

139 1권, 제1서, B, 345쪽 참고.(편집자 주)

세계 전체)로 구성된 하나의 전체 혹은 소련에 대해 통계 자료를 구축하는 것(완전히 불가능하지는 않지만 *실질적인* 비교 항목들이 없기 때문에 매우 어려운 작업이다.)과는 완전히 다른 의미다. 우리는 전자의 경우에서 이 자료들이 의미하는 바를 뒤에서 보게 될 것이다.[140] 하지만 분산과 탈총체화의 몇몇 특징들(명백하거나 심층적인 특징, 일시적 혹은 최종적인 특징 등등, 그것이 어떤 특징을 보이는지는 살펴보아야 한다.)을 보이는 양적인 관계들이 외면성 속에서 정립되는 것은 ── 생활 방식이 극단적으로 다른 사람들 사이의 공통분모를 찾는 것이 어렵다는 사실로 인해 ── 즉각적으로 이해 가능한 사실이다. 반면에 소련의 경우에 있어서 양적인 것은 통일성의 토대 위에서 나타나며, 통치자의 결정과 그 적용의 통일성을 준비한다. 각자의 생활 수준은 모든 사람의 생산을 *조건 짓는다*. 이렇게 해서 사회화라는 실천의 전망 자체 내에서 각자는 모두에 의해 결정된다. 이런 의미에서 평균치는 사실이 된다. 물론 이 평균치가 구체적인 각자의 삶을 보여 주지는 못한다. 그리고 ── 그것이 가진 정보에 따라 ── 서로 다른 지역적 차이를 충분히 고려하지 못할 수도 있다. 다만 이것은 또 다른 평균치를 만들어 내야 한다는 점을 말해 줄 뿐이다. 지역적 차원에서의 생활 수준(사회적 카테고리를 고려했을 때)은 개인의 경우와는 거리가 멀다. 이것은 구조들을 더 잘 설명해 줄 뿐이다. 하지만 *이와 같은 생활 유형의 수준*이라는 것은 그 누구에게도 속하지는 않지만 사실은 각자와 모두에게 해당된다. 계산된 평균치를 알기 이전에도(그들은 결코 이 평균치를 모를 수도 있다.) 모든 노동자는 그들 나름대로 일종의 평균치를 실현했던 것이다. 노동자들은 자신들이 선망하는 특정 사회 계층, 그리고 자신들의 구매

---

140 저자는 세계 역사 차원에서의 총체화의 문제에 대해서는 다시 언급하지 않고 있다.(편집자 주)

력과 자신들에게 허용되지 않은 가능성들을 정의할 기준이 되는 특정 사회 계층에 관련해서는 열악한 상황에 처해 있지만 (생산을 위해) 그들이 의존하고 있는 다른 환경들에 비하면 (그 정도가 약간일지라도) 특권을 가지고 있는 것이다. 만약 이 환경이 빈곤 상태에 빠지면 노동자들은 불안감을 갖게 된다. [개인의 임금][141] ── 특권을 갖는 동시에 열악한 상황에 처해 있으며, 서로에 의해 그리고 상대방에 대한 종속 때문에 억압된 ── 은 총체화 내에서의 개인의 객관성과 그의 권리 및 의무의 종합적 총체를 나타낸다. 왜냐하면 이 모든 것은 **타자들**로부터 결정되기 때문이다. 자신의 생활 수준과 자신보다 약간 상위에 있거나 하위에 있는 사회 계층에 속한 자들의 생활 수준 사이의 관계는 그의 입장에서 볼 때 다음과 같은 두 가지 사실을 동시에 정의하게 된다. 즉 그의 객관적 실존이 타자들의 객관적 실존과 맺는 관계(임금을 통해 통치자는 각자가 수행하는 노동의 *자격*을 결정한다. 즉 이 주권자는 이런저런 직업에서 직업적 능력을 품질-가치로 변화시키는 것이다.)가 그 하나고, 다른 하나는 공동 실천에 대한 자신의 통합을 유지시킬 수 있는 가능성이다.(이것은 직접적으로, 특히 가장 열악한 상황에 처한 자들과 맺는 관계를 통해서다. 이들이 수동적인 저항을 하든 아니면 공개적으로 저항하든 간에, 이들에 대한 개인의 태도를 객관적으로 결정짓는 것은 결국 이와 같은 관계. 이 개인의 생활 수준과 이들의 생활 수준의 차이가 그의 생활 수준과 가장 가까이 있는 특권층의 생활 수준과의 차이보다 적을 경우 ── 물론 다른 모든 요인들은 제외하고라도 ── 이 개인은 객관적으로 스스로를 "가장 열악한 자 중 한 명"으로 여길 수 있다. 반대로 이 개인이 자신과 가장 가까운 특권층과 유대를 맺고 있을 경우, 그는 이들과 대립함과 동시에 이들에게 종속되는 상황에

---

141 원고에는 "특권을 갖는 동시에 열악한 상황에 처해 있으며, 억압된 [등], 개인의 임금은……."으로 나와 있다.(편집자 주)

처한다. 이 개인이 이 특권층에 의존하면 할수록 더욱 그들과 *대립하게* 된다. 왜냐하면 생산성에 종속된 자신의 임금이 특권층의 노동에 의해 결정되기 때문이다.) 그렇기 때문에 타자들의 임금은 계속해서 *이 개인의 임금* 속으로 흘러 들어가게 되며, 심지어는 그가 받는 임금의 부족분으로 인해 야기되는 문제로 인해 이 개인에게는 명목 임금에는 영향을 주지 않더라도 구매력의 저하를 가져올 수 있다. 이처럼 특정 농업 지역에서 겪는 빈곤은 그 구매력(실질임금) 속에서 위협으로, 생활 수준의 열악함으로 나타난다. 반면 다른 지역에 부여된 특권 역시 이 지역의 생활 수준에 대한 내재적 결정 속에서 *정당화될 수 없는 것*으로 나타난다. 특권이 최소화되어야 한다는 요구(암묵적이고, 심지어는 요구하는 자들도 모르는)는 다른 요구들과 결합하게 된다. 예컨대 나의 공급자들(원자재나 식료품 등등)이 배고플 때 먹을 것이 있어야 한다는 두 번째 요구와 결합하기도 한다. 또한 이 요구는 나의 생활 수준이 향상되어야 한다는 세 번째 요구와 결합하기도 한다.(많은 연구가 — 서구에서는 사실이지만 그렇다고 해서 이것이 체제에 달린 것은 아니다 — 다음과 같은 사실을 보여 준다. 즉 각자는 자신의 물질적 상황과 사회, 정치적 태도의 급진성이 어떠하든 간에 25퍼센트에서 35퍼센트 사이를 오가는 실질 임금의 상승을 요구한다는 사실이다. 물론 이와 같은 지속적이고 즉각적인 요구는 생활 수준에 따라 다소 격렬해질 수도 있다.) 그리고 이 세 가지 요구의 결합은 그 자체로 어떤 사람들에게 있어서는 생활 수준을 약간 낮추는 일종의 통합된 임금 체계를 수립하려는 경향으로 나타나며, 그 결과 다른 사람들의 생활 수준을 약간 향상시킬 수 있다. 이와 같은 이상적인 임금의 통합은 정확히 말해 실제 임금에 대한 통계적 평가가 행해질 수 있는 통일성 속에 자리 잡은 모태인 것이다.

게다가 공무원은 자신의 특권들을 포기하지 않은 채 임금이 —

경제 계획에 의해 엄격하게 정의된 국가 수입의 일부로서 — 다음과 같은 사실들을 동시에 고려하면서 고정되어야 한다고 생각한다. 즉 공무원 자신을 만들어 내었고, 그 자신이 대표하는 "의지주의적인" 위계질서와 누구도 영양실조나 질병으로 인해 노동 불가능의 상태에 있어서는 안 될 정도의 생활 수준의 유지(가장 낮은 생활 수준의 향상과 가장 높은 생활 수준을 유지하는 자들의 봉쇄, 그리고 모든 가격을 강제적으로 하락시키려는 시도 등을 통해)가 그것이다. 폴란드인들이 언젠가 보고는 비웃었던 선전 문구, 물건을 위해 인간들이 희생되어야 한다는 말과 같이 웃기는 이 문구인 "결핵이 생산성을 저해한다." 속에서 사람들은 전적으로 관념적인 착각과 동시에 어떤 대가를 치르고서라도, 그리고 무슨 일이 있어도 생산의 이름으로 사회적 조건의 평등 상태(물론 이 평등 상태가 이루어질 수 있다는 것을 의미하는 것은 아니다.)를 이뤄야 한다는 요구를 발견한다. 어쨌든 *이 특권*, 즉 결핵에 걸리지 않을 특권이 지도 관료 계층에게만 해당해서는 안 된다. 만약 결핵이라는 명분이 성공할 수 있다면 적어도 이 문제에 관해서만큼은 광부와 장관이 평등해질 수 있는 것이다. 그러나 정확히 말해 사회적 조건들을 내부적으로 수정시키는 이와 같은 움직임 속에서 볼 때(임금을 통해서는 아니지만 — 어쨌든 폴란드의 예에서 볼 수 있듯이 — 사회적 용역의 증가를 통해) 통계를 내는 작업은 반드시 필요하며, 이 작업을 통해 실천적-타성태의 종합적 통일성이 드러나게 된다. 왜냐하면 실천적-타성태는 실천에 의해 만들어지고 유지되기도 하며, 가변적인 틀 속에서 제거되기도 하기 때문이다. 소련과 같은 인민 민주주의 사회에서 볼 수 있는 평균치의 통일성은 바로 내면성의 내적인 통일성이다. 이것은 이 통일성이 실천에 의해 만들어지고 재통합된다는 점에서 그러하다. 질병을 앓게 되는 개인적인 경우들에 대한 분포도가 *지역별*로 분류될 수 있으며 *직업, 거주지, 사회적 신분* 등등에 따라 세분화될 수 있다면 그것은 통치적 실천이 그 자신의 목표를 이미 정의했기 때문이다. 즉 통치적 실천은 해당 지역들을 소독할 의무(이 지역들에 대해 알기도 전에, 하지만 사실상 전(前) 통계적 지식을 통해 통치자는 대략적으로 이 지역들을 지정할 수 있다.), 대부분의 재원을 *거주지, 위생 시설의 건설* 등등에 할애할 의무, 심지어 공장에서도 특정 *직업에 대한 반목적성*과 그로부터 야기되는 직업병과 싸울 의무, 그리고 마지막으로 ─ 가능한 한 ─ 질병이 창궐하는 사회 계층의 수준을 어떤 식으로든 향상시킬 의무 등등을 통해 이미 정의된 것이다. 이처럼 통계는 외면성 그 자체에 불과하다.(적어도 통치자 개인의 경우에서는 그러하다.) 즉 인간들과 사물들 사이에서는 내면성의 관계에 의해, 그리고 인간들 사이에서는 매개 그 자체에 의해 구성된 실천 *자체*의 내면성을 통해 드러나는 것이다. 통계는 실천의 한가운데에서 실천적-타성태의 결과를 단일한 실천의 결과로, 그리고 이화 작용의 산물로 드러낸다. 이 이화 작용은 실천적-타성태의 결과를 와해시키려는 목적으로 이미 구성된 기도의 관점 속에서 그 모습을 드러낸다.

하지만 종합적 상호 조건화들은 그 규모를 가늠할 수 있는 큰 사건들[142]에만 국한되지 않는다. 한 집단의 출현과 사라짐은 그 어떤 개인이라도 그의 심층적인 현실을 변화시킨다. 이 개인이 공동체 밖에 있는 자라고 할지라도 그러하다. 특정한 상황들에서 출판된 작품 ─ 그것이 비록 상대적으로 비현실적인 문제들, 예컨대 차르의 역사 같은 것을 다루고, 실천에 직접적으로 적용될 수 있는 전망 없이

---

142 나는 결핵을 하나의 사건으로 볼 뿐 한 사회의 상태로 보지 않을 것이다. 이 사회가 결핵을 하나의 타성태적 짐으로 견뎌 내는 대신에 그것을 감소시키고자 하고, 적어도 ─ 그것이 최소한이라 할지라도 ─ 감소에 이르려고 한다는 점에서 그러하다.(원주)

과학적 연구들을 설명하는 것이라 할지라도 ── 은 심지어 작가를 반혁명주의자로, 그리고 반대자 ── 즉 반역자 ── 로 바꾸어 놓을 정도로 그 내적 의미가 변화를 겪는 것이다. 그 이유는 간단하다. 상황이 변화함에 따라 이 작품의 내적 내용도 바뀌었기 때문이다. 러시아 **침공** 당시 나폴레옹에 맞서 "자발적으로" 저항했던 러시아 국민들을 고무했던 역사적 작품은 1930년에도 장려될 수 있었다. 이 작품은 민중 서사시를 찬양하는 데 기여했으며, 차르 시대의 역사가들이 봉건 군대에 요구했던 것과 같은 자질을 인민들에게 부여했다. 즉 이 작품은 사회화의 민족적 자치주의의 연장선상에 있다. 따라서 전쟁 상황에서 이 작품은 농민들에게 하나의 모델을 제공했다. 15년이 지난 후 또 다른 실천적 결정화 속에서 이 작품은 *외부로부터* 또 다른 의미를 부여받게 된다. 인민의 자발성에 대한 불신이 그 정점에 이르렀고 위계질서가 경직화되었으며, 개인숭배가 모든 수단을 통해 유지되고 있었던 것이다. 1940년의 전쟁에 대한 해석은 다음과 같다. 즉 스탈린의 지휘 아래 **러시아 군대**가 승리를 거두었다는 것이다. 그리고 **러시아 군대**는 군인들로 이루어진 것은 분명하지만 이들은 장교들에 의해 통솔되었던 자들로서의 군인들이었다. 결국 적의 후방에서 진행된 당원들의 **저항**과 그들의 무훈을 칭송한다고 할 때 끔찍한 전쟁을 수행했던 영웅적인 농민들이 **당**에 의해 활성화되고 통솔되었던 것은 분명한 사실이다. 파데예프[143]가 자신의 작품 『젊은 보초병(*La Jeune Garde*)』[144]을 수정할 수밖에 없었던 것은 그가 **당**이 수행한 역할을 충

---

143 알렉산드르 알렉산드로비치 파데예프(Александр Владимирович Фадеев, 1901~1956). 러시아 출신의 작가. 『패배(*La Défaite*)』, 『젊은 보초병』 등의 작품이 있다.

144 파데예프가 1948년에 출간한 이 소설은 비밀 조직 청소년 구성원들의 영웅주의를 다룬 것으로, 국가와 소련인에 대한 찬가라고 여겨진다.

분히 고려하지 못했기 때문이다. 스탈린주의가 최고조에 달한 이 시기에 문제가 되는 것은 바로 다음과 같은 것이었다. 비록 체제를 방어하기 위한 것이라 할지라도 이미 확립된 지도부의 지휘 아래 이루어진 것이 아닌 대중의 모든 집결을 반혁명적인 것으로, 또는 어쨌든 위험한 것으로 간주했던 것이다. 이와 같은 사실로 미루어 볼 때, 15년 전에 장려되었던 작품은 *전복적인* 내용을 담고 있는 것으로 해석되었다. 우리가 잘 이해해야 할 점은 이런 상황이 *객관적*으로 이루어졌다는 것이다. 우선은 이 책의 재인쇄가 관료와 일군의 노동자 인민(체제에 완전히 가담했던, 그러나 곧 자신들의 복종이 거부당하는 것을 목격했던 인민)에게서 불러일으킬 수 있는 적대감 때문에 그러하고, 또 다른 계층의 입장에서는 이 작품이 정확히 탈신비화와 재집결의 요소를 보여 주고 있기 때문이다.

내 말을 잘 이해해야 한다. 공동 실천의 일탈을 통해 이루어지는 한 작품이 갖는 의미의 일탈에 대한 이와 같은 기술은 변증법적 연구를 통해 주어지는 여건들에 대한 단순한 기술에 불과하다. 이렇게 기술한다고 해서 *회고적인 것*을 포함한 모든 표현의 자유를 억압하는 정치적, 윤리적 승인 절차를 찬성하는 것은 아니다. 결국 어떤 작품이 민중의 자각과 일탈된 행동에 기여할 수 있다고 판단될 때는 그 작품이 금지되고 그것의 저자가 자기비판을 할 수밖에 없는 상황에 놓이게 되는 것을 의미하기 때문이다. 하지만 우리의 문제는 순전히 형식적인 것이고, 따라서 우리는 문제가 되는 작품의 의미가 다음과 같은 단순한 이유로 해서 실제로 바뀌었다는 것을 인정해야만 한다. 즉이 작품이 현실과 맺는 관계가 현실 자체의 변화에 따라 바뀌었기 때문이다. 결국 변하는 것은 다른 항이다. 작품이란 — 문화의 입장에서 볼 때 이미 발생했고 (*엄밀한 의미에서*) 타성태적 결정인 — 변하지 않는 것이기 때문에 이 작품이 현실과 맺는 관계가 변한 것이다. 만약 이 작품(소련의 백과사전 혹은 브라질 공산당의 공식 역사와 같은)이 지속적으로 수정을 가할 수 있는 것이라면 이 작품은 다른 것이 될 수 있음과 동시에 같은 것으로 남아 있을 수도 있다. 작품이란 종합적 상황과 이 상황의 변화들에 대해 지속적으로 통제된 적응이기 *때문이다.* 이것이 의미하는 바는 이 작품과 소련 독자들이 맺는 생생한 관계(일의적이고 준상호적인 내재성의 관계)가 이 작품이 자신의 *절대적 의미*로부터 멀어짐에 따라 변화되지 않는 것으로 남게 된다는 점이다. 여기에서 절대적 의미란 작가의 의도와 대중의 요구 사이의 변증법적 상호 작용에 의해 작품이 출판되었을 당시에 확립된 의미를 말한다. 이와는 반대로 이 작품이 그 문화적 존재 속에서 보존되는 한 독자는 이 작품을 비판하게 될 것이고 자신들이 이 작품의 내용에 대해 동의했을 때 이 작품의 공허한 외관에 의해 속았다고 판단하게 될 것이다. 행동이 일탈을 겪자마자 자신의 일탈을 인식할 모든 가능성을 상실한다는 점을 우리는 살펴본 바 있다. 그렇기 때문에 소련 사회는 1925년의 현실에 비추어서는 자신의 일탈을 가늠할 수 없다. 혹은 이 사회가 일탈을 가늠하는 것은 이 일탈이 작품에서 나타난 일탈로 나타나는 경우에만 가능하다.

같은 이유로 모든 비판은 회고적이다. 비록 최근의 행동이 검열의 대상이 되었다 할지라도 이 행동을 검열하는 자들은 과거의 행위, 즉 타성태적인 행위를 찾게 된다. 이 과거의 행위들은 실천적 일탈에 의해 ── 그것이 인식되지 않는다는 점에서 ── 유죄로 판명 난 행위들이었다. 이런 점에서 보면 비록 우리의 연구가 소련에만 국한된 것이긴 하지만 내가 알게 된 미국의 한 사건을 예로 들지 않을 수 없다. 우선 우리는 이 예를 통해 아주 극명한 차이를 보인다 할지라도 모든 사회 속에서 실천적 환경의 굴절성이라는 유형이 나타난다는 사실을 확인할 수 있다. 왜냐하면 이 경우는 전적으로 전형적이기 때문이다. 이 이야기는 10여 년 전 파울루스 원수[145]가 스탈린그라드에서 항복 선언을 했을 때 "러시아 만세."라고 외쳤다는 이유로 1952년에 호되게 조사를 받는 한 공무원의 예를 담고 있다. 당시에는 조사관들과 상급자들에게 소련이 미국의 동맹국이었다는 사실을 아무리 강조해도 소용이 없었다. 물론 다른 사람들 역시 이 사실을 잊고 있지는 않았다. 다만 차이가 있다면 그들은 바로 그날 "소련 만세."라고 외치지 않았고, 그들이 그렇게 외치는 것을 들은 사람도 없었다는 것이다. 이렇게 해서 *과거에 나타난* 이런 차이(당시에는 의미가 없었던 차이. 당시에는 치기 어린 행동 혹은 별생각 없이 진보주의에 대한 동감을 표한 것 정도로 여길 수 있었던)가 1952년의 실천적 상황 *속에서* 문제의 개인이 *아주 오래전부터 타자*였다는 사실, 즉 국가 내에서 고립된 자였다는 사실을 증명하는 것이 되어 버린 것이다.

우리는 사회화의 실천을 통한 소련의 통합이 스스로를 *현재의 비난자*로 만들려는 과거의 이런 경향을 과장할 수밖에는 없었다는 사실을 알 수 있다. 1927년과 1930년 사이에 반대파와의 관계로 인해 체포되었다가 곧 풀려났으며, 10년 후에 같은 *이유*로 체포된 자가 이번에는 처형된 것이다. 여러 경향이 충돌하고, 적대자 모두 그리고 그들 각자가 일정한 방식으로 상대방에 대해 공산주의적 실천의 통일성을 구현하던 유동적 시기에는 피고에게 가해진 과오가 용서받을 수 있었다. 그가 잘 몰라서 그런 것일 수도 있고 실현 불가능한 프로그램, 그럴듯한 선전에 현혹되었을 수도 있다. 하지만 어떻게 이와 같

---

145 프리드리히 빌헬름 에른스트 파울루스(Friedrich Wilhelm Ernst Paulus, 1890~1957). 독일 군 장교. 스탈린그라드 전투를 지휘한 지휘관이었다.

은 실수가 그를 반혁명의 대열에 동참하게 만들었을까? 패배한 우파와 좌파의 지도자들 역시 반혁명주의자들이 아닌 여전히 완전히 속은 공산주의자들일 뿐인 이 상황에서 말이다. 10년이 지난 후 추방당한 트로츠키는 소련인들의 눈에는 객관적으로나 주관적으로나 한 명의 반역자였다. 우파는 처형되었거나 아니면 자신들의 죄를 인정했다. 부하린의 경우가 그러하다. 통치자-개인의 주위에서 계속해 박차를 가해 이루어지는 통합, 노동자들에 대한 탄압, **관료 계층** 내에서까지 나타났던 **공포**, 전쟁의 위협 등과 같은 모든 것이 이들을 기소하는 데 중요한 요소로 작용했던 것이다. 하지만 트로츠키가 한 명의 반역자*라면* 그리고 레닌의 사망 이후로 그가 반격을 준비했다면 이른바 당시에 그와 "동맹했던 자들"은 실제로 그의 *공모자*들이었으며, 이른바 그들의 경거망동은 *실제로* 하나의 *반역*이 되는 것이다. 물론 이는 사실이 아니라고 말할 수도 있다. 스탈린의 선전 구호와 함께 트로츠키의 반역을 받아들인다 하더라도 이 사실이 반드시 1927년에 그와 동맹을 맺었던 자들의 유죄성을 보여 주는 것은 아니기 때문이다. 선의에 속을 수도 있는 일이다. 하지만 이와 같은 판단을 통해 우리는 실천에 대한 우리의 통합 정도가 *적어도* 소련의 공무원이나 과격파의 통합 정도보다 매우 열등하다는 것을 알 수 있다. 이런 판단을 통해 행위들은 — 위급성으로 인해 — 그것의 실천적 결과로 정의된다. 이 행위들은 긍정적인 것일 수도, 부정적인 것일 수도 있다. 그리고 이런 판단 속에는 이 행위들의 전반적 의미 작용과 의도가 자동적으로 혼합된다. 어떤 의미에서 우리는 이미 「방법의 문제」에서 다음과 같은 경우 이와 같은 태도가 옳다는 사실 — 관념주의적으로 남아 있는 우리의 태도보다도 — 을 살펴본 바 있다. 즉 행위를 그것의 다차원적인 객관성 속에서 고려한다는 점에서, 달리 말하자면 사회적 전체와 집단들이나 개인들과의 관계의 모든 수준에서 이 행위를 고려한다는 점에서 그러하다.[146] 하지만 실천의 유일한 목표가 건설에 있기 때문에 특권을 등에 업고 경직된 기구, 건설과 스스로를 동일시하는 이 스탈린적 기구는 이 행위를 단지 통치자(얼굴이 없는 단순한 힘으로 고려된 통치자)와의 관계 속에서만 고려하게 된다. 이와 같은 사실로 미루어 볼 때 삶의 물질적 조건에 영향을 주면서 인간들을 변화시키고자 하는 이런 통치적 관료주의는 죄인들이 변할 수 있다는 사실도, 나아가 그들이 개과천선할 수 있다는 사실도 받아들일 수 없다. 이 관료주의는 이 죄인들에게 *부동-존재*라는 칭호를 부여한다. 왜냐하면 이 관료주의가 이들을 파악하는 것은 그 자체의 경직화 상태, 즉 스스로에게 부여한 이해관계의 소외로부터 출발해서이기 때문이다. 이렇게 해서 소련 인민들의 과거 속에서는 (적대자와의 동맹이 반역자와 공모가 되는) 단순한 물질적 사태만이 아니라 관료주의적 변화들을 통해 이 죄인들을 평가하는 방식(중간 입장에 대한 거부다. 즉 공모는 확고한 것이 되고, 먼 과거는 항상 현재나 가까운 과거보다 더 많은 중요성을 가지게 된다.)도 변화한다. 그리고 한 개인이 최근에 어떤 일을 했든지 간에 사람들은 과거의 과오를 통해 그를 평가한다. 계속해서 숙청되어 나가는 자리에 임명되었을 때 개인이 그 자리에서 성공을 거두었다면 그것은 그가 기구의 감시를 따돌렸기 때문이다. 여전히 원활하게 이루어지는 그의 기도의 총체가 일사불란하게 이루어지는 하나의 거대한 기구 속에서 어떻게 과거에 그가 저지른 오류를 탕감할 수 있었겠는가?

이와 같은 판단 방식, 스스로를 판단하는 방식은 내면화를 통해

---

146   1권, 「방법의 문제」, 121쪽, 각주 103 참고.(편집자 주)

스탈린적 인간을 이처럼 기괴한 모순의 존재로 만들게 된다. 즉 이 인간은 사회주의적 미래를 향한 가교로서 완전히 앞을 향해 던져진 동시에 완전히 과거의 모습 그대로 남아 있는 것이다. 그의 과거는 모든 경험에 반하여 그 자신의 불변의 법칙이 되는 것이다. 그 까닭은 각자가 관료주의적 경직화를 통해 그 자신의 의식에 이르기까지 변화를 겪었기 때문이다. 그가 관료가 *아닌* 한, 이 관료주의적 경직화는 그의 내부에서 직접적으로 일어나지 않는다. 하지만 복종이라는 내재적 관계를 통해 **관료주의**와 관련되어 있는 한 그는 이 관료주의적 경직화에 의해 *멀리서 조종된다*. 이것은 그가 반대파의 변화에 적응하고 이들을 결합시키는 (명령-복종의) 내적 관계를 보존하기 위해 스스로 변화하든지, 아니면 스스로를 변화시키는 데에 이르지 못하든지 혹은 문제가 되는 사회 속에서 자신의 과거 행동의 무게 아래에서 일탈자, 즉 의심받는 자로 나타나든지 간에 마찬가지다. 첫 번째 경우에 있어서 귀납적 변화는 절대적이며, 동일성은 그가 처해 있는 체계에서는 상대적이다. 두 번째 경우에서 변화는 체계의 변화 속에서 그리고 그것에 의해서만 포착 가능하며(또한 이 개인의 변화시키고자 하는 의식의 부재), 따라서 사람들은 이 변화가 상대적이라고 이야기할 것이다. 이와 반대로 동일성이 절대적인 것으로 남아 있다고 단언하기 위해서는 스스로가 체계 *밖에* 위치해 있어야 한다. 따라서 그 결과 문제가 되는 것은 단지 참고점이 다르다는 것뿐이다. 사태를 이런 식으로 고려해 본다면 우리는 변화 중인 체계의 구성원들이 합리적으로 여러 항을 전복시킬 수 있다는 사실을 알 수 있다. 또한 이들이 우리가 상대적이라고 명명한 것을 절대적인 것으로 취급할 수 있어야 한다는 것도 알 수 있다.(그 역도 마찬가지다.) 물론 이런 점에서 보면 각 집단과 개인 속에서 하나의 변증법 ─ 개별적인 동시에 전체적으로 방향 지워진 시간화에 의해 집중된 — 이 절대적인 것과 상대적인 것 사이(이 두 개념에 어떠한 정의를 부여한다 할지라도)에서 정립되는 것은 당연하다. 그리고 이 변증법이 다른 사회적 범주들 속에서 특정한 변화들을 *거리를* 두고 결정하는 것 역시 당연하다.

　이 부분을 마무리 지으면서 다음 사실을 상기하는 것이 좋을 듯하다. 즉 *거리를* 두고 일어나는 행동이나 내적 관계의 매개를 통해 이루어지는 행동은 인간들이 사물들이나 다른 사람들에 대해 직접적으로 행하는 모든 형태의 활동과 근본적으로 구분되어야 한다는 것이다.[147] 실제로 문제가 되는 것은 통치자의 통합적 실천이 낳는 *보충적 결과*이지 일상적 실천(명령, 복종, 강제, 교화, 설명, 임무의 분할, 재료와 도구의 요구에 따른 분업, 직업적 활동 등등)의 결과가 아니다. 적어도 우리가 고려하고 있는 차원 — 다시 말해 *최대한의* 통합이라는 가정 속에서 — 에서의 포괄적 총체화는 그 자체로 개인들이 사는 환경 속에서(즉 통치자가 제한을 가한 대로의, 그리고 역으로 통치자를 정의하는 실천적 장 속에서) 수렴성의 통일성으로 나타난다. 그리고 포괄적 총체화의 변증법적 법칙 — 게다가 이 법칙은 완전히 가지적이다. 왜냐하면 이 법칙은 단순히 완성 중인 총체화가 그것의 부분들과 맺는 관계 그리고 총체성의 매개를 통해 부분들이 서로 간에 맺는 관계이기 때문이다 — 은 다음과 같은 점을 요구한다. 즉 실천적 시간화에 대한 모든 결정 — 그것이 어디에서 발생한다 할지라도 — 이 시간화에 참여하는 모든 요소에 의해 내면적 결정으로 현동화되어야 한다는 것이다. 하지만 다음과 같은 사실을 덧붙여야 할 것이다. 즉 몇몇 유형의 내적 활동 — 특히 투쟁 속에서 — 은 이 법칙을 이용함으로써 한 개인이

147　1권, 제2서, B, 1170~1171쪽 참고.(편집자 주)

나 집단을 건드리지도 않은 채 변화시킬 수 있어야 한다는 것이다. 예컨대 비효율성으로 인해 제약을 받는 하나의 공동체에 충격을 가하고, *이 공동체의 의도와는 상관없이* 이 공동체를 극좌나 극우로 밀어넣을 수 있기 위해서는 *다른 곳에서* 특정한 총체들이 재집결하는 것만으로 충분하다. 과거에는 이웃 집단으로 하여금 이 집단의 의도와는 상관없이 그 역할을 떠맡도록 강제하기 위해서 극좌 집단의 해체를 야기하는 것만으로 충분했다.(주지하다시피 루[148]와 바를레[149]의 체포 이후에 쇼메트[150]와 에베르[151]에게 일어난 일이 바로 이런 불상사다.)[152] 하지만 이처럼 *총체화의 규칙*을 다소간 경험적으로 이용하는 것은 어쨌든 양극화된 상황, 즉 통합이 이루어진 이후의 상황 속에서만 나타날 수 있다.(그 이후 이러한 이용이 이 통합을 계속하여 가속화할 수 있다 할지라도 마찬가지다.)

(3) 총체화하는 통일성의 *세 번째* 요소는 구현이다. 이 말이 상층부, 즉 통치자의 구현을 의미하는 것은 아니다. 그것은 단순히 모든 차원에서 발생하는 각각의 사건, 각각의 실천, 각각의 특수한 *존재태*에 의해 이루어지는 포괄적 총체화의 재총체화를 의미한다. 하

---

148 자크 루(Jacques Roux, 1752~1794). 프랑스 대혁명 당시의 정치인. 산악파에 의해 반동으로 몰려 투옥되어 자살했다.

149 장프랑수아 바를레(Jean-François Varlet, 1764~1832). 프랑스 대혁명 당시의 정치인. 루와 더불어 과격파로 몰려 투옥되었다.

150 피에르가스파르 쇼메트(Pierre-Gaspard Chaumette, 1763~1794). 파리 코뮌의 주요 인물로 1792년 코뮌의 검찰로 임명되었으며, 에베르와 함께 이른바 에르베주의자들을 지휘했다. 기독교 예술 작품과 모든 종교적 예식들을 파괴했다.

151 자크르네 에베르(Jacques-René Hébert, 1757~1794). 기자이자 프랑스 혁명 당시의 정치인. 귀족 계급과 공모한 중도파 혁명 세력을 강하게 비판하면서 극단적인 입장을 나타냈다가 체포되어 처형되었다.

152 **과격파**(루, 바를레) 제거에 기여한 이후 에베르를 따르던 자들이 이들의 프로그램을 채택했고, 이후 그들 역시 1794년 **혁명 재판소**에서 사형을 선고받았다는 사실을 우리는 알고 있다.(편집자 주)

지만 나는 이제 더 이상 이 문제에 대해 이야기하지 않겠다. 이미 이 문제에 대해서는 충분히 언급했기 때문이다. 나는 이 구현이 갖는 몇몇 특징들에 관해서만 언급하고자 한다. 왜냐하면 구현은 공간화하는 시간화의 편중된 환경 속에서 발생하기 때문이다. 각 개인에게 있어서 비극의 통일성이 이 개인이 활동하는 다양한 차원들을 포함하고 있다는 사실, 그리고 각각의 행동들이 유기체적 총체성(즉 전 인격의 의미 작용의 총체)을 가리키는 것이자 그의 수렴성에 의해 정의된 개별적 환경 속에서 설명, 퇴화(혹은 전개), 폭력, 급진주의 등을 구현시키는 것으로 간주될 수 있다는 점에서 보면 이런 실천적 유기체의 자유로운 총체성 그 자체와 포괄적 총체성의 개별적 구현들은 엄격하게 정초된다. 나는 다른 곳에서 한 젊은이의 도덕적 삶에 대한 성인들의 개입이 어떤 방식으로 어떻게 하나의 선고이자 불의로 느껴질 수 있는지, 그리고 한편으로는 *성적으로 강간에 준하는 체험*이 될 수 있는지를 보여 준 바 있다.[153] 여기서 섹슈얼리티는 급진화된다. 그 이유는 단지 모든 갈등을 욕망을 통한 신체들의 대립으로 포착해야만 하기 때문이다. 이처럼 간섭이 물질성 속에서 *신체를 통해 느껴져야만* 한다는 점(그리고 성인들이 이와 같은 선고의 *비(非)성적*인 합체를 불가능하게 만든다는 점에서, 예를 들어 "신체적" 가혹 행위를 피하면서)에서 볼 때 이 비상호성의 관계는 *성적으로* 체험될 것이다. 예컨대 성행위는 합체의 형식이 될 것이다. 결국 간섭 — 아이를 염탐하고 기습하고 비밀을 캐내기 위해 서랍을 강제로 열어 보는 등의 순수한 실천적 의미 작용 — 은 신체적으로 볼 때 침입의 형태로 발생한다. 육체는 그 자체가 알고 있는 유일한 열정을 통해 은유를 실현한다. 그리고 아이가 성

---

153 『성자 주네, 배우와 순교자』(갈리마르, 1952).(편집자 주)

인들에 대해 갖는 양가성은 욕망이 갖는 양가적 구조(타자의 침입에 대한 두려움, 강간의 희생자 역할을 한다는 것에 대한 매혹)가 될 것이다. 그러므로 모든 사건은 구현되는 것이다. 사건은 *타자적*이며 또한 *전체적*이다. 분석가가 개입하는 것은 바로 감압을 실현하기 위해서이고, 성행위를 통해 완전하고도 애매하게 실현되는 것을 초월적 의미 작용과 종합적으로 연결된 전체로서 설명하기 위한 것이다. 이와 같은 합체가 갖는 점성은 실제로 사건을 급진화시켰다. 사건은 신체 그 자체가 됨으로써 욕망이 부여하는 방향에 따라 그 욕망 자체 속에서 소생하게 된다. 그리고 이 과정을 통해 만약 청소년이 동성애에 빠지게 된다면 육체적 행동과 이 행동의 결과들(타인들의 반응들)을 통해 합체된 채 그는 상대적으로 은혜를 입은 이런 선고를 근본적인 배제로 체험하게 될 것이다. 배제를 목표로 고착시키는 것은 그의 자유로운 실천도 아니며, 격분한 알 수 없는 무의식도 아니다. 오히려 성행위와 성생활은 그 자체로 급진주의의 원천이자 소리 없는 폭력의 영역에 속하는 것이기 때문에 *성화된*(sexualisée) 공격은 최대의 폭력과 더불어 치유 불가능한 것으로 나타나게 된다.

이와 같은 예를 통해 우리는 다음과 같은 사실을 이해할 수 있다. 우리가 취하고 있는 관점에서 볼 때 모든 개인적 행동은 *하나의* 포괄된 총체화의 형태로 사회의 포괄적 총체화의 재생산을 보여 준다는 사실이 그것이다. 실제로 — 선택된 예를 계속 이용하기 위해 — 사회화하는 통합적 실천은 각 개인에게서 *합체*로 내면화되어야 한다는 사실을 부정할 수 있을까? 아마도 이와 같은 합체는 상징들이 실제 행동들로 대체된다는 사실 때문에 매우 복잡한 양상을 띠게 된다. 즉 이 합체는 조립의 내면화(직능), 피로도, (체험된 실천에 다름 아닌) 정감 어린 행동, 직업병, 긴급한 상황과 신경증 및 불안정 상태 혹은 그 반대로 의지주의적인 단호함처럼 끊임없이 가속화되는 시간화의 극단적인 속도를 자신의 내부에서 재생산해 내는 방식, 그리고 이른바 성적 행동 등을 통해 이루어지는 것이다. 하지만 개인의 섹슈얼리티 역시 영향을 받게 될 것이라는 사실은 의심의 여지가 없다. 나는 앞에서 이미 신프롤레타리아의 경우들을 언급한 바 있다. 이들은 프랑스의 미개발 지역인 르망에 신설된 새 공장에 채용된 농민들로 6개월의 견습 기간을 거쳐 노동자로 탈바꿈되었다가 용접공이 되었다. 이와 같은 상황에서 이들은 시골의 느린 생활 리듬에서 공장 생활의 빠른 리듬으로 적응해 나가는 과정에서 성생활의 완전한 파탄이라는 대가를 치러야만 했다. 성생활 장애(이 점은 생라자르에서 동일한 직업에 종사하는 사람에게도 마찬가지다.)를 호소하는 비율은 28세 이상의 연령층부터 두드러지게 증가했다. 농민은 그에게 행해진 착취, 그리고 신체에 가해진 폭력적인 행동과 그의 행동들을 결정짓는 신체 리듬에 가해진 격렬한 행동 등을 성의 차원에서 극단적인 *거세*로 체험하게 된다. 거세, 즉 치유 불가능한 *장애*로 체험하게 되는 것이다. 하지만 다른 개인들에게서는 덜 극단적인 성적 행위들을 발견할 수 있다. 전문가들은 이 행동들에서 이른바 정신 현상으로 명명될 수 있는 보이지 않고 몽환적인 현실의 흔적을 발견하게 된다고 믿고 있다. 그 이유는 극단적 수동성이 수동적 행동들로 대체되기 때문이다. 즉 성적 나태, 드문 성행위, 성적 대상에 무관심해져 버리는 성적 욕망의 거친 단순함, 이와 같은 무관심의 장기화, 간헐적으로 발생하는 성적 무기력증 등이 그것이다. 앞에서 언급했던 예에서 볼 수 있듯이 성기능 장애는 적응 장애에서 비롯된 직접적이고 생리학적인 결과인 셈이다. 하지만 방금 나열한 종류의 행동들 역시 다를 바 없다. 다만 그 장애의 정도가 덜 심하기 때문에 욕구-투기(욕구의 일시적인 부재로 인한 투기의 거부의 형태)의 형태로도 여전히 체험된다. 즉 유기체는 미래에 비추어 볼 때 이미 규정된 상태에 있는 것이다. 반면 이와 같은 특수한 문제에서 볼 때 미래는 단순히 타성태적이고 전체적인 부정에 의해 봉쇄되어 있는 것이다. 성적 장애 상태의 경우, 그것은 단순히 생리학적 관점에서 볼 때 타성태적 결정 작용으로 *체험되었기* 때문에 구현은 그것의 가장 단순한 표현으로 축약된다고 말할 수 있다. 달리 말하자면 이것은 하나의 개별화된 총체화보다는 하나의 부정적(바로 그렇기 때문에 추상적인) 결과와 관련된다.

물론 이런 성적 장애는 산다는 것의 불행, 착취, 이주 등의 복합적 형태로서, 그리고 *사기 저하*, 실천의 활력에 대한 침해로서 내면적으로 체험된다. 하지만 이미 이와 같은 성적 장애들은 다른 영역에서 나타나는 실천의 *구현*들이다. 실천 속에는 모든 탈취를 특징짓는 미결정 상태를 간직하고 있는 것이다. 하지만 이와 반대로 우리가 나열했던 성적 행위들 —— 실천과 생리가 근본적으로 분화되지 않은 상태 —— 의 경우에서 구현은 섹슈얼리티의 차원에서 볼 때 전체적이다. 왜냐하면 체험된 결정들과 강요된 삶을 다시 떠맡아야 하기 때문이다. 소련에서 성적 행위들이 이런저런 방식으로 공장에 채용된 농민들의 가속화된 도시화를 구현했다는 점은 의심의 여지가 없다. 또한 도시화를 통해 그 이후 "이주민들"이라고 불렸던 사람들의 엄청난 이주, 즉 대이동, 적응의 어려움, 이와 같은 결정에 따르는 실천적 유기체로서의 반응 등 역시 성적 행위들에 의해 구현되었다는 점도 의심의 여지가 없다. 하지만 비록 이 농민들 가운데 한 명이 이와 같은 성적 행위들을 *부정한다* 할지라도 실제로 그는 그것들을 재외면화하기 위해 내면화하고 있는 것이다. 이런 관점에서 보면 이 개인은 성적 행위들을 급진화시키는 것이다. 그가 다른 곳에서는 도저히 표명할 수단을 갖고 있지 못한 거부, 화해 불가능한 대립 등을 드러내게 되는 것은 바로 이 차원에서다. 혹은 이와 반대로, 격렬하고 갑작스럽고 단순화된 욕망과 단절된 섹슈얼리티에 대한 일정한 무관심은 특정인들에게 있어서는 적극적 행동주의, 즉 노동과 사회적 행위에만 전적으로 집중된 하나의 실천의 구현으로 실현될 수 있다. 이와 같은 *실천*은 섹슈얼리티의 유기적 환경 속에서는 순수하고도 *부정적인 현존*이 된다. 하지만 동시에 ─ 정확히 이 현존하는 "부정성"은 전적인 파괴가 아니기 때문에 ─ 이 실천은 이중의 지양, 즉 포괄하는 지양과 포괄된 지양 속에서 재외면화된다.

1) 첫 번째 관점에서 보면 성적 무관심(왜냐하면 이것이 우리의 예이기 때문에)은 이미 그것을 지양하는 사회적 정치적 실천 속에 포함되어 있다. 이런 점에서 결국 독신 ─ 생산을 위한 자유로서(혹은 야망이 문제가 된다면 이와 같은 생산적 활동을 통해 성취하고자 하는 자유로서) ─ 은 시간의 희소성이 가져오는 즉각적인 결과서의 실천의 시간화 자체 속에 함축적으로 포함될 수 있다. 그 *이후*에는 상황에 따라 이와 같은 일시적인 선택이 설명될 수도 있고 그렇지 않을 수도 있다. 특히 함축적 선택으로서의 독신을 결혼의 순수한 부재라고 생각해서는 안 된다. 성관계는 남녀 사이에 맺어지는 상호적 관계의 실질적이고 지속적인 결정 작용이다. 따라서 성관계는 독신자의 실천 속에도 여전히 *존재한다*. 왜냐하면 이런 실천은 근본적 상호성의 관계로서의 육체적 관계에 대한 *제도화되고 사회화된 매개의 관점에서 볼 때* 일종의 기권이기 때문이다.(우리는 이런 매개가 모든 사회에서 *자신의 이익을 위해* 커플들을 서약한 혹은 공동의 개인들로 변화시키는 주권적인 매개 ─ 신 혹은 법 ─ 를 만들어 내면서 이 커플의 양가적인 상호성의 변화를 목표로 하고 있다는 사실을 알고 있다. 다시 말해 권리를 위임받은 *제삼자*의 매

개를 통해 제도화된 이 커플은 이 제삼자, 즉 주권자에게는 통합의 단위로 구성되는 것이다. 이처럼 매개되고 지양 불가능한 단위라는 점에서 볼 때, 각 배우자는 *지금 여기*에서 서로 같은 공동 개인으로 정의된다. 사실 커플의 지양 불가능한 단위는 그것이 상호성을 감추고 있다는 점에서 하나의 소외다. 이와 같은 소외가 사회적 위계 — 남성의 우월성 — 를 반영하면 할수록 상호성은 에로티시즘의 잠재적 관계 속으로 더욱 깊이 침전하게 된다. 이와 반대로 사회적 상황들이 이 상호성을 부각시킬수록 이 커플의 종합적 제도성은 더욱 연약해지며, 그 결과 그들의 *단위*도 결국 문제시되는 것이다.) 이와 마찬가지로 사제들의 독신은 단순히 성에 대해 그들이 취하는 근본적인 태도뿐만 아니라 성욕의 지양이기도 하다. 이와 같은 독신의 가치는 희생이라는 관점 속에서 볼 때 그것이 지양 속에 포함되어 있다는 점에서 비롯된다. 요컨대 독신으로 살기로 작정한 젊은 과격주의자에게 있어서도 (적어도 일시적으로는) 성생활의 문제는 육체의 현존 자체에 의해 암묵적으로 (합체의 항구적인 가능성으로서) 드러난다. 그렇다면 그는 동정을 지키는 것일까, 아니면 자기 욕망에 따라 짧은 만남에 그치는 것으로 만족하는 것일까? 이 문제에 대한 답은 그가 의지적으로 동정을 지키는 경우에만 분명해질 수 있다. 또 다른 선택은 관점에 따라 (소련 사회에 내재된) 생명에 대한 일종의 가벼운 믿음, "전사의 휴식" 혹은 반대로 과거 전통과 부르주아적 관습의 지속 등등으로 나타날 수 있다. 물론 이와 같은 관점들은 이런저런 "성격"을 타고났다는 우연에 저항하는 그 어떠한 개인의 관점도 아니다. 하지만 이 관점들은 개인들을 통해, 그리고 성의 차원에서 다양한 환경과 집단들, 이것들을 차별화하는 기능들을 정의하게 된다. 이와 같은 선택들의 실질적인 중요성 (이미 이 선택 가운데 상당수가 특히 위계질서의 상부 계층에서 수동화되어 있다.)으로 인해 부분적으로 과격주의자의 개인적 선택이 결정될 것이다. 하지만 이와 같은 사실은 사회의 계층들과 함께 그 실질적인 관계들을 단적으로 잘 보여 준다. 그가 자신의 임금 인상만을 바란다든지 혹은 경력 쌓기를 바란다든지에 따라 그는 관료 계급의 여러 다른 층위와 관계를 맺게 될 것이다. 역으로 이 관계의 정립은 — 적어도 암묵적으로, 그리고 그의 기원이나 근원적 행위가 이 접촉 자체를 결정하고 있기 때문에 — 그를 하나의 직책(타성태적 지위)에 의한 그리고 가능성들의 장에 대한 실천적 장의 특수화를 통해 정의하고, 그의 야망이 *시작되었음*을 알려 준다. 그가 자신의 실천을 결정하는 것은 바로 이와 같은 순환성 속에서이고, 그의 실천이 그의 성실함을 결정 짓는 것도 역시 이 순환성 속에서다. 이와 같이 그는 자신의 성적 선택 — 비록 이 선택이 암묵적일지라도 — 을 통해 여전히 *사회 전체 속에 성공적으로 자리 잡게 된다.* 우리가 특히 그의 성적 선택을 그의 개별성과 그의 성장 속에서 고려하게 될 때 그러하다.(동정은 노동일 수 있다. 이런 의미에서 성적 자유의 실천 역시 노동이 될 수 있다.) 개인을 특징짓고, 그가 무엇을 하든 사회적 차원, 윤리적 선택, 제도와의 관계라는 차원으로 그를 이끄는 총체적 실천이라는 차원에서 볼 때 성의 문제는 내면성 속에서의 종합적 결정 작용으로써 이 남자가 모든 여자들과 맺는 내재적 상호성의 관계로 나타난다. 이때 각각의 여자 또한 — 있건 없건, 그리고 어떤 방식으로든 — 그의 신체-실천을 성적인 신체로 결정한다.

2) 하지만 이 총체화는 자유로운 구성적 실천으로서 실천적 유기체의 총체화다. 우리는 이를 있는 그대로 포괄적 총체화에 비교할 수 있다.(전자가 가지성의 자유로운 구성적 토대로서의 변증법 그 자체고, 후자가 구성된 이성으로서의 변증법이라 할지라도 그러하다.) 그리고 동일한 성적 태도가 포괄된 총체화의 형태하에 담겨 있다. 실제로 그의 개인적

선택이 어떤 것이든 간에 상호성의 관계(물론 상황과 운동의 외부에서는 결정되지 않은 상태에 있는)로써 성의 근본적인 존재는 그의 육체 속에서 ― 그리고 역사적 맥락에서 ― 개인으로 하여금 내재적 관계를 초월하면서 재현동화되도록 유도한다. 이 내재적 관계는 바로 *그 여자*라는 수단을 통해 그를 육체 속에서 조건 짓는다. 이때 현동화된다는 말은 "기회가 있을" 때마다, *만남*이 있을 때마다 성행위로 실현된다는 것을 의미한다. 이 성행위는 그가 거절하거나 외면하거나 유혹하거나 강제로 범하든 간에 (노동의 외부에서는) 지속적인 방식으로 이루어지게 된다. 욕망은 이 행위들의 근간에 자리 잡고 있다. 그 자신의 고유한 욕망이든 타자에 대한 욕망이든 간에 욕망은 혼란스럽고 걱정을 일으키기도 한다. 나는 다른 곳에서 *신체가 어떻게 육체가 되는지*에 대해 설명한 바 있다.[154] 하지만 육체가 곧 행위가 된다는 점을 덧붙여야겠다. 이때 육체는 성적인 점성이 갖는 불투명한 수동성을 간직하며, 그것도 자기 자신의 흥분을 드러내고 타자의 성적 점성을 실질적으로 옮겨 갈 정도가 되어야 한다. 바로 이와 같은 사실이 *성행위*라는 말(윤리적, 종교적 기원을 가진)의 심층적인 의미를 부여하는 것이다. 신체-도구는 *다른 신체(이성)*와의 구체적인 만남을 통해 내면성 속에서 결정된다는 점에서 사실성이 된다. 그리고 *타자를 향해 지양된* 이와 같은 사실성을 통해 이 신체-도구는 타자의 신체를 도구성으로부터 벗어나게 한다. *성행위*가 이루어지는 경우 결국 육체는 자신의 고독과 우연성 속에서도 타자의 고독과 우연성을 향해 스스로를 지양해 나간다. 우리는 이 성행위가 행동임과 동시에 열정이라는 점에서 그 양가성을 이해할 수 있다. 실제로 성행위는 이런 수

---

154 『존재와 무』, 3부, 3장, 437쪽 이하.(편집자 주)

동성 자체를 통해 타자의 육체에 작용하기 위해 스스로를 수동성으로 만들면서 스스로를 지양하는 체험의 육체적 우연성이다. 성행위의 목표는 그 자체로 육체적이다. 우리는 행위들을 통해 추상적 목표를 정립하는 신체적 도구성이라는 차원 아래에 있다. 즉 시간화의 내부에서 각각의 새로운 행동에 의해 개별화될 도식적 미래를 그려 내는 신체적 도구성 말이다. 욕망의 목적은 직접적으로 현존하는 구체적 현실이다. 자기와 타자 안에 있는 각자의 육체인 것이다. 왜냐하면 자기 자신 속에서 그리고 타자 속에서 육체가 됨에 있어 도구의 운동을 거치지 않는다면, 이 육체는 실현될 수도 욕망될 수도 없기 때문이다.

그런데 상호적 행위로서 이 관계는 각각의 경우에서 한정되어 있기는 하지만 헤아리기 힘든 여러 요인의 전체에 의해 특수화된다. 이것은 별로 중요하지 않다. 우리에게 중요한 것은 앞에서 살펴보았던 야심에 찬 젊은이의 경우에서 성관계 — 이 관계의 한 항, 그리고 다른 한 항을 제외하고 — 가 추상적으로 고려된다는 점에서 이 성관계는 그의 총체화하는 선택을 구현해야 한다는 것이다. 예컨대 이 성관계가 *도구적 존재태로서* — 그 노력 자체에 의해 — 발생한다는 점에서, 즉 노동 속에서 그리고 노동의 외부에서 그 행위들의 전체가 자기 신체의 현실을 여러 도구를 통제하는 하나의 도구의 현실(동력이 되는 관습들의 전체로서, 실천적 장에 대한 종합적 지각과 이 지각을 통한 자신의 신체에 대한 지각으로서 그리고 일종의 서약된 타성태로서)로 유지하는 경향이 있다는 점에서, 즉 실천에 의해 외면화되고 통제되는 타성태로써, 타성태적 물질성에 기초하여 만들어진 타성태의 효율성으로써 유지하려 한다는 *점에서* 도구성에서 육체로 넘어가기 위해 통과해야 하는 문턱은 (욕망보다는 욕구의 지배를 받아) 더욱더 커질 것이다.

그리고 일단 이 문턱을 넘어서게 되면 성행위는 육체적이라기보다는 도구적으로 머물게 될 위험이 있다. 타자가 제공하는 수동성은 하나의 살아 있는 물질, 즉 이런저런 방식으로 *조작하고* 이용하고 관통해야 할 물질로 나타난다. 하지만 육체의 우연성은 이와 같이 심층적으로 체험되지 않는다. 오히려 반대로 성적 흥분을 추상적으로 지지하는 요소로 남게 된다.

물론 이 성행위는 이런저런 방식으로 이루어질 수 있다. 중요한 것은 이 행위의 포옹과 애무의 특정한 순간에, 그리고 남자의 전체적 행위를 다시 취하고 스스로를 실현하고 목적에 도달하기 위한 지양적 운동 속에서 이 전체적 운동이 구현된다는 것이다. 실제로 이 성적 행위가 그의 사회적 활동들의 단순하고도 타성태적인 결과일지라도 우리는 이를 생생한 구현으로 여길 수 없을 것이다. 기껏해야 여러 행위의 감압된 전체를 가리키게 될 것이다. 하지만 중요한 것은 남자와 어떤 여자 사이에서 맺어지는 진정한 관계, 그것도 그들의 특수한 발전과 개별적인 시간화 속에서 맺어지는 관계다. 물론 실제로 이 두 사람에게 공통되는 역사의 비가역적인 전개로써 모든 것은 개별적이다. 처음부터 이 여자의 신체적이고 정신적인 모습은 *이 젊은 남자* ── 그의 친구들과 자신을 비추어 볼 때 ── 의 현재 행동들의 개별성 속에서 이미 하나의 *타성태적* 요소로 드러난다. 이와 같은 관계들 ── 그가 여자를 거부하든 유혹하든 간에 ── 은 하나의 자유롭고 실천적인 고안이다. 왜냐하면 육체가 다른 육체를 향해서 스스로를 지양하고 그들의 결합(혹은 갈등)이 동시에 특정한 행동들을 요구하기 때문이다. 하지만 이 고안 자체는 이전의 상황들을 극복하고 부정하는 기도이며, 그렇기 때문에 이 상황들을 내적 특징으로 보존한다. 특히 이 개인이 이 여자와 맺는 성적 관계는 타성태적 물질성과 맺는 도구성의 실천적 관계를 그의 흥분의 한계 혹은 그의 성생활의 특이성으로 *실현한다*는 점을 이해해야 한다. 달리 말하자면 그의 전체적인 실천은 여기에서 지금 이 순간 일종의 사적인 *개별성*을 *보존하고* 있으며, 바로 그 사실로 인해 자신이 역할을 담당하고자 하는 거대한 역사적 기도 외부로 떨어지는 행위들 속에서 그리고 이 행위들에 의해 실현되는 것이다. 단지 "성행위"의 엄격한 실현 속에서만 아니라 실제로 그 여자와의 합일을 준비했던 행위(두 성의 명시적 혹은 감춰진 상호성에 기반한) 그리고 이 준비 자체를 통해 그에게 일정한 윤리-실천적 구조를 부여해 주었던 총체 속에서도 실현되는 것이다. 그가 "음흉하고", "허풍쟁이이고", "비겁한" 남자이거나 혹은 "솔직하거나", "개방적인" 성격을 가지고 있다면 이런 "장점들과 결점들"은 그를 사랑하는 여자들에게 있어서는 그의 개인적인 성격을 보여 줄 뿐이며, 그녀와 맺는 개인적인 관계들에만 국한될 뿐이다. 하지만 이와 *반대로* 이 성격들은 자신의 노동, 상급자들, "출세"의 가능성, 대중에서 벗어날 가능성, 이와 관련하여 그가 취하게 되는 기회주의(그의 총체적 실천의 *장점인 동시에 그의 사회적 활동의 의미*) 혹은 분파주의 등에 대한 실현이기도 하다.

더 본질적인 면에서 보자면 성관계가 우연, 흥분, 육체의 관계이기는 하다. 하지만 바로 그 사실 때문에 성관계는 자유로운 유기체이자 사회의 산물로서의 "인간 존재들" 사이의 상호성의 관계에 대한 보다 심층적인 구현이 된다. 그 결과 스스로가 정립하고 있는 관계들을 통해 자기 자신과 인간으로서의 자신의 현실에 선고를 내리는 것이 단지 이 개인만은 아니다. 또한 사회 자체가 이와 같은 자유로운 구현을 통해 판단을 내리는 것이다. 다른 상황들 속에서, 그리고 다른 커플들을 고려하면서 "최악의" 혹은 "최선의" 관계들을 발견할 수 있기 때문이 아니다. 단순히 두 성의 근본적인 관계가 최악의 커플이나 최선의 커플들로 나타나는 객관적 한계들 *내부에서* 가능성들의 장으로 나타나는 것이다. 주지하다시피 한정된 사회와 순간에 있어서 이 한계들의 두 극단은 서로 멀리 떨어져 있는 것이 아니다. 커플을 구성하는 각 개인은 자신의 구현 자체를 통해 성적인 장과 부부생활의 장을 함축하고 있는 것이다. 왜냐하면 성적인 장은 그것의 종합적 결정 작용을 통해 여러 가능성 가운데 하나의 실현으로 나타나기 때문이다. 실제로 우리가 이미 알고 있듯이 통치적 장의 통합적 요소로서의 이 장은 각자에 의해 내면화된다. 그 까닭은 생산관계, 제도, 총체화하는 실천, 교육, 전통(경우에 따라 강화되기도 폄하되기도 하는)이 각자를 성적으로 사회화된 개인으로 만들어 내기 때문이다. 이때 이 요소들은 다시금 각자를 통해 성들의 근본적인 관계를 정의하고 각자에 의해 성적 제도와 또 다른 제도들 사이에 정립되는 의미 작용과 반사의 상호성을 통해 새롭고 특수한 증거를 개인에게 부여해 준다.

6. 객관성과 특이성
(객관적 일탈: 스탈린의 반유대주의)

이렇게 해서 포괄적 총체화는 모든 개별성을 통해 구현되고, 이와 동시에 각각의 개별성은 구현과 포괄된 총체화로 정의된다. 하지만 여기에는 비합리적인 것이 전혀 없다. 즉 *게슈탈트* 이론이나 이런저런 형식으로 초사회 유기체설을 정립하려고 하는 애매하고 모호한 그 어떤 이론도 없는 것이다. 이처럼 포괄된 총체화들이 포괄적 총체화를 구현하는 것은 다음과 같은 단순한 이유에서다. 즉 실천적 유기체로서의 개인들이 총체화하는 투기이고, 한 명의 개인-통치자에 의해 통합된 사회 속에서는 포괄적 총체화 그 자체를 제외하고는 어떤 것도 총체화할 수 있는 것이 없기 때문이다. 포괄적 총체화는 개인들을 총체화한다. (예정되고 합의된 행동들에 의해, 실천적-타성태들의 요구에 의해, 그뿐 아니라 모두 그리고 모든 것에 의한 각자의 내면적 결정 작용에 의해) 이 포괄적 총체화가 개인들을 만들어 낸다는 점에서 볼 때 개인들은 이 포괄적 총체화를 재총체화한다. 개인들이 스스로를 총체화의 산물로 만들어 내는 것은 내면화된 요인들의 실천적 지양을 통해서이기 때문이다. 하지만 이와 같은 재총체화를 통해 포괄적 총체화는 특정한 상황들과 목적들의 구체적 전체로 풍요로워진다. 이처럼 포괄적 총체화는 각각의 포괄된 총체화 속에서 그것의 의미로, 다시 말해 전체에 대한 그것의 통합으로 나타나게 된다. 하지만 포괄적 의미 작용이 포괄된 구현과 맺는 관계가 추상적인 것이 구체적인 것과 맺는 관계와 같다고 생각해서는 안 된다. 통치자가 한 명의 개인이 되는 실천 속에서 포괄적 의미 작용은 그 자체로 — 앞에서 보았듯이 — 개인화된다. 즉 행동의 실천적 통일성은 한 인간이 대표하는 유기적이고 용해 불가능한 종합이기도 한 것이다. 또한 이와 같은 사실을 통해 총체화하는 총체화 역시 *그 자체로* 개별자의 우연성, 구체적 사실성, 한계들과 풍요로움으로 정의되는 것이다.

한편 앞에서 살펴본 바와 마찬가지로 통치적 실천이 개인화된 것(다른 자들이 아닌 바로 *이 사람들*의 복종을 받는 *이 통치자*의 실천으로서)으로 규정되고, 이렇게 해서 *인간들의 희소성*을 인간 역사의 반목적성들 가운데 하나로 드러낸다 할지라도 이 실천은 개별성 자체 속에서 객관성(이미 정립된 목적에서 출발하여)이 발하는 실질적 요구들에 대한 객관적 응답으로 정의된다는 것은 여전히 사실이다. 개별화는 필연적 우연성이자 공동 행동의 구현으로서의 사실성에 다름 아니다. 이 공동 행동의 객관적 법칙들은 시간화 중인 외부 상황, 목적들, 분비된 반목적성들로부터 비롯한다.[155] 여기에서 — 이와 같은 역사적 맥락 속에서 — 집단(혹은 국가)의 실천이 갖는 객관적 법칙들은 *개인-통치자의 선택*을 통해 이미 기술한 바 있는 이중적 양상을 가진 것으로 구현될 수밖에 없다. 즉 불완전하게 결정되어 있는 개인들 혹은 집단들과 관련된 객관적 처방의 나열, 이 실천적 유기체의 지양과 현동화를 통해 이루어지는 한 가지 선택의 시간화로서다. 이런 의미에서 *우리는 법령 안에서 상황에 의해 만들어진 통치자에 다름 아닌 공동 개인과 그만의 고유한 특징을 재발견하게 될 것이다. 이런 관점에서 보면 그의 특징은 혁명 운동을 했던 과거에 대한 그의 구현, 다시 말해 사라져 버린 러시아에 대한 구현과 상황에 의해 요구된 현동화 사이의 거리로 나타난다.* 그리고 이와 같은 그의 특징이 법령 속에서 포착된다는 것은 주목할 만하다. 왜냐하면 그는 스스로를 공동의 객관성으로 그리고 — 심한 경우에는 — 보편적 법칙으로 제시하기 때문이다. 그 어떤 반대자도 이 사실을 지적하지 못한다 할지라도 적어도 역사가는 이 사실을 다시 발견하게 될 것이다. 하지만 여기에서 중요한 것은 법의 의사(擬似) 보편적 내용의 불충분함이나 과장을 통해 바로 그만의 특징으로서의 특이성이 나타난다는 점이다. 심사숙고한 후에 역사가는 모든 자료를 이용하면서 다음과 같이(이와 같은 사실은 이미 토의되었고, 마침내 수용된 것이다.) 선언하게 된다. 즉 객관적 상황이 이와 같은 모든 규약을 요구하지 않았거나, 주어진 규약보다 더 많은 것을 요구했거나 혹은 — 가장 흔한 경우인데 — 덜 요구했거나 다른 것을 요구했다(특이성이 작용하는 한계 내에서)는 사실이 그것이다.

---

155   추측건대 외부 집단, 내부 집단, 외국 등의 초월적 행동들은 잠시 제쳐 두고.(원주)

객관적이고 부분적으로는 미결정 상태에 있는 이와 같은 가능성을 객관적 요구들(불완전하게 결정된 인간들의 범주의 혹은 달성해야 할 목표들에 의해 밝혀진 실천적-타성태의 요구들)과 비교해 본다면 우리가 하나의 *특이성*을 결정지을 수 있다는 사실은 모순적으로 보인다. 하지만 이와 같은 모순은 개인이 ── 자기 사회를 개인화했다는 점에서 이 개인은 사회화된 개인이다 ── 자기 자신의 특이성이 정확히 *이와 같은 객관적 거리*(이 객관적 거리의 모든 전개 속에서 시간화라는 변수를 고려하게 되면 이는 *객관적 일탈*이 된다.)라고 생각할 때 사라지게 된다. 왜냐하면 이 거리는 실천적 장의 내부에서 실천적-타성태의 기생적 전개로서 나타나지 않으며, 오히려 그 반대로 하나의 실천적 선택에 *직접적인 토대*를 되돌려주기 때문이다. 그리고 이 선택 ── 자기 안에 종합적 선택, 최종 결정, 담당자에 의한 계획의 작성과 통치자가 가하는 수정 등등을 포함한다는 점에서 ── 자체는 이 법령의 종합적 시간화에 다름 아니다. 왜냐하면 시간적 전개의 통일성은 이 법령에 그 자체의 종합적 현실(비가역적인 통합을 통해)과 스스로를 지양하기 위해 빌려 온 힘을 부여하기 때문이다. 통치자는 결국 투기의 실천적 통일성에 불과할 따름이고, 이처럼 살아 있는 내재적 통일성은 그 자체로 법이나 법령의 객관적 내용을 가리키는 이러한 거리와 일탈들에 의해 내부에서 특징지어진다. 이것은 원천적으로 그가 바로 이 통치적 특이성이라는 사실, 즉 *원칙들과 대상들과의 관계에서 나타나는 실천의 이 거리를 만들어 내는 특이성*이라는 사실만을 의미한다. 예컨대 스탈린이 *최대의 변이체*라는 개념(트로츠키와 1925년 이전의 좌파에 의해 수립되었던 초기 강령들로부터 차용한 개념)을 구상하고 사용한 방식이 분명하게 그의 "난폭함"을 드러낸다고 생각할 수 있다. 하지만 한 명의 통치자의 경우에 있어서 난폭성이란 다음과 같은 것이 아니라면 과연 무엇일 수 있겠는가? 즉 목표와 실제 상황의 요구들과 *실질적인 실천*(있어야만 하는 것이 아니라 있는 *그대로의 실천*)을 통해 통치적으로 요구된 임무들(쓸데없이 많고, 힘든 임무들) 사이의 간격을 통해 이 주권자의 결정들 속에서 나타나는 의지주의가 아니라면 말이다. 반대자나 역사가에게 있어서 이와 같은 "*난폭함*"의 내면화는 그것을 통치적 결정의 자유로운 미래로, 시민들의 운명으로 여기는 것과 같다. 따라서 이것은 장차 취하게 될 조치들(즉 스탈린 치하에 사는 반대자에게 있어서는 실제로 도래하게 될 조치이고 소련에서 계획 경제의 성장을 연구하는 역사가에 의해 완전히 연구되지 않은 조치들, 따라서 연구를 통해 나타나게 될 미래의 내용을 결정하게 될 조치들) 속에서 사람들이 이 내면화의 *재외면화*를 예상할 수 있다는 사실만을 의미한다.

가장 좋은 예는 아마도 스탈린이 보여 준 반유대주의일 것이다. 만약 스탈린이 어떤 혁명 재판소에서 자신의 행위를 옹호했어야 했다면 그는 아주 적극적으로 *자신이 반유대주의자였다는 사실*을 부인했을 것이고, 이때 그의 태도는 상당 부분 진실했을 것이다. 실제로 *인종 차별주의*의 근본적인 형태하에서 볼 때(이 **유대인**은 그 자신을 잘못 처신하거나 반민족적 혹은 반사회적 행동을 하게 한 인종으로부터 그 자신의 삶으로 인해 돌이킬 수 없을 정도로 버림받은 자다.) 이 반유대주의는 마르크스주의 이념에 의해(실증주의적 **이성**에 기반한 기만과 같은 단순한 민주적 자유주의에 의해서 그랬던 것과 마찬가지로) 그 자체로 비난받은 것이다. 유대인 문제에 대한 그의 태도, 이스라엘 출신 소련인들에 대해 그가 취했던 점증하는 반유대주의적 조치들, 잘 알려진 대로 이 모든 것은 통치자의 눈으로 볼 때 **이스라엘인**들의 사회주의 국가로의 통합이 가져오는 *정치적* 난관들을 객관적 동기로 삼고 있다. 소련의 **유대인들**이 자본주의 국가의 유대인들과 맺는 관계 —— 사실이든 가정에 의한 것이든 간에[156] ——, 후일 미국의 자본주의에 의해 철저하게 통제된 유대 **국가**의 출현(미국 **유대인들**의 매개를 통해), 시온주의자 연맹의 활동 등등과 같은 모든 것은 스탈린이 가졌던 불신의 시각에서 볼 때 침투 공작의 *가능성*이 아니라 소련 내에서의 핵심 배신 분자의 실질적인 현전을 나타내는 것이었다.(혹자는 실제로 활동하고 있고 또 혹자는 잠재적으로 하고 있고, 여하튼 간에 모두 한편이 되어서 그러했다.) 여기에서 혁명주의자들의 오래된 강박관념이 전혀 예기치 않은 형태로 다시 구현된다. 즉 1793년의 사람들이 내부로부터의 이민자라고 불렀던 것이 그것이다. 인종 *차별주의*라는 개념은 문제가 되지 않았던 것이다. 적어도 외관상으로는 그러하다. 다만 역사적 상황들이 자본주의 적과의 관계를 배가시키면서 소련 시민들의 한정된 전체 —— 정확히 말해 **유대인들** —— 를 사회주의화에 대한 지속적인 위험으로 만들었던 것이다. 이것은 우선 모든 특수성이 유대인들에게 거부되어야 한다는 의미다.(한편 사람들은 소수 민족들의 언어적 혹은 풍속적 특수성을 조장한다.) 예컨대 이디시어가 유대 문화(이디시어로 쓰인 소설이나 극작품들)의 수단이 되어야 한다 할지라도 이 불행한 집단의 통합과 이를 통한 특수성으로서의 자각을 더욱 강화하게 될 것이다. 이와 같은 문화와 언어는 단 한 가지 결과만을 가질 뿐이다. 즉 **유대인들**을 다른 소련인들과 *대립하게* 만들면서(아니면 적어도 이들을 고립시키면서) 이 언어와 문화는 다른 **유대인들** —— 이디시어를 말하지만 사회주의화

---

156 러시아 황제 치하에서의 박해가 있은 후 해외로의 이주는 러시아 유대인 가정들을 부분적으로 분산시키는 효과를 가져왔던 것이 사실이다. 이렇게 해서 이스라엘인 각각은 서구에 사촌을 두거나 그럴 수 있게 되었다. 하지만 이들이 오래전부터 떨어져 살아왔다는 것, 어떤 공통점도 가지고 있지 않다는 것, 그리고 더 이상 서로서로 연락을 주고받지도 않았다는 것(게다가 부분적으로 이것은 모든 소련 시민이 외국과 자유롭게 연락을 주고받지 못하게 했던 공포 때문이기도 하다.) 또한 사실이다.(원주)

에 적대적인 나라들에서 이디시어 문화를 만들어 낸 자들 ─ 과의 관계를 현동화하는 것이다. 하지만 유대 문화에 고유한 이 도구들을 제거하는 행위는 통합의 가능성을 단숨에 없애 버리는 경찰의 감시 활동을 동반한다. 여기에서 우리는 모순을 발견할 수 있다. 즉 유대인들에게 모든 문화적 자치가 거부된다는 것이다. 왜냐하면 이와 같은 자치는 통합을 방해하기 때문이다. 하지만 이와 동시에 그들에게는 통합 역시 거부된다. 왜냐하면 역사적 과거를 통해 그들이 이미 배신자로 낙인찍혔기 때문이고, 따라서 끊임없이 그들을 감시해야 하기 때문이다. 이와 같은 사실을 토대로 그리고 내재성의 관계들이 모든 것에 의해 모든 것을 원거리에서 조건 짓는 통치자의 장에서 볼 때 탄압과 강제 이주의 기회들은 무한히 증가한다. 사실상 스탈린의 정책이 갖는 모순 자체에 의해 그리고 **유대인들**이 통합될 수 없는 상태에서 *탈유대화해야* 한다는 이유로 결국 선택된 해결책은 그들을 절멸시키는 것이었다. 즉 동화시키는 자의 이익을 위한 동화된 자들에 대한 전적이고 신체적인 폭력을 통한 동화가 그것이다.

이와 같은 정책이 스탈린을 ─ 특히 말년의 스탈린을 ─ 아주 강력한 반유대주의자로 규정짓는다는 점에서 보면 그는 정확히 자신이 취했던 조치들 그리고 취하게 될 조치들(죽음만이 막을 수 있을)에 의해서 이런 식으로 지칭되는 것이다. 이런 점에서 보면 우리는 **유대인들**에 대한 그의 정책에서 인종이 아니라 정치에 기원을 둔 *신(新)반유대주의*를 발견할 수 있다. 이것의 기원은 통치자의 지도 영역 밖에서, 공동의 역사적 과거와 상황으로 인한 특정한 친화력의 이름으로 스스로 집단을 이룰 수 있는 모든 사회적 전체에 대한 통치자의 불신(그리고 통치자를 통해서 이루어지는 개인화된 모든 사회의 불신)에서 찾아볼 수 있다. 이와 동시에 그 기원은 보편성을 거부하고 소련 밖에서는 오직 타락한 자본주의 세계만을 보았던 스탈린 자신에 의해 구현된 특정 주의에서도 찾아볼 수 있다.(이와 같은 특정주의의 시각에서 보면 러시아에 거주하는 한 **유대인**이 텔아비브나 런던에 사는 **유대인**과 맺는 관계는 부패할 수밖에는 없는 것이었다. 거짓 보편주의의 시각에서 볼 때 서구의 부르주아는 사회주의 노동자를 부패시키기 위해 노력하는 자다. 그렇기 때문에 보편주의는 **범세계주의** 등의 변질된 형태하에서 부인되는 것이다.)

스탈린 치하의 소련에서 나타났던 유대인 문제를 연구하는 것은 우리의 의도가 아니다. 이 예는 **다른 관점에서** 우리의 관심을 끈다. 즉 심층적 특이성에 대한 문제를 제기하는 것이다. 역사가는 정치적 반유대주의를 그 현실과 의미 작용 속에서 즉각적으로 이해 가능한 통치자의 특이성으로 설명하는 데에만 만족해야 하는가? 즉 잘못된 문제들과 잘못된 요구들로부터 유발된 행위로서 말이다. 하급 지도자들이 공포, 불신, 그리고 반보편주의(위에서 기술한 실천으로부터 되돌아오는 충격)에 의해 만들어졌다는 점에서 오직 통치자들과 이 하급 지도자들에 의해서만 이런 행동이 결정될 수 있었기 때문이다. 아니면 역사가는 소위 "신반유대주의"의 기원과 격렬함을 오래된 반유대주의적 인종주의에서 비롯된 것으로 보아야만 하는가?

사실 이 문제는 두 가지 대별되는 차원에서 제기된다. 적어도 얼핏 보기에는 그러하다. 실제로 취해진 조치들과 이 조치들의 실행을 다양한 사회 계층들 속에서 시간화 자체를 통해 생산된 수직적 재조직화를 통해 실현되는 실천으로 간주하는 경우 통치적 실천이 부분적으로는 고립된 사회주의에 대한 새로운 불신에 의해 유지된다는 사실은 의심의 여지가 없다. 하지만 이 민중이 차르 통치 시대의 인종주의적 반유대주의를 경험했고, 그것에 동참했다는 사실과 그들이 그 미몽에서 깨어나지 못했다는 사실은 여전히 분명하다.(정치적 반유대주의가 민중들의 각성을 불가능하게 만들었기 *때문에* 더욱 그러하다. 예컨 대 교육자들은 말을 통해 인종주의를 비판한다. 하지만 통치자에 의한 유대인 박해는 차르 치하에서의 박해와 그 양상이 유사하다는 점으로 인해 이런 교육 을 죽은 교육으로 만들게 된다.) 이런 점에서 지도부에서 멀어질수록(우리 가 지도부에 증거 불충분으로 인한 무죄 추정의 근거를 제공한다 해도 이것 은 매우 일시적일 뿐이다.) 하급 실무자들과 대중을 움직이는 동력은 여 전히 인종 차별주의인 것이다. 이런 점만으로도 통치적 실천이 일시 적인 시간화의 통일성 속에서 재조직한 사회 계층들을 통해 바로 이 통치적 실천을 변화시키기에 충분하다. 아마도 신반유대주의는 사회 의 심층적 계층 속에서 인종 차별주의로 녹아드는 경우에만 유대인 들에 대한 정책으로서 실질적으로 적용 가능할 것이다. 사실이 이렇 다면 스탈린이 대중의 인종 차별주의를 이용했다고 말해야 할 것이 다.(우리 논의의 차원에서 스탈린이 그런 의도를 가지고 있었는지 여부는 중요 치 않다.) 그리고 바로 이런 점에서 사회주의 통치자는 이런 인종 차별 주의를 용인했고, 자신의 행위를 통해 오히려 그것을 강화했다고 말 해야 할 것이다. 사실 다른 곳에서와 마찬가지로 소련에서도 민중의 반유대주의는 경제적인 토대에서 비롯된 것이었다. 유대인들이 주로 상인이었던 반면 농민들은 반유대주의자였던 것이다. 사회주의화는 처음부터 이와 같은 기반을 해체하는 데 집중했다. 전통(구시대적 의미 작용들, 교회의 활동 등등)으로 굳어진 망은 여전히 남아 있었다. 하지만 통치자가 이처럼 사라진 기반을 정치적 토대로 대체하면서 그것들 을 소생시키지 못했기 때문에 이 전통들 역시 사라지게 되었다. 역으 로 이런 점에서 볼 때 반유대주의화된 대중은 — 특히 위기의 순간 에 — 인종 *차별주의*를 통해 정부에게 유대인 박해를 의도적으로 조 직하거나 혹은 민중이 자발적으로 행하는 박해를 인정해 줄 것을 요구했다. 그 결과 유대인들에 대한 행동은 모든 정부하에서 항상 그래 왔던 교란 작전의 양상을 취하게 되었다. 결국 인종 차별주의를 강화하면서 정치적 반유대주의는 이런 인종 차별주의 안에 녹아들게 되었던 것이다.

이처럼 스탈린의 선택은 그 자신의 특이성에 기인한다. 정치적인 분리를 포기하기는커녕 인종 차별주의가 재발할 위험을 감수했던 것이다. 사회주의 입장에서 볼 때 이런 정책을 통한 반유대주의적 인종 차별주의는 유대 공동체나 그들 사이에 문화적 관계들을 통해 통일된 개인들의 자유로운 존재보다 덜 위험한 것으로 결정되었다. 하지만 이 정책을 통해 통치자의 존재에 대한 *문제가 제기되었다.* 분명 스탈린은 상황들의 압박 속에서도 원칙(이 원칙을 존중하는 정도가 낮았기 때문에 그는 눈에 띄지 않는 일탈을 범하면서 이 원칙들을 교조적으로 재천명하게 된 것이다.)을 가지고 타협했던 것은 사실이다. 하지만 간극이 너무나도 컸기 때문에 스탈린은 자신의 진영을(혹은 적어도 실무를 떠맡은 소수의 최정예 집단을) 불안하게 만들었던 것이다. 대중의 인종 차별주의를 일깨우는 것 이외의 다른 효과를 낳을 수 없는 이와 같은 탄압 방법에 *미리* 혐오감을 갖지 않도록 하기 위해, 차르 시대의 낡은 반유대주의의 부활이 어쨌든 노동자 계급의 퇴보처럼 보이지 않도록 하기 위해, 즉 그 자체로 반드시 피해야만 하는 부정적 결과로 보이지 않도록 하기 위해 스탈린은 그루지야에서 보냈던 힘든 어린 시절부터 교묘하게 반유대주의적 인종 차별주의가 갖는 전통적이고 농촌 혹은 준농촌 지역에서 볼 수 있는 형식들을 이용할 필요가 있지 않았겠는가? 1950년 소련에서의 유대인들의 위기를 *실제로* 믿기 위해서는(시온주의자들의 파렴치한 행동과 첩자 행위 등을 고려한다 할지라도) 혁명적이고 분파주의적인 불신만으로는 충분하지 않았다. 왜냐하면 모든 특정 집단 사이에서(소수 민족들, 노동과 삶의 조건에 의해 특수화된 거대 집단 내의 폐쇄적인 조직들) 유대인 집단이 본질적으로 위험하다고 여기기 위해서, 그리고 소련의 유대인들이 서구 유대인들과 맺을 수 있었을 (체제가 달랐다면) *잠재적* 관계들의 *실질적인* 중요성을 부여하기 위해서는 *이미*(모든 국가에서) 인종 차별주의자가 되어야만 했기 때문이다. 바로 이런 이유로 우리는 곧 소련에서의 이른바 정치적 신반유대주의가 부르주아 국가들에서도 반유대주의적 인종 차별주의의 구조 가운데 하나로 항상 존재해 왔다는 사실을 알 수 있는 것이다. 즉 부르주아들에게 있어서도 유대인은 *국적이 없는 자*들인 것이었다. 유대인을 "국제 유대인"으로 명명하면서 이성의 보편주의 — 스탈린은 이것을 "범세계주의"라고 불렀다 — 를 처음으로 비판한 장본인 역시 부르주아들이었다. 그리고 자본주의의 국제적 관계들과 여러 다른 나라에 속하는 유대인들의 인간적 관계를 혼동하면서 이스라엘 사람에게서 외국의 이익을 위해 봉사하는 개인의 모습을 처음으로 보았던 것도 부르주아들이었다. 이런 점 때문에 마르크스는 유대주의를 바보들의 사회주의라고 명명하기도 했다. 부르주아들은 이스라엘인의 부정적 보편주의가 이성의 이름으로 그들의 조국이 되어 마땅한 국가의 민족적 특징을 와해시키려 한다고 비판했던 것이다. 이와 같은 "생각"— 가장 어리석지 않은 반유대주의적 환경 속에서 만들어진 것이 아닐까 여겨지는 — 은 인종 차별주의를 극복하는 척하면서 실제로는 그것을 보존하려는 것이다. 이런 주장을 내세우는 사람들은 대개 다음과 같은 사실을 덧붙이곤 한다. 즉 유대인들이 기생해서 살고 있는 나라를 떠나서 새로운 나라를 세우거나 이스라엘에 정착한다면 그들로서는 유대인들을 비판할 이유가 전혀 없다는 것이다. 결국 유대인들을 현재의 모습으로 만든 것은 하나의 내적 바이러스가 아닌 역사, 즉 "디아스포라"다. 게다가 스탈린적 반유대주의는 이 사실을 전적으로 받아들이지 않았다. 그렇기 때문에 이스라엘인들로 하여금 텔아비브와 모스크바 사이에서 선택하게끔 했던 것이다. 하지만 한 소련 시민이 ── 그가 유대인일지라도 ── 경우에 따라서는 사회주의 조국보다 부르주아 민주주의를 선호할 수 있다는 입장을 밝힌다는 것은 용납될 수 없는 모순이었다. 따라서 소련 유대인들은 국내에 남아 있을 수밖에 없었고, 결국 처형당하게 되었다.

이처럼 우리가 앞에서 말한 바와 같이 통치자는 낡은 인종 차별주의를 *정치적* 기원을 가진 탄압 정책을 유지하기 위해 이용하는 데서 그치지 않았다. 이 정책을 (행동을 통해) 정의하면서 통치자는 실제로 이 인종 차별적 반유대주의를 모든 의미 작용 속에서 (모든 사회 계층을 통해서) 재구축했던 것이다. 이때 그는 단지 ── 자기 자신과 지도부에 대해 ── 상층부의 의미 작용들에 대한 설명을 통해 하층부의 의견의 흐름을 감추는 것을, 또한 역사적 해석을 통해 인종 차별주의적 움직임을 감추는 행위를 유보했던 것이다. 통치적 행위(마르크스주의적이라고 자처하는 정치적 실천)를 통해, 인종 차별주의를 더욱 강화한 대중을 통해 통치자의 총체화하는 재조건화를 포착하기 위해서는 실천적 사건과 경험의 공동 법칙으로서의 순환성을 재발견하는 것으로 충분하다.

포괄적 총체화의 가지성을 위해서는 이것으로 충분하다. 스탈린과 그의 협력자들은 대중에 의해 인종 차별주의자로 재총체화되었다. 사회 전체의 매개를 통해 행위가 그들을 이렇게 규정한 것이다. 우리는 이 경우 어떻게 해서 *의도*가 문제가 되지 않는지를 알 수 있다. 그 의도가 애초에는 *인종 차별적인 것*이 아니었다 할지라도 의도에서 야기된 행위는 여전히 객관적인 견지에서 인종 차별주의에 속하는 것이다. 특히 순환성의 작용 자체에 의해 *의도는 그 이후에 인종 차별적인 것이 될 것이다.* 여기에서 우리는 실천의 통치적 자율성이 어느 정도까지 그 엄격한 조건화와 양립 가능한지를 확실히 알 수 있다. 인종 차별주의가 행동의 의도적인 의미 작용(다른 무엇보다도)으로 재외면화되는 것은 반드시 민중의 반응들의 내면화와 이 반응의 지양으로서 그런 것은 아니다. 하지만 통치권에 의해 가능해진 *원격* 행동을 통해 통치자는 대중이 인종 차별주의에 젖어 있고, 통치자가 인종 차별주의적 슬로건(혹은 준인종 차별적인 슬로건, 원칙을 손상하지 않은 채)을 통해 통합하게 될 사회 속에서 유대인들에 대해 적대적인 정치적 활동을 시도해야 하는 자로서 *자격을 갖추게* 되는 것이다. 이것은 정확히 통치자가 사회 저변에 깔린 인종 차별주의를 자신의 정치적 수단으로, 그리고 아마도 통합의 잠정적인 과정으로 *다시 고안해 낸다는* 것을 의미한다. 실천을 야기하는 상황들, 실천이 추구하는 목표, 실천이 만들어 내는 수단, 실천이 수행하는 집단들과 집렬체들의 재총체화, 이 재총체화에 의해 만들어지고, 요구의 형태로 기도를 통해 통치자 자신을 재총체화하는 고유한 성향 등을 통해 점차 결정되는[157] 이 실천은 나선형의 시간화 과정을 통해 구체화되고, 결국 *하나의 유일한 가능성에 대한 자유로운 선택*으로 규정된다. 우리가 이해하는 변증법적 의미에서 보면 실제로 선택은 자유롭다. 선택은 이전의 상황들에 대한 부정을 통해 정의되는 목표를 위해 현재를 지양한다. 이런 실천과 *가장 거리가 먼* 목표가 여타의 가능성들을 제치고 채택되기 위해서는 선택에 의해 정의되고, 그런 식으로 유지되어야 한다.(게다가 역사적 상황에서 보면 이 새로운 상황들이 그 목적을 추구하도록 강제한

---

157   원고에는 이에 해당하는 주석이 없다.(편집자 주)

다고 *선험적*으로 말할 수는 없다.) 하지만 우리가 지적한 바와 같은 순환적인 상호 작용(종합적이고 통합적인)을 통해 행동은 자신의 유일한 가능성을 고안하고, 그것도 자유롭게 고안하도록 강제되어 있다. 실제로 이와 같은 대중적 정책을 가능하게 해 주는 유일한 수단으로서 인종 차별주의를 선택하는 데 있어서 이 행동은 *이론적* 저항을 극복해야 한다. 이와 같은 수단을 선택하면서 행동은 스스로 인종 차별주의가 되는 것이다. 심리적 제약이나 냉소주의는 언어적 결정 작용에 지나지 않는다. 이와 같은 언어적 결정 작용이 존재할 경우 그것은 통치자가 전달하고자 하는 것과는 반대의 것을 표명하게 된다. 이 언어적 결정은 다음과 같은 사실을 확실히 보여 준다. 즉 반유대주의는 *고립된 개인의 자격*으로 특정 개인에 의해 증명되는(소규모 단체를 통해서든 혼자서든) 공동 실천에 대해, 즉 그 자신의 내부에서 공동 실천을 실현하게끔 하는 공동 개인에 대해 거리를 두려고 하는 의지를 통해 인종 차별적인 것으로 나타난다는 사실이 그것이다.

이런 점을 통해서 보면 우리가 앞에서 제기한 두 번째 문제는 공시적인 포괄적 총체화의 관점에서는 답할 수 없는 것으로 남아 있다는 사실을 이해할 수 있다. 순환성이 신반유대주의가 자유롭고도 불가피한 인종 차별주의로 변화한다는 것을 보여 주기 때문에, 그리고 이 순환성이 진행 중인 총체성들이 그 부분들과 맺는 관계를 통해 변화의 가지성을 포착하게 만들어 주기 때문에 스탈린이 자신의 실천에서 되돌아오는 충격으로 인해 *그런* 행동을 선택했다는 것은 별로 중요하지 않다. 왜냐하면 장의 내적 변화들이 *이 장 자체*를 제외한 모든 가능성을 제거해 버렸기 때문에, 혹은 일탈에 대한 자유로운 필요성을 넘어 통치자의 과거에 대한 참고 자료들을 보충 요소들로 개입시켜야만 하기 때문이다. 실제로 — 우리가 역사 속에서 항상은 아니지만 빈번하게 볼 수 있듯이 —— 중층 결정 작용이 존재한다. 즉 정치적 반유대주의는 확고한 변증법에 의해 인종 차별적 반유대주의가 되는 것이다. 그 이후 스탈린이 죽을 때까지 평생에 걸쳐 입 밖에 낼 수도 없는 유치한 인종 차별주의의 표시들을 달고 다닐 수밖에 없었다는 것은 너무나도 당연하고 개연성이 높은 사실이라고 할 수 있다. 하지만 이런 관점에서 역사적 연구들을 통해 밝혀지게 되는 것은 하나의 전기(傳記)다. 분명 그것은 스탈린에 대한 전기일 것이지만 포괄된 총체화들의 매개적 통치자로서의 그에 대한 전기는 아니다. 또한 이것은 통치자-개인에 의해 각 개인의 소유를 구현하는 특정한 포괄된 총체화로서의 전기도 아니다. 또한 구현은 통시적 종합의 운동 속에서만 연구될 수 있다. 하지만 우리의 역사적 연구는 이와 같은 새로운 연구에 적합한 도구들을 제공해 주지 못한다. 어쨌든 *실천하면서도 스스로를 알지 못했던* 반유대주의자 스탈린은 실천-과정의 공시적이고 포괄된 구현으로 나타난다. 왜냐하면 이 구현은(바로 이 경우에 있어서) 부지불식간에 이루어지고, 자신의 대상들의 변화나 거리 두기를 그 대상에서 생겨나는 부정적인 운동으로 포착하기 때문이다. 다른 한편 실천적 인식은 자신의 일탈에 대한 거짓 인식일 뿐이다.

7. 변증법적 가지성, 질서의 무질서와 무질서의 질서의 순환적 종합

이 마지막 예에서 우리는 논의를 일단락 지었다. 왜냐하면 우리는 통치자를 자신의 통치권에 대한 포괄된 총체화로 보았기 때문이다.

이제 우리는 포괄적 총체화[158]에 대한 연구(1인 통치자 사회의 경우)의 결론을 몇 쪽에 걸쳐 요약할 수 있게 되었다.

*에너지의 방향이 결정된 전환*을 통해 드러나는 것은 객관적이고 물질적인 하나의 현실이다. 전쟁이든 사형이든 간에 모든 것이 *인간의 노동*에 속한다는 사실을 망각한다면 관념론으로부터 빠져나오기란 불가능하다. 각각의 경우에 있어서 비축된 에너지(노동 조직과 이 조직의 노동을 돕는 도구들 속에서와 마찬가지로 이 조직이 가공하는 대상들 속에서)는 한정된 비율로 특정한 실천적 현실들이 지닌 잠재적인 에너지를 고양하기 위해(혹은 적대자들이나 반목적성들의 잠재적 에너지를 파괴하기 위해) *소비된다.* 하지만 역으로 이런 변화들의 총체를 일련의 단계별 목표들을 향한 시간화라는 인간적 관점 속에서 정의하지 않는다면 우리는 가장 부조리한 *비(非)의미* 속에 빠지게 될 것이다.

실제로 이 운동들을 엄격한 물리, 화학적 현실 속에서만 포착한다면 그것들은 우리 눈에 분자들의 운동으로 분산될 것이고, 우리는 **자연의 법칙들**을 다시 발견하게 될 것이다. 하지만 우리는 인간의 가지성이 갖는 특수성을 잃게 될 것이다. 한편 이런 논점이 모든 *실천적 다수성*에 해당된다는 점을 덧붙일 필요가 있다. **우주 전체**가 힘의 장들(인력의 장, 자기장, 중간자장 등등)로 구성되어 있다면 어떤 작업이 문제가 되든 간에 에너지 보존 법칙과 에너지 감소 법칙에 동시에 기반을 두는 변화들을 향한 시간화를 발견할 수 있어야만 한다. 만약 인간의 경우에 목표가 긍정적이라면 이는 다른 한 영역이 희생됨으로써 한 영역으로 옮겨진 보존된 에너지의 이동일 수밖에 없다. 즉 에너지를 긴급히 필요로 하는 영역에 대비하기 위한 것, 다시 말해 희소성

---

158   318쪽 각주 참고.(편집자 주)

을 제거하기 위한 것이다. 하지만 앞에서 살펴보았듯이 이와 같은 사실로부터 다음을 살펴볼 수 있다. 즉 물질에 대한 지배(심지어 상대적인, 무엇보다도 상대적인)가 인간의 소외라는 대가(행위의 변질)[159]를 치르듯이 가공된 물질에 의해 매개된 노동하는 인간은 실천적-타성태의 층위를 구성하게 된다는 사실이다. 이와 같은 실천적-타성태는 행위 주체와 동원된 도구 사이의 등가를 실현하면서 실천의 최초의 구조들을 정의하는 동시에 이것들을 경직시키게 된다. 우리는 또한 집렬체성과 회귀성에도 불구하고 부르주아 사회들이 포괄적 총체화로 나타나게 되는지도 보게 될 것이다.[160] 하지만 본 연구의 현 수준에서 볼 때 이런 총체화는 거대한 물리, 화학적 과정이자 실천적-타성태적 과정이다. 왜냐하면 모든 외재적 타성태가 개인 통치자의 실천적 장 속에서 통합되고 내면화되기 때문이다. 공동 목표(역사적 상황, 노동자와 실천적-타성태의 요구가 바로 그 역할을 수행하도록 통치자를 그 직능에 가장 적합한 자로 지명했기 때문이다.)를 정하는 것은 바로 통치자 자신이다. 이때 그는 통치 기관, 협력 기관, 행정 기관, 통제 기구, 억압 기구 등의 도움을 받는다. 적어도 초기에 이와 같이 긴밀하고 엄격한 통일성[161]은 임무들을 정의 내리기보다는 오히려 하나의 내적이고 종합적

---

159 1권, 제1서, C, 484쪽 이하 참고.(편집자 주)

160 「비독재적 사회 속에서의 총체화」에 대한 설명 그리고 주석은 부록 706쪽을, 베네치아의 역사에 대해서는 727쪽 이하를, 「포괄적 총체화」에 대해서는 739쪽 이하를 참고하라.(편집자 주)

161 우리는 세습 귀족제를 채택한 베네치아의 역사를 대략적으로 살펴보면서 권위주의적이긴 하지만 그다지 놀랍지 않은 한 통합의 예를 들 수 있을 것이다. 하지만 특히 중요한 것은 권력을 장악한 자는 혼자가 아니라는 사실이다. 이것은 사회 전체에 부과되는(혹은 그 반대의 방식으로) 엄격한 통합을 통해 엄격한 내적 통합을 정의하는 실세의 전체(개인이나 매우 축소된 과두 정치의 구성원들)인 것이다. 물론 매우 상이한, 아마도 비교 불가능한 체제들이 문제가 될 것이다. 하지만 우리는 이 연구를 통해 권력 집중을 통해 정의되는 역사상의 사회들과 권력의 분리를 통해 정의되는 사회들 사이에 경계선을 그을 수 있을 것이다.(원주)

인 환경을 만들어 내는 경향이 있다. 이런 환경 속에서 모든 것은 모든 것에 대한 기능이고, 각각의 현실 ─ 그것이 하나의 집합태일지라도 ─ 은 점차 분명하게 드러나는 하나의 목표를 향한 *시간화*의 통합 그 자체 내에서 다른 현실들을 거리를 두고 결정짓는다.

어쨌든 시간화가 여기서 본질적 결정 작용(하나의 목표를 향한 한 사회의 변신 ─ 그 나름의 리듬과 속도를 가진 ─ 으로서)이라 할지라도 총체화는 공시적이라는 사실을 지적할 필요가 있다. 공시주의가 한순간, 즉 진행되고 있는 실천의 한 순간에 적용되지 않는다는 것은 당연하다. 왜냐하면 순간이란 하나의 추상에 불과하기 때문이다. 공시주의라는 말은 실천-과정의 전개를 의미한다. 왜냐하면 이 실천-과정은 이전의 상황들, 즉 *이 상황들로부터* 정의된 목표(결국 최초의 목적들의 실현과 그것들의 지양으로부터 차후에 정의될 모든 목적들을 제외한), 행동에 긴급성을 부여하는 *희소성*을 갖는 구체적인 자원들, 서로에게 명령을 내리는 행동, 행위자들의(일부 통치자들의) 지속적인 현전 등의 전체로 정의되기 때문이다. 이렇게 해서 자본주의 국가들에 의해 봉쇄되었던 시기와 전쟁의 참화 이후의 시기에 소련 산업의 계획된 성장은 사회주의화의 "첫 번째 단계"를 이루고, 스탈린의 죽음으로 인해 종결된 것이다.(즉 성장의 종결은 객관적 요구들에 의해서가 아닌, 그 우연성의 필연성으로서의 통치자의 사실성으로 특징지어지는 것이다.) 이와 같은 국면의 전체에서 보면 포괄적 총체화는 여전히 공시적이다. 왜냐하면 이는 축소된 시간화를 좀 더 광범위한 시간적 전체들에 통합시키는 것을 목표로 하지 않기 때문이다. 일반적으로 좀 더 광범위한 시간적 전체 속에서는 세대 간의 단절, 권력을 이양받은 자에 의해 지양된 것으로서의 실천의 과거로의 이행, 그리고 일의적인 관계 속에서 진행된 국면의 의미를 회고적으로 결정짓는 새로운 의미 작용들의 출현

등을 고려해야만 한다.(세대 간의 단절은 과거로 하여금 현재를 *계속성 속에서* — 즉 공시적으로 그리고 전체적으로 — 조건 지을 수 없게 만든다. 이와 반대로 과거가 먼 미래의 도움만을 받는 경우에만 현재는 이 과거의 의미를 구성한다. 이처럼 먼 미래에서 인간의 불연속성은 이 과거를 소환하여 판단할 수 있게 해 주고, 그 결과 이 즉각적이고 고유한 과거를 독자적으로 어떤 도움 없이 결정짓게 해 준다.) 따라서 시간적인 스탈린주의의 통일성이 존재하게 된다. 이와 같은 통일성의 주요한 특징 중 하나는 시간화의 내적 결정으로서의 과거가 충돌 없이 현재와 결합하고, 모두와 각자에 대한 타성태적 결정 작용을 형성하면서 현재를 평가할 수 있는 도구들을 스스로 만들어 낸다는 점이다. 이처럼 — 기계들이 아무리 터무니없는 선회를 보여 줄지라도 — 시간화는 여전히 공시적 총체화로 남게 된다. 왜냐하면 과거와 현재 사이에는 순환성이 존재하며, 부지불식간에 형성되는 이 사회는 자신의 과거를 결정하기 위한 진정한 거리 두기를 결코 수행할 수 없기 때문이다.

이와 같은 공시적 시간화 — 하나의 기도의 단순한 실현인 — 가 소련의 사회주의화의 첫 단계를 나타내는 명확한 한계들을 항상 가지고 있는 것은 아니다. 행동은 그 자체의 잔재 속에 매몰되어 사라져 버릴 수도 있다. 혹은 행동이 자신의 과거를 완전히 다른 것으로 간주하는 것과 같은 일탈이 있을 수도 있다. 이때 행동은 이런 일탈에 따라 정의될 수 있다. 혹은 내적 상황(인간과 자원의 희소성) 혹은 외적 상황(외국의 개입)이 이 행동을 분산, 즉 실패로 끝나게 만들 수도 있는 것이다. 이것은 과거로부터 물려받은 모순들이 부지불식간에 전개되면서 나타날 수 있다. 혹은 보다 본질적이지만 통합된 하나의 실천, 즉 주어진 상황들의 맥락에 따라 감춰지고 총체화된 실천은 포괄적 총체화로 다시 향할 수 있으며 행위 주체들이 진정한 단절을 알아

채지 못하게 하면서 기도의 방향, 그 목적, 그 수단을 변화시킴으로써 총체성을 총체화할 수 있다. 다시 말해 행위 주체들의 입장에서 목표들은 근심스럽고 예기치 않은 모호성을 보여 주는 것처럼 여겨질 수도 있다. 또한 이 목표들이 "알아보기 힘들게" 되었다고 느낄 수도 있다. 동일한 슬로건을 내세우면서도 매우 교묘한 선전을 통해 개인들에게 변한 것은 그들 자신들뿐이라는 점을 설득할 수도 있다. 이 경우 상황에 처한 역사가에게 있어서만큼이나 어떤 순간들도 그 *자체*로는 — 어림잡아서라도 — 계속되는 변화의 정확한 기점을 지적할 수 없다. 여기에서 실천의 전도라고 명명할 수 있는 것(일반적으로 알려진 것과는 다른 의미에서)은 *하나의 변화*라기보다는 오히려 *하나의 혁명*에 가깝다. 하지만 이 혁명은 몇몇 포괄된 총체성(그러나 같은 의미를 가지지는 않은)이 가진 동일성에 의해 가려져 있을 수 있다. 예컨대 혁명 이후에 전적으로 무기력하게 된 통치자-개인이 하나의 정책의 연속성을 보여 주기 위해 통치자의 속성들을 공식적으로 가지게 되는 경우가 종종 발생한다. 우리는 이와 같은 예를 수없이 나열할 수 있다. 변증법적 가지성은 *하나의 질서*에 대한 관조와는 어떤 공통점도 가지고 있지 않다. 좀 더 자세히 말하자면 실증주의적 질서는 분석적 이성을 지탱하는 하나의 외적인 골격인 것이다. 이에 반해 변증법적 질서는 가지성 자체에 다름 아니다.(즉 포괄적 시간화 속에서 발생하는 질서의 무질서와 무질서의 질서의 순환적 종합인 것이다. 실제로 무질서는 또 다른 *하나의 질서*다. 다시 말해 실천의 한복판에서 일어나는 무질서는 *다른 무질서*로서의 실천적 질서인 것이다.)

발전 중인 한 사회(통치자-개인의 경우)의 통시적이고 공시적인 가지성과 같은 그 무엇이 발생하기 위해서 이런 발전 자체가 — 아주 짧은 순간이고 그것이 외부적 압력하에서 폭발하거나 모순 속에서 분열되기 이전이라 할지라도 — 여전히 만들어지고 실현되는 것은 필요충분조건이다. 그리고 또 다른 필요충분조건은 시간화로서의 이와 같은 실현 — 거대한 물질적 혼란의 방향 지어진 시간화 — 이 모든 것을 통해, 그리고 내재성의 차원에서 보면 개인에게서는 통치자에 의해 수립된 계획의 매개를 통해 야기된다는 것이다. 또한 이 실천은 모두를 위해 그리고 이들 사이에 맺어지는 모든 관계라는 차원에서 볼 때 특정한 실천과 운명으로 재총체화하는 실천으로 재총체화될 것이다. 상황에 처한 역사가에게 있어서 가지성은 전체적 목표가 이전 상황들 전체와 맺는 관계 속에 포함되어 있다. 이 관계는 실천과 그 대상, 그리고 실천과 이화 작용의 산물들 사이에 맺어지는 관계로서, 즉 한 통치자의 생물학적 통일성으로 이루어진 한 사회의 구조화로서, 그리고 한 통치자의 명령의 사회적 재총체화를 통해 이루어진 통치자 개인의 사회화주의화로서 시간화되는 것이다. 만약 실패나 폭발이 내적 결정 작용을 통해(전적으로 혹은 부분적으로) 설명될 수 있다면 이와 같은 대략적인 목표는 문제가 되는 기도를 변증법적으로 밝히는 데 기여할 것이고, 그것도 이 기도가 성공에 이르는 그 순간까지 계속될 것이다. 하지만 집단의 소멸이 이 집단의 실천의 전개와 아무런 내적 관계를 갖지 않는 경우가 발생할 수 있다. 통치자-개인에게 속하는 사회가 문제가 되는 것은 아니지만 이 문제를 잘 해결하기 위해 나는 다음과 같은 예를 들어 보겠다. 고대 로마 연구자들은 다음과 같은 사실에 대해 모두가 동의한다. 즉 폼페이와 이 도시의 주민들을 삼켜 버린 화산 폭발이 발생했을 때 이 도시에서 점차 격렬해지는 사회 투쟁이 전개되고 있었다는 사실이 그것이다. 분명 그 당시 로마 세계 전체에서 이와 같은 사회적 갈등들을 해결하는 방식은 하나의 특수한 경우에도 *가능한* 한 최대의 변화 가능성들을 고려해야 한다는 것을 알려 주었다. 이 도시가 사라졌다고 해서 역사에 *빈틈이 생긴 것*은 아니었다. 그러나 — 현재 우리가 필요한 자료들을 이용할 수 있다면(실제로 그렇지는 못하지만) — 적대적인 기도들의 가지성을 보여 주는 것은 추상적인 한계들(사태들은 *그렇게까지* 나아가지는 않을 것이다.)은 아닐 것이다. 이 가지성을 정초하는 것은 매우 현실적으로 *내부에서* 일어나고 더욱 상세하게 드러나는 목적들을 향한 이 기도들 자체의 실천적 생산이다. 바로 이 경우 이 사회의 파괴가 이 사회 집단의 개별화된 행동이 아니라 당대의 기술이 자연과 맺고 있는 관계를 정의하는 사회-물리적 요인들에 달렸기 때문에, 부정의 실질적 외면성이 존재하기 때문에 그리고 그것을 외면성의 부정을 통해 설명해야 하기 때문에 (우리가 마르크스의 저작에서 그리스인들에 의해 이루어진 소아시아의 식민화가 이 그리스인들이 자연 과학을 기술에 접목하는 방법을 몰랐다는 사실에서 연유한다는 것을 볼 수 있듯이) 폼페이 사건은 원칙적으로 가지적이다. 더 정확히 말하자면 *이 사건의 가지성은 오직 이 사건에 달려 있을 뿐이다.* 만약 변증법적 가지성이 역사 *그 자체*의 특징이 될 수 있다 해도 그것은 *어떤 경우에도* 다음과 같은 사실을 의미하는 것일 수는 없다. 즉 역사가 단순하고 조화롭다는 사실 그리고 역사가 충돌, 후퇴, 일탈 없이 전개된다는 사실, *심지어* 공시적 총체화의 차원에서도[162] 역사가 그 어떤 하나의 의미를 가진다는 사실, 다시 말해 "일정한 방향으로 나아간다"는 사실 말이다. 또한 이 가지성이 사전 연구 없이 하나의 관조적인 직관으로 *인정된다는 것을* 의미하는 것도 아니다. 역사가는 포괄하는 총체화의 운동을 재구성할 수단이 있을 경우에만(항상 이러한 수단을 가지고 있는 것은 아니며, 종종 그렇지도 않

---

162   원고에는 여기에 해당하는 주석이 없다.(편집자 주)

다.) 이 가지성을 발견할 수 있을 것이다. 우리가 말하고자 했던 것은 결국 다음과 같다. 즉 단일화된 통치권을 가진 실천적 체계 내에서 기도의 가지성은 내적 모순들에 달려 있지도 않고, 사실성의 필연성으로서의 우연성, 즉 있는 그대로의 구체적인 것에 달려 있지도, 궁극적인 해결책에 달려 있지도 않다는 것이다.

이렇게 해서 포괄적 총체화는 그 자체에 뿌리를 두고 있으면서, 하나의 목표를 향한 지양으로부터 자신의 통일성을 이끌어 내는 하나의 물질적 현실(즉 인간적이고 실천적인)이다. 이와 같은 사실은 모든 심층적 차원에서도 참이다. 실증주의적 이성에 드러난다는 점에서 에너지의 변환들은 이미 정립된 물리 화학적 법칙들을 입증하게 될 것이다. 하지만 이와 같은 변화의 비가역성, 즉 그것의 연속적인 질서는 이 차원에서 하나의 비가지적 사실로 남게 될 것이다. 즉 *실증주의자*들에게 비가지적인 것으로 남게 될 것이다. 왜냐하면 중요한 것은 ("반응"의 특징들 그 자체 내에서 설명을 찾는) 물리 화학적 비가역성이 아니라 분석적 이성에는 주어지지 않은 원칙을 가진 비가역성이기 때문이다. 이것은 정확히 이와 같은 실질적 전개의 물질성이 변증법적임을 의미한다. 이러한 전개는 인간의 전적인 물질성을 통해 발생한다. 즉 이 인간의 생리적이고 실천적인 내면성이 "자연적" 외면성의 내면화라는 사실과 이와 같은 내면성이 문제들(즉 욕구, 그리고 외면성 속에서 내면적으로 위험에 처한 존재)의 원천이자 그것을 해결할 수 있는 수단(적어도 일시적으로나마)이라는 사실로부터 발생하는 것이다. 왜냐하면 내면성은 그 자체로 타성태와 실천 사이의 매개이기 때문이다. 또한 이와 같은 전개는 유기적 시간화의 통일성에 대한 근본적인 확언, 즉 부정에 대한 부정으로서의 욕구를 통해 발생한다. 즉 외면성의 실천적 형상화(예컨대 *자원의 지형학*, 즉 도구와 기술에 연관된 "자연적" 소여들에 대한 종합적 정리를 통해, 그리고 이미 구조화된 사회 전체의 요구로부터 이루어지는 외적 가능성들의 조망)와 사회의 실천적 형상화(기술들을 토대로 이루어지는 노동 분화, 집렬체화 등등)가 동시에 서로에 의해 결정되는 것은 이런 욕구 자체에 의해서다. 이 욕구는 충족되기를 바라며, 노동과 실천적 장의 통일을 통해 인간에 의한 무생물의 지배와 정확히 맞아떨어지는 가공된 물질에 의한 인간의 지배(한마디로 실천적-타성태)를 발생시키는 욕구다.

하지만 욕구와 그것을 충족시키고자 하는 실천은 그 자체로 매개이며, 우리에게 순환성의 기초적인 양상을 보여 준다. 자원을 규정하는 것은 유기체와 그것의 욕구다. 이는 유기체가 이미 사회화되어 있다는 점에서 그러하다. 하지만 기술들에 의해서 한정된 자원들이 이 기술을 다시 조건 짓고, 그것들의 모든 타성태와 더불어 (원자재와 가공된 물질의 형태하에서) 초창기의 사회적 구조화 속으로 들어가는 것은 자원들(이것들의 우연적 재분배 속에서 주어진 유기체들*에게*는 우연적인 자원들)이다. 하지만 이미 훨씬 복잡해지고 앞선 역사와 실천적-타성태에 대한(즉 실천적-타성태를 통해, 다른 사람들에 맞서) 인간들의 저항을 가정하는 선택된 이 예에서 통치자의 엄격하고도 생물학적인 통일성은 전복된 계급의 유산인 실천적-타성태를 제거한다는 긴급한 욕구를 그 토대로 삼고 있다. 왜냐하면 그의 존재 자체 — 변하지 않는다면 — 는 항상 동일한 사회적 구조를 조건 짓게 될 것이기 때문이다. 이것은 이 구조들이 어떤 방식으로 불린다 할지라도 그러하다. 이것은 실천에 있어서 도구, 자원들, 생산, 생산자들을 함께 변화시키고, 상호 작용을 통해 변화시켜야 하는 의무를 의미한다. 따라서 이 실천이 갖는 근본적 의미 작용은 하나의 목표를 향해 스스로를 시간화하는 지양으로서의 통합이다. 이때 통치자는 통합된 사회의 조직자임과 동시에 이 사회의 미래의 목표이기도 하다. 이 차원에서 ― 그리고 방향의 급격한 탈선에도 불구하고 사회가 오류와 갈등을 *내포*하고 있다는 사실로 인해 ― 볼 때 모든 것은 이 사회를 구성하는 기제와 이 기제들의 억압적 조직의 활동에 의해, 그리고 피지배자들의 실천에 의해 재조건화하고 총체화한다. 하지만 이런 관찰은 낙관주의로 나아갈 수 없다. 즉 물려받은 실천적-타성태를 용해시키면서 통치자와 사회(그에 의한)는 통치자 자신이 조건 지은 사회적 구조들을 내면화시킨다. 그리고 이 내면화의 초월, 즉 그것의 실천적인 재외면화는 약간 다른 기술적 맥락 속에서는 인간과 인간 상호 간의 구조, 제도 그리고 실천 그 자체를 재조건화하는 또 다른 실천적-타성태[163]를 낳는 결과를 가져온다. 일탈된 이 실천이 끊임없이 타성태적 응결로 되돌아와 그것을 분해한다는 점에서, 그리고 이전의 상황, 즉 와해된 실천적-타성태를 재외면화하는 반목적성들을 통해 다른 응결들을 만들어 낸다는 점에서 순환성은 실천적 총체성의 내적 구조로 나타나고, 나선의 형태로 목표를 향해 나아가는 시간화의 운동이 된다. 이처럼 축을 따라 움직이는 방향은 실천적 지양을 보여 준다. 이것은 이 지양이 욕구의 압력하에서 그리고 주어진 상황의 긴급성 속에서 그 자신의 고유한 목적들을 정립했기 때문이다. 행위 자체의 "일탈"은 바로 이와 같은 축 방향과 관련하여 이루어진다. 왜냐하면 순환성을 통한 결과들의 내면화로 인해 이 행동은 실질적 방향을 바로잡을 수단들을 잃게 되며, 그 결과 잠재적 방향으로 가까이 다가서게 되기 때문이다. 조금 더 정확히 말하자면 행동 그 자체가 새로운 사유 도구들

---

163 예를 들어 임금의 폭을 넓힐 "필요성"과 억압의 필요성(생산 수단들을 증가시키기 위한)은 부분적으로 붕괴한 체제의 유산들이다. 왜냐하면 이 체제의 실천적-타성태는 그대로 남아 있기 때문이다.(원주)

을 통해 항상 동일한 방향으로 스스로를 지양하는 것으로 구성되기 때문이다.

따라서 이처럼 총체화하는 현실은 다음과 같은 두 가지 사실을 동시에 특징으로 가진다. 즉 이 현실(장의 종합적 구조)을 구성하는 요소들을 통합시키는 관계들의 *내재성*이 그 하나이고, 이 현실 속에서 집합태들을 만들고 인간적인 관계들을 사물화하는 경향을 가진 실천적-타성태적 응결 작용의 현전이 다른 하나다. 이 모순은 그 자체로, 그리고 명백하게 총체화의 실질적인 파괴가 되기는커녕 오히려 시간화의 동인을 구성한다. 실천적-타성태의 내적 실존이 없다면 총체화는 총체성이 되거나 아니면 아무것도 아닌 것이 될 것이다. 이 총체화는 *존재하지 않게 될 것이다.* 왜냐하면 욕구, 자원, 기술 들에 근거한 실천적-타성태가 정확히 수동적 종합, 즉 [총체화]가 그것으로부터 발생하는 종합, 그리고 그 이후에 총체화에 의해 포괄되어 결국 용해되는 종합이기 때문이다. 그리고 만약 우리가 이 총체화를 (생각지 못한 상황이나 분명 *다른 곳*에서나 가능해 보이는 상황 속에서) 만나게 된다면 순환성과 마찬가지로 시간화한 재총체화의 나선 운동 역시 사라지게 될 것이다. 그렇게 되면 우리는 하나의 전체, 분명히 살아 있지만 시간적이고 실천적인 결정을 내포하지 않은 전체에 직면하게 될 것이다. 왜냐하면 자유로운 유기체들 사이의 유일한 매개는 역시 자유로운 또 다른 유기체들이 될 것이기 때문이다. 이처럼 실천적-타성태는 순환성 속에서 실천에 의해 와해되어야 하는 것, 그리고 외면성 속에서 그 자체로 이루어지는 실천의 결정 작용으로서 나타난다. 실천을 일탈시키는 것은 실천적-타성태다. 하지만 그 자신 속에 수동적 물질성의 심층적인 층위들을 내포하고 있는 것 역시 실천적-타성태다. 또한 행동이 주권적으로 에너지 변환의 질서와 정도를 조절할 수 있는 것도 역시 이 실천적-타성태의 타성태적 종합을 통해서다. 이런 의미에서 보면 외면적 타성태는 장의 물리 화학적 층위로부터 통치적 유기체들까지 거슬러 올라간다. 한 가지 예만 들어 보자면 실천적-타성태를 통해 스탈린 시대의 관료주의의 계층화된 위계질서 속에서 볼 수 있는 것은 바로 "자연적" 외면성인 것이다. 하지만 순환성의 실천적 계기 속에서 실천은 새로운 목표들을 향해 자신의 외면성을 극복해 나가고, 그렇게 함으로써 자신의 실천적 장의 개방을 종합적으로 결정한다. 장의 모든 요소 사이의 상호적 내재성의 관계들이 정립되는 것은 바로 이와 같은 내면성 속에서다. 집렬체와 집합태의 존재는 여기에 아무런 변화도 가져다줄 수 없다. 즉 어떤 개인의 집렬체적 무기력과 그가 집렬체화된 특정 집합체 내에서 다른 사람들과 맺는 관계들의 사물화는 그의 다른 인간적 관계들이 집렬체적이라는 사실을 의미하지 않으며, 그의 행동들이 그 자신의 집렬체적 구조들과 더불어서 포괄적 총체화를 재총체화한다는 사실을 의미하지도 않는다. 게다가 집렬체가 하나의 지배 수단이 된다는 점에서, 집렬체적 개인들 사이의 관계는 통치적 실천을 통해 *준내면성*의 성격을 띠게 된다. 이때 이 관계들은 사물화된 외면성의 특징을 상실하지 않으며, 이 개인들을 *타자의 자격*으로 통합하는 것을 그치지 않는다.

더 중요해 보이는 문제는 "순환성"이라는 용어의 의미를 오해해서는 안 된다는 것이다. 실제로 단 하나의 실천적 결정만 고려한다면 내적으로는 장의 내적 수정을 통해 이루어지는 하나의 행동의 계기와 외적으로는 하나의 결정의 계기가 존재하게 된다. 이 계기 속에서 수동적 종합들의 타성태적 결과는 그 행위 주체들을 통해 그 자체의 타성태로 이 결과들을 낳았던 실천의 구조들을 오염시킨다. 하지만 그렇다고 해서 통치적 활동이 중단되고 그 자신의 앙상한 이미지에 자리를 내어주게 되는 것은 아니다. 오히려 통치적 활동은 지속되며, 이 활동을 통해 외면성의 타성태적 층위들이 효율성을 간직한 채 통일성 속에서 유지되는 것이다. 게다가 통치자에게서 비롯된 여타의 행위들은 그 기원과 근본적 목표 속에서 통합되고 즉각적인 목표에 의해 다양화되며, 상호적 요구들을 통해 서로 다시 연결된다. 이와 같은 여러 활동은 — 해결해야 할 문제들의 위급성과 순서에 따라 생겨나는 미세한 틈에 의해 — 이전의 실천이 스스로 만들어 낸 타성태에 의해 이미 오염된 바로 그 순간에도 내면성의 계기 속에서 발생한다. 이처럼 포괄적 순환성은 실제로 *순환성*들에 의해 구성된 것으로 간주되어야 한다. 이 순환성들의 다양한 편차로 인해 *하나*의 순환 고리와 보충적인 두 계기를 발견하지 못할 수도 있다. 외면성의 각 요소는 그것이 구성된 계기가 어떤 것이든 간에 직접적 혹은 간접적으로 어떤 부분적 활동이라도 — 그것이 나중에 일어나는 것이라 할지라도 — 일탈시킬 수 있다. 이와 마찬가지로 타성태의 각 요소는 다른 요소들과 결합하여 그것이 어떤 시대이든 간에 훗날 사회학자가 연구하게 될 골격을 구성하게 된다. *하지만* 이와 같은 수동적인 상호 조건화가 가능하다면, 그리고 그것으로 말미암아 이 골격의 전체가 총체화하는 실천에 영향을 미친다면 이는 부분적 활동들이 다양한 침전물들 사이의 매개로 작용하기 때문이다. 이와 같은 사실을 통해 우리는 하나의 동일한 총체화하는 실천이 서로 다른 시대의 침전물들에 의해 내부로부터 재조건화된다는 사실을 알 수 있다. 하지만 그 결과 순환성의 법칙이 변화하는 것은 아니다. 왜냐하면 침전물들은 실천에 의해 형성된 것이며, 특정 활동들의 현재적 매개 작용을 통해 실천을 재조건화하기 때문이다. 이때 특정한 활동들은 실천의 부분으로서 총체화의 실천 속으로 통합된다. 이처럼 순환성의 운동은 특정한 반응에 고유한 시간적 편차와 지연과 더불어 조건화와 재조건화의 복잡한 작용을 방해하기는커녕 그것의 유일한 토대가 된다. 하지만 이 운동은 시간화의 내적 운동으로 발생하는 것이기 때문에 역사가는 시간화의 심층 차원에서 이 운동을 재발견해야 한다. 그렇게 되면 포괄적 총체화(통치자 개인의 경우에서)는 우선 타성태적 침전물들과 행동들이 얽힌 형국으로 나타난다. 이와 같은 경험적 지식의 차원에 머물 경우 역사는 길을 잃게 된다. 역사는 사회학 앞에서 사라지거나 제도들과 실천들을 병치시키거나 이들 서로를 일탈시킬 위험이 있다. 왜냐하면 이와 같은 사회학은 순환성의 변증법적 법칙과 그 인식론적 결과 그리고 순환론적 해석의 법칙을 이해하지 못할 것이기 때문이다.

8. 포괄적 총체화의 의미

이상의 논의를 토대로 실천적 과정으로서의 포괄적 총체성[164]의 *의미*를 더욱 잘 파악하기 위해서는 다음과 같은 논의들을 전개해야 한다.

(1) 이 현실은 인간의 *인간적* 실현을 온전히 보여 주는 것이다. 실제로 이 현실은 목표들을 정립하면서만, 즉 미래로에서 출발해서 과거를 부정함으로써만 생겨나고 전개될 수 있다. 달리 말하자면 이 현실의 전개 구조, 즉 시간화는 전형적으로 인간적인 것이다.[165] 실천-

---

164 318쪽 각주 참고.(편집자 주)
165 이는 시간화라는 하나의 문제가 존재한다는 것을 의미하는 것은 아니다. 자유로운 유기체의 실천은 소위 구성하는 시간화라고 불리는 것을 통해 자신의 결과 속에서 총체화하고 객체화한다.

과정은 현재성 내에서조차 그 자신 속에서 과거를 부정하는 미래에 의해 정의된다. 게다가 총체화 작용들 속에서와 마찬가지로 부분들에서도 인간의 노력과 노동에 의해 산출되는 것은 아무것도 없다. 우리가 수차례 반복했듯이 강제하에(외국의 개입하에) 이루어진다 할지라도 이 노동은 다음과 같은 이유에서 동의된 것이다. 그 이유는 죽는 것보다 더 선호해서가 아니라고 해도 — 오직 특정 상황들만이 죽음을 하나의 선택의 가능한 항으로 결정할 수 있다고 이미 이야기한 바 있다[166] — 어쨌든 처형이 목적에 대한 즉각적인 재수락이기 때문이다. 달리 말하자면 행위 주체는 한 명의 인간이고, 이 인간은 비록 노예일지라도 자신의 노동에서는 주권자이기 때문이다. *비록 노동자가 객체화됨에 따라 실천적-타성태로 인해 노동의 결과들로부터 소외된다 할지라도, 노동이 하나의 상품으로 판매된다 할지라도, 그리고 노동이 적대 세력으로 나타나고 따라서 "실재의 파괴"로 실현된다 할지라도 그러하다. 어쨌든 이 인간은 몸소 이 노동을 해야만 한다.*

하지만 집단의 경우, 특히 포괄적 총체화의 경우에서는 구성된 시간화의 문제가 제기된다. 여기에서 문제는 포괄적 시간화가 포괄된 혹은 구성하는 시간화들에 의해 발생했다는 점을 고려해 볼 때 어떻게 발생할 수 있으며, 또한 이 포괄적 시간화가 포괄된 시간화들이나 구성하는 시간화들에 어떻게 환경으로 사용될 수 있는지를 아는 것이다. 그러고 나서 이 구성하는 시간화들이 어떻게 공동 목표를 향해 그것을 이끌어 가는 시간화하는 환경의 내면화에 의해 재시간화되는가를 알아야 한다. 우리는 이미 이 본질적으로 변증법적인 문제가 모든 이들이 아는 다음과 같은 또 다른 문제와 확연히 구분된다는 사실을 살펴본 바 있다. 즉 물리학에서 말하는 시간-공간 단위가 어떻게 다수의 구성하는 총체화들과 양립할 수 있는가에 대한 문제가 그것이다. 달리 말하자면 어떤 매개에 의해 그리고 어떤 역사적 상황 속에서 실천적 시간화들이 이와 같은 추상적 결정 작용들을 자신의 타성태적 용기로 만들어 내는지, 그리고 이와 같은 작용이 어떻게 가능했는지 말이다. 이 두 번째 문제에 대한 대답은 다음과 같은 간단한 말로 요약할 수 있다. 즉 괘종시계의 시간은 하나의 집합태다. 다시 말해 각자에게 있어서 타자의 시간인 것이다. 이와 반대로 총체화하고 구성된 시간화는 각각의 역사적 총체화에 대한 그것의 기원 속에서 변증법적으로 따라야만 하는 종합적이고 변증법적인 하나의 전개다. (원주)

166   1권, 제1서, C, 469쪽. (편집자 주)

즉 이 노동을 원해야만 하는 것이다. 수많은 사람과 수많은 행위 주체에 의해 감내되고(내면화) 다시 취해지는(외면화) 하나의 통합적 실천, 그것은 이 행위 주체들의 *존재*(존재태로 다시 추락한 집렬체적 무기력, 감내된 미래로서의 운명)이자 *행위*다. *모든 행위 주체가 포함된*(통치자가 포함된) 장의 통일성 속에서 실천 자체는 내재성의 법칙(전체가 전체와 맺는 내적 관계)과 구현의 법칙이라고 명명될 수 있는 것을 정의한다. 실천-과정의 이 모든 특징은 *오직 인간에게만* 해당하는(우리가 인간 사회 이외의 다른 실천적 다수성을 알지 못하는 한에서) 것이다. 그리고 인식의 관점에서 보면 *인간들에게만*(동등하거나 우월한 정신적 발전의 실천적 다수성에게만) 가지적이다. 이 총체화하는 흐름을 오직 **실증주의적 이성**에게만 접근 가능한 사실들의 총체로 환원시키기 위한 모든 노력은 결국 역사화의 특수한 내면성을 순수한 외면성으로 변화시키기에 이른다. 이처럼 종합적 통합은 실증주의적 이성의 통계적 진리(이 진리는 불완전하고 비합리적이다. 왜냐하면 자신의 정합성을 자신이 부정하는 종합적 구조들로부터 도출해 내기 때문이다.)로 환원될 것이다.

(2) 하지만 일탈의 현실 — 각각의 나선 구조 속에서 발생하고, 처음에 확립된 특정 목적과 관련하여 일어나는 일탈 속에서 요약되는 것으로서의 — 은 특히 행동이 자기 자신으로부터 벗어나면서 외면화된다는 점에서 완전한 이해를 매듭짓는다. 그리고 이 현실은 하나의 *후원력*으로서 이 현실을 자신의 내부에서 만들어 낸 자들을 외부로부터 변화시킨다. 이렇게 해서 투사되지도 예견되지도, 심지어는 도중에 발견되지도 않았던 결과에 이르게 된다는 점에서, 그리고 다음과 같이 말할 수 있다는 점에서, 즉 사물들이 인간들을 만들어 냈고, 인간들에게 그 자신에 대한 잘못된 인식과 과거, 미래의 목적들에 대한 잘못된 인식을 부여했다고 말할 수 있다는 점에서 총체화는

*반인간적인 것*으로 나타난다. 비인간적이 아니라 반인간적이라고 말한 것은 문제가 되는 것이 정확히 자연 세계로의 회귀가 아니기 때문이다. 또한 이런 관점에서 보면 실천-과정은 무생물의 애매한 덩어리처럼 나타나는 것이 아니기 때문이다. 이와 반대로 교회의 사제들이 말하는 악마와 같이 실천의 외면성은 기생적이다. 즉 앞에서 보았듯이 그것은 자신의 효율성과 존재를 내면성으로부터 빌려 오는 것이다. 모든 형태의 활동을 매개로 하여 침전물들이 형성되는 것은 내재성과 목적론적 통합이라는 *순전히 인간적인 장*을 통해서다. 목표에 접근함에 따라 실천은 스스로를 *하나의 외부*로 구성하며, 이런 점에서 인간적 실천으로 드러난다. 왜냐하면 오직 인간들로 구성된 사회만이 무생물적 대상들 사이에서 현재의 관계 없이도 다음과 같은 종합적 관계들을 만들 수 있기 때문이다. 즉 이 무생물적 대상들이 자신들의 타성태로부터 벗어나 차례로 강제적인 요구들을 표명하게끔 하는 관계들이 바로 그것이다. 이 요구들의 기원은 실천적 종합들의 수렴적 환경에 의해 각성되고 지지되며 통합된 외면적 필연성에 있다. 따라서 실천-과정은 계속해서 인간적 행위가 되는 인간적 과정으로 나타난다. 그리고 행동은 이 과정 속에서 자신의 장의 타성태적 구조들의 와해 혹은 변형에 의해 해방된 타성태들을 스스로 짊어진 것으로 나타난다. 모든 것에는 대가가 따른다. 따라서 포괄적 총체화를 통해 우리는 대가(예컨대 자원 혹은 도구의 희소성을 떠맡고, 그 자신의 특수한 희소성, 즉 인간들의 희소성에 의해 스스로를 변화시키는 대가를 치러서라도 이 희소성을 점차 감소시키는 것을 말한다.)를 치르는 결과들과 행동들을 동시에 볼 수 있다.

분명 포괄하는 총체화가 *즉자적*으로, *대자적*으로 발생한다는 것은 생각해 볼 만한 문제다. 즉 한정된 상황들 ─ 덜 심각한 위급성, 지도자들과 대중의 좀 더 동질적인 문화, 인간들의 최소한의 희소성 등등을 가정할 수 있는 ― 속에서 일탈(그것이 어떠한 차원에서 발생할지라도)에 대한 자각은 일탈을 통제하고 축소할 것이다. 하지만 사회 환경이 갖는 거대한 유동성과 준동질성, 애초에 통치자가 피지배자들과 맺었던 또 다른 관계, 다시 말해 국가의 쇠락을 진전시킨 형태들이 필요할 것이다. 결국 우리가 끊임없이 실천의 방향을 수정한다면 실천적 결과들은 훨씬 유리해질 것이지만 형식적 구조로서의 순환성은 변화되지 않을 것이다. 좀 더 급진적인 가정, 완전히 스스로를 인식하고 있는 기술과 경제를 가정해 본다면 사회-기도의 내적 조직에 의해 변화하고 발전한 사이버네틱스의 적용에서도 순환성은 변화하지 않을 것이다. 즉 적어도 몇몇 영역에서는(특히 계획 경제라는 영역에서는) 순환성 자체를 조건 짓고, 그것에 의해 일종의 피드백을 결정짓는 것이 가능해 보인다. 실제로 순환성으로서의 실천-과정은 그 자체로 하나의 피드백이다. 즉 결과는 원칙에 영향을 미치고 결과를 만들어 낸 힘에도 영향을 미친다. 행위 주체들을 통해 행위 자체의 외면성 내에서 이루어지는 이와 같은 재조건화가 바로 피드백이다. 간단히 말해 우리는 이런 재조건화를 부정적인 것으로 명명할 것인데, 왜냐하면 그 결과가 실천을 수정하는 것이 아니라 오히려 왜곡하기 때문이다. 그 결과 우리는 기술과 과학이 좀 더 발전하게 될 사회가 ― 스탈린의 사회처럼 ― 순환성을 벗어나는 것처럼 보이기는커녕 실천을 통제하기 위해 순환성에 복종할 것이며, 보완 기제들을 통해 그리고 그 결과에 의해 자동적으로 일탈을 수정하게 될 것이라고 상상할 수 있다. 하지만 이 두 과정은 순전히 형식적인 측면에서만 우리의 관심을 끈다. 실제로 이 과정들 속에서 우리는 이 가정들이 항상 사용되었지만(스탈린 시대에도 비판은 존재했다. 피드백에 대해 말하자면 국가가 고유한 힘이 가진 위험에 대처하기 위해 민주적 체제에 종종 의지했던 것이 바로 이 피드백이다.) 앞으로도 (실천의 체계적 완화제로서) 사용되리라고 보장해 주는 것은 아무것도 없다고 주장할 수 있다. 이와 같은 사실을 통해 우리는 역사의 의미와 공시적 총체화의 문제로 되돌아가게 된다. 다만 모든 경우에서 ─ 희소성의 시대의 일탈에 대해 생각 가능한 유일한 치료제 ─ 역사적 과정이 이와 같은 *피드백*, 즉 순환성의 드러냄이라는 사실을 미리 인정하는 것이 앞에서 기술한 방법들을 적용 가능하고 효과적이게끔 하는 조건이 된다는 점을 지적해 두자. 실천적 과정은 거대할 것이지만 변증법적이고 형식적인 변모는 제한적일 것이다. 만약 *인간들의* 노동을 통해 발생한 실천-과정이 통제된 순환성에 의해 자신의 일탈을 통제한다면 그 역시 제한적이 될 것이다. 실제로 각각의 새로운 문제들에서 즉흥적인 순환성이 다시 드러날 것이고, 이것들에 대한 새로운 수정 작업이 필요해질 것이다. 더구나 사용된 체계가 어떤 것이든 간에 그리고 모든 것에는 대가가 따르기 때문에 *피드백*으로서의 자각은 첫 번째 일탈을 제거하면서 반성적인 순환성을 발생시킬 것이고, 이에 따라 또 다른 일탈이 생겨날 것이다.

(3) 역사적 인식의 관점에서 순환성은 실천 과정의 총체적 이해를 가능하게 하는가? 실제로 우리는 구성된 행위들에 대한 이해가 비록 구성하는 이해와는 다르다 할지라도 그것이 하나의 조직과 행동에 관련되는 한 여전히 가능하고 완전히 수정될 수 있다는 사실을 알고 있다. 왜냐하면 이해는 다른 무엇이 아닌 *실천* 그 자체이기 때문이다. 다시 말해 하나의 공동 실천으로 구성된 이해는 서약을 통해 스스로 공동 개인이 될 수 있는 역사가로부터 생겨나기 때문이다. 하지만 포괄적 총체화는 행위 주체를 향한 타성태의 회귀를 포함하기 때문에 자기 자신을 재조건 지을 수 있다. 이해란 이와 같은 퇴화 과정

의 포착을 말하는 것인가? 솔직히 그렇다고 대답해야 할 것이다. 실제로 이와 같은 재조건화는 어떤 이유에서든 **실증주의적 이성**을 벗어나 있다. 이런 재조건화가 결국에는 내면적인 것의 외면성을 구성하는 것은 사실이다. 하지만 그 자체로 외면성 속에서 작용하는 것은 아니다. 즉 행위 주체들 스스로가 정립했던 실천적-타성태에 의해 이 주체들을 결정하는 것은 원거리의 관계들을 통해 그리고 그들의 행동 각각이 구성하는 포괄된 구현을 통해서다. 그렇기 때문에 앞에서 살펴보았듯이, 스탈린적 관료주의의 구성과 계층화가 설명될 수 있다. 어쨌든 여기에서도 변증법적 가지성이 문제로 남는다. 계층화의 과정은 그 자체로 명증성을 가지기 때문에 가지적인 것이다. 또한 실천적-타성태가 총체화의 변증법적 환경을 통해 굴절되기 때문에, 그리고 총체화를 통해서만 — 실천적-타성태가 자신의 종합적 활동을 총체화에서 빌려 온다는 점에서 — 효율성을 갖기 때문에 이와 같은 가지성은 변증법적이다. 하지만 *가지적*이고 *변증법적*인 것이 필연적으로 이해 가능하다는 의미는 아니다. 이와 같은 원거리의 결정, 행동에 기생하는 결정이 어떤 식으로든 실천적 활동들이 아니라는 점은 사실이지 않은가? 물론 그렇다. 더구나 이와 같은 사실은 우리에게 폐쇄된 사회, 통치자에 의해 차단된 사회의 주요한 양상을 보여 준다. 즉 이 사회는 구성된 변증법으로서의 총체화 속에 반변증법의 장을 통합한다는 것이다. 이와 같은 논의를 통해 변증법과 반변증법의 관계에 대해 알아보고 있는 우리에게 있어서 이 둘의 가능한 관계에 대한 첫 번째 예는 바로 다음과 같다. 즉 둘 가운데 하나가 다른 하나를 사로잡아 그것을 와해하고, 동화시키는 경우가 있다. 이런 상황은 마치 암이 몸에 퍼지는 것과 같은 작용에 의해서만 가능하다. 실천적-타성태(다시 말해 반변증법)가 변증법에 의해 이용되고 침투된다는 점에서 실천(구성된 변증법)은 반변증법에 의해 내부로부터 중독되는 것이다. 일탈, 그것은 변증법의 반변증법적 재조건화다. 그리고 (부분적으로) 반변증법적이라는 점에서 일탈은 통치적 실천이다. 하지만 정확히 말해 이런 이유로 다양한 변화들은 구성된 이해의 한계들을 넘어서지 못한다. 실제로 구성된 이해 — 구성하는 이해와 마찬가지로 — 는 자신의 순수성 안에서 행동을 포착하는 것에 그치지 않는다. 이와 반대로 나는 「방법의 문제」에서 개인적 행위(나의 대화 상대자가 창문을 열기 위해 몸을 일으키는 것과 같은)에 대한 이해가 어떻게 이 행위의 순수한 의미에, 즉 수단의 매개를 통해 욕구와 목적 사이에 맺어지는 시간적 관계에, 그리고 그 구체적 현실 — 즉 그것의 구현과 일(이 행위에는 일탈이 너무 많거나 너무 적을 수도 있고, 다른 것이 있을 수도 있다.)에 — 에 동시에 작용하게 되는지 살펴본 바 있다.[167] 만약 내 친구가 한창 대화하는 도중에 답답한 듯 갑자기 몸을 일으켜 창문 쪽으로 향한다면 그의 행동에 포함된 특수한 성격은 그 자체로 공기라는 목적에 의해, 혹은 그것이 필요하다는 단순한 욕구에 의해 요구된 것이 아닌 것으로 드러나게 된다. 이런 식으로 나는 이 행동을 추상적으로 추정할 수 있다. 만약 그가 숨이 막혔다면 *서둘러* 창문을 열었어야 했을 것이다. 만약 밖이 매우 춥고, 실내 온도가 적당하다면 이와 같은 그의 행동은 위급함만으로는 설명할 수 없을 것이다. 만약 내가 추위를 타는 사람이라는 사실을 그가 알았더라면 대화를 시작할 때나 한 시간 후에 내 의견을 물어볼 수도 있었을 것이다. 하지만 이와 같은 그의 특수성들이 "정상적"이고 추상적인 행동 모델과는 차이가 있다는 점에서 — 이해가 갖는 후진적 행위를 통해 — 나는 나의

---

167   1권, 「방법의 문제」, 175~176쪽 참고.(편집자 주)

대화 상대자의 특수한 성격을 고려하게 된다. 즉 이전의 특정한 조건들을 내면화하고 초월하는 과정에서 그가 보여 준 모습을 고려하게 되는 것이다. 변증법적 이해는 미래를 통해 현재를, 현재를 통해 과거를 발견한다. 그가 숨이 막혀 일어서자마자 변증법적 이해는 열린 창문에서 상기되고 땀이 흐르는 그의 얼굴로 향하게 되며, 바로 다음 상황에서 이와 같은 그의 얼굴을 기대하게 된다. 하지만 이와 동시에 변증법적 이해는 과거 속으로 들어가 여러 추억을 통해 이처럼 조급하고, 통제되지 않은 행동들의 근원, 이처럼 거침없는 행동, 몸과 그 몸의 욕구 — 아주 위급하게 충족해야 할 때, 즉 마지막 순간에서야 표출되는 — 가 보여 주는 이와 같은 무의식적 행동("그 사람은 항상 그랬어.")의 근원을 발견하게 된다. 이와 같은 가벼운 일탈은 그것이 행동의 형태로 일어난다는 단순한 이유 때문에 이해 가능하다. 즉 갑작스러움, 조급함 등등은 행동에 속하는 *것이며*, 이 행동들은 더욱 심층적인 조건들을 지양하고, 이 조건들로부터 스스로를 지키며, 이들을 부정하고 보존하고 스스로에 알맞게 조정하고자 하는 경향을 가지는 것이다. 이처럼 상황 자체는 나에게 있어서 하나의 추상화, 하나의 행동의 배경이 되는 의미를 가질 뿐이다. 따라서 나는 이 상황을 행동의 형태로만 만날 수 있다. 상황은 나에게도, 특히 그 의미 자체에도 *상태*의 형태로는 드러나지 않는다.

그런데 구성된 이해와 재조건화한 실천에서도 이런 상황은 마찬가지다. 만약 한 사회학자가 통계 자료들을 가지고 있다면 그는 소련에 대한 *하나의 사회* 모델을 재구성할 수 있을 것이다. 그리고 이 모델을 계획화된 산업화의 과정(내면성 속에서 포착된 과정)의 지지물로 간주할 수 있을 것이다. 하지만 이 사회학자는 비변증법적이고 몰이해적인 태도를 취하면서 이 사회를 드러낸다. 물론 이것은 그의 권리다.

기술된 대상은 실증주의적 이성에 속하며 우리는 이 대상을 한 실증주의자의 눈으로 볼 수 있다. 하지만 구체적인 것, 즉 역사로 눈을 돌리면 우리는 오직 공동 실천과 특수한 활동들의 일탈을 통해서만 사회 전체를 포착할 수 있다. 물론 우선적으로 이 사회학자에게 질문을 던지고 그와 함께 그가 만든 추상적 모델과 생활 수준, 명예, 권력 등과 같은 요소들의 차이로 특징지어지는 계층화를 검토해야 할 것이다. 하지만 이는 단지 집단들이나 *실천의 생생한 성격*으로 드러나는 일탈의 추상적 의미로서의 공동 개인들 내에서 이 모델을 재내면화하기 위해서일 뿐이다. 사실 순환성의 운동은 외면성의 정립을 침전물, 지층, 퇴적물들의 추상적이고 도식적인 지형학으로서만 포함할 뿐이다. 말하자면 그것은 반변증법의 시간인 것이다. 즉 역사가의 이해는 이전의 상황들과 고정된 목표로부터 세부적인 행동들(목표에 도달하기 위한 수단의 수단을 생산할 목적을 가진)에 관련되고 통합된 다양성으로 나아간다. 그리고 그는 달성된 결과들을 통해 행위 주체들의 대상화 자체 속에서 이 최초의 시행착오를 특징짓는 모호성이나 불확실성 혹은 모순을 포착한다. 바로 이런 점에서 그는 "사회학적" 연구를 통해 예측과 실현 사이의 *간극*들에 대한 체계적인 전체를 만들어 내게 된다. 추상적 의미 작용의 타성태적 골격으로서의 이 간극들을 통해 특정한 *사회-*모델이 구축될 것이다. 하지만 이와 같은 반변증법의 계기는 단지 연구를 이끌어 나가기 위해서만 필요하다. 즉 역사적인 이해는 통치자의 행위들로 되돌아가는 것이다. 역사는 새로운 목표들과 관련된, 그리고 ─ 구성하는 이해가 개인에 대하여 그러하듯이 ─ 이 새로운 목표들이 밝혀 주는 과거와 관련된 특수성 속에서 통치자의 행위를 이해하는 것이다. 결과적으로 과거는 특수성을 통해 그리고 자신의 원천으로서의 초월된 것의 추상화 속에서 모습을 드러낸다. 과거는 이 행위들이 발견해 낸 새로운 토대로서 이해의 대상이 된다. 즉 이 행위들이 생겨나며, 이 행위들의 당사자도 모르는 사이에 지양 자체 속에서 이 행위들을 통해 유지되는 토대가 그것이다. 인간, 인간의 실천, 이 실천을 조명할 수 있는 빛에 대한 이와 같은 추상적 토대는 정확히 말해 *사회적 모델*이다. 이 모델은 사회학자에 의해 정립된 것이긴 하지만 통치자의 행동과 지도 집단 그리고 모든 이의 행동의 일탈을 밝혀 주는 추상적 *배경 의미 작용*으로서만 그 현실성을 가질 수 있다. 역사가가 통치자의 실천으로부터 대중 그리고 실천적-타성태의 새로운 변형으로 다시 추락하고, 곧이어 추상적이고 통계적인 새로운 결정 작용들을 통해 자기 행동의 새로운 결과들로 다시 조건 지어진 통치자에게로 올라가면서 포착할 수 있는 것이 바로 이것이다. 이처럼 순환적 가지성은 항상 이해를 동반한다. 왜냐하면 역사가는 오직 실천에만 관련될 뿐이며, 타성태를 행동의 심연에 남겨진 잔재로서 발견하기 때문이다. 이때 역사가의 이해의 방향은 일단 후진적이었다가 다시 전진적인 것이 될 것이다. 왜냐하면 그는 우회를 통해 타성태를 발견하게 될 것이고 타성태를 통해 우회를 해석해 낼 것이기 때문이다.

(4) 이해에 대한 이와 같은 논의를 통해 우리는 개인적 행동과 통치적 총체화를 비교할 수 있게 되었고, 또한 이와 같은 총체화의 의미를 더욱 심화시킬 수 있을 것이다. 포괄적 총체화에 내포된 비인간적 측면으로 인해 우리가 길에서 벗어난 것은 사실이지만 실천의 일탈이 오직 공동 행동들과 집단적 모험들에만 관련된 사실이 아니라는 점을 밝혀 둘 필요가 있다. 내면성의 순환과 내면성의 외면성은 구성하는 실천의 차원에서부터 드러난다. 우리는 「방법의 문제」의 예를 살펴보면서 이 점을 지적한 바 있다. 하지만 우리는 —— 한편 매우 모

호한 이 예에 대해서 ― 개인적 실천의 유일한 변질은 실천적-타성태로의 이 실천의 소외라고 생각할 수 있으며, 이 개인적 실천의 유일한 일탈의 원천은 행위 주체에 의해 이루어지는 이전의 소외에 대한 내면화 속에 남겨져 있다고 생각할 수 있다. 실제로 개인적 일탈의 가장 보편적인 토대는 이전의 혹은 가까운 미래의 소외다. 이는 *실제로*, 그리고 초월의 도입을 통해(실천적-타성태의 지배와 제삼자를 통해) 명백히 일탈한 실천의 순환적 구조를 배제하고 있다. 비록 방법론적으로 연구의 순환성이 역사가에 의해 보존될지라도 말이다. 하지만 순환성은 또한 개인적 실천의 몇몇 양상을 특징짓기도 한다. 이런 관점에서 보면 피로라는 *보편적* 경우는 특징적인 것이다. 물론 여기에서 문제가 되는 것은 노동이 피로와 맺는 관계를 일정한 사회 유형에 대한 참고 없이 추상적으로 고려하는 것이다. 만약 우리의 사회가 문제가 될 경우 노동자가 소지주인지 혹은 그가 노동의 도구를 소유하는지(운전사들이 자신의 택시를 가지고 있는 것처럼) 혹은 그가 자기 노동력을 하나의 상품으로 팔고 있는 것은 아닌지에 대해서 알지 못한 채 이 관계를 추상적으로 고려하는 것이다. *모든 것에는 대가가 따른다*는 점에서(실천을 *희소성의 장* 속에서, 그리고 에너지 보존 법칙을 토대로 정의 내리는 종합적 원칙) 중요한 것은 개인적 실천의 장에 가해지는 모든 변형(예컨대 수확이나 입고와 같은 우선은 분산되어 있는 에너지 자원들의 축적)이 에너지의 변화처럼 이루어진다는 것이다. 즉 노동자를 (단순히 잠재적 에너지를 가진 자로서가 아니라) *한 명의 인간*으로 간주할 경우 이 에너지의 변화는 행위 주체에게 있어서 *에너지를 소비한다*는 것을 의미한다.(몇몇 저장된 에너지의 산화와 "연소", 열악한 상황하에서 이루어진 불가피한 에너지의 소모 ― 외부 온도의 상승, 발한 ―, 이와 같은 연소를 통해 이루어지는 노폐물 ― 어떤 것들은 바로 사라지고, 어떤 것들은 다소 오랫동안 남아 있는 ─ 의 생산 등이 그것이다.) 가장 적합한 가정 속에서 이 에너지의 소비는 예상했던 결과에 소용되는 에너지 비용과 정확히 일치하게 된다.(이것이 우리가 고려하게 될 이상적인 경우다. 하지만 실제로는 항상 상당량의 낭비가 동반되는 법이다.) 어쨌든 결과가 긍정적이라면 그것은 이 결과가 또 다른 관점으로부터(욕구나 수확물의 판매나 보호 등의) 그리고 다른 영역에서 순수한 창조, 즉 바람직한 잠재적 상태의 갑작스러운 상승으로 나타나기 때문이다. 또한 이와 같은 상승 ─ 새로이 고려된 장 속에서의 ─ 은 상황을 통해 노동자에게 가해진 소모를 *보충하는 것으로서* 이루어지기 때문이다.

하지만 욕구와 위험은 모든 사회에서 긴급 상황을 만들어 낸다. 기근이나 적들의 위협이 닥칠 경우 노동은 경직된다. 구덩이를 파기 위한 수백 번의 삽질도 소용이 없다. 토성을 쌓기 위해서는 단기간에 수만 번의 삽질이 필요한 것이다. 이처럼 각각의 개인은 상황이 요구하는 만큼 행위를 재개하게 되고 그럴 때마다 피로가 증가하며(에너지의 비축분이 소모되고, 노폐물과 독성이 쌓인다.), 동일한 행위의 반복이 어려워진다.(정확히 말해 노동자들 각자가 "몸이 축난 것"으로 느끼는 경우에 흔히 "컨디션을 *회복해야겠군.*"이라고 말하는 경우다.)

하지만 이와 같은 사실은 그리 간단한 것이 아니다. 피로에는 정신 생리학적 요인이 있다. 그리고 하루 동안의 노동 속에 나타나는 피로의 모습은 안정된 순간과 갑작스럽게 피로가 증가하는 순간을 모두 포함한다. 본질적인 것은 주체 내에서 촉발된 타성태적 변형들(소비된 자원들의 부재, 독성과 유기체 내의 반목적성으로서의 노폐물의 *존재*에 대한 부정적 타성태, 더 이상 노동을 할 수 없게 만드는 수단)에 의해 완수된 행위가 이 주체로 하여금 같은 행위를 하지 못하게끔 한다는 것이다. 특히 ─ 피로가 질적인 결과들을 낳는다는 점에서 ─ 행동 자체는 실천적 유기체에 대해 그 결과가 가져다주는 영향에 의해 변형(통치자-개인의 경우에서와 같이)된다. 특정한 상황에 이르면 행동은 정확성과 효율성을 모두 잃는다. 또한 집중력도 감소한다. 자유롭다면 노동자는 이렇게 말하며 일을 그칠 것이다. 더 해 봐야 무슨 소용이 있겠냐고 말이다. 이와 반대로 그가 자유롭지 않거나 일에 매여 있거나 혹은 자신에 대해 통제가 되지 않을 경우 실질적으로 이루어진 "부실 공사"만큼이나 실수를 범할 위험이 증가한다. 이처럼 "부실한" 작업의 어떤 예를 들어 보아도 일탈에 대한 객관적인 예증을 할 수 있을 것이다. 특정 노동자의 입장에서 보면 목적은 계획된 생산을 증가시킴으로써 더 많은 급여를 지급받는 데 있다. 즉 여덟 시간 동안 특정 몇 개의 *결함 없는* 제품을 만들어 내는 것이다. 이렇게 해서 특정 몇 개의 상품이 생산된다고 하더라도, 그 개수당 "부실한" 상품 몇 개라는 비율은 일탈을 나타낸다. 피로 때문에 목표는 다음과 같이 변화하게 된다. 즉 포기하지 않고, 악착같이 달려들어서 무슨 일이 있어도 처음에 예상했던 목표치를 달성해야 한다는 것이다. 무기력함으로 인한 무분별, 집중력의 감소, 협소해진 시야로 인해 "부실"들이 만들어진다. 왜냐하면 지금 당장에는 그가 행하는 노동의 도구들이 바로 이런 것들이기 때문이다. 하지만 이런 상황을 극복하려고 노력하면서 (즉 눈을 똑바로 뜨고, 작업 지시를 상기하려 애쓰면서) 이 노동자는 *자각을 하기에* 필요한 거리를 갖지 못하는 것이다.(즉 *한 가련한 인간이 그를 대신해서 일을 할 수도 있다는 사실을 인식하기 위해* 필요한 거리를 갖지 못하는 것이다.) 객관적으로 보아 이처럼 줄어든 기능에 대한 지양조차 실제로는 완전한 작업이기 때문에(긴급한 시기에 자신의 결점을 인식하고 집중하는 방법은 그 결점에 맞서 싸우는 것, 자신을 완전히 추스르는 것뿐이다. 이 경우 모든 상황을 고려할 정도로 일에 너무나 몰입하고, 너무나도 자신의 임무에만 신경 쓴 나머지 자신의 모든 행동 속에서, 그리고 이 결점으로 인해 야기되는 투지를 통해 오히려 벌충되었어야 했을 손해분이 다시 만들어지게 되는 것이다.)[168] 가공된 물질 속에 기입된 일탈로서의(반목적성의 종합적 단위로서의) "부실"은 이 노동자를 비켜 간다. 왜냐하면 이 노동자는 자신의 행동과 이 행동의 객체화가 부실을 야기해서는 안 된다는 임무를 스스로에게 부여하고 있기 때문이다. 한편 인간이 피로라고 하는 노동의 결과와 맺는 이런 관계 속에서 우리는 책임이라는 실천적 총체성의 진정한 문제를 다시 발견하게 된다. 단지 칸트주의에서 볼 수 있는 형식적 의도를 참조하는 것이 문제가 아니다.(이 경우 그는 적당하지 않은 일을 하는 위험을 감수한 것이다.) 오히려 피로는 특정한 순간에 행해진 실천이고, 이 사람은 그 순간 자신이 피로를 체험하는 방식에 의해 스스로를 규정한다. 즉 자신의 생리적 구조, 이 구조를 통해 내면화된 과거(질병, 부상, 작업 사고)와의 관계하에서만 아니라 그를 구성하는 내적인 장(사회적인 것의 내면화, 지양 등등), 행동을 통해 현동화하는 개인적 의미 작용들의 다차원성과의 관계하에서도 스스로를 규정하는 것이다. 각자는 피곤에 대한 저항 속에서 완전히 스스로를 생산하고 또 재생산하는 것이다. 자신의 원초적 의도에 대해 — *그리고 자신도 모르는 사이에* — 스스로 선고를 내리는 것은 바로 이와 같은 실천의 수준에서다.(즉 이와 같은 생산의 증가를 목표로 정한 것이 옳은 일이었는지 여부를 실질적으로 결정하는 것도 이 수준에서 일어난다.)[169]

---

168 나는 여기에서 능력이나 어떤 하나의 기능에 대해서는 주의를 기울이지 않아도 된다는 점을 지적할 필요는 없다고 생각한다. 하지만 실천 전체에 대해서는 그럴 필요가 있다고 본다. 왜냐하면 실천은 그 자신의 통제 기관들을 낳고, 자신의 전체적인 전개를 통해 이 기관들을 조건 짓기 때문이다.(원주)

169 추상적인 예를 들면서 나는 당연히 생산의 평균적 증가율을 극한까지 밀어 올리기를 바라는 사회 속에서 개인이 지는 사회적 책임에 대해서는 말하지 않겠다. 다만 내가 방금 지적한 실천적 선고가 하나의 구체적 사회 속에서는 명백히 이 노동자가 자신이 속한 계급과 맺는 관계, 그

이렇게 해서 순환성은 개인적 실천 속에 존재하게 되며, 그것이 피로로 나타난다는 점에서 이 실천의 토대를 구성한다고도 할 수 있다. 비록 실천의 다수성이 모든 형태하에서 구성된 실천을 증폭시키면서 그것의 총체화하는 시간화의 근본적 구조로 재생산한다 할지라도 이 구성된 실천에 고유한 하나의 사실이 중요한 것이 아니다. 하지만 행위 주체가 가공된 물질과 맺는 실천적 관계만큼은 중요하다. 그리고 이 관계의 원칙은 에너지의 변환 과정에 있어서 제공된 에너지와 수용된 에너지 사이에 등가 관계(모든 에너지 "감소"와는 무관하게)가 있기도 하고 없기도 하다는 것이다. 하나의 결과를 낳기 위한 목적으로 하나의 유기체(혹은 실천적 다수성)에 의해 이루어진 소비로서의 제공된 에너지는 이 유기체의 입장에서(혹은 다수성의 입장에서) 그리고 희소성의 장 속에서 획득된 결과를 재생산할 수 없다는 타성태적(일시적 혹은 결정적인) 불가능성, 혹은 다른 영역에서 다른 변화들을 만들어 낼 수 없다는 타성태적 불가능성으로 특징지어진다. 가공된 물질에 의해 흡수된 이 에너지는 그 자체 내부에서 외면성에 대한 수동적 종합이 된다. 하나의 전체 혹은 하나의 총체화에 의해 *소비되었기* 때문에 이 에너지의 부족분은 유기체 내부에서(혹은 실천적 다수성 내부에서) 하나의 실천적 종합의 한복판에서 이루어지는 외면성의 출현으로 (단지 결핍으로서만이 아니라 노폐물의 존재로서) 발생한다. 달리 말하자면 이 변화들 속에는 *소비* — 이는 하나의 물질적이고 실천적인 사태이다. 왜냐하면 이것은 지속적인 선택의 자원의 절약을 강요하는 목표, 요구, 위험의 세계를 전제하기 때문이다 — 와 이 소비의 *유기적인(혹은 사회적인)* 기억이 존재한다. 예컨대 이 기억이 새로운 일을

리고 이 관계를 통해 사회 전체와 맺는 관계에 의해 조건 지어진다는 사실만을 지적하고자 한다.(원주)

할 수 없다는 사실, 즉 외부적 객관성이 발하는 특정한 새로운 요구와 실천적 관계를 맺을 수 없다는 사실로 체험되기 때문이다. 유기체에 있어서 순환성은 행동의 비용이라고 부를 수 있는 것에 그 기원을 둔다. 그리고 진행 중인 총체화의 입장에서 볼 때는 **역사**의 비용이라고 부를 수 있는 것에 그 기원을 두고 있다.

이와 같은 비교는 포괄적 총체화 내에서 인간적인 것과 반인간적인 것의 관계(실천과 반실천, 변증법과 반변증법의 관계)를 더 잘 이해하게 해 준다. 실제로 어떤 관점에서 보면 모든 소외(비록 소외가 필연적으로 그것을 탈취하고, 종종 그것의 기원이 된다 할지라도)의 밖에서조차 인간적인 것과 반인간적인 것의 불가분한 통일성은 일상생활의 매 순간에서, 그리고 우리가 만나는 모든 개인에게서 드러난다. 요컨대 인간을 만드는 것은 바로 이와 같은 통일성 자체인 것이다. 어떤 사람은 *너무 크게* 웃고, 어떤 사람은 *너무 큰* 목소리로 말하거나 *너무 작은* 목소리로 말한다. 또 어떤 사람은 *너무* 서투르다. 어떤 사람은 깨지기 쉬운 물건을 아주 조심스럽게 옮기다가 결국에는 깨뜨리고 또는 중요한 서류들을 주의를 기울여 정리해 놓았다가 나중에 어디 있는지 찾지 못한다. 또 어떤 사람은 연회를 열고, 참여한 사람들이 이 연회를 즐기기를 *지나치게* 바라기도 한다. 결국 그는 조바심으로 인해 모든 것을 망치고 만다. 이런 예들은 수없이 많다. 이것이 우리의 삶 자체이기 때문이다. 이와 같은 과부족과 과잉 상태, 적절한 상황에서의 부적절한 행동은 바로 그가 모르는 것이자 다른 사람을 통해서만 알게 되는 것들이다. 이것은 자신의 실천적 내면성의 내적 한계로서 드러나는 그의 외면성인 것이다. 아마도 어떤 분석가가 치료라는 미명하에 숨겨진 타성태와 결점을 드러낼 수도 있을 것이다. 하지만 우리는 우리가 지닌 결점과 숨겨진 타성태들을 볼 수 없다. 왜냐하면 그것들은 우리의 안경이나 눈 그 자체이기 때문이다. 그래서 이와 같은 일탈의 추상적 의미 작용으로서의 일탈된 실천을 통해서만 타인들의 숨겨진 타성태와 결점을 포착하게 되는 것이다. 달리 말하자면 *타자*는 나의 경험에 실천적인 것으로, 오직 그러한 것으로만 출현하는 것이다.(압제자들 혹은 실천적 타성태의 제약을 감내할 때도 사정은 마찬가지다.) 타자의 외면성은 *그의 실천이 보여 주는 차이에 불과하다.* 이처럼 내 친구, 이 행인의 행동 자체는 그 목적과 그것에 관련된 일탈을 제공한다. 목적과 일탈, 의미 작용과 반의미 작용은 경험의 불가분한 통일성 속으로 빠져들어 간다.

이 경우 반목적성들이 넘쳐 나는 이러한 의미 작용은 실천으로 남아 있으면서도 그 논리적 엄격성을 잃고 만다. 즉 능동적인 것과 수동적인 것은 *의미*의 통일성 안에서 이해에 주어지게 된다. 내 앞으로 지나쳐 가는 이 여자는 분명 겸손하고 정직할 것이다. 그녀는 일을 하고, 그 진지한 표정이나 조심스러운 몸가짐은 스캔들을 일으킬 것처럼 보이지 않는다. 그럼에도 불구하고 그녀는 요란한 옷을 입고, 이목을 끄는 모자를 쓰고 있다. 이런 옷차림은 어떤 행동을 보여 준다. 그녀는 원피스와 모자를 구입했고, 그것들을 선택했던 것이다. 하지만 이런 행동을 통해서 이 여자의 수동적 결정 작용들 가운데 어떤 것은 이 결정 작용을 지양하는 행동을 일탈시키면서 빨간색과 파란색의 강렬한 대조 속에서, 요란한 모자와 뻔뻔하고 무관심한 듯한 그녀의 얼굴의 대비 속에서 나타난다. 가공된 물질의 수동성과 "옷차림"의 종합적 타성태는 이 젊은 여성이 내면화하는 타성태 자체를 매우 정확히 보여 주고 있다. 이런 의미에서 옷은 그녀의 행위의 *외면성*인 것이다. 그리고 이와 같은 외면성은 다음과 같은 경우에 포착된다. 즉 앞에서 지적한 대조들이 즉각적으로 행위(선택과 구매)와 그 행위의 일탈, 그리고 이와 동시에 이 행동이 포함하고 있고 일탈 속에서 재현 동화하는 지양된 타성태를 가리킬 때 바로 이 외면성이 포착되는 것이다. 이 여자는 꾸미는 데 무관심하고 나르시시즘과 애교를 부릴 줄 모르기 때문에, 또한 화려한 옷들을 자신과 연결하지 못하기 때문에, 요컨대 경험이 부족하고 순진하기 때문에(어머니나 여성 노동자로서 자신이 행하는 진지한 실천과는 완전히 대조되기 때문에) 결국 그녀는 이 세련되지 못한 요란한 옷과 "우스꽝스러운"형태의 모자에 끌리게 되고 또한 점원의 꼬임에 넘어가 그것을 사게 된 것이다. 그녀는 이 옷들을 소유한다는 것만 생각했을 뿐 ── 마치 자신이 알지 못하는 쾌락을 약간 맛보듯 ── 자신이 입게 될 것은 생각지 못했던 것이다. 그럼에도 불구하고 이 즉각적인 욕망의 대체는 실제 행동에서 나타나는 기분 전환과도 같다. 왜냐하면 그녀는 실제로 그리고 매우 이성적으로 그 옷들을 구입했고, 입지 않는 옷과 쓰지 않는 모자들을 대신하기 위해 가져왔던 것이다. 이런 행위는 오래전부터 생각했던 것이고, 그것을 위해 석 달 동안 저축을 해야 했을 것이다. 이처럼 어떤 사람이 기분 전환 속에서 ── 시의적절하지 않게 ── 재현동화한다는 점에서 볼 때 이 여자의 행동은 전체적으로 봤을 때는 큰 변화가 없지만 약간의 일탈을 경험하게 된다. 비록 그녀의 평소 *신조와* 목표가 같다 할지라도 선택된 대상은 이미 이 대상을 선택하는 방식에 의해 변질되었다. 이 같은 요란함을 위해 단조롭고 어두운 색상의 원피스들과 무채색은 무시되었던 것이다.

하지만 어떤 의미에서 보면 우리는 그녀가 하고 싶었던 행동을 옮긴 것이라고 생각할 수도 있다. 즉 그녀는 치마 한 벌과 모자 하나를 사기 위해 모아 놓은(이 목적을 위해 행해졌던) 돈을 소비한 것이다. 이 치마와 모자는 그녀의 치수에 맞춰 선택되었다. 이런 견지에서 그것들은 그녀에게 잘 어울리는 것이다. 이때 일탈은 모든 상황 속에서 이 사람 전체가 보여 주는 애매한 의도인 것이다. 자신이 살고 있는 환경의 일상적인 의식들과 풍속에 따라 행동하고, 관찰하고, 말하는 방식 속에서 동일한 관심이 항상 나타난다. "튀어 보이지" 않는 것, "남들처럼 행동하는 것"이 그것이다. 이와 같은 사실로 인해 평상시 그녀는 눈에 *띄지 않고 지내는 것*이다. 이런 사실이 간과될 수 있었던 것은 그녀가 옷을 선택했을 때 그 행동 속에 이러한 목적이 암암리에 내포되어 있었기 때문이다. 그리고 그녀의 존재태가 갖는 두 가지 양상의 실천을 통한 종합은 조심스러운 행동과 소란스러운 치장 사이의 대조 속에서 나타나게 될 것이다. 구매라는 실천적 선택을 통해 자신에 대한 무관심(*대상에서 직관적으로 쾌락을 얻고자 하는 저속한 취향*)은 조신해지려는 욕망과 하나가 된다. 마치 일시적으로 그녀의 판단력이 흐려지고 (이와 같은 소여들 사이에 맺어지는 심층적인 관계들이 어떠한 것이든 간에) 하나의 행동이 예기치 못한 결과들을 낳는 하나의 목적으로 일탈하듯이 말이다. 실제로 그녀는 ─ 정확히 말해 그녀는 부자가 아니기 때문에 ─ 그 자체로 스캔들인 이 네수스의 망토를 천이 해어질 때까지 입어야만 할 것이다. 스스로 자신이 입은 옷이 요란스럽다는 것을 알아차리게 되면 그녀는 좀 더 신중하게 행동하려고 할 것이다. 그녀는 조신해야 한다는 생각에 시달리게 될 것이다. 하지만 그녀는 불편함 ─ 모든 사람에게 자기 자신이 이 옷을 입을 자격이 없다는 사실을 명백하게 드러내는 ─ 을 느끼면서 어떤 보호막도 없이 모든 사람의 눈앞에 자신의 모습을 드러낼 것이다. 우리 연구의 장 속에서 보면 이런 의미 있는 치장은 물론 타자들과의 통일성 속에서 이루어진다. 그리고 이 타자 역시 마찬가지다. 사실상 이 옷들은 그녀에 의해 만들어진 것도, 오직 그녀만을 위해 만들어진 것도 아니기 때문이다. 야릇한 옷을 입은 사람들의 광기(비사회성)를 비난하는 것은 이 특별하고 화려한 옷이 아니다. 사실상 이 옷은 일련의 상품들이며, 그 제조자는 특정한 사회적 계층을 목표로 했던 것이다.

그렇다면 어떤 계층을 말하는가? 그 자신도 완전히 알지 못한다. 아는 것은 다만 몇몇 매장에서 이와 같은 종류의 상품들이 항상 팔려 나가고 있다는 것이다. 이처럼 상품은 그 취득자를 지시하고, 이 취득자를 사회적으로 분류한다. 예컨대 상품은 젊은 층, 쾌활함, 뺨에 분을 바르고, 품행이 단정하지 못하고, 매우 가난하고, 세련되지 못한 여자의 생기발랄함에 맞추어질 것이다. 이런 여자들에게 요란함이란 고객을 끌어들이는 수단의 하나다. 실천의 외면성은 지금 말한 대조, 즉 사회적인 대조를 통해 드러난다. 즉 실천의 일탈을 통해 이 옷을 산 여인은 구입한 옷으로 자신이 일정한 사회 계층에 속한다는 사실을 내비치는 것이다. 그녀의 행동거지나 머리 모양을 보아서는 그녀가 결코 이 계층에 속하지 않는다는 사실이 명백해 보이는데도 말이다. 그녀를 이런 식으로 지칭하는 것, 그것은 사회가 그녀에게 제안한 (이 경우 이 범주에 속한 사람들에게는 기성복이 된다.) *여러 가능한 선택 속에서 드러나는 부자연스러운 카테고리에* 대해 다른 사회 계층들이 내리는 판단이다. 물론 선택들은 문제가 되는 범주에 속한 소비자들에게서 고유한 열망을 이끌어 내지만 그것을 재조건화하는 것이다. 이처럼 복잡한 의미 작용 — 요구, 특정 선입견들을 반영하고 있는 기성품에 의한 요구의 재조정, 수요자들에 의한 이런 재조건화의 무의식적인 수용 — 은 가공된 물질의 수동적 종합으로서의 사회성이다. 달리 말하자면 그것은 사회적 관념으로서의 물질성이다. 이와 같은 의미 작용은 또 다른 의미 작용을 실현하는 세 개의 계층과 함께 경험 속에서 스스로 조직화한다. 이때 의미 작용은 다음과 같은 것이 된다. 즉 거짓된 지칭, 혹은 기껏해야 그 사람의 거짓된 사회적 정체성, 이 여자와 이 여자를 *상황 짓는* 사회 전체 간에 맺어지는 불안정한 관계가 그것이다. 논의는 이것으로 충분하다. 중요한 것은 이 사람, 그의 용모, 그의 몸짓, 그의 원피스와 모자 등이 이루는 구체적인 통일성 속에서 조직화된 이런 의미 작용들이 하나의 부정할 수 없는 현실, 즉 이 사람 자체를 만들어 낸다는 것이다. 왜냐하면 이 사람 스스로가 사회적 시간의 실천적 장 속에서 만들어지기 때문이다.

하지만 이와 같은 명백함은 더 이상 의미 작용이라 말할 수 없다. 이 의미 작용들의 통일성이 모두에 의한 각자의 일탈과 각자에 의한 각자의 일탈을 포함하고 있다는 의미에서 그러하다. 이런 이유에서 우리는 이 여자를 둘러싼 사회적 미래와 *상황 지어진* 관계를 그녀의 구체적인 모습에 대한 명백함과 가지성 속에서, 그녀의 행동이 갖는 의미 작용이 아니라 그 여자 자체의 *의미*라고 부르게 된다. 사실 부유하고 유명한 의상 디자이너의 고객이며, 어릴 때부터 개인 취향 속에 자신이 속한 계급의 취향을 반영하고 있는 여자가 차이를 이해하기 위해서는 합리적인 선택을 생각하는 것만으로도 충분하다. 이 부유한 여자에게 모든 것은 의미 작용이다. 하지만 의미가 존재한다면 그것은 다른 곳에 있는 것이다. 우리는 첫 번째의 경우에서 실제로 내면성의 외면화를 목격하게 된다. 하지만 이와 같은 외면화는 개인적 실천의 내면화하는 통일성에 의해 재포착되는 동시에 이 실천을 *사회화*로 이끄는 또 다른 의미 작용의 층위 속에서 희석된다. 여기에서 반인간적인 요소는 이 여자의 머릿속을 따라다니며, 이 여자를 창녀로 만드는(별 효과는 없는) 바로 그 치마인 것이다. 반대로 인간적인 요소는 치마를 좋아하고 객관성의 함정에 빠지면서까지 자신의 검소함에 의해 기만당한 여자, 그리고 자신이 속한 집단이 아닌 다른 집단의 유니

폼처럼 그 치마를 결국에는 입고 마는 그 여자인 것이다. 또한 (어쨌든 이 치마를 통해 변화되었지만) 치마의 차원을 넘어, 그리고 수동적 선고가 되어 버린 이 선택에 대항하여 이 여자는 자신의 검소함과 신중한 성격 속에서 스스로를 다시 만들어 내면서 조신해지는 것이다. 왜냐하면 그녀는 자신에 대해 생각할 시간도 취향도 없기 때문이다. 또한 목표 속에서 일상생활의 무미건조함과 대조를 이루는 것은 인간적이고 동시에 반인간적인 것이다. 이는 무엇인가에 대한 근본적으로 합당하지만 기만적인 취향, 동시에 기만당한 보잘것없는 취향인 것이다. 왜냐하면 이와 같은 *저속한 취향*, "*저속함*"은 아름다움에 대한 막연한 예감에 불과하기 때문이다.

바로 이 차원 — 다른 것이 아니라 바로 *의미*의 차원 — 에서 합리적으로 규정된 — 결코 달성되지도 그렇다고 완전히 실패한 것도 아닌 — 목표들을 가지고 행동하는 인간의 문제가 제기될 수 있다. 이 사람은 자신이 몸소 실천한 것의 초월적 의미들로 항상 넘쳐 나며, 인간적인 것과 반인간적인 것의 유예 상태에 있는 종합처럼 정확히 인간적인 모습을 보여 준다. 왜냐하면 이 사람은 자신이 행한 것 이외의 그 어떤 것 — 즉 다른 사람들에 의해 부여된 의미에 따라 이 사람이 행하는 것 — 도 될 수 없기 때문이다. 이 사람은 자기 자신으로부터 도피하고 자신을 잘 모르기 때문에, 그리고 다시 정신을 차리고 스스로를 인식하고 통제하기 때문에 인간적이다. 또한 이와 같은 통제 속에서 그의 실천이 일탈되기 때문에, 요컨대 스스로에 대한 반성적 자각을 통해 두 번째 단계에서 자신의 외면성을 재외면화하기 위해 이 외면성을 재내면화하기 때문에 인간적인 것이다. 따라서 우리는 이와 같은 순환성을 통해 한 인간을 *이해하게 된다*. 우리는 이 인간을 통해 그의 행위를 포착하며, 그의 행동을 통해 그를 파악하는 것이다. 결국 *의미*란 완수해야 할 임무들 —— 전진적인 만큼이나 후진적인 —— 에 대한 종합적 지시인 것이다.

이런 의미에서 우리는 이제 역사적 재구성의 관점을 채택하면서 실천-과정이 *하나의 의미* 실현이라는 형태하에서 과거의 시간화로 드러난다고 말할 수 있다. 물론 여전히 역사의 의미에 대한 *통시적* 문제가 중요하지는 않다. 단지 제한되고 지나간 시간화의 공시적 의미가 중요한 것이다. 이런 점에서 보면 비록 역사가 실천-과정으로 나타난다 할지라도, 즉 *최대한의* 통합의 경우에서조차 통제력의 *상실로*, 스스로에게서 벗어나고, 행위 주체를 넘어서서 고착화시키는 행동으로, 무지, 비(非)의식 혹은 거짓 의식으로, 즉 스스로를 인지하지 못하는 실천으로 나타난다 할지라도 *정확히 이런 이유로* 역사는 인간적인 것이다. 역사는 사물들 속에 일시적으로 정립된 질서의 대가를 지불한다는 점에서 사회적 총체 속에서의 무질서다. 또한 사회적 무질서의 점진적인 강화를 통해 (수정의 가능성이 있든 없든 간에) 이 실제적 질서를 변질시키는 것이다. 시간적 나선 운동의 방향으로서의 의미는 그 자체로 하나의 실천적 의미 작용이며 시간화 속에서 그리고 그것에 의해서만 이해될 수 있다. 예컨대 이른바 "스탈린주의"를 전축에 판을 얹듯 조립하자마자 작동하기 시작하는 엄밀한 기계적 메커니즘으로 제시하는 모든 사람은 (최근의 실질적인 경직화로 인해) 다음과 같은 사실을 잊고 있는 것이다. 즉 만약 모든 획득된 결과, (이 결과들이 발생했던 질서 속에서) 그것들을 얻게 했던 조치, 사용된 수단, 소비된 자원, 자신의 행위를 통한 행위 주체들의 변화, 행위 자체에 의해 발생하고 그것을 위해 발생한 이론 등등의 이론-실천적 통일성으로서의 스탈린주의가 지속성의 형태(타성태적 구조, 반복, 빈도)하에서 기술될 수만 있다면 이 스탈린주의를 구성하고 있는 요소들의 기계적 상호 조건화는 하나의 정신적 관점, 즉 시간화의 마지막 계기 속에서 이루어지는 실천-과정의 횡단면에 불과하다는 사실이다. 어쨌든 실제로는 저개발 국가에서 계획 경제로 나타나는 성장, 관료 제도, 관념적인 의지주의, 개인숭배(나는 이런 항목들을 우연히 선택했고, 예시로서만 택했다.) 등의 개념들을 어떤 매개를 통해 통합한다 할지라도 구성된 총체는 하나의 원형으로 제시될 것이다. 그리고 나는 이 원형을 또 다른 역사적 계기들 속에서 다소간 변형된 형태로 찾아볼 수 있을 것이다.(일부 관찰자들이 이 법칙을 비교를 통해 도출해 낼 수 있을 정도로 말이다. 예컨대 공산당 독재는 저개발 국가에서 산업화를 가장 빨리 이룩해 낼 수 있는 가장 좋은 유일한 수단일 수 있다.) 하지만 바로 이런 점으로 인해 개념들(종합적으로 연결되어 있다 할지라도)의 대상으로서의 원형은 그 자체의 시간적 결정 작용을 상실한 채 보편화된다. 요컨대 이 원형은 그것을 우리가 실천적 내면성으로부터 분리해 낼 때 과정의 외면성을 보여 주는 것이다. 하나의 무생물적이고 비시간적인 대상(즉 이 대상의 상대적인 지속성 속에서 구성되었고, 그 자체를 생산해 내고 이용하며 파기하는 시간화의 추상화를 일시적으로 만들어 내는 대상), 예컨대 하나의 도구나 하나의 물리, 화학적 사건과 관련된 언어적 결정 작용들 사이에 맺어진 관계들의 총체가 이 대상의 *추상적 의미* 작용으로서 엄격하게 정의될 수 있다는 의미에서 바로 이 원형은 다시 의미 작용이 되는 것이다.

하지만 의미는 역사와 더불어 사라지게 된다. 우리가 여기에서 의미라고 부르는 것은 실제로 스탈린주의가 그것을 구성하는 유일하고도 *비할 데 없는* 시간화와 맺는 와해 불가능한 통일성의 관계인 것이다. 달리 말하자면 역사의 의미는 이 통일성 내부에서 볼 수 있는 다음과 같은 두 가지 운동의 완전한 가역성이다. 첫 번째 운동은 후진적인 것이다. 이 운동은 1950년의 경직화된 실천으로부터 1928년에 시작된(혹은 1917년, 혹은 더 이전에, 어쨌든 날짜를 결정하는 것인 역사적 이해다.) 변화로 거슬러 올라가는 것이다. 이것은 마치 출발 시점부터 혁명의 미래 운명을 통해 각각의 혁명적 행동들을 조명하기 위한 것과 같다. 다른 하나는 전진적인 운동이다. 이 운동은 하나의 유일한 모험에 대한 순환적 이해 속에서 희소성에 대항하는 투쟁의 특별한 승리를 통해서만큼이나 독성의 분비와 반목적성들을 통해 항상 실천적이고 항상 개인적이며, *감내된 것인 만큼 항상 고안된 것*인 일탈들이 점차 만들어지는 것을 지켜보는 운동이다. 이 일탈들의 총체는 이미 지양된 과거에 속할 경우 체계로서의 *바로 그 스탈린주의*가 될 것이다. 요컨대 혁명의 초기 단계에서 소련의 모험으로서의 계획 경제의 성장이 갖는 *의미*는 오늘날 지나간 시간화의 미래인 동시에 현재적 시간화의 과거인 스탈린주의를 의미한다. 왜냐하면 이 스탈린주의의 기원과 쇠락은 이 도식적 체계 속에 통합되어 이 체계의 구체적인(즉 시간적인) 두께, 특이성, 결정 작용(보편적인 것에 대한 부정과 거부로서의)이 되기 때문이다. 우리가 방금 사용했던 용어를 다시 한 번 사용하자면 자기 속에 고유한 시간화를 포함하는 스탈린주의-모험인 것이지 스탈린주의-원형이 아닌 것이다.(이 도식의 근본적인 관계들은 수평적으로 서로를 조건 짓는다. 그렇다고 해서 이 체계의 존재 근원이 시간화된 과거의 수직성 속에서 추구되거나 발견되는 것은 아니다.)

이런 관점에서 보면 실천-과정의 *의미*는 실천-과정의 도처에 있다고 말할 수 있다. 왜냐하면 하나의 제한된 시간화가 실천-과정의 내부에서 구현되기 때문이다. 이처럼 **구체제**(뒤에서 이루어질 연구를 미리 언급하자면),[170] 독일의 작은 궁정들, 18세기 초반의 프로테스탄티

---

170 통시적인 것에 대한 연구. 역사 속에서의 의미에 대해서는 부록의 「역사는 역사에 호소한다」, 743쪽, 660~663쪽의 **진보**에 대한 각주를 참고.(편집자 주)

즘, "이성-전통"의 모순이 갖는 의미와 마찬가지로 사회적 위계질서와 예술가의 지위가 갖는 의미 역시 바흐의 클라브생 푸가 연주에 의해 우리의 귓속에서 *일시적으로 일어나는 것이다.* 이와 같은 *재시간화* — 바흐의 생 자체의 구현 — 를 통해 방금 우리가 기술한 이 개념적 총체는 *우리의 시대를 통해* 현재 진행 중인 과정-실천으로 재구현된다. 비록 연주된 곡을 알지 못하고, 바흐의 많은 작품을 듣지 못했다 할지라도 우리는 이 작품이 18세기 바로크 시대에 속한다는 사실을 *알게 되기* 때문에, 시작하는 세기에 나타난 이 운동은 푸가의 초월적 *의미,* 즉 하나의 *대상*(그 나름의 고유한 법칙과 구조를 가지는 그 푸가)과 자신의 현동화의 양극단 사이에서 일어나는 이 역사적 운동의 총체성을 담고 있는 하나의 실천(연주, 즉 청중에게는 창작과 마찬가지인)의 *유한한* 종합으로서 스스로를 드러내게 된다.

나는 이 예를 별다른 주의를 기울이지 않고 선택했다. 왜냐하면 이 예는 여기에서 하나의 *이미지로서의* 가치만을 갖기 때문이다. 비록 이 예를 통해 우리가 뒤에서 이루어질 비판적 연구의 좀 더 구체적인 계기에 이미 도달했다는 사실이 전제된다 할지라도 그러하다. 나는 하나의 역사적 *의미가* 갖는 실질적인 향유를 직관에 부여하고자 한 것이다. 하지만 지금 우리가 관심을 가지는 문제로 다시 돌아오기 위해서 — 개인적 통치권의 문제 — 한 명의 역사가가 역사가로서의 활동을 통해 현재 속에서 시간화될 때 그 스스로 모든 실천-과정의 재시간화를 실현한다는 점을 지적해야 한다. 예컨대 자료들과 증거들을 읽고, 다양한 자료들을 통해 동일한 하나의 사건을 재구성하는 이와 같은 제한된 활동을 수행하는 경우가 그것이다. 독서 행위의 경우 *의미는* 각 문단에서 미래-운명과 미래-생산물의 관계로서 주어진다. 이것은 이 문단이 책이라고 하는 통일성을 통해서만 이해될 수 있으며, 이 책의 통일성은 좀 더 광범위한 실천적 통일성을 통해서만 이해될 수 있다는 점에서 그러하다. 따라서 *의미*는 하나의 개념의 대상이 아니다. 오히려 자기 자신의 고유한 시간화를 몇몇 포괄된 총체성(원칙적으로는 모든 총체성이어야 한다. 하지만 여기에서 상황에 놓인 역사가의 관점을 취하기 때문에 우리는 그가 이용하는 자료들과 그 자신의 연구에 필요한 요구들을 고려하고 있다.)의 재생산을 통해 자신의 재현동화의 한계 속에 가두는 것은 바로 개인적 실재다. 역사가에 의해서 이루어지는 이 *의미*에 대한 설명은 다음과 같은 점에서 변증법적이 될 것이다. 즉 이 설명을 통해 이 의미의 부차적 구조들이 최종 결과의 종합적 통일성 속에서 시간화가 갖는 다양한 내적 모습으로 나타난다.

그렇다면 공시적 총체화에 단 *하나의* 의미가 아니라 여러 *의미*가 있다고 말해야 할 것인가? 대답은 자유다. 달리 말하자면 여러 차원과 분야에 따라 ─ 서로서로 아주 다른 ─ *여러 개의* 의미가 존재한다. 하지만 각각의 의미 속에서는 정확히 ─ 부분을 만들어 내는 규정 속에서가 아니라면 적어도 스스로 규정되는 실체 속에서 하나의 전체 속에 포함된 부분이 그 전체 자체라는 점에서 ─ 전체적 의미의 통일성이 자기 자신의 근거와 결과물로서 다시 나타나게 된다. 역으로 이 전체적 의미 자체는 모든 부분적 의미에 대한 매개로서 포착되어야 한다. 게다가 종종 이 부분적 의미들의 접근을 통해 총체화하는 의미 ─ 원래는 매개였고, 나중에는 각각의 의미의 실체적 근거였던 ─ 가 차례로 요구와 고안으로 다시 솟아오르게 된다.

동일한 실재가 포괄적 총체화일 수도 있고 *의미*일 수도 있다. 포괄적 총체화인 것은 이 실재가 역사적 행위 주체의 시간화에 의해 만들어진다는 점에서 그러하다. 그리고 의미인 것은 실재가 상황에 처한 역사가의 연구를 통해 재현동화한다는 점에서 그러하다. 하지만 이 *의미*가 역사가가 그것에 대해 갖게 되는 인식에 대해 상대적이라고 결론지어서는 안 될 것이다. 우선 이 의미는 각각의 특수한 행동 속에서 그리고 이 행동에 의해서, 또한 실천의 내면성 자체 속에서 암묵적으로 존재한다는 사실을 지적해야 한다. 그 까닭은 각각의 포괄된 총체화가 결과와 운명(스스로 만들어지는 운명)으로서 실천과 미래의 관계 또한 구현하기 때문이고, 시간화의 리듬, 그 부진, 가속화 등등을 통해 현동화하기 때문이다. 요컨대 하나의 역사적 모험에 포함된 각각의 실질적 단계에서 각 개인은 전체의 객관적 현재라는 그 자신의 고유한 *취향*을 갖게 된다. 그리고 이 취향 — 거리를 두지 않게 되면 설명할 수 없는 — 은 바로 의미의 현실성인 것이다. 따라서 이 의미를 구성하는 것은 역사가가 아니다. 그는 이 의미를 밝히는 데에서 그친다. 이 의미와 관련해 볼 때 역사가의 실천적 규정 작업은 대상이 되어 버린다. 하지만 이 대상화에 대해 역사가가 책임이 있는 것은 아니다. 이 대상화는 단지 실천의 *과거로*의 변형을 통해서 이루어진다. 그리고 — 같은 말이 되겠지만 — 이 대상화는 적어도 고정된 목표들의 부분적 실현에 의해 이루어진다. 역사가는 드러내고 밝혀낸다. 그뿐이다. 그는 모든 사람을 위해 역사적 총체화의 객관적 양태를 재구성한다. 즉 이 총체화의 *이미-과거가 된-*존재를 재구성하는 것이다.(우리는 통시적인 총체화에 대한 연구에서 이 존재를 다시 거론하게 될 것이다.) 그리고 분명 우리는 역사가가 드러내는 구조들이 그의 인식, 그가 이용하는 자료, 그의 사유 도구와 함수 관계에 있으며, 따라서 그가 속한 사회적, 실천적 총체에 따라 결정된다고 할 수 있다. 하지만 이와 같은 지적을 한다고 해서 재구성된 실천-과정의 "의미"가 *상대화된다*고 말할 수는 없다. 실제로 역사가가 자신의 전제들과 방법을 통해 총체화의 *의미*를 제한한다면 이 결정 작용은 그 자신을 연구되는 총체와의 관련 속에 위치시키게 된다. 그것도 이 결정 작용이 사회적 총체를 그와의 관련하에 위치시키는 만큼, 그리고 그보다 더 그러하다. 이 대상 속에서 상대적이며, 게다가 일시적인 것은 바로 의미의 제한(즉 부정으로서의 결정 작용)이다. 더 적절한 연구 방법, 미간행 자료들, 계급에 대한 선입견의 불식들(그를 만들어 낸 사회 자체에 기원을 두고 있는)[171]이 이 역사가가 얻은 결과를 심화하고 확대시켜 줄 수 있다. 또한 거기에 이 결과를 반박하지만 그 고유한 모순들을 근거 짓고 종합하는 동일한 통일성 속에 위치하는 또 다른 사태들을 덧붙일 수도 있다. 게다가 뒤에서 보겠지만 *하나의* 총체화의 재현동화는 모든 인간 역사의 토대 위에서 이루어질 때만 그 진정한 범위가 포착될 수 있다. 따라서 가장 광범위한 역사적 종합은 장차 이루어지게 될 것이다. 그것은 미래의 방법에 의존하고, 이 미래의 방법은 이 종합에 의존하게 된다. 이처럼 *상황 지어진* 연구 속에서 이 학자를 미래와의 관련하에 위치시키는 것은 바로 대상이다. 즉 유일하고 구체적인 실재로서, 그리고 **보편적 역사**에 의해 총체화된 총체화로서의 이 연구 대상은 이 학자에게 무한한 과제를 안겨 준다. 이것은 이 대상이 현재 세대를 통해 수많은 미래 세대와 연결되어 있다는 사실을 의미하고, 또한 이 대상이 역사가를 미래의 역사가들에 비추어 *그가 발견한 것 이외의 다른 것이 아닌 존재*로 정의한다는 것을 의미한다. 이런 관점에서 우리는 다음과 같이 말할 수 있다. 즉 인식을 상대적인 것으로 규정하는 것은 바로 **존재**라고.(이와 같은 인식이 드러난 현실과 그것을 드러낸 역사가를 잇는 객관적 관계이기 때문이다.) 여기에서 문제가 되는 것은 인식이지 *인식된 것*이 아니다. 실제로 상황 지어진 재구성을 통해 드러나는 것

---

171   그는 역사가를 말한다.(편집자 주)

은 바로 선택된 관점에 의해 발견 가능한 **존재**의 몫이다. 그리고 이 **존재**의 몫은 완전히 그리고 전적으로 현실적이다. 이 존재 속에서 알려진 것과 알려지지 않은 것을 가르는 한계 그리고 다른 한계를 반영하고 있는 한계만이 상대적일 뿐이다. 즉 현재 역사가들이 가지고 있는 한계만이 상대적일 뿐이다. 부정에 대한 부정을 통해 폭발되어야 할 것은 바로 이 한계다. 즉 알려진 것의 결정 작용(따라서 인식되어야 할 것으로 남겨진 모든 것에 대한 부정)으로서의 한계인 것이다. 이때 부정에 대한 부정은 알려진 존재에 의해 바로 *현재에서부터* 요구되며, 그것도 현재의 역사가가 더 이상 존재하지 않게 되는 미래를 참고하면서 요구된다.

그럼에도 불구하고 역사가는 하나의 새로운 기도의 부분이 되기 때문에 과거의 사건을 그 사건의 의미 속에서 변모시킨다. 그러나 그가 이렇게 하는 것은 역사가로서이고 — 모든 사람의 현재의 기도에 참여하는 자로서, 그리고 바로 그러한 자격을 가진 *역사가로서* — 그것도 실천-과정에 기여하고 포괄적 시간화 속에서, 그리고 가깝고도 먼 목적들을 향해서 스스로를 시간화하는 역사가로서, 그 자체 내에서 그리고 자신의 모든 활동들을 통해 포괄된 총체성이 되는 역사가로서다. 실제로 *진행 중인 역사*를 통해 이미 구성된 **역사**의 의미는 변모한다.[172] 나는 하나의 예만을 들어 보겠다. 하지만 이 예는 의미심장한 것이므로 우리들이 변증법적 연구의 통시적 순간에 자세하게 검토하게 될 예다. 여기서는 이 예가 기호와 도식으로 사용되기를 바란다. 지나간 역사는 *다원적인* 역사다라는 예가 그것이다. 자신들이 일상적으로 극복할 수 있는 수단들을 갖고 있지 않은 장애물들

---

172 부록에 실린 「역사는 역사에 호소한다」, 743쪽 부분을 참고하라.(편집자 주)

에 의해서 분리된 민족들은 — 대규모 이민이나 침입의 경우를 제외하고 — 상대적으로 폐쇄된 전체들을 구성한다. 그리고 이 각각의 전체는 환원될 수 없는 특수성에 의해 다른 전체들과 구분된다. 실제로 외국에서 온 여행자들을 놀라게 하는 것 그리고 그들에 의해 알려지는 것은 바로 이와 같은 특수성들이다. 이와 같은 다원주의는 점차 줄어드는 경향이 있다. 하지만 19세기까지만 해도 우리가 곧 살펴보게 될 이유들 때문에 식민주의와 반식민주의적 침략에도 불구하고 아시아 대륙과 "서구 세계"가 상대적으로 교류가 없는 상태에 있었다. **"하나의 세계"**를 형성하는 현실적 요소들의 전체는(하나의 지구적 경제를 요구하는 산업 혁명 — 제국주의를 통해, 그리고 제국주의에 의해 — , 식민화되었거나 반식민화된 민족들의 단결과 탈식민화, 공산주의의 통제하에 이루어진 저개발 국가들의 산업화) 처음으로 역사적 과정이 구체적이고 현실적인 인류들, 즉 오늘날 지구상에서 일하고 있는 20억의 사람들을 총체화하도록 만든다. 그리고 이들의 필요, 노동, 이 노동의 산물 그리고 이들에 의해 만들어진 다양한 사회 체제가 각 개인의 조건에 대해, 그리고 — 처음으로 — 상호적 조건의 통일성 속에서 서로서로 작용하게 된다. *이런 점에서 보면* 예전의 다원주의는 통일성이다. 왜냐하면 우선은 진행 중인 통일성이 비교 사회학과 비교 역사를 가능하게 해 주었기 때문이다.(우리는 이런 비교가 어떤 의미에서 사실이고 구체적이고, 어떤 의미에서 추상적인가를 보게 될 것이다.) 그다음으로 이처럼 분리된 전체들이 그 자체로 미래의 통일성에 의해 *중심 거점으로 구성되기* 때문이다. 이 **"하나의 세계"**가 우리를 통해, 즉 우리의 유혈 투쟁, 우리의 동맹, 우리의 지구상의 깨질 수 없는 통일성을 통해 이 분리된 전체들의 운명으로 구성된다는 점에서 이 하나의 세계는 마치 숙명과 *생산물로서* 이 **운명**을 가지고 있는 것처럼 이 전체들을 과거형으로 만들어 낸다. 분리, 무지와 거부 등과 같은 부정적 실천을 무시하지 않은 채 집단들, 민족들, 국가들 사이에 맺어지는 긍정적 관계들을 강조하는 경향이 있는 재분류가 이루어지게 된다. 무역, 소통의 통로(비단길 따위), 전쟁을 통해서 이루어지는 문화적 관계 등의 역사, 요컨대 상호적 침투와 그것이 각각의 전체에, 따라서 결국은 모든 전체에 미치는 결과들의 역사는 본질적인 것이 된다. 이것은 물론 선험적으로 이 역사가 긍정의 역사이기 때문이 아니라 1950년대의 "**하나의 세계**"가 이 긍정의 역사로 역사의 진리를 만들었기 때문이다. 앞에서 기술한 바와 같이 이 점에 대해서는 다시 다루게 될 것이다. 하지만 여기에서 중요한 것은 현재 상황에 대해(그리고 반대 충격을 통해 그 의미의 *과거-존재*에 대해) 작용하면서 지나간 총체화의 의미를 변화시킨다는 것이지(간접적으로) 이 의미를 이해하기 위해서 바로 *이 의미*로 되돌아간다는 것은 아니다. 이전의 전체들에 대해 그 실천의 수렴점을 부과하는 것은 *역사가*가 아니다. 이 역사가가 이 수렴점을 *발견*하는 것은 과거에 대한 엄격한 재구성이라고 하는 추상적 영역에서다. 왜냐하면 그가 이 수렴점을 구성하는 것은 그 자신을 포괄하고 그 자신의 부분적 행동을 다른 모든 사람의 행동과 하나로 만드는 하나의 시간화를 통해서이기 때문이다. 과거에 대한 이와 같은 미래의 영향력은 *의미*를 관념화하기는커녕(과거에 이루어진 총체화의 현재적 잔재로서, 그리고 이 총체화의 재현동화가 우리의 시간화 속에서 엄격하게 제한된 시간화라는 형태하에서 지속적으로 이루어질 수 있다는 가능성으로서) 이 의미의 존재의 실재를 보여 주는 것이다. 실재로 이 존재는 자신을 알려는 사람들을 *상황* 짓고, 그것도 그 자체의 수동적인 저항을 통해, 그리고 그들에게 스스로가 내보이는 다소간 피상적인 진리를 통해서 그러하다. 결국 우리는 이 존재를 행동 속에서, 그리고 이 *행동에* 의

해서만 상황 짓게 된다.(그리고 우리는 다음과 같은 사실, 즉 이 행동이 존재를 변화시킬 수 있을 때 비로소 이 존재 역시 이 행동을 변화시킨다는 사실을 보게 될 것이다.)

9. 포괄적 총체화의 존재: 역사적 관념론과 상황 지어진 방법[173]

이와 같은 *존재론적* 지적들을 통해 우선 우리는 다음과 같은 중요한 문제, 즉 상황 지어진 변증법과 모든 관념론을 (그것이 유물론적 교조주의든 역사적 상대주의든 간에) 정당하게 구별해야 하는 문제에 접근할 수 있다. 실제로 우리가 *의미의 존재*에 대해 확립했던 것을 토대로 포괄적 총체화의 과거-형태와 진행되는 실천-과정으로서의 이 총체화의 *실재-존재*가 무엇인지를 자문해야 한다. 그렇다고 해서 나는 이 *실재-존재*를 구성하는 복잡한 구조들, 즉 모든 형태하에서 이루어지는 인간적인 것과 반인간적인 것의 변증법적인 통일성을 존재론적으로 연구한다는 것을 말하려는 것이 아니다. 왜냐하면 이 변증법적 통일성은 *상황* 속에서(나중에는 장 속에서) 유기체에 의해 물리 화학적(그리고 동물학적) 외면성의 실천적 통합위에 기초하고, 물리 화학적 조건에 의해 *상황과 장*의 종합적이고 불가피한 통일성을 통해 이루어지는 유기체의 재조건화 위에 기초하기 때문이다. 이 어려운 문제는

---

173 이 장은 원고에서 다섯 번째 문단으로 제시되었다. 하지만 그 의도가 중간에 어느 정도 확장되었고, 따라서 문단이 장으로 변화되었다는 사실은 여러 개의 절과 상이한 논점들에 대한 논의를 통해 분명하게 드러난다. 우리는 또한 이 장의 내용이 독재 사회들의 예를 넘어선다는 사실을 알게 될 것이다.(편집자 주)

변증법적 이성에 대한 비판이 아니라 역사의 존재론에 속한다. 우리에게 중요한 것은 단지 포괄적 총체화를 실증주의적 유명론을 통해서 혹은 과격한 실재론의 전망 속에서 고려하느냐를 결정하는 것이다. 이 비판적 연구에서 이 계기는 매우 중요하다. 왜냐하면 이 계기는 존재와 인식들 사이에 맺어지는 관계를 결정하기 때문이며, 또한 이 계기를 통해 상황 지어진 변증법의 토대 자체가 문제시되기 때문이다. 이 상황 지어진 변증법은 실제로 상황과 총체화의 관계가 분명하게 드러나지 않는 경우 하나의 현상학적 관념론으로 나타날 위험이 있다.

포괄적 총체화의 즉자 존재는 헛되이 겨냥될 수 있을 뿐이다

변증법이 상황에 처했다고 할 때 우리가 말하고자 하는 것은 무엇인가? 단지 다음과 같은 것이다. 즉 역사가들은 역사적 현실을 인식하고 이해하기 위해 *비인간적 관점*에 위치할 수 없다는 사실이다. 대상과의 관계에서 탈상황화하는 방식은 두 가지다. 하나는 스스로 자연이 되어 인간적 역사가 변증법적 실체 중 하나로 형성되는 것을 목격하는 것이다. 다른 하나는 훨씬 알아내기 힘든 것인데 그것은 상호성으로서의 상황을 거절하는 것이다. 달리 말하자면 연구자와 그의 연구와 관련해 사건이나 연구 대상을 상황 짓기는 하지만 그 사건과 그 대상의 요구를 통해 역사적 발전 속에 연구자와 연구 범위, 그리고 이 요구들이 충족되는 방식 등을 상황 짓지는 않는 것이다. 첫 번째 탈상황화는 *외부에서* *이루어지는* 변증법적 교조주의에 이르고, 두 번째 탈상황화는 보수주의적 역사가들의 교조적이고 실증주의적인 관념론에 이르게 된다. 어쨌든 탈상황화는 — 스스로를 드러내는 대상 자체이기 때문에 — 객관성을 절대적 실제로 정립하기에 이른다. 연구자가(혹은 현재의 학문을 수행하는 연구자들의 총체) 연구 대상과의 관계에서 탈상황화되었다면 ── 때로는 그가 실천-과정을 자연적 외면성의 관점으로부터 고려하기 때문에, 때로는 그가 진리 자체 내에서 선험적으로 변하지 않는 것에 대한 관점의 변화를 관조하는 영원성으로 스스로를 정립하기 때문에 ── 그 대상은 자신의 특징 일부(첫 번째 경우에서는 인간적 의미와 실천적 내면성의 구조를, 두 번째 경우[174]에서는 시간화의 실재를)를 상실한다. 하지만 이 대상은 자신의 존재의 절대적 자율성을 (물론 헛되지만) 획득하게 된다. 이와 같은 절대로의 이행은 역사가를 그의 대상과 한데 묶는 내재성의 관계들에 대한 역사가 자신의 부정과 동시에 과학적 교조주의에서 유래한다. 실제로 이 대상은 자기 자신의 존재 ── 자연이 만들어 낸 절대 존재와 이 존재가 갖는 양식들에 대한 절대적 인식 ── 를 **자연**으로부터 받거나 혹은 **진리** ── 진리를 통해 생산되고 밝혀지는 외관들의 절대적 실체로서 그리고 인식의 영원한 대상으로서의 이 외관들의 존재의 영원화로서 ── 로부터 받아들인다. 그러나 상호적 관계의 단절은 이 두 경우에서 대상과 연구자에 대해서 각각 독립적인 입장을 부여하게 된다. 즉 이런 독립은 상호적이다. 왜냐하면 그것은 결국 상호 의존에 대한 추상적 부정으로 환원하기 때문이다. 상황에 필요한 상호성 내부에서 유지되는 이런 단절은 서로 수평적이지만 자율성 속에서 전개되는 **존재**와 **인식**의 분리를 실현하는 것처럼 보인다.

이 책 첫 부분[175]에서 우리는 이와 같은 입장들을 논의하고 변증

---

174 실천적 내면성이 상실된다는 점을 고려할 때 시간화는 물리 화학적 시간으로 변형된다는 사실, 그리고 역으로 영원성에 의한 시간화의 제거가 행위 주체의 자유로운 변증법의 한복판에까지 이 행위 주체의 실천적 실제에 타격을 가해야 한다는 사실을 덧붙여야 할 것이다.(원주)

175 1권, 「서론」 부분.(편집자 주)

법이 실천적 환경 외부에서는 비판적 연구의 대상이 될 수 없다는 사실을 지적했다. 물론 이 변증법은 이 실천적 환경의 활동(이 행동이 자기 자신의 고유한 법칙을 만들어 낸다는 점에서), 인식(행동 자체의 변증법적인 통제와 같은 인식), 그리고 인식의 법칙(변증법에 대한 인식이 인식의 변증법적 시간화를 요구한다는 점에서)이다. 따라서 *행위*와 *인식*의 본질적인 일치는 실천과 그것을 연구하는 역사가의 관계를 보여 주었다. 이때 역사가는 이 관계를 시공간적 간격을 고려하여 두 행동을 하나로 엮는 내적 관계로 연구한다. 또한 이 내적 관계는(이것은 우리가 역사가에게 그가 속해 있는 사회의 실천에 대해 질문할 수도 있다는 사실을 내포한다.) 결국 두 행위 주체가 서로 관계된 상황에 다름 아니며, 그것도 이 상황을 역사적 전체를 토대로 결정해야 한다는 점을 의미한다.

앞에서 살펴본 바와 같이 이와 같은 의존 관계는 하나의 존재론적 상대주의를 내포하지 않았다. 여기에서 문제가 되는 것은 *인간적 행위*들이기 때문에 각자의 *실천적 실재*는 타자의 그것으로부터 벗어나게 되었던 것이다. 혹은 *오히려* 우리는 존재론적 자율성을 단언할 수 있었고, 결과적으로 **존재에서** 인식된 존재로의 비가역성을 단언할 수 있었다. 이것은 다음과 같은 두 가지 점에서 그러했다. 하나는 인식의 대상이 더욱 광범위한 사회적 전체 내부에서 시간화되었다는 점이 그것이다. 다른 하나는 우리가 이 인식의 대상을 오직 *인간적 좌표*들을 통해서만, 즉 그 *객관적인 실제와 자율성* 속에서 현재 진행 중인 시간화, 그러니까 포괄적 총체화의 단순한 결정 작용과 개별화하는 구현으로 정의 내렸다는 점이 그것이다.

그럼에도 불구하고 관념론과 실재론의 문제가 제기되는 것은 바로 이 차원에서다. 실제로 우리가 실천-과정의 시간화로 여겨진 포괄적 총체성[176]의 존재를 인정하면 우리의 상황 지어진 분석이 불완전하다는 사실과 포괄하는 총체화의 존재론적 실제에 대한 문제 제기를 통해서만 미결정 상태로부터 벗어날 수 있다는 사실을 알게 된다.

우리는 포괄적 총체화를 포괄된 총체화들의 이상적인 통일체로 환원함으로써만 이 문제를 피할 수 있다고 생각했었다. 실천-과정은 각각의 단자 속에서 차이를 갖고 서로를 반영하고, 이와 같은 반영 밖에서는 존재하지 않게 될 단자적 세계와 유사하게 될 것이다. 이와 동시에 반대되는 운동을 통해 우리는 각각의 행위 주체, 각각의 활동, 각각의 사건, 각각의 생산물을 인간적 환경의 하나의 결정 작용으로만 환원시키게 될 것이다. 이와 같은 인간적 상황은 우주적 외면성이라는 빈 공간에서 발생하는 것이 아니다. 이것은 실천적 시간화의 두께 속에 각인되고, 이 시간화로부터 자신의 존재만 아니라 경사각, 윤곽, 속도 등을 물려받게 된다. *인간적인 것*(즉 역사적 실천-과정)은 유한하지만 무한한 하나의 충만(따라서 그 누구도 — 문제 제기상의 한계일지라도 — 이 충만과 비인간적인 것의 관계들을 정의 내릴 수 없다.)일 것이며, 그리고 스피노자가 말한 바와 같이 실체가 양태를 만들어 내듯 인간적인 것은 자기 자신에 대한 정의와 구현 등을 만들어 낼 것이다. 난점들을 드러내는 수단들을 제거함으로써 이 난점들을 제거하는 방식은 우리가 현재 가지고 있는 역사의 개념과 유사해 보일 수 있는 하나의 역사 개념을 이용하게 될 것이다. 하지만 이 두 개념은 근본적으로 서로 대립한다. 사실 이 개념은 하나의 은유 체계에 기초하고 있다. 하지만 사람들은 이 체계가 갖는 은유적 성격을 감추고자 하며, 결국은 이 체계를 문자 그대로 받아들이려는 경향이 있다. 이와 같은 은유들은 이것들이 *은유적*으로 표현된다는 생각을 갖게 될 경우에

176 318쪽 각주 참고.(편집자 주)

사실이 된다.

이와 같은 용어의 사용, 그 내용의 진실, 언어에 의한 진리치의 일탈에 대한 하나의 예로 우리가 소련 그리고 사회주의 첫 단계 후반기의 부르주아 민주주의에서 볼 수 있었던 문학적 소명들을 구분 짓는 차이들을 이런 관점을 통해 밝히려고 했다는 사실을 상기해 보자. 우리는 무엇보다도 다음과 같은 사실들을 살펴본 바 있다. 즉 어떻게 소련 작가의 개별적 목표가 필연적으로 공동 목표의 명시(사회주의적 사실주의의 매개 등등을 통해)가 될 수 있는지, 그리고 어떻게 창조적 시간화의 방향, 속도, 긴급성, 리듬 등이 이 시간화에 토대를 제공하고 지탱하는 공동의 통치적 시간화(계획 경제의 성장 리듬)에 의해 결정되는지, 그리고 문학(문제 되는 작가를 동료들과 독자들과의 관계 속에 *위치시키*는 사회적 관계들로 이루어진 복잡한 총체로서의)이 어떻게 필연적으로 *점진적인* 운동으로 변화했는지, 즉 어떻게 작가가 사회주의 건설의 진보에 기여했는지 그리고 이 진보 자체를 통해 직간접적으로 그 스스로가 진보했는지 등등. 이처럼 이 작가의 문학적 삶의 시간적 면모는 문학의 상승 곡선과 혼합된다. 왜냐하면 문학이라는 분야 자체는 생활 수준과 문화적 수준, 잠재적 산업 수준의 고양을 통해 견인되기 때문이다. 작가는 자신의 문학적 만개, 원숙기에 쓰인 작품들이 갖는 커다란 가치, 독자의 증가(수적인 면에서), 독자들에 대한 영향력의 증가 등을 부르주아 민주주의 체제의 작가들이 그러하듯이 개인적 노동, 경험, 연륜, 작가가 전달할 수 있는 "메시지"를 정확히 수용하려는 일시적인 필요성을 독자들에게서 만들어 내는 약간 우호적인 상황 등의 단순한 결과로서 실현하는 것은 아니다. 물론 이 작가는 이 요소 중 어떠한 것도 배제하지 않는다. 이것들 가운데 어떤 것들은 작가 자신의 자부심이기도 하다. 하지만 그는 무엇보다도 자신의 가치와 성공 속에서 통치자의 계획에 의해 모든 영역에 걸쳐 이루어진 성공의 산물과 구현만을 보게 될 뿐이다. 다른 한편 작가 — 지도층의 구성원인 — 는 공동 개인의 지양 불가능한 타성태 속에서 스스로가 글을 쓰려는 결심을 했기 때문에, 그리고 이와 같은 선택이 결국에는 모든 사람에 의해 추구되는 목적을 위해 공동 개인이 사용하게 될 특수한 방식만을 결정했기 때문에 그의 삶의 여정은 사회주의화 운동의 특수한 구현으로 실현되며, 그의 개인적 성공 역시 실천-과정의 *구현된* 승리로 나타나게 된다.

이와 같은 언어는 잘 알려진 것이다. 이 언어는 우리의 것이고 모든 변증법론자가 사용하는 것이다. 실제로 우리가 이 언어 속에서 시간이 절약되는 것을 보고, 이해라는 행위 자체 속에서는 사라져 가는 빠르고 이미지화된 표현들의 총체만을 볼 경우 이 언어를 통해서는 어떤 위험도 나타나지 않는다. 하지만 이 언어를 문자 그대로 받아들인다면 우리는 관념적이고 원칙도 없는 낙관주의에 빠질 것이다. 단어들을 있는 그대로 취한다면 — 즉 이 단어들을 가감 없이 받아들인다면 — 우리는 실제로 *실재론*과 *휴머니즘*을 동일시하게 된다. 모든 상황 속에 내포된 내적 관계들은 실제로는 인간들 사이에서 직접적으로 혹은 인간적 사태들의 매개를 통해 이루어지는 관계이거나 다른 인간들의 매개를 통해서 혹은 직접적으로 인간들과 인간적 사태들 사이에 맺어지는 관계인 것이다. 특수한 행위들과 국지적 사건들의 실체라는 *인간적 현실*로서의 실천-과정으로 만들어지는 이미지들을 통해 "휴머니즘적 실재"(인간적인 것의 관념론)로 표현되는 것이 바로 이것이다.

그런데 통치자 개인에 의해 통일된 실천적 장 속에서 각각의 특수한 실제가 이 장의 본질적 구조에 의해서 내부적으로 조건 지어진 것이 사실이라면, 즉 전체가 전체와 맺는 내부적 관계에 의해 조건화된 것이 사실이라면, 또한 다음과 같은 사실을 망각할 경우 우리는 다시 게슈탈트적 환상 속으로 떨어지게 될 것이다. 즉 하나의 진행 중인 총체화가 하나의 총체성이 아니라는 사실과 이 장의 구성 요소들이 이 요소들에 영향을 미치는 다수성에 반하여 그것을 제거하지 않은 채 지양하면서 이 요소들의 통합을 만들어 내는 이산적 실재들이라는 사실이 그것이다. 특히 총체화하는 시간화는 하나의 진행 중인 결과 — 이 결과는 특수한 행위들과 통치적 실천의 결과이기도 하다. 왜냐하면 이 실천은 자신에게 부여된 선전 기관 혹은 통제 기관들에 의해 이 활동들을 재조건화하기 때문이다 — 이지만 이 결과를 자신의 사회적 세포들에 영향력을 미치는 그 어떤 초유기체의 시간적 변화로 여기는 것은 커다란 오류를 범하는 것이 될 것이다. 즉 행위들은 자율적이고 비연속적이다. 이 행위들은 동시에 도처에서 일어나며, 각각의 행위는 모든 행위를 구현하면서 총체화한다. 각각의 행위는 각각의 다른 행위들을 에워싸고 있는 환경을 변화시키지만 이런 구현은 하나의 실체에 의해 구획된 양태들을 생산해 내는 것과는 아무런 관련이 없다. 이 행위들은 스스로를 불연속성 속에서 자율적 지양들로 실현한다. 그리고 대부분의 경우 이 행위들을 재조건화하는 것은 그 행위들을 지양하고 있는 물질적 상황들의 전체인 것이다. 반대로 이런 관점으로부터 다음과 같은 마르크스주의의 첫 번째 원칙으로 되돌아가 볼 필요가 있다. 즉 **역사**를 만드는 것은 인간이라는 것이다. 또한 인간을 만들어 내는 것 역시 **역사**이기 때문에(인간이 역사를 만든다는 점에서) 우리는 인간적 행위의 "실체"가 — 만약 그것이 존재한다면, 오해를 불러일으키지 않고 생물학적 유기체를 실체라는 이름으로 부를 수 있다면 — 반대로 비인간적인 것(혹은 엄밀히 말해 전(前)

인간적인 것)이 될 것이라는 사실, 그것도 정확히 각자의 숨겨진 물질성이라는 사실을 명백히 이해할 수 있다. 행위를 통해 하나의 유기체는 *인간이 된다.* 이때 이 유기체는 특정한 *역사적 상황들*과 자신의 삶을 재생산해 내는(자신의 욕구를 충족시키는) 전망(인간적인 동시에 비인간적인 전망) 속에서 인간을 정의하는 기술들과 문화를 내면화하고 재외면화한다. 개인이 자신이 만들어 낸 산물의 산물이라는 점에서(그리고 행동 과정이 폐와 간 깊숙이까지 각인된다는 점에서 가령 직업병 따위) 이 개인은 특정 남자와 여자의 산물이다. 그 부모의 몸속에까지 통치자의 요구와 이 요구들을 통해 발생한 실천적-타성태의 요구들에 의해 부과된 조건들이 영향을 미친다면 이 개인은 *사회*로부터 기인하지만 대물림된 관습이라는 동물적 매개를 통해 생겨나는 수많은 부정적 특징과 함께 실천적 종합 속에 통합될 것이다. 만약 자연과 문화가 모든 사람에게서, 그리고 각각의 개인들에게서 불가분의 관계를 맺고 있는 것이 사실이라면 이는 *또한* 이 문화가 *자연적 위험들*을 감*수하고*, 각각의 생물학적 개인과 모든 개인 속에서 죽음의 위험에 처해 있음을 의미하기도 한다. 즉 우리는 실천이 갖는 이와 같은 *사실성이* 통치자 개인의 연약함, 즉 *하나의* 생리적 유기체에 대한 실천-과정의 종속에서 구현된다는 점을 다른 곳에서 살펴본 바 있다. 물론 *한 사람의* 죽음이 실천에 완전히 영향을 미칠 수는 없다. 하지만 통치자의 죽음은 각자에 의해 재내면화하고, 총체화하는 활동과 그 목표들의 수많은 다양한 변형(상황에 따른) 속에서 재외면화하는 것 또한 사실이다. 따라서 개인이 근본적으로 비인간적인 요소들의 인간적 종합에 통합된다는 점에서, 그리고 이 개인의 특수한 특징들이 지양된 최초의 상황들과 본질적 일탈의 기원 —— 이것을 통해 실천들이 구성된다(우리는 기원을 구현된 문화이자 동화된 자연으로 물려받게 된다.) ── 을 보여 준다는 점에서 우리는 개인이 모든 다른 사람(통치적 장에서조차)과 맺는 관계들 속에서 그리고 이 관계를 통해서 초월된 *자연*으로 생산되는 물질적 세계의 특정한 현실로서 각각의 사회적 인간을 정의해야 한다.

하지만 이와 같은 환원될 수 없는 물질성을 통해 ── 행위 주체를 특징짓고, 물질성을 넘어서는 행위를 실현시키는 ──, 개인과 집단들은 실천적 장을 통해, 그리고 이 장의 한계들을 넘어서 외면성, 즉 세계의 전체와 *존재론적* 관계를 맺는다. 즉 실천적 유기체를 정의하고, 행동의 장을 한정짓는 세계-내-존재는 세계-한-복판의-존재와 겹치게 된다. 그 결과 이 존재는 다른 모든 실재와 동일한 위상을 획득한다. 태양이 한 번만 식으면 역사를 멈출 수 있다는 ── 그리고 역사의 통시적 의미를 영원히 미결정 상태로 남길 수 있다는 ── 단순한 가능성만으로도 이 존재를 *자신의 역사에 대해* 외면적 존재로 구성하기에 충분하다.(이런 일이 일어날 가능성이 거의 없다 할지라도 그러하다.) 실제로 이 경우에 있어서 이 존재는 그 가능성을 실현하지는 못할 것이지만 그런 가능성에 의해 파괴되지도 않을 것이다.(만약 핵전쟁으로 인해 인류가 소멸한다면 이런 일이 일어날 수도 있으리라.) *모든 것이 동등하다는 조건하에* **역사**는 우리가 주도하는 기도가 될 것이다. 그리고 역사의 끝에 도달할 가능성(하나의 목적이 제안될 수 있다는 전제하에서의 가능성이다. 우리는 이 점을 뒤에서 다시 살펴볼 것이다.[177])은 적어도 **우주**의 특정 영역 속에서의 현상 유지, 즉 *외면성 속에서*[178], 그리고 어떠

---

177 통시적인 것에 해당하는 이 주제는 이 책에서 다시 언급하지 않고 있다. 이 주제는 558쪽에 암시적으로 나타났을 뿐이다. 즉 역사-기도의 본질적 목표가 실존과 통시적 의미의 포착, 즉 우리가 현재와 내면성의 무한한 미래 속에서 모든 일탈의 가능성을 정의(수정)할 수 있는 축 방향을 포착하는 것에 관련되어 있다.(편집자 주)

178 "자연에 대한 하나의 변증법"이 있다고 할지라도 우리가 앞에서 기술한 조건 가운데 어떤 것도

한 목적론적인 결정 작용 없이도 작동하는 에너지 변화의 총체의 유지에 달려 있다.[179]

이처럼 세계-내-존재의 외적 한계로서의 세계-한-복판의-존재는 각자와 모두를 특징지으며, 우리의 물질성의 초월적 면모를 구성한다. 실제로 문제가 되는 것은 근본적으로 새로운 어떤 것이 아니다. 우리는 앞에서 이미 자신의 실천적 장 속에서 *위험에 처해 있는* 실천적 유기체를 살펴본 바 있다. 그리고 그의 힘을 규정하는 이 장 속에서 위험 — 심지어 물리적인 — 은 인간적인 위험이다. 유일하게 다른 점은 세계-내-존재의 한계로서의 세계-한-복판의-존재가 *우리의 무능력과 관련해* 우리를 규정한다는 것이다. 이런 점에서 개인과 집단을 초월하는 존재는 장의 내면성 속에서는 이런 식으로 체험되

변치 않을 것이다. 한편 과학적, 기술적 진보가 실천적 장을 증가시키는 결과를 가져올 것이라는 사실과 아마도 이것을 통해 우리가 훗날 몇몇 재앙들을 피할 수 있을 것이라는 사실은 의심할 여지가 없다. 하지만 문제는 이것이 아니다. 전 지구적인 재앙 속에서도 인간이 살아남을 실천적 가능성(과학과 기술이 일정 수준에 이르렀을 때)이 인간 과학 속에 맹아의 형태로 남아 있다 해도 우리가 이 재앙들을 피할 수단들을 만들어 낼 때까지 재앙이 우리를 기다려 줄 것이라는 사실을 장담하게 해 주는 것은 아무것도 없다. 이는 서로 다른 두 계열에 속하는 문제다. 이처럼 우주적 사실들의 전체가 우리로 하여금 일정한 문턱에 이르러 그것을 넘어서게 만들었다면 우리가 존속할 가능성을 제공해 주는 조건들은 인류를 파괴할 수 있는 재앙만큼이나 우리들을 외면성 속에서 조건 짓게 될 것이다.(원주)

179 실험 생물학이 생식과 배아 발달에 가져다줄 수 있는 변형은 여기에서 아무런 관련이 없다. 물론 이 변화들이 기술의 적용에서 기인하고, 사회적 명령들에 의해 조건 지어진다는 점에서 그것들은 사회적인 것으로 간주되어야 한다. 하지만 사람들이 생명을 생산하는 일에 성공한다 할지라도, 거기로부터 "종합적 인간"을 만들어 낸다 할지라도 한 사회, 즉 하나의 구체적인 세계의 산물인 이 개인들은 자신들의 출생에 있어서까지 사회에 의해 결정될 것이다. 하지만 이들 각각은 자신의 무게 자체 그리고 연약함 속에서 그의 성장을 조장하는 법칙들 — 타성태적 물질의 법칙과 생의 법칙 — 을 통해 비록 그가 반자연의 인간이라 할지라도 중국 자기 혹은 쇳덩어리처럼 초월 속에서 세계와 다시 연결될 것이다. 즉 그는 무한한 외면성에 관련된 자신의 현실 속에서 만들어지고 보존될 것이다. 우리의 소견으로 보건대 이 외면성의 특징은 동일한 무차별성을 가진 이 실천적 개인들을 유지하거나 파괴하는 데 있다. 즉 인간적인 동시에 비인간적이고, 전인간적인 동시에 초인간적인 것이다.(원주)

거나 파악될 수 없다. 다만 부정으로서 구현되는 — 여기에 대해서는 나중에 살펴볼 것이다[180] — 세부 상황 속에서 이 존재는 *실천적으로 그리고 목적론적으로* 우리가 지닌 힘이라는 *사실의 한계*로써 내면화하고 재외면화한다. 즉 사회의 역사와 과학의 역사에 의해 기술들에 가해지는 인간적 결정 작용인 *동시에 물러서야 할 경계,* 그렇기 때문에 *항상 후퇴 중인* 경계로서 내면화하고 재외면화하는 것이다.

그리고 이와 같은 초월적 한계에 대해서는 당장에는 그것이 *외부로부터* 각자(혹은 모든 개인들의 단순한 총합)를 규정하는 것에 그치지 않는다는 사실만을 지적해 두자. 즉 이 한계는 실천-과정 그 자체에 있어서 자신의 세계-한-복판의-존재인 것이다. 실제로 성공적일 경우 이 실천-과정은 **존재**의 제한적인 영역 속에 부과되지만 사태들에 대한 실천-과정의 이 영역 내부에서의 승리는 이 실천-과정이 **세계**에 의해 *용인된다*는 점을 가정하고 있다. 달리 말하자면 실천-과정은 내면성 속에서 자신의 산물들을 통해 스스로를 만들어 내는 것으로 포착된다. 하지만 그 초월적 특징으로 인해 실천-과정은 자신의 고유한 가능성의 토대가 아닌 하나의 현실로 구성된다. 실천-과정의 존재가 갖는 이와 같은 실제적인 특징은 그 존재가 개인으로부터 벗어나 듯이 이 존재로부터 벗어난다. 즉 이 초월적 특징은 주어진 상황 속에서 자신의 위험을 가늠하고 파악하는 것이다. 그것도 — 예를 들어 — 실천적-타성태의 모순을 극복하면서 혹은 하나의 욕구를 만족시켜야 한다는 임무를 스스로에게 부여하면서 그렇게 하는 것이다. 미래의 목표를 현재의 위험이나 욕구에 관련짓는 이런 지양(이렇게 해서 행위 주체가 더 이상 행동할 수도 살아갈 수도 없다는 위험을 재발견하

---

180 517쪽 이하 참고. 포괄적 총체화의 즉자적 경험을 제공하는 것은 내면성 속에서 절대적 외면성으로 체험되는 죽음이다.(편집자 주)

게 되는 지양, 하지만 내면화된 위험, 즉 장 속에서 긍정적이거나 부정적인 요구로 통합된 위험)에 의해 전적으로 *대자적*으로 정의된 이 초월적 특징은 그 자신의 빛을 발산하여 실패나 폭발의 *내적* 가능성을 모면하게된다. 더구나 이와 같은 초월적 특징은 **세계**의 드러나지 않은 지역에서 출발하여 스스로를 외면성 속에서 정의된 죽은 가능성으로 외부로부터 포착할 필요도 그럴 만한 여유도 갖고 있지 않다. 하지만 하나의 상황이 전 지구적 장의 일정한 변화를 인간에 대한 위협으로 *실현시키지* 않는 한 이 가능성이 다소 형식적인 결정 작용으로 남게 된다할지라도 초월-속의-존재는 자신의 내면성에까지 실천-과정을 침투시키고, 그 효과를 발한다. 이 실천-과정은 실제로 다음과 같은 세계, 즉 천체와 우주의 혁명들의 전체가 만들어 내는 결과들로 인해 실천-과정 전체에, 그 가능성과 목표들 모두에 선고가 내려지는 세계속에서 발생하는 것이다.

이처럼 휴머니스트적 관념론[181]은 두 차례에 걸쳐 스스로를 기만했다. 개인들의 *실천적* 통합은 이 개인들을 실체로 규정짓는 외면적다수성을 제거할 수 없을 것이다. 포괄적 총체화는 존재하며, 이는 기도의 내적 유한성 속에서 정의된다.(요컨대 이 포괄적 총체화는 자신의 한계를 목표, 장의 물질성 등등을 통해 만들어 낸다.) 정확히 이런 이유로 이유한성은 자신의 초월적 존재 속에서 하나의 외적 구조가 된다. 따라서 존재론적 관점에서 보면 실천-과정의 고유한 특징은 『정신 현상학』에서 의식의 운동에 대해 헤겔이 부여했던 특징과 반대된다. 실제로 관념론의 입장에서 볼 때 즉자 존재는 살아 있는 실체의 "생성-타자"가 갖는 추상적인 한 계기, 즉 본질의 계기다. 마치 소외된 객체화

---

181   이 관념론은 또한 "실재론"이기도 하다. 이 책 509쪽을 참고하라. 이 휴머니스트적 실재론은
       인간적인 것에 대한 관념론이다.(편집자 주)

의 있는 그대로의 여건이 주체의 통일성 속에서 재포착되고, 정립되는 부정에 대립하는 것처럼 이 즉자 존재는 분화 속에서 *대자*에 대립한다. 총체화는 다음과 같은 순간, 즉 존재가 즉자-대자 존재로서 실현되는 순간에 이루어질 것이다. 왜냐하면 즉자는 대자 속에서 지양되기 때문이다. 다시 말해 존재는 자기 속에 고유한 결정 작용들을 포함하고 있으며, 자신의 *타자-되기* 속에서 고유한 매개에 대한 의식에 의해 정의되는 절대-주체로 실현될 것이다. 요컨대 본질로서의 즉자 존재는 의식이 자기 속에서 재포착하는 **존재**의 외면적 측면인 것이다. 왜냐하면 이 즉자 존재는 *의식*을 향해서만 존재할 수 있기 때문이다. 이와 반대로 우리의 비판적 연구 속에서는 실천-과정의 즉자 존재가 동화 불가능하고 회복 불가능한 실재로 불릴 수 있는 것으로 발견된다. 그리고 총체화의 외적 한계로서의 이 즉자 존재는 초월적 외면성의 내적 한계로서 실현된다.(초월적 외면성은 외면성의 분산으로부터 *내면성 안에서의 전개에 의해* 이루어지는 이 분산의 한계로서 발생한다.) 앞에서 살펴보았듯이 이중의 한계로서의 이 즉자 존재는 경험에 직접적으로 주어질 수 없다. 실천적 장의 내재적 드러냄으로서의 외면적 존재는 이 장의 존재론적 지위를 규정하지만 그 자신의 구조 자체에 의해 그것으로부터 벗어난다. 하지만 이 외면적 존재가 언어적 규정 작용을 통해 추상적으로 (본서에서처럼) 겨냥될 수 있다는 것은 사실이다. 무한한 "자연적" 분산의 한계로 발생하는 내면성으로서의 이 외면적 존재는 다음과 같은 경우에만 구체적 인식의 대상이 될 수 있을 것이다. 즉 나빌이 바랐던 바와 같이 이 구체적 인식이 **우주**의 무한한 지평으로부터 이 존재에 도래할 경우에 말이다. 하지만 이와 같은 무한한 사유는 구체적 인식 속에서 이 외면적 존재를 자신의 실천적 장의 한 계기로 포착할 것이다. 실천적 사유의 대상으로서의 분산의 세계는 결국 실천에 의해 통합된 장이 될 것이며, 인간의 역사는 더 이상 내면성에 의한 외면성의 한계로서가 아니라 전체적 장에 대한 국지적 사건으로서 이 존재에 대립하게 될 것이다. 이렇게 해서 드러나는 것은 대자 존재에 대한 즉자 존재의 *선행성*이 아니라 즉자 존재의 자율성이다. 이 즉자 존재는 존재하기 위해 인식될 필요가 없을 뿐만 아니라 *원칙적으로* 인식으로부터 벗어나 있다.

죽음, 즉자 존재에 대한 창으로서의
즉자적 무의 경험: 구멍 뚫린 역사

비록 형식적이고 공허할지라도 우리는 죽음이 갖는 존재론적 지위에 대해 어떻게 이야기할 수 있는지를 자문해 볼 수 있을 것이다. 왜냐하면 죽음의 실재는 그 자체로 그것이 인식에 대해 초월적이라는 사실을 내포하고 있기 때문이다. 여기에 대해 우선 이와 같은 인식 불가능성이 단지 하나의 비합리적인 것이 아니라는 사실을 지적해야 할 것이다. **역사**에서 이는 단순히 *대자적으로*, 이와 동시에 내재성이자 초월성으로 존재할 수 없다는 사실을 가르쳐 준다. 물론 정치인이나 기술자가 실천-과정의 한계들을 규정하려고 노력하는 것은 무용한 일이다. 적어도 이것은 모든 조건이 동일하다면 현재 상황에서는 무용하다. 왜냐하면 우리는 인류를 위협할 수 있는 전 지구적인 재앙에 대해(혹은 우리 인류의 소멸을 확실히 예고하고 있는 느린 변화들에 대해) 인식하지 못하고 있기 때문이다. 하지만 철학적 반성(우리는 다음 장에서 이것이 갖는 실천적 기능을 살펴볼 것이다.)[182]은 포괄하는 총체화의 즉

182　이 주제는 이 책에서 더 이상 다루고 있지 않다. 하지만 1959년(이 책의 집필 1년 후)에 있었던 '왜 철학자들인가?'라는 제목의 강연에서 저자는 이 주제를 다루었다. 이 강연록은 1984년 3월《르 데바(Le Débat)》에 게재되었다. 『상황』 9권에 실린 인간학에 대한 대담을 참고할

자 존재라는 이와 같은 존재론적 초월성에 대한 공허한 겨냥을 통해 관념론에 반대되는 논의들을 총체화하는 데 이르게 되었다.

앞에서 지적한 바 있듯이 특히 우리가 내면성 속에서 절대적 외면성에 대한 연구를 할 수 있는 적어도 하나의 경우가 존재한다는 사실을 지적해야 할 것이다. 이 특별한 경우(하지만 모든 것에서 매 순간 반복적으로 발생하는)는 ─ 우선 그것의 본원적인 복합성 속에서 접근해 보자면 ─ 한 명의 개인이나 하나의 집단을 위해 절대적인 실패를 대가로 치르는 격렬한 죽음이다. 실제로 이 죽음은 포괄하는 총체화의 구현으로 실현된다. 왜냐하면 죽음은 상호 주관성에 대한 대자적인 결정 작용으로서가 아니라 즉자적으로 존재하기 때문이다.

우선 사고사 ─ 지붕에서 떨어진 기와공의 죽음이든 자동차 충돌 사고를 당한 운전자의 죽음이든 간에 ─ 라는 단순한 경우를 예로 들어 보자. 이 경우 이 죽음의 직접적인 기원에 있는 도구성과 반목적성(기와공의 발밑에서 빠져 버린 벽돌 한 장, 연쇄 충돌 사고를 당한 자동차, 동일한 운전 미숙을 보여 주는 일련의 자동차들 등등)은 이 죽음에 대해 하나의 인간적 특징을 부여하는 데 이르지 못한다.(혹은 같은 말이 되겠지만 반인간적 특징, 즉 실천적-타성태의 특징을 보여 주지 못한다.) 반대로 이 죽음은 완전히 인간적인 것이기도 하다. 즉 사회적 전체들이 자신들의 죽음을 선택하고(지출 항목의 다양화, 자본주의 체제에서는 경쟁에 의해, 그리고 사회주의 체제에서는 산업의 급증으로 인해 야기된 피로에 의한 직업적 위험의 증가 등등의 다양한 선택 체계를 적용하면서), 인간은 자신들의 임무가 갖는 타성태적 요구와 상반된 투쟁을 통해 *이 같은 죽음을 선택했던 것이다. 실천적-타성태*는 더 많은 역할을 한다. 이것은 자신

것.(편집자 주)

의 희생자들을 직접 지시한다. 이 선택이 사건에 의해 이루어지기 위해서는 하나의 보충적인 결정 작용만으로도 충분할 것이다.(급정지를 하면 자동차는 왼쪽으로 쏠리기 마련이다. 따라서 모든 자동차 매입자는 일련의 가능한 죽음의 부분으로 지시될 수 있다. 이 가능한 죽음의 입장에서 볼 때 결정 작용은 부가적인 우연한 상황 속에서 일어나게 되고, 이때 이 상황들은 죽음을 가능하지만 완전히 결정된 것은 아닌 것으로 정의한다. 예컨대 미끄러운 길, 비, U자형 급커브, 표지판의 부재 등이 바로 이와 같은 우연적 상황에 속한다.) 따라서 각각의 죽음 속에서 사회적이고 인간적인 산물을 보는 것은 완전히 정당한 일이다. 이 산물은 실제로 포괄하는 시간화의 내면성 속에서 시간화된 실재로서 발생한 것이다. 예컨대 이것은 입법자, 재판관 혹은 기술자들의 시각이다. 또 어떤 면에서 보면 이는 *부분적*으로는 부모와 친척들의 관점이기도 하다. 다소간 모호하긴 하지만 사람들은 항상 특정 개인을 죽게끔 방치한 집단(자동차 운전에 내재된 위험들을 비정상적으로 가중시킨 제작사 혹은 잘못된 조직화로 인해 이 운전자가 쓸데없는 위험을 감수하도록 했거나 힘든 노동으로 피로하게 방치했던 사회 전체 등등)이나 그를 구할 수도 있었지만 그런 시도를 하지 않았던 기술자들(그를 치료했던 의사, 오래전부터 안전 조치의 강화를 요구했어야 했던 노동조합 등등) 혹은 직접적으로는 "그를 죽게 만든" 운전사, 무리한 요구를 통해 그로 하여금 위험한 일을 하게 만들고 결국에는 치명적인 사고를 당하게 만든 감독자를 원망한다. 이런 점에서 우리는 이 죽음을 인간 역사의 하나의 사건 또는 대인적 삶의 하나의 사건으로 볼 수 있다. 이런 관점은 확실히 일리가 있다. 왜냐하면 의학의 진보를 통해 ── 산업 발전에 동반된 ── 특정 질병이 감소하거나 사라진 반면 또 다른 질병(직업에 기원을 두고 있거나 특정 상품들을 생산하기 위한 특정 기계들의 사용과 직접적으로 관련된)이 출현하기 때문이다. 자본의 축적은 비생산직에게 돌아가는 수입의 몫을 증가시켰다. 즉 의사와 같은 사람들의 수를 증가시킨 것이다. 이런 점에서 보면 모든 돌연사는 포괄하는 총체화의 내적 한계의 구현이라고 할 수도 있다. 우리는 실천적 장의 경계들에 접근하게 되지만 그것은 내부로부터, 즉 내재성 속에서 그런 것이다. 이때 죽음은 인간들 사이의 실천적 관계들을 통해 이루어지는 하나의 파괴로서 주어진다.

하지만 *이와 동시에* 죽음은 살아남은 자들에 의해서(종종 자신의 운명을 자각하고 있는 죽어 가는 사람에 의해서도) *완전한 결핍*으로 포착된다. 이런 사람들을 필요로 하지만 더 이상 그들을 사용할 수는 없는 집단(역사 내에서 한 혁명당이 대량 학살 및 수많은 사형 집행으로 인해 당의 엘리트들을 철저하게 빼앗기는 일이 종종 있다.)과 관련하여, 그리고 자신의 고유한 미래, 즉 자신의 운명과 실천적 목표, "역사의 기약", 그 자신이 걸어온 삶의 여정을 강탈당하고 이것에서 배제된(마치 함정에 빠진 것처럼) 행위 주체 자신(개인 혹은 하위 집단)과 관련하여 이 죽음은 이러한 결핍으로 인식되는 것이다. 이런 새로운 관점을 통해서 보면 내면성 속에서의 이해는 그 한계를 드러낸다. 즉 사람들이 언젠가는 죽을 운명이라고 *할 때* 우리는 이와 같은 사형 선고와 집행, 달리 말해 살아 있는 어떤 사람에게 행해지는 또 다른 살아 있는 사람의 이와 같은 두 가지 행위를 이해할 수 있고 이해해야 마땅하다. 죽음은 **역사**의 한 수단이다. 혹은 삶과 죽음은 실천-과정에 의해 생산된 가치 체계 속에서 하나의 한정된 자리(한편으로는 매우 복잡한)를 차지하고 있다. 하지만 죽음 그 자체는 역사의 산물이 아니다. 반대로 — 적어도 인간의 역사에 있어서는 — **역사**를 만들어 내는 것이 죽음이라 할 수 있다. 사물들을 지배하고 그 필요에 종속시키기 위한 투쟁은 죽음을 운명으로 지고 있는 유기체의 노동으로 생산된다. 이

유기체들에게 있어서 몇몇 욕구의 불충족은 죽음을 야기한다. 사물들을 통제하기 위해서 사물들을 매개로 삼아 이루어지는 인간들 사이의 투쟁은 죽음의 위협의 정도에 따라 위급성이 결정된다. 인간들은 죽음의 위협하에서 위급성을 도치시킴으로써 자신이 피하고자 하는 죽음을 *다른 사람들의 몫*으로 넘기게 된다. 이와 같은 억압이 만들어 내는 저항들은 이중의 죽음의 위협(기근 혹은 재앙 — 즉 몰살에 의한 죽음 — 에 의한 죽음)이 갖는 동지애-공포로부터 그 조건을 이끌어 낸다. 이처럼 내면화된 위협은 *그 자체로* 죽을 수밖에 없는 연약함의 새로운 이동으로서의 동지애-공포다. 즉 죽음의 내면화는 투쟁 집단 내부에서 이탈자와 배반자들에 대한 죽음을 통한 *처벌*이 되는 것이다.

하지만 어떤 방식으로든 인간 조건에 대한 결정 작용으로서의 죽음은 **역사**를 초월성으로 규정한다. 왜냐하면 보편적인 역사의 현존으로 인해 우리는 죽을 *운명에 있는 유기체들의 한 역사*, 즉 각각의 실천-과정을 통해 죽음의 필연성에 따라 정의되는 역사를 만들어 내기 때문이다. 죽음의 필연성은 그 자체로 각각의 개인(그리고 각 집단)에게 있어서 행동 중에 사라져 버릴 수 있는 필연성, 자신의 역할을 완수하기 *이전에*(혹은 종종 그 이후에도 그러하며, 어쨌든 편차는 있기 마련이다.) 자신이 수행하던 기능의 무대나 장으로부터 사라져 버릴 필연성으로 정의된다. 역으로 이와 같은 사실은 각각의 실천에 있어서 이 실천이 행해지는 도중에 이 실천의 주체가 사라져 버릴 필연성과 타성태적 실천(반목적성의 형태로)으로 지속될 필연성 혹은 이 실천이 해결하고자 했던 문제를 미결 상태로 남겨 두고 사라질 필연성, 혹은 다른 사람들에 의해 재개되어 다른 방향으로 나아가게 될 필연성 등등을 의미한다. 이런 의미에서 보면 죽음은 **역사**의 균열들(새로운 탄생들과 관련된)을 야기한다. 통시적 종합의 복합성의 기원이 되는 이 균열들을 우리는 "세대 간의 투쟁"이라 부른다.[183] 죽음을 통해 행위 주체는 이런 운명을 갖게 된다. 즉 그가 끝내지 못한 것 그리고 그 누구도 끝내지 못할 것(왜냐하면 행위 주체를 대신하는 자가 실천의 방향을 다른 곳으로 돌릴 것이므로)을 시작하거나 다시 착수하게 될 것이다. 이것이 의미하는 바는 그 자신이 언제나 가능한 상태로 있는 자신의 죽음을 고려하면서 행동을 이끌어 나가야 한다는 것이다. 바로 (유언을 남기거나 혹은 그가 통치자일 경우 후계자를 정하는 등과 같은) 이 행동을 초역사적인 조건에서 출발하여 자신의 역사성 속에서 규정해야 하는 것이다.[184] 권력이 이양되는 양태 자체를 통해, 즉 자신의 죽음에 대한 행위 주체의 예견을 통해, 그리고 변형되고 변질되며 지속되는 실천을 향한 그의 초월을 통해, 행동 그 자체는 비역사성의 역사의 내적 규정을 받아들이게 된다. 실제로 행동은 인간의 죽음이라는 특정한 사태와 관련하여 방향 지어진다. 그리고 이 행동은 이 사태를 행위 주체의 항구적 가능성으로 만든다. 그런데 이런 죽음은 한편으로는 근본적인 부정이라 할 수 있다. 다시 말해 우연적이고 갑작스러운 사건 ── 즉 사실성의 적나라한 표명으로써 ── 으로서의 이와 같은 사라짐은 역사의 내부에서도 동화하거나 극복할 수 없는 것으로 남게 된다. 즉 이 사라짐은 내면성의 종합적 관계의 단절로 나타난다.[185] 이

---

183 『집안의 천치』, 3권, 436쪽 이하 참고.(철학도서관 총서, 갈리마르)(편집자 주)

184 과학이 언젠가 생명의 연장을 가능하게 할지라도 근본적인 문제에는 변함이 없다. 왜냐하면 인간이 희소성의 장 속에서 죽을 수밖에 없는 존재라는 점에서, 생명이 얼마만큼 연장되는가 하는 문제 속에서 희소성은 해답을 찾을 수 없기 때문이다. 게다가 나는 풍요 속에서 기술적으로 획득된 불멸성이라는 가정을 고려하길 거부한다. 설령 불멸성이라는 완전히 결정되지 않은 꿈이 실현된다 할지라도 그 꿈은 인간 역사의 종말을 고할 뿐이다. 다른 한편 이렇게 생겨난 불멸성은 필연적으로 그 자신의 일탈의 근원으로서 이전의 필멸성을 간직하게 될 것이다.(원주)

185 부정적이고 사회적인 사태로서의 죽음은 행위 주체들 사이의 내재적 관계의 무한성의 종착점

런 관점에서 보면 이 사라짐은 근본적으로 이해를 벗어나는 것이다. 다른 한편 이 사라짐은 항상 *역사의 중단*으로 드러난다. 심지어 중단을 초래한 것이 역사적 투쟁일지라도 그러하다. 그 이유는 개인이 **역사**로부터 분리되어서가 아니라, 역사가 다음과 같은 경우에 한해서만 그의 죽음(그가 철저한 억압의 희생자라는 점에서)을 요구했기 때문이다. 즉 그의 죽음과 모든 인간의 죽음이 역사에 대한 초월적 조건이자 목표라는 점에서 그러하다. 죽음에 의해 조건 지어진 역사는 일시적인 승자들의 실천-과정을 통해 반대자들이 역사를 만들 수 있는 인간적 가능성을 빼앗으면서 실현된다.

이와 같은 항구적 결핍은 차후에 발생하는 실천-과정의 전개 — 그것이 어떤 것이든 간에 — 에 의해 한 사회의 역사화 속에 담긴 결핍의 타성태적 통일성으로(이런 인간들이 자신들의 실천 집단 혹은 가족 등에 *존재하지 않는다*는 점에서) 유지된다. 죽음이 모든 인간적 행동에 대한 외면성 속에서의 조건화를 드러낸다는 생각에서 벗어나는 순간(이 인간의 이전의 행동은 상황에 의해 *용인되었던* 것으로 보인다. 왜냐하면 이 행동들은 결국 죽음으로 끝나 버릴 위험을 포함하고 있었기 때문이다.), 하나의 기만적인 역설에 의해 치명적인 행위(혹은 사고)가 모든 인간의 재총체화로 발생하는 순간, 그리고 그 존재의 가장 깊은 곳에 타격을 가해 그 존재를 무로 만들어 버리는, 즉 타성태적이고 총체화할 수 없는 결핍으로 만들어 버리는 이 재총체화에 의해 발생하는 순간 **역사**는 내재성의 한복판에서 극복 불가능한 초월로 스스로를 정립하면서 개인들과 투쟁 집단들에게 *구멍 난* 것으로 드러난다. 죽은 자들은

이 된다. 죽음은 내재적 관계의 이런 변화를 낳게 되며, 이 변화를 통해 이 관계에 속한 모든 사람이 변화를 겪게 된다. 하지만 특정인의 죽음 그 자체는 그 특정인에게 있어서는(그가 행한 것 — 그것이 어떤 것이든 — 이 아니라) 모든 내재적 관계의 중단을 나타낸다.(원주)

역사를 관통하는 수십억의 구멍들이다. 그리고 각각의 경우 이와 같은 근본적인 다공성을 통해 실천-과정의 취약성은 경험 속에서 외면적 존재의 보편적 현존으로 주어진다. 사막에서 길을 잃은 여행자는 가혹한 고통의 필연성 속에서 **우주**의 비인간성을 경험하게 된다. 그리고 이것을 통해 인간적 모험의 초월적 한계는 공포 속에서 생존 불가능성과 인간으로 존재하는 것의 불가능성으로 그에게 나타난다. 또한 체포되어 형을 선고받고 감시당하며, 결국 자신을 죽음으로 내몰게 될 것이라는 사실을 알고 있는 한 사람의 폭도도 자신의 기도의 실패와 그에 따른 불가피한 "물리적 제거"를 통해 자신과 그 자신이 해방하고자 했던 사람들에게 있어서의 생존 불가능성과 인간으로 존속하는 것의 불가능성을 다르게 파악하지 않는다. 여기에서 체험되는 것 그리고 실제로 역사의 즉자 존재로 경험되는 것이 물론 저항을 재앙으로 이끌었던 오류나 불운의 전체는 아니다. 오히려 이와 같은 오류와 반목적성들의 전체를 통해 이 행위 주체에게는 다음과 결과들이 필연적으로 주어진다. 즉 역사적으로 행동하고, 자신의 실패를 극복하고, 이 실패로부터 투쟁을 지속하기 위해 필요한 경험을 이끌어 낼 수 없다는 결정적인 사실, 요컨대 ─ 그에게 있어서는 *타인들이* "반인간들"이라는 점에서 ─ 그와 그의 동지들은 인간적 역사를 만들어 낼 수 없다는 사실이 그 결과로 주어지는 것이다. 만약 투쟁이 그 없이도 지속될 수 있다면 그는 자신의 죽음을 *이용하고*, 그것을 본보기가 되는 *행위*로 삼으면서 이 경험을 지양할 수 있을 것이다. 그가 이 죽음을 사용한다는 점에서 그리고 외부에 있는 그의 동지들이 민중의 분노를 이용할 수 있다는 점에서 *이 사건의 심층적 의미*는 대중 자신에 의해 **역사**에 내재된 지양 불가능하고 과도한 균열로, 외면성 속에서 조건 지어진 것으로서의 인간적 모험의 갑작스럽고도 끔찍한 출현으로 체험될 것이다. 이와 같은 실패와 죽음을 통해 인간이라는 유기체의 어찌할 수 없는 사실성으로서의 **역사**의 즉자 존재는 자신의 편재(이 죽음은 모두에게 영향을 주기 때문에)를 드러낸다. 즉 그 존재론적 지위가 외부 세계로부터도 도래할 수 있다는 점에서 이것은 인간적 모험이다.

이와 같은 경험은(더욱 애매한 것이 될 수 있고, 정확히 날짜가 정해진 사건으로서의 죽음과 인명 피해를 야기하지는 않지만 결국에는 죽음을 *구현하게 되는 실패들 사이의 종합적 상호성이 내포하고 있는 의미들의 단순한 유희*를 통해 전체에 대해 마침내 드러날 수 있는) 우리를 그 어떤 직관적인 *인식*에도 이르지 못하게 한다. 우리는 죽음에 대해서 *어떤 것도* 알지 못한다. 그것은 죽음에 대해 알 수 있는 무엇인가가 있을 수 있다는 의미에서가 아니라 (죽음을 정의하는 생물학적 지식을 제외하고) 죽음 자체가 정확히 *아무것도 아니기* 때문에, 혹은 죽음이란 인간의 인간성 — 내면적 장 속에서 이루어지는 실천적 실존으로서의 — 이 단순한 타성태적 결핍으로 변화하는 것이기 때문이다. 우리는 죽음을 이해하지 못한다. 왜냐하면 그것이 인간적 이성을 넘어서는 하나의 신비여서가 아니라 외적 요소들이 특정한 경우 (실증주의적 의미에서) 합리적이지만 이해 불가능한 가능성, 즉 이해란 항상 불가능한 것으로 남아 있다는 가능성을 실현하기 때문이다.

이와 같은 경험으로 인해 우리는 공포를 느낀다. 왜냐하면 이 경험은 **즉자 존재**에 대한 창문으로서의 **즉자-무**에 대한 경험이기 때문이다. 이것은 이 경험이 매 경우 곧 수정될 낙관주의적 상대주의를 방해하고 파기하게 하는 것을 의미한다. 이와 같은 상대주의는 부르주아 역사가들과 마찬가지로 몇몇 마르크스주의자의 견해이기도 하다. 이 상대주의는 심지어 유물론적 변증법론자들에게서도 나타난다. 이들이 **존재**를 *실천*이나 아니면 단순히 *효율성*으로 정의 내린다 해도 소용이 없다. 그렇다 할지라도 그들은 여전히 과정의 전체를 총체화의 내부에서 고려한다는 것(그들이 그것을 그렇게 부르든 달리 부르든 간에) 또한 사실이다. 게다가 "존재한다는 것은 지각하거나 지각당한 것"이라는 표현이 주지주의적 관념론을 정초하는 것과 동일한 방식으로 "존재한다는 것은 행동하거나 행동을-받은-존재다."라는 표현이 실용주의적 관념론을 정초한다는 원칙도 역시 사실이다. 이와 같은 낙관주의적 차원에서 우리는 ─ 인간의 존재론적 지위를 위해 ─ 인간의 비인간성의 초월적 결정 작용을 고려하길 거부한다. 혹은 오히려 모든 것을 통합한다. 물론 우리는 이전 상황들의 작용을 연구하고 삶과 삶의 재생산의 조건, 그리고 생산력과 생산 단계의 모순 등이 어떻게 계급 투쟁에 의해 역사의 토대 자체를 이루는 것인지를 보여 주고자 한다. 하지만 이 요소들의 총체는 이미 실천적 장에 속해 있다. 즉 도구와 기계는 *생산량*, 노동 분업, 특수한 형태하에서 발생하는 착취 등과 같은 다양한 현상들을 분명하게 결정짓는다. 또한 자체의 모순과 이 모순들을 발생시키는 조건들을 자각하지 못하는 한 사회에서는 (예컨대) 경제에 의한 정치의 조건화가 다소간 고려의 대상이 되지 않을 수 있다. 아롱은 *즉자* 상태의 경제를 갖고 있지만 이 경제를 *이해할* 수단이 없기 때문에(이 사실을 이해할 도구들을 갖고 있지 않았기 때문에) 이 상태를 *대자적 경제*로 변화시킬 수 없었던 사회에 대해서 언급한 바 있다.[186] 이와 같은 용어를 사용하면서 *즉자 상태의 사건* ─ 즉 의미, 중요성, 효율성이 이 사건이 발생하는 순간에는 지각되지 않은 채로 남아 있는 사건들 ─ 과 *대자 상태의 사건*(이

---

186   이 책 219쪽, 각주 61 참고.(편집자 주)

사건 속에서 행동은 단지 외부를 밝혀내기 위해서만 아니라 자기 자신을 통제하기 위해서 고유한 빛을 만들어 낸다.) 등등에 대해 말할 수 있을 것이다. 결국 우리가 앞에서 살펴보았던 일탈의 이론(그리고 더욱 일반적으로는 그 자체를 넘어서는 것으로서의 **역사**를 보여 주기 위한 우리의 모든 시도)은 즉자와 대자라는 용어로 설명될 수 있을 것이다. 나는 실천적 타성태와 이것을 통해 실천 자체 속에서 지속적으로 발생하는 일탈을 ["내면성"][187]이라는 용어로 규정하였다.

실천-과정의 즉자 존재:
내면성의 외적 한계와 외면성의 내적 한계

다만 이와 같은 외면성과 즉자는 여기에서 하나의 상대적 의미만을 갖는다. 실제로 실천-과정은 모든 것을 내면성 속으로 흡수한다는 사실을 기억해 두자. 즉자(헤겔주의에서와 유사한 의미로)는 종종 *대자* 속에 용해될(적어도 부분적으로나마) 뿐 아니라 대자 안에서 자신의 타성태적 외면성의 관계를 통해서만 행동한다. 그 결과 즉자는 그 자체로 자족적이고 도화선과 같은 환경으로 이용되는 종합적 내재성 속에서 만들어진다. 즉자는 하나의 사물화의 편재적 통일성을 통합한다는 점에서, 즉 다수성의 통합된 종합적 항들 사이에서 이 통일성을 결정짓는다는 점에서 다소 통합되어 있다고 할 수 있다. 이처럼 *가공된 물질* 속에서 타성태적 외면성(이 외면성의 정보를 제공하는 수동적 종합들의 압력하에서)은 인간에게, 그리고 인간적 매개를 통해 인간적인 것에 영향을 미친다. 왜냐하면 역사적으로 조건 지어진 욕구들과 실천 그 자체가 이 외면성에 효율성을 부여하기 때문이다. 우리가 앞

---

187 이 원고에서 이 단어는 문장의 맨 끝에 위치해 있었음을 밝혀 둔다.(편집자 주)

서 살펴보았듯이 소박한 유물론은 있는 *그대로의* 물리 화학적 과정들이 행동과 기술들을 조건 짓는다고 생각하는 오류를 범했던 것이다. 실천적 유기체가 자신의 활동의 장과 일의적 관계를 맺는 순간부터 타성태적 물질성에는 이미 인간적 의미 작용이 침투되어 있다. 즉 이 물질성은 *이미 가공되어 있는 것이다.* 다만 다음과 같은 경우 관념론적 유물론의 암초를 피하다가 도구주의적 휴머니즘의 암초에 걸릴 위험이 있다. 즉 우리가 물질적 타성태를 만나는 것은 오직 그것을 통합시키는 의미 작용을 통해서이기에(이것은 물론 어떤 공간, 즉 일정한 시대에 속한 인간들의 세계-내-존재에서 출발해 포착된 모든 현실에 대한 주행적(hodologique)인 결정을 통해 모든 환경에 적용되는 것이다.) 우리가 이 타성태를 이 의미 작용들 ── 이 의미 작용들이 인간들의 세계에서 대자적으로 정립된다는 점에서 ── 의 완전한 존재로 환원시키는 경우를 말한다.

실제로 이와 같은 것이 즉자 존재를 인식된-존재 혹은 행동을-받은-존재(혹은 인식하는 그리고 행동하는 존재)와 근본적으로 구분 짓는 사적 실재론과 의미 작용들, 법칙들, 대상들을 밝혀 주는 *상황 지어진 방법* ── 이 방법은 이 모든 것을 변화시키며 드러내며, 또한 그것들에 의해 변화되기도 한다 ── 을 대립시키는 모순인 것이다. 이런 입장들 각각은 그 자체로 진리를 이룬다. 하지만 다른 하나가 없이 단독으로는 오류에 빠지게 되며, 잘 알려진 관념론의 형태 중 하나로 이행하게 된다. *즉자 존재*에 대한 우리의 추상적인 연구는 정확히 이 두 가지 진리가 하나의 총체화하는 존재론적 진리로 통합하는 것을 보여 주는 데 있다.

실제로 오류는 **자연**의 외면성 속에서 나타나는 실천-과정의 즉자 존재가 실천적 장의 물질성이 가진 절대적 외면성으로만 간주되어야 한다고 생각하는 데 있을 것이다. 달리 말하자면 즉자 존재가 마치 물리 화학적 결정 작용들의 총체로 환원되는 것처럼, 더 정확히 말해 에너지의 비가역적 변환들의 총체로 환원된다고 생각하는 것과 같다. 이와 같은 에너지의 변환은 인간들의 노동과 투쟁을 통해 그리고 이 노동(인간의 활동에 의해 실천적 장 속에서 그 부정적 효율성이 제한될 수 있는)의 일부 혹은 전체를 파괴하는 재앙들(홍수, 화재 등등)을 통해 역사-과정을 구성한다. 사실상 이와 같은 의미 작용과 변환의 실천적 방향성을 제거하기 위해서는 반드시 하나의 전망, 선별적 관점을 선택해야만 한다. 그리고 이런 전망은 곧 인식의 전망이다. 왜냐하면 선별의 권리를 통해 구조들의 총체를 철저하게 분리할 수 있는 것은 오직 인식이기 때문이다. 달리 말하자면 이것은 실증주의적 **이성**의 관점하에서 세계 전체를 포착하는 것이다. 이와 같은 실증주의적 이성은 기호들을 알아보지 못할 것이고, 삶과 인간적인 것에 대해 광물이나 원자에 대한 관점을 취할 것이며, 물리 화학적인 것을 통해 인간적인 것을 인식하려 하기 때문에 인간 속에서 오직 이 물리 화학적인 성질만을 발견하게 될 것이다. 이런 태도는 —— 자신의 의지에도 불구하고 —— 수공업과 산업 생산물들을 예전의 중농주의자들이 그랬던 것처럼 취급하는 결과를 낳게 될 것이다. 만약 의미 작용들의 존재가 부정된다면(혹은 적어도 장의 내면성 속에서 나타나는 것으로 환원된다면) 이때 있는 *그대로의* 가공된 대상의 특수성(즉 수동적 종합과 이미 세워진 질서 속에서 요소들로 하여금 스스로를 조건 짓게 해 주는 상대적 고립을 통한 분산 상태의 재조립)은 광물적 **이성**의 행위하에서 급격히 와해될 것이다. 이와 같은 변화들의 총체는 외면성의 광범위한 분산 속으로 재통합되며, 외면성 속에서의 이 변화들의 조건화는 이런 일련의 운동들을 설명하기에 충분하다. 물론 한정된 변화들은 외면성을 통해 그 구성 요소들로 와해할 이 국지적 소용돌이를 낳는 데에 필수적이다. 하지만 광물적 이성이 갖는 무분별성에서 볼 때 이 변화들 자체(장의 내면성 속에서 행동과 노동으로 스스로를 정의하는)는 단순히 의미를 파생시키지 않는 자신들의 외면성, 즉 이전의 다른 변환들 속에 자신의 기원을 두고 있는 변환들로 환원한다. 이런 점에서 보면 **역사**는 물질의 국지적 꿈에 불과하다. 즉 물리적 세계만이 *유일한 현실*로 남게 되는 것이다.

하지만 *정확히 말해* 역사적 총체화의 즉자 존재는 순수한 외면성의 반역사적 **이성**을 통해 자신의 비존재 혹은 *자신의 알려진 존재*를 의미할 수 없다. 실천-과정의 즉자 존재는 모든 인식으로부터 독립적이다. 즉 그것은 외부에 의한 내부의 제한이긴 하지만 또한 내면성에 의한 외부의 제한이기도 하다. 이것이 의미하는 바는 다음과 같다. 즉 자기 존재 속에서의 포괄적 총체화의 조건 짓기는 외면성 속에서 **우주**의 한 부분이 가진 물리적 힘에 의한 결정 작용으로 발생한다는 것이다. 이 부분에서 출발해서 포괄적 총체화는 필연적이고 가능한 것이 된다. 또한 이 요소들의 연관을 통해 곳곳에서 발생하는 총체화는 이 요소들과 그것의 체계가 갖는 수동적 통일성 사이의 필연적인 매개로 나타날 것이다. 외면성의 관점에서 보면 의미 작용의 계기는 광석이 쇠막대로 변화하는 것의 필수적인 조건으로서, 혹은 철합금에 의한 공기의 액화나 특정한 파동 진로에 있어서 필수적인 조건으로 요구된다. 말하자면 (예를 들어) 물리 화학적 조건들은 물리 화학적인 것 속에서 *자연적 보편성의 부정*에 해당하는 것을 *제외하고*는 모든 것을 설명할 수 있다. 예를 들어 질료가 해체되는 특정 영역에서 통합된 요소들의 총체가 물리 화학적 대법칙들에 부합하여, 하지만 모든 *개연성에 반하여* 기체의 액화를 만들어 낸다는 *유일한 사*

실에 대한 부정을 제외하고는 말이다. 이렇게 해서 즉자 존재는 스스로 자신의 내면성을 낳는 의미 작용들을 생산해 낸다. 간단히 말하자면 즉자 존재는 **우주**에서 출발해서 이 의미 작용들을 발생시키는 것이다. 즉 **우주**에서 출발해서 특정한 하나의 영역은 생명의 출현에 의해 특수화되며, 이 생명은 이 영역(예컨대 **지구**에서) 최초의 내면화를 통해 자연적이지만 있을 법하지 않은 환경의 변화들(예컨대 기압, 대기 중 산소 함유량 등등과 같은), 즉 내면성 속에서의 *하나의* 진전 — 그 자체로 유일하며 내적 한계 속에서 볼 때는 *있을 법하지 않은* — 을 조건 짓는 변화들을 만들어 낸다. 즉 세계의 외면성에서 출발해서, 즉 *세계들의 전체 그러니까 그 안에서 특정한 생물계와 특정한 역사들이 이런저런 방식으로 분할되며, 이와 같은 모험들의 각각을 다른 모든 모험과의 관련하에서(그것의 리듬, 가속, 도달할 가능성 속에서) 결합이나 예외적인 기회의 결과로 규정하는 세계들의 전체,* 이와 동시에 이 모험들을 삼켜 버릴 수 있는 운명 — 이에 대해 모험들이 모호한 투쟁을 벌이는 — 으로 스스로를 실현시키는 세계들의 전체 속에서, 요컨대 존재들과 **존재** 전체에서 출발해서, 인간의 역사는 외면성의 국지적 운동의 극단에서 다음과 같은 두 가지 양상으로 발생한다. 우선 *외면성 속에서 볼 때는 자신의 내면성의 한복판에 이르기까지 외부로부터 규정된 것으로 발생하고*(이런 관점에서 보면 풍부한 광산의 분할 속에서까지 — 이 광산들이 역사를 움직인다는 점에서 — 발견되는 것은 우주적 과정들의 전체다.) *내면성 속에서 볼 때는 무한한 외면성을 통해, 또 다른 행성들에서의 모든 생명의 모험들에 의해 규정된 것으로 발*생한다.(만약 다른 곳에도 생명이 있다면 말이다. 하지만 모든 가능성과는 반대로 **우주**가 자신의 국지적인 내면성으로서 생명을 만들어 낸 유일한 장소가 지구일 수밖에 없다 해도 이 역시 외적 내면성의 부재에 의한 **역사**의 내적 규정이 될 것이다.) **우주**를 실천적 장으로 변화시킬 수 없는 상태에서 또한 — 적어도 당장에는 — 스스로를 인식시킬 수도 없는 상태에서, 나아가 다른 곳에서 다른 역사를 만들어 나가고 있는 다른 집단들과 공존하거나 투쟁할 수도 없는 상황에서 **역사**의 내부에서 종말이 발생한다고 할 때 내면성의 이 차원에도 *외부의 한계*가 존재한다고 할 수 있다. 이렇게 해서 외면성은 외부에서 그 자신을 벗어나는 특정한 내면성을 만들어 낸다. 그리고 이 내면성의 통일성은 외면성 속에서 그것이 만들어 내는 있을 법하지 않은 연관 작용들로 특징지어진다. 우주의 완전하고도 제약되지 않은 분산으로부터 출발하여 즉자 존재가 발생한다. 이때 이 즉자 존재가 목표와 맺는 관계는 *실제적이지만 그 역시 즉자적이다.*(그것의 존재 전체가 — 외면성에 대한 내적 한계로서 — 하나의 *이해된 존재*가 아니라는 점에서 그러하다.) 또한 외적-조절은 그것의 *비개연성 자체* 속에서 이루어지는 체계적인 재조건화 사이의 실제적인 매개로서 이 즉자 존재의 *의미*들은 우주로부터 존재론적 위상을 부여받는다.(즉 외면성의 두 가지 과정을 분리하는 내면성 속에서의 한계로서 그러하다.) 마지막으로 이 즉자 존재의 *내적 관계들의 총체*는 원래의 영역에서 출발해 의미들과 목적들에 필수적으로 연관된 것으로 규정된다.(즉 내면성이 규정짓는 새로운 구조들, 예컨대 결핍, 부정의 모든 범주, 위험 등과 같은 구조들을 통해 이루어지는 **존재** 그 자체의 초월들의 모태로서 그러하다. 다시 말해 내면적 통일성 속에서 그리고 그 밖에서 일어나는 모든 자연적 과정 사이의 외적이고 보편적인 관계를 통한 이 내면적 통일성의 문제 삼기로서 그러한 것이다.) 실천-과정의 즉자 존재는 **우주** 속에서의 포괄적 총체화와 포괄적 총체화 속에서의 우주 사이의 엄밀한 등가성이다.

전통적으로 매우 뿌리 깊게 각인된 관념론적 사유의 습관으로 인

해 독자들이 보기에 이와 같은 존재론적 연구는 매우 모호하게 느껴
질 수 있는 만큼 잠시나마(단순한 이미지와 은유를 통해) 초월적 인식의
용어로 기술해 본다면 이 연구는 더욱 명확해질 것이다. 실제로 대부
분의 공상 과학 소설의 독자들은 우리 역사의 즉자 존재를 다시 의식
하고자 한다. 하지만 관념론적 습관으로 인해 그들은 이 즉자 존재를
다음과 같은 단순한 방식으로 인식하게 된다. 즉 우리의 것보다 월등
히 높은 지성과 과학, 기술 수준을 가지고 있으며, 그래서 인간의 역
사를 우주적 지방주의로 환원시킬 수 있는 한 화성인 —— 1958년의
미크로메가스 —— 앞에서 이 즉자 존재가 나타난다는 식으로 인식하
게 되는 것이다.[188]

188   실제로 공상 과학 소설의 관념론적 특징은 부르주아적 관념론—— 즉 서구 세계의 이념 —— 만
을 유일한 기원으로 갖고 있지는 않다. 공상 과학의 특징은 **동구**와 **서구**의 관계로부터 직접적
으로 생겨났다. 한편으로는 서구인들이 약간의 불편한 감정을 가지고 다음과 같은 것을 느끼
기 때문이다. 즉 사회주의 세계——비록 지금까지는 별다른 효용을 보여 주지 못했다 할지라노,
또한 서구의 학자들이 지난 반세기 동안 축적한 경험적 지식들을 여전히 가지고 있지 않다 할지
라도——가 1917년부터 1950년 사이의 자본주의 변화의 세부적 사항들과 총체를 이해하고 정
확히 위치시킬 수 있는 인식의 도구들을 가지고 있다는 느낌 말이다. 반대로 반마르크스주의
적 지식인들의 경험주의는 처음에는 적들의 원칙을 이용하기를 거부하는 것이었다. 일정 기간
이 지난 후 이 경험주의는 세계의 변화를 종합적으로 사유할 수 없는 무능력이 된다.(**서구**만 아
니라 **동구**의 무능력 역시, 다시 말해 동구의 변화에 있어서는 세계와 각각의 **서구** 사회를 분열
시키는 갈등 속에서 찾아볼 수 있는 이런 변화의 기원과 역할을 인식하고 있는 무능력, 다시 말
해 이해하고 있는 자들을 *이해하거나* 그 결과 넘어설 수 없는 무능력이 그것이다.) 무능력은 하
나의 거북함으로 느껴진다. 미국 *대공황*의 원인 가운데 하나는 소련인들이 주체가 된 **역사**에
서 자신들이 *대상*이 되고 있다는 다소 혼란스러운 감정에서 찾아볼 수 있다. 몇 달 전부터 우
리는 **동구**에서 역시 사람들이 어둠 속에서 역사를 만들어 냈으며, 사회주의적 인간은 스스로
를 인식하지 못하고 있다는 사실을 알게 되었다. 하지만 이런 근심은 전혀 다른 차원의 것이다.
왜냐하면 비록 스스로를 여전히 인식하지 못한다 할지라도 적어도 인민 민주주의의 인간은 지
적 도구를 상실하지는 않았기 때문이다. 즉 이 도구의 사용법을 다시 배우기만 하면 된다. 그리
고 그가 이 사용법을 배우지 못한다고 할 때 다음과 같이 말할 수 있을 것이다. 즉 어떤 인간 집
단도 오늘날*에는* 더 이상 자기 자신뿐만 아니라 다른 집단들에 대해서도 의식하고 있지 못하다
고 말이다. 요컨대 **역사**는 50년 전부터 너무 어두워서 분간할 수 없는 상태로 남아 있다는 것
이다.(역사는 *또한* 자각 속에서는 하나의 거대한 진보이기도 하다. 하지만 이런 모순은 어쨌든

예컨대 행성을 여행하는 기술을 오래전부터 알고 있던 **화성인** 혹은 **금성인**이 볼 때 우리는 특정한 상황에 의해 과학적이고 지적인 발전이 뒤처진 동물 부류에 속할 것이다. 그들은 이런 상황을 알고 있으며, 우리의 더딘 지적 수준과 이것을 야기한 요인들에 대해서도 알고 있다. 물론 그들이 보기에 이 요인들은 지구의 구조와 관련되어 있을 것이며 그들은 이 요인들이 다른 곳에는, 최소한 자신들이 사는 행성에는 존재하지 않는다는 것을 알고 있다. 이처럼 그들은 인간과 다른 별에 살고 있는 존재들 사이의 즉각적인 비교를 통해 인간을 자신이 사는 지역의 특이성을 자기 안에 담고 있는 우주적 산물로 바라보게 될 것이다. 즉 두뇌와 신경 활동에 고도로 필요한 실체들을 가지지 못한 존재로 바라보는 것이다. 생리적 구조, 역사, 발전의 정도 등에서 차이가 있을지라도 그들은 우리 인간들을 나름의 실천적 현실 속에서 공동으로 역사를 이루어 가는 개인들로 이해할 것이다. 하지만 우리 인간들이 여러 경우들에 있어서 추구하는 개별적 목표들은 여전히 그들에게는 낯설게 느껴질 것이다. 우리의 미적 쾌감이 그 한 예가 될 수 있을 것이다. 그들이 우리와는 다른 감각을 가졌다고 할 때 그들은 우리의 미적 쾌감을 낯설게 느낄 것이다. 이처럼 그들은 우리의 목적이 가진 특징들을 제거하지도, 그렇다고 공유하지도 못하

사회주의 집단들에게 유리하게 작용하고 있다.) 결국 그는 다음과 같이 인정할 수 있게 될 것이다. 즉 현재의 **역사**는 *비-지식* 속에서 만들어진 것이라는 사실을 인정하게 된다. 하지만 이 주장—그것이 야기하는 약간의 혼란, 저항과 함께—은 부르주아 사회들에서 빈번하게 볼 수 있는 감정, 즉 *그들이 우리에 대해 생각하고 있고, 우리가 가지지 못한 도구를 그들은 가지고 있다는 감정*과는 아무런 공통점도 없다. 과학적 예견과 관련된 소설들(물론 이 소설들의 기원은 여러 곳에서 찾아볼 수 있지만 여기에서는 중요하지 않다.)은 이 소설들 대부분을 특징짓고 있으며, *반인간*들(말하자면 다르게 만들어졌고, 더욱 큰 힘과 명철함을 가지고 있지만 일반적으로 악의에 찬 인간들)에 의해 바라보여진 인간들을 보여 주는 관념론으로 이끄는 것은 대부분 이처럼 기이한 상황(자신들의 객체성이 적들의 손에 넘겨져 있는 집단들의 상황)에 대한 침울한 꿈의 몫이라고 할 수 있다.(원주)

면서 외면성 속에서 정의하게 될 것이다. 그들은 단지 발전되지 못한 이 행성에 사는 존재들이 특정한 목적을 향한 특정한 행동을 하고 있다는 사실 그리고 특정한 사회적 혹은 가치적 선택 체계가 선호의 위계질서를 조건 짓는다는 사실만을 지적하게 될 것이다. 이처럼 특정한 목적을 공유하지 못하는 그들은 이런저런 경우에서 우리의 *실천*을 *존재태*로 파악하게 될 것이다. 예컨대 그들은 인간들이 알코올음료를 좋아한다고 말할 것이다. 이처럼 각인된 *특징*은 한 인간이 다른 인간의 목적을 이해할 때 동반되는 명증성과는 아무런 관련이 없다. 그것은 단순히 우리의 우주적 사실성을 가리키는 것이다. 즉 특정한 우주적 희소성(특정한 실체의 부재 혹은 부정적 요소들의 현존)이 이런 절반의 실패작, 즉 인간이라는 존재를 만들어 내었다는 사실을 가리키는 것이다.[189] 이와 마찬가지로 이처럼 고도로 산업화한 문명의 산물인 외계인에게 있어서 우리의 끝나지 않은 역사, 즉 **화성인들**이 이미 3세기 전에 극복한 수준에 머물고 있는 이 역사는 하나의 실천(*역사는 스스로 만들어진다.*)과 *하나의 주어진 사실*(역사적 조건에 대한 화성인들의 인식은 인간들이 더욱 빨리 진보할 수 없도록 하는 제동 요인들을 파악하게 해 줄 것이다.)이라는 이중의 결정 작용을 가지고 있는 것으로 비추어질 것이다. 이런 방식으로 우리의 뒤처지고 지엽적인 역사는 그들의 눈에는 외면적인 우주적 조건화에서 볼 때 하나의 *부정적인 힘*을 내포하고 있는 것으로 비칠 것이다.(그들은 이 부정적인 힘을 내면성 속에서 그리고 비교를 통해서 발견하지만 그 힘은 화성에서는 바람직한 존재로 여겨지는 것의 완전한 *부재*에 불과하다.) 이와 마찬가지로 인간 역사의 내면성 속에서는 어떤 경우에도 하나의 *실질적* 결정으로 파악될 수 없는

---

189 당연히 외면적 내면성 속에서 내려진 이러한 인간에 대한 정의의 책임은 화성인에게 있다.(원주)

것 — 예를 들어 외면적 무지 — 이 화성인들에게 있어서는 실천-과정에 대한 본질적 규정이 된다. "외면적 무지"(나는 앞에서 같은 표현을 사용한 바 있다.[190])라는 말을 나는 특정한 시기에 기술과 문화의 긍정적 발전에 따라 특정한 사회가 *어떤 다른 특정한 수준이 아니라* 바로 이 특정한 과학적 수준에 위치해 있다는 사실로 이해한다. 방금 내가 말한 부분에서 강조한 부분, 즉 *어떤 다른 특정한 수준이 아니라는* 말은 어떤 경우에도 내면성 속에서는 뒤처진 하나의 실질적 조건, 발전에 제동을 거는 부정적이고 현실적인 요인을 지칭하는 것으로 간주되어서는 안 된다.(*나폴레옹이 워털루 전투에서 패했던 것은 비행기가 없었기 때문이 아니다.*) 하지만 우리가 모르는 것을 알고 있는 하나의 외적 존재가 볼 때 이와 같은 무지는 우리의 오성의 심층적인 불투명성이자 드러나지 않는 부분이 될 것이고, 우리의 마음에 있어서의 내적 부정이 될 것이다. 이런 변화는 *실질적이다.* 왜냐하면 — 19세기의 식민지 전쟁에서와 같이 — 원주민들이 총의 사용법을 알지 못했을 뿐더러 그것들을 만들 줄도 모르고 있었다면 이 무지는 정복자들의 눈에는 — 적대적인 상호성의 관계 속에서 — *타자의 실질적 열등함* 으로 여겨졌을 것이다.

공상 과학 소설에 나오는 **화성인들**에게 있어서(그들이 지구를 정복할 목적을 가지고 있든지 아니면 평화롭게 공존하고자 하든지 간에) 우리의 무지 — 이 무지가 그들이 인간을 정복하는 데 도움이 되든 인간이 그들을 이해하는 데 방해가 되든 간에 — 는 *화성인 문화에 의한 지구인들 각각의 결정 작용,* 즉 하나의 부정적 특수화가 될 것이다. 이와 동시에 이 외계인은 — 많은 작가가 우리에게 이야기해 준 것과

---

190 1권, 제1서, B, 193쪽 참고. 『존재와 무』, 4부, 1장, 579쪽 이하 참고. 『도덕을 위한 노트』, 306쪽 이하, 347쪽 이하 참고.(편집자 주)

마찬가지로 — 우주를 자신의 실천적 장으로 삼았기 때문에(지구도 포함하여) 우리가 우주적 재앙(화성인들은 오래전부터 그것을 피할 방법을 알고 있다.)에 직면해 있다는 사실을 알고 있다. 이 화성인이 인간의 역사가 지구의 진흙에서 시작되었고, 이 진흙으로부터 우주적인 특수성과 그 부정이 기인한다는 사실을 알기 때문에 이 외계인은 우리의 역사를 *시대에 뒤처진 것*으로 포착할 것이다. 지구를 위협하는 위험, 지구를 와해시킬 수 있는 충돌 — 아직도 지구인들은 이 충돌을 피할 방법을 갖고 있지 않다 — 을 고려할 때도 마찬가지다. 재앙이 장기간에 걸친 것일지라도 그들은 우리가 촌각을 다투는 경주를 치르는 것으로 볼 것이다. 그러면서 그들은 과연 지구인들은 이 경주에서 승리할 수 있을지에 대해 자문할 것이다. 한 명의 **화성인**에게 있어서도 예측은 여기에서 그치고 말 것이다. 왜냐하면 이 문제 역시 내면성 속에서 해결될 수 있기 때문이다. 즉 **역사**란 그 자체로 고유한 속도를 가지고 있다는 것이다. 화성인이라는 증인이 모든 역사에 고유한 본질적인 취약성을 *특수화*할 수 있다는 것은 여전히 사실이다. **우리의** 경우에 있어서 이 취약성은 우리가 알지 못하는 위험과의 여전히 불투명한 관계로 이루어진다. 이런 취약성으로 말미암아 지구인들의 모험은 우주에서 출발해 개별화된다. 그리고 우리 지구인들은 행성의 충돌로 인해 영원히 신체와 재산이 사라질 수도 있는 존재 혹은 이 충돌에서 살아남을 방법을 찾아내는 존재가 될 것이다. 이와 같은 화성인의 신화를 통해 모든 외면적 역사, 즉 함정과 위험들로 구성되어 있고, 다른 행성에 사는 실천적 유기체들과의 가능한 혹은 특정한 관계로 구성된 외면적 역사 — *내부에서 만들어 낸 결과들을 다시 떠맡음으로써 통합되는* — 는 스스로 구성되면서 *우리를 우주적 개인들로 구성*하게 된다. 이때 다른 행성에 사는 실천적 유기체들은 우리가 내면성 속에서 보편성의 지표로 여기고 있는 *인간의 특징*을 우주 자체(우주를 관통하는 힘들의 총체가 *바로 이* 외적 영역을 구성했기 때문에)에 의해 만들어진 특이성으로 드러낼 것이다.

우리가 이 **화성인** 이야기를 액세서리 가게에 비치된 유치한 장식품 정도로 여긴다 할지라도 이 신화는 적어도 우리에게 다음 사실을 알려 줄 것이다. 즉 실천-과정의 즉자 존재는 인류라는 종 외부에 있는 한 증인이 볼 때 지구 역사에 대한 모든 가능한 객관성의 근거가 된다는 사실이다. 어쨌든 인간은 스스로 이 증인의 역할을 수행할 수 *없다.*[191] 인간이 나름의 기술과 지식을 축적한다고 할 때 그가 발전시키는 것은 모든 인간의 지식이자 기술인 것이다. 따라서 우리는 내면성의 순환을 벗어날 수 없다. 인공위성은 실천적 장의 범위를 확장했지만 그 장을 벗어나지는 못했다. 그리고 당연히 화성인의 관점 ── **우주**에 대한 화성인들의 과학이 어느 정도의 수준에 이르렀는지 간에 ── 은 몇몇 관계에 대한 특수화이자 관점화인 것이다. 결국 이 과정을 통해 드러난 것은 *하나의* 상황이다. 이와 같은 상황은 화성인을 통해 인간이 드러나는 것과 마찬가지로 인간들을 통해 화성인을 드러내 보여 준다. 즉자 존재는 화성인이 자신의 근본적인 특징을 통해 그것에 대해 품는 인식을 넘어선다. 즉 즉자 존재는 **우주** 전체와의 무한한 관계의 특수한 중심이다. 한 가지 예를 들어 보면 특정한 인간의 목적들은 화성인에 의해 객관적이지만 낯선 목적들로 정의된다. 즉 화성인들은 이와 같은 인간의 목적들을 공유하지 못하는 것이다. 하지만 즉자 존재 안에서 간주된 실천-과정의 목적들은 *내적이지도, 낯설지도* 않다. 또한 이 목적들은 *존재태*에만 속하는 것도 아니

---

191 인간 스스로 자신에 대한 증인이 될 수 없다는 점에 관해서는 사르트르가 당대에 쓴 『알토나의 유폐자들』에 실린 30세기에 대한 프란츠의 대화를 읽어 보면 흥미로울 것이다.(편집자 주)

며 — 내재적 목적들이라는 명목으로 — 실천에만 속하는 것도 아니다. 우리의 연구가 **인식**의 조건이 아닌 **존재**의 조건에 관련되어 있기 때문에 오히려 목적들은 그 존재론적 지위의 무분별 자체 속에서 내재적인 동시에 초월적이라고 할 수 있다. 우선 내재성 속에서 초월적이다. 왜냐하면 고유하지 못한 목적들이 갖는 특징은 반드시 그 목적들을 *공유하지 않는* 행위 주체를 가리키기 때문이다. 따라서 공유되지 않는다는 지속적인 가능성을 정초하는 것으로서의 이 목적들의 즉자 존재는 그 자신에 대한 단순한 존재론적 확증에 불과하다. 왜냐하면 **우주** 속에서 솟아난다는 단순한 사실로 인해 이 목적들은 그것들을 정립시킨 집단이나 사회적 전체와의 모든 내재적 관계를 초월하기 때문이다. 그리고 이 목적들은 초월성 속에서 내재적이다. 왜냐하면 — 목적들이 한 명의 증인에 의해 *인식되건 아니건 간에*, 그리고 이 증인이 존재할 경우 그에 의해 표명된 거부나 유보가 어떠한 것이 되든지 간에 — 이 목적들과 행위 주체 사이에 맺어지는 이 내적 관계는 초월에 대한 존재론적 확증 속에서 일련의 특정한 물리 화학적 변화들과 여기에서 파생되는 특정한 에너지 변환 체계 사이에 요구되는 매개로써 각인되기 때문이다. 이 관계는 행위가 갖는 비환원적인 구조와 *자유의 필연성*으로서의 실천이 갖는 객관적 계기를 보여 준다. 이것을 통해 내가 말하고자 하는 바는 다음과 같다. 만약 실천-존재태가 존재하지 않는다면 단순한 *자연적* 변환들의 체계화된 — 일시적으로는 고립된 — 결과들의 관계는 우주로부터 출발하여 구성된 것으로도, 다른 역사에 의해 규정되고 제한된 것으로도, 나아가 외부존재의 자기 자체를 향한 창조적이고 규제적인 초월로도 실현(비개연성)되거나 유지(우주적 힘들의 압력)되지 않는다는 것이다.

이처럼 한계들에 대한 우리의 경험은 즉자 존재 안에서 그 공허한 목적을 통해 우주의 무한한 분산의 현존을 드러내 준다. 이것은 마치 비역사의 우주적 힘들에 의해 인간 역사의 조건화가 드러나는 것과도 같다.(또한 외면성의 한계와 외적-내적 관계로서의 다수의 비인간적 역사들의 현존 — 어느 날 실천의 장에서 *인간적* 목표를 선험적으로 변화시킬 수 있는 또 다른 종이 존재할 가능성 — 도 드러나게 된다.) 하지만 역으로 우리의 경험을 통해 그리고 미래의 목표를 통해 방향 지어진 에너지의 변환이 보여 주는 초월적 실재(대자적이거나 대인간적인 것이 아닌), 즉 몇몇 우주 영역의 목적론적 구조가 발견되기도 한다. 그렇다고 이 목적론적 영역들이 그 자체로 행위 주체들에 의해 *선험적으로* 준비되거나 정의되었다는 사실을 의미하는 것은 *아니다.*(그렇게 되면 모든 것은 부조리하게 될 것이고, 우리는 신학으로 되돌아가야 할 것이다.) 또한 이것은 엥겔스의 주장처럼 "**자연**" 속에 하나의 목적론적인 원칙 — 설령 그것이 배아 상태의 것이라 할지라도 — 이 있다는 것을 의미하는 *것도 아니다.*(앞에서 지적한 바와 같이 외면성 속에서의 한계들에 대한 공허한 경험이 갖는 내적이고 물질적인 내용으로서의 이 사실은 확증될 수도 거부될 수도 없다.) 이 사실은 단순히 다음과 같은 사실을 의미한다. 즉 주요 원칙들에 의해 생명이 보장되는 하나의 영역, 그리고 그 안에서 순환성의 배아를 통해 생명이 이 특징들을 끊임없이 변화시키는 영역이 있다고 할 때(가장 기초적인 형태하에서, 그리고 영양소, 연소, 배설물들을 낳는 유일한 행동을 통해서 이루어지는 변화라 할지라도) 자신의 고유한 시간화 속에서 실천적이고 건설적인 도구를 가진 유기체의 출현과 이 유기체들에 의해 파생되고, 그것들의 고유한 순환성을 통해 관통되는 *비개연적*[192] 물리 화학적 체계들과 이 유기체의 잔재들에 의한 영역의 변

---

192 이는 순전히 물리 화학적 변화와 관련해서만 비개연적이라는 사실을 의미한다. 반면 은하계들이 존재한다면 그들의 우주적 다수성의 전체에 관련해서는 다소간 개연적 — 혹은 절대적으로

화 등을 하나의 절대적 현실로 간주해야 한다는 것이다. 목적론적 구조(*따라서 적어도 회소성의 장 속에서는 역사가 되는*)는 유기체가 자신의 목적들과 맺는 하나의 내적 관계만은 아니다. 이 구조는 특정한 영역들에 있어서 외적 존재가 갖는 내면성에 대한 내면적 한계다. **존재**의 무분별화 속에서 분산적 외면성은 이와 같은 내면성을 만들어 내고 (혹은 내면성을 가능케 하고) 내면성 속에 집중되어 이 내면성을 모든 우주적 흐름이 관통하는 세계의 공공 장소로 변화시킨다. 또한 이 분산적 외면성은 항상 폐기할 수 있는 *관용*을 통해 자신의 운명을 만들어 내고, 스스로 역사적 특이성의 *외부*에서 보편적 요소가 된다. 이렇게 함으로써 분산적 외면성은 외부의 내적 한계들에 의해서만큼이나 통제, 방향 지어진 조건화, 수동적 종합, *피드백* 등과 같은 사실들에 의해서도 *내면성 속에 각인*된다. 이런 점에서 보면 인간적 시도들이 — 우리가 반복해서 지적했듯이 — **자연**(혹은 **우주**)의 시도라는 사실은 허위다. 실제로 우리는 우리 자신의 행동 영역과 그 내면화(실천적 장)를 우리가 **우주**라는 말을 통해 허위로(의미 작용으로) 통합하는 외면성 내에서의 무한한 분산과 혼동하고 있는 것이다.[193] 단지 소우주라는 먼지들 속에 다시 놓인 인간의 활동이 가진 즉자 존재가 *자신의 영역과 자신의 자리*에서는 하나의 절대적인 것이 된다고 말하는 데 그쳐야 할 것이다. 다른 실천적 다수성들이 존재하건 아니건 간에 인간의 역사는 외면성 속에서 자신의 결정 작용에 저항하고, 사물

확실한——이라고 할 수 있다. 은하계까지 포괄할 수 있는 얇은 실천적 전체들의 입장에서 볼 때 우리 역사의 상이한 계기들을 지나갈 기회가 얼마만큼이나 주어질지를 결정하게 될 것이다. 이렇게 함으로써 이 얇은 내적 한계의 외면성으로의 통합을 증가시킬 수 있으며, 그 역도 마찬가지다.(원주)

193 하나의 *다원주의*를 의미하는 것도 아니다. 만일 그렇다면 복수의 *단위*들을 가정하는 것이 될 것이다.(원주)

들 사이의 무한하고 새로운 관계의 절대 중심으로 남아 있게 된다.

지금으로서 우리는 연구의 흐름이 비록 형식적 의미 작용으로 나아간다 할지라도 헤겔의 관념론의 흐름과는 대치된다고 말할 수 있다. 역사의 초월적 존재는 목적론적 구조를 변화시키지 않은 채 내면성의 대자 존재를 동화시키는 즉자 존재이며, 이 즉자 존재는 바로 이 대자 존재의 즉자 존재가 된다. 그 까닭은 모든 인간적 행동 —— 개인적인 행동이든 공동의 행동이든 간에, 그 참여자가 누구이든 그리고 이 참여자가 행위에 대해, 즉 실천적 장의 내면성 속에서의 행동의 의미 작용에 대해 의식을 하고 있든지 간에, 요컨대 내면성 속에서 자기 자신에 대한 반성의 구조가 어떤 것이든 간에 —— 은 결국 관념성, 꿈, 부대 현상설 등으로 잠기게 되거나 외면성(외면성의 산물로서) 속에서, 증인 없는 존재의 절대적 고독 속에서 내재적이고 반성적인 구조들과 더불어 나타날 수 있기 때문이다. 실제로 이때 즉자는 자신의 절대적 현실로부터 대자에게로 온다. 실천의 자기반성은 인간적이고 실천적이며, 내면성 속에 상황 지어져 있다. 하지만 우주적 분산의 감압된 시간성 속에서 파생되고, 이 시간화에 의해 한 역사의 초월적 요소들이 되는 우주적 변화들과 관련하여 파생되는 이 실천의 실재는 그 자체로부터 벗어난다. 왜냐하면 그 자신을 비추는 빛이 내면에서 비롯하고, 이 실재를 규정하는 한계들이 원칙상 알려지지 않았으며 실천적으로 도달할 수 없는 외면성의 영역으로부터 기인하기 때문이다. 또한 이 실천의 내면적 시간화가 외면성의 영역에서 실현되면서 거리를 둔 채로 —— 심지어 그것을 의심하지도 않은 채 —— 특정한 외적 사실들을 자신의 운명으로 구성하며, 이 사실들로부터 출발하여 자신의 자질, 운명과 함께 스스로를 구성하기 때문이다. 외적 존재로부터 출발하여 생겨나는 내면성의 살아 있는 구조들의 이와 같은 결정체,

외적 존재에 대한 긍정으로서의 이 *결정체*를 우리는 앞서 인용한 경험들과 관련하여 내부로부터 *우리의 포기로* 포착할 수 있다. 하지만 외면성 속에서 이 결정체는 단지 이 구조들에 대한 긍정과 외적 존재로부터 출발한 이 구조들의 제한으로만 나타난다. 이 외적 존재는 이 구조들을 지탱하고, *자신에 대해 모르고 있는 것*을 통해서만 대자적으로 존재할 수 있는 것으로 이 구조들을 환원시킨다. 달리 말하자면 실천-과정은 외면성 속에서 자신이 내리는 결정 작용하에서 *절대적 존재*라는 존재론적 위상을 갖게 된다. 이것은 실천-과정의 존재가 근본적으로 인간들의 실천과 인식을 벗어나 있다는 점에서, 즉 그 존재가 근본적으로 내부의 외부라는 점에서 볼 때 그러하다. 물론 우리는 달아나는 이와 같은 자기에 대한 포착이 전혀 신비롭다거나 비합리적인 것이 아니라는 사실을 이해하게 될 것이다. 실천적 인식이 전개될 수 있으며, 모든 곳으로 퍼져 나갈 수는 있다. 하지만 이런 실천적 인식이 *실현되어야만* 한다면 그것은 근본적인 무지, 즉 인식의 내면성이 갖는 외면성에 대한 무지를 포함하고 있어야만 할 것이다.[194]

그러나 객체화*되지* 않는 한 이와 같은 존재론적 초월성은 죽음이나 죽음과 관계된 상황들로부터 출발하여 포착된 행동 가능성의 추상적 한계로서일 경우를 제외하고는 행위 주체들에게 문제조차 되지 않는다. 실제로 객체화는 우리의 한계들과 조건들을 우리가 점령하거나 파괴하기 위한 *실행 수단*으로 여기는 화성인들(혹은 다른 존재들)의 실천적 장 속에서 어느 수준에 도달한 인류에 대한 실천적 위치 결정 작용이 될 것이다. 이런 점에서 보면 인간들의 실천은 삶의 위급성과 첫 번째 목표로서의 우리의 우주적 조건을 발견하고, 그렇

---

194   우리가 앞으로 살펴볼 특정한 범위나 상황들 속에서 나타난 회고적인 방식은 여기에서 제외된다. 이는 우리가 이미 *의미*라고 일컬었던 것의 추상적 구조 중 하나이다.(원주)

게 함으로써 이 조건들에 영향을 미치며, 적대적 행동으로부터 이 조건들을 지켜 낸다. 여기에서 우리는 다시 공상 과학으로 되돌아가게 되지만 동시에 적대적 행동들의 특징들을 발견하게 된다. 이런 객관성 — 게다가 항상 부분적인 — 이 주어진 것도 아니고, 우주적 힘에서 기인하는 실질적 혹은 가능한 위협은 더더욱 아니기 때문에 즉자존재의 초월성은 실천-과정을 *자신의 실천적 현실로서의* 내면성으로 환원한다. 필연적 한계와 비지식으로서의 절대적 외면성은 절대적 내면성을 가리킨다. 이 절대적 외면성은 우리가 *선험적으로* 고려할 수 없는 것이다. 우리가 100년이나 1000년 후에 인류를 말살할 수도 있는 이런저런 재앙에 대해 안다 할지라도 현 상황에 대한 이른바 인간적이고 역사적인 긴급성에는 아무런 영향을 끼칠 수 없을 것이다. 오늘날의 인간들에게 있어서는 살고 먹고 일하고 착취, 억압, 식민화에 맞서 싸우는 것이 필요하다. 사실상 현재의 투쟁들은 근원적으로 *이론적인 원칙이나 가치들*을 가지고 있지 않으며(머지않아 닥칠 인류의 죽음이라는 입장으로 인해 문제가 될 수 있는 원칙들과 가치들), 욕구의 절대적인 위급성 — 직접적이든 매개를 통해서든 간에 — 만을 갖고 있다. 게다가 이런 이유로 우리는 다음과 같은 가정이 갖는 부조리함을 더욱 잘 이해할 수 있다. 즉 미래에 발생하게 될 재앙은 과학적이고 기술적인 발전의 전체를 통해 획득되었을 경우에만 하나의 *실천적 인식*(즉 인간에 대해 작용하고 인간들의 행동을 변화시키는 것)이 될 수 있다는 가정이 그것이다. 하지만 이런 발전은 실천적 장의 확대(우주여행 따위 같은) 없이는 전개되지 않을 것이다. 그리고 새로운 위급성들은 우리의 능력의 발전과 그에 따른 우리의 목표들과 사회적 총체의 내적 구조의 변화에 의해 변형된 포괄적 총체화의 내부에서만 나타날 수 있을 것이다. 사실상 우리의 역사에 있어서 미지의 것으로 남아 있는 위협과 우리의 역사 사이에 맺어진 현재의 관계는 외면적이고 일의적이다. 이 관계는 *외부에서* 진행 중인 총체화를 규정하고, 그렇게 함으로써 *외부로부터* 이 총체화에 하나의 운명을 부여할 수도 있다. 하지만 우리의 행동이 갖는 실천적 현실은 이와 같은 위협에 따라 결정될 수 없다. 그것은 단지 우리가 이 위협을 몰라서가 아니라(만약 그렇다면 하나의 외면적인 부정적 요소가 될 것이다.) 무엇보다도 우리의 실천-과정의 긍정적 망이 다음과 같은 방식으로 짜이기 때문이다. 즉 이 망 속에서 우리의 실천-과정은 실천적 장의 내면성 속에서 실천의 조건으로서의 그 어떠한 장소도 갖고 있지 않다.

이와 같은 지적들은 내면성 속에서의 실천을 하나의 부대 현상으로 만들기보다는 이 실천의 절대적 실재를 복원한다. 그리고 이와 같은 실재는 장의 내재성과 즉자 속에 동시에 각인된다. 실제로 내재성 속에서 볼 때 — 외면성 속에서의 그 윤곽이 어떤 것이든 간에 — 전체 속에서 포착된 이런 행동은 현재의 모습 이외의 다른 것(내적 가능성들의 문제에 대해 예단하지 않는 것)이 될 수 없다. 이전 상황들의 전체, 즉 원초적인 영역과 이 영역에서 발생한 일탈된 행동들의 전체는 실제로 이 **역사**의 과정, 역사의 속도, 리듬, 방향, 그 목표들의 규칙적인 연속성 등을 조건 짓는다. 이와 같은 조건들의 극복을 통해 이 분야에서 *하나의* 역사를 있게 하는 것은 바로 실천 그 자체다. 실천-과정의 실재가 없다면 타성태적이고 비개연적인 물질적 조합들(기계들 등과 같은)의 내적이고 외적인 실재를 파악하기란 불가능하다. 역으로 내면성은 그 자체로 즉자 존재의 구조-한계다. 앞에서 살펴본 대로 이는 즉자 존재의 절대적 구조와 비개연적 조합들의 수동적 통일성의 *이유*와 같은 목적성이 자신의 내적 환경으로서의 내면성을 포함하고 있다는 것을 의미한다. 즉 자신의 초월적 존재 속에서 고려될 때조차

이 목적성은 하나의 욕구에서 출발한 물질적 상황들의 전체에 대한 지양-드러냄으로써, 그리고 미래의 목표를 결정하는 데서 출발한 이 전체와 자기 자신에 대한 조명으로서 스스로를 구성한다. 이처럼 즉자 속에서도 내재성은 두 가지 초월적 상태 사이를 매개한다. 하지만 실천-과정의 즉자 존재가 이 실천-과정의 내적 한계인 것과 마찬가지로 이 즉자 존재는 내면성의 내적 한계로서 발생한다. 이것은 — 인식의 관점에서 볼 때 — 한 명의 미크로메가스는 외부의 내면성을 자신이 고려하는 과정의 의미와 한계로써 포착할 수 있다는 것을 의미한다. 하지만 그가 이 역사의 움직임을 내면성 속에서 이해할 수 있는 것은 이 *역사의 내부에서* — 그가 수단을 가졌을 경우 — 스스로를 창조해 나가면서일 따름이다.

이제 우리는 외면성의 경계로서의 *내적* 한계가 갖는 *존재론적* 의미 작용을 포착하고 확정 지을 수 있게 되었다. 이와 같은 논의를 통해 우리가 말하고자 하는 바는 이 내면성이 즉자 안에서 분산의 한계, 수동적 종합, 체계로부터 발생하고 유지되는 통일성, 물질적 총체의 상대적 고립 등으로 발생한다는 사실이다. 또한 즉자의 이런 특징들은 그 자체 내에서 낯선 것들로서 반성적 지양의 결과들로서 스스로를 실현한다는 사실이다. 이 지양은 즉자의 시간화가 갖는 취약성 속에서 그리고 자신의 독립성 속에서 *매개가 갖는 필수 불가결한 자율성*으로 스스로를 확립한다. 달리 말하자면 상황과 변화 사이의 매개-단절로서의 내면성은 이런 존재의 범주 속에서 *존재하지는 않지만 스스로를 내면화시킨다*는 점에서 그 자체의 즉자 존재의 한계인 것이다. 총체화는 과정의 한 계기다. 하지만 존재하기보다는 — 그것이 하나의 총체성이라 할지라도 — 스스로를 *총체화*한다는 점에서 그것은 하나의 이질적 계기다. 즉자 존재는 도처에 있으며, 모든 것을 응결시키고 특정한 방식으로 모든 것을 고착화한다. 하지만 매개가 이루어지는 순간 스스로를 만들어 내는 것이 이 존재의 법칙이라고 할 때 즉자 존재는 자기 자신의 한계가 되는 것이다. 이와 같은 구분을 다음과 같은 하나의 예증을 통해 이해할 수 있을 것이다. 만약 내가 거리를 지나면서 아침마다 같은 시간에 같은 상점의 입구에서 같은 동작으로 청소하고 있는 여종업원을 본다고 하자. 이때 이 종업원의 행위는 *존재태*가 되며, 이 존재태를 통해 나는 그녀의 계급적 존재를 보게 된다. 하지만 이 *존재태*(그것이 아무리 현실적이라 할지라도)와 계급적 존재는 실천의 반성적 초지양을 통해서만 그녀 안에서 그리고 그녀를 위해서 실현될 수 있다. **존재**가 갖는 이와 같은 여전히 인간적인 특징들에 해당하는 것(존재태의 내면성과 의미로서의 실천), 우리는 그것을 절대적 **존재**의 차원에서 발견할 수 있다. 실천적 시간화의 움직임 속에서만 체험될 수 있는 것은 단지 대자를 가두고, 자기 안에 이 대자를 자신의 내적 한계로서 간직하는 즉자인 것이다.

이와 같은 논의들을 통해 외면적 존재가 내면성을 꿈으로 변화시키기는커녕 이 내면성에 대해 자체의 절대적 실재를 보장한다는 것을 충분히 알 수 있다. 실제로 내면적 존재는 우주적 분산 속에서 실천적 총체화를 자신의 통일성을 사물들에(해당 분야의 요소들에) 부여하는 것으로, 그 기능 자체에 의해 *의미*를 부여하는 것으로 그리고 행위자들의 입장에서 볼 때 그 자체의 내면성 속에서만 *의미*(의미 작용)를 갖는 것으로 만들어 낸다. 이는 비록 반성적 지양을 통해 이 내적 존재가 갖는 매개의 구조가 추상적 결정 작용으로써 즉자 존재 속에 각인되어 있다 할지라도 그러하다. 하나의 역사가 존재하게 되었을 때 실천적 다수성 ── 이것에 의해(이것을 위해) 역사가 존재하는 — 은 역사가 규정하는 장에 의해 정의되고 상황 지어진다. 역사가 추구하는 각각의 목표들은 **우주** 전체에 의해 외부적으로 정의된다. 그러나 이와 같은 초월적 정의가 이루어지기 위해서는 이 동일한 목표들이 절대적 내재성의 관계 속에서 상황을 특징짓는 여건들과 현재 가용할 수 있는 수단들에 의해 욕구에 대한 미래의 결정 작용(이 욕구에 대한 충족)으로 생산되어야 한다. 이와 마찬가지로 존재론적 관점에서 보자면 다음과 같은 사실을 고려해야 한다. 즉 각각의 행위 주체 — 자신의 실천적 구조들 속에서와 마찬가지로 자신의 욕구들 속에서도 — 는 무한한 물질적 상황의 산물이라는 사실이다. 이런 상황들은 **역사**, 전(前) 역사, 자연사와 지질학 자체를 넘어서면서 이 행위 주체를 — 다른 행성에서 또 다른 생명을 가진 자들과의 항상 가능한 현실적 비교 속에서 — *그렇게 존재하는 것으로, 그리고 그렇게 밖에 존재할 수 없는 것으로* 만들어 낸다. 또한 주어진 물질적 총체로서 이 상황들은(우리는 이 총체에서 출발하여 물리적 시간 내에서 무한으로 거슬러 올라갈 수 있다.) 이 행위 주체의 유기적 특징들과 행동 수단들 등을 이미 모든 가능한 실천들에 대한 근본적인 일탈로서 구성했던 것이다. 하지만 가장 멀리까지 거슬러 올라간다면, 그리고 "**지구**의 역사"와 인류의 역사를 통해 독특한 특징들(하등 동물과 비교해서가 아니라 가능한 또 다른 실천적 유기체와의 비교를 통해), 즉 실천적 편차, 고유한 일탈을 가진 인간이라는 종을 다시 만들어 낸다 할지라도 어떤 것도 이런 특징들을 *실천적인 것으*로 발생시킬 수는 없을 것이다. 목표를 향해 이 특징들을 지양하면서 도구화하는 행동을 통해서도, 그리고 그 특징들을 사용하면서, 그리고 사용함으로써 — 목적으로부터 출발하여, 이 목적과의 관련 속에서 — 이 특징들로 인해 겪게 되는 일탈을 스스로 결정짓는 행동을 통해서도 상황은 마찬가지다. 가공된 물질의 존재는 **존재** 밖에서 이루어지는 **존재**를 향한 도약, 즉 내면성으로서의 실천 그 자체를 요구한다. 그리고 이와 같은 실천이 자신의 한계들과 전체로부터 출발하여 이 한계들에 의해 부여된 결정된 존재를 외부로부터 발견하게 되는 것은 오로지 이 실천이 이전의 상황들을 지양하는 데서 출발하여 그 자신의 고유한 내적 한계들이 된다는 점에서만 가능하다.

포괄적 총체화의 즉자 존재의 모습이 이와 같다고 할 수 있다. 즉 **역사**를 이루는 행위 주체들에 의해 내부로부터 겨냥된 모습이다. 즉자 존재는 도처에 있다. 그것은 이와 같은 총체화의 한없이 무한한 깊이다. 이 깊이는 우주와 같으며, 이 **우주**는 무한한 관계들을 통해 외부로부터 이 깊이를 조건 지으며, 그 결과 이 깊이가 갖는 특이성을 극단까지 밀고 나간다. 즉자 존재는 나선, 일탈, 이 일탈을 조명하는 미래의 외적 한계로서, 그리고 세계의 한정된 영역과 이 영역을 통해 세계 전체 속에서 세계-내-존재로서 솟아남을 통해 이루어지는 이와 같은 일탈과 그 의미의 본질적 특수화로써 동시에 발생하는 것이다. 따라서 이 즉자 존재는 일탈을 만들어 내고, 이 일탈에 의해 만들어지는 **역사**와 맺는 관계 속에 나타나는 일탈인 동시에 자신의 목적에 대해 무관심한 하나의 우주 속에서 나타나는 이와 같은 절대적 목적성의 타자적 존재로서의 포기이기도 하다. 물론 이 모든 것은 인간의 역사(혹은 모든 역사)가 갖는 절대성을 내면성으로 드러낸다. 달리 말하자면 포기는 내면성의 절대성을 만들어 내는 것이다. 즉 모든 역사적 목적들의 내재적 존재를 정초하는 것이다. 이와 동시에 포기는 모든 내면성을 응결시키고, 그렇게 함으로써 도처에 존재한다. 결국 외적 존재란 우리의 팔의 힘, 피곤함, 수동적 종합들의 연속된 타성태, 그 다수성, 궁극적으로는 우리의 잔재들과 일탈들을 만들어 내는 것의 전체다. 하지만 내재성을 응결시키는 편재적 타성태로서만 아니라 내면성의 외적 한계로서도 우리는 이 외적 존재에 대해 실질적인 경험을 할 수 없다. 우리는 이 생명이 없는 물질성을 우리의 실천적 장 속에서 가공함으로써 인간과 인간의 욕망 대상들 사이의 매개로, 인간들 사이의 매개로 드러낸다. 특히 이 매개를 작동시켰던 인간들의 타성태적 물질성은 실천적-타성태 속에서 이미 유기적 종합에 의해 통합되었고, 행위에 의해 지양되었거나 집렬체적 무기력(여전히 인간적인)에 의해 촉발되었던 것이다.

이처럼 총체화의 실재는 이 두 가지 종류의 절대의 현전과 그것들의 포괄적 상호성에 기인한다. 예컨대 1792년 8월 19일의 봉기와 같은 하나의 역사적 사건의 존재가 지금 어떤 의미를 갖는지를 자문한다면 우리는 다음과 같이 대답할 수 있을 것이다. 즉 이 사건은 참여자들의 행동으로도, 이 참여자들이나 목격자들이 이 사건에 대해 가진 의식으로도, 이 사건이 야기한 결과(존재론적으로는 이 사건과 동질적인 결과들), 즉 이 사건의 내적 효율성으로도 또한 이 사건을 *발생시키고*, 순수한 외면성의 영역에서 이 사건에 의해 발생한 에너지의 변환으로도 환원될 수 없다는 것이다. 하지만 이 사건은 내면성 속에서 포착된 포괄적 총체화로서의 **혁명**의 한 계기임과 동시에 환원 불가능한 통일성 속에서와 마찬가지로 고립된 절대성 속에서 무한한 외적 관계들에 의해 이루어진 특이성의 무한한 결정이기도 하다. 왜냐하면 이 사건의 목적은 공유되지 않은 목적으로서 **세계** 속에서 솟아나기 때문이며, 이 목적들 가운데 하나는 분산된 세계 속에서 단일한 구조로, 즉 두께 없는 노선 — 모든 외면성의 내면적 한계 — 으로 구성되기 때문이다. 내면성 속에서 포착된 총체화는 곧 *실천-과정*이다. 그러나 우리가 이 실천-과정을 자신의 대자 존재를 자기 내부에 담고 있는 즉자 존재로 고려한다면 그것은 — 우리가 겨냥하는 텅 빈 대상으로서 — 이른바 *과정-실천*이라고 불릴 수 있는 것이 된다. 어쨌든 우리에게 있어서 중요한 형식적 관점, 즉 변증법의 관점에서 보면 비판적 연구가 구성된 변증법의 장을 한정한다. 우리는 우주와 즉자 존재 사이의 진정한 관계에 대해서는 형식적 실재 속에서를 제외하고는 알지 못하고 있다. 변증법이 시간화의 절대적 운동으로 드러나는 유일한 영역은 실천적 내면성의 장일 뿐이다. 우리의 연구는 이렇게 그 한계와 범위를 정초하게 되는 것이다.

우리는 즉자 존재를 우주적 힘과 또 다른 실천적 다수성 — 이것이 존재한다면 — 에 통합하는 관계들의 유형에 대해 아무것도 말하지 않을 권리를 거부한다. 이 관계들 가운데 몇몇은 최소한의 외면성 속에서 포착되어야 한다는 사실을 우리는 안다. 그리고 이 얇은 경험에 기초한다. 왜냐하면 실천적 장 속에서 나타나는 몇몇 위험(그 결과 이미 내재화된 위험들)은 우리에게 *순수한 외면성으로부터 도래하는 것*처럼 즉각적으로 주어지기 때문이다.(경작자들이 사는 사회가 기후와 기상 변화를 통제할 수단을 가지고 있지 못하기 때문에 이들에게는 소나기와 우박이 갑작스럽게 나타날 수 있다.) 그런데 이 소나기는 *다른 곳*, 즉 **역사**의 외부에서 형성된 것이다. 이 소나기가 *실질적으로 즉자*라고 하는 순수한 외면성에 전적으로 속하지 않는다면 그것은 (우리의 앎과 무지의 공동 한계로서의) 소나기가 내릴 *가능성*이 그 지역에 이미 주어져 있기 때문이다. 이와 마찬가지로 앞서 보았듯이 패배와 죽음(그리고 사건의 다른 여러 구조를 통해 직접적으로 혹은 간접적으로 이 패배와 죽음에 관계된 모든 것)은 초월적 존재에 대한 절대적이지만 텅 빈 경험을 외면적 한계로서 그리고 모든 이해의 폐기로서 실현하게끔 한다. 또 다른 유형에 속하는 또 다른 관계들이 실제로 있는지 혹은 있을 수 있는지에 대해서 우리는 *선험적으로*[195] 단언할 수도 부정할 수도 없다. 어쨌든 부정적이고 형식적으로나마 우리가 말할 수 있는 것은 외면성 속에서의 이와 같은 조건화들(혹은 외부의 내면화, 인간적 장 내에 있는 전체 외면성의 종합적 현현 — 주를 볼 것 — 에 의해서 일지라도)은 실천적 내면성의 변증법과는 어떤 공통점도 가지고 있지 않다는 것이다. 실제로 실천적 내면성은 모든 것이 될 수 있기 때문에 초월적 절대에 의해 변형될 수도 완성될 수도 없다. 그 결과 초월적 절대는 이 실천적 내면성과 동질적인 것으로 남게 된다. 즉 외부에 있는 목격자에게 있어서 이것은 또 다른 인식의 대상이 될 것이다. 그리고 이 목격자가 지지하는 내면적 한계와 초월적 절대가 맺는 관계들은 성격이 전혀 다른 또 하나의 가지성에 속하게 될 것이다. **역사**의 통시적 의미에 대한 문제를 정확히 제기하기 위해 본질적으로 중요한 이 문제에 대해 우리는 뒤

---

195 이와 같이 가능한 관계들에 대해 순수하게 상상적인 예를 하나 들어 보자. 그것은 공상 과학 소설에서 볼 수 있는 일일 것이다. 예컨대 인간들이 알 수 없는 수단들을 통해 자신들을 조종하는 다수의 유기체에 속하는 실천적 장 속에서 자신들의 모습 — 그리고 **지구**의 모습 — 을 발견하지만 역으로 인간적 장의 내면성 속에서 이 다수의 유기체에 의해 실현되는 몇몇 있을 법하지 않은 사건이 아니면 이 유기체들을 발견할 수 없는 경우가 그것이다. 내면성의 관점에서 보자면 이 외면적이고 외면화하는 내면성(외계의 유기체들의 입장에서 보면 그것의 대상-존재)은 도치된 변증법으로 나타난다. 즉 외면적 내면화(인간적 장을 "화성인의" 장이나 동일한 규모를 가진 다른 장 속에 통합시키는 것)를 내면성 속에서 이루어지는 외면성의 생산으로 포착해야 하는 것이다.(우리의 시간화를 관통하는 외계인들의 시간화를 보여 준다는 점에서 종합적이고 변증법적인 사실들의 출현에 대한 시간화는 *우리에게* 있어서, 그리고 그 자체의 통일성에 의해서 인간관계의 몰개성화와 사물화로부터 개인들의 완전한 원자화, 실천적 장의 폭발 혹은 *외부로부터*, 즉 우리의 장을 포괄하는 다른 장의 내부로부터 구성된 실천적-타성태에 대한 전적인 복종에 이르기까지의 원인이 된다.) 주지의 사실이지만 이처럼 도치된 변증법은 *가지성을 가질 수 있다.*(게다가 이 변증법은 인간들이 자신들 사이에서 야기하는 투쟁에 대한 몇몇 경험, 예컨대 패배의 경험을 급진화할 뿐이다.) 하지만 이 도치된 변증법에 대해 어떤 가지성이 가능하든지 이 가지성이 행동의 내적 논리로서의 변증법과는 아무런 관련이 없다는 사실과 인간의 내면성으로부터 벗어날 수 있게 해 주었던 *실질적* 경험의 대상이 결코 된 적은 없다는 사실(미래 소설들 속에서를 제외하고는)을 인정해야 할 것이다.(원주)

에서 다시 살펴볼 것이다.[196] 지금으로서는 다음과 같이 지적하는 것으로 충분할 것이다. 만약 시간화가 일탈, 지연, 무지를 포함한다면 그것은 그 자신의 고유한 일탈, 무지, 지연이라는 점이다. 즉 시간화는 이 모든 것을 변증법적 총체화로서 그리고 외면성의 내적 통일성을 내면성의 일탈로 발생시키는 순환성을 통해 만들어 내는 것이다. 물론 내부에 있는 외면성은 즉자 자체이기도 **세계**의 분산적 구조이기도 하다. 하지만 *정확히* 이 즉자는 헛되이 겨냥된 외면적 한계로서만 나타날 뿐이다. 그리고 내면성의 외면성은 내재성의 범주 속에서 나타나고, 또 그 안에서 자신의 효율성을 전개시킨다. 우리가 과정-실천이라고 부르는 것은 바로 카드의 이면, 즉 실천-과정의 이면인 것이다. 하지만 그렇다고 해도 실천-과정 — 외부로부터, 그리고 즉자 존재로서 위협받고 조건 지어지고 결정된다 할지라도 — 은 그 자체의 세계-속-존재의 형식적 근원(그 내용은 아닐지라도)으로 남아 있게 된다. 왜냐하면 실천-과정은 *세계* 속에 카드의 이면과 같은 무엇인가가 있게끔 하기 때문이다.[197] 이처럼 즉자 존재의 존재론적 우위는 **역사**의 우위로 변환된다. 행위의 필요 불가결한 매개로서의 실천-과정의 계기는 — 즉자 존재가 그것의 무한한 뒷면이기 때문에 — 내면성의 환경 속에서, 그리고 이 환경에 의해 발생하게 된다. 인간 역사의 총체화 속에서는 심지어 인간에 대한 반인간성(죽음을 *제외하고*)을 포함하

---

196   「서론」과 부록의 「포괄적 총체화」, 735쪽 참고.(편집자 주)

197   나는 실천적 장 속에서 "파괴적 힘"이 가진 특징이 인간의 실천으로부터 어떻게 이 실천의 결과를 전복시키는 재앙을 향하게 되는지를 설명한 바 있다.● 절대적 외면성 속에는 하나의 유추적 관계가 있다. 하지만 즉자 속에서 고착화된 이 관계는 **세계**를 외면적 내면성의 한계에서 출발하여 무관심, 포기의 환경 등으로 결정한다. 어쨌든 절대적이지만 고독한 행위로 인해 고정된 통일성에 의해 이루어진 있는 그대로의 분산들의 통합은 **역사** — 세계에 의해 짓눌린 — 에 의해 이루어지는 이 **세계**에 대한 타성태적이고 부정적인 종합으로 나타날 수 있다.(원주)

●   1권, 제1서, C, 448쪽 이하 참고.(편집자 주)

여 모든 것이 인간적이어야 한다. 이는 인간이 자신의 외적인 즉자 존재 속에서 비인간적 힘들의 내적 한계로서, 그리고 그 결과 비인간적인 것의 인간화와 인간적인 것의 비인간화 사이의 절대적 등가로서 나타나기 위함이다.

하지만 *정확히 말해* 비인간적인 것이 내면성 속에서 **역사**의 저항 그리고 그 근거로서 도처에 있기 때문에, 반면 항상 *지양되고* 드러나거나 혹은 비밀리에 행동의 일탈들을 조건 지으며, 또한 이 행동을 통해, 이 행동에 의해 효율성을 실현하기 때문에 내면적 존재의 규칙으로서의 변증법은 이 경험에 시간화하는 지양의 절대성으로 주어진다. 즉 내면성을 통해 이루어지는, 즉자 존재를 향한 즉자 존재의 지양은 하나의 절대적 경험에서 다른 결정으로 향하기 때문에 하나의 효율적인 절대성일 수밖에 없다. 이와 관련하여 내가 다른 곳에서 시도했던 무화로서의 실존에 대한 분석으로 돌아가 볼 필요가 있다.[198] 하지만 이렇게 하는 것은 우리의 목적을 벗어나는 일이 된다. 여기에서는 다만 실천이 즉자 존재의 부정으로서 이 즉자 존재로부터 *생겨난다*는 점만을 상기하기로 하자. 그렇기 때문에 실천은 그 자체에 의해 부정되는 즉자와 *상관적이지* 않다. 하지만 실천은 자신의 목표(동일한 부정이긴 하지만 즉자 속에 각인된)를 향해 시간화하면서 절대적으로 자신의 부정을 *이룬다*. 그리고 분산에 대한 부정이 이 분산을 통합(지양과 실천으로의 통합)시키는 동시에 즉자적으로 이 분산을 보존하는 통일성 혹은 이 분산에 자신의 특징을 강요하는 수동적 종합일 수밖에 없기 때문에 욕구 *자체*는 *이미* 결핍된 것의 통일성이거나 위협하는 것의 통일성, 즉 실천적 장 속에서 내면화되고 재외면화한 통

198 『존재와 무』, 1부, 1장, 56쪽 이하 참고.(편집자 주)

일성이기 때문에 즉자 존재는 모든 곳에서 조건, 위협, 도구, 혹은 가공된 생산물로서의 실천이 갖는 투명성을 통해 가시적인 것이 된다. 하지만 이와 같은 수렴적인 투명성만으로도 즉자 존재를 변화시키기에 충분하다. 즉 우리는 이 즉자 존재를 항상 *그 미래*를 통해 발견하게 되는 것이다. 다시 말해 즉자 존재의 타성태적 변모들은 현재 진행 중인 실천을 통해 항상 *인간적 미래*가 되는 것이다.

이런 관점에서 행위 주체들의 존재론적 위상과 그들을 통해 이루어진 총체화의 위상은 모순의 근본적인 단위를 이룬다. 실천(다양한 것들의 유기적 통합에 기초한)을 통해 이루어진 분산의 첫 번째 종합적 지양, 그것은 다수성의 실질적인 생산이다. 실제로 다수적인 것은 내면성이라는 근간에 기초하여 그리고 그것을 통해서만 외면성으로 실현될 수 있다. 이 다수적인 것의 한 요소가 다른 요소들과 맺는 각각의 관계는 실천적이고 형식적인 하나의 종합과 이 종합의 내용으로 취해지는 분산(각 항의 비(非)관계)을 전제로 한다. 하나의 새로운 통합의 기도를 통해 이루어지는 순수한 다수성의 재지양은 요소들의 동일성을 형식적 통일성의 내용으로 만들어 내고, 즉자 존재의 양적 위상을 실현시킨다. 그리고 이 위상에 근거하여 새로운 결정 작용들 — 특히 노동의 수동적 종합들 — 이 이루어질 것이다. 하지만 실천이 양적 다수성을 *생산해 낸다*는 점에서 볼 때 가공된 즉자 존재는 *행위 주체들을 변화시키고*, 그들을 다수성(유기체들의 분산은 장의 내면성 속에서 셀 수 있는 다수성이 된다.)으로 만들어 낸다. 양으로서의 즉자의 내면성은 *다른 유기체들과의 관계에 따라* 외면성의 실천적 유기체 각각에 영향을 미치게 되며, 그 양을 *행위 주체들 사이*, 즉 행위들 사이의 분리의 요소로 도입하게 된다. 첫 번째 순환성으로 실천적으로 실현된 이와 같은 내면성과 외면성 사이의 근본적인 관계(다수적인 것과 양에 의해 이루어진 다양한 것들의 통합, 타성태적 양들로부터 생겨난 행위 주체들의 양화를 통해 이루어지는 다양한 행위들의 현동화)는 변증법의 존 재론적이고 실천적인 근간을 이룬다. 이와 같은 변증법은 그 자체에 의해 총체화되는 분산을 통해 항구적으로 재조건화되는 총체화다. 또한 이때의 변증법은 내면성 속에서 각각의 실천적 종합이 산출해 내는 다수성들을 끊임없이 총체화하고 재총체화한다.

이런 관점에서 보면 분산된 것의 근본적 통합이라는 사실로서, 인도된 에너지 변환의 조화로서의 생(生)은 변증법을 정초시키는 통 합적 과정(통일성의 매개를 통해 다수성들이 상호 간에 맺는 관계들, 통합을 통한 통일성의 다수화)이라고 할 수 있다. 욕구에서 출발해 계획된 목표 들의 미래의 통일성은 자신의 실재를 살아 있는 존재의 존재론적 위 상으로부터 이끌어 내며, 또한 행위 주체의 즉자 존재와 모든 시간화 의 초월적 범주를 이루는 항구적으로 유지된 통일성으로부터도 이 끌어 내게 된다.(실제로 욕구가 발생하면 행위의 환경으로서의 미래와의 관 계 역시 발생하게 된다.) 하지만 이와 같은 지적들은 삶 속에서 최초의 변증법을 제시하기는커녕 오히려 구성하는 변증법의 자율성을 확증 해 주는 결과를 낳는다. 생물학적 유기체와 그것의 환경 사이의 유동 적인 관계가 보여 주는 변증법, 즉 상황에 관련된 단순한 내적 변환 으로서의 변증법은 이 유기체 자체에 의해 산출되고 지탱된다. 하지 만 행동의 초월적 통일성은 생의 내재적 통일성 위에서 구축된다. 왜 냐하면 생물학적인 것이 순환적 시간에 이탈한다는 의미에서의 시 간화와 비유기체적인 것의 비통합적 조직화로서의 지양이 새로운 문 제들(희소성에 의해 제기된)에 대한 새로운 해결책(생의 원칙 자체에는 포 함되지 않은 해결책)을 보여 주기 때문이다. 이와 같은 순환적 반복(열 등한 생명체들의 생물학적 행동들과 시대에 뒤처진 사회적 노동의 순환)을 통해 유기체는 초월을 내재성 속에 재통합하고, 벡터적인 시간화를 순환적 시간성 속에 재통합한다. 하지만 *이런저런* 유기체의 실천을 통해 여러 유기체들이 이미 존재한다. 장의 실천적 통일은 행위 주체들의 분산(*희소성*은 인간들 사이의 힘이 되고, 인간들 각자에게 있어서는 반인간적인 힘이 된다.)을 *다수성으로*(즉 분리, 적대적 상호성 등등으로) 산출해 낸다. 역사 없는 사회들의 순환을 깨뜨리는 하나의 사회적 총체가 자신의 다수성을 통해 실질적으로 지양되는 순간 — 이 다수성이 유기체들의 실질적인 노동과 이 노동의 실질적 산물들에 의해 조건 지어진다는 점에서 — , 그리고 행위 주체들이 스스로를 자신의 실천적 장의 요소들로 만들면서 — 그들과 **타자들**의 — 이 다수성을 해체하고자 하는 순간 그물은 풀리고, 유기적 순환성은 재조건화한 조건화의 나선 운동들에 의해 감추어지고 일탈한다. 또한 이 순간 어떤 실천의 운동도 이 순환적인 것의 즉각적인 통일성 속으로 되돌아갈 수는 없다. 왜냐하면 이 통일성은 이미 깨어졌고, 그 잔재들은 새로운 통합 — 이 통합의 주체들은 다양해지고 그로 인해 대립하게 될 것이다 — 의 대상이 될 것이기 때문이다. 또한 실천적 장을 결정짓는 수동적 종합들의 유형이 실천에 의해 변형되고, 이 실천에 일탈과 분리를 부여해서 이 실천으로 하여금 스스로를 대상으로 파악할 수밖에 없도록 하는 한편 이 잔재들은 통합되어야 할 대상으로 스스로를 포착한다. 실천적 통일성은 타성태에 의한 재다수화를 통해 다시 문제시된다. 이때 이 실천적 통일성은 임무와 가공된 물질에 따라 통일성을 재조직하는 하나의 실천을 통한 그 자신의 재총체화를 목표로 한다. 일자와 다수가 서로가 서로에게 지속적으로 일탈을 강요하는 유희(다수의 통일성은 일자의 다수화이므로)는 실천적 운동(이 운동이 자기 통제를 할 수 있다는 점에서, 그리고 이 통제 — 새로운 복수성으로서의 통제 등등 ── 를 실현해야만 한다는 점에서)이 스스로에게 폐쇄적이지 않도록 한다. 이런 점에서 보면 **역사**는 순환적 반복의 갑작스러운 단절, 즉 지양과 나선 운동으로 나타난다고 말할 수 있다. 이 두 가지 특징은 실천에 의한 이전의 조건화의 불가피한 반복을 보여 준다. 이와 동시에 이 특징들은 내재성과 실천적 장을 생산해 내는 것이기도 하다. 즉 실천의 결정 작용들로서의 변증법과 반변증법의 영역을 만들어 내는 것이다. 다시 말해 스스로를 만들어 내고 스스로를 초월하는 것, 서로 분산되기 위해 결합하는 것, 미래의 결정 작용에 의해 현재 스스로를 결정하는 것과 이런 식으로 미래의 무한한 미결정 상태를 향한 운동으로서 스스로를 생산하는 것, 나선 운동을 욕구에서 목표로 향하는 축과 언제나 다시 시작되는 자기에 대한 재나선 운동의 실패 사이의 타협으로 실현하는 것(다시 말해 다수적인 것을 양과 희소성의 지속적인 이동을 통해 통합시키는 것), 요컨대 풀리는 그물처럼 내면적 존재의 결정 작용들로서의 *비지식, 미지, 불확실한 것*(앞으로 보게 되겠지만 가능한 것과 개연적인 것[199])을 생산하면서 분산되는 동시에 선회하는 것, *내재성 속에서 무한한 시간화*에 대한 회귀를 만들어 내는 것(어쨌든 타성태적 물질의 운동들 혹은 또 다른 실천적 다수성의 계획들의 외면성 속에서 하나의 한계가 도래하게 될 것이다.), 우리의 비판적 연구는 이 모든 것을 절대적 사건(혹은 **역사**의 도래)으로, 즉 구성하는 자유로운 실천의 실천-과정으로의 변화, 다시 말해 *구성된 변증법*으로의 변화로 드러내 준다.

---

199 저자는 이 책에서 이 문제를 다시 검토하지 않고 있다.(82쪽, 154쪽, 316쪽, 341쪽, 352쪽, 369쪽 이하와 1권, 56쪽 이하를 참고하라.) 통시적인 것에 대한 그의 각주 여백에는 언급해야 할 네 가지 주요 문제가 기록되어 있다. 즉 가능성, 우연, 진보, 폭력 등이다. 이와 관련하여 『집안의 천치』, 1815쪽, 각주2를 참고하라.(편집자 주)

물론 현 단계에서는 앞선 논의들 속에 **역사**가 갖는 하나의 통시적 의미의 존재가 포함되어 있지 않다는 점을 지적해야 할 것이다. 그리고 통시적 의미를 통해 우리는 단순히 축 방향, 내면성의 오늘과 무한한 미래 속에서 가능한 모든 일탈을 정의 할 수 있는(수정할 수 있는) 기준이 되는 축 방향을 말하고자 한다. 이 문제는 우리가 아직은 갖추지 못한 사유의 도구들을 요구하는 문제로서 여기에 대해서는 나중에 언급할 것이다.[200] 나아가 총체화하는 운동의 이처럼 전적으로 형식적인 특징화는 준외면성이라는 관점으로부터 ─ 순수하게 공허한 추상화로서 ─ 만들어졌다는 점을 기억할 필요가 있다. *어떤 경우에도 내재적 실천의 장 속에서 목표는 그 자체로 그리고 절대적으로 다수성의 축소가 될 수 없다.* 통일성이 대자적으로 완수해야 할 목표 혹은 어떤 대가를 치르고라도 유지해야 할 위상으로 정립된다고 할 때 ─ 이런 일은 빈번히 발생한다 ─ 이는 언제나 인간들 혹은 희소성에 대항할 수 있는 투쟁 *수단*으로서, 생산 수단들 주변에서 일어나는 생산적 힘들의 *긍정적 조직화*로서의 **구체적 목표**라는 근본적인 토대 위에서 가능하다. 진정한 실천적 문제들(사회주의적 근간을 수호하면서, 그리고 이를 수호하기 위해 어떻게 소련을 산업화할 것인가, 생산성의 답보 상태를 유지한 채 농민수의 감소와 더불어 나타나는 노동자 계급의 증가를 어떻게 타개할 것인가 등의 문제)은 진정한 역사적 문제들을 이루게 된다. 예컨대 스탈린주의는 하나의 일탈인가, 개인숭배는 무엇을 의미하는가, 소련의 "관료주의"는 무엇인가 등의 문제가 여기에 해당한다. 그리고 희소성의 내재적 장 속에서 일자와 다수의 도식적인 순환성은 포괄하는 시간화 운동의 골격일 뿐이다. **역사**의 구체적이고 절

---

200   부록에서 「진보」에 대한 주석 참고. 660쪽 이하 참고.(편집자 주)

대적인 실재는 개별적 인간들을 상황의 특이성 속에서 그들이 추구하는 개별적인 목표들에 통합하는 실천적 관계들의 특이성 속에서만 존재할 수 있다. *실천-과정*이라는 용어는 포괄적 총체화를 지칭하는 기능만을 갖고 있을 뿐이다. 그 이유는 포괄적 총체화가 이 실천-과정의 수동적 종합들을 만들어 내고, 그 종합들이 이 총체화 속에서 다수성(보다 일반적으로 말해 더욱 확장되고 밀도 있는 양)을 단절(즉 다수화와 원자화)의 내적 위협으로 재도입하기 때문이다.

이런 관점에서 오늘날 연구의 대상이 되는 것과 같은 총체화의 존재론적 한계를 지적해야 한다. 자신의 구성 요소들의 타성태적 다수성이 갖는 활동적인 단위인 유기체들은 물리 화학적 실체의 수동적 종합들만을 산출할 수 있을 뿐이다. 하지만 오늘날에는 무능력이 일시적인 것인지 결정적인 것인지조차 말하기 어렵다. 현 수준의 생화학으로는 이 문제를 결정지을 수 없다. 어쨌든 다소간 먼 미래에(실제로 우리는 최소한 이 문제를 올바르게 제기할 수 있는 과학적 수준과 멀리 떨어져 있는 것도 사실이다.) 우리의 기술을 물려받은 인간 사회가 삶의 종합을 실현할 수 있다고 가정한다 할지라도 여전히 인류는 역사적으로 도구와 기계들의 생산을(잠정적으로 한데 모아진 물질들의 타성태에 의해 유지되는 타성태적 통일성의 생산) 통해 유기체들을 재생산(즉 주어진 환경의 제한된 변화들의 틀 속에서 그 자체로 유지되는 통일성의 재생산)하게 되는 것으로 정의될 것이다. 물론 생명은 스스로를 재생산해 낸다. 종들 — 어쨌든 그들 가운데 몇몇은 — 은 존속된다. 그리고 *생명체에 의해서든*(접목, 교배 등등) *비유기체적 실체에 의해서든*(약품, 수술, 염색체와 원형질에 대한 생물학적 실험들) *각기 다른 조건들을 하나로 조직하는 복잡한 실천에 의해서든* 간에 우리가 생명에 영향을 미칠 수 있는 것 역시 사실이다. 이 모든 활동 속에서 생명은 이런저런 형태하에서 주어져야만 하는 선행 조건이다. 씨를 뿌리기 위해서는 씨앗이 필요하고 성게를 바닷물로 양식하려면 성게가 필요하다. 그 목적과 기술이 무엇이든 생명을 변경시키는 실천은 우선 비유기적 물질에 작용하는 실천과 유사한 것이다. 그러고 나서 이 실천은 생명의 유기적 운동에 내적 법칙에 따라 노동하거나 씨를 뿌리는 것과 같은 인간 행동 ── 실천적-타성태에 작용하거나 작용될 수 있는 ── 의 결과를 실현하고자 하는 노력을 부여한다. 씨 뿌리는 사람의 행위는 납산탄을 쏘는 것처럼 반복될 수 있다. 실제로 이 사람의 행동의 폭과 리듬은 씨앗이 갖는 특별한 특징(예컨대 씨앗의 가벼운 무게)에 의해 조건 지어진다. 이 요소들은 겨냥한 목표에 도달하는 것을 다소간 어렵게 만들 수 있기 때문이다. 하지만 이 특징들은 *물리적 차원에 속하는 것들이다.* 농부가 자신의 행위를 맞추어 나가야 하는 실천적 장의 긍정적이고 부정적인 결정 작용들(예컨대 바람의 방향과 세기 등등) 역시 물리적이라 할 수 있다. 그 외의 사항들은 씨앗 그 자체에 달려 있다.

C. 실천의 특이성: 유기적 순환의 폭발과 역사의 도래

1. 삶과 관련된 실천의 자율성과 한계들

이처럼 역사적 실천은 유기체가 비유기체와 맺는 관계 혹은 비유기체적 타성태의 공동 매개를 통해 다른 유기체들과 맺는 관계(피행위자들에게서와 마찬가지로 행위 주체에게 있어서도)로 특징지어진다. 실천은 그 자체로 유기적 통합의 감압이자 퇴락이다. 그것이 감압인 이유는 실천이 항상 미래적인 통일성들에 따라 (달성해야 할 목표들)을 통합하기 때문이다. 또한 퇴락인 이유는 실천이 비유기적 실체들을 생물학적 통일성 속에 통합시키는 것이 아니라(다시 말해 자신과 동등한 존재론적 위상을 가진 존재를 만들어 내지 않기 때문에) 이 실체들을 분산된 내면성의 세계로부터 축출해 내고, 이 실체들에 생명 자체를 전달하지는 않은 채 생명의 각인을 찍는 데 그치기 때문이다. 이와 같은 수동적 종합들은 실천적 유기체를 생명 속에서 유지하는 것을 목표로 한다. 그리고 상황에 따라 이 종합들은 두 가지 방식으로 이 목표에 도달한다. 한편으로는 유기체가 비유기적 실체들(물, 공기 등과 같은 실체들)을 직접적으로 필요로 할 경우, 혹은 환경의 갑작스러운 변화에 맞서 스스로를 보호해야 하는 경우 가공된 물질(갱도 안에서의 오염된 공기의 정화, 환풍 시스템 혹은 난방 기구 등등)은 직접적으로 생명을 조건 짓게 된다. 다른 한편으로는 유기체가 살아 있는 실체들로 자신의 생명을 유지할 경우(이는 인간이 지닌 역사적 사실성의 한 특징을 이룬다. 인간은 식물들과 동물들로부터 영양을 취하는 살아 있는 존재이지만 그 자신이 직접적으로 비유기적 실체들을 종합하여 그들에게 생명을 부여하지는 못한다.) 수동적 종합들은 생명과 생명 사이에서 *실천적-타성태적 매개*의 역할을 수행한다. 만약 순전히 논리적인 가정하에서 다른 행성에 있는 하나의 살아 있는 종이 이미 타성태에서 출발해 생명을 만들어 내는 실천적 가능성을 가졌다고 가정해 보자. 이 경우 우리는 우리의 역사적 실천(현 상황까지를 포함한)의 고유성을 더 잘 이해할 수 있을 것이다. 실제로 생명이 없는 물질들의 통합을 통해 생명을 만들어 내는 행위 주체는 바로 이 사실을 통해 우리의 것과는 완전히 다른 실천을 규정짓는다.[201] 우선 그의 행동은 통합적이다. 즉 그는 자신의 고유한 통일성을 자신이 모은 물리 화학적 실체들에 부여하는(비록 그가 이 실체들을 먹고 산다는 단순한 목적을 지녔다 할지라도) 것이다. 비유기적 물질에 대한 생명 활동은 이 물질을 생명으로 변화시키는 것을 목표로 하고 또한 이런 결과를 낳기도 한다. 실천의 객체화는 전혀 다른 의미 작용을 갖게 될 것이다. 왜냐하면 인간의 실천은 자신의 생산물 자체를 통해 자유롭고도 내재적인 유기체화 속에서 다시 포착되고 담당될 것이기 때문이다. 생명체의 활동은 다른 생명체의 존재와 같이 생명력을 가진 것이 될 것이며 자신의 특이성, 즉 자신의 유기체적 자율

---

201 물론 행위 주체가 생명의 종합의 기본적인 조건들을 실현시키는 데만 그친다고 생각해서는 안 된다. 오히려 이 행위 주체는 이미 살아 있는 생명체의 연속적인 반응들을 통해 생산된 유기체를 앞서 최종 목표로 규정되었던 특이성으로 인도하는 데 필요한 기술과 도구들을 가지고 있다고 생각해야 할 것이다.(원주)

성 속에서 행위 주체를 반영하게 될 것이다. 여기에서 **행위**란 살아 있는 존재(생산자로서)와 살아 있는 존재(생산자를 벗어나 있으며, 자신의 고유한 자율성을 통해 생산자의 목표를 실현시키는 생산물로서) 사이의 매개 작용이 될 것이다. 이와 같은 *실천*은 원칙적으로 희소성(모든 것은 생명을 만들어 낼 가능성에 달렸을 것이다.)도 일자와 다수 간의 변증법도 제거하지 않을 것이다. 하지만 이 실천은 실천적-타성태를 축소시킬 것이다.(결국에는 제거할 수도 있을 것이다.) 왜냐하면 이 실천적-타성태는 인간들 사이의 매개로서의 가공된 비유기체를 기원으로 하며, 창조적 실천은 다른 유기체들 사이를 매개하는 유기체들을 만들어 낼 것이기 때문이다.(이런 점이 반드시 실천적-타성태의 대폭적인 감소를 의미하는 것은 아니다. 왜냐하면 비유기체로부터 출발하여 유기체를 생산하는 것은 도구와 기계들의 축적을 필요로 할 수 있기 때문이다.) 결국 이와 같은 창조 행위가 전체적일 것이라는 점에서, 즉 실천적 유기체가 자신과 닮은 유기체를 만들어 낼 수도 있을 것이라는 점에서 **역사**의 조건으로서의 인간들의 희소성 문제는 점차 사라지게 될 것이다. 어쨌든 생산자와 그 생산물의 상호성, 외면적 존재의 전도(자신의 즉자 존재 속에서 생명의 재료가 되는 타성태), 실천적-타성태의 점진적인 와해, 그리고 특히 과도기적 매개로서의 행동을 통합과 내재적 과정으로서의 우주적 종합에 종속시키는 행위, 이 모든 것을 포함한 우리가 생각할 수조차 없는 모든 특징은 결국 역사와 구성된 변증법을 심층적으로 변화시키는 불가피한 결과를 낳을 수 있다.

하지만 공상 과학 소설에 나타나는 이와 같은 가정은 *우리의* 변증법과 *우리의* 인간 역사의 개별성을 더욱 상세히 밝혀 줄 뿐이다. 스스로가 생명을 만들어 내지 못한다는 점에서 이와 같은 허구적인 유기체들과 다른 우리들은 또한 식물들과도 다르다. 또한 우리 내부에서, 유기체의 내부적 화학작용에 의해 광물질들의 살아 있는 종합을 실현할 수 없다는 점에서 우리는 다른 행성에 사는 미지의 유기체들과도 다르다. 우리는 실제로 *비유기체에 대해서만*(또는 그것의 매개에 의해서만) 행동할 뿐이다. 하지만 우리는 광물질들을 직접적으로 동화시킬 수 없다. 우리가 다른 생명체들을 소비하면서 살아가는 것은 사실이다. 그렇다고 해서 생명의 종합을 만들어 낼 수 있는 수단을 가지고 있는 것은 아니다. 우리의 실천은 다음과 같은 이중의 부정적 관계에 의해 정의된다. 즉 우리는 단지 타성태만을 만들어 낼 뿐이고, 유기체만을 동화시킬 뿐이다. (만약 우리가) 식물처럼 광물질에 직접적으로 연결되어 있다면 우리 행동은 사라지거나 최소한으로 축소될 것이다. 희소성은 (특정한 조건하에서) 풍요로움에 자리를 양보할 수도 있을 것이다. 하지만 우리가 생명체를 만들어 낼 수 있다면 이 생명체는 통제된 통합과 마찬가지로 행동이 가질 수 있는 상위의 형태가 될 것이다. 말하자면 이 행동은 통합된 유기체의 내재적-존재 속에서 무거워질 것이다. 우리에게 있어서 그리고 우리의 역사 속에서 행동 ── 생명의 재생산을 근원적 존재 이유로 하는 ── 이 유기체 자체의 초월과 생명의 시간화의 가장 완성되고 가장 자율적인 형태와 같은 것으로 될 수 있는 이유는 바로 *이 행동을 통해* 생명체가 직접적으로 자기 자신을 향해 나아가지 않고, 오히려 ── 우리의 생명 기관들과 조건이 갖는 사실성에 의해 ── 비유기체에 대해 자신의 각인을 찍기 위해 스스로에게서 벗어나기 때문이다. 생명체의 내재적 종합과 타성태의 수동적 종합 사이의 매개로서의 실천은 전자로부터는 살아 있는 통일체를 자신의 최종 목적으로 투기할 가능성을 받아들이고, 후자로부터는 목표와 수단을 드러내는 *엄격한 지속성과 외면성*(통일성 내에서의 종합적 부정과 같은 외면성은 실제로 객관성을 만들어 내는 *거리*를 허용한다.)을 받아들인다.

따라서 실천은 그 자체로 내면성과 외면성의 종합적 매개다. 바로 여기에 생명에 대한 실천의 자율성이 자리한다. 실천은 그 자체로 그 자체의 내부에서 내재성과 외면성의 통합이다. 바로 이것이 실천을 유기적 기능과 비교하여 특징짓는 것이다. 하나의 실천의 구조들은 실제로 이 실천을 이루는 부분들의 상호적 외면성과 — *적어도 대자적으로 정립되는 계기의 자격으로는* — 일종의 방향 지어진 흐름 속에서의 일시적인 안정을 포함한다. 즉 하나의 실천적 틀은 그것이 전개되는 특정한 순간에 실천적 시간화의 구조로서 정립된다. 그리고 이 틀의 내부에서 여러 작동이 명령에 따라 이루어지고, 그 결과 이 작동들 내에서 이 틀이 와해하기도 하며 하나의 새로운 행동의 계기, 틀이 만들어진 계기를 만들어 내면서 와해된 틀 *너머로* 새로운 틀이 정립되는 것이다. 부분들의 외면성은 정확히 말해 실천의 장의 내면성이 간직하고 있는 비유기적 분산 속에서 이 실천이 자기 밖의 모든 곳에 편재할 필요성에 의해 요구된 — 조직화된 행동 속에서 이루어지는 기능들의 유기적 내재성의 — 외면화다. 하나의 도구를 만들거나 또는 이 도구를 이용하는 사람은 지양의 구조 자체 속에서 다음과 같은 모순된 필연성들을 통합할 필요를 가지고 있다. 즉 환경의 변화에도 불구하고 목적, 즉 미래에 있을 유기적 통합체의 복원이나 미래까지의 유지라는 목적에서 출발해 이루어진 실천적 장의 통일성을 기반으로 하지 않는다면 그 어떤 세부적 작용도 근본적으로 실패의 위험 없이는 시도될 수 없다는 것이다. 그 결과는 다음과 같다. 이 실천적 장 속에서는 부정들까지 포함하여 모든 것이 종합적 내면성의 관계가 된다. 하지만 다른 한편으로는 통합된 전체가 여전히 비유기적 지위에(즉 외면성의 분산에) 종속되어 있기 때문에 부분적 작용은 장의 *외면화한 한 부분*, 즉 통합되어 있고 고립된 부분을 겨냥한다. 이 부분이 갖는 이와 같은 고립적 성격은 그 자체로 적대적이면서도 서로 연결된 두 가지 지위의 산물이다. 이 부분은 무한한 분산 속에서 *고립된다.* 왜냐하면 이 분산 자체를 통해 정확히 *이것*이 *저것*의 외면이 될 수 있기 때문이다. 하지만 여러 개의 *이것*과 *저것*들이 있어야만 한다. 그리고 외면적 분산은 다음과 같은 경우에만 하나의 전체의 부분이 갖는 외면성으로서 발생할 수 있다. 즉 *분산된 전체가 통합된* 경우, 이 분산이 각각의 개별적인 작용 속에서 국지적 수동성의 통일로서 시간적으로 체험되는 경우 그리고 외면성에 의한 내면성의 자동화와 같은 무한한 분산에 일시적으로 가해진 정지로서 체험되는 경우가 그것이다. 하지만 내면적 관계들은 현실이다. 이 관계들의 통합적이고 종합적인 힘은 실질적이다. 왜냐하면 앞서 살펴본 바와 같이 인간을 파괴해 버린 이 **세계** 속에서 물리적-생리적 통일성의 여러 부분은 그것들의 절대적 현실 속에서, 심지어는 이 부분들을 와해시키게 될 외적 변화들 속에서조차 존속될 것이기 때문이다.

하지만 정확히 말해 내재성의 관계가 갖는 지위는 *실천적*이다. 만약 사회적 장 속에서 특정한 국지적 변화가 이 변화에 의해 야기되는 재조정의 단순한 효과를 통해 특정한 하나의 전체를 *원거리에서* 직접적으로 건드리지 않고도 그 *내재성* 속에서 변화시킬 수 있다면 그것은 *분명* 이 변화가 하나의 행위의 장 속에서 이루어진 것이기 때문이다. 달리 말하자면 멀리에서 일어나는 변화는 이미 구성에 착수한 (다시 말해 이미 장에 영향력을 행사하는) 행동의 *매개*를 통해 현재의 대상을 그 내면성 속에서 원거리에서 변화시킨다. 나와 아주 멀리 떨어져 있는 프랑스 **남부** 지방에서 발생한 내가 알지 못하는 사람의 죽음이 나의 경력에 영향을 주고, 그렇게 함으로써 나의 실재 자체에 영향을 준다면 이는 제도들의 체계를 통해서다.(예컨대 이 체계는 특정한 행정 부서에서의 채용이나 진급의 법칙들, 혹은 다소간 즉각적으로 수립되었고 다소간 조직화한 관습, 사기업에서 발생하는 문제와 상응하는 관습을 구성하는 체계다.) 하지만 **제도** ── 가공된 물질성의 전도로서의 ── 는 인간 실천에 타성태적-존재를 부여한다. 그 이유는 이 제도가 자신의 필요 불가결한 실천적 종합을 다수의 행위 주체들에게 강요하기 때문이다. 지속적인 타성태적 매개를 통해 실천은 나의 삶을 변화시킨다. 이 실천 ── 규범화되거나 전통적인 ── 에 따라 공무원의 죽음은 당장 그의 자리가 다른 사람으로 대치되어야 한다는 요구로 드러난다.(예컨대 연기된 *그의* 행위는 그가 최근에 맡았던 임무들을 ── 공동 시간화의 운동 속에서 볼 때 ── 지금 현재로서 완수되지 않은 것으로, 그리고 당장에 완수되어야 할 것으로 보여 준다.) 그리고 작동하고 있는 조직화된 하나의 체계 속에서 이 요구는 그 자체로 선택적이고 복원적인 기제들의 갑작스러운 작동의 이유가 된다.(사람들은 특정한 실천적 도식에 따라 현재 상태의 체계를 최소의 비용으로 다시 작동시킬 수 있는 대체 요원들을 선택하게 된다.) 이처럼 내재적 관계를 정립하는 것은 실천적 긴장이다. 앞에서 인용한 예에서 분명 문제가 될 수 있는 것은 수단과 목적에 대해 상당한 정도로 의식하고 있는 실천인 것이다. 예컨대 그것은 마치 이 행정 부서에서 진급에 관계된 규칙에 따라 죽은 자의 자리를 차지하기 위해서 내가 오래전부터 지명된 것처럼 이루어진다.(마치 내가 *예전부터* 그를 보좌했던 것처럼, 따라서 모든 일을 아는 것처럼 말이다.) 이와는 반대로 실천의 장의 내면성 속에서 다수성으로(목표, 위험, 수단, 행위 주체 등의 다수성으로) 가득 차 있는 행동 그 자체로부터 벗어나는 하나의 관계가 문제 될 수도 있다. 우리가 이미 살펴본 바와 같이 이와 관련된 예는 무수히 들 수 있다. 왜냐하면 전체 속에서의 전체의 내재성이 바로 내면성의 법칙이기 때문이다. 하지만 이 관계가 예견되지도 투기되지도 않고, 심지어는 인식되지도 못한 채 실천을 통해 정립된다 할지라도 이 실천은 여전히 내면성의 주도적 환경으로 남게 된다. 왜냐하면 이 실천은 하나의 목표를 향한 자신의 시간화 속으로 모든 것을 이끌기 때문이다. 따라서 사건과 대상들의 생산자로서의 내재적 관계는 그 자체로 첫 번째 산물이 된다. 실천의 내부에서 분산적 다수성은 실천적 흐름을 따라 다수성으로서 시간화하며(그렇지 않다면 내재적 관계는 상호 침투가 될 것이다.) 또한 미래의 통일성과 융합된 재료로서 시간화하는 것이다. 다수성이 통합 작용(통일성을 향한 진보로서의)을 수행하고, 그것을 일종의 *다양성의 분산적 통일성*으로 변화시키는 것은 (실천적 종합에 의해 이미 재통합된 분산과 같은) *다수성*으로서다. 왜냐하면 장에 속하는 각각의 요소들이 모든 요소에 대해 외면적이라는 점에서 볼 때 이 장을 구성하는 모든 요소는 결국 전체에 속하기 때문이다.

이와 같은 몇 가지 고찰을 통해 나는 인간의 실천이 갖는 개별성을 강조하고자 했다. 실제로 행동의 내적 일관성은 내재적 관계들에 의해 확보된다. 그런데 우리는 이 관계들이 분산 중인 전(前) 통합 작용으로서만 *아니라* 유기적 통일성이 이완으로서 이 유기적 통일성이 분산과 맺는 관계에 의해, 그리고 외면성의 첫 번째 종합을 통해 이루어지는 이 통일성의 실천적 통합으로의 변화로서 주어진다는 사실을 확인할 수 있다.(즉 *욕구에 의해* 생명체의 자기-내적-존재가 희소성의 장에서 자기-외적-존재가 되는 순간부터, 그리고 실천적이라기보다는 오히려 유기적인 형태하에서 유기체의 암묵적 목표와 미래로서 복원된 유기체가 자신의 첫 번째 시간화 속에서 타성태로서의 환경에 의해 자기와 분리되고, 또 재통합되는 순간에서부터 그러하다.) 이와 같은 주장을 더욱 잘 이해하게끔 하기 위해 — 단순한 예를 통해 — 인식의 장으로 되돌아오면서 다음과 같은 사실을 지적해야 할 것이다. 즉 실천은 *통합하면서 자신의 통일성이라는 관념을 만들어 낸다*는 사실, 이 관념 자체 — 모든 인간 행동의 규제적 도식으로서의 — 는 비유기체에 의해 이루어진 유기체의 와해와 같은 것이며, 유기체에 의해 생성된 하나의 형식 속으로 비유기체를 통합하는 행위와 같은 것이라는 사실이다. 플라톤이 주장하는 "형식들"의 통일성, 혹은 철학자들이 여전히 기하학적 실체에 부여하는 통일성보다 이 사실을 더 잘 보여 주는 것은 없다. 어쨌든 실증주의자인 리야르[202]에게 있어서 순수 공간의 규정으로서의 하나의 기하학적 도상은 그것의 존재 자체와 같은 일종의 응집력에 의해 연결된 부분들을 유지한다. 하지만 이 도상이 가진 공간적 본질로 인해 이 도상에 대한 무한 분할이 가능한 것도 사실이다. 달리 말하자면 이 무한 분할은 이 도상의 본질이 가지고 있는 영원한 특징인 것이다. 이와 같은 기술 속에서 우리는 수많은 합리주의자(예컨대 특수하면서도 긍정적인 본질들에 대해 말하는 스피노자와 같은)가 지적했고 암시했던 것을 다시 발견하게 된다. 그 속에는 활동 중인 한 존재를 부여받은 형상이 있는 이상한 거울 놀이 같은 것이 있다. 또한 이 활동에 두 가지 존재론적 지위 — 어둠 속에 감추어져 있기 때문에 그 양립 불가능성을 파악할 수 없는 — 가 동시에 부여되는 거울 놀이 같은 것이 있다고 말할 수 있다. 첫 번째는 정확히 말해 행동하는 동안의 실천적 장의 존재다. 하지만 이 경우 행위는 대상 자체가 아니라 이 행동을 촉발하는 종합적(그리고 인간적인) 운동으로부터 발생한다. 행위

---

202 루이 리야르(Louis Liard, 1846~1917). 프랑스의 철학자. 『기하학적 정의들과 경험적 정의들(*Des Définitions géométriques et des définitions elpiriques*)』(1873), 『실증 과학과 형이상학(*Science positive et la Métapysique*)』(1879) 등의 저서가 있다.

는 기학학적 대상을 가공된 물질의 상징으로 만든다. 즉 여기에서 인간적 행위는 무한히 분할 가능한 공간에 의해 표상되는 외면적 분산을 한 행위의 통일성 속에 그러모으고 내포하는 것이다. 이와 같은 형태하에서 개념은 수용 가능한 것이 된다. 하지만 본질들에 대한 합리주의는 행위로 하여금 대상이 스스로에게 부여하는 통일성이 될 것을 요구하며, 이 대상이 자신의 타성태적 다수성을 통해 실현하는 종합이 될 것을 요구한다. 이와 같은 행위를 함에 있어 인간은 없다. 그리고 사유는 이런 형태가 다양한 것의 통일성으로써 현동화하는(다양성의 실질적 현존 없이) 장소에 불과하다. 이런 방식을 고려해 볼때 ── 우리가 취하고 있는 방식이기도 하지만 ── 타성태의 이와 같은 활동, 이 활동에 의한 분산의 통합 ── 완전한 분산일 경우 ── 은 *가지적이지 않다.* 여기에서 문제가 되는 것은 통일성들이 **세계**(살아 있는 유기체는 그중 하나다.) 속에서 스스로 발생할 수 있다는 것을 부인하는 것이 아니라 이와 같은 일반적 개념이 인간 행동의 연속된 결과로 나타나는 것을 응집력의 형태하에서의 대상의 책임으로 돌린다는 사실을 강조하는 데 있다. 이 개념은 스스로를 만들어 *내는 통일체,* *다시 말해 유기적인 통일체*에 대한 심층적인 의존을 감추고 있다. 유기체론적 사유는 도처에 있으며, 이와 같은 사유는 행동을 행위 주체로부터 유리시켜 실체화하는 것이 문제 될 때마다 실천적 사유의 이면에 자리 잡게 된다. 하지만 우리가 고려하고 있는 예에서 포괄적 유기체적 통일성은 정립될 수 없을 것이이다. 실제로 유기체에게 있어서 통일성이란 통일성의 영속적 복원인 것이다. 이런 관점에서 보면 포괄적 시간화들 한가운데에서의 일관성으로서의 통일성이 갖는 종합적 현실과 그 기능들의 완수 사이에는 어떤 차이점도 없다. 즉 살기 위해 먹는 것과 먹기 위해 사는 것은 매한가지인 것이다.

실제로 통일성은 그것을 보존하고 있는 기능들의 총체화로 나타난다. 한편 이 기능들은 지속성의 첫 번째 시간화에 다름 아닌 하나의 순환성 속에서 끊임없이 자기 자신으로 되돌아온다. 왜냐하면 이 기능들의 임무는 항상 유사하며, 항상 동일한 *피드백*에 의해 조건 지어지기 때문이다. 실제로 유기적 통일성 속에서 우리는 존재-로서의-**일자**도 한-행위의-미래-대상-으로서의-**일자**도 찾아볼 수 없으며, 오히려 존재론적 위상으로서의 **통일성**과 손실에 대한 지속적인 복구로서의 통일성 사이의 동일성을 발견하게 된다. 이 둘 사이의 살아 있는 매개를 실현하는 것은 *존재태*다. 통일성은 기능들에 의해 끊임없이 시간화한다. 하지만 기능들은 무한한 순환적 회귀에 의해 지속성을 자신들의 *시간적 존재*로(다시 말해 가능한 조작들과 시간화에 대한 타성태적 한계로) 만들어 낸다. 영원 회귀로서의 *존재태*는 살아 있는 것으로서의 유기체가 갖는 지속적 통일성이며, 타성태적 결정 작용을 만들어 내는 생명 그 자체이기도 하다.[203] 하지만 이와 같은 존재태 — 이 존재태에 외부로부터 영향을 줄 수 있는 타성태 속에서까지(다양한 환경이 일정한 선을 넘어섰을 때 나타나는 적응 불가능성) — 는 외적 분산을 거부한다. 즉 이 존재태는 *전체*도 *총체화*도 아닌 것이다. 전체는 하나의 존재론적 위상을 가져야 할 경우 지속적이지만 순전히 *긍정적인* 창조 행위를 통해 다양성의 새로운 존재로 스스로를 만들어 낼 수밖에 없다.(다양성은 더 이상 통합의 장애가 — 하나의 촉발도 — 아니라 자신에 대한 부동적인 지양 속에서 실질적인 존재로서의 총체성이 그 목적이 되는 수단이 된다. 또한 이 다양성은 실현된 목적으로서의 총체성 속에서 자신의 의미와 존재 이유를 발견한다. 이 모든 것은 마치 총체성

---

203 결정 작용들은 특수한 환경에서 이루어지는 적응의 이면으로 나타나기 때문이다.(원주)

이 다양성을 회고적으로 만들어 냄으로써 자기 내부에서 있는 그대로의 다양성을 제거하고, 통일성 속에서의 질적 변형으로서의 다양성을 자기 자신 속에 보존함으로써 스스로를 만들어 내는 것과 같은 방식으로 진행된다.) 총체화는 초월이다. 그것도 항상 자신을 재총체화하고, 여러 일탈을 통제하는 초월이다. 그 까닭은 이 총체화를 파생시키는 행위 주체(단독적 혹은 다수적인 주체)가 스스로 실천적 장의 일부를 이룬다 할지라도 실천으로서의 총체화는 낯선 요소들(비유기적 물질과 때로는 *이* 물질들을 통한 생물학적 과정)을 내면화하는 종합을 실천하기 때문이다. 이런 점에서 총체화는 항상 창조적이다. 이와 같은 지적 — 이미 언급한[204] 점에 대한 단순한 상기 — 을 통해 우리는 *존재태*가 다음과 같은 경우에만 하나의 전체에 불과하다는 사실을 이해할 수 있다. 즉 존재태의 총체화가 자기 자신에 대해서, 그리고 그 고유한 내면성 속에서 이루어지는 경우, 또한 — 다음과 같은 사실을 덧붙여야 한다 — 나선적 총체화 과정이 없는 순수한[순환적] 특징이 이 존재태를 외적 타성태의 미래(항상 반복되는 *이* 조작들은 그 동일성을 통해 내적 외적 관계를 갖지 않은 채 운명의 평행 관계를 형성한다.)를 토대로 그 자신의 지속적인 움직임 속에서 부동성의 타격을 받은 것으로 결정짓는 경우가 그것이다.(이렇게 해서 이른바 반복적이라고 지칭될 수 있으며, 변화하는 환경에서조차 동일한 것으로 남아 있기 위해 변화하는 이와 같은 개별적 존재들을 지칭하기 위해 "*나의 간*", "*나의 피*", "*나의 소화 작용*"이라는 표현을 쓰게 되는 것이다.)

---

204 1권, 서론, 250~255쪽 참고.(편집자 주)

2. 통일의 범주에 대한 문제 제기, 실천적 유기체 혹은 첫 번째 기계

실천과 인식의 종합적 범주로서의 통일성이 갖는 유기체론적 양상은 결국 유기체적 존재태에 의한 비유기체의 결정에 불과하다. 이는 이 결정 작용이 복원해야 할 것으로서의 장을 밝혀 주는(이 장은 한정시키면서) 목적 속에 포함되어 있다는 점에서, 그리고 목적에 대한 조명과 그 의미의 자질로써 이 한정 작용이 통일된 대상으로 되돌아온다는 점에서다. 이와 같은 사실로 인해 ── 상상적인 것들을 대상으로 삼는 예술의 영역을 차치하더라도 ── 인간적 실천(구성하는, 그리고 구성된 실천)은 어쨌든 행동 중인 하나의 총체성을 파생시킬 수는 없는 것이다. 왜냐하면 각각의 총체성은 자신의 다양성을 생산적이고 통합하는 행동 속에 다시 펼치기 때문이다. 즉 일자는 다양한 것을 지지하고 만들어 낸다. 이와 반대로 우리가 만들어 내는 비유기적 생산물 속에서는 다양한 것이 먼저 존재한다. 수동적 종합으로서의 통일성은 일시적인 특정 조합(용해 후에 굳어지는 금속처럼) 덕택에 다양성 위에 각인된다. 이 통일성을 보증하는 것은 결국 다양함이 갖는 타성태다. 외부적 조건이 이 요소들을 분산시키지 않는 한 이 요소들은 분리되지 않은 채 서로 연결되게 된다. 요컨대 ── 우리의 연구 결과에 따르면 ── 지구 환경은 존재태, 즉 스스로 목적으로 여기는 동시에 이 목적을 보존하는 내적 수단들과 혼동되는 이 낯선 통일성을 생산해 내게 된다. 또한 지양(존재태의 보존)으로서의 인간적 실천은 총체화를 항상 개방되어 있지만 결코 끝나지 않는 시간화의 나선성으로 만들어 낸다. 하지만 종합적 통일성이라는 범주의 감추어진 구조로서 전체는 그 자체로 실천적 장 속에서의 실질적인 대응 관계없이 사유와 도식적 행동의 매개가 된다. 즉 전체는 지양된 유기체, 지양하는 행동 그리고 가공된 물질성에 의해 동시에 생산되었던 것이다. 실천을 통해 생산된 대상이 드러나게 될 때 그 매개 구조(비유기체를 통한 유기체의 두 계기 사이의 매개 구조)는 실천으로 하여금 *생명을 통해* 그 대상을 포착하게 하고, 이와 동시에 이 대상에 의해 생명 자체를 규정하게 한다. 실천은 비유기체의 수동적 종합을 통해 유기체의 통일성을 발견하게 된다. 왜냐하면 이처럼 순환적 변화들을 통해 계속해서 생산되고 재생산되고 복원되는 이 통일성은 *대자적인 통일성*이 아니다. 이와 반대로 장의 내면성 속에서 도구의 일관성과 이 도구들의 실천적 결정 작용이 추구된 목표와 맺는 관계는 수동적 종합의 토대로 나타난다. 그리고 이 수동적 종합은 실천적 장이라는 근간 위에서 자신의 대타 존재(행위 주체 존재)를 통일성으로(유기체로서의 행위 주체 자신에게 전복과 통일적 도식의 적용에 대한 여지를 마련해 주는 것이다.) 전달한다. 하지만 정확히 말해 우리가 이와 같은 통일성 속에서 방향 지어진 변화의 결과인 분산의 타성태적 종합만을 발견해야 한다면 이때 통일성은 의사(擬似) 통합으로 쇠락하게 될 것이다. 항구적 특징들을 지탱하는 타성태는 행동 *자체*를 통해 이 지속성을 낳는 행위로 나타난다. 여기에서 중요한 것은 지속성의 계속되는 창조로서의 종합에 기초한 유기체적 생명의 투사인 동시에 행위(노동)에 의해 가공된 물질의 침투인 것이다. 이 물질 속에서 행위는 자신의 초월성을 양도하기 때문에 결국 수동적 구조로 변화한다. 실제로 유기체적 생명은 *존재태의 형태와 같은* 지속이다. 이 생명은 수동성의 갱신되는 순간 속에 응축되며, 반복되는 동일한 기능들의 작용 자체는 *동일한 대상의* 반복적인 창조로 변화된다. 이 단계에서 전체의 통일성은 순간 속에서 일어나는 타성태 — 변화의 순수한 부정으로서 — 와 자신의 존재 속에서 **존재**에 대한 긍정적 인내로서의 대상 그 자체에 의해 이루어지는 긍정적 창조의 투사적 동일화인 것이다. 하지만 무한히 작은 순간의 포로인 도구성의 순간적 통일성(존재의 수동적 섬광으로서) 이 다수성을 시간의 무한한 분할 가능성으로 대체할 때만 다수의 실체를 제거할 위험이 [우리에게] 발생한다. 또한 종합적 시간화로서 실천이 순간을 초월하는 운동을 통해 이 순간들을 연결하고, 이 순간들의 연속성(시간적인 여러 지점 사이의 엄격한 외면적 관계들)을 모든 내면성의 특수한 결정 작용으로 만들어 내면서 실천적 장에 사물의 시간이 갖는 타성태적 분산들을 통합하지 못할 경우 데카르트적 문제(어떻게 하나의 시간적 지점에서 다른 지점으로 이동할 수 있는가)에 다시 봉착하게 될 위험이 있다.

초월의 실천적 내면성 속에서(즉 대상이 살아 있는 역사 속에 남아 있고, 이 대상이 여전히 작동한다는 점에서 볼 때) 유기체적 생명은 이 대상 위에서 전체적 창조 행위로 바뀌게 되고, 그 결과 그 자신에 의해 이루어지는 자기 존재를 지속해 나가게 된다. 이런 의미에서 **존재**의 타성태는 자기 자신에 대한 긍정과 통일한 것으로 나타나게 된다.[205] 동시에 앞에서 살펴보았듯이 도구의 통합과 초월은 이 도구를 만들어 낸 행동과 그것을 사용하는 행동을 도구의 *수동적 인간성*으로 지칭한다.(즉 우리가 지적했듯이 *타성태의 인간적 효율성*으로 지칭한다. 칼이 갖는

---

205 그렇다고 해서 이것이 다음 사실을 의미하는 것은 아니다. 즉 이와 같은 동일화가 우리가 앞에서 목적론적 구조들이 외면성의 내면적 한계로서의 즉자 존재 속에서까지 절대적으로 실제적이라고 했던 것과 같은 의미에서 *실제적*인 것은 아니다. 이와 마찬가지로 이 동일화가 (꿈이나 허구가 그러하듯) *비실제적*인 것을 의미하는 것도 아니다. 다만 이 동일화는 자신의 실재성을 (실천적 장의 *내면성 속에서*) 실천이 갖는 근본 구조들 속에서 끌어내고, 또한 실천적-타성태적 전도 속에서는 자신의 실재성을 소외의 상이한 종류들의 요인과 자격으로서의 자신의 효율성에서 이끌어 낸다.(원주)

주어진 초월성으로서의 자르고 재단할 수 있는 마법적 힘이 그것이다.)[206] 이 번에는 이와 같은 다양한 통합적 도식들(이 도식들이 통제와 드러냄의 수 단이 되는 행동에 의해 산출되고 조건 지어진 것으로서의)이 *가공된 물질의 효율성*을 구성하게 된다.(그 까닭은 이 가공된 물질이 실천적 다수성의 내 부에서 현재 있는 양상들 그대로 정의되기 때문이다. 예컨대 경험주의와 기술성 이 어울린 실증주의적 전통 속에서 발견되고 혼합된 식물에서 추출된 독이 묻 은 화살을 두고, 수많은 종교적 의식이 형성되어 살아 있는 몸을 관통하여 중독 시킬 수 있는 힘을 *재현동화하게* 된다. 이때 이 힘은 화석화된 행동으로서의 종 교적 의식들의 실천적 현실이 된다.) 이와 같이 실천적 통합과 기능적 통 일성(초월성과 유기체론)은 실제로 타성태적 물질의 일자적 존재를 그 타성태의 심오한 진리로 실현시킨다. 이것을 통해 상호적 관점들 속 에서 유기체는 실천적인 것이 되고(존재태는 스스로를 행위로서의 긍정이 된다.) 실천적인 것은 유기적인 것이 된다.(고착화한 초월과 의미 작용으로 서의 도구의 기능은 하나의 전체가 갖는 신비롭고 응축된 생명과 같이 하나의 기관의 기능이 된다.)

이처럼 통일성의 범주 자체는 하나의 단순하고도 투명한 원칙이 되기는커녕 모든 인간적 현실과 마찬가지로 유기체(기원과 최종 목표) 에 의해, 그리고 행동(매개로서)에 의해 가공된 물질의 이중적 결정 작 용으로 특징지어진다. 그 까닭은 실천적 장을 주관하는 내면성의 법 칙이 이와 같은 결정 작용의 두 가지 측면을 내재성 속에서 서로서로 결정짓기 때문이다. 요컨대 하나의 도구가 갖는 통일성은 다음과 같 다. 즉 이 도구의 통일성은 도구의 의미 작용을 규정하는 유기체적 존 *재태*가 되는 하나의 행동이며 대상의 내부에서, 그리고 자신의 존재

---

206   1권, 제1서, C, 481쪽, 각주 315와 제1서, A, 162쪽 참고.(편집자 주)

속에서까지 존재론적 기능으로써, 즉 지속된 창조와 총체화된 총체성으로서 생산되는 유기적이고 분산되는 생명인 것이다.

물론 우리의 연구는 또 다른 형태의 실천적 종합, 즉 포괄적 총체화, 구현, 포괄된 총체화, 순환적 종합 등을 밝히게 될 것이다. 그럼에도 불구하고 사회적이고 역사적인 장 속에서 실천의 변증법적 전개와 관련된 이 모든 다양한 구조가 *현재 진행 중인* 총체화를 가리킬 뿐 완성된 통합을 가리키는 것은 *아니라*는 사실을 지적해야 할 것이다. (변증법적 총체화의 문제에서 다시 만나게 되는 과거-존재와의 특정한 관계들은 제외하고)[207] 진실은 다음과 같다. 즉 노동과 일상적 삶의 실천적 범주로서의 통일성은 행위 주체의 실천이 가진 특수한 성격들로 인해 행위 주체로부터 이탈된 하나의 결정 작용에 불과하다는 것이 그것이다. 즉 *기능-존재태*에 의해 유지되고 복원된 유기적 통합과 비유기체의 시간화하는 통합으로서의 총체화 사이에서 통일성은 **분석적 이성**(분석을 통해 해결될 선험적인 틀이 아니라면)에 의해서도 **변증법적 이성**에 의해서도 요구되지 않는다. 하지만 이 통일성은 있는 그대로의 인간 행위를 특징짓는다. 왜냐하면 *재생산되기 위해 스스로 객체화하는* 실천적 유기체는 수동적 종합들의 타성태를 통해 스스로를 인간 — 비유기체에 대해 노동하는 것을 임무로 하는 행위 주체로서의 — 이라고 선언하기 때문이다. 우리가 앞에서 보았듯이 소외의 기원이 여기에 자리 잡고 있다. 반인간적 물질 — 생명체가 결코 되지 못한 채 외면성의 순수한 지배로부터 추방된 것으로서의 — 은 통일성의 이름하에(각각의 경우에서는 이 통일성의 *내용*을 갖고) 인간의 반인간성을 모든 인간에게 그 자신들의 진정한 인간적 실재로 보여 준

---

207   부록 「역사는 역사에 호소한다」와 「인간에게 역사는 본질적인가?」 참고. (편집자 주)

다. 바로 이 차원에서 *본질들*(자신의 수동적 행동 속에서 가공된 — 인간들 사이의 매개로서 가공된 — 대상에 의해 발생하는 순수한 실천적 관념들)과 관조적 사유가 존재하게 된다. 이와 같은 관조적 사유는 추상적이고 타성태적인 통일성과 이 통일성들이 실천적 장의 내재성 속에서 유지하는 내면화된 외면성의 관계(인간들을 통해 이 관계들을 만들어 내는 사물들 역시 마찬가지다.)들에 대한 경험적 직관(이 직관을 만들어 내는 행동의)의 순수한 소외와 같은 것이다. 다만 이와 같은 편협한 사유는 개념적 사유에 불과하다. 이 사유는 분석을 통해 외적 관계들 속에서 용해되고, 시간화하는 힘을 가진 변증법을 통해 폭발한다. 하지만 이 사유는 인간에 대한 "자연적" 사유로서 끊임없이 다시 태어나거나 혹은 사물들이 총체화하는 순환성 속에서 인간에 대한 재조건화를 통해 만들어 내는 사유로 다시 태어난다.

이와 같은 사실들은 이미 지적한 바 있지만[208] 또다시 뒤에서 살펴보게 될 것이다. 하지만 여기에서 중요한 것은 행위 주체가 담당하는 또 다른 수동적 종합들을 통해 이루어지는 **언어**의 한정으로서의 개념적 주지주의가 *인간 실천의 특수성* — 즉 하나의 부정적 관계 — 을 보여 준다는 사실이다. 두 개의 이질적인 항들 사이의 매개로서의 실천 — 하지만 이 실천은 이 두 항 중 어떠한 것도 *만들어 내지 못한다* — 은 그 자체로 유기체에서 비유기체로의 이행이기 때문이다. 이 실천의 구조들이 갖는 변증법적 전체가 역사적 사건을 그 특수성 속에 존재하게 하고 조건 짓는 것은 바로 이 실천이 갖는 이중의 의미(즉 유기체의 타성태 되기가 타성태를 조직하는 전망 속에서 만들어지는 이상) 때문이다. 순환성, 소외, 타성태, 일탈 등과 같은 모든 특징의 기

---

208 1권, 제1서, C, 437~440쪽 참고.(편집자 주)

원에는 이와 같은 인간 행동의 근본적인 특징이 자리 잡고 있다. (물론 이 모든 특징을 만들어 내기 위해 또 다른 요소들의 변증법적 진보와 종합적 결합 모두가 필요할지라도) 총체화와 초월성으로서의 시간화하는 욕구, 즉 존재태로서의 유기체적 순환의 폭발로 태어난다. 그리고 희소성에 의해 조건 지어지는 이런 폭발은 비유기적 외면성으로 에워싸인 상황이 이 유기체들이 광물질들을 직접적으로 생명체의 통합적 요소들로 변화시킬 수 없다는 사실을 동시에 보여 준다. 유기체가 비유기적 환경(이 환경이 갖는 도구성과 역행 계수들)과 맺는 내재적이고 일의적인 관계는 이미 그 자체로 완전한 행동이다. 그리고 이 관계들의 연속은 곧 오늘날까지, 그리고 미루어 짐작건대 내일이나 모레까지의 우리의 역사이기도 하다.(우리는 모든 실천적 장에서 이루어지는 총체화하는 변화를 통해 한 요소가 갖는 지속성이 의미하는 바를 뒤에서 살펴보게 될 것이다.)[209] 그러나 타성태에 작용하기 위해 자신의 타성태를 통제하는 실천적 유기체는 자신의 행동을 비유기적 통일성으로 만들어 낸다. 생물학적 통합은 총체화하는 시간화 속으로 투기되며, 현재의 수단들에 대한 미래적 종합으로서의 목표들은 자신의 유기체들의 유기체적 응집과 심층적 연대를 사용 가능하게 해 준다. 하지만 도구로 유기체를 통치하는 행위를 통해 행위 주체로서의 유기체는 비유기체적인 특정한 시간적 현실을 지탱한다. 이 유기체의 고유한 행동은 조직화된 대상들에 주어진 태성태적 통합을 통한 수동적 종합과 같이 자기 자신에서 파생된 생산물이다. 물론 행위는 적응의 순환을 깨뜨린다. 이 순환 속에서 발생하는 균형 상태의 파괴는 결국 **세계**로부터 유래하며, 이때 유기체는 환경과 맺는 동일한 객관적 관계 속에서 변화한 모

---

209 통시적 총체화에 관계된 이 문제는 이 책에서 다루지 않고 있다.(편집자 주)

습으로 다시 나타나게 된다. 반면에 이 행위는 자기 외부에서 세계에 직접적으로 작용하면서, 이전의 질서를 복원하거나 혹은 발생한 변화들을 보상하면서 이 관계를 재정립하는 것이다. 바로 이와 같은 특징으로 말미암아 하나의 행위는 유기체적 생명의 지양이 되고, 또한 이 행위에는 내적인 것과 외적인 것의 종합적이고 실천적인 하나의 관계를 이루는 근본적인 구조가 부여된다. *외부에서* 하나의 목표에 따라 유기체가 여러 가지 변형들을 실현하는 순간부터 우리는 *행위*에 대해 말할 수 있게 된다. 그리고 이와 같은 정의만으로도 첫 단계의 실천들이 단지 인류 혹은 포유류와 함께 시작한 것이 아니라는 사실을 보여 주기에 충분하다. 여기에서 인간의 행위만이 우리에게 중요한 까닭은 — 그 이유를 설명하는 것은 별로 유용하지 않지만 — 그 행동들만이 유일하게 지구의 역사에 편입되기 때문이다. 하지만 발생된 변화를 *객체화한* 행동으로 부르게 될 경우 이를 통해 드러나는 사실은 일정 수준의 현실에서 가공된 대상이 갖는 — 순간 속에서 포착되고 수축한 — 수동적 통일성이 "*인격화한*" 행동의 통일성 그 자체라는 것이다.

우리가 도구를 행위 주체와 타성태적 사물 사이에 이루어지는 물질화된(비유기적) 매개로 고려할 때 이와 같은 사실은 더욱 분명해진다. 실제로 도구는 그 자신의 타성태 속에서 그리고 자신의 구조(수동적으로 지탱되는)에 의해 노동자가 그것을 이용하는 방식을 가리킨다. 행위는 이 순간화된 형태하에 각인된 비유기적 물질성이다. 도구의 존재를 통해 우리는 다양한 것에 하나의 통일성을 부여하는 행동(그 형태가 어떤 것이든 간에)이 그 자체로 통합되어야 할 다양성에 의해 (통일성 속에서) 파편화되었다는 사실을 알 수 있다. 다양한 물질의 특징을 그 기원으로 하는 다양한 *임무가* 존재한다. 총체화 작용은 통합으로써 시간화하지만 외면성을 시간 자체 내에 정착시킨다. 총체화 작용은 우선 특정 장애물을 (그 자체로 분리된 혹은 분리될 수 있는 운동을 통해) 축소시키고, 특정한 난점을(예비적 활동들을) 해결한다. 이때 특정한 조치(예컨대 정화와 같은)를 통해 물질에 접근해야 할 (대상으로부터 유래하는) 필요성은 각각의 행동이 갖는 외면성으로 (시간화하는 운동의 내면성 속에서) 드러난다. 다음의 사실들을 잘 이해해야 한다. 예를 들어 석유 정제를 목표로 하는 어떤 활동이 있다고 할 때 기술과 생산 수단 등의 일정한 수준에서 볼 때 *이런저런 작용들이 활동의 범주 속에서 필수 불가결하다는* 사실이 그것이다. *심지어 하나의 정치적 행위*(혼란에 휩싸인 베네수엘라를 떠나 더욱 평온한 퀴라소섬에 정제 시설을 옮기는 행위)가 거대 자본주의 기업인 셸의 입장에서는 필수 불가결한 행위일 수도 있다. 그렇다고 해도 부분적인 행동들이 전체적 행동 속에서 *종착역에 이를 수 있는 것은* 사실이다. 또한 — 예를 들어 퀴라소섬에 석유 도시를 세우는 일과 기계들을 작동시키는 일 사이의 시차가 최소한으로 좁혀져야 할지라도 종종 발생하듯 건물들을 짓고, 첫 번째 정제 작업을 시행하기 위해 이 건물들을 이용하는 작업이 서로 겹쳐야 함에도 불구하고 — 전체 행동의 특정 부분이 제거되고 (종착점에 이르기 위해) 또 다른 특정 *부분이* 시작되는 순간이 사실상 *이중의 부정*이라는 점 역시 사실이다. 이 순간 속에서는 출발점이 종착점을 부정하고 거부한다. *이전 상황*으로서의 지나간 행동의 결과는 대상의 타성태와 지양된 과거의 존재에 참여하게 된다.

분업이라는 역사적 사실과 그 일시적인 결과(자동화 이전의 결과), 즉 *기계들 사이의 분화가* 되어 버린 인간들 사이의 분업이 바로 위와 같은 사실을 잘 보여 준다. 여기에서 중요한 것은 행위가 갖는 근본적인 특성이다. 이 행위는(기술에 따라) 다수의 개인에 의해 완수된 다수의 임무로 환원할 수 있다. 달리 말하자면 다양한 것의 타성태적 다수성은 그것을 변화시키는 행위를 재규정하면서 이 행위를 통해 행위 주체들의 가능한(모든 상황에서 실제로 필요한) 다수성으로 지칭된다. 물론 이와 같은 새로운 다수성은 하나의 새로운 통합을 보여 준다. *이와 같은 수동적 종합(합금, 화폐 주조 등등)을 실현하기 위해서는 행위 주체들 간에 이런 종합을 일구어 내야 한다.* 목표는 그것이 복수성의 목표이고, 그것의 부정확한 상태가 이와 같은 복수성에 있어서 분산의 이유가 되는 만큼 이 목표는 더욱 분명하게 정의되어야만 한다. 임무들의 준비, 분배, 실행, 통제 및 제약 기구들의 이용 등과 같은 것들은 실천적 통일성이 단순히 자리만 이동했음을 보여 준다. 이와 같은 실천적 통일성은 책임자나 책임 부서로부터 다수에게로 향한다. 아무래도 좋다. 분업의 운동 속에서 통일성과 통제의 종합적 기능은 생산 기능들의 외적 요소로 주어진다. 통일성에 대해서 말하자면 예컨대 공장에서 노동자들을 통일하는 것으로 고려된 통일성은 원자화된 다양성의 수동적 종합에 불과한 경우 주어진 상황 속에서 완벽한 효율성을 발휘할 수 있다. 이 차원에서 — 예컨대 우리가 특정한 자본주의 사회 내에서 특정한 순간 특정한 공장 내에서 특정한 결과를 일정하게 산출해 내는 것으로서의 노동을 고려할 경우 — 인간들이 기계들에 의해 통합되었다는 사실(우리는 앞에서 이 사실을 길게 기술한 바 있다.)을 단언할 수 있다.[210] (*생산 라인은 그 앞에서 노동하는 자들의 통일성을 의미한다.*) 생산 라인에서 일하는 이들의 각각의 작업은 두 유기체 사이의 물질적이고 타성태적인 분리에 의해 그다음 사람의 작업과 차단되어 있다. *한 명의 노동자가 행하는 작업 하나하나는 기*

---

210 1권, 제1서, C, 546쪽 이하 참고.(편집자 주)

계의 작동(생산 라인에서 계속되는 기계의 움직임)에 의해 이 기계와 동일 선상에 있는 또 다른 작업과 연결되어 있다. 그러나 하나의 부분적인 기계가 담당해야 할 작업과 한 개인에게 부여된 행동 사이에 동일성이 있다는 것은 *실천* 그 자체가 근본적으로 타성태에 대해 타성태적으로 통제된 행동이다. 달리 말하자면 욕구에 의해 (따라서 유기체에 의해) 그리고 의미, 방향성, 통합으로 정립된 목표를 토대로 정의된 내면적 장에서 타성태가 그 자체에 대해 작용하는 것이다. 결국 전문화된 기계가 인간의 전문화(자격으로서의)를 대체하게 된다. 그리고 기술적 완숙도의 최종 단계에서 인간의 노동은 자동화와 "인공두뇌," 사이버네틱스 기술에 의해 이루어지는 *생산 과정*의 통제와 더불어 기계를 만들어 내는 것이다. 하지만 생산 활동 전체를 담당하는 것은 기계 자체다. (최소 인원으로 구성된 감시단을 통해) 이와 같은 변화의 근본적인 가능성은 다음과 같은 의미에서 **역사**의 어떤 순간에서도 (미래의 가능성, 하지만 그 실현은 불확실한 것으로 남아 있거나 혹은 외적 요인들의 작용하에서 중단될 가능성으로) 주어졌던 것이다. 이것은 비록 개인적인 것일지라도 실천 속에서 유기체가 스스로를 통제된 타성태로 규정하면서 *자신의 외부에서*, 그리고 자신의 통일성의 내면성에 의해 *하나의 기계로* 스스로를 구성한다는 점에서 그러하다. 세상에서 가장 기술이 뒤처진 농부가 새로 갈아엎은 땅을 다지기 위해(포도를 압착하기 위해) 자신의 몸무게를 이용할 경우 그는 이미 조작자에 의해 움직여지는 하나의 기계처럼 행동하는 것이다. 땅 위에서 발을 구르거나 양조 통을 발로 밟으면서 그는 물리 화학적 결과(몸무게를 이용한 다지기와 으깨기)를 얻기 위해 자신의 비축된 에너지를 소비하는 것이다. 그리고 그가 온 힘을 기울여 지렛대를 밟을 때 그는 하나의 온전한 기계가 되는 것이다. 에너지의 변환, 지렛대를 누르는 행동, 자기 몸의 기술적 사용을 통한 구체적인 물질들의 위치 상승 등등과 같은 모든 행동은 단 하나의 의미만을 갖는다. 즉 유기체의 "통일성", 이 유기체의 기능들이 미래에 복원될 가능성에 의해 결정되는 방향 속에서 유기체적 타성태를 통해 이루어지는 타성태의 사용이 그 의미다.

행동은 비판적이고 후진적인 연구(행동에 의해 만들어진 행위 주체로서의 로봇에서 출발하여 이루어진)를 통해서 유기체의 비유기적 초월성으로 우리에게 나타난다. 그 까닭은 이 행동이 내재적 통일성을 수동적 종합의 형태하에서 외부적 요소들로 이동시키기 때문이고, 또한 이 행동이 이와 같은 객체화 속에서 스스로를 상실하면서 내면성의 시공간적 장을 타성태적 물질과 인간 사이에 맺어지는 관계들의 환경으로써 정의하기 때문이다. 행위 주체는 직접적으로 유기체와 동일화될 수 없다. 이와 반대로 이 행위 주체는 행동 속에서 타성태의 실천적 외면화로서, 즉 기계적 체계, 하중과 평형추의 총체, 에너지의 원천(몇몇 물질들의 연소를 통해 이루어지는)으로 나타난다. 그리고 이 행위 주체가 행하는 모든 작업(행위 주체가 스스로에게 가하는 고유한 변화들을 통해 물질에 가해지는 모든 조치)은 *원칙적으로* 하나의 기계에 의해 재생산될 수 있다.(이는 고려된 순간이 아니라 할지라도 적어도 근본적인 가능성으로서 그러하다.) 게다가 오늘날에 이르러서는 물리 화학적 과정이 단기간에 그 이전에 존재했던 것과 완벽한 등가가 되거나 혹은 그렇게 될 수 있는 어떤 행동도 존재하지 않는다. *그뿐 아니라* 특정 도구들의 *개량은 타성태적 물질들의 매개를 통해* 유기체만으로는 행사할 수 없는 통제나 행동을 할 수 있게 해 준다. 결국 인간적 작업의 전체(예컨대 공중 전투)를 현재 있는 그대로의 행동, 즉 실천적 확장의 한 부분에 속한 위치들로 환원시키면서 우리는 인간 실재의 기도(예컨대 적대적 상호성)를 와해시킬 수 있을 뿐 아니라 한정된 상황들에서 출발하여 기술과 계산을 통해 도구들을 만들어 낼 수 있다. 이 도구들은 자신들의 위치와 다른 물질 체계의 위치에 따라 행위 주체의 행동을 변화시키게 된다. 이렇게 함으로써 움직이고 있는 전체들 속에서(예컨대 "요격기"에서 기관포 사수는 자신의 실수를 자동적으로 조절하고 그 실수의 결과에 따라 조준을 수정하게 된다.) 모든 기계적 관계를 자동적으로 고려하게 된다.

우리의 행동이 갖는 역설은 바로 모든 행동 ─ 대부분의 행동 ─ 이 타성태적 과정의 연속으로 환원될 수 있다는 점이다. 19세기를 특징짓는 스캔들 ─ 전문화된 기계들로 인해 20세기에 들어 더욱 증대된 ─ 은 노동자의 자격 상실을 통해 발생하는 모든 인간 활동에서의 훨씬 더 광범위한 자격 상실에 다름 아니다. 즉 누구의 실천이라도 기본적인 몇몇 행동 ─ 이 행동들 각각은 하나의 실천적 유기체나 하나의 비유기적 체계에 의해 무차별적으로 실현될 수 있다 ─ 로 분해할 수 있는 지속적인 가능성에 대한 발견이 그것이다.

3. 고안으로서의 통일성

하지만 만약 우리가 이 차원에 계속 머물러야 한다면, 혹은 만약 우리가 인간의 행동을 행동주의자들의 방식으로 분해하거나 하나의 인간 행위 속에서 단순 반사 혹은 조건 반사적인 행위들의 단순한 집합만을 (외면적 관계를 통해) 보게 된다면 이때 우리는 실천의 부정적 측면만을 보게 될 뿐이다. 물론 이와 같은 양상은 가장 중요한 ─ 변증법이 문제가 되면 항상 그러하듯 ─ 것이다. 왜냐하면 물질성, 적대성, 특수성(그리고 이런 것들을 통해 이루어지는 모순에 대한 실천적 자각으로서의 자유)을 동시에 보여 주기 때문이다. 하지만 정확히 이 양상은 *부정적 한정이기* 때문에 비판적 연구는 *이 양상이 부정하는 것과의 관계* 속에서 이 양상을 포착해야 할 것이다. 그런데 유기체는 비유기체에서부터 그 자체 내에서 생명을 재생산할 수도 없고 또한 수동적 종합들의 지양으로서 외부에서 생명을 창조해 낼 수도 없다는 점에서, 그리고 모든 생명은 그 자체로 비생명의 통합이자 지양이라는 점에서(생명이 그 자체 내에서 유기적 종합을 실현했기 때문만이 아니라 외면성과의 관계 속에서 *하나의 외적 체계이기도 하기 때문에*) 행동은 유기체에 의해 이루어지는 유기체에 대한 부정으로 나타난다. 이것은 유기체가 외부에서 공격당하고 스스로를 외면화시키면서 자신을 규정하는 기능적 내면성을 재발견하고자 하기 때문이다. 이처럼 내면성의 복원을 향해 이루어지는 최초 상황에 대한 지양이 이 과정들의 통일성을 시간화의 내적 의미로 *고안해 낸다는* 점에서 볼 때 행동은 타성태적 과정의 첫 번째 단계 작업이 된다. 이런 점에서 보면 통일성이 하나의 행동을 구성하는 여러 계기의 외관적 불가해성 속에서 나타난다는 것은(권투 선수가 위험을 느낄 때 링 위에서 이루어지는 속임 동작 혹은 피하는 동작을 보면서 느낄 수 있듯이) 그리 중요하지 않다. 혹은 이 통일성이 분석적 분해 이후에 이루어지는 재조합 속에 있는지 여부도 그리 중요하지 않다. 종합적 통일로서의 고안 —— 어떤 차원에서 이루어지건 간에 —— 은 반드시 *미래에서의* 요구와 같은 생생한 종합의 투사인 것이다. 하나의 도구, 하나의 기계, 하나의 행동을 만들어 내는 통합은 외적 분산의 세계로의 통합에 대한 요구와 같은 삶의 침투인 것이다. 하지만 이와 동시에 통합되는 *것*(적어도 생명의 종합이 실현되지 않는 한)은 필연적으로 하나의 타성태적 과정의 전체이며, 타성태적이고 공간적인 집합으로서의 이 전체의 시간화하는 통일성은 실천적 투기의 지지 없이는 생각조차 할 수 없다. 행위 주체는 자신의 기도들을 *실행하는 자*로써 비유기적 상태로 다시 떨어지게 된다. 그는 생물학적 통합성을 (순환적으로 체험하기보다는) 하나의 목표로 *설정하면서* 이와 같은 *살아 있는* 통합성에서 출발해서 하나의 절대적인 범주, 그 기원이 타성태나 생명이 아니라 이 두 가지 지위의 유동적인 관계에 있는 범주를 만들어 내면서 유기체 *너머로* 자기 자신을 투기한다. 이 유동적 관계들에는 수동적 종합, 타성태에 의해 이루어지는 유기체의 화석화 그리고 있는 그대로의 타성태를 (그것을 변화시키지는 않은 채) 유기체적 통일성에 종속시키는 것 등이 포함된다. 이와 같은 실천적 범주, 정확히 말해 모든 객관성에 대한 종합적 도식은 한편으로 *거리*와 *후퇴*의(혹은 원초적으로 후퇴의 가능성의) 산물이며, 그 기원은 이중의 부정(유기체 내에서 자기 자신에 대해 거리를 둘 수 없다는 사실, 가공된 물질이 유기적 존재가 될 수 없다는 사실)이다. 또한 다른 한편으로는 이 후퇴를 토대로 이루어지는 다양성에 대한 첫 번째 조명과 실천적 고안의 틀 그 자체다.(비유기체의 목적의 유기체적 토대로서의 통일성은 추구된 목적에서 출발해서 실천적 장의 내부 곳곳에서 수동적이고 일시적인 종합들을 실현한다. 이 종합들은 시간이 전개됨에 따라 제거되기도 하고, 같은 유형의 여전히 일시적인 또 다른 종합들을 위해 제거되기도 하며, 양, 다수성의 통일체, 원격으로 포착되는 군중의 통일체 등과 같은 최초의 재군집화를 보여 주기도 한다. 바로 이것이 지각 그 자체다.)

실제로 인식(connaissance)과 고안(invention) 사이에는 근본적인 차이가 없다. 우리가 방금 기술한 것과 같은 인식은 실현해야 할 하나의 목적으로부터 출발해서 이루어진 실천적 장의 다양성으로서의 타성태의 통합이다. 하지만 이와 같은 통일성이 곧 고안이다. 그 까닭은 우선 이 통일성이 인간 실천에 의해 다양성으로 향하기 때문이다.

이와 같은 인간적 실천 이전에 다양성은 다수적이지도 통합적이지도 않았다. 왜냐하면 이 두 개의 실천적 개념들이 외면성의 내면성 속에서 하나의 자격으로부터 유래했기 때문이다. 이와 같은 사실로 인해 예컨대 지각한다는 것은 곧 실천의 동시성 속에서 물질적 복수성의 *가능한 일련의 종합들*을 생산해 내는 것이다. 그리고 이 유동적 통일성은 신체, 즉 종합적 실현들의 초안의 운동에 따라 서로 보완하고 대립되고 상호 침투한다. 대립된 혹은 상호 침투하는 통합들의 유동적 통일로서의 지각이 갖는 고유한 특징은 드러난 장이 다양한 방향들에 따라, 그리고 다양한 해석의 가능성들에 따라 결정되었다는 점에서 찾아볼 수 있다. 하지만 이런 해석들은 항상 하나의 실천에 대한 밑그림을 보여 준다. 그렇기 때문에 지평을 가리는 산들은 나의 눈동자의 움직임 속에서, 그리고 그것에 의해 드러나게 된다. 하지만 이런 신체의 움직임을 칸트가 말했듯이 수학자가 *선분을 고안해 내는* 움직임과 혼동해서는 안 된다. 그 이유는 우선 광물의 불투명하고 실체적인 통일성이 이 운동에 앞서 주어지며, 그것도 실천적 장 속에서 그리고 장의 통일성에 기반해서 덩어리가 되어 종합적인 현존으로 주어지기 때문이다. 달리 말해 실천적 장 속에서 분산이 유기체와 맺는 관계는 장 속에서 지속적인 와해를 겪는 준통일성들의 블록의 형태로 나타나는 분산의 원초적 모습과 같은 것이다.[211] 그 결과 종합적 작용

---

211 물론 준통일성은 근본적 드러냄이다. 그 까닭은 한편으로는 총체화하는 통합 작용이 준통일성이 나타나는 내재성의 장을 구성하기 때문이고, 다른 한편으로는 이와 같은 불분명함이 분명한 종합, **일자**의 실현에 앞서는 동시에 분산의 표지로서 양의 드러남을 가능하게 하는 부분들의 *통일체*들의 종합들에도 앞서기 때문이다. 실제로 양적 다수성은 — 분할 가능성이 불가분한 요소들의 통합에 의해 제약되는 것처럼 — 분할 가능성으로 통일성을 제한하는 실천적 작용 그리고 합계(덧셈과 나눗셈)의 형태로 자신의 시간성의 종합적 규칙을 제공하는 실천적 작용의 결과다. 하지만 다수성은 — 해체된 것으로서의 다양한 것의 통일체, 그리고 미분 불가능한 것(다소간 상대적으로나 절대적으로나)으로서의 그 요소들의 통합으로서 — 분산에 있

은 비본질적인 것으로 남게 된다. 이 작용은 서로 다른 요소들을 진짜로 엮는 것도 아니고, 이 상이한 요소들로부터 유래하는 준통일성들을 실현하지도 않는다. 이와 반대로 이 작용은 이 요소들 안에서 완전히 용해된다. 실제로 눈동자의 움직임은 *그 자체*로 실현된 실천이 그러하다는 의미에서 구성적이지도 통일적이도 못하다. 그것은 시간적 방향성을 도식적으로 실현하는 하나의 진정한 실천의 가능성과 관계된다. 우리가 고찰하고 있는 경우에서 보면 이것은 산의 경사를 오르내리는 실천인 것이다. 여기에서 문제가 되는 것은 가장 단순한 실천의 기능 속에서 나타나는 사고와 기호의 초보적인 형태다. 우리는 일반적으로 밀도 높게 출현하는 블록의 *의미*를 이 블록을 장의 다

어서 하나의 특권적 지위를 구성한다. 즉 다수성은 이 지위를 *하나의 질서*(다수성과 **일자**의 관계)로 부과한다. 플라톤은 이와 같은 사실을 잘 이해하고 있었다. 그에게서는 이미 가공된 물질성이 중요한 요소로 등장하고 있기 때문이다. 가공이라는 요소를 제하게 되면 부분에 고유한 통일성이 사라지게 되고, 이 통일성과 더불어 문제가 되는 전체의 분할 가능성도 사라지게 된다. 만약 *부분들이* 환영이라면 전체는 *부분을 없이* 존재하는 것이다. 그 결과 부분들이 없는 이 전체의 외면성은 준통일성으로 나타난다. 물론 이 준통일성은 *실천적 장의 통일성* 속에서 하나의 유기체와 외면적 블록들 사이의 *실제적이고 전(前) 양적인* 관계로 드러난다. 이른바 가공은 이와 같은 형태——가장 기초적인 형태——하에서는 타성태적 물질을 전혀 변화시키지 못한다. 하지만 이미 블록들의 타성태적 응집력은 장의 내면성 속에서 이루어지는 이 블록들의 밀도 높은 출현의 포착인 것이다. **자연**은 이미 우리의 무지가 그러하듯 외부에 존재한다. 절벽은 이 절벽이 맺고 있는 상호적 내재성의 관계 속에서 볼 때 이미 *문화*인 것이다. 조금 더 정확히 말하자면 *문화에 의해 조명된* 것이다. 실제로 외면성의 즉자 존재 속에서 광물성에 의해 형성되는 밀도 높은 푸딩의 준통일성은 복합적인 통일성과 다수의 통일체 사이의 복잡한 관계로서의 양, 그리고 분산된 존재의 실질적인 분말 상태(**존재**의 특정한 구조들에 따라)와 밀접하게 연결되어 있다. 하지만 그렇다고 해서 이 준통일성이 기술들에 의해 항상 가능한 동시에 항상 제약되어 있는 하나의 특정한 인간적 조작만을 가리키는 분할 *가능성*과 연결된 것은 아니다. 분산과 불투명성이 그런 것처럼 **존재**의 또 다른 지위에 관계되는 특질들도 상호 침투하고 있는 것이다. 실천적 작용은 분리된 영역들을 찾고, 그것들에 따라 작용 관점들을 선택한다. 이런 의미에서 볼 때 타성태적 불투명성이 갖는 준통일적 블록은——실천적 유기체를 위해 그리고 존재론적 불명확함 속에서 이 블록이 드러내는 모든 조작 가능성에 의해——그 자신의 외면적 존재론적 지위와 가장 가까운 비유기적 물질(장의 내부, 장의 주변, 유기체 속에서 나타나는)이 갖는 실천적 지위다.(원주)

른 요소들과 통일시키는 행동들을 통해 정의한다. 하지만 유기적 기능들의 연대성을 통해 이 행동들은 (외면성의 비유기적 행동들과 종합적으로 연관되어 있는 전체로서) 유기적 총체성의 어떤 부분에 의해 그리고 그 안에서 어떤 방법으로도 이루어질 수 있다. 만약 눈이 아래에서 위로 산의 능선을 따라가는 경우 이 눈을 통해 등정을 실현하는 것은 신체 전체인 것이다. 눈이 위에서 아래로 움직이게 되면 몸 전체 또한 하강하는 것이다. 이때 문제가 되는 것은 하나의 상징이 아니라 최소의 비용으로 하나의 행동을 실현하는 것이다. 만약 훗날 실제로 등정이 시도된다면 우리는 여기에서 (첫 번째 시도가 아닌) *하나의 재개*를 보아야 한다. 그리고 이와 같은 재개는 각자의 경험에 일치한다. 실질적인 기도(몸 전체를 움직이는)는 *항상 동일한 기도*와 자기 자신이 맺는 관계들(더구나 이 관계는 다양할 뿐만 아니라 종종 가장 심각한 모순들에 기초하고 있다.) 속에서 나타난다. 이것은 몸이 이 기도를 여러 다른 상황들에서 최소의 비용을 들여 실현한다는 점에서 그러하다.

유기체와 의미 작용들 사이에 맺어지는 관계로서의 *사유*가 자기 자신의 고유한 빛이 되는 행동으로 정의되는 것은 분명 이 차원에서다. 눈으로 하는 등정 운동은 그 자체로는 하나의 사유가 *되지 못한다*. 이 운동은 하나의 불가능한 행위의 *대체물*로 만들어지는 것이 아니다. 이 운동은 여러 상황에 의해 강제되고, *가장 단순한 표현으로* 축소된 행위 그 자체인 것이다. 이 운동은 실제적이며, 산과 여행자(혹은 도망자) 사이에 맺어지는 *객관적* 관계와 같은 **존재**에 대한 객관적인 결정 작용을 만들어 낸다. 그러나 동일한 순간에 기능적 통일성을 통해 이와 같은 도식적 행위는 이 기도를 실현하는 특정한 방식, 즉 다른 모든 기도에 비해 전체적인 동시에 추상적인 방식으로 결정된다. 이처럼 이 도식적 행위는 그것이 이루어 내는 통합 작용 속에서 그리고 그것에 의해 이 행위를 실현하는 다른 모든 방식 — 그 행위 속에서 이루어지고 이 행위에 의해 대상 속에 자신의 운명(받아들여야 하거나 아니면 거부해야 할)으로 각인되는 방식들 — 을 가리킨다. 사유는 여기에서 눈으로 산의 경사를 따라가는 실질적인 행동, 즉 이 행위를 통해 이루어지는 이 산의 존재 속에서 그 자체를 오르막의 형태로 구성하는 행위와 유기체가 온몸으로 행하는 구체적이고 총체화하는 실천으로서의 등정, 즉 이 유기체(눈으로 행동하는 *이 운동의 미래*)의 운명이 되는 등정의 관계로서 나타난다. 모든 운동의 도식적 행위로서의 눈의 등정 운동은 이 눈 속에서 — 이 운동의 단순한 시간화 속에서 — *유기체 총체를 실현하면서* 이 산을 등정해야 할 경사로서 만들어 내고 발견하게 된다. 이때 이 유기체 전체는 *산 위에 자신이 내던져지는 행위*를 통해 이 위협적인 산의 한 블록이 갖는 밀도 높은 외면성을 드러내고, 또한 산에서 자기 자신의 사실적 우연성, 즉 정상에 올라야 하는 필수 불가결하면서도 위험천만한 기도 속에서 자기 자신의 고독을 다시 발견해야 하는 의무를 드러낸다. 실제적이고 현재적인(그러나 도식적인) 행위를 통해 *이 두 객관적 현실*은 서로를 한편으로는 **존재**의 의미로, 다른 한편으로는 미래의(혹은 단순히 가능한) 행동의 방향으로 발견한다. 현재의 행위(눈의 운동)라는 실제적 고안은 장 속에서 하나의 실천적 고안을 통해 나타난다. 즉 총체적 실천에 의한 물질과 물질에 의한 이 실천의 이중의 상호 결정 작용에 의해 표현되는 것이다. 즉 눈의 운동을 통해 산은 물질의 *상승*으로 나타난다.(이것이 바로 오사산 위에 펠리온산을 쌓은 거인족 신화[212]의 의미다.) 그 까닭은 이와 같은 등정이 유기체의 미래 운동을 통해 이루어질 객관

---

212 거인족이 천궁을 차지할 욕심으로 오사산 위에 펠리온산을 겹쳐 쌓았으나 제우스가 벼락을 날려 오사산으로부터 펠리온산을 분리했으며, 이때 거인족이 펠리온 아래 깔려 죽었다는 신화.

적인 요구 — *시선이 미치는 곳까지 갔다가* 어쩌면 내일 눈 속에서 길을 잃게 될 나 자신으로부터 생겨나는 요구 — 로서 나타나기 때문이다. 내가 운명(시련을 넘어선 나의 모습을 예측하기 위해 나 자신으로부터 실천적 유기체라는 성격을 앗아 가는 것)이라고 생각하는 것은 바로 이와 같은 미래의 행동이다. 이것은 노력의 의미, 실천의 방향 등등이 산들이 갖는 *일반적인 구조*에 의해 정의된다는 점에서 그러하다. 하지만 이와 같은 이중의 결정 작용은 이 두 항들 사이의 관계로서, 그리고 그 각각의 항들 속에서 통합된다. 그 까닭은 지각적 해석 작용이 타성태적 물질성 속에서 만들어 내야 할(드러내야 할) 통일성을 고안해 냄으로써 자신의 고유한 실천적 의미를 만들어 내기 때문이다.

그럼에도 불구하고 드러내면서 통합하는 지양 운동의 고안이 반드시 긴급한 위험과 즉각적인 요구의 압력하에서 이루어지지는 않는다는 점을 지적해야 할 것이다. 산의 "경사도"를 알기 위해 내일 당장 그 산의 비탈을 올라갈 필요는 결코 없는 것이다. 이 경우 실천적 관계는 여전히 잘 규정되지 않은 가능성, 전통, 그리고 인간과 이 산 — 여러 봉우리와 여러 계곡이 있는 — 사이의 관계를 완전히 결정하지 않으면서도 자세히 규정해야 하는 필요성에 따라 하나의 상황 속에서 만들어지게 된다. 여기에 대해 다음과 같은 점들을 말할 수 있다.

(1) 물질적 의미가 갖는 통일성은 행위의 긴급성과 마찬가지로 와해되는 경향이 있다. 내가 내일 *이 고개를 건너서 망명을 가야 한다*면 산이 갖는 끔찍한 부정적 통일성을 나에게 보여 주는 것은 바로 내가 내일 겪게 될 나의 고통, 피곤함, 위험이다. 이 불투명한 블록을 *가공된 물질*로 변화시키기 위해서는 이 산을 오르고 고개를 넘는 것으로 충분하다. 또한 나에게 이 산이 갖는 긍정적 통일성을 보여 주는

것 역시 마지막 성공일 수 있다. 결국 산에는 수많은 길이 있으며, 산 자체가 하나의 길인 것이다. 하지만 모든 방식으로 문제가 되는 모든 유기체를 *그것의 사실성* 속에서 작동시키면서 내가 이런 시도를 실현하려고 하지 않는다면 내가 오늘 이 산을 바라보는 행위는 가능한 하나의 해석(어쩌면 다른 사람들에 의해서도 행해질 수 있는)의 지표에 불과할 것이다. 이처럼 이 해석은 우리 앞에 솟아 있는 거대한 대상들을 포착하기 위한 하나의 *실천적 방향*을 지시하는 것과 동시에 목표 속에서 사라지기도 한다.

(2) 다른 한편 이런 점에서 보면 *하산*은 동일한 방식으로 파악된 하나의 가능성이자 이 해석의 반대 방향과 일치하는 가능성이기도 하다. 논리적으로 보아 내려가기 위해서 올라가야 한다는 것은 중요하지 않다. 오래전부터 주민들이 거주하고 정상에 머무르거나 내려올 수밖에 없는 산속의 마을이나 기상 관측소 등등이 있다는 점을 제외하더라도 — 이와 같은 사실로 인해 이 두 가지 반대되는 행동들은 서로에 대해 완전히 외면적인 행동이 되는 성향이 있다 — 다음과 같은 사실, 즉 유기체로부터 어떤 구체적 행위도 요구되지 않기 때문에 현실로부터도 그 어떤 우선권이 부여되지 않는다는 것은 여전히 사실이다. 실제로 내가 존재를 지각적 기도를 통해 포착하는 데 그친다면 나는 단번에 산의 꼭대기에 있다가 내려오거나 골짜기를 떠날 수도 있으며 또다시 올라갈 수도 있다. 사실상 눈으로 산을 감상하는 모든 사람은 누구나 이 두 가지 행위를 차례로 행하며, 이 두 행위를 통해 대립하는 두 가지 기도를 발견함과 동시에 다시 이 기도를 통해 물질적 블록의 두 가지 모순적 통일성을 만들어 내게 된다. *이와 동시에 물질은 하늘을 향해 도도하게 서 있고*(이 물질은 한 명의 사람처럼 서 있다.) 이 물질은 또한 끊임없이 지속적으로 무너진다. 바로

눈사태가 일어나기 바로 직전의 상태와 같다. 우리의 눈동자의 움직임이 아무런 규칙 없이 되는대로(적어도 대상과의 관계하에서 결정된 규칙 없이) 이루어진다는 점에서 볼 때 이 두 가지 방향은 서로 교차한다. 하나는 유기체적이고 내적인 형태에 속하는 방향이고, 다른 하나는 비유기체적이고 외적 분산의 형태를 띠는 방향인 것이다. 이 두 방향의 종합(그리고 여기에 연결된 수많은 다른 의미들)을 통해 우리는 모든 유기체와 마찬가지로 모든 조직화된 집단에게 있어서 실천적 장이 어떻게 다양성으로 이루어지는 가능한 통일체들의 수많은 상호 침투인지를 이해할 수 있어야만 한다. 다양하고 가능한 행동들이 이와 같은 통합 작용을 필요로 하고 또 발견한다는 점에서 볼 때(그리고 현실적인 기도에 의해 배제되기 때문에 사라진다는 점에서 볼 때) 전체는 항상 전체에 통합된 것으로 나타난다. 진행 중인 실천의 근간과 요구와 같은 안정된 형태들은 서로 분리되며, 또한 장의 통일성을 통해 "게슈탈트적" 법칙들의 이름으로 우리가 실체화해서 이해하기를 원했던 내재적 관계들(내용과 형태, 전체와 부분 등등)을 결정하는 것은 바로 이와 같은 *실천*이다. 이와 동시에 다른 시도들의 계획을 가능케 하고 ─ 겨우 시작되거나 곧바로 포기되는 ─ 허용된 시도들을 부정적으로 규정하면서 현재 진행 중인 통합 작용 내에서(그리고 실천적 장의 내재성 속에서) 부분적 통일성들의 고립과 상호 침투를 가능하게 해 주는 것은 이 실천의 미결정 상태들과 정지다.

실천의 내부에서 인식과 고안을 일치시키는 또 다른 근본적인 특징은 다음과 같다. 즉 비유기적 물질들의 타성태적 종합에 의해 발생한 목적의 유기적 통일성은 실천적 장의 내면성 속에서 이처럼 통합된 다양성의 존재론적 지위를 부여한다는 사실이 그것이다. 이 지위는 통일성에 의해서만 실현될 수 있으며 ─ 정확히 말해 처음부터 타

성태적 물질의 지위도 생명의 지위도 아니기 때문에 ── 내면성과 *외*
면성 속에서, 즉 세계 속(목적론[213]적 결정 작용에 속하는 절대적 존재를 상
기하자.)에서 자신의 실재를 새로움 속에서 끌어내고, 자신의 새로움
을 실재 속에서 끌어내는 실질적이고도 새로운 하나의 결정 작용으
로 솟아난다. 누가 과연 이와 같은 수동적 종합들의 새로움 ── 이 종
합들이 유기체와 비유기체 그리고 매개로서의 행위를 반영한다는 점
에서 ── 을 부정할 수 있을 것인가? "수동적 종합"이라고 하는 이 단
어들의 결합 속에서 우리는 하나의 내적 운동을 예측할 수 있다. 즉
종합은 타성태적으로 이루어지며, 따라서 그 자신의 유기체적 의미
와 내용을 상실하게 된다는 것이다. 그 결과 타성태는 통일성이 되고,
현실적으로 물질의 결합에 대한 비개연적이고 체계적인 질서로 나타
나게 된다. 비(非)생명에 의한 생명의 희화이자 타성태의 자연성으로
부터의 벗어남과 같은 대상은 자신의 지위를 통해 모든 관념론적 환
원으로부터 벗어나게 된다. 왜냐하면 이 대상은 *정확히 어떤 것으로*
도 ── 기관으로도 순수한 분산으로도 ── *환원될 수 없기* 때문이다.
그리고 이 비환원성은 그 자체로 앞에서 설명했던 즉자 존재를 구성
한다. 이처럼 실천적 장의 내부에서 발생하는 모든 통일성은 이미 장
그 자체(혹은 욕구에 의해 부정적으로 정의되어 있고, 환경에 대해 이 부정의
통일성을 부여하기 위해 스스로 빛을 발하는 유기체)인 *새로운 생산*에 의해
서 결정되어 있다. 하지만 또한 이 모든 통일성은 그 자신의 가장 구체
적인 결정 작용 속에서 이루어지기도 한다. 왜냐하면 실천은 객관적
요구들의 지배(타성태적 부정을 통해 이루어지는 욕구에 대한 수동적 해석
의 지배)하에서 구분되지 않은 채 세분화되고 증가하기 때문이다. 이

213 539쪽 이하 참고.(편집자 주)

런 점에서 보면 모든 대상은 생산물(노동에 의한)인 동시에 (자기 자신의 존재에 의해 노동으로부터 벗어나고, 따라서 이 대상 내부에 자리 잡은 유기적 통일성에 대해 비유기적 존재를 부여한다는 점에서) 현실이기도 하다. 그러데 실천의 각 계기는 이전의 상황들을 넘어선다. 이것은 이 계기를 통해 이 비유기적 존재들의 유기체적 통일성이 확보된다는 *점에서 그러하다.* 즉 이 계기를 통해 이전의 노동이 하나의 표시로서 옮겨 놓은 통일성이 재발견된다는 점에서, 그리고 이와 같은 재발견이 하나의 목적을 향한 시간화의 새로운 운동 속에서 이루어진다는 점에서, 다시 말해 이 계기를 통해 과거의 통일성들에 대한 인정을 기반으로 하는 새로운 통일성이 발생한다는 점에서 그러하다.

있는 그대로의 실재(범주들과 원칙들을 통해 드러나는 대로가 아니라)를 발견한다는 점에서 보면 이와 같은 작용은 인식이다. 또한 통일성의 복합적 범주(유기체와 비유기체로서, 그리고 행위 주체에 의한 매개로서)가 그 절대적 의미에서 *행위*의 범주에 속한다는 점에서 이 범주가 하나의 *절대적 생산*(혹은 창조)의 방향, 즉 행위와 경험에 부과되는 이 존재들(수동적 종합들)의 출현 —— 내재성 속에서 이뤄지는 환원불가능하고 넘치며 지양하는 —— 을 결정짓는다는 점에서 보면 이 작용은 고안이다. 인식하는 것은 창조하는 것이다. 왜냐하면 인식이란 통일성의 실천적 범주에 기반하여 **존재**를 결정짓는 행위이기 때문이다. 실제로 인간적 경험의 통일성은 장에 속하는 다수성들의 실천적 통합 작용이다. 역으로 창조하는 것은 또한 인식하는 것이다. 왜냐하면 그것은 타성태적 종합을 통해 생물학적 개인으로서의 인간에게 완전히 낯선 존재들을 생산하기 때문이다. 실천적 내면성의 재외면화로서 이 인간이 발하는 요구들은 "진행 중인" 통합 작용, 즉 제조 중인 종합적이고 타성태적인 또 다른 존재로부터 출발해서 이해되어야 한다.(다

시 말해 이 요구들의 부정에 의해 혹은 이 요구들을 충족하면서 제거하는 실천적 초월 속에서 *결정되어야 한다*.) **인식 행위**의 법칙들이 갖는 필연성은 **존재**의 법칙들이 갖는 필연성과 같다. 그 까닭은 이 법칙들이 행위 주체의 자유로운 실천에 의해, 그리고 이 행동의 시간화를 통해 창조된 장 속에서 나타나기 때문이다. 하지만 이와 동시에 이 법칙들은 **행위**의 법칙들과 동일시된다. 왜냐하면 실천은 정확히 유기체로서의 행위 주체가 과거와 미래의 통일성으로부터 출발해 실현시킨 통합 작용이기 때문이며, 특히 물질성이 갖는 인식 가능한 구조들과 과정들이 다양한 것을 실천적 장 속으로 통합시키는 행위와 세부적인 것들의 특수화를 통해 맺는 *응축되고 현동화된* 관계들이기 때문이다.

과학적 발견들의 전체가 당대의 기술들과 도구들에 상당히 밀접하게 관련되어 있다는 점을 고려해서 우리는 당시에 성립되었던 인식의 체계들을 고려해야만 한다. 인간들이 세계와 맺는 관계, 그리고 이 인간들이 기술 발명의 매개를 통해(즉 도구의 사용으로부터 발생한 기술이 아니라 이 도구들의 발명을 가능하게 하는 기술들을 통해) 맺는 관계들에 대해 기술적이고 인간학적인 표현으로 말하자면 이 관계들은 지식과 기술들에 *상관적인 것*으로서가 아닌 **세계**의 *실재-존재*로서, ─ 하지만 이와는 반대로 **역사**에 의해 이루어지는 하나의 절대적 현실의 통합으로서 ─ 그리고 이와 같은 실재-존재가 그 통합을 실현하는 행위 주체들을 통해 동시대인들과 후세들을 위해 만들어 내는 **역사**를 통해 절대적 현실로 표현되는 것으로써 구성된다. **아메리카** 대륙의 발견은 이 대륙에 대한 초기의 환상이 어떠한 것이었든지 간에 하나의 대륙의 발견으로써 시간화한다.(즉 탐험, 정복, 자원의 개발 등등과 같은 통시적 과정으로써 그러하다.) 그리고 이 거대한 대륙은 그 자체로 **지구**상에 중세적 환상으로 남은 모든 것을 타파하고 없애 버렸다. 즉 이와 같이 시기가 만료된 의미 작용들을 비존재로 분산시키는 것은 바로 이 대륙의 존재 그 자체였다. 하지만 이 대륙의 통일성이 외적 존재의 방향을 구성하는 분열 지대 가운데 하나일지라도 이 지대가 있는 그대로 통일된 한정 작용으로 존재하기 위해서는 유럽에 인간들 — 항해의 위협을 무릅쓴 채 아메리카 대륙으로 향하고 하나의 목표가 갖는 통일성 속에서 자신들의 위험한 여정에 종지부를 찍은 자들 — 이 있어야만 했다. 또한 아메리카 대륙을 에워싸고 있는 외적 한계를 통해 이 대륙 자체가 다소간 "원주민들"을 규정하는 실천적 장으로 내면성 속에서 구성되기 위해서는 아메리카 대륙에도 또 다른 인간들이 있어야만 했다. 실천적 행위 주체들이 땅 위에서만 살고 *물속에서만* 이동해야 한다면 모든 바다를 통해 자유롭게 이동하면서 이 두 아메리카 대륙이 구성하게 될 선회하면서도 폐쇄적인(침투 불가능한) 장애물은 하나의 *부정성*(역행 계수를 가진 생명체에는 부적합한 형태를 띤 물질적 조합)일 수밖에 없다. 아마도 이때 이 대륙들 — **대서양 대륙**과 **태평양 대륙** — 은 이 거대한 대양, 즉 바닷속에서 사는 행위 주체들에게는 모든 역사적 사건이 발생하는 장소가 될 것이다. 그리고 생물학적 조건으로 인해 지리학적 존재*태*가 변화함에 따라 **역사**도 변하게 될 것이다. 왜냐하면 실천적 다수성은 극지방에 있는 협소한 통로를 통해서만 — 적어도 기술을 통해 이 다수성들이 땅 위로 솟아오르고 기어오르고 또 그곳에서 살 수 있게 해 주는 기구를 이용할 수 있을 때까지(물속에서 적을 물리치기 위해 땅을 통과할 수 있을 때까지) — 서로 소통할 수 있고, 또한 서로 싸울 수 있기 때문이다. 하지만 역사의 내면성 속에서 뒤늦게 발견된 이와 같은 실천적 통일성은 항상 물의 통일성과 비교해 볼 때 *부차적인* 것이 될 것이다. 달리 말해 역사의 내면성은 행위 주체들의 실천적 장 내에서 한계선(위협을 물리치게 해 줄 도구들 속에서, 그리고 그것들에 의해 나타나는 생명이 없는 위험한 환경)으로 통합될 것이다. 다른 방식으로 구성되고 다른 기술들을 보유한 또 다른 유기체들에게 있어서 고체 상태, 액체 상태, 기체 상태의 차이는 부차적인 것으로 나타날 위험이 있다. 이 경우에 *대륙*을 건너고자 하는 우리의 노력(그 대륙에 사는 자들의 노력을 통해서)의 정확한 한계가 되는 이 대륙은 다른 군집들이 겪는 것보다 더 약화할 위험이 있다. 하지만 만약 대륙들이 자신들의 역사적 존재를 복잡하고도 순전히 인간적인 하나의 전체를 토대로 포착하는 것이 사실이라면(*즉자적* 변화를 집적되고 형상화된 타성태로부터 받아들인다면) 이 대륙에서 솟아난 땅들을 구성하는 복잡한 인류학적 결정 작용들이 유기체들이 겪는 외면성(*바로 이 외면성*)의 압력하에서 ─ 그리고 이 유기체들의 특수성은 바로 이 외면성으로부터 비롯한다 ─ **지구상**에 사는 분산된 인간들의 내면화로 구성되었고, **신대륙**이라는 구성적 발견을 통해 재외면화하게 될(고대로부터 항해 무역에서, 그리고 그것을 통해 이미 이루어졌던) 것과 동일한 복잡한 결정 작용이라는 것 역시 사실이다. 여기에서 복잡하고 순전히 인간적인 전체들이란 항해 기술, 이 항해 기술을 토대로 이런저런 "민족"을 유리하게끔 하는 상업 지리, 바다의 재통일된 수동성을 통해 나타나는 무역 요구 조건들을 만들어 내는 ─ 각국에서는 계급들 간에, 그리고 국가들 간에는 지도 계급을 대표하는 정부들 간에 발생하는 ─ 인간적 갈등들을 지칭한다. 오늘날 다수의 역사가가 믿고 있듯이 만약 **아메리카 인디언들**이 그 이유를 알 수 없는 이주를 통해 오늘날까지도 *아메리카*라는 명칭으로 지칭되는 땅에 오게 된 **아시아인들**이라면, 그리고 훗날 그들이 발을 내디뎠던 견고한 땅의 붕괴와 같은 지질학적 변동으로 인해 이들이 떠났던 고향과 단절된 것이 사실이라면 이렇게 형성된 *대*

류에 의해 그들 역시 형성되었다고도 말할 수 있을 것이다. 예컨대 마야의 역사에서 볼 수 있는 독특한 고립, 거의 사라져 버린 마야의 역사(적어도 과학의 대상으로서는 남아 있지만 앞에서 언급한 상호성이라는 면에서 볼 때는 그렇게 된), **콜럼버스**의 실패 이후 **에스파냐인들이** 채택한 몰살 정책과 같은 모든 것은 정확히 다음과 같은 사실을 보여 주고 있다. 즉 처음에는 몰랐다가 마침내는 밝혀진 대륙들 사이의 분리가 그 사이 몇몇 사회 집단 사이에서는 운명으로 구성되었고, (여기에서 전개하기에는 너무나도 긴 여러 이유로 인해) 이 대륙의 분리가 이 집단들에 사형 선고를 내렸다는 사실이 그것이다. 게다가 세계를 연결하는 철도와 도로를 부정적으로 구성하고, 또 그렇게 함으로써 그 자체에 반하여 전 지구상의 통합 요소(그 자체의 완전한 전복을 통해)가 될 *식민지화*, 그것도 근대적 식민지화는 — 그 모든 역사적 전개 양상 속에서 볼 때 — 초기에는 필연적으로 각 대륙에서의 토지 분할과 재외면화된 내면화에 기초할 수밖에 없었다.

따라서 환경과 통합적 유기체 사이에 맺어지는 이와 같은 실천적이고 실질적인 관계는 "상대주의"가 우리에게 보여 준 것과 아무런 공통점이 없다. 상호적 조건화 속에서 우리는 환경을 통해 물질적 내용이 만들어지며, 환경 속에 위치한 유기체가 그 자신을 조건 짓는 힘들에 통일성을 부여하는 것을 보게 된다. 이 경우 이 통일성은 이와 같은 힘들 자체가 유기체의 기능적 통일이라는 생물학적 현실로 결정했던 생물학적 구조들과 실천적 요구들을 통해 이루어진다. 준통일성으로서의 대륙은 실천적 유기체들을 그 "본성"과 "역사" 속에서 결정하기에 충분할 만큼 이미 그곳에 자리 잡고 있었던 것이다. 이 대륙은 이 유기체들의 행동을 통해 *하나*의 대륙이라는 실천적-인간적 형태하에서, 자신의 실천적 장 속에서 통합될 것이다. 결국 이와 같은 최종의 통합(기술과 역사적 목표에 따르면 아마도 일시적일 수도 있는)은 존재의 고안이기도 하다. 이는 앞선 세대들이 언어에 대해 행해진 연구 작업을 통해 충분히 드러나 있는 것과 같다. *고안하다*(invenire)라는 말은 창조하다(créer)라는 프랑스어의 어원에 해당한다. 고안자라는 용어 속에도 모호함이 있다. 고안자의 의미는 — 기술들과의 관계 속에서 — 하나의 새로운 과정, 물질에 대한 *새로운* 취급법 등에 초점이 맞추어져 있다. 그리고 이 말은 **분실물 센터**의 창구 위에 걸린 팻말에서 볼 수 있는 것과 같은 "**분실물 습득자**"라는 뜻에서처럼 존재하지만 감추어졌거나 분실되었거나 잊고 있던 하나의 물건을 발견한 자를 의미한다. 이와 마찬가지로 이른바 "덮개"를 제거하면서 그 적나라한 모습을 드러내는 것을 의미하는 *발견하다*(découvrir)라는 말은 창조자의 발명에 일반적으로 적용되는 동사다. 우리가 아는 **위대한 발견** 가운데 화약이나 나침반 같은 것이 여기에 해당된다. 이는 마치 땅속에 감추어져 있다가 누군가에 의해 재발견된 것과 같다고 할 수 있다. 하나의 목표를 위해 사용되는 수단의 통일은 여러 항을 타성태적 종합 속에 통합하면서 나타난 관계들을 드러내는 하나의 실제적 작업인 것이다.

이처럼 유기체가 행하는 가장 원초적인 실천은 인식이다. 실천적 장의 통일성은 대상의 통일이 (노동에 의해) 이루어지는 토대다. 수작업의 차원에서 — 가장 원초적이고 파편적이라 할지라도 — 보면 행동과 인식을 분리하는 것보다 더 부조리한 것은 없을 것이다. 하지만 역으로 가장 추상적인 인식은 행동이다. 즉 리야르가 기술했던 바와 같이 행위 중인 존재의 기하학 형상은 *하나의 생성하는 행동에 의해*, 즉 하나의 규칙에 의해 여러 지점이나 장소의 총체를 통합하는 구성 작용을 통해 이루어지는 수동적 종합 이외의 다른 것이 아니다. 또한 이와 같은 기하학적 형상은 그 수동성 속에서 새로운 결정 작용과 외면성의 비시간적 관계에 대한 선별적 설명으로 남게 된다. 이것은 이 기하학적 형상이 좀 더 복잡한 다른 형상들(수학적 전개)을 문제 삼는 더욱 광범위한 하나의 기도 속에서 하나의 구성 요소로서 그 윤곽을 드러내는 한에서 그러하다. 결코 변증법적으로 고려되지 않은(즉 있는 그대로의) 종합적 통합에 기반한 기하학적 증명은 오직 엄격한 내면적 관계들에만 의존한다. 따라서 우리는 기하학에서조차 통일성이라는 이름으로 인간적 실천과 종합을 무한한 외면적 관계 속으로 용해시키는 항구적인 가능성을 구성하는 필수 불가결한 통합 작용을 재발견하게 된다. 하지만 그것이 *어떤 것이든* 이와 같은 관계들의 무한성으로부터(각각의 형상이 지닌 각각의 지점들은 공간에서의 모든 점과 더불어 무한히 무한한 관계를 이룬다.) 인식이나 실천의 욕구는 한정된 수의 결정 작용을 선별하게 된다. 이처럼 부정적 통일성으로서의 선택은 외면성 자체 내에서는 드러나 있으면서도 가시적이지 않다. 왜냐하면 이 부정적 통일은 형상들의 통일의 *감추어진* 토대 위에서 갑작스럽게 재출현하기 때문이다.

4. 노동과 소외로서의 본질들

이와 같은 지적들은 우선 데카르트주의자들이 제기한 문제(판단의 자유와 본질들의 영원한 존재를 어떻게 화해시킬 것인가)가 가짜 문제라는 것을 이해시키는 것을 목적으로 한다. 사실상 모든 *본질*은 대상들로부터 출발해서 이 본질의 추상적 결정 작용들에 대한 수동적 종합으로 구성된다. 왜냐하면 이와 같은 자질들의 통합은 하나의 실천적이고 *자율적인* 작용을 통해 만들어져야 하기 때문이다.(실제로 통일성은 행위 주체-유기체로부터 비롯되는 것이지 통합된 실재로부터 비롯하는 것이 아니다.) 만약 문제가 되는 대상이 한 명의 인간이나 하나의 구성된 집단이라면 자신의 고유한 통일성을 담지하고 있고 만들어 내는 이 대상이 스스로 유기체나 실천의 통합 속에서 자신의 고유한 결정 작용들을 지탱한다는 것은 자명한 사실이다. 하지만 이 차원에서 보면 이와 같은 종합적 생성은 구체적인 것을 통해 변증법적으로 체험된다. 그것은 타성태적 종합의 영속성과는 어떤 식으로도 비교될 수 없다. 이 경우 본질의 생성은 *이타성*의 관계가 갖는 하나의 특수성이 된다. 즉 *인식하는 자*는 인식된 존재 앞에서 **타자**로 자리 잡게 되는 것이다. 왜냐하면 인식하는 자는 인식된 존재를 **타자**로 구성하기 때문이다. 실천적 경험 속에서 이 **타자**(초월된 초월로서의)는 기본적 행동들의 상호적 외면성을 통해 (*이해된 것*이 아니라 *조사된 것*으로서) 산출된다. 이런 관점에서 보면 *인식하는 자*에게 있어서 이와 같은 다양한 결정 작용들은 타성태로 바뀐다. 그 까닭은 이 결정 작용들은 서로가 서로에 대해 외면적이며, 이 결정 작용들의 유일한 통일성은 행위 주체의 통일성(통합시키는 활동으로서가 아니라 공동의 준거로서 포착된 추상적인 통일성)이기 때문이다. 이와 같은 통일성을 경험적 결정 작용들의 토대로 재산출하면서 *인식하는 자*는 이들의 타성태적 종합을 만들어 낸다. 실제로 인식하는 자가 이 결정 작용들을 분산된 요소들, 즉 정확히 말해 인식하는 자의 고유한 실천을 그 종합적 토대로 삼는 요소들로 통합하는 것은 *그 자신의* 장의 통일성을 토대로 해서(*그 자신의 고유한 유기체가 갖는 유기적 운명으로서의 미래의 통일성을 토대로 해서*)다. 이 경우 예컨대 한 개인의 특별한 본질은 단지 그 자신의 실존의 수동화이자 인식하는 유기체의 통합적 실천을 통해 이루어지는 다양성의 통합과 동시에 일어나는 외면적 존재 속으로의 자기 투기에 다름 아니다. 이와 같은 작용은 언어적 결정 작용들의 생성과 이 작용들의 종합적 통합에 의해 물질적으로 이루어진다. 즉 이와 같은 결정 작용들의 총체를 통해 문장들의 외면성이 기본적 행동들의 외면성을 재생산한다는 점에서 볼 때 실천적 삶의 변증법적 통일성도 아니고, 즉자 존재를 통한 이 삶의 외면적 재포착도 아닌 하나의 대상이 만들어진다. 이와 같은 대상은 그 개인의 *본질*이 된다.(혹은 조금 더 진척된 퇴락의 단계에서는 이 개인의 특징이 된다.) **타자**에게서 나타나는 것과 같은 (인식하는 증인이 이 **타자의** 타자적-목적들을 공유하기를 거부한다는 점에서) 통합적 실천의 대체물로서의 타성태적 종합은 그 자신의 진리의 척도가 되는 실천적 효율성을 갖게 된다. 즉 성공적인 관찰을 토대로 나는 하나의 *존재태* 혹은 하나의 타성태적 체계를 순환적인 반복을 통해 정의할 수 있을 것이다. 예컨대 그가 용감하고 지적이지만 경솔하다고 나는 말할 수 있을 것이다. 그리고 이런 특징들은 나의 행동 속에서, *그리고 이 행동을 통해* 상호적으로 조건 지어지는 하나의 생생한 통일성을 다시 포착하게 된다. 내가 만약 그의 직속상관이라면 나는 그에게 내 삶에 대해서는 말할 수 있지만 내 비밀에 대해서는 털어놓을 수 없을 것이다. 그와의 관계를 특징짓는 경계심이 섞인 신뢰는 여러 특징의 분산적 전개의 재내면화다. 수동적 종합(변증법적 실재에 대한 내 행동의 대치물로서의)이 적절하게 이루어진 경우 내 행동이 실천적 성공을 통해 이 종합의 진리를 발견하게(발견-고안) 될 것이라는 점은 분명하다.

어쨌든 본질은 하나의 *생산물*이다. 즉 그것은 나의 노동의 생산물인 것이다. 이 노동은 필연적으로 내 하급자의 개인적 목적들과 그의 출신, 그의 계획과 그의 실천의 변증법적 전개를 규정짓는 상황들에 대한 이해의 거부를 토대로 이루어진 것이다. 애초에는 공동의 사회적 상황(우리의 노동을 조건 짓는 실천적-타성태만큼이나)을 통해 우리들의 인간적 관계 속에 일정한 사물화가 개입된 것이 사실이다. 이 사물화는 타자의 목적에 대한 거부 속에서 나타나는 상호적 외면성에 다름 아니다. 그것은 그 정도에 따라 다양한 기원들을 가질 수 있다. 사회의 계급으로의 분화와 착취가 기원 중 하나 ― 가장 중요한 ― 가 될 수 있다. 어쨌든 이 사물화는 실천적 인식을 통해 내면화하고 재외면화한다. 즉 이 사물화의 결과로 나타나는 본질의 구축은 무엇보다도 하급자를 하나의 도구로 사용할 수 있는 *실질적인 수단*의 추구가 되는 것이다.(혹은 이와 반대로 상급자를 이용할 수단의 추구가 된다. 예컨대 이 상급자가 아침마다 화를 내고, 금요일마다 사생활 때문에 "아주 성격이 포악해지기도 한다"면 그에게 무엇인가 부탁할 일이 있을 경우 화요일 오후가 가장 적합한 때일 것이다.) 그리고 이와 같은 목표에 적합하게도 이 본질의 구축은 그의 행동들에 대한 기계적 등가의 구성이기도 하다. 하지만 주지의 사실이듯이 말은 *사물이다.* 대상이 없는 경우 말은 스스로를 대상으로 여기면서 대상을 파괴한다. 대상이 있을 경우 이 말은 대상의 물리적 존재에 실질적인 특질들로서 들러붙는다.(게다가 말은 정말로 대상의 실질적 특질*이기도 하다.*) 이런 의미에서 우리는 본질을 특정 유기체에 고유하면서 외면성 속에서 그 모델을 만들어 내는 가공된 (*타자들을 통해*) 타성태에 속하는 것으로 간주할 수 있다. 물론 *서로서로의* 행동들의 *진리*(상급자의 예상을 정당화하는 것으로서의 하급자의 행동들에 대한 진리, 그리고 상급자의 행동이 갖는 진리, 즉 더욱 복잡한 활동들을 통해 행위 주체로서의 하급자를 전체적인 실천에 통합하고, 이와 같은 실천이 성공했을 경우 상급자의 행동이 갖는 진리)로서의 이 수동적 종합이 하나의 내재적 관계를 통해 자유로운 유기체의 실질적이고 변증법적인 실천과 연결되었다는 사실을 지적할 수 있다. 이와 같은 관계가 최종적으로 인식된 것에게 있어서도 *본질적인 것*으로 드러난다(이 관계를 끊임없이 참조하는 타자들의 행동을 통해 드러난다.)는 점에서 보면 우리는 행위 주체와 그의 개별적 본질 사이의 관계를 *소외*의 중요한 한 양상으로 간주해야 할 것이다.

분명 타성태적 대상들(이미 수동적 종합의 형태로 현존하는)의 본질이 문제가 될 때 말의 현실적 실체로의 통합은 언어적 몸체를 물리 화학적 몸체와 합하는 결과를 낳게 된다. 행위 주체는 이 두 외면적 결정 작용들 사이의 매개가 된다. 우리는 당연히 이 행위 주체가 사물들의 물질성을 통해 언어적 질료를 결정한다고 이야기할 수 있다. 비록 서로 다른 작용들의 결과라 할지라도 다양성의 통합으로서의 수동적 종합들은 예컨대 물리적 몸체와 언어적 몸체에 부과될 때도 여전히 본질적으로 동일한 것으로 남게 된다. 왜냐하면 사태들과 언어속에서 비유기적 조직화는 유기적 통일성의 수난을 통해 현실화하기 때문이다. 또한 대부분의 경우 타성태적 몸체들의 본질은 이것들에 작용하는 노동을 통해 부차적인 결과로 직접 산출된다.(심지어 이 가공되지 않은 본질이 뒤이은 기술의 진보에 따라 특별한 정제 과정을 요구할 때조차도 그러하다.) 이 차원에서 보면 두 *가지* 진리가 존재하는 것은 아니다. 인간은 손과 더불어, 그리고 손을 통해 조작되는 도구와 더불어 사유한다. 그리고 사유는 자신의 대상을 만들어 내면서 형성된다. 이 대상은 결국 사유와 이 사유가 표현하는 말로 귀착된다. 하지만 실천적 유기체들이 문제 될 경우에는 두 가지 진리가 존재한다. 이 두 가지 진리는 모두 행동에 의해, 행동을 위해 형성된 진리들이다. 물론이때 하나의 진리는 다른 진리를 배척한다. 타성태적 사유로서의 본질은 사실상 사유의 타성태다. 이 본질은 우리가 *이해*라고 부르는 것과 엄격하게 대립한다. 마지막으로 바로 여기에서 우리는 다음과 같은 모순이 갖는 의미를 발견하게 될 것이다. 즉 하나의 실천이 갖는 변증법적 통일성이 어떻게 하나의 기계가 갖는 타성태적 운동에 의해 외면성 속에서 재구성될 수 있는지다.

5. 변증법적 이해, 총체화하는 시간화라는 이름 아래 진행되는 실증적 이성의 통제

이해, 그것은 상황에 처한 관찰자가 *동반하는* 것으로서의 실천 그 자체다. 이해의 구조는 즉각적인 행동의 구조다. 이해는 그 자체의 미래의 최종적 항, 달리 말해 이해의 목적을 토대로 실천적 시간화를 포착한다. 특정 행위와 그 행위의 산물들이 갖는 목적론적 특징이 외부에서 관찰될 수 있을지라도, 그리고 추구된 목적을 담당하는 증인이 없다 할지라도 작용에 대한 구체적인 포착(왜냐하면 포괄적 이해는 구체적인 것에 대한 이해이기 때문이다.)을 위한 이와 같은 도식적 결정 작용을 포기할 수 있는 유일한 수단은 — 일시적일지라도 — 목표를 확정하는 것이고, 이 목표의 빛을 통해 총체화의 여러 계기를 밝히는 것이다.(이와 반대로 이와 같은 여러 수단을 통해서 증가하는 목적들의 차별화와 그 풍부화를 포착하기 위해서도 역시 마찬가지다.) 이처럼 이해 속에서 — 하나의 방향 지어진 시간화에 대한 변증법적 포착으로서 — 각각의 행동에 포함된 외면성의 문제는 제2선으로 물러나게 된다. 이와 같은 (하나의 타성태적 연속을 낳는) 외면성을 통해 우리는 실제로 다음과 사실을 이해할 수 있었다. 즉 하나의 특정한 계기 속에서, 그리고 특정한 질서에 따라 충족되어야 할 고립된 임무로서의 각각의 행동은 이전의 모든 다른 행동과 차후에 나타날 모든 행동과는 별개의 것이었다는 점이다. 분명 M에 종속된 N의 정립을 시도하기에 앞서 M이라는 결과를 얻을 필요가 있다. 하지만 M이 행위 주체의 실천적 경험 속에서 주어지고 접근 가능하다면 — 형식적으로 볼때 — M이라는 결과가 동일한 실천적 유기체, 혹은 다른 유기체의 이전 작업을 통해 만들어진 것인지, 아니면 자연적인 우연의 결과인지는 별로 중요하지 않다.

하지만 이 외면성을 더욱 잘 살펴보면 우리는 그것이 정확히 유기체의 기계적(혹은 물리 화학적인) 타성태의 외면화라는 사실을 이해하게 될 것이다. 왜냐하면 이 타성태가 외부 대상들을 통합하는 실천적 관점 속에서 이 대상들이 갖는 타성태에 밀접하게 관계되기 때문이다. 따라서 이 외면성은 미래의 목표에서 시작되어 선택되었고, 또한 이 목표들의 빛 속에서 선택된 통일성의 수단인 셈이다. 여기에서 우리는 목적으로부터 출발해서 초월적 투기의 점진적인 실현을 보거나 아니면 행동 자체를 *이해하는 것*을 그만두어야 할 것이다. 이와 같은 상황을 더 자세히 살펴볼 경우 우리는 물질이 갖는 타성태가 유기체의 외면화된 타성태를 규정한다고 말할 수 있을 것이다. 유기체의 신체적 태도들을 통제하는 것은 가공된 대상의 형상화다. *왜냐하면* 유기체가 신체를 통해 대상과 맺는 관계는 결국 목표에 의해 통제되기 때문이다. 하나의 바위에 달라붙어 힘을 쓰고 있는 한 사람은 타성태라는 원칙에 입각하여 이 바위에 대해 외부에서 영향을 미치는 기계적인 역학 체계다. 하지만 사정이 이러할 경우, 그리고 실제로 이 사람이 불도저에게 자리를 내줄 수 있다면 이는 하나의 타성태적 신체에 영향을 미치기 위해서는 이 신체에 타성태적 신체로서 외부에서 일어나는 운동과 외부로부터 받아들인 운동을 전달하는 것 이외에는 다른 수단이 외부 세계에는 존재하지 않기 때문이다. 에너지의 비축을 통해, 그리고 적절한 순간에 이 비축분을 소모할 가능성을 통해 인간은 몸소 자신의 타성태이자 고유한 외면성인 것이다. 즉 이 사람은 자신의 에너지를 연소하면서 자신의 고유한 운동을 *외부로부터* 전달한다. 하지만 스스로 외면성이 될 수 있는 살아 있는 존재에 고유한 이런 방식은 그 자체로 내부의 외면화를 통한 외부의 내면화로서만 생각될 수 있을 뿐이다. 요컨대 우리는 목표를 토대로 실천적 행동의 외면성을 이해하게 되는 것이다. 이것은 바로 살아 있는 신체, 그리고 가공된 물질을 통해 공동으로 정해진 한계로서 외면성 속에서 생겨나는 내면성인 것이다. 그렇다고 해서 이 내면성이라는 말을 통해 우리가 뭔지 알 수 없는 신비로운 유기적 내재성을 말하려는 것은 아니다. 다만 타성태를 방향 지어진 시간화로 통합하는 것이 내면성의 구조로서만 생각될 수 있다는 사실을 지적하고자 하는 것이다.

이와 같은 방식으로 전문 노동자의 복합적인 조건들이 기본적인 행동으로 해체될 수 있고, 또한 이 행동들 각각이 분리되어(그리고 또 다른 노동자에 의해) 다시 행해질 수 있는 것이 사실이라면 다음과 같은 사실을 우선적으로 지적할 필요가 있다. 즉 연속되는 행동이 갖는 시간적 외면성은 임무들의 외면성에 의해 조건 지어지고, 또한 이 외면성은 물질의 타성태적 분산에 의해 조건 지어질 수 있다는 것이다. 생물(그 자체로 종합인)에 대해 직접적으로 가해진 하나의 작용은, 이 작용이 생명을 직접적으로 조건 짓는 경우 그 자체로 종합적일 수 있다는 사실을 —— 어쨌든 논리적으로는 —— 생각해 볼 수 있다. 비유기체를 통해(약이나 수술을 통해) 생명에 영향을 미칠 수 있다는 사실은 이미 지적했듯이 다음 사실들을 증명할 뿐이다. 즉 그 자체로 유기적이며, 우리가 생산해 낼 수도 통제할 수도 없는 변화를 일으킨다는 사실 말이다. 그리고 종합적 행동(다시 말해 통합된 행동들의 해체 불가능한 통일성과 같은)이 이 영역에서 *우리에게* 불가능한 것이라 할지라도 사람이나 집단을 대상으로 하는 행동들은 빈번히 이런 특징을 갖게 된다. 이것은 실천적 운동이 순수한 시간화로 실현된다는 사실, 시간의 전후 관계에 대한 구별이 그 자체로 시간의 전개가 갖는 통일성과 조건들의 내재적 상호성에 의해 좌우된다는 사실을 의미한다. 여기에서 우리는 모든 실천 —— 특히 사회적 실천 —— 이 갖는 구조를 상기할 따름이며, 이 구조 속에서 우리는 현재의 시간화를 통해 미래가 과거를 결정짓는 것을 살펴본 바 있다. 따라서 외면성 속에서 M이라는 결과를 최초의 실천적 종합으로 만들어 낸 행동이 N을 만들어 낸 행동과 구별될 수 있다면, 이는 M이라는 결과가 —— N의 조건임에도 불구하고 —— *그 자체*로 이미 발생한 결과들에 대해 외면적이기 때문이다. 성채나 성곽을 짓기 위해 새로이 흙이 필요하다면 구덩이를 파야만 한다. 하지만 구덩이가 성채 *내부에* 있는 것도 아니고, 성채가 구덩이 *내부에* 있는 것도 아니다. 그리고 트럭으로 약간의 흙을 퍼 나르는 것만으로도 구덩이를 파는 행위 자체가 무용한 일이 될 수 있다면 이는 정확히 말해 흙이 그 자체로 우리가 이 흙을 획득한 방식과는 아무런 관계가 없기 때문이다. 결국 행위란 에너지의 외적 원천에 의해 생겨난 것으로서의 *이 물질의 변형이라고* 말할 수 있을 것이다. 바로 이런 이유로 물질의 변천들들 사이의 관계는 결국 상호 관계의 *외부로 추락하게* 된다. 여기에서 외면성은 수동적 시간성의 특징과 같은 타성태적 분산으로부터 비롯된다.[214] 다음과 같은 이야기를 상상해 보자. 즉 전지전능한 신이 자신의 의지를 담아 번개를 내려쳐 물

---

214 이 주제는 시간화와 더불어 연속적으로 분산되는 준통일성으로서의 수동적 시간성이라는 연구 주제에는 포함되지 않는다.(원주)

질의 변화를 만들어 냈다면 이 섬광은 (최종 목표의 시간화하는 통일성 속에서) 연속적인 것이 될 것이다. 왜냐하면 생산해 내야 할 물질의 상태가 이와 같은 연속되는 외면성을 요구할 것이기 때문이다. 이렇게 해서 행동은 외적 계기들로 분화한다. *이 행동이 자신의 대상의 움직임들과 동일시되기 때문이다.*

하지만 바로 이런 이유로 우리는 이해를 통해 용해되지 않는 통일성을 회복하게 된다. 그리고 이 통일성 속에서 하나의 유기체는 자신의 타성태 속에서 외부의 물질을 통해 스스로를 가리키게 된다. 왜냐하면 이와 같은 유기체 자체 혹은 그 복원(혹은 보존)이 투기된 미래(과거의 부정)를 토대로 작용(opération)을 정의하기 때문이다. 이처럼 용해되지 않는 것, 그것은 *이 행위 집단의 고안*이다. 이와 같은 고안(그것을 실현시키는 운동에 의해 끊임없이 수정되고 풍부해지는)이 통일성 속에서 연속되는 행동들의 *하나의 질서*를 규정하기 때문이다. 다시 말해 목적의 전망 속에서 결국에는 요구된 수정과 그 유기적 결과(생명체의 보존)를 만들어 내게 될 수동적 상태들(타성태적 종합들)의 필연적 연속을 결정짓는 것이다. 사실상 우리가 이해할 수 있는 것도 바로 이것이다. 우리가 노동자의 행동을 포착하고, 그가 외면성 속에서 만들어 내는 수정을 통해 단번에 그 행동의 처음과 끝을 파악할 수 있다고 해도 그 후에 일어날 행동들 각각을 예측하지는 못할 수도 있으며, 이전의 행동들을 밝혀내지 못할 수도 있다. 하지만 중요한 것은 이 행동 속에 담겨 있는 미래의 "현전"이다. 그 까닭은 이 노동자가 앞으로 취하게 될 행동들과 목적을 통해 이 미래의 현전을 밝혀 주기 때문이며, 현재 달성한 결과를 *하나의 수단*으로 삼기 때문이다. 이를 통해 그는 초월(미래를 향한)과 요구로서의 인간적 의미 작용을 부여받게 된다. 요컨대 각각의 작용이 다른 작용들에 대해 외면적이라고 할 때 이 작용들의 전체는 하나의 *총체화*가 되는 것이다. 이는 우리가 실제로 이 작용들을 그것들의 다수성 자체 내에서 통합할 수 있다는 의미에서가 아니라 심지어 다른 작용들과 분리되는 순간에도 각각의 작용들은 목표된 결과로부터 출발해서만 이해될 수 있다는 점에서 그러하다. 이때 목표한 결과는 유기체의 목적 덕분에 총체화하는 집약체로 나타나게 된다. 이와 같은 미래의 목표들 속에서 작용들은 상대적인 무차별적 상태로 완전히 잠겨 들게 된다. 그 이유는 통일성이 없어서도, 이와 같은 통일성이 하나의 질서가 아니어서도 아니라 각각의 계기가 미래 속에서 추상적 구조로, 특히 여러 가능성 사이의 선택으로 나타나기 때문이다. 실제로 이런 복합적인 체계 속에서 특히 관계들의 관계는 통합하는 시간화의 질서 속에서 명백히 노출된다. 그것도 선택들과 특수한 행동들을 결정짓는 실현과 그것의 구체적인 문제들에 관련되어 나타나는 것이다. 실천은 자신의 목적성을 통해 대상의 물질적 특성들을 발견한다. 실천은 이 특징들 각각을 타성태를 특징짓는 연속되는 외면성 속에서 전개시킨다. 하지만 이와 같은 연속은 사실상 내적 시간화 속에 *통합되어* 있다. 왜냐하면 이 시간화는 시간화하는 고안 내에서 이 연속을 *폭발의 시간*으로 만들기 때문이다. 하나의 예를 들어 보자. 기다리는 시간 ── 실험자가 화학적 실험의 조건들을 조성하고 자신이 결정한 대로 이 물질들을 서로 분리하여 따로 접촉시키는 경우 ──, 이때 화학 반응의 속도를 외부에서 가늠하는 기다리는 시간은 연속적인 외면성을 통해 실천적 시간화(*할 수 있는 것은 아무것도 없다. 다만 기다려야 할 뿐*이다.)의 균열과 같은 것이 된다. 하지만 이와 동시에 이처럼 균열된 종합 그 자체에 의해 다시 취해지고 생성된 이 외부의 시간은 ── 그 각각의 타성태적 순간이 분리, 초조함 등등과 같은 능동적인 *형태*로 체험되는 ── 내적 시간화의 외적 한계에 불과하다. 달리 말하자면 사물들과 타성태의 직접적 접촉으로서의 사물들의 시간을 스스로에게 통합시키는 방식에 불과하다.

이런 의미에서 인간적 행동에서 타성태는 근본적인 행위이자 모든 행위의 근원이 되는 것으로 이해될 수 있다. 유기적 통합의 이편에서, 그것을 넘어 그리고 이 통합을 위해 실천을 만들어 내는 변형을 통해 시간화는 연속을 읽어 내는 행위의 종합적이고도 생생한 전도로 나타난다. 고안의 통일성은 현재의 수동화에서 출발해서, 그리고 미래의 조명하에서 이와 같은 물질성의 *취급*에 대한 전반적인 관점을 정의하는 데 있다. 그래서 이 취급의 계기들에 대한 결정 작용들(처음에는 추상적이지만 점차 구체화하는)은 *중립적 상태들*로 (실천적 예측, 즉 예측-생산의 시간화하는 행위 속에서, 그 이후에는 특수한 선택들 속에서) 만들어진다. 이와 같은 사실을 통해 우리는 실천이 실천적 타성태(행위 주체가 주관하는)와 사물들의 타성태(외적 과정들의 타성태)의 엄격한 통합을 실행한다는 사실을 이해해야 한다. 즉 우리는 *이미 통합된 물질들의 상태들*(외면적 다수성의 수동적 종합들, 즉 도구를 지닌 노동하는 신체와 가공된 물질과의 수동적 종합들)을 예측하게 되는 것이다. 이때 각각의 상태는 자신의 통일성 속에서 다음과 같은 상태와는 완전히 무관한 것이 된다. 왜냐하면 우리는 이 상태들 하나하나를 절대적 외면성 속에서 파악하기 때문이다. 그런데 이 상태들은 그것들에 의미를 부여해 주는 통일성과 관련하여 노동이라는 이 창조의 움직임 속에 다시 자리 잡게 되며, 이 모두는 *하나의 예측 가능한 것*으로 지칭되고, 이후의 순간이 갖는 타성태적 지칭-요구로서 실현된다. 이와 반대로 이후의 순간은 이전의 순간에 대해 상태-행동으로서 외부적인 것으로 남아 있다. 하지만 시간화의 같은 차원에 있어서 이후의 순간은 이전의 순간을 내면성 속에서 조건 짓는다.(다시 말해 역사적 행위 주체로서의 인간이 이 중립적 상태들의 매개이기 때문이다.) 비용(즉 이런저런 방식의 에너지 소비)이 막대했기 때문에 행동은 자신의 *비가역성* 속에서 만들어지고 또 그것에 포함된다. 하지만 이때 행위 주체가 포기하게 되는 것은 시간화(*비*타성태의 도입)의 잔해와 해체다. 혹은 잃어버린 힘을 회복하는 유일한 수단(아마도 다른 수단이 있을지는 모르지만)은 행위를 끝까지 밀어붙이는 것이다.(이 두 가지 극단적인 선택들 사이에는 다른 선택들도 있다. 하지만 이 선택들 역시 다소나마 이 두 극단을 반영한다.) 이 두 경우에서 후퇴는 금지되어 있다. 특히 하나의 기도를 포기한 사람은 항상 *인간적 환경 속에서* 그 기도를 시작했던 자로 남게 될 것이다.

결국 바로 이것이 *이해된* 행동을 특징짓는다. 유기체는 투기의 통일성 속에서 자신의 고유한 외면화의 방향들을 고안해 낸다. 왜냐하면 이 유기체는 하나의 목적을 위해 수동적 물질성을 변화시키는 여러 관점을 정의하기 때문이다. 이와 같은 실천적 고안은 즉각적으로 모든 차원에서 동시에 실현된다. 즉 신체는 스스로 자신의 고유한 에너지의 *외적* 원천이 되어 자신의 외적 운동들을 수용된 충동들로 전달하게 된다. 구체적인 고안은 그 자체 내에서 외면성의 시간을 유일한 환경으로 재생산하고 지지하게 된다. 이와 같은 환경 속에서 수동적 상태들은 추상적 도식들에서 출발해서 예측될 수 있고 발생할 수 있다. 하지만 이와 같은 외적 시간은 시간화의 한복판에서는 단지 노동을 통해 생산되는 진행 중인 통합과 다시 모아져야만 하는 분산 사이의 매개가 될 뿐이다. 예컨대 투기의 복합적인 움직임 이후에 발생하는 기술적 사고는 그 자체로 외면성의 연속이 *되어야* 한다. 왜냐하면 타성태의 사고는 사고의 타성태이기 때문이다. 하지만 *변증법적 이해*에 있어서 어떠한 계기나 상태, 어떠한 변화의 차원조차 분리되어 있지 않다. 즉 생물학적 기능에 공격을 받은 유기체는 유기체로서의 자신을 부정한다. 그리고 타성태를 유기체로 변형시킬 수 없는 (우리의 **역사**의 경우에 있어서) 유기체는 스스로 타성태가 되며, 자신에게 남아 있는 기능을 이용하여 외면성에 의해 외면성을 변형시키는 전망 자체 속에서 이 타성태를 생산하고 보존한다. 자기 자신과 외적 환경에 대한 이와 같은 부정을 통해 이 유기체는 그 자체 내에서 그리고 그 외부에서 자신의 유기적 기능들의 통합성을 회복시킬 수 있는 수단으로 외면성을 구성해 낸다. *이와 같은 수난의 본질적 선택은 그것이 노동에 의해 실현된다는 점에서 보면 행동에 다름 아니다.* 하지만 결국 이 새로운 관계는 이 관계를 실현시켜야만 하는 새로운 존재, 즉 *행위 주체*를 만들어 낸다. 이 행위 주체는 유기체도, 외부에서 온 막연한 타성태도 아니라 이 타성태 속에서 유기체를 보존하기 위해(즉 생물학적 기능을 위해 파괴되기 위해) 이미 계획되었던 수난으로 현동화한다. 그리고 행위 주체는 이런 수난을 통해 매개(비유기체를 통한 유기체와 유기체 사이의 매개), 초월, 투기, 시간화로 규정된다. 이와 같은 결정 작용 가운데 어떤 것도 유기체를 있는 그대로 특징지어 줄 수는 없다. 왜냐하면 각각의 결정 작용은 외면성과의 실천적 관계에서 비롯되기 때문이다. 이런 의미에서 실증주의적 이성은 이 결정 작용들을 알지 못할 수 있다. 즉 이와 같은 *사유의 수난*(왜냐하면 **이성**의 타성태라는 것도 바로 이것이고, 있는 그대로 지속적인 선택의 대상을 만들어 내야 하기 때문에)은 작용들의 실천적 규칙으로서의 *외면성 그 자체*일 뿐이다. 이 수난은 유기체 자체에 의한 유기체에 대한 부정을 실현하지만 이와 같은 부정은 타성태의 차원에서 이루어진다. 있는 그대로의 수난은 그 자신을 통제하고 지탱하는 총체화하는 시간화를 인식할 수 있는 도구를 가지고 있지 못하다. 이것은 비록 이 수난이 이런 통일성을 자신의 존재 이유로 체험할지라도 그러하다. 즉 이 수난은 변증법적 시간화 속에서, 즉 이 수난 자체는 인식하지 못하지만 반대로 이 수난을 인식하고 이용하는 이성의 내부에서 연속되는 *외면성의 시간*으로 발생하게 된다. 타성태적 연속들의 이 수동적 종합을 통해 행위 주체는 행동의 첫 번째 차원, 즉 자신의 행동들의 타성태 속에서 스스로를 인식하고 스스로를 통제한다. 타성태적 시간의 무한한 분할 가능성은 행동의 무한한 분할 가능성을 구성하고, 이 행동과 가공된 물질의 동질화를 통해 에너지의 원천들이 갖는 실천적 등가성을 구성한다. 이때 특정한 결과가 자신의 비축분을 소비하는 유기체에 의해서, 혹은 또 다른 에너지 저장 창고에 의해 산출된다는 것은 별로 중요하지 않다. 또한 수동화된 유기체가 사물의 모든 연속적인 상태들 사이의 매개가 된다거나 혹은 단지 물리, 화학적 과정의 기원이 된다는 것 역시 중요하지 않다.

사실상 유기체는 더 이상 존재하지 않는다. **실증주의적 이성**은 이 유기체를 고려하지 않는다. 단지 타성태적 물질의 연속된 상태들만이 존재할 뿐이다. 이와 같은 무한한 연속들을 통해 **변증법적 이성**은 **실증주의적 이성**이라는 이 주조된 도구를 가지고 달성해야 할 목표로 인해 밝혀진 세부 선택들을 하게 될 것이다. 특히 변증법적 통일성은 현동화하는 투기의 전망 속에서 분석적 이성을 "유기체"와 "인간 행위 주체"라는 요소가 제거된 *방향 지어진* 물리 화학적 과정들을 생산해 내게 한다. 이 요소들이 이 과정의 부분이어서가 아니라(이 요소들이 이 과정의 원천이 될 수 있을지라도) 어쨌든 이 요소들은 외면성 속에서만 정의되기 때문이다. 타성태적 연속의 수동적 종합인 **실증주의적 이성**은 변증법적 시간화의 통일성 속에서 그 고유한 외면성의 법칙에 따라 기능하고, 이 통합된 외면성에 따라 자신의 결과들을 산출해 낸다. 이렇게 해서 우리는 이와 같은 실증주의적 이성을 우리의 첫 번째 기계라고 명명할 수 있을 것이다. 결국 외면적 이성(왜냐하면 이 이성은 "우리" 안에 있는 것이 아니라 *외부에* 있기 때문에)으로서의 실증주의적 이성의 역사적 전개는 이 전개가 창조적 고안(외면성의 수동성으로의 통합)에 의해 인도된다는 점에서 볼 때 필연적으로 이성으로 하여금 기계들을 만들어 내게 한다. 왜냐하면 이 기계들은 통합된 외면성으로서의 이 이성 자체일 뿐이며, 이 이성 자체는 또한 여러 기계를 만들어 내는 하나의 기계에 불과하기 때문이다. 인공 지능과 실증주의적 이성 사이에는 등가 관계가 성립한다. 달리 말해 하나는 다른 하나의 이성인 것이다. 하나가 다른 하나를 만들어 내며, 동일하게 타성태적이고 물질적인 이 두 개의 **이성**에게 있어서 통일성은 이 두 이성의 외면성을 에워싸고 지탱하는 변증법적 내면성에서 비롯하게 된다. 이런 점을 통해 우리는 내면적 외면성의 객관적 규칙으로서의 **실증주의적 이성**이 사물들과의 접촉으로서의 자신의 고유한 타성태를 생산해 내는 유기체의 *수난*인 동시에 순수한 타성태적 과정으로서, 즉 에너지의 변환으로서의 모든 실천적 행위의 포착이라는 사실을 쉽게 이해할 수 있을 것이다. 우리는 또한 어떻게 이성의 기능이 갖는 통일성이 *분석적 이성*(여기에서는 스스로 외면성이 되며, 그런 방식으로 스스로를 통제하는 노동 이외의 다른 것이 아닌)*에 의해서가 아니라 그것을 관통하여* 기계(인간 노동의 산물로서)에 주어지게 되는지, 그리고 결국에는 우리가 실증주의의 영역을 벗어나지 못하는 한 이 통일성이 어떻게 지각되지 않는지를 이해할 수 있다. 달리 말하자면 **실증주의적 이성**은 실천의 지속적 수단이지 그 자체로 실천적인 것은 아니다.

이와 같은 지적으로부터 다음과 같은 점에서 유기체적 행위 주체를 타성태에 접근시키는 이중의 결과가 도출된다. 즉 분석적 이성이 행동의 종합적 특징에 대한 몰이해와 분자적 일원론(행동의 요소 — 몸짓, 반응 등등 — 를 단순한 에너지의 변화으로 축소하는)들에 의해 행동의 합리화를 가능하게 하는 것이 사실이라고 할 때 기계나 다름 없는 도구들이 그 구체적 현실 속에서 분산된 이와 같은 외면적 이성에 더 이상 접근할 수 없다는 것 역시 사실이다. 이 도구들이 도구와 기계의 자격으로 *이해* — 인간들의 실천을 드러내 주는 이해를 포함하여 — 를 통해 이 도구들을 그 진실성 속에서 발견되도록 요구한다는 것 또한 사실이다.

실제로 최신 장비를 갖춘 그야말로 현대적인 공장의 방문에 초대된(기계의 자동화만 아니라 "만능" 기계가 이용되던 시기를 포함해 어느 시기든) 누구도 — 경제학자이건 기술자이건 간에 — 일련의 물리 화학적 과정들과 이 과정들의 다양한 조건들만을 연구하는 데 그칠 수는 없을 것이다. 실제로 그의 행동(자신의 전문 분야의 가장 "최근의" 업적을 알고 싶어 하는 전문가의 행동)은 일반적인 행동과는 *차별화*된다. 예컨대 그는 자신이 아는 차이점과 구분되는 다른 모습들을 평가 내리고자 (측정해 보고자) 한다. 그리고 *그에게 있어서* 이 차이들은 *진보여야만* 한다. 우리는 개략적으로 이와 같은 *측정 가능한 진보*가 어떤 모습을 떨지 알 수 있다. 예컨대 생산 비용의 절감, 노동자들의 생산성 증가, 더 나은 안전 및 위생 조건 등이 그것이다. 그리고 이와 같은 매우 보편적인 결과들은 우리가 그 추상적인 성격 — 최신 기계는 *에너지를 덜 소비한다는 것* 따위 — 을 개략적으로 아는 세부 개선 사항들에 의해서만 달성될 수 있는 것들이다. 이런 점은 최신 기계가 에너지를 덜 소비하면서도 동일한 노동을 수행하며, 또한 이 기계가 그 자체의 폐기물들을 재사용할 수단을 갖고 있다는 사실과 이 기계와 연결되는 외적 배치들을 통해 시간 낭비를 피하면서 보다 합리적인 방식으로 노동(그리고 노동의 분화)을 조직화할 수 있다는 사실을 의미하기도 한다.(따라서 "특별 지출"과 비효율적인 노동 임금을 투자로 돌릴 수 있게 된다.) 안전 문제는 더욱 확고해진다. 안전사고의 위험을 감소시킴으로써 이와 관련된 지출 비용을 감소시키는 결과를 가져온다. 그 결과 사고를 당한 자들에 대한 보상금도 줄고 공장에 피해를 주는 파업도 더욱 줄어든다. 보통 노동자들의 사고로 노동자가 사망했을 경우 이런 파업을 통해 자신들이 감수해야 할 사고 위험에 대해 저항한다고 생각한다. 하지만 안전 대책의 증대를 통해 야기되는 지출 비용들은 어쨌든 새로운 기계의 설치 이전에 발생한 사고들로 인해 초래된 평균 비용보다 낮거나 적어도 같다는 사실을 잘 이해해야만 한다. 그렇기 때문에 대부분의 경우 안전과 생산성의 문제는 기술 연구에 있어 종합적으로 연관된 것이다. 그러므로 더 많은 생산량을 보장하면서도 그만큼 위험 요소를 감소시키는 조합을 연구하게 되는 것이다.

우리가 간략하게 나열한 이와 같은 특징 모두는 목적론적 구조들과 불가분의 관계를 맺는다. 즉 새로운 기계가 갖는 각각의 특징은 하나의 객관적인 문제에 대한 하나의 대답과 같은 것으로 그 타성태 속에서 나타나게 된다. 안전장치는 안전사고에 대한 통계를 토대로 취해진 동시에 생산의 요구에 대한 응답이기도 하다. 즉 새로운 기계를 설치하는 데 드는 비용이 한계 비용을 초과하지 않은 채 사고로 인한 비용 지출을 줄이면서 어떻게 낡은 기계들을 개선하고 대체할 수 있겠는가의 문제가 바로 그것이다. 우리가 증기기관에서 이미 살펴보았듯이 이 경우에 있어서 기계의 고안자는 스스로를 상황들에 의해 요구된 타성태적 배치로 만들면서 기계를 고안해 내는 것이다.[215] 그리

---

215   1권, 제1서, C, 471~475쪽 참고.(편집자 주)

고 바로 이런 이유로 이와 같은 타성태적 배치는 타성태적 종합이다. 즉 이 타성태적 배치는 목적성이라는 각인을 통해 자기 자신의 존재(실천적 장과 분산된 외면성) 속에 표시되는 것이다. 고안자의 매개를 통해 객관적 요구는 물질 속에서 내면성에 대한 부정과 이 물질의 그 자체에 의한 지양의 조건으로 각인된다. 그리고 요구를 향한 이와 같은 지양은 실제로 지양을 행하는 고안자의 열정으로서의 타성태적 물질성이다. *왜냐하면* 이 열정을 거친 통일성은 이 물질성을 종합적으로 결정짓고, 비가역적으로 방향 짓기 때문이다. 이런 관점에서 보면 집렬체들의 조건화 속에서 일어나는 변화를 통해 과정 속에서의 다양한 변화의 전체(외면성 속에서의)에 이르게 된다. 바로 이 전체를 결정짓는 것이 **분석적 이성**인 것이다. 하지만 이 변화들은 변증법적 실천에 의해서 내면성 속에서 종합적으로 모아지고 포착된다. 왜냐하면 이 변화들은 직접적으로 그 의미 작용들, 즉 그 통일성을 종합적인 *인간적 사태들 속에서* 발견하기 때문이다. 이 사태들은 제작자들에게는 자본주의의 이런저런 시기에서 생산을 증가시키면서도 비용 절감을 가져오는 필요성과 같은 것이다. 나아가 개별적 개인으로서의 고안자는 자신의 고유한 욕구와 욕망에 의해(돈, 영광, 명예 등등), 즉 자신의 실천적 인격 속에서 이루어지는 지도 계급의 객관적 요구들에 대한 구현을 통해 조건 지어진다. 결국 고안이란 이와 같은 구현과 그것이 구현하는 요구들 사이의 매개다. 즉 고안은 그 자체를 통해 제작자에게 주어지는 이득에 따라 고안자를 풍요롭게 해 줄 것이다.(물론 고안이란 저절로 *이루어지는 것이 아니다.* 고안의 원칙은 창조적 실천 그 자체에 의해 부여되는 것이다.)

우리는 이미 — 한 "원시인"이 민속학자에게 정보를 제공하고, 그에게 자신이 모든 사람과 함께 실천적으로 이루어 놓은 사회적 구조들을 간략하게 묘사할 때 — 하나의 광범위하고 변증법적인 사고가 바로 이 사고로부터 통일성을 도출해 내고, 이 사고에 의해 하나의 타성태적 대상으로 규제되어 온[216] 하나의 기술적 사고를 어떻게 유지하고 지양했는지를 보여 준 바 있다. 우리는 여기에서도 동일한 이중성을 발견할 수 있다. 사유의 타성태로서의 타성태에 대한 사유는 사유하는 사유이자(그것은 과정을 분석하고, 요소를 드러내며, 특정한 질서를 갖고 있는 특정한 변형을 위해 모든 결과를 결정짓는다.) 동시에 사유된 사유이다.(이 사유의 타성태는 다음과 같은 경우 이 사유를 *비사유*로 분산시킬 것이다. 즉 변증법적 시간화가 그 자체의 방향 지어진 통일성 속에서 수동적이거나 생생한 종합, 조직화, 요구들로부터 출발해서 이 사유를 포착하지도 만들어 내지도 못하는 경우에서다. 이때 이 시간화는 통합적 종합이 자체 내에서 여러 항들의 총체화하는 접근을 통해 *만들어 낸* 하나의 *필연성*에 따라 자신의 타성태가 혼자서도 계속해서 이어지도록 방치할 위험을 무릅쓰고 목적론적인 힘의 방향에 따라 이 타성태를 주도한다.) 이와 같은 사유는 사물들에 대한 사유이고 사유-사물이며, 자유로운 실천의 시간화를 통해 영속적으로 *작용하는* 도구이기도 하다. 또한 이 사유는 하나의 기술적 고안이다. 그렇기 때문에 분자화한 외면성에 대한 진정한 인식이 될 수 없다. 하지만 이와 동시에 이 사유는 다른 기술적 고안(수동적 종합들로서의)들과 완전히 동질적이며, 언어적 물질의 유의미적 결정 작용의 형태하에서 이 고안들의 존재를 재생산해 낸다. 이 사유가 [이 수동적 종합들]을 그것들의 주조된 통일성 속에서 포착하도록 해 주는 것이 바로 이 사유의 주조된(그리고 타성태적인) 통일성이라는 점에서 이 공동의 통일성은 침묵 속에 이루어지며, 따라서 *이 수동적 종합들 속에 속하지*

---

216 1권, 제2서, A, 927쪽 이하 참고.(편집자 주)

않는다. 오히려 이 종합들이 사유에 속한다고 할 수 있다. 왜냐하면 이 사유는 **변증법적 이성**에 의해서, 즉 하나의 총체화하는 실천에 의해서만 만들어지며, 이해될 수 있기 때문이다.

이렇게 해서 현대적 도구의 이점을 연구하는 전문가는 이를 *개선*이라는 목적론적 관점 속에서 연구할 경우 이 기계들을 잘 이해해야만 한다. 이 전문가의 실증주의적(그리고 분석적인) 해득 작용은 단지 과정을 자신의 기능 속에서 실현하고, 이전의 요구들에 대한 응답으로서 자신의 *가치*를 결정짓는 데 필요한 수단일 뿐이다. 그가 기계들의 구조와 운동을 이 기계의 고안자가 생각한 목적들을 토대로 드러내고 통합할 때, 그가 이 기계에 대한 더욱 진척된 경험을 통해 이 목적들에 대한 자신의 인식을 점차 풍요롭게 하고 구체화할 때 그는 이 기계를 잘 *이해한다*고 말할 수 있다.(기계가 갖는 일부 특징들이 처음에는 그를 당황하게 하고, 또 어떤 특징들은 그의 인식 범위에서 벗어나기도 하며, 또 다른 특징들은 다른 특징들에 의해 조건 지어진 과정으로서만 나타날 수도 있다.) 이와 같은 *이해*가 기계들의 심층적 의미 작용 속에서 우리에게 실천적 유기체나 조직화한 집단의 행동을 보여 주는 이해와 그 본질상 다르다는 점은 명확하다. 한편 기술자와 기술사가 역시 이와 같은 메커니즘의 *의미*를 잘 이해해야 한다. 이와 관련해 우리는 사람들이 어떻게 하나의 행동의 *의미*(실천의 일탈을 드러내는 이 행동의 존재태)를 포착하는가를 설명한 바 있다. 이와 같은 사실을 잘 이해하기 위해서는 어떤 나라의 수도에서나 기술, 직업 박물관, 혹은 기계 박물관을 방문하는 것으로도 충분할 것이다. 이렇게 하면 우리는 이 타성태적 종합들의 형태가 단순히 그것들의 기능에 의해서만이 아니라 그것들이 만들어 내는 사회의 선택에 의해서도 정의된다는 사실을 확인하게 될 것이다.(우리는 앞에서 이에 대한 예를 살펴본 바 있다. 즉 "철-석탄" 복합 단지를 가진 최초의 자본가들이 프랭클린과 와트가 제안한 증기 기관의 개선 —— 석탄에서 나오는 연기의 재연소, 소음을 줄이기 위한 장치 —— 을 거부한 이유는 다름 아닌 이 과격한 부르주아들이 이 굴뚝과 그곳에서 솟아오르는 시커먼 연기 그리고 요란한 소리 속에서 자신들의 힘의 징표를 보았기 때문이다.)[217]

그리고 만약 작동하고 있는 기계와 행동 중인 인간의 차이가 무엇이냐고 묻는다면 우리는 *특별한 관점에서 보면* 차이가 없다고 말할 것이다. 분명 인간은 하나의 자유롭게 행동하는 실천적인 유기체, 즉 행동하기 위해 스스로 고생하는 하나의 살아 있는 통합이다. 하지만 기계는 그렇지 않다. 오직 사람만이 수동적 종합을 시도할 수 있다. 왜냐하면 그의 내부에서 외면성은 재외면화하기 위해 내면화되기 때문이다. 하지만 중요한 것은 그것이 아니며, 실천적 장에의 적응에서 볼 수 있는 무한한 유연성도 중요한 것이 아니다.(하나의 기계 역시 유연할 수 있다. 그리고 피드백 상태에 있을 경우 기계 역시 *적응할 수 있다*.) 만약 실천적 장을 **실증주의적 이성**의 관점에서 고려한다면 인간의 행동은 기계의 활동과 어떤 차이도 갖지 않을 것이다. 이 경우 *인간*이 결여된 것은 사실이다. 하지만 —— 중요한 것은 이것이다 —— 우리가 인간이나 기계를 변증법적 가지성으로서, 즉 *이해* 속에서 고려한다면 이때 중요한 것은 타성태적 결정 작용, 과정, 변화의 연속이 항상 총체화하는 실천에 의해 감시되는 **실증주의적 이성**의 통제하에서, 노동이 갖는 종합적이고 창조적인 운동에 의해 하나의 목적을 향해 엄격하고도 비가역적으로 방향 지어진다는 사실이다. 그리고 중요한 것이 바로 *이 점이라면 한편으로* 유기체의 타성태적-수난이 외적 매개들을 이용

217 1권, 제1서, C, 495~474쪽 참고.(편집자 주)

하고, 도구들을 선행하는 종합들로 구성해야 한다면, *다른 한편으로* 가장 합리적인 *기계*(오늘날 전자두뇌와 같은)가 인간 노동의 실질적 생산물로만 존재하고 그것에 스며든 노동의 매개를 통해서만 기능할 수 있다면 이때 인간 행동은 실제로 다른 모든 과정으로 환원될 수 없다. 왜냐하면 인간의 행동은 타성태적 수난을 통해, 실천적 장의 모든 요소를 통합하려는 거역할 수 없는 계획을 통해 타성태적 다수성의 실천적 조직화로 (유기체와 관련된 목적을 위해) 정의되기 때문이다. 다시 말해 인간 행동은 초월, 시간화, 통합, 총체화이기 때문이다. 하지만 바로 여기에 인간의 특수한 모습이 있다고 할 때, 그리고 이 현실이 타성태와 실천적 장의 타성태적 요소들과 마찬가지로 외면성으로서의 자기 자신의 고유한 운동의 원천을 낳는 하나의 유기체와 불가분의 관계에 있다고 할 때 결국 우리가 지금 위치해 있는 형식적 관점에서 보면 다음과 같은 사실은 그다지 중요하지 않다. 즉 타성태적 과정으로서의 행동의 기본적인 여러 계기가 직접적으로 *하나의* 유기체에 의해 생성된다는 사실, 이 계기들의 외면성이 조직화한 여러 개인 사이에서 이 계기들을 재분배하는 것과 이렇게 함으로써 공간적 분산을 통해 그것들의 시간적 외면성을 강화하는 것을 편리하게 하거나 필요 불가결하게 한다는 사실 말이다. 또한 기계에 의한 노동의 분화, 이 노동이 가진 수동적 종합의 구조에 의해 타성태적 물질성에 부과된 운동들이 결국 행위 주체들에 의해 직접적으로 행해지는 행동을 대치하게 된다는 사실도 중요하지 않다. 이미 살펴본 바와 같이 그런 만큼 행위 주체는 실천적 장에 속하게 되고, 이 장의 분화될 수 없는 통일성 속에서 자신의 행동에 대한 모든 반작용을 감내하게 된다.

이처럼 이 행위 주체가 우리가 타성태적 **이성**이라고 부른 기계들을 만들어 내게 될 이 기계를 설치하게 될 경우 그가 자신의 머릿속에 하나의 망을 설치하거나 코 위에 형상을 왜곡하는 안경을 착용했다고 생각해서는 안 된다. 이 기계는 모든 실천적 장과 연결되어 있으며, 이 장에 속하는 모든 다른 요소와 마찬가지로 이 장을 조건 짓는 하나의 객관적 기계인 것이다. 이것이 의미하는 바는 이 행위 주체가 스스로 타성태의 모든 실천적 종합들의 내부와 자기 자신의 타성태 자체 속에 위치한다는 것이다. 달리 말하자면 실증주의적 이성의 진보(즉 합리적인 기계들의 축적)는 행위 주체에게 있어 타성태 속에서 이루어지는 결정 작용의 지속적인 심화로 드러날 수밖에 없다. **분석적 이성**은 삶이라는 본원적인 사실 속에서까지 외면성을 발견하며, 결국 비유기체를 발견하게 된다. 하지만 삶은 인간의 실천이 갖는 통일성 그 자체이며, 비가역성 속에서 행동을 정의하는 총체화이기 때문에, 또한 이 실천이 과학과 기술의 발전을 산출하고 통제하기 때문에(어떤 의미에서인지는 앞으로 보게 될 것이다.) 유기적 신체의 타성태 속에서 일어나는 각각의 보충적 결정 작용이 외면성 속에서 이 신체의 새로운 조건으로, 즉 하나의 기술적 행동 —— 행위 주체가 자신의 신체를 더욱 잘 통제하고 깊이 관여할 수 있게 해 주는 —— 을 통해 산출되기 때문에 분석적 이성이 유기체를 비유기체로, 그리고 삶을 물리 화학적 과정으로 근본적으로 해체하게 되는 순간은 바로 이 유기체가 실천적 장의 모든 타성태적 요소들을 사용하여 자신의 고유한 실천을 통해 조건 지어지는 순간이기도 하다. 이때 이 유기체는 실천에 의해 이루어지는 비유기체로의 완전한 환원 속에서 타성태적 실체들을 자신의 살아 있는 실체로 변화시킬 힘을 갖추게 된다. 물론 이와 같은 기술적이고 과학적인 진보의 이상적인 최종 국면은 현재로서는 가정으로만 고려될 뿐이다. 하지만 이 상태는 하나의 명확한 의미 작용을 내포한다. 즉 유기체의 수난-타성태는 실천의 범주 속에서 타성태적 **이성** 혹은 외면성에 대해 가해지는 외적 힘으로 나타난다는 것이다. 이 **이성**은 자신의 적용의 장 그 자체 속에서(내적으로는 생명의 신진대사에까지, 그리고 외적으로는 직업적 행동들에서까지) 이 유기체를 타성태적 과정의 총체로 포착한다. 따라서 만들어진 타성태는 통합된 장 속에서 (장의 통합을 통해) 유기체로 되돌아와 더욱 근본적인 모습을 갖추게 된다. 하지만 보다 정확히 말해 이와 같은 회귀는 실천적 총체화 그 자체의 결과다. 유기체가 자신의 수단, 타성태적 사유를 통해 수동적 종합의 총체로 스스로 모습을 드러내게 되는 것은 비가역적 실천 속에서 그리고 그것을 통해서다. 그리고 행동의 통제하에서 물질성의 타성태적 종합에 의해 이루어지는 유기체의 조건화는 실천적 장의 모든 요소의 교환 가능성(즉 이 요소들 각각을 어떤 수단들 — 타성태적 종합들 — 을 이용해서든지 특정한 실천 속에서 서로 대체할 수 있는 더욱 폭넓은 가능성)을 확증하면서 정의된 규칙들에 따라 *실천을 해방시키는 작업*을 완수해야만 한다. 우리가 전능함이 갖는 한계 순간을 고려할 경우 놀라운 사실은 유기체가 비유기적 과정으로 해체되는 바로 그 순간에 실천적 장이 완전히 유기체에 종속된다는 것이다. 실제로 행동은 실천적 유기체의 지속성을 변화의 주체와 등가의 방향성으로 가정한다. 이 행동은 최초의 목표들(끊임없이 변화되는 것은 사실이지만 크게 수정된다거나 완수되지도 않는 목표들)이 갖는 지속성 때문에, 요구들의 지속성 때문에 그 자체로 지속적으로 이루어진다. 대략적으로 보아 이 행동의 목표는 인간의 운명을 오래전부터 모른 체해 왔던 우주에서 인간이라는 유기체들에 생명의 가능성을 보장해 주는 것이다.(거칠게 보자면 결국 문제가 되는 것은 어쨌든 항상 희소성과, 외면성의 법칙들에 지배받는 세계 속에서 이 희소성이 창출해 내는 드라마다.) 이처럼 생물학적 유기체가 타성태 속에서 겪게 되는 와해에도 불구하고 실천적 유기체는 살아남게 된다. 왜냐하면 기능과 욕구를 동반한 이 살아 있는 유기체는 결코 사라지지 않았기 때문이다. 결국 이와 같은 한계 상황에서 유기체-행위 주체의 실증주의적 와해를 통해 실천적 장은 하나의 거대한 기계들이 작동하는 회로가 된다. 이 기계들은 연속적으로 서로 명령을 내리고, 이 기계들을 통해서는 재생산될 수 없는 실천적 유기체들의 통제하에서 (이 기계가 부정하는) 생물학적 유기체의 욕구들을 충족시키는 것을 목표(이해 속에서 포착된)로 삼는다.

6. 두 개의 실천

이와 같은 예를 통해서 우리는 단지 — 등가를 끝까지 밀고 나가면서 — 실천이 유기체와 사물의 타성태적 관계를 다음과 같은 두 가지 다른 방향으로 전개하게 될 것이라는 점을 알 수 있다. 그 한 방향은 유기체가 사물을 변형시키기 위해 타성태가 되는 것이다.(이것이 바로 유기체의 본원적 행동의 유형이다.) 또 다른 방향은 이와 같은 실천의 근본적인 방향 속에서 하나의 반작용(게다가 이 반작용은 관계로서 외면성에 고유한 것이다.)이 주어지는 것이다. 여기에서 반작용은 유기체 자체의 타성태적 존재를 통해, 이 존재에 의해 가공되는 타성태에 의해 유기체 그 자체에서 출발해서 되돌아오는 조건을 의미한다. 오랫동안 반목적성의 차원에서 이루어져 왔던 이 반작용은 우선 오직 실천을 통해서 부정되어야 했고, 가능한 경우 파괴되어야만 했던 부정적 변형들의 원천(직업병, 안전사고, 변형들을 통해 유기체가 좀 더 폭넓은 범위에 걸쳐 행하는 수동화)으로서만 나타날 뿐이다. 혹은 인간들은 이 반작용을 이용하기는 하지만 그것은 항상 적들을 물리치기 위한 것이다.(무기란 적, 즉 반인간을 제거하기 위한 도구가 되는 특정한 물리 화학적 과정이 갖는 역행 계수다.) 처음에는 다음과 같은 두 가지 사실 사이에서 의학조차 주저했다. 즉 유기체를 통해서 유기체를 치유할 수 있다는 믿음, 기계적 수단들에 의한 과정에서 나타나는 타성태적 결과들을 제거하고자 하는 바람이 그것이다. 모든 것은 물신화된 실천의 음지에서 일어나는 법이다. 그러나 행동의 새로운 방향은 이미 도처에 — 때로는 명백하게, 때로는 잠재적인 방식으로 — 있었던 것이다. 타성태의 *반응*들을 통제하는 것, 반작용들을 예측하는 것, 유기체를 그 자체의 타성태를 통해 직접 혹은 간접적으로 재조건화하기 위해 이 반작용들을 이용하는 것 등등이 그것이다. 이와 같은 행동 양식의 전개(이전의 실천에 대한 부정에 대한 긍정적 지양)는 우선 살아 있는 유기체들을 통해 타성태적 물질들을 동화시킬 가능성으로 나타나서는 안 된다. 어쨌든 부정에 대한 부정이라는 관점에서 볼 때 이와 같은 사실이 타성태를 동화 가능한 것으로 만들 수 있다는 것을 의미하는 것이 아니라 오히려 인간이라는 유기체에 식물의 특성들을 부여하는 방식으로 *타성태*를 통해 유기체적 기능에 작용한다는 것을 의미한다. 이와 같은 순전히 형식적인 한계에 도달하게 되든 아니든 간에 오늘날 우리에게 중요한 것은 *타성태*를 통해 유기체에 *자양분*을 *제공하지* 않은 채 이 타성태를 통해 유기체의 기능에 영향을 주고, 이 작용들을 조건 짓고, 조정하며, 이 작용 중 특정한 부분을 지연시키고 가속화하는 것이다. 또한 정해진 어떤 시간에 개인이 지닌 실천적 능력과 저항력을 고양하고, 특정한 유기체들을 비유기적 체계들로 대체하는 것 역시 중요하다.(이와 같은 사실은 유기체적 생명과 기계가 존재론적으로 동등하다는 것을 증명해 주는 것이 아니다. 그 반대로 **분석적 이성**을 통제하는 **변증법**

적 이성을 통해 우리가 하나의 유기체가 그런 상태로 보존될 수 있는 내적 외적 변이체들의 가변적 한계를 더욱 잘 알 수 있게 된다는 점을 증명해 주는 것이다.)

한편 외부에서 일어나는 특수화된 기계(no 1 실천의 유형에 속하는)에 의한 실천적 유기체의 점진적인 대체가 내부에서 유기체 전체에 의해 통제되는 하나의 기계를 통해 하나의 기관을 그 기능 속에서 대체시키기 위한 최초의 *심대한* 시도들과 동시에 일어난다는 사실은 주목할 만하다. 지금까지 타성태에 의해 이루어진 살아 있는 기관의 대체는 하나의 분명한 결핍으로 나타났다.(예컨대 장애인들의 목발, 자신의 손을 대체하기 위한 고정된 갈고리, 항문의 괄약근과는 다른 방식으로 모든 배설물을 배출하는 암 환자의 인공 항문 등등.) 오늘날 — 제한된 경우에 있어서 — 타성태적 대상은 유기체가 이 대상의 버팀목, 에너지의 원천, 그리고 통일성으로 존속하는 한 유기체의 기관이 가진 일부 기능들을 담당하면서 — 다소간 거칠게 — 이 기관을 대체할 수 있다. 이 경우에 no 2 행동 유형은 반드시 no 1 실천의 진보에 근거한다. 그러나 이것이 전부가 아니다. 유기체 속에 삽입된 타성태적 대상은 인간 노동의 산물이다. 또한 그것은 연구와 발견의 대상이 된다. 이 타성태적 대상은 그 역시 노동의 산물인 기계들에 의해 만들어지기도 한다. 이와 같은 순환성은 다음과 같은 점에서 명백히 드러난다. 즉 우리 몸에 삽입된 이 기계가 인간 노동의 산물이라는 점과 수단들의 절대적 등가성의 관점 속에서 이 기계가 통제하에서 하나의 노동을 실현한다는 점이다.(유기체가 첫 번째 통제를 실행한다. 하지만 실제로 유기체에 의해서, 그리고 이미 미래 속에서 규정된 목표들을 위해 이 통제를 실현하는 것은 의학적 실천인 것이다.) 달리 말하자면 이 기계는 유기체의 한복판에서 이루어지는 인간의 행동인 것이다. 특정한 조건들 속에서 그리고 특정한 기능을 위해 우리는 이 기관을 하나의 행동의 산물로, 그리고 기능을 이 산물의 행동으로 대체할 수 있다. 유기체에 의한 타성태의 외면화로서의 행동은 스스로 재내면화하면서 원점으로 되돌아오게 된다. 즉 유기적 통합성을 회복하기 위해 혹은 그것을 보존하기 위해 이 행동은 결정된 일부 영역 속에서 생명을 행위로 대체하고자 한다. 바로 이와 같은 통제된 순환성의 관점(하지만 일탈하는 순환성의 한 형태를 사용하는 것일 뿐인)에서 모든 것은 실천적 장 속에서 행위가 된다. 그 이유는 이 장이 실천의 통제하에서 타성태 그 자체의 순환적 재조건화에 의해 정의되기 때문이다. 그리고 이때 실천적 장은 결국 이 실천의 *실질적 몸체*(사실성과 효율성으로서의)가 된다. 또한 실천의 유기적 몸체는 개별화된 사실성과 *충족되어야 할 욕구*와 같이 부정적 토대로 남게 된다.

따라서 *우리의 실천*이 바로 이와 같다. 이런 점에서 보면 우리는 실천의 구조들, 특히 수단의 구축 시기를 이해하는 데 필요한 도구들을 가지게 되었다. 수단의 장소와 그 기능을 환경 속에서 결정하게 되는 것은 미래 속으로 투기된 목적으로서의 유기체의 복원과 보존이라 할 수 있다. 즉 "수단"의 실천적 범주가 행동의 두 항목, 즉 유기체와 그 욕구, 그리고 기능과 기관들의 복원과 관련하여 환경(타성태적 환경)의 이질성에 근거하고 있는 것이다. 물론 총체화의 과정 속에서 이 수단들은 그것을 통해 달성되는 이런저런 결과들과 이질적이지 않다. 또한 이 결과들은 시간화의 내부에서, 그리고 도달되기에 앞서 목표들의 구조를 받아들였다고 할 수 있다. 하지만 사실을 말하자면 그 역시 수단들이다. 실천적 장의 현 상태와 관련된 목적들은 미래의 상태와 관련해서는 수단들이 되며, 또 다른 상태와 관련해서는 미래의 상태가 된다. 그러나 이와 같은 일련의 과정 전체는 더 이상 수단이 아니며, 그 자체가 하나의 상태가 아니기 때문에 어떤 상태로도 환원되지 않는 특정한 목적에 종속된다. 즉 미래를 기반으로 자신의 복원과 보존을 요구하는 유기체가 그것이다. 특정한 사회들 속에서 생명의 유지와 재생산이 수단의 차원을 거칠 수 있다는 사실을 우리는 잘 알고 있다.(임금을 통해 노동자가 자신의 노동을 *지속하기 위해 필요한 기본적인 욕구가 충족되는 경우가 바로 이에 해당한다. 사람들은 살기 위해 먹고, 일하기 위해 사는 법이다.*) 그렇다고 해서 지금 우리가 다음과 같은 차원, 즉 기술이 사회적 전체의 조직화를 가져오는 차원과 이 재조직화가 진행되는 과정에서 인간들이 사물들에 의해 매개되는 차원에 위치해 있는 것은 아니다. 실천의 직접적인 운동은 *자신의 물질적 환경을* 자신의 생명에 유리하게 작용할 수 있는 타성태적 요소들의 조합으로 만들고자 하는 하나의 유기체의 운동(하나의 조직화된 집단의 운동)으로 남는다. 이처럼 모든 환경적 요소에 대한 근본적이고 실질적이지만 한편으로는 추상적인 통합으로서의 실천적 장은 가능한 수단들의 총체화이거나 혹은 같은 말이 되겠지만 실질적 수단들의 모체인 것이다. 이와 같은 통일성 속에서는 모든 것이 가능한 수단이다.(동시에 가능한 위험이기도 하다.) *왜냐하면 이 통일성은 그 자체로 생명의 두 계기 사이의 이질적인 매개이기 때문이다.* 따라서 매개, 환경, 중재자 그리고 수단과 같은 네 가지 단어는 하나의 동일한 실체, 즉 타성태적 외면성을 가리킨다. 특히 이 외면성이 자기-밖-세계-내-존재로서의 유기체적 내재성을 조건 짓고, 투기의 초월성이 유기체의 수난을 통해 우선적으로 이 외면성을 조건 짓는다는 점에서 그러하다.

결론: 유기체의 보존,
행동의 비가역적 결정 작용

    내가 행동과 기계들을 역사적 장과 포괄적 총체화의 종합적 내면성 속에 다시 삽입하려고 시도했던 것은 아니라는 점을 이미 밝힌 바있다. 만약 그랬다면 단일한 장의 내부에 있는 것으로서의 모든 외면적 과정이 내재적 관계를 통해 다른 모든 과정과 모든 행위 주체와 연결되어 있다는 점을 밝힐 수도 있었을 것이다. 한편 우리는 이미 공동의 실천적 장 속에서 전형적이라고 할 수 있는 *이와 같은 원거리의 행동*에 대해 이야기한 바 있다. 하지만 우리는 이 주제로 되돌아가지는 않을 것이다. 그 이유는 간단하다. 서로 다른 변증법적 장들을 통해 이루어지는 행동의 복합적인 전개는 본 연구의 대상이 아니기 때문이다. 지금의 시점에서 우리에게 중요한 것은 인간적 실천 ― 우리가 이해할 수 있는 유일한 것 ― 을 그 개별성이 지닌 즉각적이고 본질적인 단순성 속에서 정의하는 것이다. 이 말을 통해 내가 의미하는 바는 다음과 같다. 즉 실천적 다수성들에 대한 이론의 형식적 요소들을 제공하는 것을 목표로 하면서 우리는 본 연구를 통해 하나의 실천, 즉 인간들의 실천을 발견했다는 것이다.[218] 실천의 또 다른 가능한 유형들은 알려지지 않은 채로 남아 있으며, 그 형식적 미분화 속에서 추상적으로만 겨냥될 수 있다. 만약 우리가 ― 인간적 경험 속에서,

---

218 우리는 행동이나 활동을 특정한 곤충들이나 포유류들의 행동 전체를 가리키는 것으로 이해할 수도 있다. 심지어 활동이라는 것이 단세포 생물들과 함께 지구상에 나타났다고도 말할 수 있다. 어쨌든 이 활동이 제기하는 문제들은 실천적 다수성들의 존재가 제기할 수도 있는 문제들과는 공통분모를 가지고 있지 않다. 왜냐하면 후자의 경우 그 기술적 발전이 우리의 발전과 동등하거나 우월할 수 있기 때문이다. 하지만 유기체들과 실천적 문제들 사이의 차이로 인해 이 기술적 발전은 우리의 발전과는 서로 다른 방향으로 설정되어 있는 것이다.(원주)

그리고 급진적인 방식으로 — 서로 다르게 조건화되어 있고, 실천의 다양한 종류들을 통해 초월되는 다양한 다수성들이 존재할 수 있는 형식적 가능성을 설명하고자 한다면 그 방법은 오직 하나밖에 없을 것이다. 즉 우리의 실천이 우리의 삶의 조건과 맺는 관계들에 대한 실증주의적 이해를 통해 오늘날 *우리의* 행동의 특수성을 만들어 내는 것을 강조하는 방법이다. 달리 말하자면 인간의 실천이 특정한 사실성으로부터(오늘날의 우리에게 있어서 우리의 우연성의 필연성이 갖는 우연적 형태로부터) 빠져나와 스스로 구성된다고 할 때, 우리는 이 인간의 실천을 그 결정 작용(즉 그 한계들) 속에서 전적으로 이해할 수 있을 것이다.

그런데 우리는 앞의 지적들을 통해 한편으로는 모든 실천을 특징짓는 여러 특성, 예컨대 초월성(유기체가 타성태와 맺는 관계에 의해 그것이 필연적으로 정의되지 않는다 할지라도), 종합적 통일성, 시간화, 총체화, 그리고 끝으로 **행위, 존재, 지(知)**의 법칙으로서의 **변증법적 이성**을 밝힌 바 있다. 하지만 나아가 이 지적은 사실성으로부터 출발하여 이 도식들의 특수한 결정 작용을 통해 역사적 행위 주체들로서의 우리의 행동을 개별화시킬 수 있었다. 이 행위 주체들은 현재에 속하거나 인식 가능한 과거에 속하는 인간들이기 때문이다. 또한 우리가 이 간략한 원고를 결론 맺으면서 여기에서 다시 한 번 반복하고자 하는 것은 바로 이와 같은 전체에 대한 결정 작용이다. 물론 우리는 이 전체의 결정 작용과 또 다른 실천적 다수성들(실재하든 아니면 형식적으로만 가능하든 간에)이 *어떤 점에서, 그리고 무엇을 통해* 다른지는 분명하게 알 수 없을 것이다. 하지만 우리는 이 다수성이 자신들의 행위를 모든 가능한 실천의 개별화로 만들어 내는 이유만큼은 알 수 있다.

우리는 이미 다음 사실을 잘 알고 있다. 만약 외부적 세계 속에서 희소성의 장에 참여한 하나의 실천적 유기체가 자기 밖에서도, 그리고 자기 안에서도 광물적 실재를 토대로 삶의 종합을 재생산해 내지 못할지라도, 이 유기체가 외면성을 조건 짓고, 이 외면성에 수동적 종합을 통해 타성태적 목적, 삶을 보존하려는 타성태적 관심을 전달하기 위해 스스로 외면화된다는 사실이다. 또한 우리는 다음과 같은 사실도 잘 알고 있다. 즉 유기체와 비유기체 사이의 매개로서의 행동이 완전히 동시에 이 둘 모두라는 사실, 외부로부터 타성태적 조직화를 만들어 내는 유기체의 타성태라는 사실, 그리고 사람들은 이 행동을 자신의 의도에 따라 타성태적 부분들로 나눌 수 있거나(테일러화 따위) 혹은 이 행동을 고아의 초월적 통일성 속에서, 즉 자신의 최종 목표, 즉 생명의 보존에서 출발해서 포착할 수 있다는 사실이 그것이다.

요컨대 인간이 역사와 *우리의* 역사성에 대한 최초의 결정 작용을 실현한다는 점에서 보면, 바로 이것이 인간적 실천이 갖는 근본적인 특징과 그 개별성이다. 방금 지적한 대로 인간적 실천은 생명의 보존[219]이라는 극복할 수 없는 하나의 목표를 갖는다. 달리 말하자면 실천은 근본적으로 비유기적 환경을 통해 유기체가 자기 자신과 맺는 관계다. 그리고 이 목적을 달성하는 경우 이 관계는 제거된다. 잠시 후에 헤겔과 마르크스에게 그토록 소중한 객체화에 대해 다시 살펴볼 것이다. 하지만 자신의 생명을 재생산하는 유기체는 타성태 이외의 다른 곳에서는 객체화될 수 없다는 사실, 그리고 어쨌든 그 자신의 회복이나 구원에서는 절대로 객체화되지 않는다는 사실을 지적해 둘

---

219 어느 날 인류가 희소성이라는 멍에로부터 해방된다면 이와 같은 목적이 극복 불가능한 것으로 남아 있다고 단언하게 해 줄 것은 아무것도 없다. 하지만 다른 한편 우리가 기술하는 것은 우리의 **역사**──욕구의 역사──이고, 만약 언젠가──"전(前) 역사"에 대한 지양으로서──또 다른 역사가 존재하게 된다면 이 역사 역시 우리에게 또 다른 행성에 사는 또 다른 종류의 생명체의 역사와 마찬가지로 미지의 것으로 남으리라는 것은 분명하다.(원주)

필요가 있다. 실제로 이 유기체가 하나의 행위 — 그것이 어떤 행동이든 간에 — 가 자신의 생명을 재생산하는 데 성공한다면 — 즉 예컨대 영양을 보충하는 것과 같은 — 이 유기체는 욕구로 인해 벗어났던 기능적이고 순환적인 통일성으로 되돌아가게 된다. 그리고 이 통일성 자체는 살아 있는 것이기 때문에 이 통일성을 가능케 했던 타성태적 종합들에 대한 그 어떤 흔적도 보존하고 있지 못하다. 이런 관점에서 행동은 근본적으로 부정의 부정이며, 그 결과 속에서 사라지게 된다. 그 결과 유기적 생산물들을 동화시키는 유기체의 입장에서 보면 이 생산물이 이 유기체의 능력 범위 안에 놓여 있든 이 생산물들을 얻기 위해 스스로 *행위 주체로 변화하든* 간에 사정은 마찬가지인 것이다. 하지만 행동을 통해 기관들이 변화된다고 말할 수도 있다. 이것은 사실이다. 하지만 이 문제는 다시 지적하게 될 것이다. 지금으로서는 단지 이 행위가 갖는 첫 번째 성격을 지적하도록 하자. 즉 이 행위는 상대적이고 일시적이며, 생명에 의해 통제된다는 것이 그것이다. 이 행위는 이 행위 자체를 자기 안에 용해시키는 생명 속에서 사라진다. 이것은 생명이 행위의 타성태적 존재를 재용해시키고 재동화시키는 것과도 같다. 어쨌든, 그리고 현재 우리가 무엇을 발견할 수 있건 간에 행동이 갖는 이러한 덧없는 특징, 즉 유기체에 의해 그 자체 내에서 만들어지고 유지되었다가 사라지는 비유기체성은 이 행동의 본래적이고 근본적인 결정 작용으로 남게 된다. 우리는 이와 같은 특징을 감출 수는 있지만 제거할 수는 없다.

하지만 이와 같은 행동 자체는 지양이 이상적인 것이 아니라 *현실적인* 경우에만 하나의 목적을 향해 이루어지는 이전의 상황들에 대한 지양일 뿐이다. 즉 이 행동이 실천적 장의 통일성 속에서 물리 화학적 과정의 엄격한 방향과 부분적이고 타성태적인 단위들(개별적 수단들로서)의 결정 작용을 통해 실현되어야만 하는 것이다. 이렇게 실현된 수동적 종합들은 유기적 욕구가 만족된다고 해서 필연적으로, 그리고 심지어는 빈번하게 분해되는 것은 아니다. 이와 반대로 이 수동적 종합들은 정확히 다시 이용될 수 있기 때문에 종종 분해되지 않은 채 남는다. 그런데 우리는 물질적 조합의 수동적 단위가 즉자 존재 내에서까지 그 목적론적 특성의 절대적인 표지였다는 사실을 이미 지적한 바 있다. 이처럼 유기체에 의해 재흡수된 행동은 비유기체적 장 속에서 절대적 실재들을 만들어 낸다. 이 행동에 의해 객체화되는 것은 바로 이 비유기적 실재들이다. 객체화에 성공하는 순간 행위 주체는 유기체에 의해 용해되는 동시에, 비유기체에 의해 수동적 종합의 형태로 보존된다. 더 자세히 말해 그 자체의 타성태적 결과에 의해 연장된다는 점에서 보면 이 행동은 유기체와 맺는 단순한 "기계적 종속" 관계가 된다. 열기가 유기체를 위해 생명의 환경을 제공한다는 점에서 보면 이 열기는 곧 행동이다. 하지만 이와 같은 일의적이고 종합적인 관계(유리한 환경 속에서 이루어지는 유기체의 기능적 발달)는 그 자체로는 하나의 행위와 관련된 것은 아무것도 없다. 오히려 그 반대다. 즉이 관계는 생명에 사용되는 타성태인 것이다.

하지만 이와 같은 "실현들"이 대자적으로 정립되고 ― 내재성의 관계를 통해 ― 실천적 장 내부에서 다른 대상들과 사람들에게 원거리에서 변화를 가한다는 점을 고려해 볼 때 각자와 모든 사람의 행동은 행동 자체의 산물들에 의해 재조건화된다. 즉 *타성태적* 요구들이 전개되며, 이 요구들을 재조정하고 수정하고 감시하는 조치를 해야만 하는 것이다. 그렇게 되면 이번에는 행동들이 타성태에 의해 즉각적으로 통제된다. 물론 이 행동들은 이 지양 불가능한 목적들과 관련해서만 의미를 가질 뿐이다. 이 요구들을 무시함으로써 다소 짧은 기간 내에 죽음의 위험을 무릅쓰지 않는다면 무엇 때문에 물질이 바라는 수동적 요구들을 충족시켜야만 한단 말인가? 그럼에도 불구하고 수동적 요구의 차원은 실천적 장의 차원에서 생산물들 사이에서 생산물들에 대해 내려지는 결정 작용 그리고 생산된 산물들에 의한 인간들에 대한 결정 작용을 통해 구성된다는 사실은 의심의 여지가 없다. 우리가 실천적 타성태가 나타나는 것을 보게 되는 것은 바로 이 차원에서다. 또한 집단들이 이와 같은 딱딱한 껍질을 깨부수기 위해 스스로 형성되는 것 또한 이 차원에서다. 여기에서 이 모든 것이 우리의 관심을 끄는 것은 오직 그 목적에 의해 흡수된 행동이 그와 반대로 자기 자신을 위해 유지되고 연장되고 정립된다는 것이며, 결국 그 생산물의 요구 자체들에 의해 전개된다는 것이다. 이 생산물들 가운데서도 유기체와의 불평등을 강화하는 행위 주체가 존재한다. 즉 행위 주체의 직능상의 왜곡은 노동을 통해 스스로를 규정하고, 이 행위 주체의 기술적 능력은 ─ 이 기능들에 어떤 영향력을 미치든 간에(야간 작업은 시간과 잠의 질을 변화시킨다.) ─ 그 자신을 새롭고, 실천적이며, 비기능적인 하나의 *존재태*를 구성하게 된다. 이처럼 *유기체 자체* 속에서 행위 주체는 이중적 지위를 갖는다. 즉 행위 주체는 행동하는 것으로서는 용해되지만 존재태로 남아 있으며, 살아 있는 종합에 의한 수동적 종합으로써 스스로를 지탱하게 된다. 이와 동시에 합리적인 기계와 타성태적 **이성**의 점진적인 복잡한 양상은 행위의 기반으로서의 유기체를 점차 제거하려는 경향이 있으며, 결국 행위 주체를 그 생물학적 기원에 의해서라기보다는 타성태적 결집들에 대한 실천적인 초월을 통해 규정하려는 경향이 있다. 요컨대 모든 것은 새로운 존재인 *행위 주체*가 전적으로 근원적인 구조들을 가지고 자신의 기원이 되는 유기체로부터 떨어져 나왔던 것처럼 일어난다. 실제로 사회 노동의 분화가 갖는 결과는 특정한 행위 주체가 (예컨대 촛대나 성스러운 물건들을 만드는 공장의 노동자라면) 생명의 재생산과는 직접적인 연관 없는 하나의 행동에 대해 보상을 받게 되는 것이다. 결국 이런 행위 주체는 자신에게 고유한 목적을 초월 불가능한 것으로, 그리고 자신의 고유한 객체화를 자신이 존재하는 현실 자체로 제시하려는 경향이 있다. 착취가 이루어지는 사회들에서 이 두 가지 예만 고려하더라도 이 행위 주체는 절대적인 무상성 속에서(예컨대 예술, 놀이, 스포츠, 부르주아 도덕주의자들이 행하는 무상 행위 등등) 이루어지는 활동들을 탐닉하는 지도 계급의 특정한 구성원들에 속하게 된다. 이 차원에서 행동은 자율적이라고 여겨진다. 즉 행동은 그 목적으로부터 자신의 법칙을, 실천적 장으로부터 결정 작용들을 받아들이게 된다. 행동하는 것은 인간의 고유한 기능인 것처럼 보이며, 실천적 관념론은 이 행동을 지탱하는 유기체와 대자적으로 정립되는 행동을 근본적으로 구분한다.

하지만 이와 반대로 다음과 같은 사실들을 관찰해야 한다.

(1) 대자적으로 정립되는 행동은 하나의 수동적 종합을 만들어 낸다는 사실이다. 즉 이 행동이 스스로에게 부여했던 절대적 목적이 실제로 이 행동을 엄격히 정의한다는 것이다.

(2) 이 행동의 주체는 주어진 수동적 종합에 의해 객체화로 정의되며, 행동은 그 반작용을 통해 직업적 왜곡(직업 때문에 발생하는 질병과 사고 역시 마찬가지이다.)을 기의로 삼는 기표가 된다. 이것은 곧 이 수동적 종합이 실증주의적 이성을 낳으며, 한편 유기체의 비유기체적 이미지를 인간에게 반영하는 로봇이라는 것을 의미한다. 결국 외면성 속에서 외적 관계로 정립되는 행동은 목적들과 맺는 관계를 상실하게 될 것이다. 왜냐하면 *어떤 것도 외면성의 세계*(분할되지 않는 목

적들의 세계)에서는 또 다른 목적들과 관련하여 하나의 물질적 조합을 유리하게 해 줄 수 없기 때문이며, 또한 가능한 과정들을 다른 과정들보다 *선호하는 것으로* 구성해 줄 수도 없기 때문이다. 그렇기 때문에 우리가 저것보다 이것을 *선호할 수 있는 관점들*이란 더 이상 존재하지 않는다.

(3) 이처럼 즉자-목적의 세계(비활성적 종합들로서)는 충분히 존재하지 못한다. 그리고 이 세계가 끊임없이 형성된다 할지라도(게다가 사회적 실천의 계층화되고 다양한 여러 수준 속에서) 이 세계는 다음과 같은 이중의 토대와 관련해서만 존재할 뿐이다. 즉 *행동에 대한 초월적 목적으로서의 유기체의 영속화,* 그리고 모든 수단이 목적을 향하는 *창조적 초월의 법칙이자 자기 안에 모든 타성태적 종합을 용해시키는 것으로서의 변증법 자체*가 그것이다.

(4) 바로 이것이 우리가 실천적 타성태를 발견하면서 확인할 수 있었던 바다. 실제로 이 차원에서 우리는 행동이 그 산물들로부터 소외된다는 사실을 목격한다. 또한 행위 주체들 사이의 타성태적 매개로서, 그리고 산물들을 만들어 냈던 행위 주체의 타성태적 재생산으로서 전개되는 반목적성들을 통해 이 생산물들이 반인간적인 요구로 나타나고 있다는 사실, 즉 타성태가 유기체들이 스스로를 희생해야 하는 목적으로 제시되는 것을 목격하는 것이다. 산업 사회에 있어서 행위 주체는 *기계를 위해* 존재하며, 노동력으로서의 그의 노동 자체는 *에너지* 양의 자격으로 시장에서 판매된다.

하지만 보다 정확히 말해 실천적 타성태가 가능하고, 타성태의 요구들이 하나의 의미를 갖게 되는 것은 결국 *경제 과정과 노동 조직화의 전체가 유기체의 보존과 관계되기* 때문이다. 물론 이것을 통해 고려된 전체를 지배하는 법칙들이 한정된 상황들 속에서 생명을 앗아

가는 재앙적인 "위기들"을 만들어 낼 수 없다는 것을 의미하고자 하는 것은 아니다. 또한 지배 계급들이 육체노동자들의 *현재 있는 그대로의* 생을 보존하는 데 *관심을* 갖는다는 것을 의미하지도 않는다. 단지 사회적이고 거대하고 육중한 사회, 경제적 기계가 욕구들에 *의해* 지탱되고, 조건 지어지고, 작동되는 경우에만 실천적 타성태, 억압, 착취, *이와 같은* 소외가 가능할 것이라는 사실을 의미할 뿐이다. 임금에서 얼마만큼의 몫을 착취당한다 할지라도 노동자가 자신의 노동력을 파는 것은 결국 *살기 위해서다.*(다시 말해 임금을 받아서 그것을 소비하여 살아가기 위해서다.) 그리고 만약 기계들이 이 노동자에게 명령을 내리고, 그에게 있어서 절대적 목적이 되는 경우 이 노동자가 자신의 삶을 영위하는 행위가 문제가 되는 것은 결국 회소성이라는 환경 내에서다. 반대로 *무상적* 노동, 즉 그 자체로 목적을 정립하는 것처럼 보이며, 전적으로 노동자를 만족시킬 수 있는 노동, 예컨대 예술가들 ─ 화가나 조각가의 열정이 어떠하든지 간에 ─ 의 노동은 근본적으로 *삶의 수단*일 뿐이다. 여기에서 화가가 무엇을 느끼고 생각하는지는 별로 중요하지 않다. 결국 예술가가 살기 위해 자신의 그림을 팔고, 팔기 위해 그림을 그린다는 것은 사실이다. 이 말을 잘 이해할 필요가 있다. 즉 예술가는 *예술을* 통해 자신의 욕구의 만족과 직접적으로 연결되어 있지 않은 특정한 문화적 목적들(우리는 여기에 대해 다시 살펴볼 것이다.)을 추구할 수 있고, 추구해야만 한다. 하지만 ─ 앞으로 살펴보게 되겠지만 ─ 예술의 실제적 목적이 유기체와 욕구를 재발견하여 새로운 형태의 문화적 장 속에 통합하는 것일 뿐만 아니라[220] 희소성에 의해 조건 지어진 사회 속에서 이 예술은 예술가의 욕

220 이 책의 원고는 예술 부분에 대한 이와 같은 성찰이 제대로 시작되기도 전에 끝나고 있다. 우리는 예술에 대한 성찰을 『집안의 천치』(3권)에서 찾아볼 수 있다. 좀 더 구체적으로 말하자면 플

구 만족을 생계유지의 수단으로 삼는 노동이기도 하다. 이때 예술은 예술가의 욕구를 충족시키는 수단으로 선택된 것이다. 바로 이와 같은 사실이 그림이나 조각이 갖고 있는 의미 속에서 즉각적으로 드러나는 것이다. 이와 마찬가지로 착취로 인해 소외된 세계 속에서 우리는 — 욕구의 만족이 보장될 때 — 실천적-타성태의 조건들(예를 들면 이해관계 혹은 이익들)이 유기적 요구들로 대치되는 것을 이미 살펴본 바 있다.[221] 의식주 면에서 흡족하게 지내는 제조업자는 *자신의 이익*을 추구한다. 즉 그는 자신의 재산(공장과 기계들)과 하나가 되고, 따라서 재산으로부터 생겨나는 요구에 복종하게 된다. 하지만 이 제조업자가 직공들에게 지급하는 임금은 이 직공들의 삶을 유지하는 데(사실인즉 수동적 종합들의 생산을 유지하기 위한 수단으로서) 소용된다. 그뿐 아니라 이 제조업자의 이익의 토대는 그 자신의 유기적 삶 자체로 남아 있다는 사실을 덧붙여야 할 것이다. 왜냐하면 희소성과 경쟁의 세계에서 그의 삶은 기계의 요구에 즉각적으로 응해야 하기 때문이다. 행위 주체와 기계의 실천적 등가로서의 실천적-타성태는 계속해서 더 복잡해져 가는 수단과 더불어 항상 동일하고, 극복할 수 없는 하나의 목적, 즉 삶의 지속화를 추구하는 하나의 행동의 기반 위에서만 형성될 수 있다. 정확히 말해 실천적-타성태의 *현재* 형태들이 스스로의 모순으로 인해 가능한 많은 사람의 삶의 지속화를 불가능하게(혹은 점점 덜 가능하게) 만드는 경향이 있을 경우 이때 욕구의 이름으로 집단들은 이와 같은 형태를 깨뜨리거나 부분적으로 변화시키기 위해서 조직화된다. 역사적 의미 작용의 특정 차원에서 볼 때 **부르**

로베르와 그의 동시대 몇몇 작가들에게서 나타나는 **예술**−신경증을 당대의 사회적 모순의 구현으로 해석하는 부분에서 볼 수 있다.(편집자 주)

221 1권, 제1서, C, 498쪽 이하 참고.(편집자 주)

주아 혁명은 **구제도**(토지 귀족, 봉건적 소유권, 지역 분권주의 등등) 하에서 나타났던 생산관계들과 생산력의 증대(산업 기술, 중상주의적 보편주의, 부르주아 계급의 경제력) 사이의 모순으로 실현될 수 있다. 이 모순은 그 자체가 기원이자 표현이었던 기근이 없었다면 이 혁명의 모태가 될 수 없었다. 6월과 10월[1789년] 사이에 부르주아 계급이 혁명의 초기 단계에서 승리를 거둘 수 있었던 것은 민중들에게 빵이 부족했기 때문이다. 달리 말하자면 비둘기가 그 자신을 지탱하는 공기가 없다면 더 편하게 날 수 있을 것이라고 생각한다는 칸트의 주장과 마찬가지로 자신의 몸과 욕구[에 대한] ― 직접적이건 간접적이건 간에 ― 민중의 의존이 없었더라면 행위는 더욱 순수하고, 그 목적은 더욱 엄격했으리라고 생각할 수도 있다. 하지만 사실은 정확히 그 반대다. 즉 욕구가 없다면 행위도 없을 것이고(적어도 유기체와 사물들의 현 상태에서는), 또한 행동하고자 하는 꿈조차 갖지 못했을 것이다. 결국 가장 추상적이고 가장 자율적인 목적이 욕구로 인해 그 내용과 긴급성을 얻게 되는 것이며, 욕구가 사라지게 되면 목적과 그것의 자율성 또한 사라지게 될 것이다.

이처럼 이론적으로 보아 인간적 활동의 자율적인 영역을 대상으로 삼는 모든 연구는 경험을 통해 이 영역을 지배하는 법칙들을 명백히 결정지을 수 있어야 한다. 하지만 이와 같은 활동을 유기체와 욕구들의 총체 ― 활동은 결국 이것들과의 관련하에서 이루어진다 ― 와 결부시키지 않는다면 우리는 그 어떤 결과도 얻지 못할 것이다. 또한 실천적 통일성의 내부에서 이루어지는 자율적 상호 조건화 속에서, *이와 동시에* 하나의 욕구에서 생겨나 그 욕구에 의해 정의되며 타성태적 외면성으로부터 최초의 다양한 결정 작용들을 받아들이는 실천의 전개로서의 *심층부에서* 이 활동을 지배하는 자율적 법칙들을 설명하지 못할 경우도 사정은 마찬가지다. 실천적 영역들의 상대적인 자율성과 욕구에 의해 이루어지는 행위 전체의 결정 작용 — 이때 행위는 욕구를 충족시키기 위해 그것을 지양하고 그 자체의 긴급성과 유일한 현실로서 그 자체 내에서 욕구를 보존한다 — , 바로 이것들이 사적 유물론의 토대이다. 분명 문제가 되는 것은 *인간적 행위*다. 왜냐하면 희소성의 제거를 통해 단순한 유기적 기능으로의 회귀를 위해 모든 실천이 제거되는 결과가 발생한다고 단언케 해주는 것은 아무것도 없기 때문이다. 하지만 이 이중의 결정 작용은 이와 같은 유물론의 근본적 가지성으로 나타난다. 우리는 이 결정 작용을 그 기원에서 살펴보았고, 여러 상황으로부터 그것이 생겨나는 것을 또한 목격했으며, 심지어는 그 기원으로부터의 움직임을 추적할 수도 있었다. 유기체가 내적으로 체험한 희소성은 유기체에 대한 부정적 결정 작용으로 생겨나는 비유기체다. 그리고 유기체 전체가 결핍에 의해 변화된다는 점에서 보면 이 결핍은 곧 *욕구*다. 하지만 비유기적 상황을 통해 자신의 제거를 절대적 목적으로 정립한다는 [점에서 보면] 이번에는 욕구가 *행동의 물질성*, 실재, 근거, 실체, 긴급성이 된다. 욕구를 통해 개인 — 그가 누구이든지 간에, 그리고 그의 행위가 아무리 무상적이라 할지라도 — 은 직접적 혹은 간접적으로 자기 자신을 위해, 혹은 타자들을 위해 죽음의 위협을 무릅쓰고 행동하는 것이다.

(5) 하지만 행동의 진정한 구조는 **실증주의적**(혹은 결합적) **이성**을 통해서는 포착될 수 없다. 다른 한편 이 행동을 그 고유한 현실 속에서 완전히 결정하게 하는 것, 즉 이 행동을 이해하게 하는 것은 이 행동의 산물 속에서 나타나는 소외된 객체화도 유기체(이 유기체가 이 행동을 출발점에서부터 근거 짓든 혹은 종착점에서 이 행동을 다시 흡수하든 간

에)에 대한 의존적인 관계도 아니다. 유기체와 비유기체 사이의 매개로서의 행동은 유기체도 비유기체도 될 수 없다. 행동이 이 두 가지 상태의 통일로 나타날 경우 이 통일성은 그 자체로 완전히 새롭고, 변증법적 연구를 통해서만 드러날 수 있는 하나의 상태가 될 것이다. 실제로 놀라운 점은 행동이 추이적인 반면 타성태는 지속적이고(변화와 마모가 외부로부터 타성태로 오기 때문에) 유기체는 반복적이라는 사실이다. 사실 통일성은 외적 변화들(물리 화학적 변화들)을 통해 순환적 [운동]의 갈등으로부터 생겨난다. 순환이 여기에 자리 잡고 있는 것은 사실이다. 왜냐하면 최종적 항으로서의 목적은 최초의 항(욕구 이전의 기능)과 동일시될 것이기 때문이다. 달리 말하자면 유기체가 이 과정의 두 극단에 위치하기 때문이다. 단지 이와 같은 투기된 유기체의 복원은 *정확히 말해 비순환적*이라 할 수 있다. 왜냐하면 이와 같은 복원은 실천적 장을 구성하는 타성태적 요소들과는 전혀 관계되지 않는 구성에 종속되어 있기 때문이다. 또한 행위 주체에 의해 이루어져야 한다는 점에서 이와 같은 구성은 유기체가 이 구성을 실현하기 위해 스스로 변화하고, 이 구성의 실현을 통해 변화된다는 점을 내포하고 있기 때문이다. 가장 유리한 가정 속에서조차 복원된 유기체는 *다른 환경 속에서는 다른 모습이* 된다. 오직 유기체와 환경의 관계만이 동일한 것으로 남을 수 있다. 외적 과정의 비가역성은 찢기고 폭발된 순환적 [운동]에 의해 생산되고 통제된다. 이런 점에서 이 비가역성은 동일자로부터 일탈된 재생산을 향해 이루어지는 하나의 여건에 대한 극복 속에서 실천적 통일성이 되고, 달리 말하자면 행동의 존재론적 지위가 된다. 이처럼 우리는 그 일차적 계시 속에서 진행 중인 과정으로서의 행동이 결코 통일성이 될 수 없으며, 단지 통합 작용이 될 뿐이라는 사실을 이해하게 된다. 이 사실은 각각의 계기가 뒤따르는 계기 속에서 자신의 통합을 발견하게 되는 하나의 다양성으로 나타난다는 사실을 의미한다. 이것은 비록 이 각각의 계기가 이미 이전의 다양성을 통합한 것으로 나타난다고 할지라도 그러하다. 왜냐하면 전체적 통합은 유기체의 복원이어야 하기 때문이다. 이런 관점에서 행위 주체와 그의 행위가 생산된 대상을 통해 정의되기 때문에 실천이 완전히 중지되었다는 것은 통합 작용의 실질적인 움직임에 대해 수동적 종합으로 인해 활동 능력을 상실한 통일성을 부여한다는 점을 쉽게 이해할 수 있다. 사실 시간화가 진행되는 동안에는 이어지는 계기에서 한층 더 고양된 통합의 차원 속에서 재발견되고, 이 계기와 차후의 계기 사이에 맺어지는 관계로부터만 그 *의미*(수동적 초월성과 같은)를 끌어내는 특정한 물질적 조합이 문제가 될 뿐이다. 행위를 소외시키는 정지, 즉 행위 자체의 중지는 사회 제도에서 기인할 수 있다. 기술과 사회적 역사의 어느 특정한 시기에 임금 노동은 노동자들 사이에서 분화되는 임무들로 정의된다. 하지만 이 임무 중 어떤 것도 단독으로는 노동자들의 기도의 총체화를 구성할 수 없으며, 대부분의 임무는 결국 일차적인 행위로 환원된다. 시간당 시계에 박아 넣는 시곗바늘의 수에 따라 *자신의 행위 주체로서의 현실 속에서* 체제에 의해 규정되는 인간, 그리고 욕구를 만족시켜 주는 수단들에 따라 *자기 자신의 유기체적 속성 속에서* 체제에 의해 규정되는 인간은 소외되고 사물화한다. 즉 그는 하나의 타성태적 종합인 것이다. 하지만 *정확히 말하자면* 실천은 그만이 아니라 다른 모든 사람에게서 바로 이와 같은 수동적 종합에 그치는 것을 거부한다. 행동은 물질로 인해 (인간에 의해서도 마찬가지다.) 발생한 그 자체의 소외에 대항하여 싸운다. 왜냐하면 이 행동은 그 자체 내에서 통일성의 모든 형태를 지양하는 통합적 시간화로 변증법적으로 정립되기 때문이다. 이처럼 변증법은 행동 속에 들어 있는 진정으로 비가역적인 그 무엇으로 나타난다. 타성태적 종합과 기능적 통합 사이에서 변증법은 통합시키면서 스스로 통합되기 위해 스스로를 통합하고, 이 변증법을 통해 얻은 결과 ── 그것이 무엇이든 간에 ── 를 통해 스스로 정의되길 거부하는 시간화하는 종합의 존재론적 지위를 분명하게 보여 준다.[222]

---

222 우리는 앞의 C 부분을 이루는 81쪽 분량을 따로 분리해서 편집했다. 왜냐하면 실천에 대해 부분적으로 요약하고 있는 이 부분은 독자적인 연구의 형태를 띠기 때문이다. 하지만 처음에는 실천이 갖는 특징, 즉 생명 창조의 불가능성에 관계된 총체화의 존재론의 한계에 대해서만 언급했다.(560쪽 참고.) 이 부분은 통시적 총체화의 문제를 제기하려고 했던 2부로의 이행 과정으로 고려했을 수도 있다. 우리는 실제로 사르트르가 역사의 도래를 조건 짓는 것을 그 근본적인 특징으로 하는 구성하는 실천의 시간적 전개에 대해 강조함을 알 수 있다. 하지만 212쪽과 317쪽에서 예고했듯이 소련 사회의 예를 따라야만 하는 비독재적 사회들에서 제기되는 공시적 총체화의 문제는 여전히 다루지 않고 있다.(편집자 주)

부록

다음에 이어지는 연구의 관심사는 사르트르가 이 책의 최종 결말까지 가기 위해 했던 논의의 여정을 엿보게 해 주는 데 있다. 하지만 우리는 이 책을 출간하면서 이 부분을 포함시킬지 주저해야만 했다. 사르트르는 종종 쓰면서 생각한다고 이야기했다. 이것은 도대체 무슨 말인가? 그는 종이 위에 이미 완성되었거나 형성 중인 생각들만을 쏟아 낸 것이 아니다. 오히려 추론의 여러 가능성을 지속적으로 탐구해 나갔으며, 난관에 봉착했을 때 자신의 시도를 수정하려 하지 않고 일거에 이전까지의 추론을 그치고 또 다른 종이에 자기 자신과의 대화를 백지상태에서 다시 시작하곤 했다. 따라서 이 부록이 갖는 의미는 다른 어느 철학자들에게서보다도 더 유보적이어야 할 것이다.

A. E.-S.

역사적 사건[223]

　역사적 사건은 우리의 고유한 과거(1939년 발발한 전쟁은 우리의 과 거를 고지식한 것으로 만들었다.), 즉 *그 의미 작용*을 변화시키는 결과를 가져온다. 요컨대 절대적인 것이었던 *체험*을 체험된 현실과 구분하는 결과를 초래한다. 또한 역사적 사건은 과거에 절대적으로 여겨졌던 것을 하나의 환상으로 취급되게 만들었다. 우리가 역사적 사건을 수 동적으로 겪었든지(1939년의 경우가 그러하다.) 혹은 우리가 그 사건을 촉발했든지 혹은 우리가 그 사건에서 실패를 겪었든지(사실상 우리는 실패의 원인을 음모의 탓으로 돌리게 된다. 또한 실패의 원인이 덜 우연적일수 록 비난의 강도는 더욱 강해지기 마련이다. 이때 실패한 자는 자신의 삶을 하나 의 신화처럼 체험한 자로 여겨진다.) 혹은 성공을 거두었든지(이때 승리는 다른 사람들의 몫이다. 그리고 그는 자신이 추구하는 것을 다르게 바라본다. 즉 승리의 이면에 감춰진 실패로 바라보는 것이다.) 간에 이와 같은 사실은 변 함이 없다.

　그러므로 역사적 사건은 그것이 어떠한 것이든 간에 우리의 과거 에 변화를 가져다준다. 왜냐하면 이 사건은 예견되지 않았던 사건이

223　2권 텍스트의 제목과 소제목은 모두 우리가 임의로 붙였다. 하지만 부록에서는 저자 자신이 성 찰의 주제들을 명시하고 있다. 우리가 임의로 붙인 제목은 괄호로 표시했다.(편집자 주)

기 때문이며, 혹은 예견되었다 할지라도 여전히 예기치 못한 요소를 갖고 있기 때문이다. 그런데 이와 같은 과거는 지양된 것인 동시에 우리의 뒤에서 만들어져 우리에게 도움을 주는 본질(지양의 발판)이다. 우리는 이 과거를 우리 자신의 삶 속에서 변화시킨다. 일반적으로 말하자면 — 위기, 모험, 사고 등등을 제외할 경우 — *지속적으로* 변화시킨다. 역사적 사건이란 마치 샤를 보바리[224]가 편지들을 발견하는 것과도 같은 것이다.

이처럼 역사적 사건이 과거를 해체한다는 것은 자명하다. 한편 과거는 곧 *존재*(선험적인 사회적 결정 작용), *본질*(가공된 물질에 의한 자기 자신의 조건화), *서약*(집단에의 소속)이다.

또한 *존재는* 변화한다.[225](예: 가공된 물질의 변형에 의한 숙련노동자의 자격 박탈, 기술적 실업 등등.) *본질은* 전복된다. 나에 의해 가공된 물질은 상황 속에서 다른 의미를 갖게 된다.(무정부주의적-조합주의 노동조합들은 1914년에 대중과 자신들의 무능력을 발견함으로써 스스로를 적응하지 못했던 자, 헛되이 행동했던 자로 파악하기에 이르렀다. 그것도 스스로가 최선을 다해 기능한다고 믿었을 때 그러했다. 그러나 사실은 이것이야말로 자기기만이다. 어떤 식으로든 간에 그들은 제대로 기능하지 못했기 때문이다.) 한마디로 말해 세계라는 외부로부터 나에게 주어지는 변화들로 인해 내밀한 관계에 다름 아닌(지양을 위해 자기 안에 간직했던 부정) 나의 본질에 있어서의 변화를 겪게 되는 것이다. 예를 들어 보자. 이 노동조합원들을 당황하게 하고 변화시킨 것은 「*라마르세예즈*」[226]를 부르는 군중의

---

224 귀스타브 플로베르의 『마담 보바리』의 주인공인 보바리 부인의 남편 이름.
225 이 문장의 여백에 주석이 달려 있었다. 그 내용은 다음과 같다. "역사=피드백. 결과가 원인을 변화시킨다."(편집자 주)
226 프랑스의 국가.

출현이었다. 하지만 조합원들이 이 군중들을 만들어 냈던 것은 아니며, 그리고 군중이 조합원들에게 직접적으로 영향을 주었던 것도 아니다. *서약의 경우에는 우리가 그것으로부터 완전히 자유로운 것은 아니지만* 그렇다고 해서 그 서약을 완수해야 하는 의무를 지는 것도 아니다. 왜냐하면 서약은 애초에 완수가 불가능한 것이기 때문이다. 선택이 남아 있다. 우리는 어쨌든 서약했던 바를 행할 것이다.(예컨대 1960년 1월 드골이 폭도[227]에게 암묵적으로 행한 서약, 즉 집으로 돌아가시오, 알제리는 프랑스령으로 남게 될 것이오라는 서약이 그 예가 될 수 있다.) 우리는 우선 사람들이 자신을 좋아하게 만들기 위해 서약을 지킬 수도 있다. 혹은 우리는 죽음(자살)을 선택할 수도 있다. 이것은 죽음을 통해 변치 않음을 확증하는 것이다. 이때 자살은 **역사**에 대항하는 공격적 행위다. 우리는 **존재**의 절대적 지속성을 선택하는 것이다. 바로 여기에 기만이 자리 잡는다. 즉 우리는 비존재와 미래 **역사**를 *위한-대상-존재*를 선택하는 것이다.

그렇기 때문에 역사적 사건은 내부로부터 내면성을 변화시키는 외부로서 나타난다. 하지만 이때 외면성에 대한 외부의 필연적 행동(실천-폭력)이나 즉각적인 내면화 작용은 동반되지 않는다. 사건은 *마치 도둑처럼 오는 것이다.*

최종 요구: 내가 *다른 사람이 되어야 한다*는 것(나는 그렇게 되지 못할 수많은 여지를 갖고 있다.)은 나 자신을 다른 *사람으로* 만들거나 자살하거나 평생을 자기기만적으로 살아야 한다는 것을 의미한다. ······자기기만: **역사**는 부조리하다. 예: 탈식민화(그리고 지속적 혁명)에 대한 거부. 사람들은 드골에게 배반의 정책이라는 오명을 씌운다.

227 알제에서 "바리케이트의 날" 사건이 있었을 때 드골 장군의 알제리 정책에 대한 유럽 민중의 반응을 말한다.(편집자 주)

기이한 상황: 사람들은 *자격이 박탈되었지만* 이와 동시에 *자유롭고 강력한 힘을 가지고 있다.* 알제리의 유럽인들은 *자격이 박탈되었지만* 저항할 수도 있고, 사람을 죽일 수도 있기 때문이다. 또한 그들은 사람을 죽이면서 스스로 목숨을 끊는 것을 선택할 수 있다.(이것은 그들이 패배했다는 것 그리고 그들 자신이 그 사실을 알고 있다는 것을 의미한다. *존재의 이름으로 행해지는 실천적 변화의 부정으로서의 내면화.*) 하지만 사람들은 자격 박탈을 살아남기 위해 변화시킬 수 있는 *하나의 우연적 사건* — 즉 배신과 같은 — *과는 다른 것으로 여기기*를 거부할 수 있다. 사람들은 현상을 *재정립한다*(5월 13일)는 느낌을 가지고 행동한다.

따라서 역사적 사건은 *과거의 탈존(脫存)에 따라, 즉 내 존재 속에서 나를 변화시킨다.*

미래의 탈존 속에서도 그러하다.

α) 가장 중요한 것: 역사적 사건은 나의 타성태와 수동성 속에서 갑작스럽게 나를 파괴하거나 변화시킬 수 있다. 예를 들어 사람들이 나를 가둘 수 있다. 전쟁의 경우 사람들은 나를 죽일 수도 있다. 나의 관심사는 내가 파괴되는 것이다.

β) 사회적 개인의 실천 속에서 역사적 사건은 나를 *타자*로 만들 수도 있다. 나는 전사가 되며(1940), 내 관심사들도 타자적인 것이 된다. 즉 살해하는 것 또는 살해당하지 않는 것 등등.

이와 같은 사실들은 개인의 삶 속에서 오직 개인에게 국한되는 문제일 것이다. 내 부모의 파산(사회적 사실이기는 하지만 적극적인 의미에서 필연적으로 역사적인 사실은 아닌)은 내 학업을 중단시키고, 나는 생계를 이어 갈 수밖에 없다.

γ) 하지만 무엇보다도 나는 변화되고 또 다른 목표들이 제시되는

하나의 사회에 연루되어 있다. 그렇게 나도 변하는 것이다.

현재의 모습을 유지하면서 반동적인 **역사**의 일반적인 움직임에 의해 변화된 좌파에 속하는 인간(SFIO의 경우. 제2인터내셔널에 속하는 조합주의자(전문 노동자))의 경우, 전문 노동자와 그의 행동 수단의 경우(사람들이 그를 필요로 했기 때문에 일어난 제한적인 파업. 하지만 특수한 기계가 동반될 경우 이 파업은 영향력이 없는 파업이 된다.)에 대중이 *자신들만의* 대응책을 발견한다면 전문 노동자들은 더 이상 특수성을 갖지 못하게 된다. 이 전문 노동자의 파업은 자격 박탈과 기술적 실업을 촉진하는 하나의 함정이다. 따라서 새로운 인간으로 변모하는 길만이 남게 된다. 그리하여 변화된 실천적 장 속에서 다시 살아 나가고, 새로운 행동들을 고안해야 하는 것이다.

δ) 하지만 자유로운 실천적 유기체는 그 자체로 타격을 받는다. 원칙적으로 이 유기체는 *존재, 본질, 서약*을 체계적으로 그리고 변증법적으로 *삭제하는 한* 적응의 자유를 갖게 된다. 시기를 놓치면 이 유기체는 또 다른 사회적 범주(예: 반동적 혹은 좌파에서 *조금 멀어지는*)로 옮겨진다. 하지만 이 상황에서 이 유기체는 그 자체의 이익과 욕구들로 인해 행동하게 되고, 더 이상 유기체의 면모를 유지할 수 없는 대의명분을 옹호하게 된다. 유기체는 이성으로 인해 더 이상 사용되지 않는 추론을 이용하게 된다. *실천적 장의 변화에 의한 실질적 변화.* 즉 이 유기체는 이 실천적 장에 더 이상 존재하지 않는 실천적 추론이나 논거를 찾아야만 하는 의무를 부여받는 것이다. 유기체는 *짐승*의 차원으로 떨어졌다. 그렇지만 유기체는 여전히 총명하고 두드러진다. 사람들은 유기체의 객관적인(내면화된) 어리석은 행동을 보지 못한다.(이 유기체 역시 그것을 보지 못할 것이다.)

이와 같은 근본적인 변화는 *실질적*(구매력 감소, 동원 등등)이고 물질적이다. 실제로 이 변화의 근원은 항상, 그리고 다소간 직접적으로 가공된 물질의 변화와 관련되어 있다. 예: 1914년 이전의 독일의 비약적인 산업 발전은 시장 개척을 위한 제국주의적 분쟁을 야기했다. 그 결과는 전쟁이었다. 패배 이후에 제기되었던 문제는 2차 세계 대전의 원인이 된다. 두 번째 해결책: 여전히 자본주의적인 해결책. 사회 민주주의의 몰락.

이와 같은 변화가 물질적이라는 점에서 보면 이는 우선 개인과 전체의 입장에서는 이해 불가능한 것이다. *이해*는 곧 실천이다. 한편 우리는 실천적-타성태의 차원에 있다. 그리고 실천적-타성태는 개인(최소한의 악)으로 변모하고, 사회적 개인과 자유로운 실천적 유기체를 변화시킨다. 그런데 실천적-타성태는 반변증법적이고 이해 불가능한 것이다. 즉 이것은 실천의 전복이자 반목적성이다. 이처럼 이해 불가능한 것은 이해 가능한 것의 영역으로 편입되고 수정은 비가지적인 절도 *행위*가 된다.

이와 동시에 변화는 타자적인 **타인의** 출현(예: 아랍인들의 지위 향상)이다. 즉 나는 나 자신에 대해 **타자**가 되는데 이는 드러난 *타인*들의 실존으로부터 비롯하는 것이다. 물론 소외는 일상적(예: 노동자)이다. 하지만 소외의 변화는 타자들(동원된 노동자)에게서 비롯한다.

끝으로 나 역시 책임이 있으며, 그렇기 때문에 그 사실을(자기기만에 빠진 식민주의자들을) 느낄 수 있다. 어떤 면에서 나는 마치 도둑처럼 나를 덮치는 외부적 대상을 만들어 내며, 나 자신을 이 대상을 만들어 낸 자로 포착한다.(심지어 좌파에게도: 장군들의 반란[228]은 이 반란이 갖는 준-확실성을 포함하고 있는 행위에 대한 반작용이었다.)[229]

---

228 1961년 4월 알제에서 일어난 반란.(편집자 주)
229 『집안의 천치』, 3권, 434쪽(철학도서관 총서, 갈리마르)에서 기술하고 있는 역사적 사건에 대

시간

역사에는 여러 가지 시간이 있다.

1) 체계의 시간: 자본주의.

2) 부차적 체계들의 시간: 식민주의.

만약 자본주의가 탈식민화의 비용을 지불할 수 있다면 (일시적으로라도, 장기적으로는 불가능할 것이므로) 이 부차적 체계는 자본주의의 내부에서 전복될 것이다.

3) 전체적이고 부분적인 *사건들*의 시간: 알제리 전쟁: 7년이라는 기간이 *필요하다.*

4) 4월에 발생한 군사 반란(3일 만에 성공하든 실패하든)이 보여 준 매우 신속한 시간, 개별적 인간들의 시간.

한 저자의 지적과 비교할 것. 세 권으로 이루어진 『집안의 천치』와 이 책을 비교하며 읽으면 흥미로울 것이다. 사르트르는 『집안의 천치』에서 이 책에서 다루는 주제들을 심화시키고 있다. 특히 3권에서는 플로베르의 신경증에 대한 객관적인 성향, 즉 이 신경증이 사회적 환경과 역사적 사건들에서 기인했다는 해석을 제시한다.(편집자 주)

진보

I. 역사에서의 의미 작용과 의미

α) 우선 이 문제를 해결할 것. 하나의 역사가 갖는 의미 작용이 그 역사의 *의미*는 아니다. 멈춰 버린 하나의 역사(폼페이나 잉카 문명의 역사)는 우리에게는 *의미가* 없다. 이와 같은 역사는 이 역사를 내면성 속에서 체험했던 자들에게 있어서 하나의 의미를 지녔던 것이다. 다만 이 역사가 하나의 *의미* 작용을 가질 수는 있다. 만약 우리가 이 역사를 멈추게 한 요인들의 전부를 발견한다면 그러하다. 이와 동시에 우리는 이 역사를 발전시킨 요인들도 발견하게 된다. 예: 농업 사회, 이 사회의 포화 상태, 인구 증가(대재앙, 기근), 더 이상 작동하지 않는 체계(더 이상의 대응책이 불가능한 제도, 예컨대 저장 따위) *의미* 작용. 의미 내적으로 체험된 것. 농촌 사회에서 의미란 *지속성*이 될 수 있다. 이렇게 이해하자; 원형(이데올로기) 등등과 보존의 실천. 다른 말로 바꾸자면: *의미*란 이데올로기를 통해 목적을 확정 짓는 하나의 실천이다.

그럼에도 불구하고 *의미*는 인간에 대한 전체적 혹은 부분적 개념에 따라 확정된다는 점에서 부분적(결코 허위가 아닌) 혹은 전체적일 수 있다.(예: 보수적 역사들의 *의미* ─ 역사를 부정하는 ─ 는 부분적이다. 이런 의미에서 **역사**는 스스로를 부정하면서 이루어지고, 그 이후 과정으로 이행하기 위해서 실천으로부터 벗어난다.) 이후 우리는 다음과 같은 사실을 보게 된다. 즉 전체적 역사는 욕구와 인간관계 위에 정초된다는 것이다.(다른 예: 고대 세계의 종말. 의미를 가지지 않음. 혹은 슈펭글러[230]식의 의미나 보편적 역사의 의미.)

β) 진보는 하나의 *의미* 작용이 될 수 없다. 진보는 내면성, 즉 총체화의 실천적 조직화 내에서 *체험된다*. 진보는 하나의 *행위*다. 실제로 이 진보는 미래를(믿음-의지의 형태하에서) 포함한다. 동시에 이것은 총체화하는 인식이다. 즉 사회는 *진보 중이며*, 나는 사회의 진보를 지속시킨다.

역사가 하나의 의미를 갖는다면 그것은 변증법적 문제다.[231] 총체화의 구상과 같은 **역사**의 내부에서 이 문제를 고려할 것. 결국 진행 중인 총체화는 의미다. 하지만 이것만으로는 충분치 않다. 왜냐하면 이 총체화는 *바로 이* 총체화(운명, 지속성, 퇴폐와 퇴화, 진보)로 주어져야 하기 때문이다. 그러나 이와 동시에 실천적 의미는 행위 주체를 넘어선다. 즉 도피하는 변증법적 엄격함이 존재하는 것이다. 모든 사람과 마찬가지로 나 역시 **역사**를 만든다. 하지만 내가 이 역사인 것은 아니다. 만약 이 역사가 하나의 의미를 갖는다면 그것은 있는 그대로의 역사의 의미다.[232]

---

230 오스발트 슈펭글러(Oswald Spengler, 1880~1936). 독일의 문명 사학자. 문명은 발생, 성장, 노쇠, 사멸하는 하나의 유기체라고 주장했다. 저서로『서구의 몰락』등이 있다.

231 변증법적 관계, 즉 역사와 진보의 문제에서 사르트르의 생각의 변화를 추적하기 위해서는 1947년의『도덕을 위한 노트』54~71쪽 내용을 참고하라.(편집자 주)

232 (대개는 사용하지 않는) 원고 앞장의 이면에 덧붙인 글은 다음과 같다. "**역사**는 하나의 의미를 갖는가? 하지만 가지다라는 말은 부조리하다. 사실 α) 역사는 만약 그것이 존재한다면 인간의 삶에서 하나의 의미에 대한 지속적인 가능성을 의미한다. β) 의미는 현재의 인간에게 있어서 이 인간이 하나의 역사를 있게끔 한다는 지속적인 가능성을 뜻한다.(편집자 주)

II. 통용되는 의미로서의 진보

사실 역사 속에 진보가 존재하건 아니건 간에 **역사**가 갖는 전체적 의미에 하나의 이름을 부여한다는 사실은 *최초의 의미에 대한 외삽*이다.

그렇다면 진보란 과연 무엇이며(상대적인 것이 아니다. 예컨대 한 예술가의 진보는 절대적이다.), **역사** 내부에서 그것은 무엇인가?

이처럼 근본적인 *개념*은 인지 가능하고 이해 가능하고 체험된 하나의 실재이기도 하다. 이것은 자유로운 실천적 유기체로부터 출발하였을 때 그러하다.

유기체가 자신의 생명을 재생산해 내고, 이런 노력 끝에 동일자로 나타난다는 점에서 볼 때 우리는 퇴화로부터 시작되는 진보에 대해 엄격히 말할 수 있을 것이다. 하지만 이와 같은 진보는 이미 있는 것을 다시 정립하기 위한 것이다. 이런 진보에 대한 우리의 관심(소화의 진보: 우리는 진보를 이러한 식으로 표현하지는 않는다.)은 진보를 정의하기 위해 미래에 복원될 최초의 항의 필요성을 보여 주는 데 있다. 하나의 유기체적 총체가 겪은 퇴화 이후에 이루어지는 진보는 결국 이 총체의 재건을 향한 움직임이다. 하지만 동일한 것(이론상)의 복원에 의해 여기에 가해지는 제약은 이 진보가 *제한된 것*으로 주어지게 한다. 이런 진보는 동일한 것에서 동일한 것으로의 이행을 뜻한다. 그렇기 때문에 수단일 뿐 목적이 아니다. 목적이 무한할 경우 외삽은 이 목적을 하나의 지도적 관념(칸트적인 의미에서)으로 만들고, 진보를 목적 자체로 만든다.

진보의 특징들:

1) 방향이라는 현상. x에서 y로의 이행. 따라서 증명할 수 있는 현

상: 유기체.

  α) 양분 섭취와 동화.

  β) 재생산.

하지만 다음 사실을 지적할 필요가 있다. 즉 *반복되는 현상, 따라서 이미 수차례에 걸쳐 증명된 현상*이 있다는 것이다. 재생산에서도 사정은 마찬가지다; 반복과 질서의 유지. 주요 요소들이 종의 특징들을 보존한다. 본원적으로: 유사 분열은 *재구성*이다. 여기로부터 불멸성의 개념이 산출된다. 1번(양분 섭취)과 2번(재생산)의 경우에서 목표는 하나의 외적 변화를 통해 *질서를 보존하는* 데 있다. 어쨌든 결과는 내적 변화로 나타난다: 1) 양분 섭취: 불충분하거나 충분할 수 있고, 부족하거나 넘쳐날 수 있는→부족한 경우에는 부동화를 야기하고, 지나칠 경우에는→유사 분열을 야기한다. 2) *유사 분열*: 질서의 유지, 불멸성, 하지만 정체성이 이중화된다. 질서는 보존되는 것이 아니라 *다시 시작된다*. 결국 사태는 복잡해진다. 즉 변화에 맞서 정체성이 추구되지만, 또한 이 변화에 의해 정체성이 획득되기도 하는 것이다. 따라서 정체성은 그 실재 자체 속에서 변화된다. 동등자로 남기 위해 변화하는 것이다. 결국 정체성은 동등자로 남아 있으면서 변화한다. 정체성은 *타자*이면서 동등자다. 동등자로 남아 있기 위해 변화한다는 것은 동등자로 남아 있으면서 변화하는 것을 의미한다. 이는 (죽음보다는) 변화를 선택하는 것이다. 유기체의 풍요로움은 이 유기체가 정체성의 무화, 즉 *타성태적 존재의 무화*라는 사실로부터 비롯한다. 부족하기 때문에 재구성되고자 하고, *존재하기*보다는 유기체의 가능성이 되는 것은 바로 타성태다. 이때 유기체는 완전한 타성태이자 존재의 결핍, 즉 타성태의 결핍이기도 하다.

하지만 *방향이 정해진 과정*은 그 자체로 진보가 아니다. 이것은 비록 이 과정이 우리에게 단순한 방향의 차원에서 변화와 동일한 것 사이의 변증법을 보여 준다 할지라도 그러하다.

그 이유는 무엇인가? 이 과정에는 목적성이 없기 때문이다. 변증법적으로 보아 우리가 이 수준에서 목적이 나타나는 것을 볼 수 있다 할지라도 그러하다. 실제로 유기체는 자신의 존재 속에 참을성을 가지고 있지 않다. 왜냐하면 이 유기체는 *존재를 가지고 있지 않으며*, 그저 자신의 존재를 얻고자 하는 경향, 즉 자기 자신이 아닌 존재가 되고자 하는 경향을 가지고 있기 때문이다. 따라서 우리는 사람들에 의해 가정된 내재적 목적이 아니라, 이미 부분적으로 초월적인 하나의 목적을 가지고 있는 것이다. 예컨대 기능의 순환성 속에서 유기체는 사람들이 그것을 고려하는 순간에는 지속적으로 그 자체일 수 있으나(유기체는 그 자체다. 즉 내쉴 때나 들이마실 때나 호흡은 마찬가지인 것이다.) 실천적으로 본다면 끊임없이 변화하는 것이다. 이는 목적이 이 유기체 속에 있는 것이 아니라 유기체에 달라붙어 있다는 것을 의미한다.

2) 하지만 *끝*은 실제로 *목적으로서* 정립되어야 한다. 물론 이 목적을 채택할 필요는 없다. 그것을 인정하는 것, 즉 *이해*하는 것으로 충분하다. 분석적 이성으로는 진보를 이해할 수 없다. 진보는 이해의 대상이다. 이 말은 우선 하나의 *실천*만이 진보를 알아볼 수 있다는 것을 의미한다. 달리 말하자면 진보는 그 변증법적 완수 속에서 볼 수 있는 하나의 *실천적 구조*다. 문화의 발달들. 하지만 문맹주의의 발달에 대해서는 우려할 수도 있다. 이런저런 정책으로부터 파생되는 일련의 결과에 하나의 목적을 부여할 수 있다. 실제로 이것은 그렇게 잘못된 것은 아니다; 반목적성과 때로는 (엘리트의 부재: 목적성). 적군은 (막대한 손실을 대가로) 국가 안에서 수도를 향해 진군한다. 이 경우 문

제가 되는 것은 시공간 속에서 방향 지어지는(특정 속도로 나아가는) 하나의 과정이다. 하지만 이 과정에서 공간은 지배적인 요소로 주어진다.(시간 역시 중요하다. 시간은 공간에 모든 것을 줄 수도 있고, 반대로 모든 것을 빼앗을 수도 있다. 하지만 그것은 — 가능한 한 빨리 — 공간을 점령하기 위해서다. 이 과정에서 발생하는 여러 사태의 경우에서도 시간은 중요하다; 가장 빨리 이루어지는 복구. 공간은 수단이다.) 하나의 목표에의 동화: 질병도 진보한다.(반목적성: 질병은 유기체의 재총체화하는 운동으로부터 자신의 전체적인 통일성을 이끌어 낸다.)

요컨대 이 지점에서

진보는 실천적 이해를 내포하고 있다

진보=전개 중인 실천에 대한 포괄적 연구

진보는 앞서 정해진 초월적 목적을 내포하고 있다

진보=구성하는 변증법

진보=변화와 지속성 사이의 모순. 실제로 이 모순 속에서 한 항은 항상 *행위* 주체인 인간으로부터 벗어난다. 그리고 관계들의 지속성은 변화에 적응해야 하고(하지만 이 지속성은 항상 침범당한다.) 변화는 지속적인 구조들을 파괴해야 한다. 그렇기 때문에 진보라는 개념의 기원 자체(구성하는 변증법)에는 행동으로부터 벗어나고, 이 행동에 대해 외면적이면서도 그 결과인 무엇인가가 존재한다. 자신의 목적을 완수하는 데 있어서 우리는 인간에 대해 신뢰할 수 있다. 하지만 이 인간과 우리의 외부에 있는 무엇인가가 *하나의 유리한 반목적성*이 되어야 한다.

이런 관점에서 보면 진보를 목적으로부터 분리하는 경향은 매우 의미심장하다. 너는 여러 면에서 진보한다. 그렇기 때문에 진보가 있는 것이다. 어린이의 교육에서 수단으로 사용되는 것(수련: 우리가 어떤 일을 하는 것은 다른 일들을 하기 위해서다.)은 결국 현재의 *실천*(위와 같은 견해)이다. 진보는 단지 성공(해결된 문제) 속에서뿐 아니라 신속함, 명료함, 우아함 등등에서도 포착된다. 따라서 이는 *해야 할 일을 습득하게 한다*(faire apprendre à faire)는 사실을 가정한다. 도구 역시 다른 것을 주조하면서 스스로 주조된다. 하지만 이것은 행위의 기초에 있는 특정한 타성태(모태가 되는 습관, 지적 도식 등등)를 의미한다. 그리고 이 타성태 자체(이 타성태를 통해 이어지는 훈련을 성공시키기 위해, 이와 동시에 이 훈련을 통해 도식들과 계획들로 이루어진 새로운 총체를 향해 스스로를 지양하기 위해 *지양되어야* 할 것이라는 점에서)는 진보의 한 *계기*가 된다. 마찬가지로 진보는 수정이 이루어지는 매 순간 실천적 장의 내부에서 드러나게 될 것이다. 우리는 행위의 매 순간에 하나의 도구를 만들어 내고, 도구를 그것의 목적을 근접시키는 타성태의 특정한 상태(기록된 노동)는 진보의 한 계기를 드러낸다.

3) 진보란 원천적으로 *방향이 있는 사태*, 즉 그 전개 속에서 포착되고 노동이라고 명명된 방향 지어진 과정이다. 하지만 이것은 자유로운 실천적 유기체의 차원에서 보면 진보는 *변증법적*이라는 사실, 즉 진보의 유일한 과정은 모순이라는 사실을 내포한다.

α) 실천의 직접적 의미:

실천적 장,

결정 작용을 통한 모순들 등등.

β) 시간적으로:

진보가 있다면 변화의 환원 불가능성, 즉 한 순간에서 이전 순간으로의 환원 불가능성이 존재한다. 하지만 이것은 비가역성은 아니다.(사람들은 자신들이 과거에 만든 것을 부술 수 있기 때문이다.) 오히려 이는 M1과 M 사이의 동일성을 확증할 수 없다는 사실을 의미한다. 인과관계가 없다. 변증법적이다. 그리고 비퇴행성이다. 0으로 돌아갈 수는 있지만 더 이상 같은 것은 아니다. 이는 모든 의미에서 그러하다. 따라서 인식과 실재의 의미 속에는 존재론적 비퇴행성과 환원 불가능성이 있다.[233] 따라서 진보는 — 매우 특별한 경우를 제외하고, 특히 순간적인 결정 작용의 자격으로 — 지속적인 성장으로 제시될 수 없다.(단순 성장 곡선의) 한 지점에서 다른 지점으로 향하는 것은 하나의 진보적 과정의 경우에 해당할 수 없다. 이는 반목적성을 잊은 것이다. 실천적 장. 가공된 물질. 반목적성(지출, 혹은 특정 요소에 작용하면서 다른 특정 요소를 더 약하게 할 수도 있다는 등등). 반목적성의 감소. 임무로의 귀환, 그러나 *보상할* 의무. 요컨대 지속적인 통제와 지속적인 *시정*. 비록 노동의 계기, 전개될 반목적성, 그것을 감소시키는 수단들을 미리 알고 있다 할지라도 변증법적으로 새로운 작업을 할 필요가 있다. 상황이 항상 동일하다 할지라도 그러하다. 하지만 이는 추상적인 것이다. 실제로 어떤 면에서 보면 상황들은 항상 새롭다. 하지만 하나의 새로운 (아마도 조금 더 강한) 모순이 목적에 가까워지는지를 어떻게 알 수 있을까? 작업이 이미 행해졌다면 이를 알 수 있을 것이다. 또는 *예견*할 수 있다면 알 수 있을 것이다.

*변증법적 예측 가능성*에 대하여: 이는 분석적 예상과 같이 미래 속에 현재의 불변적 체계를 투사하는 것이 아니다. 이러한 투사가 (수

---

233 현재의 마르크스주의에 의해 여전히 수용되고 있는 것과 같은 *동질적 계속성*으로서의 시간에 대한 데카르트적 개념에 대한 비판과 이 시간 개념을 통해 규정되는 진보 개념에 대한 사르트르의 비판에 대해서는 1권을 참고하기 바란다. "만약 시간이 변증법적이지 않다면 실재의 운동으로서의 변증법은 와해할 것이다. ……마르크스주의는 "진보"에 대한 부르주아적 개념 — 출발점과 도착점을 상황 지을 수 있게 해 주는 하나의 동질적인 상황과 지표를 필연적으로 내포하는 — 을 비판하고 폐기했을 때 진정한 시간성을 예감했다. 하지만 마르크스주의는 — 결코 그것을 언급한 적은 없지만 — "진보"라는 개념에 대한 연구를 포기했음에도 불구하고 이 개념을 자신에게 유리하게 다시 도입했다."(「방법의 문제」, 115쪽, 각주 102)(편집자 주)

학적 기제와 함께) 필요한 것은 사실이다. 그러나 진정한 예상은 그 자체 내에 투사를 포함하고 있다. 이는 미래에 대한 추론을 바탕으로 한 고안이다. 상대적으로 확정된 구조들과 불변적이고 조합된 구성요소들을 토대로 이와 같은 고안이 이루어진다. 하지만 무엇보다도 *추상적인 방법을 통해 추상적인 미래를 만들어 내는 "백지상태의" 실천적 운동*으로부터 출발해야 한다.

　달리 말하자면 변증법적 미래만이 예상을 정당화할 수 있다. 예를 들어 나는 다른 사람 혹은 동일한 자가 되기 위해 이미 동일자와 타자로 스스로를 드러내고 있는 미래를 향해 나 자신을 투기한다. 앞으로 도래할 새로운 것과 내가 맺는 관계가 이미 비환원적이지 않다면 새로운 것의 환원 불가능성으로 인해 예상이 불가능해질 것이다. 요컨대 실천적 유기체가 그 자신의 고유한 미래가 아니라면 말이다. 달리 말하자면 변증법적 운동이 본원적으로 과거에 대한 결정 작용을 통해 현재를 창조해 내는 비환원적이고 예측 가능한(즉 미래와 추상화를 포기하지 않은 채 내 앞에 제시되는) 미래에 대한 체험적 관계가 아니라면 말이다. X가 Y를 떠난다고 할 때 X는 Y의 슬픔을 *예상한다*. 하지만 여기에서 예상한다는 것이 인식한다는 것을 의미하지는 않는다. 그것은 Y의 고독이 가진 환원 불가능한 새로움을 추상적 감정으로 경험하는 것이다. 나는 더욱 간단하다는 이유로 부정적인 예를 들어 보았다. 하지만 긍정적인 예도 많다. 달리 말해 *내면성 속에서 양은 질로 변화한다*. 그 이유는 단지 양이 내면화하기 때문이다. 따라서 양의 증가는 정확한 소여들로부터 출발하는 분석적 이성에 의해 예상 가능하다. 하지만 이러한 이성을 통해서(왜냐하면 변증법적 *이성*은 통일성을 유지하므로) 질의 변화가 그 자체로 예상 가능해야 한다. 즉 그 자체로 체험되어야 하는 것이다.

역사의 **시간**은 변증법적이다. 하지만 그것은 구성된 변증법이다.

현재를 예상하는 것=미래에 나타나게 될 것으로서의 현재를 이해하는 것. 자기 내에서 작용하게 될 (내부에 자리 잡으면서)[234] 힘들을 재분류하는 것.

4) 진보의 내적 모순.

진보는 필연적으로 총체화다. 실제로 그것은 통일성의 회복 혹은 구축을 추구하는 것을 일컫는다.(유기체는 온전하게 유지되기 위해 스스로 회복된다.) 한 학생은 총체성을 이루고 있는 하나의 지식의 내면화를 향해 나아간다.

이 예를 좀 더 살펴보자. 우리는 다음과 같은 사실들을 알고 있다.

α) 이러한 총체성이 존재할지라도 그는 결코 그것에 도달하지 못할 것이다.

β) 이와 같은 총체성은 총체화들의 지속적인 총체화의 외부에 존재하지 않는다.

γ) 공부하는 동안 형성된 지식(전체적인 것으로 가정될 수 있는)은 현재 진행 중이고 아직 교습되지 않은 지식에 의해 초월된다.

δ) 학생은 오직 초월하기 위해서만 이 지식을 원한다.(예컨대 지식을 축적한 그는 더 멀리 나가기를 원할 것이다.) 학생이 지식을 원하는 것은 단순히 그것을 적용하기 위해서만은 아니다.

하지만 정확히 *이런 이유로* 인해 진보의 새로운 각 단계는 최근에 습득한 지식들을 통한 인식의 총체화를 의미한다. 새로운 인식은 그 자체 내에 이 새로운 인식을 조명해 주는 모든 과거의 인식을 포함하고 있다. 새로운 인식은 현재보다 더한 무엇인가를 가정하는 새로운

---

234   이 행은 앞선 장의 원고 뒷면에 적혀 있었다.(편집자 주)

문제의 해결을 통해 정립된 모든 옛 인식들에 대한 총체화다. 역으로 새로움은 과거의 인식들을 조명해 준다. 근본적인 것은 미래를 향해 있다. 왜냐하면 그것이 바로 전체이기 때문이다. 원천적인 토대들은 추상적이다. 결국 언제나 *순환성*이 존재하는 것이다. 따라서 새로운 것은 그것을 조건 짓는 옛것으로 되돌아가게 마련이다. 즉 피드백이 일어나는 것이다. 하지만 순환성은 총체화이고, 실천 역시 총체화다. 수도를 향한 적군의 진격은 이미 지방이 정복되었음을 의미한다. 수도의 함락은 부정적 총체화(방어 수단들의 무력화)로 겨냥된다. 그리고 긍정적으로 보면 수도의 함락은 전체적 점령 혹은 (1940년 파리의 경우처럼) 전적인 점령에 다름 아닌 것(적군의 손에 산업화되고 개발된 지역이 넘어간 경우)으로 겨냥된다.

이와 같은 총체화는 실천적 장에 대한 총체화하는 수정인 동시에 실천적 활동이 이루어지는 시간의 총체화를 의미한다. 있는 그대로의 활동은 항상 *생성*된다. 다시 말해 시간적 전개로서의 현재의 실천은 그 자체 속에 과거의 실천을 포함하고 있다. 하지만 결과적으로 인간의 진보, 즉 *하나의* 목적을 향하는 진보에 있어서 달성된 목적(탈고한 『보바리 부인』)은 어떤 식으로든 이미-던져진 목적에 대한 완전한 실현이 될 수 없다. 이와 같은 달성된 목적은 투기된 목적의 총체화다. 그것도 이 투기된 목적들의 계기들이었던 총체화들에 대한 모든 총체화를 통해서 이루어지는 것이다. 그렇기 때문에

진보의 모순

그것은 다음과 같다.

예상은 필요하다. 목적은 달성되기 위해 앞으로-던져진다. 그리고 이때 어떤 식으로든 무엇인가가 체득되고, 앞으로-던져진다. 하지만 다른 한편으로 보면 예상과 본원적인 투기, 혹은 목적은 그 자체로 달

성된 목적에 의해 재총체화하며, 따라서 자신의 구체적인 재총체화를 예상할 수 없다. 그것은 자신이 재총체화할 것이라는 사실만 예상할 뿐 어떻게 될지는 예상하지 못한다.

이처럼 *진보* 속에서 우리는 우리가 원하는 것(목적), 그리고 원할 줄도 예상할 줄도 모르는 것(총체화하는 목적)을 향해 나아간다.

결국 노동은 우리를 변화시키고, 우리는 추구된 목적과는 다른 것에 도달한다.

하지만 우리가 투기로 되돌아와 그것을 흡수하고 다른 식으로 조명하게 될 목적을 추상적인 것 속에서는 도식적으로 알고 있지만 그 구체적이고 전체적인 실재 속에서는 모르고 있는 상황에서 진보가 있다고 할 때 이 조건들 속에서 과연 어떻게 판단할 수 있겠는가? 다른 사람이 되어 버린 우리에게 우리 자신, 즉 처음에는 추상적인 투기를 가지고 있었던 우리 자신에 대한 또 다른 조명을 비추기 위해서는 어떻게 해야 하는가?

여기에서 우리는 유기체에서 유기체(모든 것이 존재하지만 감추어진)로 향하는 *방향*의 과정과 인간 실천을 통해 이루어지는 추상적 목적으로부터 그것의 실현까지의 이행으로서의 *진보*를 분리하는 모든 차이점을 발견하게 된다. 진보는 복원하는 것이 아니라 *설립*하는 것이다.

따라서 우리는 다음과 같은 첫 번째 결론에 이르게 된다.

진보는 결코 복원이 아니다. 만약 진보가 존재한다면 그것은 방향 지어진 변화로서다. 그리고 이 *실제적* 변화(항구적인 환원 불가능성, 비가역성)는 자유로운 실천적 유기체가 부분적으로만 인식할 수 있는 하나의 항을 향해서 이루어진다. 이 항은 출발점의 예상-의도를 실현함과 동시에 그에 대해 환원 불가능한(시간성) 차후의 모든 계기와 모

든 결과(물질 속에 각인된 결과들)를 가지고 그것을 *총체화*하고 *구현*하면서(세계와의 접촉, 예견되지 않은 결과들) 이 예상-의도를 포괄하고 지양한다. 유기체 자체에 있어서 이 항은 이미 완전한 것[복원]이 아니다. 실제로 복원된 항은 어쨌든 하나의 변화(앞에서 살펴본 바와 같은 변화)를 내포하고 있으며, 게다가 (예컨대) 음식을 먹는다는 사태 속에는 실천적 행동이 존재한다. 즉 우리는 장을 변화시키는 것이다.(예컨대 우리는 주위에 있는 식량을 소비하고 억지로 ── 순수한 유기체 ── 그 장소를 떠나거나 혹은 죽게 된다(동물들의 이주).)

하지만 이 경우에 있어서 우리가 실현을 향해, 혹은 (예컨대) 죽음을 향해, 혹은 최소한의 존재를 향해 나아간다면 어떻게 결정 작용이 일어날 수 있겠는가? 부분적인 구조로서만 사람들이 행하게 될 것 속에 존재하는 사람들이 *원하는* 것이 다음과 같은 경우에는 변화하지 않으리라는 것을 누가 말할 수 있겠는가? α) 그것이 도식적인 출발과 모순을 이루게 되는 가장 단순한 경우, β) 그것이 출발점에 있는 자와는 근본적으로 다른 실천적 개인을 만들어 내는 가장 복잡한 경우가 그것이다. 달리 말하자면 우리가 원초적으로 주어졌던 대로의 목적과 근접해 있다는 사실을 결정짓도록 해 줄 비교의 요소들은 어떠한 것인가?

*반복*이 있다면 진보는 다음과 같이 표현될 수 있을 것이다. 즉 *나는 과거를 예상한다.* 사냥 혹은 수확: 행위의 반복. 잘 아는 결과들. 혁신이 있다면(사냥꾼이 다른 곳으로 이동한다.) 결과에 대해 완전히 확신할 수 없을 것이다. 사냥터의 변화, 사냥 장비의 변화: *총체화*를 예측할 수 없는 결과들.(구현 ── 세계의 행동 ── 에 대해서는 생각할 수조차 없지만 순환의 구성 요소에 대해서는 생각할 수 있다; 이런저런 다른 방식들의 출현.) (한 가정을 위해) 노예를 들이는 것은 진보이지만 내적 구조를 변

화시킨다. 에스키모를 위한 은행 창구와 어음의 출현은 진보이자 파괴다. 우리는 이와 같은 순환 속에 덴마크의 경제를 포함시킬 수 있을 것이다. 생명의 재생산(환경 속에서의 노동 그 자체와 맺는 직접적인 관계)은 간접적 관계에 자리를 내준다. 나는 교환을 통해 나를 조건 짓는 타자를(초보적인 형태의 식민화) 위해 생산한다.(노동의 분화.) 나는 나의 사냥 방식을 바꾼다.(해마, 바다표범, 곰을 사냥하는 것에서 육질이 안 좋아서 과거에는 사냥하지 않던 여우를 사냥하게 되는 것이다.) 나는 이익의 순환 속으로 돌입한다. 즉 이 사냥감들의 가죽이 타인의 필요 때문에 팔리는 것이 아니라 ─ 이 경우는 여전히 직접적인 관계가 될 것이다 ─ 보다 진보된 사회의 특정인들의 이익을 위해 판매되는 것이다. 이 진보된 사회에서 욕구의 충족은 경제적 원동력과 같이 항상 *간접적으로*(그리고 감추어진 채) 존재하며, 욕구의 축적은 사치스러운(다시 말해 생산적 혹은 재생산적이지도 않은 상징적인) 소비를 가능하게 한다. 누가 이것을 진보라 말할 수 있겠는가? 그렇다면 어떠한 관점에서 그러한가? 그러나 만약 욕구가 훨씬 손쉽게 충족된다면, 그리고 그것이 곧 목적이 된다면 삶의 수준에 대한 검토는 가능해질 것이다. 다음의 사항을 비교할 것. 에스키모인들: 전문 노동자보다 나은 삶의 수준. 하지만 이런 비교가 실제로 가능할까? 그리고 이런 비교는 의미를 가지는가? 또한 상부 구조들(기독교, 화폐)을 파괴하게 될 이런 변화는 이 영역(부랑자화)에서 하나의 진보가 될 수 있는가? 마지막으로 식량의 변화(심지어 제한적인)는 유기체를 파괴하지 않는가?

이 예는 개인적인 차원에서 거론해야 할 것이다. 은행 계좌 개설부터 출발하여 이득을 얻고자 하는 한 가정의 가장을 상상해 보자. *개선*에 대한 생각.

이런 의미에서 보면 애초에 역사적 의식을 가졌던 사람에게 있어서 진보는 더 이상 행위를 통한 현상 유지가 아니라 자아를 통한 실천적 장의 긍정적 변화이자 나의 총체화하려는 노력을 통한 자아의 변화, 나 자신의 변화를 야기하는 실천적 장을 통한 자아의 변화, 그리고 나와 나의 장 사이의 관계들보다도 새로운 존재와 새로운 장 사이의 관계가 더욱 나아지는 방식으로 진행되는 장의 변화가 된다.

하지만 이와 같은 사실은 하나의 우연성, 끊임없이 나로부터 벗어나는 요소를 가정한다. 이때 심지어 긍정적 개선(나아가 전적으로 긍정적인)도 하나의 내기로 주어지기 때문이다. 새로운 반목적성들에 대한 계산도 마찬가지다.

아무래도 좋다. 나와 나의 장이 아닌 *다른 것*, 그럼에도 여전히 *나와 나의 장*으로 남아 있는 것과의 관계는 어떠한 것이 될 수 있는가?

두 가지 양상이 있다.

1) 가장 일반적인 경우: 동일한 것으로 남아 있기 위해 변화하는 것. 여기에도 역시 두 가지 양상이 자리 잡고 있다.

α) 장은 자원에 있어서만 아니라 반목적성에서도 증가한다. 혹은 이 장은 자원을 변화시킨다. 나는 이 관계를 보존한다: 동일한 것으로 남아 있기 위해 변화하는 것. 변화의 이미지는 내가 그 결과들을 측정할 수 없는 상태에서 타자들에 의해 내게 제공될 수 있다.(1830: 기계의 구매).

β) 장의 자원은 감소한다. 더욱 혹독한 경우다. 이때 나는 존속하기 위해 혹은 과거의 내 모습을 간직하기 위해 하나의 도구를 고안하

거나 (주변적인) 희생을 감수한다. 장은 후퇴를 향해 나아갈 수도 있다. 이때 나는 자아라고 부르는 것(아마도 단순한 생명일)을 최소한이나마 보존하기 위해 나 자신을 축소하는 방식으로 변화한다.

2) 개선되기 위해 변화하는 것: 내면화된 힘으로, 내면화된 효율성으로, 혹은 내면화된 자질로: (지식 따위.)

α) 부정적인 경우:

이와 같은 측면은 매우 단순하다. 받아들일 수 없는 상황이 그것이다. 예컨대 영양 공급이 불충분하기 때문에 실천적 장은 받아들일 수 없는 것이 되는 것이다.(나는 이주를 하거나 내 이웃의 것을 빼앗거나 도구를 고안한다.) 나 자신이 비인간에서 인간으로 나아가기 때문에 이 상황은 이해 가능하기도 하다. 가령 이탈리아 남부 지역의 실업자인 나는 이탈리아를 떠나거나 북부 지역으로 올라가게 된다. 왜냐하면 나는 불가항력에 의한 어쩔 수 없는 게으름뱅이와 같지 않으며, 나 자신을 인간으로서의 노동자로 인식하기 때문이다. 또한 노동하고 삶을 재생산하려는 가능성을 실현하고자 하기 때문이다. 그래서 나는 밀라노로 가게 된다. 하지만 밀라노에서도 나는 (내가 농민이었을 때처럼) 유산 계급이 되고, 북부 지방 사람이 된다. *로코와 그 형제들*[235]*: 이향.* 예측할 수 없는 변화. 거기에 도달한 자는 *나를 다른 사람으로 만들 것이다.* 동시에 그는 현재의 내가 가진 가능성을 실현시킨다.

β) 긍정적인 경우 :

이는 포착하기 가장 어려운 측면이다. 요약하면 다음과 같다. 나는 성장하는 환경 속에서 지금의 내 모습을 유지하는 데 (동일한 것으로 남기 위해) 필요한 것(1번의 α 문단)을 넘어서 나의 힘과 효율성, 그리

---

235 비스콘티의 영화(1960년).(편집자 주)

고 재산을 증대시키기 위해 더욱 유리한 환경을 이용한다. 즉 *타자가 되기 위해 변화하는 것이다.*

이유들:

1) 아마도 나를 상황 속에 강제시키는 것은 상황 그 자체일 것이다. 실천적 장 속에서의 *새로운 구현*은 나를 더 이상 동일자로 남아 있지 못하게 한다. 이제 나는 사라지거나 혹은 이전의 사회에서보다 새로운 사회에서 더욱 효율적이고 더욱 강한 자가 되어야 한다. 이렇게 기도된 과정은 과거의 내 존재를 구성했던 모든 단편과 구조를 하나씩 포기한다는 것을 의미한다. 나아가 이 과정은 일정한 수준의 힘과 부와 같은 요소를 갖춘, 즉 *새로운* 차원에 이른 *사회 속으로의* 접근을 의미한다. 경쟁의 관점에서 보면 단지 기계 하나를 구입하는 것만으로는 충분하지 않다. 여러 대의 기계를 산다면 나는 경쟁자들을 물리칠 수 있지만 그 순간 거대한 기업의 총수가 되어 버린다. 나 자신의 이익을 보호하기 위해 나는 완전히 다른 이해관계와 또 다른 취약성을 지닌 완전히 다른 자가 되는 것이다.

2) 주된 [이유]:

우리 안에 있는 반복과 변화의 모순. 우리의 인격은 계속해서 되돌아오는-반복되는 축제들에 의해 처음부터 제한되어 있다. 예컨대 나는 내 생일 혹은 기념일인 것이다. 나는 프랑스인이자 독립 기념일이다. 또한 내 인격은 발전을 나의 본질로 통합하는 통과 의례에 의해서도 제한된다. 입문, 결혼 등. 기업에서는 승진. 그 기원은 유기체의 생물학적 운동과 나의 교육을 하나의 *비용*으로 여기는 사회, 그리고 이러한 지출이 수익성이 있기를 바라고, 점차 통합을 추진하는 사회 속으로의 통합이다. 나는 (양육되는) 하나의 상태에서 또 (생산하는 혹은 어쨌든 간에 노동하는, 그리고 육체적이지는 않을지라도 자유로운) 다른 상태로 이행해야 한다. 이와 같은 과정 자체는 하나의 *반복*이다. 공동의 전체는 과거와 마찬가지로 오늘날에도 동일한 기술적 능력을 가진 육체노동자를 필요로 한다.(단기적 순환에 있어서 기술은 변화하지 않는다는 것을 가정할 때 그러하다.) 아이는 이미 자신이 (자신의 아버지 혹은 아버지 세대의 사람들을) *반복하게 될 것*이라는 사실을 알고 있다. 하지만 이와 동시에 이 아이는 *반복하기 위해 변화해야 한다*(수련 따위). 그리고 변화는 그를 어느 정도 모호한 위치로 이끌어 간다. 즉 변화는 이 아이를 지금의 모습이 되게 하는 것이다. 다시 말해 변화는 미래를 위해 이 아이에 앞선 세대의(과거의) 본질을 부여하는 것이다. 또한 이와 동시에 (통시적 요소인) 변화는 본질의 형태(지나간 과거)하에서 결정이 덜 된 미래를 정립한다. 이 미래의 기원은 학문의 가르침과 새로운 기술 사이의 (내면화된) 모순으로부터 비롯한다. 그래서 이 아이는 지나간 본질을 넘어서게 될 것이다. 이 아이는 자신을 향해 이 본질을 지양(현동화)할 것이다. 이때의 *자기 자신*은 하나의 본질을 이룬다. 하지만 이 본질은 지나간 존재(아버지들의 존재)와 가능한 것에 의해 모순적으로 구성된 것이다. 가능한 것은 지양된 존재 *너머*에 있다. 하지만 엄격히 말해 *무엇을 향한 지양*으로 주어진다 할지라도 이 가능한 것은 존재의 정확성을 지니지 못한다. 가능한 것은 이와 같은 정확성을 포함하고, 그것을 지양하며, 또한 그것을 간직한다. 그리고 더욱 정확하고 더 잘 정의된 상태를 향해 나아간다. 이때 *가능한 것은 더욱 정확한 것이 될 것*이지만 실제로는 미결정 상태에 있게 될 것이다.(도구들의 정확성: *하지만 과연 어떤 경우들인가?* 등등.)

요컨대 어린아이가 동일자로 (아버지와) 동일하게 존재하기 위해 변한다는 점에서 이 아이는 *다른 존재*가 될 가능성을 확증하고 있는 것이기도 하다. 왜냐하면 새로 생겨난 기술들이 옛 기술들을 넘어서는 것만큼이나 이 아이는 자신의 아버지를 넘어서게 될 것이기 때문이다.

이렇게 시작된 움직임이 특정한 계급과 특정한 계기에서만 일어날 수 있는 것은 당연하다. 혁명가가 되기 이전에, 그리고 기술적 발전이 정체된 시기에 젊은 노동자는 목전에서 다시 시작된 아버지의 운명을 보게 된다. 이것이 바로 부르주아 계급(니장[236] 참고.)에서도 일어날 수 있는 것이다. 요컨대 그의 운명은 자신의 아버지의 과거(미래와 과거라는 두 탈존의 조합)다. 이는 또한 운명에 대한 거부를 통해 *하나의 단절*을 이끌어 낼 수 있다. 하지만 이것은 동시에 자기 자신에 대한 거부이기도 하다. 이때 자기 자신이란 존재 너머의 가능성이었다. 하지만 그 존재를 깨부술 때, 우리는 우리 자신이 가능한 것의 미결정 상태와 맺는 관계의 훤히 드러난 노정에 있게 된다. 어떻게 될 것인가?

따라서 우리는

1) 외형적으로 계속되는 진보(모순 없는 초월)를 갖게 된다. 실제로 모순은 이미 주어진 존재에 대한 부정 속에서 순간적으로 주어진다. 결국 한 아이의 *자아*는 그가 부여받은 본질(아버지의 존재를 말한다.)을 구성하는 역할들의 초월을 통해 이루어지는 부정인 것이다.

2) 재앙이 따르는 진보: 운명에 대한 부정은 본질을 초월하기보다는 그것을 깨부수게 된다.(이 둘 모두를 행하기도 한다. 우리는 깨부수지만 보존하는 것이다.) 니장은 끝까지 아버지와 관계를 유지했고, 이 관계는 당(1939)과의 결렬 속에서조차 그 모습을 드러냈다. 그런 그는 소외를 재발견한 것이다. 하지만 깨져 버린 본질은 더 이상 주도적 요소가

---

236 폴 니장(Paul Nizan, 1905~1940). 프랑스 작가.

아니다. 과거의 소외와 새로운 소외 사이에는 분명한 결정 작용 없이도 하나의 초월이 자리 잡는다.

달리 말하자면 지속성은 실질적으로 지속되지 않는다. 불연속성은 지속된 지양을 가정하거나, 더 정확히 말하자면 지속성의 지표들을 가정한다.[237]

하지만 무엇보다도 처음부터 지양 속에는 *부정과 보존을 통한 유기적 전개의 존재론적 내면화가* 있게 된다. 즉 유기체는 그 자체로 처음에는 점진적이다가 후에는 후진적인 전개를 하는 하나의 체계인 것이다. 후진은 처음에는 애매하게만 포착될 뿐이다. 어린아이는 죽음을 두려워하지만 늙어 간다는 사실을 두려워하지는 않는다. 성인 역시 늙어 간다는 사실을 제대로 인식하지 못한다. 트로츠키는 노년이 인간에게 닥칠 수 있는 가장 예견하기 힘든 사건이라고 정의하고 있다. 또한 그는 최고조에 달한 힘들은 그 자체의 퇴조를 예견하지 못한다고 이해하고 있다.(퇴조가 시작되면서부터 슬픈 정신을 가진 인간들은 자신의 퇴락을 예견할 수 있게 된다.) 따라서 어린아이는 자기 존재의 충만함을 향해(내가 나중에 어른이 되면 등등) 변화를 꿈꾼다. 이때 이 어린아이는 자신의 존재를 향해 가는 것이다.(『존재와 무』 참고.[238])(이 아이는 이미 소외된 상태로 "나중에 커서 뭐가 될 거야?" 하고 물으면 "나는 해군 제독, 권투 선수, 우주 비행사가 될 거예요."라고 말하게 되는 것이다.) 또는 "샤토브리앙 같은 작가가 되거나 *되고 싶은 게* 없어요."라고 말하게 될 것이다. 아버지와의 동일화 현상이 갖는 역할이나 *본보기가* 되는 사

---

237 『집안의 천치』 3권에서 저자는 역사에서 연속적인 것과 불연속적인 것의 유희에 대한 성찰을 보여 준다. 어린아이와 이전 세대의 차원에서만 아니라 후속 세대를 고려하면서 이와 같은 사실들을 개진한다. 434~443쪽을 참고하라.(편집자 주)

238 2부, 2장, 162쪽 이하, 그리고 4부, 2장, 626쪽 참고. 갈리마르 텔 총서.(편집자 주)

람의 역할. 이 차원에서 존재(즉자-대자)는 변화에 대한 규제적 사유가 된다. 이 존재는 지양의 방향을 정한다. 존재는 소외시킨다. 이와 동시에 격렬한 부정성(즉 모순 따위)이기도 하다. 플로베르에게 있어서는 형이 그랬던 것과 마찬가지로 아버지와의 동일화가 불가능했다. 이 두 양상은 결부되어 있다. 사회화된 사실성에 대한 심층적 부정성. *사회화된 사실성*: 단순하게 내가 내 실존의 근거가 아닐 뿐 아니라 사회적 선(先)결정 작용의 근거가 아니라는 것이다. 예: 콘스탄틴[239] 대학살 이후 젊은 알제리인들에게 통합을 요구하는 것은 (원한만 아니라 개념의 폭발에 의해서도) 불가능했다. 하지만 이들은(그리고 또 다른 세대들은) 아버지들의 실패를 통해 독립된 국가를 요구해야 할 상황에 처해 있었다. 하지만 이와 동시에 이들은 이전의 상황과 동화를 통해 형성된 것이다. 결국 결과에 의해 야기된 재앙을 동반한 진보가 있게 된다. 무엇이 남게 되는가? 프랑스에 대한 양가적 태도가 그것이다. 자신들을 형제로 여기는 프랑스인들과 그들은 형제애의 감정을 공유한다. 이와 동시에 *미래에 다름 아닌 사회화된 사실성* 역시 공유한다. 그들의 미래는 변화와 반복의 미래다. 그리고 내적으로는 지금까지 발생하지 않았던 상황의 변화들(기술, 콘스탄틴 학살 등등)이 일어난다.

각자의 (결정되거나 결정되지 않은) 존재를 향한 진전으로서의 *진보*를 만드는 것은 결국 이와 같은 재앙(사회화된 사실성에 대한 부정)을 동반하고 반복적이지만 실제로 변화를 일으키는 전체(교육을 통해 사회화된 사실성의 실현과 어린아이가 체험하는 상황과 아버지가 예견한 상황들 사이의 불균형)인 것이다.

전체의 종합적 조직:

---

239 1945년 5월 콘스탄틴 주민들 사이에서 발생했던 소요 사태에 대한 가혹한 탄압과 관련된 사건이다.(편집자 주)

α) 생물학적 변화(성숙)는 동일성을 변화의 *이유*(규칙)로 부여한다. 이것이 바로 진보의 구조 그 자체다. *자연.*

β) 모든 문화는 이와 같은 기본적 구조 위에 구축된다. *학습, 훈련, 통과 의례.* 인간이 어른이라는 신화(노화의 초기 단계까지의 균형)[240]와 함께. 따라서 이와 같은 생물학적이고 시간적인 구조 위에서 사회적이고 기술적인 삶이 구축되는 것이다. 하지만 그것은 완전히 사회화된(따라서 변화된) 삶이다. 결과: 진보=자기 자신. *하지만 끊임없이 뒤로 후퇴하는 자기 자신을 향한 운동. 사회화된 사실성의 실현을 위한 시도.* 역할, 태도, 계획 수립, 지식. 목표: 나는 의사가 될 것이다 등등. 미래에 실현해야 할 과거 성인(成人)의 본질.

γ) *선험적인 여건들 내부에서 이루어지는 진정한 부정*(성인의 본질, 계획 수립 등+가족과 사회 구조에 의해 이루어지는 어린아이에 대한 *선험적 결정*). 자기에 대한 긍정으로서의 여건에 대한 부정. 따라서 아버지에 대한 동일화와 이 동일화에 대한 거부, 학습과 결국 타자에 다름 아닌 자기에 대한 긍정을 향해 이루어지는 학습으로부터의 도피.

δ) 기술적 불평등(자신이 학습 받은 초월된 세계와 현재 형성 중인 세계 사이의 차이)은 자기 자신의 고유한 존재(사회화된 사실성을 받아들이게 되며, 이렇게 함으로써 나는 의사가 되지만 과거보다 더 훌륭한 의사가 될 것이다.)를 향한 사회화된 사실성을 지양하는 수단으로 포착된다.

결국 완전히 이해 가능한 행동과 그 반작용에 의해 각자의 자아를 향한 개별적 진보를 구성하는 전체가 문제가 되는 것이다.

물론 하나의 계급과 하나의 역사적 계기 속에서 기술과 지식의 진보가 직접적으로 유용하게 이용될 필요가 있다. 바로 여기에서 순

---

240 『집안의 천치』, 3권, 12쪽(철학도서관 총서, 갈리마르).(편집자 주)

환성이 파생한다. 사회적 진보의 근원을 *진보 중인 개인들* 속에서 찾아야 한다. 역으로 *개인적* 진보의 첫 번째 도약이라는 이와 같은 사유 자체는 사회적 진보에 의해 지탱되어야 한다.(기술적 진보 없이 반복되는 사회 *진보의 제거. 진보* 잠재태에서 현동화로의 이행, 이것이 전부다.)

이처럼 *몇몇 진보*가 자기를 향한 진보로 정의될 수 있다는 사실은 사회적 진보에 달려 있으며, 바로 이 사실이 우리를 이 진보로 향하게 한다. 하지만 역으로 조직화(자신의 변증법적 이성과 실천적-타성태들을 가지고 있는)가 실천적 유기체에 속하는 것처럼 사회적 진보 역시 개인적 진보에 속해야만 한다.

진보의 예: 베르디.

α) 1870년경까지 *체계의 발전*이라는 의미에서 이루어진 자유로운 진보.

β) 「돈 카를로스(*Don Carlos*)」[241] 로부터 시작된:

베르디에게 가해진 위협 요소: 바그너, 실내악, 음악적 국제주의.

반격:

베르디는 자신을 국가와 동일시했다.(리소르지멘토.[242] 베르디 만세= 비토리오 에마누엘레 왕[243] 만세.)

음악(근본적인 요소)과 결부된 정치: 음악적 민족주의. 극장과 *벨칸토*.[244]

그의 이데올로기적 관심사: 벨칸토와 연극이라는 면에서 이탈리

---

241 독일 작가 실러의 동명 작품을 베르디가 작곡한 오페라.
242 1861년부터 1870년에 이르는 이탈리아 통일 국가의 형성 과정이다. '이탈리아 통일 운동' 또는 '이탈리아 통일'이라고 한다. 리소르지멘토는 이탈리아어로 '부흥'이라는 뜻이며, 이 통일 운동의 핵심 세력인 카보우르가 1847년에 발간한 신문《일 리소르지멘토》에서 유래했다.
243 Vittorio Emanuele(1820~1878). 이탈리아를 통일한 왕.
244 이탈리아 오페라 전통에 따른 창법.

아의 국민적 음악가가 되는 것. 오케스트라의 최소한의 역할. 그의 관심사(위험에 처한 타성태적 실재로서의 그 자신: 그의 작품)는 음악적 민족주의에 있다. 외국인이 없어야 하며, 오케스트라는 부차적인 역할을 담당해야 한다. 따라서 얼핏 보기에 그의 관심사는 부정적이다. 정지. 눈에 띄는 모순: 바그너는 교향악 작곡자이고 구노[245]는 실내악 작곡가다.

하지만 정확히 말해 베르디의 관심사를 *구하는 것*, 그것은 곧 「돈 카를로스」라는 작품 속에 이와 같은 모순을 통합하는 것이었다. 따라서 *진보*인 것이다. 이는 무엇을 의미하는가? 그는 서정주의와 노래를 보존하고자 했다. 이것이 중요한 부분을 이룬다. 하지만 하모니(「돈 카를로스」의 무거움)를 통합하고, 오케스트라의 역할 비중을 높일 필요가 있다. 만일 그가 목소리를 악기에 종속시켰더라면 그는 단지 변화를 주었을 뿐이고, 그는 바그너풍의 작곡가가 되었을 것이다. 하지만 그는 악기를 악보에 종속시켜 더욱 풍요롭게 만듦으로써 새로운 긴장(「오셀로(*Otello*)」)을 창조했고, 따라서 *진보했던 것*이다. 실제로 이렇게 해서 이루어진 통일성은 더욱 풍요로워졌다.(긴장과 질서 속에서 더욱 복잡성이 증가했다.) 바로 이런 점에서 "토털 오페라"라는 새로운 방향이 추구되었던 것이다. 이것은 현대적이면서도 이탈리아적(성악이 지배적인)인 방향이다.

요컨대 아리아와 서창 사이의 경계(이미 「르 투르베르(*Le Trouvère*)」와 「라 트라비아타(*La Traviata*)」에서 나타난)를 무너뜨릴 정도로(그러나 완전히는 아닐지라도) 나아갈 수 있었던 자발적인 진보였던 것이다. 하지만 그것은 *제약적인* 진보이기도 했다. 즉 오케스트라의 역할을 증가시키

---

245 샤를 구노(Charles Gounod, 1818~1893). 프랑스의 작곡가.

면서도 변화를 주고 좀 더 풍요로워지길 원하면서도 같은 음악으로 남고자 했기 때문이다. 바로 이와 같은 사실로부터 다음과 같은 종합 (「팔스타프(*Falstaff*)」)[246]이 이루어진다. 오케스트라의 역할, 등장인물들 사이의 대화 등등을 통해 음악적 통합이 더욱 강해졌고, 서창이 사라지기도 했다.

결국 *이해관계*(나의 타성태적 현실, 나의 각인)는 위험에 처하게 된다. 진보는 이 이해관계를 파괴할 위험이 있는 외부적 변화들을 자기 안에 도입함으로써 이 이해관계를 규제적 이상향(이것이 바로 나의 *계획*이다.)으로 보존하는 데 있다. 진보: 목적(이해관계를 완전히 파괴하지 않은 채 그 잔재들을 통합하면서 그것을 여전히 긍정하는 것) 속에서 이해관계(이미 *행해진* 노동)를 변화시키는 기도를 통해 적대자를 내면화시키는 것.

변화하지만 동일한 것으로 남아 있는 것을 보여 주기 위한 예를 들 것.

Ⅲ. 사회적 진보

진보 없는 사회들: 우선 이와 같은 사회들을 고려해야 한다. 이 사회들은:

역사 없는 사회들(반복),

자신들의 역사를 부인하는 사회들(현재보다 우월한 과거): 예컨대 농업 사회들.

이 사회들은 실제적 진보가 없거나(첫 번째 종류) 혹은 진보에 대

---

246 앞에 나온 「오셀로」, 「르 투르베르」, 「라 트라비아타」를 포함해서 「팔스타프」 등등은 모두 베르디의 오페라다.

한 자각을 가지고 있지 못한 사회들이다.

여기에 더해

이 사회들은 반드시 진보가 이루어지도록 구성되어 있지 않다.

산업 재화 생산에 5퍼센트를 투자하는 사회들,

상한점에 이른 사회들(기술적인 면에서 농업 생산의 상한점에 도달한),

퇴보하는 사회들(생산성의 상한선에 이르렀고, 인구는 증가 일로에 있는

사회들).

이 사회들은 진보를 이룰 수 없다. 진보는 이 *사회들의 폐허* 위에

서만 자리 잡을 수 있다. 이것은 다른 구조로 이루어진 또 다른 사회

(그리고 종종 부분적으로는 동일한 인간들로 이루어진)가 앞에서 살펴본 사

회의 폐허 위에서 자리 잡을 수 있음을 의미한다. 그리고 또 다른 사

회가 *더 우월하다는 것을* 의미한다. 혹은 더 정확히 말해 최종 목표

를 향한 걸음 속에서 더욱 앞서 *있다는 것을* 의미한다.

바로 이때 두 가지 문제가 제기된다;

1) 근원적으로 누가 그 목표를 정했는가?

2) 누가 진보의 혜택을 받는가?

3) 단기적 순환의 진보-장기적 진보

문제들:

1) 지속적 성장 곡선과 실제 성장 곡선 [사이의] 비교(빌라르[247]). 허

용될 수 없는 단기적 진보. 실제로 모순들이 존재한다. 하나의 모순에

서 다른 모순으로 넘어가기: 뒤따르는 모순이 더욱 심각하다면 이때

진보는 어떻게 되겠는가?(노예적 자본주의로의 이행 속에서 진보는 도대체

어디에 있는가?) 물론 경제적인 진보는 있다. 하지만 (이처럼 노예가 된 사

---

247   피에르 빌라르(Pierre Vilar, 1909~2003). 프랑스의 역사학자.

람들에게 있어서) 인간적 진보는 어떠한가? 장기적 순환의 진보도 마찬가지다.

하지만:

2) 이 경우 진보의 *주체*는 누구인가? 진보 중인 사람들은 누구인가? 혹은 진보의 혜택을 받는 사람들은 누구인가?

3) 단기적 순환의 관점에서 보면 반목적성으로 인해 진보를 *예측*하는 것은 불가능하다. 따라서 장기적 순환의 관점에서 [이 문제]를 고려해 보아야 한다. 하지만 이 경우 진보는 인간으로부터 벗어난다. (1) 왜냐하면 진보는 장기적인 차원에서 예견 불가능하기 때문이다. 오늘날 우리는 기계주의의 출현이 하나의 진보라고 이야기할 수 있다. 하지만 동시대인들은 어떠할까? 오늘날 우리는 동시대적 진보라는 사태를 생각해 볼 수 있다. 하지만 그것은 우리가 진보를 발견했기 때문이다. 즉 진보가 우리의 신화이기 때문인 것이다.[248] (2) 적어도 부분적으로는 진보가 우리 것이 아닌, 다시 말해 인간들 사이의 매개로 사용되는 물질로서의 반목적성의 유희를 통해 구성되기 때문이다. (3) 진보의 혜택을 받는 사람들은 진보로 인해 생겨난 재앙의 희생자들과 다른 자들이 될 것이기 때문이다. **페스트**로 인한 임금 상승은 분명 (휴머니즘의 매우 보편적인 관점에서 볼 때) 진보를 이룬다. 하지만 **페스트**로 인해 죽은 노동자들에게는 그렇지 않다. 진보는 곧 자연적 변증법의 필연성인가, 아니면 실천의 행동인가?

4) 방향이 정해진 운동의 목표는 무엇인가? 목표를 누가 결정할

---

248 산업 혁명과 관련된 소외로서의 **진보** 신화에 대해서는 『집안의 천치』, 3권, 272~284쪽을 참고하라. "따라서 소유주에게 있어서 이익은 다음과 같은 이중의 소외로 나타난다. 즉 제조업에 의한 타자들에게로의 소외와 모든 타자에 의한 제조업에게로의 소외가 그것이다. 이익은 결국 인간의 객관적 진리와 비인간적 필연성으로 나타난다. 즉 진보를 해야 한다는 필수 불가결한 의무인 것이다⋯⋯."(편집자 주)

수 있는가? 또 어떻게 결정할 수 있는가?

진보의 사회적 문제. 결론: 답은 질문 속에 있다. 진보를 포착하기 어렵게 만드는 것, 진보를 감추거나 계속해서 문제시하거나 혹은 진보로부터 모든 가능성을 제거하는 것은 무엇인가? 욕구의 조직화→노동→실천적-타성태→반목적성-소외. 진보를 진보답게 만드는 것은 곧 동일한 요인들의 조직화를 다른 관점에서 바라보는 것이다.

과학과 진보

과학 진보의 이유: 이것은 단순한 외면성으로 포착된 외면성 그 자체와 관련된다. 즉 양의 문제인 것이다. 또한 축적의 가능성과도 관계된다.(이것은 변증법적 통일성을 상정한다. 장의 긴장 없이 축적할 수는 없다.) 한마디로 말해 진보는 하나의 관계 내부에서 외적으로 맺어지는 관계로부터 비롯한다. 고대 세계(이미 진보를 경험한)에서 현대 세계로의 이행: 외면성 속에서 발생하는 변증법적 내면성의 전복.(자연적 관계의 현상은 내면성이다. 반면 외면성의 현상이 두드러지는 것은 우리가 그것을 추동시켰기 때문이다.) 분석적 이성 따위도 마찬가지다. 과학은 항상 이런 식(**자연변증법**의 문제)으로 남아 있을 것인가? 알 수 없는 일이다. 수학은 전체를 다룬다고들 한다. 그렇다. 하지만 외면성에서 그러한 것이다. 다시 말해 외면화시킨다는 조건에서 그러하다. 요컨대 과학은 도처에서 발견되는 외면성 그 자체인 것이다.

과학: 외면성의 변증법적 고안. 어떻게 그러한가?

과학은 도구에 의해 도치된 유기체의 타성태적 계기 속에 포함되어 있다. 외면적 타성태로 변화하는 타성태의 외면화(동질성: 도구는 자신을 수동적으로 만드는 하나의 유기체에 의해서만 다루어질 수 있다.)가 그 것이다. 과학(인간학 그 자체), 그것은 외면성 속에서 외면성을 탐사하는 것이다. 왜 *외면성 속에서*인가? 근원적으로 보면 외면성을 내면화하기 위해서는 외부로부터 그것에 접근해야 한다. 순수한 외면성의 계기: 자신의 타성태를 통해 도구를 다루는 타성태적 수단을 찾기 위해 타성태에 맞서 스스로를 타성태로 만드는 유기체. 이 실천적 계기는 정확히 말해 태동하는 분석적 **이성**의 계기이기도 하다. 자신의 총체화를 재내면화하는 것을 목적으로 하는 하나의 총체화하는 유기체는 외면성을 내면화하기 위해 스스로를 외면화한다. 그리고 이때 내면성의 총체화하는 통일성은 외관적으로 보면 외면성을 위해 사라진다. 하지만 이와 동시에 이 통일성은 변화의 주된 틀로 여전히 남아 있다. 이처럼 변증법적 **이성**은 과학적 작용까지도 통제한다. 하지만 *분석*을 위해 사라지는 것이다. 과학은 출발점에서 주어진다. 나 자신이 그것에 대해 외부에 있기 때문에 과학은 외면성에 대한 실천적 탐구가 되는 것이다. 미시 물리학을 통해 실험하고 있는 실험자의 내면성을 발견한다는 것은 분명 놀라운 사실이다. 하지만 이로 인해 전반적인 문제가 달라지는 것은 아니다. 달리 말하자면 일정한 수준에서 실천이 발견되는 것은 사실이지만(광선이 원자의 운동을 변화시키는 것처럼) 그것은 어디까지나 외면성의 결과 속에서 이루어지는 것이다. 과학은 단지 우리의 외면성이 실천적 장의 내면화가 이루어지는 한 계기라는 사실을 밝혀 줄 뿐이다. 따라서 1) 내면화의 경향이 존재한다. 이 경향은 즉각적으로 변증법적(인간 중심적)이며, 이를 우리는 관찰이라고 부른다. 2) 이 경향은 항상 욕구와 도구의 추구(우월성의 기호)에 의해 반대에 부딪힌다. 실제로 이 내면화의 경향은 장에 대한 일종의 지각적 내면화로부터 비롯된다. 우리는 이 실천의 장을 우리의 실천의 장을 통해 유기체로서 포착한다. 따라서 변화들은 *유기체적으로* 나타난다. 하지만 실천에 의한 분해도 있다. 욕구는 이미 외부에 의한 조건화이고, 부정은 욕구를 통해 이루어지는 외부에 대한 조건화이다. 이와 같은 모든 것은 타성태와 외면성(화학적 산물들)에 의해 구성되고, 그 자체로 이 외면성의 총체화(관계, 교환, 신진대사 등등의 방향이 정해진 유지)인 유기체가 활동하는 차원을 가리킨다. 이렇게 해서 어린아이조차도 변증법적 **이성**과 분석적 **이성**을 그 출발점에서부터 이해한다. 과학적 외면성의 예들은 *실천적 요소들*, 즉 다른 것으로의 변화 외에 다른 것이 아니다. 이것은 외면성에 대해 종합적이고 내면적(순환적)인 통일성을 부여하려고 하는 경향에 맞서는 지속적인 투쟁을 의미한다. 그 목적은 다음과 같다. *타성태 내에서 어떻게 타성태에 대해* 작용하는지, 즉 타성태를 어떻게 절단해 내고, 어떻게 이 타성태를 그 자체에 대해 외면적인 것으로 보고, 또 어떻게 이 타성태를 부식시키는지를 살펴보는 것이다. 결국 이 타성태를 그 자체와 다른 것으로 보여 주는 것이다. 하나의 원은 실천적이 아니라면 (이 원이 그려졌다는 점에서) 원으로서의 통일성을 가질 수 없다. 하지만 공간 속에서 일어나는 이 운동은 그려진 원에서 이루어지는 운동 속에서 여러 점으로 폭발한다. 따라서 앞선 운동을 제거하면서 이 여러 점을 이해할 필요가 있고, 또한 이 점들이 서로 외부적 관계를 맺고 있다는 사실을 고려할 필요가 있다.

이처럼 외면성이 자신에 대해 자각하기 시작하면 과학적 운동은 지속적인 진보 상태에 있게 된다.(그렇다고 해서 이 과학적 운동이 반드시 전체적인 실천적 운동, 즉 이 운동과 그 결과, 곧 실천적-타성태를 동반한 연구의 변증법적 총체인 것은 아니다.) 과학은 순수한 타성태적 요소들 속에서 이루어지는 실천적-타성태의 항구적인 용해이다. 이런 의미에서 보면 과학은 반변증법에 대한 비변증법적 처방(따라서 변증법적 운동의 해방)이다. 과학은 실천적-타성태 속에서 타성태만을 볼 뿐이다. 타성태는 결국 순수한 양에 불과하다. [과학]이란 결국 그 자체에 의해 (실제로는 하나의 *만들어진*, 즉 실제적이지만 상황에서 벗어난 타성태에 의해) 조망된 타성태다.

달리 말해 보자.

실천의 각인을 통해 내가 타성태를 변화시키면 이 타성태는 곧장 실천적-타성태가 된다. 즉 타성태를 통해 이루어지는 실천의 부정성 속으로의 회귀에 의해 나 자신에 맞서 정립되는 타성태인 것이다. 하지만 내가 연구의 통일성을 보존하면서 이 회귀를 그것의 타성태 속에서 유지한다면 이 회귀는 타성태적인 것으로 주어진다. 또한 새로 발견된 요소들도 이 회귀와 관련해서 볼 때 외면성 속에서 타성태적인 것으로만 주어진다. 이것이 의미하는 바는 이 요소들이 타성태로 함몰된다는 것이며, 따라서 내가 이 요소들에 대해 순수한 외면적 타성태가 되는 순간부터 분화(분석)한다는 것이다. 거기로부터 축적이 있게 된다. 축적은 새로운 영역(실천적 장 속에서)에서 볼 수 있는 타성태에 대한 정복에 의해서와 동시에 정복된 타성태(그 자체에 의한 분화)의 분화에 의해서 이루어진다. 하지만 항상 과학적 승리가 갖는 실천적-타성태적 특성이 있다. 실천적 장 속에 총체화되는 것으로서의 수는 질적이다. [숫자] 3은 (실천으로 인해) 마법적 특수성이기도 하다. 하지만 이 특수성을 제거해 보라. 그리고 외부에 머물러 보라. 그러면 이 특수성은 사라지게 될 것이다. 이처럼 실천적 장 속에서 엥겔스는 옳았다. 즉 양은 질로 변화되는 것이다. 그러나 역으로 모든 질은 양으로 용해된다는 사실을 지적해야 한다.(이것 역시 변증법적이다.) 즉 질적 계기(기계 등과 같은 순수한 양의 실천적-타성태로의 통일)는 양으로의 귀환을 통해 이루어지는 축적의 실천적 산물이자 즉각적으로는 동화 불가능한 산물이기도 하다. 바로 이것이 질의 역설을 설명해 준다. 즉 질이란 측정 가능한 것인가, 아니면 측정할 수 없는 것인가? 이 역설에 대한 답은 다음과 같다. 즉 질로서는 결코 측정이 불가능하지만 한 계기의 전후 속에서는 측정 가능한 것이다. 질은 측정과 필연적으로 연결되어 있지만 항상 외부적 결정으로부터 출발해서 연결되어 있다.

과학과 실천. 과학은 실천의 잔재가 더 이상 실천적-타성태로가 아니라 외면성에 대한 순수한 타성태로 고려되는 계기다. 이런 의미에서 실천적-타성태를 만들어 내는 실천의 유위전변은 과학을 조건 지을 수 있다. 과학은 새로운 대상들을 창조(반목적성과 더불어)해 내긴 한다. 하지만 과학의 입장에서 보면 이 새로운 대상들은 과학에 의해 해체되는 것으로 주어지는 대상이기도 하다. 우선 수들이 그러하고, 측정과 수학이 그러하며, 또한 측정의 수단이 그러하다.

과학은 모순을 통해 진보한다. 하지만 이것은 이 모순들과 관련해서는 타성태적으로 남는다. 무리수가 그 예다. 우리는 이 수를 변화시키지 않지만(실천), 이 수를 통해 수의 신화적 의사-통일성을 부수면서 무리수라는 이름을 붙인 것이다. 그 결과 모순들은 가장 광범위한 외면성과 가장 큰 타성태를 위해 해결된다.

무리수가 이렇게 지칭되었다고 해서 *하나의 사물*이 된 것은 아니다. 이 무리수는 타성태에 의해 인간적 전체와 대립하는 단순하고도 수동적인 부정으로 남는다. 물론 무리수는 음악에서 말하는 *악마적인 화음*과 같이 반(反)총체화(인간에 의해 만들어진) 속으로 통합될 수 있다. 하지만 [이 반총체화] 역시 깨질 것이다. 수(허수와 실수, 유한수와 초한수, 유리수와 무리수 등등)에 다름 아닌 더 광범위한 하나의 총체화를 위해서가 아니라 인간적 타성태에 의해 이해된 것으로서의 비인간적 타성태의 지속적 유지를 위해서 그러하다.[249]

과학에서 인간은 물질의 두 상태 사이의 *비실천적*(비의도적, 비전체적) 매개가 되기 위해 스스로를 순수한 물질로 만든다.

과학은 항상 *개방되어 있다*. 왜냐하면 과학은 그 자체의 현재 상태에서 총체화하지 못하기 때문이다. 과학자는 자신의 의도와 상관없이 (실천을) 총체화하기는 한다. 하지만 그는 그 자신의 총체화를 폭발시켜 버리는 과학을 총체화시키지는 못한다. 그리고 이와 같은 *개방성*은 과학의 지속적 진보라는 결과를 낳게 된다. 축적만이 있지 과학적 반목적성이 있는 것은 아니다.

과학에서 진보는 분명하고 직선 — 축을 따르는 — 적이다. 왜냐하면 인식된 것의 타성태는 (변증법적 통제하에) 인식에 전달되기 때문이고, 실천적 장 자체에 대해 이루어지는 허구적이고 총체화하는 파괴 행위(실천적 출발점에서부터 주어진 과학의 유위전변 가운데 하나가 곧 이 파괴 행위다. 유기체는 스스로를 타성태화하면서 그 자신의 타성태를 도와주는 실천적 장의 요소들을 고려한다.)를 통해 이 실천적 장 내에서 유지되는 외면성이 외면성 속에서 이루어지는 조직화(즉 축적)를 인식들의 전체로서 낳기 때문이다. 적어도 오랫동안 그러했다. 과학의 위대한 가설들은 외면성에 대해 외부적으로 이루어진 조직화였다. 하지만 이 가설들은 수천 년이 지나서야 나타났던 것이다. 초기의 체계는 타성태적 체계다. 법칙이란 발견해야 할 실천적 요소로서의 타성태의 골격이다. $Y=f(x)$가 원래 의미하고자 하는 바는 나의 목적을 실현하기 위해 어떤 타성태에 작용할 것인가다. 실천이 추구하는 외면적

---

249   원고 앞 장 뒷면에 나중에 첨가된 줄이다.(편집자 주)

타성태는 정확히 말해 독립 변수다. 이것은 모든 차원에 적용된다. 간디는 카스트 제도를 타성태 속에서 바라보았고, 그렇게 함으로써 천민들의 카스트라고 하는 독립 변수를 찾아냈다. 이 독립 변수가 모든 체계에서 나타나는 결과여서가 아니다. 오히려 이것을 위해 사람들이 체계에 의해 고안되었고, 뼈대를 유지하고 지탱하는 이 독립 변수에 영향을 주고자 한다면 모든 것은 무너질 것이기 때문이다. 어쨌든 y=f(x)는 외면성이다. 만약 x가 정해진 비율 안에서 변한다면 y도 역시 정해진 비율 안에서 변할 것이다.

과학의 모순(동인이 되는 모순)은 정확히 변증법적 통일성이자 분석적 축적이다. 이중의 모순이 존재한다. 한편으로 모든 과학적 진보는 하나의 부분적이고 총체화하는 통일성을 파괴한다. 이것이 *실천적-타성태*, 즉 반변증법을 피한다는 것은 분명하다. 다른 한편 과학적 실천의 통일성(다시 말해 통일성으로 환원된 실천)은 실천적 장의 통일성이며, 축적(다시 말해 양의 질)을 이 장의 내부(알려진 지대의 축적-인식의 축적)에 부여한다.

인간의 첫 행동이 시작될 때부터 과학은 실천적 행동의 이론적 계기로서 나타났다. 하지만 이 이론적 계기는 실천적 계기 전체와 동일한 구조를 갖는다. 즉 타성태가 타성태를 추구하는 구조가 그것이다. 하지만 이 차원에서 총체화하는 요소(충동, 목적)는 타성태의 양상을 감춘다. 이것은 실천이 행위 전체 속에 파토스를 감추는 것과 같다.(손가락이 단추를 누를 때 단추 역시 손가락을 누르는 것이다.) 과학의 계기는 가짜 총체성을 제거하고, 이와 같은 총체화에 대한 거부를 통해 타성태들의 계기를 명시하기 위해 자기 자신의 이론적 계기로 되돌아오는 실천이다. 과학은 결국 외적 조건들의 탐구를 통해 더욱더 견고해지는 실천이다. y=f(x)는 내가 만약 이런 일을 한다면 저런 일이 발생할 것이라는 것을 보여 준다.

[풍요로움, 진보, 폭력]

희소성의 인간은 자신의 풍요로움을 추구할 때 희소성에 대한 결정 작용으로서 그것을 추구한다. 그렇다고 해서 모든 사람을 위한 풍요로움이 아니라 자신의 풍요로움, 즉 모든 사람으로부터의 탈취를 추구하는 것이다. 최초의 양상 ── n명의 사람과 n-2명의 사람을 위한 먹을 것이 있을 경우 2명이 배제될 가능성 혹은 m명의 구성원들 사이에서 m-2명에 해당하는 먹을 것을 나누어 먹는 집단의 구성(영양실조 상태인) ── 은 이론적인 양상일 뿐이다. 희소성의 인간은 n-m이 될 수 있는 범주 속에 남지 않는다. 이 범주는 n-m이 n-m의 음식을 먹거나 n-m의 도구나 보호 대상을 이용하는 범주다. 사실상 누군가가 배가 고파 먹을 것을 먹는다면 다른 사람들은 먹지 못한다는 새로운 원칙이 주어진다. 또한 소수의 사람들(n-m)이 다수를 제외하고 재화들을 이용할 수도 있다. 이렇게 해서 소수는 스스로 희소한 것으로 구성된다. 이 순간 희소성은 욕구의 충족에서 그것을 충족시킬 수 있는 인간으로 이동한다. 희소성의 내면화는 우선 희소한 대상이 갖는 *고귀한* 성격을 구성한다. 우선 현실적으로 보자면 공기는 희소하지 않은 반면 양식이나 도구는 희소하다. 도구는 교환의 대상이 되기 이전에 희소성에 의해 가치를 부여받는다. 간단히 말해 그 이유는 탈취(비용)의 대가를 치르면서 그것을 훔치거나 빼앗거나 획득할 만한 가치가 있기 때문이다. 이러한 관계는 거래에 선행한다. 예컨대 부족들 간에 싸움이 벌어진 경우 승리의 *대가는 비쌀* 수 있다. 요컨대 최초의 가치로서의 희소성은 하나의 행동, 즉 그 양태(전쟁, 혹은 유괴도 하나의 노동이다.)가 어떠하건 간에 하나의 노동을 결정짓는 대상인 것이다. 고귀한 것은 하나의 실천을 유발하는 희소한 대상(이것은 아마도 욕구를 충족시키는 *하나의 수단*일 수 있으며, 목적일 수도 있다.)이다. 하지만 그 전체의 결과 중에서 소수에 그치는 소유자는 스스로 *희소한 것*이 된다. 한편으로 다수에게 있어서 그는 이 다수가 그렇게 되고 싶어 하지만 소수가 되지 않고는 그렇게 될 수 없는 인간의 이미지이다. 두 번째로 이 소유자는 자신이 소유하고 있는 대상들의 희소성에 동화된다. 희소한 인간은 사회적으로 희소한 대상들을 풍족하게 가지고 있는 자다. 다수의 사람은 그를 외부로부터 희소한 자로 규정한다. 하지만 세 번째로 — 여기에 바로 기만이 있다 — 이 희소한 인간은 그 자체로 받아들여진다.(그가 힘으로 지배를 하든 희소한 것을 풍요롭게 소유할 수 있는 권리를 부여하는 하나의 책임이 공개적으로 그에게 주어졌든 간에 말이다.) 여기에서 출발해서 보면 이 희소한 인간은 그 자신이 *고귀한 인간*이 되면서 희소성을 내면화시킨다. 그리고 이것은 양가적인 의미를 가진다. 즉 이는 다른 사람들이 그가 가진 힘을 인정한다는 것과 동시에 다른 모든 사람이 드러내 놓고는 아니지만 마음속으로(이 사실을 반드시 고백할 필요는 없다.) 그의 적이 되기로 다짐한다는 것을 의미하는 것이다. 기근의 시기에는 희소한 자(상인, 유대인)가 될 권리가 없는 희소한 인간은 학살의 대상이 된다. 이 권리를 가진 사람은 학살당하지 않거나 그런 일이 있다 해도 훨씬 드물 것이다. 희소한 인간의 희소성은 하나의 행동에 걸맞은 것으로 제시된다는 점에서 그 자체로 *가치*가 된다. 그것은 하나의 목적이다. 즉 그것은 희소한 풍요로움을 탈취함과 동시에 이와 같은 사회적 희소성을 권리로서(공로나 사회적 역할 등으로부터 기인한), 즉 필요한 것이 결핍된 자들에 의해 인정받고자 하는 요구로서 획득하는 행동에 대한 요구로 제시된다. 우리는 여기에서 노동의 분화가 개입한다는 사실을 부인할 수 없다. (예컨대) 다수의 사람이 노동하는 반면 희소한 인간은 그들을 다스리는 자다.

즉 그는 탐험대를 이끄는 지도자인 것이다.(레비스트로스에 따르면 지도자는 다른 사람들보다 더 많은 것을 갖는다.) 이처럼 내면화된 희소한 인간은 자신의 풍요로움 속에서 자신의 희소성을 느끼는 자다. 즉 그는 희소한 것을 소유하고 있기 때문에 *예외적 존재*인 것이다. 그리고 그가 가진 이런 예외적 가치는 사회에 의해 인정받는다. 예컨대 이 사람은 자신의 내면으로부터 스스로를 하나의 보석같이 느낀다. 그리고 다른 사람들도 그를 그렇게 부른다. 재화를 소유함으로써 받는 인정으로부터 능력(교양을 쌓는 것 등등의)을 소유한 자로 인정받는 것으로 나아가는 희소성의 변증법이 존재한다. 하지만 그 결과 이 희소한 인간은 풍요로움 속에서 살아야만 하는 예외적 존재로서 자신의 모습을 표출한다. 비록 그가 풍요로움을 맛보지 못한다 할지라도 그는 자신의 희소성에 의해 그럴 권리만큼은 가지고 있다. 사람들은 생계의 희소성을 획득하기 위해서 능력의 희소성을 스스로에게 부여한다.(야망, 직업으로 용병을 선택하는 것. 다시 말해 사람들은 모든 것을 가지기 위해 다른 사람들이 거부하는 것, 즉 죽음을 받아들이는 것이다.)

따라서 소유 계급에는 부유화 현상이 나타나게 된다. 각자는 *더욱 희소한 자*가 되길 바라며, *사회적 질서 속에서* 실제로 그렇게 된다.(피억압 계급은 희소한 인간을 *가지고자* 하지 않는다. 이 계급은 스스로 *희소한 자가 되길* 바라거나 해방될 때까지 희소한 자의 희소성으로부터 여러 가지 혜택을 받고자 한다. 농노들의 예를 보여 줄 것.)

도치: 희소성(현대 사회-성인들)은 모든 것을 가질 수 있으면서도 아무것도 수용하지 않는 것이 될 것이다.

따라서 희소성은 역사의 능동적 요소다.

희소성이 단지 환경인 것만은 아니다. 희소성이 인간 속에서 내면화되면서 이 희소성은 우선 각자와 모든 사람, 그리고 각자와 각자가 맺는 첫 번째 적대적 관계를 이룬다. 하지만 희소성은 지배 집단 속에서 야망, 폭력, 극단적 희소성으로 나아가려는 의지를 구성하며, 이와 같은 변증법적 전이를 통해 이 집단을 구성한다. 결국 희소성의 인간은 드문 인간이 되며, 스스로를 고귀한 자로 내면화한다.

물론 이것이 *개인주의*를 의미하는 것은 아니다. 개인주의는 부르주아 시대에 속하는 내면화된 희소성의 한 형태다. 이것은 또한 가족의 희소성이나 계급의 희소성을 의미한다. 사람들은 자신이 가지고 있는 것으로 존재한다. 한 가정(또는 한 개인)의 존재는 자신의 소유와 같기 때문에 희소한 것을 갖는다는 것은 스스로 희소한 것이 되는 것을 의미한다. 따라서 희소한 집단의 존재는 타성태의 세계 속에서 위험에 처하게 된다. 왜냐하면 타성태적 세계가 곧 이 집단의 재산이자 소유물이기 때문이다. 결국 희소한 소유물은 문제의 그 집단의 *이익*이 된다. 즉 이 집단이 가지고 있는 것의 타성태에 의해 외부에서 정의된 것으로서의 집단의 존재가 되는 것이다. 하지만 여기에서 본원적인 힘은 욕구라는 것을 이해해야 한다. 욕구는 최초의 충동이다. 그것은 야망에 양분을 제공한다. 무엇 때문인가? 부자를 위한 욕구가 따로 있기 때문은 아니다. 하지만 부자의 존재 기저에는 그 자신이 희소한 산물을 소유하고 있는 *희소한 자들*에 속해 있다는 사실로만 충족되는 욕구가 존재한다. 즉 희소한 자들은 희소성의 풍요로움 속에서 사는 것이다. 달리 말하자면 충분함을 느끼기 위해서는 이미 스스로가 *희소한 자가 되어야* 하는 것이다. 이미 다수(희소하지 않은 자들)로 하여금 충분함을 요구할 수 있는 권리로부터 멀어지게끔 하는 제약과 신화의 체계가 있어야만 한다. 요컨대 착취, 억압, 기만이 있어야 한다. 한마디로 폭력이 있어야 하는 것이다. 그리고 이들이 한순간도 객관적으로(그들이 이것을 의식하고 있건 아니건 중요치 않다.) 행사하지 않을 수 없는 이 폭력으로부터 희소성-목표가 생겨난다. 그들이 *더욱 희소한* 자가 되고자 할 때 그들 자신의 본래적 희소성을 토대로 다수의 영양실조가 이루어진다. 그리고 부자에게 있어서 대항-폭력이 필요하게 하는 것은 다수의 욕구로부터 나오는 폭력인 것이다. 결국 동등한 대항 폭력이 존재한다. 그리고 이 대항 폭력의 사용은 단지 자신의 욕구 충족을 얻기 위함이다. 부자가 누리는 희소성은 현동화된 폭력이다.(이 폭력이 다른 사람들 — 용병이나 백부장 등등 — 에 의해 자행될 때도 사정은 마찬가지다.) 희소성은 만족의 본성 그 자체다. 또한 희소성은 부자의 근거, 즉 지속적인 폭력에 의해 충족되는 욕구, 폭력 없이는 충족될 수 없는 욕구를 보여 준다.(부자에게서 무기나 군대를 빼앗아 보라. 그러면 그는 무기력하게 될 것이다. 외부와 내부에서 행사되는 폭력의 계층화, 바로 이것이 억압의 제도이자 가장 심층적인 존재의 층위이기도 하다.) (다수가 갖는) 욕구 충족의 과대한 열망, 욕구 충족의 필수 불가결한 핵심이자 한 치의 오차 없이 행사되어야 하는 폭력으로서의 핵심인 이 과대한 열망은 희소성의 모든 층위를 밟아 올라가는 힘 그 자체다. 한편으로 (한 집단의 내부에서 발생하는) 조금 더 희소해지기 위한 투쟁 자체 속에는 "모 아니면 도"라는 심리가 자리 잡고 있다. 즉 (폭력을 통해) 희소성의 층위를 하나씩 밟고 올라가든지, 아니면 욕구의 차원으로 되돌아오는 위험을 감수해야 하는 것이다. 물론 그 까닭은 이 현상이 대부분의 경우에서 끊임없이 발생하기 때문은 아니다.(욕구의 차원으로 떨어지기 전에 멈출 수도 있고, 부자 집단을 떠나기 전에 물러설 수도 있다. 혹은 가정이나 관련된 사람들로 이루어진 동맹 집단의 도움을 받을 수도 있다.) 오히려 이것이 사물로부터 발견된 진리이기 때문이다. 즉 이것은 사물이 포함하고 있는 근본적 가능성인 것이다. 지도자가 되기 위한 투쟁이 벌어지는 경우, 패배자(처형당하거나 예속 상태에 빠지는 등등)에게는 더 이상 아무런 자리도 없는 법이다.

만약 희소성의 인간이라는 유형이 이미 구성된 경제-사회적 체계의 내부에서 규정된다는 사실을 덧붙이지 않는다면 문제가 되는 것은 물론 역사적 기술이 아니라 심리적 기술이 될 것이다. 희소성의 내면화를 구성하는 것은 (음식의 희소성으로부터 시간의 희소성에 이르는) 체계 속에서 볼 수 있는 희소성의 유형이다. 하지만 문제는 다른 곳에 있다. 즉 체계는 그것이 구성하는 인간들 그리고 —— 부자들에게 있어서 —— 계층화된 체계이자 (체계의 또 다른 층위를 향한) 초월에 다름 아닌 인간들이 없다면 유지되지 못할 것이라는 문제가 그것이다. 무역에서 발생하는 이윤의 감소는 이 인간들이 이미 인간-이윤인 경우에만 다른 곳을 향한 이동을 야기할 수 있다. 그러나 이 말은 이익(이윤)의 자유롭고도 지속적인 지양을 의미한다. 그리고 이윤이 직접적으로 폭력과 연결되어 있다는 사실을 이해하기 위해서는 다음과 같은 역설을 상기해야 한다. 즉 사람들이 풍요로움을 향한 진보를 방해하는 것은(석유를 고가에 팔기 위해서 혹은 팔지 않기 위해서 구입하는 행위가 그 좋은 예다.) 이윤이 욕구 만족의 불충분성(노동자와 임금 생활자)과 풍요롭지 못함으로부터 발생하기 때문이라는 역설이 그것이다. 이윤의 인간(이런저런 시기의 자본가와 그 고객들)은 봉건적 인간(지대를 받는 인간)이 아니다. 하지만 이 두 경우에 있어서 인간은 어쨌든 희소성의 체계의 끝까지 가지 않고서는 혼자서 욕구의 만족을 맛볼 수 없기 때문에 과도한 풍요로움을 겨냥하는 것이다.

바로 여기에 이 체계 내부에서조차 희소성의 인간을 욕구 충족의 최고 단계로 고양시킬 수 있는 모든 요소를 도입할 필요가 존재한다.

사상과 그것의 역사적 행위

사상들의 역사가 있다. 이 사상들은 단순한 반영이 아니라 행동이다. 이미 하나의 실천인(트리엔트 공의회[250]) 예수회의 사상(착한 미개인)과 스스로 보편적 계급으로 자처하기 위한 수단을 찾는 부르주아 계급 내에서 **자연**에 대한 여전히 수동적인 사상(염세주의의 전복: 매우 중요함), **이성**에 대한 분석적 개념과의 만남을 참고할 것 → 타성태와 자연적 외면성.

기독교인이 **유대인**에게 부여한 표상은 그 자체로 **유대인**을 구성하는 요소가 되었다. 폴리아코프[251]: 인종 차별주의. 유대주의(91쪽, 마시뇽[252]에 대한 각주를 참고할 것.[253])

---

250 1545년부터 1563년까지 18년간 총 19차에 걸쳐 북이탈리아 트리엔트에서 진행된 가톨릭 종교 회의를 말한다. 교황 바오로 3세의 제안과 신성로마제국(독일) 황제 카를 5세의 동의에 의해 루터로 인한 종교 개혁에 따른 교회의 분열을 수습할 목적으로 소집되었다. 그러나 신교도 측이 슈말칼덴 전쟁으로 인해 참석하지 못함으로써 로마 가톨릭 측만의 공식적인 세계 공의회가 되고 말았다.

251 레옹 폴리아코프(Léon Poliakov, 1910~1997). 러시아 출신의 프랑스 사학자. 쇼아와 반유대주의에 대한 연구로 유명하다. 저서로는 『반유대주의의 역사』 등이 있다.

252 루이 마시뇽(Louis Massignon, 1883~1962). 20세기 프랑스의 가장 유명한 이슬람 학자.

253 『반유대주의의 역사』 2권(칼만 레비, 1961)에서 폴리아코프는 역사적 요소로서의 **유대인**과 **아랍인** 사이의 가능한 "친족 관계"에 대해 질문을 던지면서 이 관계가 생물학적 질서에 속한다는 사실에 반론을 제기했으며, 이 두 민족 사이의 언어학적 친족 관계에 대해 언급한 바 있다. 이

사상과 말(말: 사상에 대한 타성태적이고 물질적인 집약. 통사와 언어도 마찬가지다.)

*사상의 실천적-타성태*가 존재한다.

따라서 사상은 가공된 물질로서의 행동이 갖는 하나의 역사적 계기가 된다.

사상을 담고 있는 말: 여러(다양한) 의미의 물질적 종합. 시와 물질성: 시적 실천은 타성태적 종합(혹은 오히려 언어적 물질에 부과된 여러 각인들의 타성태적 인접성)을 이용하며, 이것으로 시적 종합을 만들어 낸다. 즉 역사적 의미들(일반사, 개인사)과 *실천적* 의미 작용을 섞으면서 그러하다.

[말][254]

말은 지속적으로 집렬체화하며 제도적이기도 하다. 말은 곧 집렬체의 항목이다. 그 이유이기도 하다. 나는 말에 그 의미를 부여한다. 왜냐하면 *타자*로서의 다른 사람들이 그 말에 의미를 부여하기 때문이다. 만약 내게 있어서 꽃이라는 단어가 *비*를 의미하지 않는다면 그것은 우선 내가 이 말을 이해하지 못하고 있기 때문이 아니라 집렬체에 속하는 다른 사람들이 그 말에 그 의미를 부여했기 때문이며, 또한 그 의미는 나에게서 벗어나기 때문이다. 그러나 이와 동시에 하나의 말을 사용하는 것은 하나의 실천이다. 왜냐하면 이 말은 하나의

부분에서 그는 셈어족과 인도-유럽어족을 비교 분석하는 마시뇽의 저서(『이슬람 신화의 전문 용어의 기원에 대한 시론』)를 인용하고 있다.(편집자 주)

254 1권, 제1서, B, 327쪽 이하 참고.(편집자 주)

집단을 만들어 내는 성향이 있기 때문이다. 실제로 말을 통해 상호성이 매개됨과 동시에 창조되는 경향이 있다. 또한 말은 제삼자와 같이 기능한다. 따라서 소통은 말에 의해서가 아니라 말에 대한 참조로서 이루어진다. 즉 제도로서의 말, 문맥에 대한 직접적 관계로서의 말, 집렬체화된 제삼자로서의 말에 대한 참조로 이루어지는 것이다. 언어적 제도는 집렬체화된 제삼자다. 그리고 분명 이것은 작업실의 모든 도구와 같은 것이기도 하다. 하지만 도구는 즉각적으로 더욱 분명하게 드러나는 하나의 실천적 기능을 가진다.(이 도구로부터 파생되는 촉지할 수 있는 결과와 그것의 가시적 타성태 때문에 그러하다.) 도구를 통해 나는 나 자신을 타성태에 작용하기 위한 타성태로 만든다. 말을 통해 이루어지는 과정은 덜 가시적이다. 하지만 말은 그 자체로 제도이자 타성태다. 그리고 말의 첫 번째 목적은 타자에게서 이 말을 타성태로 일깨우거나 이 *초월적* 말을 통해 타자에게 타성태로 영향을 주는 것이다. 만약 말해진 말이 *이미 쓰이지* 않았다면(잠재적으로라도), 쓰인 말(물질적 대상, 진흙이나 돌에 새겨진 형상)은 결코 발명되지 않았을 것이다. 결국 같은 것이 문제가 된다. 즉 구조들과 *존재태*를 통한 날숨(souffle)의 (음성학적) 결정 혹은 돌 등에 새기는 결정 작용이 문제가 되는 것이다. 하지만 첫 번째 경우 물질성은 훨씬 더 감지하기 힘들고(가스를 감지하는 것이 힘든 것과 같은 의미에서) 비가시적이다.

따라서 초월적이고 실천적-타성태적인 말은 지칭되고 또 지칭한다. 타성태적인 이 말은 타자 속에서 타성태를 상기시키기 위해 나의 타성태를 나타낸다. 즉 나는 말하면서 타성태화되지만, 이것은 타자 속에서 타성태를 일깨우기 위함이다. 중요한 것은 정확히 실천적 장을 변증법적으로 변화시키기 위해 타성태를 *이용하는* 실천적 활동이다. 하지만 다음과 같은 사실을 유념하자. (1) 말은 *하나의 실천 속에*

서 이용된다.(비록 실천의 목적이 집렬체성과 타성태를 보존하는 데 있다 할 지라도 그러하다.) (2) 말은 타자 속에서 타성태를 일깨운다. 왜냐하면 이 타성태가 하나의 실천, 즉 질서의 시작이 될 수 있기 때문이다. (3) 말은 집렬체화된 제삼자의 출현을 통해 상호성을 제거한다. 말이 가 진 보수적 측면: 말은 제도와 모든 사회를 상기시킨다.

현대시: 말이 갖는 물질성을 이용하고자 하는 시도.[255] 의미들은 실천적-타성태(반타성태, 반통일적 각인)를 통해 물질성의 불순한 힘과 상호 침투 현상을 갖게 된다. 의미들은 통일되어 있으면서도 변화하 지 않으면서 (순수한 외면성이 되기는커녕) 상호 침투된다. 말을 말에 의 해 조명하는 것. 요컨대 각각의 말이 타성태로서 자신의 의미들에 대 한 부정적 종합을 만들어 내는 것처럼 보이기 위해 말들 사이의 관계 를 이용하는 것.

255　『집안의 천치』, 929~934쪽(철학도서관 총서 혹은 텔 총서)에서 사르트르는 상상적인 것을 통
　　합하면서 이와 같은 유희를 분석하고 있다. "……내가 보기에 앙부아즈성은 ──그리고 아주 많
　　은 사람에게 있어서 ──프랑부아즈(framboise), 부아제(boisé), 부아즈리(boiserie), 앙브루
　　아지(Ambroisie), 앙브루아즈(Ambroise)와 연관된 것으로 보인다. 여기서 문제가 되는 것은
　　결코 나의 개인적인 역사가 진행되는 동안 맺어질 수 있었던 여러 특이한 관계가 아니라 모든 독
　　서와의 객관적이고 물질적이며 접근 가능한 관계. 이 관계들이 하나의 정신 작용에 의해 이
　　루어진 것이 아니기 때문에, 그러면서도 이 관계들은 와해될 수 없는 하나의 통일성 속에 자리
　　잡았기 때문에 우리는 이 관계들을 수동적 종합이라고 부를 수 있다. 실제로 우리가 꿈에 스스
　　로를 맡기면 맡길수록 이 관계들은 더욱더 표면으로 떠오르게 된다……."(편집자 주)

비독재적 사회 속에서의 총체화

A) 공시적 관점.

1) 각자(특권화된 계급)는 인간적 피라미드를 형성한다.

2) 각자(피착취 계급)는 이 피라미드의 하부 구조를 이룬다.

B) 각각의 계급은 다른 계급의 구성에 참여한다. 마르크스주의의 오류: 착취 계급을 항상 수동적인 계급으로 간주하는 것. 이것은 정당하기는 하나 이 착취 계급을 *행위 주체*로도 고려해야 한다. 사실상 착취 계급은 *생산물*(기술적 혁명)을 결정짓는다. 따라서 자신의 생산물로부터 비롯된 생산물을 결정짓는 것이다. 하지만 피착취자들(생산물의 생산물)은 생산물을 만들어 *내고*, 계급을 결정짓는다. 그 이유는 1) 생산물의 축적이 경제적 흐름에 뒤따르기 때문이며(가족 자본주의로부터 독점 자본주의로의 이행), 2) 일종의 생산물의 생산물인 피착취자는 착취자를 자신의 생산물로 구성하기(투쟁과 관계 등등을 정의하기) 때문이다.

C) 통시적 관점(이것은 제일 마지막에 기술할 것). 이것은 실천적 타성태의 내면화다; 프랑스인이 된다는 것은 무엇을 말하는가? 그것은 역사적 과정에 반하는 근본적인 차원으로서의 **역사**(기념비적 과거)인 것이다.

D)²⁵⁶ 타자의 관점을 내면화하는 것으로서의 총체화.

E)²⁵⁷ 하나의 상황(식민지)을 공통적으로 이용하는 것으로서의 총체화. 그렇다. 만약 이와 같은 상황을 이용하지 않는다면 "프롤레타리아 국가들은" 이 총체를 신화로 이용하게 될 것이다.

이 경우에

포괄적 총체화는 하나의 구현이 보다 폭넓은 구현과 외적으로 관계를 맺는 어느 곳에서나 주어진다. 예: 양성공의 구현과 전체 노동자 계급과의 관계.(?)²⁵⁸

---

256 "각 계급은 다른 계급을 구성한다."라는 의미를 함축한다.(편집자 주)
257 "각 계급은 다른 계급을 구성한다."라는 의미를 함축한다.(편집자 주)
258 원고에 물음표가 표기되어 있었다.(편집자 주)

계획

1) 독재 사회에서의 재총체화.

(스탈린)

2) 비독재 사회에서의 재총체화.

계급의 통일성과 투쟁, 이미 문제가 되고 있는 것들.

3) 몇몇 연관된 역사들의 재총체화.

(유럽의 역사 등등. 프롤레타리아들과 프롤레타리아 계급): 역사가 무엇인지를 알지 못한다는 점에서 있을 수 있는 순수한 의문.

역사는 그 자신의 반대 항에 호소한다; 역사의 지속성, (죽음을 거부하는 의식으로서의) 시간적 무한성. 끝이 없는 역사. 다른 한편으로는: 역사=엄밀한 객관성(그것에 도달하든 그렇지 못하든 간에)과 극복되었지만 결정적인 죽음.

역사의 상수: 예를 들면 죽음. 죽음이 없을 경우, 또 *다른* **역사**(혹은 **역사**가 없는 경우).

형식적 문제: 역사적 사실은 어제와 오늘에 있어서 질적으로 다른가? 혹은 동일한가? 예컨대 더욱 광범위한 의식의 문제(마르크스): 이것은 실천을 변화시키는가? 계급은 과학적이고 실천적인 인식에 의해 조명된다. 1세기 전에는 직관적 예측에 불과했던 것을 혼란스럽게

만드는 신화와 같은 것들이 성행하던 시기가 있었다.

[자본주의 체제에서의] 총체화

　여기에서 총체화는 갈등의 억압이나 매개를 의미하는 것이 아니라, 각각의 갈등이 가장 일반적인 갈등과 통일성의 구현이라는 사실을 의미한다.

　자본주의 체제에서의 총체화는 무엇인가? 그릇된 대답: 개인들. 개인, 총체성[의] 산물.

　개인들: 민주주의에서의 *대중화* 세력들을 기술하기. 노동 계약 등등.

　르포르(Lefort)에 대한 대답에서[259]

　각자 속에서 내면화된 **타자**의 존재를 강조할 것.

　총체화에서 출발하지 않고는 사회적인 것(공동 개인)으로서의 실천적 유기체의 지위를 이해하기란 불가능하다. 여기에 *체제*가 있다(예컨대 자본의 체제).

　원자적 고독은 없다.

　전체가 되는 방법들만이 있을 뿐이다. 고독은 전체가 되는 방법들 내에서 나타난다.

259　『상황』 7권 참고.(편집자 주)

전체는 전체가 되는 방법들을 이용한다; 집단들 ── 집렬체성들 (집단과 집렬체들 내부에서 인식된 차이들과 함께).

이처럼 그 자신의 전체 속에서의 집렬체는 체계의 구현이다. 당연히 이것은 전체와 개인들 사이의 관계로부터 산출된다.

순환성: 집렬체는 전체를 내부에서 사물화된 인간의 실존으로 재조건화한다. 집렬체, 그것은 타성태적 인간, 즉 인간-가공된 물질을 의미한다. 집렬체는 타성태로서의 하나의 행동 양식을 갖는다. 왜냐하면 집렬체는 *규정되어 있기* 때문이다. 그리고 이와 같은 행동 양식 (우리는 이것을 하나의 도구로 가공한다.)은 사회에 의해 정의되지만 역으로 사회 그 자체를 정의하기도 하며, 이 사회의 역사에 영향을 미치기도 한다. 이력 현상들: (예컨대) 악기들. 이들의 존재는 음악의 진보를 *지연시킨다.* 왜냐하면 이것들은 이미 만들어진 것이기 때문이다. 이것들은 있는 그대로(타성태로) 존재한다. 따라서 이것들을 변화시켜야 한다. 하지만 이것들은 이미 구축된 기구들이다(하나의 집합체: 이 악기의 연주자들에게서 산출된 집렬체성).

비전체주의적 사회들의 문제:

집렬체들과 집단들의 관계,

집렬체들을 재총체화하는 요인,

집렬체의 역사적 역할.

집렬체의 역사적 여정이 있다(집렬체는 변화한다: 연쇄적인 변화들). 따라서 제도들의 집렬체적 변화가 있다. 예: 언어학. 이 [집렬체]는 집렬체적으로 내면성 속에서 총체성에 영향을 미친다. 하지만 총체성은 그 자체로 집단행동 혹은 집렬체의 행동에 의해 자신의 집렬적 행동에 의해 촉발된 여정 속에 존재한다. 그 결과 집렬체에 대한 행동으로서 스스로를 나타내는 체계의 전체는 그 자신을 변형시키는 집렬

체적 응답을 갖게 된다.(비록 그것이 확증적일지라도 항상 일탈은 이루어
진다.)

예: 식민지, 원주민의 집렬체화 → (농업) 인구의 이동. 인구의 증가
는 *집렬체적*이다. 양은 질로부터 나온다.(프롤레타리아화된 채 지속되는
사회의 유형과 사망률[에서의] 개선, 위생 시설의 결핍 등등. 식민지화된 사회
를 재현할 것. 구현) 하지만 양은 질이 된다; 각자의 삶의 수준 저하. 빈
곤. 새로운 집렬체적 사실들: 프랑스에서의 이행 과정. 순수하지만 질
로 [변하는] 양: 식민지를 개척하는 집단과 식민화되는 집단 간 차이
의 증가. 더욱 명백한 부정의. 원주민들에 의해 *집단*(구성된 실천)으로
재총체화하고, 식민지 개척자들(식민지 개척자들의 집렬체성은 와해된다;
공동의 위협, 본국과의 공동의 관계)에 의해 반-집단으로 총체화된 것. 집
단은 민중 투쟁에 의해 농민의 집렬체성을 와해시킨다.

1) *체계*는 여러 *사람*에 의해 고안되고 구상되며 정립된다; 르루아
볼리외, 쥘 페리.[260] *자본주의의* 난점들의 재총체화(보호받는 시장과 투
자).

2) 체계는 인간들에 의해 실현된다; 집단의 실천(스스로 구성되는
사회), *개인적 실천.*

3) 이론과 실천적 이데올로기. 제국주의=민족주의.

4) 체계는 다음과 같다

실천(서로를 조건 짓고, 인식하는 집단들의 총체),

실천-과정(기술, 집렬체화의 시작),

실천적-타성태 (투자의 총체 ── 물질 ──, 집렬화된 가공된 물질로서의
인간들).

---

260 문제가 되는 체계는 식민주의다. 1권, 제2서, B, 1243쪽 참고.(편집자 주)

원주민의 원자화하는 실천(전투, 민법, 억압당한 부족들).

식민자들의 원자화.

집렬체적으로가 아닐 경우 불가능한 행동(인구, 유럽의 집렬체적 연대성).

5) 전복(새로운 혁명적 실천. 집단들. 반-집단들).

반대: A) 인간들은 경제에 대해 책임을 지고 행동하고자 한다. 이처럼 체계는 내면화하고 재외면화한다. 이는 스탈린주의 혹은 집단 지도 체제[261]다. B) 그들은 체계를 세우고자 한다. 이 경우에 체계는 인간들을 통합하며, 이 인간들에 의해 작동한다. 총체화는 실천-과정이다. 이 경우: 구현, 순환성, 재총체화를 다시 담당하기. 하지만 체계가 인간들에 의해 구현된다는 점과 일탈이 인간들에 의해 체계에 반하여 실현된다는 사실을 보여 주기.

A) 스탈린주의: 인간들은 모든 *것*을 다시 책임진다. 이처럼 그들은 주어진 실천적-타성태로부터 출발하여 *계획*들을 갖게 된다. 이 계획들은 새로운 실천적-타성태가 관계라는 점에서 하나의 새로운 체계를 구축한다. 하지만 이 체계(포괄적 총체화)는 기도의 내적 구조임과 동시에 그것의 일탈이다. 체계는 이 기도를 지탱하고, 표현하며, 일탈시킨다. 하지만 기도는 다시 체계로 귀착된다. 왜냐하면 끝까지 인간들은 일탈의 책임을 지고 있기 때문이다. 실천-과정.

B) 인간들은 동일한 실천적 장의 내부에서 다양한 기도들을 추구한다.

첫 번째 통일성: 실천적 장.

261 318쪽 참고.(편집자 주)

하지만 이것은 진정한 통일성이 아니다. 단지 공동의 결정 작용일 뿐이다. *외부로부터 받아들인 결정 작용일 뿐이다.* 각자에게 있어서 장은 누군가가 거주하고 있는 것으로 구성된다.

그다음으로: 실천적 장의 통일성으로 인해 장 내부의 요소들은 가공된 물질로서의 통일성의 요소들이 된다.(각자는 이미 사람들로 가득한 장에 의해 정의되며, 특정한 기술만을 가지고 있으며, 특정한 질서 속에서는 잉여적인 인간으로서 노동한다.) 이 차원에서 이미 각자는 **구현인** 것이다. 물질이 집렬체화된다는 점에서 집합체들은 단독으로 생겨난다. 돌로 만든 도구들. 각자는 나름의 방식으로 재총체화한다.(노동을 통해: 그는 생산하고, 기술적 숙련에 의해 생산한다.) 그리고 이와 같은 재총체성은 다음과 같은 사실들을 함축한다. α) 각자는 물질에 대한 각인으로 스스로를 투기한다. 물질은 인간에 대한 부정 속에서 그것을 되돌린다. β) 이와 동시에 바로 이런 이유로 각자는 장 속에서 위험(이익)에 처해 있다. γ) 이와 같은 반인간들은 축적될 수 있다. 양과 타성태로 인해 어떤 것도 서로 대립하지 않는다. 이처럼 인간들 사이를 매개하며 총체화하는 하나의 전체가 구축된다.(실천의 산물로서의 기계들은 인간들을 총체화하기 위해 인간들에게로 다시 돌아온다.) *모든 것을 생산하는 특정한 도구들로부터 가공되고 흩뿌려진 실천적 장은 인간들에게로 다시 돌아와 그들을 외면성 속에서 내적으로 규정한다.*

이 차원에서 우리는 집렬체성과 제도를 갖게 된다. 그리고 집렬체적이고 제도적인 모든 전체는 희소성으로 *완전히* 결합하지 않는다. 집단과 (포기된 것들에 기초해서 이루어지는 기술, 조직화이자 결정인) 고안. 예: 경작 도구의 고안은 최초의 인간의 희소성을 만들어 낸다. 쟁기에 비해 인간이 충분하지 않다. 인간은 희소한 동시에 잉여적이다. 노예 제도의 고안. 이 차원에서 제도를 변화시키는 모든 집단은 집렬체에 작용한다. 한 집단에 의한 집렬체와 제도의 변형은 *체계*를 가져다 준다.

체계는 비의도적 순환성의 과정으로 정의된다. 왜냐하면 이 체계는 거대한 차원(노예를 일하도록 하는 것은 노예제의 고안을 의미하는 것은 아니다.)에서는 비의도적인 것이지만 작은 차원(이질성: 질은 양에 달렸다.)에서는 의도적인 것이기 때문이다. 어째서 *체계*가 문제인가? 그 이유는 실천적 장의 통일성이 모든 사람의 이름으로 고안을 규정하기 위해 고안 그 자체로 되돌아오기 때문이다. 실천적 장은 나를 자아-타자로 규정하기 위해 나에게로 되돌아온다. 이때 실천적 장은 **타자들**에 의해 나의 장이자 *타자*의 장으로써 되돌아오는 것이다. 즉 외부에서 하지만 내재성 속에서 나를 이 장에 속하는 (다른 누구보다도) 인간으로 규정하며, 나의 실천을 *이 장 내부에서* 이루어지는 실천들로 규정하는 것이다. 요컨대 통일성이란 **타자들**의 매개를 통해 실천적 장이 그 장 속에 머무는 자에게로 되돌아와 그를 내재성의 외면성 속에서 *거주자*로 규정하는 것이다. 이런 식으로 우리 모두는 거주자가 되고, 집렬체가 형성되는 것이다. 나는 **타자**에게 있어서 나 자신을 *타자*로 바라본다. 그리고 외적 위협으로 인해 실천적 장은 집단을 만들어 낼 수 있다. 하지만 이때 집단은 내면성 (국가) 내에서의 *타자*로 만들어지는 것이다.

예컨대 하나의 장 속에서 화폐가 고안된 바로 그 순간부터 이 화폐는 제도가 된다. 아니면 화폐는 집단을 분열시키거나 (화폐가 외부로부터 도입되는 경우) 이 집단의 순환성을 채택하게 될 것이다. 이것이 의미하는 바는 화폐의 결과가 그 원인을 변화시킨다는 것이다. 변증법적 장 속에서 대상들의 존재로부터 이 대상들에게로 오는 (이것들의 실천을 강요하면서) (생각만큼이나 복잡한) 순환성은 곧 체계다.

주제들[262]

구현.

포괄적 총체화.

외적 총체화.

내적 총체화.

반노동.

내재성.

초월성.

내재적 외면성.(외적 총체화 참고.)

초월적 외면성(사유 불가능한 한계).

실천적 자유의 내적 한계와 극복.

통일성 ─ 통합.

갈등 ─ 모순.

총체화와 재총체화.

재총체화된 총체화.

변형과 소외.

일탈 ─ 왜곡.

부르주아 민주주의 사회들에서 통합은 비-통일성(대중화로서의)을 원한다.

이것은 집렬체들의 통치권(다시 말해 비-통치권)을 선택하는 통일적인 결정으로서의 투표의 비통일성이다.

집렬체화의 재총체화로서의 집렬적 인간:

---

262   특히 독재 사회에 대한 연구에서 다루어진 주제들에 대한 요약(208쪽 이하 참고.)이며, 저자는
      이 주제들을 부르주아 민주주의 사회에 대한 연구에도 적용하려고 한다.(편집자 주)

A) 대중 속의 인간.

(노동 속에서의 상호 변환 가능성. 대중의 소비자.)

B) 유권자.

C) 선전 활동: 그는 광고에 의해 *타자*로 취급된다.

타자들처럼 행동하기: *타자*가 되기.

D) 통일성에 반하는 동일성.

이 인간은 하나의 *생산물*이다.

무엇의 생산물인가?

생산 양태의 생산물이다.

그러므로 생산 양태의 통일성이 존재한다. 어떻게 그러한가?

그 이유는:

α) 생산 양태는 인간들 사이의 매개적 관계로 인식되기 때문이다. 나는 타자들이 나에게 제공하는 것에 반하여 이 타자들을 위해 생산한다.

β) 생산 양태의 분산적 힘은 인간에 의해 재총체화되어야 하기 때문이다. 조직화.

1) 집단에 속하는 각각의 인간은 실천적 장에 의해 **타자**로서, 다시 말해 내가 나의 총체화 속에서 대상으로 포착한 것으로서 재총체화된다.

2) 각각의 인간은 나를 재총체화하면서 실천적 장을 재총체화한다.

하나의 합의를 포함하고 있는 우회적 총체화들의 전체: 총체화하는 것으로서의 실천적 장. 예: 에스키모. 동일한 위험에 종속되어 있다는 의미에서 **타자**는 **동등자**다. 죽어 가는 **타자**에게서 나는 나의 죽음을 읽어 낸다. 노동하는 **타자**에게서 나는 나의 노동을 읽어 낸다. 인간은 *구성되기*에 이른다. 실천적 장의 내면화.

3) 여기에서 출발해서 갈등이나 상부상조는 실천적 장의 초월적 통일성을 표출할 뿐이다. 희소성의 인간이 잉여 존재라면 그것은 이와 같은 실천적 전체 속에서다. 만약 그가 나를 위협한다면 그것은 가공된 물질(장의 첫 번째 종합적 연합)이 그를 나에 대해 잉여 존재로 지시하고 나를 그에 대해 잉여 존재로 지시하기 때문이다. 희소성의 내면화(구체적 형태하에서의: 연료, 음식, 여자 등등의 희소성)는 우회적 통일성의 반-인간에게 영향을 끼친다. 모순-갈등으로서의 전투는 실천적 장으로부터 출발하여 총체화될 수 있다. 즉 내면화한 공동의 타성태로 총체화될 수 있는 것이다. *첫 번째 공동 타성태는 부정적이다; 즉 나는 더 멀리 나아갈 수 없으며, 여기에 머무른다 등등. 두 번째 타성태는 긍정적이다; 우리의 욕구를 진정시킬 수 있는 음식물이나 요소들이 존재한다. 그리고 이것은 각자를 조건 짓는다. 바로 이것을 위해 우리가 갈등에 돌입하기 때문이다. 세 번째 타성태는 부정된=긍정이다; 공존할 수 있을 만큼 충분하지 않다.*

좋다. 하지만 공존은 무관심한 인접성이다. 풀을 뜯어 먹는 동물들이 그 예다. 비-공존성은 거부된 이원성이다. 따라서 어떤 의미에서는 통일성이란 (제거나 위계화를 통해) 만들어 내야 할 것으로 제시된다. 통일성은 실천적 장에 의해 이루어지는 인간들에 대한 재총체화의 재외면화된 재내면화다. 배타적 통일성은 방해 요소들을 제거함으로써 성립되는 하나의 공동체의 재구성(혹은 구성)이다. 중국인들은 딸의 존재를 제거함으로써 가정을 실천적 통일성으로 재구성한다. 다른 한편 모든 갈등은 이 갈등에 의해 관계됨과 동시에 이 갈등의 내부에 존재하는 총체성을 부정적으로 나타내게 한다. 실제로 x와 y가 잉여 존재이기 때문에 서로 다투게 된다면 다른 존재들이 그들에게 있어서 잉여 존재인 것과 마찬가지로 그들 역시 다른 모든 사람에게 있어서 잉여 존재인 것이다.(x와 y 사이에는 특별한 이유로 인해 갈등이 발생한다. 하지만 y와 z 사이에도 이러한 갈등은 존재할 수 있다.) 게다가 이들은 다른 모든 사람과의 관계에서도 잉여적이며, 그것을 드러내 보인다.(이들은 자기 자신의 내부에서처럼 초과를 드러낸다.) 그 결과 이 갈등은 모든 사람에게 해당되며, 전체를 특정 요소들의 제거를 희망하는 것으로 재총체화하게 된다. 이때 전체는 자의적인 것이 되거나 갈등 속으로 유도된다.

이처럼 희소성은 제삼자 속에서 경험되는 상호 조건으로서의 재총체화하는 요소인 것이다. 갈등의 경우 그것은 근본적 모순, 즉 x와 y의 공존 불가능성으로 나타난다. 하지만 이와 같은 모순은 바로 실천적 장으로 인해 공존할 수밖에 없는 가능성(두 집단으로의 분리, 균열)을 가정한다.(이와 같은 분리가 처녀림, 눈사태, 강력한 이웃 등등에 의해 이루어진다는 것은 그다지 중요치 않다.) 달리 말해 갈등은 상대방의 절멸을 원하는 적들처럼 행동하는 장을 통해 재총체화를 표현한다. 그러나 (1) 이 갈등은 타성태 속에서 이루어지는 재총체화이고, (2) x를 제외하고 모두가 관련되어 있으며, 모두는 미결정 상태로 남겨진다. 이와 같은 사실은 *집단의 통일성*이 아니라 *내재성*을 야기한다. 우리는 이 내재성을 실천적 전체의 관계라고 부를 수 있다. 이것은 장 속에서는 공존 불가능성 그 자체가 공존할 수밖에 없는 가능성을 통해 정의된다는 점에서 그러하다. 내재성은 통합 작용이 아니라 통합 작용의 죽은-가능성인 것이다. 내면성은 실천적 장(그 공동의 통일성)에 의해 봉인된 타성태다. 이때 실천적 장은 모든 개인적 관계에 대해 내적 환경을 만들어 내기 위해 각자에게 다시 영향을 미치게 되며, 각 집단으로 하여금 다른 집단과의 갈등을 통일성을 향한 운동으로 제시하도록 강요한다. 달리 말하자면 장의 공동 통일성은 통합 작용을 투쟁으로 제시하는 쪽으로 방향을 돌린다. 즉 통합하는 실천을 통해 초월해야 하는 것으로 스스로를 재총체화하는 것이다. 공동 통일성은 통일성을 향해 극복해야만 하는 것으로 존재한다. 집단에서 이 통일성은 항상 이미 존재하고 있는 것(이것이 바로 실천의 내적 타성태이다.)으로 그리고 재정립되어야 할 것으로, 즉 반인간에 대항한 투쟁으로 주어져 있다.

하지만 실천적 장은 동질적이지 않다. 이 장은 다양할 뿐만 아니라 다른 집단들을 희생시킴으로써 특정 집단들을 유리하게 한다(자연-문화). 그 결과 내재성 속에는 파괴해야 하거나 공고히 해야 할 준-위계질서가 있게 된다. 장 내부에서 드러나는 각각의 새로운 현실(도구, 노예 등)은 장을 점유하고 있는 모든 하위 집단을 변화시킨다. 내재성은 변증법적 현실을 창조해 내는 하나의 긴장인 것이다. 각각의 현실이 거리를 두고 다른 현실들을 변화시킨다는 의미에서 볼 때 총체화가 존재하는 것이다.

예: 주어진 하나의 실천적 장 속에서 이미 주어진 하나의 실체의 입장에서 보면 출생률의 증가는 나와 내 아이들의 삶에 영향을 미친다.(직접적인 영향: 식량의 품귀 현상, 혹은 간접적인 영향: 생활 수준) 나는 이 장에 외부에서 영향을 미치는 하나의 사건(화산 분출)에 의해 변이되는 것처럼 장 내부에서 발생하는 하나의 사건에 의해서도 역시 *변이*된다. 다시 말해 (1) 식량의 증가와 감소를 야기하는 모든 것, 즉 α) 초월성이지만 내재화되어 있는 초월성, β) 주어진 하나의 장에 필요한 최소 인구수를 기준으로 한 인구의 증가 혹은 감소에 의해, (2) 내재성 속에서 집단들과 집렬체들을 만들어 내는 인간들(도구, 기계, 생산방식의 차이)이 서로 맺고 있는 관계의 모든 변화에 의해서도 변이되는 것이다. 그러니까 희소성의 장에서는 이웃들의 수나 세력의 증가

로 인해 나의 실존에 위기를 증대시키는 경우가 나타날 수 있다. 왜냐하면 이 이웃들은 힘을 통해 더 많은 것을 생산해 내고자 하는 동시에(하지만 이미 극에 달해 있다.) 나를 제거하려고 할 것이기 때문이다. 나는 이 변이를 겪게 되고, 결국 이 변이는 나의 내부에서 변형을 구현한다.

[기계를 통한 변이와 통합 작용의 예: 라디오-텔레비전의 출현]

1) 기술적 실업: [예] 선진국에서 볼 수 있는 뮤직홀 밴드들에게 있어서.

2) 보다 첨예화된 시청자들의 집렬체화.(라디오+텔레비전.)

3) 제한적인 집단들의 구성 ─ 집단들의 집렬체화(집단-집렬체의 변증법): (1) 악기의 집렬체화, (2) 경제적 필요성: 사람들이 집단을 이룬다. α) 진정한 집단의 경우: 친구들이 공동으로 자신들 중 한 명이 담당한 악기를 구입한다. β) 가짜 집단의 경우: 카페에서 통일되지 않은, 그러나 항상 융합할 수 있는 전체들에게 비전을 제시한다. (3) 집단들의 집렬체화(부르주아 민주주의에서 볼 수 있는 평등). (4) 가능한 재집단화(정치적 차원에서 드골은 집렬체화를 강조한 반면 카스트로는 반대되는 행동을 했다[263]는 등의). 하지만 이 차원에는 집렬체화를 *와해시키* 는 통합된 실천이 존재한다. 예컨대 우리는 [집단들을] 통일성으로 호출한다. 하지만 와해의 기능을 갖는 실천은 그것이 집렬체를 집단화한다는 점에서 결국 집단을 집렬체화하는 데 그친다. *이와 같은 소규* 모 집단은 카스트로의 목소리를 통해 국가에 통합된다. 하지만 결국 집렬체적 집단(수많은 다른 집단들)으로서 그렇게 되는 것이다. 따라서

---

263   사르트르는 1960년 쿠바를 방문했다.(편집자 주)

(동원된 수백만의 사람들 등등)의 축제, 묵시록, 소요 사태들을 비교 검토할 필요가 있다.

4) 부르주아 민주주의 사회에서 텔레비전을 소유하고 있는 수많은 사람으로 이루어진 하나의 집단 혹은 전체의 존재는 내가 만일 텔레비전을 가지고 있지 않을 경우 나로 하여금 박탈감을 느끼게 하는 문화적 풍요로움이다. 재총체화하는 실천적 장 속에서(내재성 속에서) 우리는 하나의 전체가 갖는 모든 가능성의 증가가 이 장에 속해 있는 다른 모든 전체의 빈곤화에 의해 이루어진다고 말할 수 있다. 이것은 결국 지속적으로 진행 중인 총체화 속에서 보면 한편에서의 고립이 장 속에서 모순을 만들어 내는 것과 같다고 할 수 있다. 만약 텔레비전 소유자들의 수가 극소수일 경우 이들은 텔레비전을 갖고 있지 않은 총체성(따라서 모순의 폐쇄적 요소인 총체성) 속에서 대자적으로 정립되는 자들로써 나타남과 동시에 이 극소수가 정확히 총체성*이라*는 점에서 총체성이 도달해야 할 상태를 보여 주는 것으로 나타난다. 만약 장이 어떤 실천적 경계에 의해서도 구분되지 않는다면 진정한 폭력 없는 해결책이 존재하게 된다. 즉 장은 총체성 속에서 텔레비전 수상기를 갖추기 위한 것으로 *조직화되는* 것이다.(그렇다고 해서 모든 사람이 텔레비전을 구입한다는 의미는 아니다. 하지만 사람들은 구매 집단, 공동 구매를 위한 갹출 등등을 하기 위해 *재결집화된다*.)[264] 소유자와의 관계에서 보자면 각자가 텔레비전을 보게 될 것이라는 점에서 평등이 불평등을 대체하게 된다. 물론 차이점은 존재한다.(자기 자신의 텔레비전을 소유하는 것이 더욱 편리할 수 있다, 혹은 이와 반대로 집단 소유일 경우 텔레비전은 더욱 잘 조정되고 유지될 수 있다.) 하지만 이와 같은 불평등은

---

264 이 텍스트가 1960년대 초에 집필되었다는 점을 유념하자.(편집자 주)

프로그램을 본다는 목표에 비하면 부차적이고 무시할 만한 것이다. 그럼에도 불구하고 이와 같은 불평등성은 다음과 같은 구조의 문제, 즉 집단 소유와 개인 소유에 관련된 문제들을 발생시킬 수 있다.(반드시 이 문제가 전면에 부각되지 않을지라도 말이다.) 이 경우 가장 가난한 자들은 운명, 즉 여기에서 예고되는 사회주의로 위탁된다.(게다가 사회주의가 이런 식으로 추론된 것인 만큼 더욱 그러하다.) 이처럼 불평등성은 전혀 다른 또 하나의 차원에 위치하게 된다. 만약 전체가 상대적으로 동질적이라면 소유 방식은 같은 것이 될 것이며(예컨대 집단적 소유), 착상은 장의 이곳저곳에서 유래하게 될 것이다. 하지만 이와 같은 기발한 착상은 그것에 영감을 받아 실천을 행한 자들에 의해 후일 잊히게 될 것이다. 즉 이 착상은 비본질적인 것이다. 총체성의 복원(즉 새로운 총체화)은 최초의 착상을 무화한다. 즉 사람들이 그것을 잊게 되는 것이다. 만약 전체가 넘을 수 없는 문턱을 가진 이질적인 상태에 있다면 총체화라는 사태만큼은 유지되지만 이번에는 이들(부유한 소유자들과 가난한 자들)의 모순이 극복 불가능한(일시적이지만 어떤 경우에는 장기적인) 것이 될 것이다. 또한 이 모순은 예컨대 계급의 차이들, 혹은 하나의 계급 내에서 여러 방식으로 구현되는 수준의 차이들(높은 임금을 받는 노동 귀족과 양성공)을 구현하기도 한다. 달리 말하자면 여기에서 볼 수 있는 구현은 모순의 구현인 것이다. 불리한 자들은 상대적으로 유리한 자들에 비해 *빈곤화*되어 있다. 그리고 이 빈곤화는

1) 외부로부터 그들에게 주어져, 역시 외부로부터 그들을 규정한다.

2) 이 빈곤화는 여러 다른 분야들에까지 확장되는 하나의 모순을 자신의 개별성 속에서 구현하지만

3) 이와 동시에 이 모순의 긴장을 증가시킨다.

4) 또한 이 모순의 물질적이고 가시적인 징후들(몇몇 가정의 지붕에

는 안테나가 있지만 다른 집들의 지붕에는 안테나를 찾아볼 수 없는)을 제공한다.

시공간적인 것으로서의 실천적 장. 시간, 공간의 한계. 공간, 시간의 한계. 시간의 희소성: 우리는 모든 것을 할 만한 시간을 가지고 있지 않다. 풍요성: 시간의 경제.(장치들) 주어진 공간에 있어서 시간은 희소하다. 우리가 극복할 수 없을 정도로 (삶의 통일성은) 희소하다. 주어진 시간에 있어서 공간은 이 시간의 한계로 작용한다. 이 시간은 그 자신의 시간화하는 효율성 속에서 고려된 공간(브라질-미국)에 의존하며, 이 공간이 제공하는 노동에 의존한다.[265]

5) [텔레비전]은 엘리트들의 힘을 약화하고, 대중문화를 고양한다. 실제로 텔레비전 프로그램은 가장 많은 시청자(즉 가장 교양이 적은)의 수준에서 구성된다. 하지만 이 시청자들에게 있어서 이와 같은 프로그램은 문화다(공동체의 삶에 대한 연습, 공존에 대한 연습, 예쁜 여인들, 아름다운 옷 등등에 대한 연습). 부르주아 엘리트들에게 이것은 우민화 작업으로 여겨진다. 하지만 우리는 혁명 중인 국가들과 저개발 국가들에서 지식인들의 힘을 약화하고 대중의 문화를 고양하는 운동을 찾아볼 수 있다.

6) 하지만 이와 동시에 또 다른 모순이 존재한다. 즉 대중문화가 부르주아적일 수 있다는 것이다. 이것은 지배 계급이 자신의 고유한 이념(즉 자신의 실천에 대한 실천적 정당화)을 확신시키는 새로운 수단을 여기에서 발견한다는 것을 말한다. ……한 부분이 전체(보편적 문화)를 위한 것인 양 스스로를 정립하면서 모순을 발생시키는 것이다. 이와 같은 포용 작업은 "노동자 계급을 포용하는 것"이라고 불린다. 하지

---

265   원고에서 괄호로 시작되며, 앞선 내용과 논리적 연관성이 없어 보이는 이 문장은 기억을 돕기 위해 메모된 여러 생각의 결과로 보인다.(편집자 주)

만 이 포용 작업은 거짓이다. 왜냐하면 이것은 여전히 불리한 입장에 처한 사람들에게 유리한 자들의 문화를 제공하는 것이기 때문이다. 즉 체험된 현실로서가 아니라 *시각*을 통해 사치의 향유를 제공하는 것이다. 그것이 발생하거나 전개되는 것을 막아야 하는 것으로 여겨지는 노동자 및 농민들의 문화가 있다. 즉 보편적인 것과 계급의 분리 사이의 모순이 그것이다. 그리고 이것은 더욱 심층적이면서도 결정적인 의미를 갖는다. 보편적인 것이 투쟁을 덮어 가리기는 하지만 이와 동시에 이것은 모순의 실체를 더욱 부각시키는 피상적인 통합에 불과하다.(부르주아 문화는 노동자들이 노동으로 되돌아가자마자 비판의 대상이 된다.) 요컨대 거짓 총체화(총체화-책략)인 것이다. 민중에게 적용된 부르주아 문화라는 어리석음과 진실을 담지하지 않은 문화에 의해 구현된 진정한 모순.

과정:

1) 실천: 대량 생산. 가능한 한 비용이 적게 드는 생산은 이미 대중화된 문화의 도구다. 텔레비전을 바로 보는 두 가지 논리가 존재한다. 하나는 전체적인 확산과 대중적 문화(카스트로)로서의 논리다. 다른 하나는 주로 자본주의 사회에서 볼 수 있는 것으로, 통속화되지 않은 부르주아 문화의 제한된 확신 기구로서의 논리다. 그런데 이 두 번째 논리는 수상기 보급의 필연성으로 말미암아 불가능해진다. 즉 산업이 자신의 문화를 강요하는 것이다. 자본주의적 대량 생산이 바로 대중화된 부르주아 문화이다. 푸자드주의적[266] 프티부르주아가 매개 역할을 담당한다. 결국 *이와 같은* 문화(빈약해지고 대중화된 부르주아 문화)를 수용하는 것은 이런 프티부르주아들이다. 한마디로 말해 생산

---

266 1954년 소매상 출신 프랑스 정치가인 푸자드에 의해 결성된 우익 정당이 주로 취했던 사회, 경제 발전에 반대하고 편협한 권리를 주장하는 태도를 일컫는다.

의 실천적-타성태(시장을 요구하는 기계들)가 문화의 실천적-타성태를 이끄는 것이다. 수많은 수상기를 생산해 내야 하는 필요성이 하나의 문화를 만들어 내야 하는 필요성을 낳는 것이다. 카스트로 체제에 있어서 상황은 그 반대다. 즉 문화를 *위해* 생산을 강화하는 것이다. 내적 실천적-타성태. 이 경우 위와 같은 과정을 벗어날 수는 있지만 무엇보다 그 과정을 지배하지는 못한다.

2) 하지만 대량 생산은 매스 미디어를 만들어 낸다. 따라서 계급과 정부의 선전 역시 이와 무관할 수 없게 된다. 이처럼 생산은 하나의 실천적-타성태, 즉 말하는 기계로서의 텔레비전을 만들어 낸다. 그리고 이 말하는 기계는 현재의 주요한 상황 속에서 *자신의 말*을 이끌어 낸다. 즉 기계의 말은 정부의 말이며, 계급의 이데올로기인 것이다. 계급의 이념은 자신의 말과 그것의 제도화를 요구한다. 기계는 자신의 통일성을 요구한다. 한편으로 **국가** 자체가 직접적으로 이러한 통일성을 제공하거나, 아니면 상호 교환 가능한 사적인 지위들이 통일성을 제공할 수도 있다. 이것들은 경쟁에 의해 겨우 구분된다. 자연히 우연적 사건들이 존재하게 된다. 매카시즘[267]에 의해 불안을 느낀 대부분의 연출가가 텔레비전에 모습을 드러낸다. 즉 약간 더 급진적인 모습을 보이는 것이다. 하지만 물론 그 차이는 *미미하다.*

역으로 대중은 요구 속에서 조건 지어진다. 집렬체적 요구들: 스캔들. 텔레비전에 대한 대비. 새로운 요구들: *자기 집에서* 그 장면이 나타나는 것. 소유의 개념(내적 실천적-타성태): 누군가가 나의 집으로 들어와 나를 모욕한다. 그리고 나는 돈을 지불했다. 하지만 요구는 다양하다. 신앙(가톨릭, **유대교**, 개신교), 일반적으로 종교적인 요구, 계급

267   1950년대 전반에 미국을 휩쓸었던 극단적인 반공주의.

적 요구, 여론에 의한 요구들. 요컨대 중요한 것은 통합시키는 것이다. 통합적 정책: 이념적이지만 *아무것도 말하지 않는* 선전. 통일성은 부정적이고, 그 결과 집렬체적이다. 모두의 마음에 드는 것을 말하는 것. 하지만 그 무엇도 모두의 마음에 들 수는 없다. 따라서 *아무것도 말하지* 말아야 한다.

여기에서 출발해서 실천적-타성태에 속하는 텔레비전에 대한 하나의 생각, 텔레비전에 대한 행동 등이 존재한다. 이것은 외적-조절임과 동시에 의미를 결여하고 있는 말이다.

기계에 의한 통합:

1) 기계는 통일*성*이다.

2) 기계는 종합적이다. 즉 기계는 상호 침투적인(정부, 매스 미디어 등등) 다양한 실천적 의미 작용들을 자기 속에 가지고 있다.

3) 기계는 *하나일 뿐*이다.

기계는 어디에서나 동일하다. 사람들은 텔레비전으로 향할 뿐이다.(경쟁, 지위의 차이 등등은 우리가 취하고 있는 관점 속에서는 실천적으로 무시할 수 있는 것이다.)

4) 하지만 타성태로서의 기계는 집렬체를 통해 통합한다.

5) 어쨌든 *내재성 속에서* 집렬체들의 관계는 집렬체적이지 않으며, 변화는 상호성 속에서 수용된다. 이것은 각자의 실천이 실천적 장을 내면화한다는 사실로부터 기인한다. 여기에서 출발해서 집렬체는 봉인된 타성태임과 동시에 장을 종합적, 변증법적으로 결정짓는다. 달리 말하자면 *집렬체*는 이중의 구성이다. 동일성에 의해 봉인된 다수성으로서의 타성태인 집렬체는 전체의 부분으로서 거리를 두고 활동한다. 이런 의미에서 집렬체는 총체성도 총체화도 아니다. 초한수적 전체로 고려된 전체의 집렬체는 실천적 장에 대한 결정 작용이며,

이런 자격으로 전체의 부분이자 전체의 구현이며, 전체의 재총체화다. 내재성 속에서 공동의 장으로부터 출발하여 제삼자에 의해 고려된 집렬체의 인간은 제삼자로서 장의 통일성에 통합된다.

통합의 예:

부르주아 계급은 귀족 계급을 위협한다.

귀족 계급은 자신의 사실적 지위를 법적 지위로 변화시킨다.

농노들과 농민들도 그 결과 계급으로 구성된다.

이 모든 것은 거리를 두고 이루어진다. 하지만 특히 농노들에게 있어서는 노예적이긴 하지만 인간적인 관계의 해체와 더욱 집렬체적인 통일성의 구성 작업이 존재했다.

모든 문제는 총체화가 항상 간접적이라는 데에 있다. 총체화는 가공된 물질에 의해, 그리고 인간들의 매개와 함께 이루어진다. 실천적 장이 하나의 봉인된 통일성이기 때문에 인간은 이 봉인된 통일성을 다른 인간들에게로 되돌리는 것이다. 요컨대 물질은 인간의 매개를 통해 통합된다.

총체화: 베네치아[의 역사]

문제: 총체성-총체화.

1) 일찍부터 어부-뱃사람들로 이루어진 주민들이 거주했던 수많은 섬.

실천적 장의 통일성: 섬과 물질(바다). 바다=물고기 —— 제염 공장.

빈약한 경작(포도, 채소, 과일).

2) 초월적 총체화에 의해 거리가 좁혀진 실천적 장의 통일성:

α) 육지의 대규모 중심지들: 아퀼레이아, 라벤나.[268]

가장 짧은 길: 석호로 이루어진. 즉 연안 무역.

β) 제염 공장.

소금과 가공된 생산품 교환하기. 고깃배와 수송선의 정비.

외부로부터 *결정된* 실천적 장. 통과됨과 동시에 거리가 좁혀진 장.

통과된 도로. 여행객들에 의한 재총체화. 이유: 생산-소통. 길지만 확실하지 않은 길들. 연안 무역. 재총체화의 내면화: 배에 의해 연안 무역을 보장하는 것.

제염 공장: 마찬가지로 통과된. 이미 이루어지고 있는 *교역*, 화폐

---

268 이탈리아의 항구 도시들.

등. 따라서 사람들은 자신의 삶을 재생산하지 못한다. *이미 간접적인 체계.*

하지만 실천에 의해 이루어지는 내적 재총체화. **체계.**

삶의 재생산으로서의 어업은 상품으로서의 제염 공장에 의존한다. 하지만 제염 공장은 또한 연안 무역을 독점하게 해 준다. 즉 석호의 실천적 장을 연안 지역으로부터 벗어나게 해 준다.(이것은 아퀼레이아와 라벤나가 선박들을 만들지 않는 한 그러하다.) 소금: *장은 외부로부터 관통되며, 외부에 의해 조건 지어진다. 그 결과 장의 거리가 좁혀진다.* 즉 조건 지어진 장은 연안 무역을 통해 자신의 조건화로부터 벗어나고자 하는 것이다. 실제로 소금은 초월을 내재성, 즉 시장에 대한 종속 속에 위치시킨다. 하지만 (침략 이전의) 전통 시장은 상대적으로 안정적이다. 이와 동시에 빈약하다. *마치 이는 고된 채광 산업과 같은 것이다. 이것은 외부에 주기 위해 내부에서 추출해 내는 산업이다. 그리고 이 산업은 노동 분화와 무역 체계 속으로 돌입한다.* 반대로 여행객들과 상품들을 실어 나름으로써 이 산업은 장을 회복한다. 즉 이 장을 *자신의* 배에 싣고 다니면서 외국인을 생계유지의 *수단으로 삼는* 것이다. 이와 같은 산업은 타성태(*여행객=타성태*)를 자신의 석호(*확장된 장*)로 이송한다. *타성태는 흔적을 남기지 않은 채 관통한다.* 하지만 실천적 긴장의 영역으로의 이러한 이행은 타성태를 수동화하고, 그 자체로 장과 결부된다. *(판매된) 소금은 배를 (그들에게) 제공하지만 그 결과 삶의 재생산(어업)은 외부 시장에 종속된다. 취약성. 경제는 개방되지만 장은 총체화한다:* 섬들(*거주지로서의*), 석호(*정복으로서의: 연안*

무역을 위해 필수적인 석호에 대한 지식: 운하 등등).

총체화는 어떻게 이루어지는가?

I.

장(場)으로부터 출발해서 각각의 제삼자에 의해 이루어지는 모든 타자를 거의 지각하는 총체화. 다양성을 통한 장의 공동체: 고된 삶, 즉 재산의 차이가 거의 없는 삶. 이들이 과연 하나의 집단을 이룰 수 있는가? 한 역사가는 다음과 같이 말한다; "그들은 서로에게 질투를 느끼지 못한다." 오히려 이들은 유사하고 인접한 노동을 통해 가족의 집렬체들을 형성한다. 아마도 제염 공장들은 다소간 공동의 것이 될 것이다.

재총체화는 장으로부터 출발해서 각자의 실천에 의해 이루어진다. 이 실천은 각자의 삶을 섬 혹은 섬들에서 타자들과의 공동체 속에 포함된 것으로 포착한다. 섬과 섬의 관계들. 이 차원에서 실천적 총체화는 경작이자 어업이다. 배를 가지고 이루어지는 이와 같은 총체화는 군도로 확장된다. 총체화 요인: 결혼(섬과 섬 사이의 등등).

외면적 총체화:

배는 소금을 생산하고 연안 무역을 하는 것과 같은 보다 광범위한 작업들에 의해 실천적으로 이용된다. 이 두 개의 작업은 이 배들을 시대에 뒤떨어진 경제의 광범위한 순환 속에 편입시키지만 그것들을 특수화한다. 다시 말해 이 배들은 실천 속에서 재총체화하면서 총체화된 것으로 포착된다.

실천을 통해 이루어지는 외적 혹은 초월적 총체화의 내면화. 초월적 총체화는 직접적인 통합 작용이다.(이것은 이 총체화가 대학살을 꿈꾸는 것이든 소금 *생산자* 혹은 연안 무역과 관련된 것이든 마찬가지다.) 소금 생산자 혹은 선원은 자신의 작업을 수행하면서 초월적 통일성을 섬의 실천적 통일성 속으로 재내면화한다. *이와 동시에* 그들은 전반적인 경제적 순환으로 인해 이 통일성을 위험에 빠뜨린다. 석호는 육지의 중개를 통해 석호로 정의된다. 지역 지도자들이 있는 마을은 따라서 통합된 공동체로 정의된다. 마을, 가족, 지도자, 집단의 집렬체, 내면화를 통해 정의된 집렬체과 집단 사이의 관계: (1) 지리적 총체성의 내면화, (2) 보다 중요한 실천을 통해 외부에서 밝혀진 지리적 총체성의 내면화.

5세기의 침략들: 고트족의 이탈리아 왕국으로의 통합. 별다른 변화는 없다.(잔혹한 일도 일어나지 않았고, 석호의 중요성도 없었다.) 거대한 변화들은 이러한 작은 총체성에 거의 영향을 미치지 못한다. 이 총체성의 경제 활동은 최소한의 것이기 때문에 그대로 유지된다. 유스티니아누스 황제에 의한 복고(555), 베네토 이스트라반도 지역은 로마의 통일성 속에 다시 편입된다.

II.

롬바르드 왕국[269]의 육지로의 대이동(568). 롬바르드 왕국의 손에 들어간 아퀼레이아와 파도바.

외적 변화:

---

269   게르만족의 대침략이 이루어지던 시기에 이탈리아 북부에서 동고트 왕국을 계승한 왕국.

1) 석호는 *피난처*와 *은신처*가 된다.

2) 석호는 여전히 비잔틴 왕국의 수중에 있지만 롬바르드 왕국과 이웃해 있다.

A) 피난처, 은신처: 석호는 추방당한 자들을 받아들인다.(대규모 이동) 하지만 이 사람들은 동화되었다. 혹은 이들은 통합되기도 하고 동화시키기도 하며 이 두 가지를 동시에 수행하기도 한다. 조직화한 총체들을 가지고 있는 부유한 사람들, 하지만 동시에 탈조직화한 사람들의 관계. 동시에 이와 같은 상황은 사람들이 거주하는 지역의 실질적인 중요성을 확대시키지만 그것은 어디까지나 총체성의 긴장 속에서 그러하다. 어떤 것도 *파괴*되지 않는다. 제염 공장들의 활동은 여전히 지배적이다. 게다가 동질성이 존재한다. 추방당한 자들은 외부(초월적 총체화)로부터 석호가 갖는 *은신처*로서의 성격을 발견한다. 하지만 이들은 다른 사람들에게도 이 성격을 보여 주며, 이들은 곧 이 성격을 내면화한다. 즉 *그들 역시 비록 피난민들이 아니라 할지라도 그곳을 피난처로 삼는 것이다.* 그리고 피난민들은 초월적 상태에서 내적 상태로 이행하면서 그 자체로 내면성이 되는 외적 총체화를 내면화한다. 이와 같은 사실로부터 경제, 인구 등의 변화, 추방당한 자들에 의해 야기된 동요 등등은 항상 내면성의 상태로 있으며, 내부로부터 총체화한다. 갈등들(추방이 복수, 탐욕, 질투를 야기할 것이라는 두려움)은 통일성으로 향해 나가는 모순들인 것이다.

B) 내부에서, 즉 내재성 속에서 발견되는 새로운 관계.

정치적(내적, 그리고 외적인) 관계. 정치적 관계는 이중의 총체화다.

석호는 여전히 비잔틴 제국(라벤나 총독령)에 속해 있다. 하지만 석호는 지금 이웃(롬바르드 왕국)을 가지고 있다.

이 두 가지 관계는 *새로운 것들*이다. 앞에서 살펴보았듯이 이전에 베네치아는 온전히 고트족에게 속하거나 아니면 로마 제국(유스티니아누스)에 속해 있었다. 따라서 베네치아의 외적 통일성은 근본적으로 경제적이고 사회적인 것이었다.(여기로부터 하나의 체계에 의해 이루어지는 내재성 속에서의 총체화가 유래한다.) 게다가 통합은 단일 가치를 지닌 것이었다. 하지만 지금 통합은 양가적이다. 즉 롬바르드 왕국과 비잔틴 제국에 관련된 것이기 때문이다. 두 가지의 초월적 총체화가 존재한다. 롬바르드인들에게 있어서 베네치아는 그들 자신이 비잔틴 제국에 넘겨준 가난한 지역이다. 이 지역은 어떤 가치를 부여하기도 어려운 지역이다. 이와는 반대로 비잔틴 제국의 입장에서 이 지역을 소유하는 것은 적과의 지속적인 접촉(국경 지역)을 의미하는 것이었다. 이와 같은 이중의 총체화는 긴장 상태에서 필연적으로 베네치아 사회에 의해 내면화된다. 겁을 주기에는 너무나 멀리 떨어져 있는 비잔틴 제국의 보호령하에 있으면서도 보다 인접한 롬바르드 왕국에 의해 자치권을 위협받고 있는 것이다. 우선 *지역적 통일성*이 문제 된다.(군의 지휘권은 치타노바[270]에게 주어져 있다.) 비잔틴 제국 대표자의 관할하에서 호민관들이 행정을 담당하고, 법을 집행한다. 그리고 이들은 한 명의 지도자를 선출한다. 즉 벌써 *파당*들이 생기는 것이다. 땅에 대한 이권(샤를마뉴 시대: 오벨레리오 총독,[271]), 바다에 대한 이권(비잔틴 제국에 있어서 비잔틴 왕국의 국민들). 따라서 초월성의 이중적 총체화는 양가적인 상태(이것이 바로 *정치*다. 당시의 유명한 지도자들은 롬바르드 왕국의 리우트프란드 왕[272]과 조약을 체결하는 것과 같은 신중한 정책을 펼쳤다.)로 또는 *갈등의 상태*로 내면화된다. 하지만 각자에게 있어서 갈등

270 이탈리아의 지역 이름.
271 오벨레리오 안테노레오(Obelerio Antenoreo). 804년에 베네치아 9대 총독으로 임명된 인물.
272 Liutprand. 712년에서 744년까지 통치한 롬바르디 왕국의 왕.

은 정확히 이중의 초월적 결정 작용이 갖는 내재성 속에서의 양가성을 보여 준다. 그리고 이와 같은 갈등은 모순 상태에 있는 두 초월적 세력 사이의 투쟁을 야기한다. 모순 그 자체는 통일성 속에서 이중적이다.[273] 각각의 당파가 추구하는 이익은 다른 당파를 분열시키고, 하나의 공동 실천을 형성하기 *위해* 이 당파를 제거한다. 하지만 중요한 것은 추상적 결정 작용이 아니라 현실적인 결정 작용이다. 그런데 분명 베네치아 주민들은 다음과 같은 점에서 비잔틴 제국에 대한 충성심을 내면화했다. 즉 그들이 해상 활동을 주로 지향한다고 할 때, 비잔틴의 함대가 그들을 보호해 줄 수 있다는 점에서 그러했던 것이다. 요컨대 결정적인 작용을 한 것은 경제 상황인 것이다. 이와 동시에 지정학적 상황(비잔틴 제국과 멀리 떨어져 있으며, 롬바르드인들이 마을 — 요새화된 진지 — 을 공격하기 어렵다는 점)은 내적인 독립 상태, 즉 *자치권*으로 체험된다. 그러자 당파들 사이의 매개(통일의 실현)가 필요하다는 요구가 정치의 쟁점이 되었다. 각 당파는 양가적 정책(즉 매우 단기적인 하나의 정책)을 통해 보호령하에서의 자치권을 실현시키게 된다.

이 모든 것은 자연히 내면화된 동요 상태 속에서 이루어진다(성상 파괴, **성상**에 대한 논쟁). 내부 반란과 오르소 총독[274]의 굴복.

순서

총체화로 이행하기:

1) 독재적 총체화

2) 와해된 사회들

---

273 117쪽 이하 참고.(편집자 주)

274 오소 이파토(Orso Ipato). 726년 3대 베네치아 총독에 선출된 인물.

3) 세대들(통시적)

하지만 정확히 말해 이것이 바로 **역사**다. 즉:

1) 역사적 요소들

역사의 요소들:

α) **역사**와 역사적인 것:

역사가 없는 사회들 등.

β) 가능성 등등.

γ) 역사적 관계들:

하부 구조들과 상부 구조들.

2) 총체화의 문제:

포괄적 총체화,

구현,

스탈린,

계급 투쟁 등

3) **역사**의 의미

포괄적 총체화

포괄적 총체화는 초월성 속에서 결코 포착될 수 없다. 가장 강력한 힘들(라벤나 총독령, 롬바르디 왕국)을 통해 부분적 총체성(초기 베네치아)을 위해 작용하는 경우를 제외하고는 말이다.

게다가 포괄적 총체화는 초월성 속에는 존재하지 않는다.

A) 모든 역사의 초월적 총체화의 경우. 누가 이 총체화를 실현할 것인가? 외적 초월성에 대한 설명을 볼 것.[275]

B) 부분적인 초월적 총체화의 경우. 내면성은 외면성과 닮은 점이 없다.

리우트프란드가 바라본 베네치아는 명백하지 않거나 단순히 간과되었던 수많은 양상을 가진 외적 대상이며, 롬바르디 왕국과의 관계를 통해 특징 지어진 대상이다.(세력들 사이의 국경-지대 — 라벤나에 의해 보호받는 — 무용한 원정 — 그럼에도 불구하고 우려되고 가능한 돌발 상황 — 석호≠육지 등등) 물론 초월성은 내적 관계(내면성의 부정적 관계. 공존은 인접성이 아니다.)와 같다. 또한 내재성 속에서 재내면화한 내면성의 초월적 관계는 총체화 중인 총체성(지정학적 구조, 내부의 대립들,

---

275 513쪽 이하 참고.(편집자 주)

대안정책의 가능 여부 등등)의 내적 관계들 가운데 하나다. 이런 의미에서 이 관계는 그것이 *위협*일 경우 사방으로 확장된다.(예를 들어 각자는 혁명의 순간에 반역자가 된다. 대립은 배반이고, 각자는 적의 내면화일 수 있다. 게다가 각자는 **타자**의 자격으로, 즉 형제가 아닌 적에 의해 자아로 규정되는 자로서 적의 *내면화*가 될 수 있다.) 내재적 총체화는 초월성의 총체화들이 내면성 속에서 재총체화되는 것으로만 환원될 수 있다. 하지만 내재적 총체화는 새로운 내재적 총체화의 출현에 의해서 초월성의 총체화들을 다시 조건 짓는다.(비잔틴 제국과 롬바르디 왕국은 각각의 집단과 각각의 실천 속에 서로 다른 특징을 지닌 채 존재한다.)

요컨대 포괄적 총체화는 내재성의 내적 한계다.

우리에게 이것이 의미하는 바는 무엇인가?

그것은 포괄적 총체화가 극복할 수 없는 것이라는 점이다.

한 베네치아 대사는 외부에서 자신의 조국을 구현한다. 그는 그런 식으로 내부에서 재총체화된 것이다. 상인도 마찬가지다.

사람들은 현실의 한계들을 극복(추방-도주)할 수 있다. 하지만 사람들은 내면성 속에서 조건화된 채로 남아 있거나(추방당한 자도 외부에서는 베네치아일 뿐이다.) 또 다른 총체화에 통합되어 베네치아인이 아닌 자가 되기도 한다(초월성의 외면성 — 원한, 배반, 귀화).

내재적(그리고 포괄적) 총체화는 과연 무엇인가? 인식의 관점에서 보면 우리는 진행 중인 총체화로부터 출발해서 어떤 실천(구현)이나 어떤 관계(제도적이거나 집렬체적인 관계를 포함한)를 막론하고 모두 이 총체화의 구현이라고 이해할 수 있다. 하지만 이것은 시간화, 즉 가장 작은 것에서 가장 큰 것으로, 가장 큰 것에서 가장 작은 것으로, 양에서 질로 그리고 그 역방향으로 향하는 내적 이행과 관련된 것이라는 점을 이해해야 한다. 요컨대 이것은 실행되고 있는 혹은 위협적인 탈총체화를 가정한다. 그리고 이와 같은 탈총체화에 맞서 총체화가 지속적으로 이루어진다. 그렇지 않으면 단순히 총체성만이 있게 될 것이다. 우리는 *선험적*으로 하나의 총체화하는 *실천*, 즉 총체화하는 것을 목적으로 갖는 실천이 있다는 사실을 단정할 수 없다. 다만 탈총체화가 매 순간 나타나지 않는다면 하나의 총체화는 무용(총체성)하거나 순수하게 반복(반복의 사회들)을 거듭할 것이라는 점만을 말할 수 있다. 따라서 총체화는 탈총체성이 총체화되는 방식, 혹은 탈총체화가 재총체화하는 방식을 의미한다.

이것이 의미하는 바는 다음과 같다.

1) 총체화는 결코 완수되지 않는다.(그렇지 않다면 총체성이다.) 그리고 전-역사의 풍부함이나 종말은 이러한 총체화에 어떠한 변화도 가져다주지 못할 것이라는 점을 이해해야 한다. 여기에서 문제가 되는 것은 하나의 변증법적 관계다.

2) 탈총체화는 결코 탈총체성에 이르지 못한다.

3) 탈총체화는 그것을 항상 일시적인 것으로 만드는 총체화의 산물이다(총체화가 실천적이라는 의미에서 그러하다. 총체화는 생산하며, 따라서 탈총체화한다. 자신의 산물의 증가를 통해, 예).

4) 총체화는 그 자체로 탈총체화의 산물이다. 이 탈총체화가 일탈이거나 항상 정복 가능한 암과 같다는 점에서 그러하다.

따라서 총체화는 통합 작용과 유사하다. 하지만 총체화는 집단들에 의해 하나의 신체(예컨대 군대)가 정부에 엄밀하게 통합되는 것과는 비교될 수 없다. 통합 작용은 총체화(부분적인)를 정립한다. 다시 말해 법령들에 있어서 재조직화를 조건 짓는 실천적 순간은 총체화, 즉 무질서 속에서 이루어지는 전체에 대한 종합적 포착을 포함하고 있으며, 이성을 통한 무질서의 이해를 내포하고 있다. 따라서 탈총체화의 총체화가 있게 된다; 군대의 탈조직화(통신 수단의 결핍, 무정부 상태 ── 하급자들의 반란 혹은 지도자들의 무관심에 의한 ── , 군대의 이해관계 등등)는 이론적 총체화의 대상이 된다: 내적 관계들에 의해 연결된 총체로서의 탈조직화의 조직화. (⋯⋯) 이는 집단들 자체가 사라지고 있는 조직화라는 점을 가정한다. 달리 말하자면 이 집단들의 외면성은 그 자체로 내재성으로부터 만들어진다. 이 외면성은 내적 관계를 이루는데 그것은 이 집단들이 자신들의 외면성을 외면성의 내적 부정으로 발산하기 때문이다. 그러니까 무정부 상태라는 사실은 부분-전체 관계의 부정임과 동시에 모든 군대에 존재하는 무정부적 요인들(장애)의 재총체화인 것이다.

인간에게 역사는 본질적인가?

아니다.

역사는 내적인 것으로 체험된 외적인 것이고, 하나의 외적인 것으로 체험된 내적인 것이다.

역사는 그것의 내면성으로 체험된 인간(예컨대 우주적 힘에 대한 그 자신의 존재-대상)의 자기에 대한 외면성이다.

역사는 그를 만든다.[276] 하지만 정확히 말해 (개입하면서) 내면화의 형태하에서 자신의 고유한 외부로 존재하는 존재로서, 다시 말해 본질을 가질 수 없는 존재로서 만든다.(왜냐하면 인간이 그 자신 속에서 자신의 존재로 — 자신의 본질로서가 아니라 — 취하게 되는 것은 *그 자신과는 다른 것*이기 때문이다.) 역사는 인간을 개념에 의해 스스로를 사유할 수 없는 자로 만든다.(왜냐하면 인간의 존재 — 파스칼 — 는 항상 근본적으로 자기 자신과는 다른 것에 의해 특징지어지기 때문이다.) (외적-조절의 외부에서) 자의적으로 간주된 실천적이고 자유로운 유기체는 하나의 형식적 개별성을 지닌다. 하지만 이와 같은 개별성은 보편적이고 추상적인 것으로 남는다. 특히 하나의 본질로 환원될 수 없기 때문에 개별

---

276 역사는 인간을 만든다.(편집자 주)

적인 이 개별성의 내용을 발견할 수 없다는 점에서 그러하다. 즉 그것은 하나의 이질적인 (모험)인 것이다. 예컨대 인간 조건과 그 개별적 초월, 그리고 특정한 사회나 인종에 속한다는 사실 사이에는 아무런 연관이 없다.

하지만 **역사** — *비개념적 인간을 만들어 내는* — 는 인간을 포함한다. 달리 말하자면 역사가 만들어 내는 인간은 초월을 통해 역사를 만들어 내면서 스스로 형성되는 것이다. 그리고 초월은 실천적 장을 총체화하며, 스스로 내면화된 외면성으로 총체화된다. 이와 같은 총체화는 이질성의 종합을 이룬다. 예컨대 모든 인간은 *그 자신에 대해 우연적이다. 그는 태어난다.* 다른 곳이 아니라 바로 여기에서 말이다. 그리고 그는 자기 자신에 대해 태어난 자로 존재한다. 바로 이런 식으로 그는 **유대인**으로 태어난다. 하지만 그는 *더 이상 자신의* **유대인**-존재를 하나의 우연으로 *간주할 수 없다.* 왜냐하면 그는 **유대인**이 되기 위해서만 존재하기 때문이다.(출생은 연옥에서 때를 기다리고 있는 한 영혼의 출현이 아니다.) 이처럼 정립된 우연은 곧 부정된다. 우리는 이 우연을 더 이상 찾을 수 없다. 따라서 우연은 출생의 상상적 배후로의 연장인 것이다. 하지만 *따로 생각할 수 없는* 이러한 우연은 기도가 시작된 이후로는 요구된(그 사실을 확증하기 위해서건 부정하기 위해서건 간에) 결정 작용이 된다. "우연에 의해 태어난 **유대인**": 이렇게 이야기하는 **유대인**은 거의 없다. 그리고 이렇게 이야기하는 자가 있다 해도 그것은 낙담에 빠져서 하는 이야기일 뿐 실제로 그렇게 생각하는 것은 아니다. 그것은 "이전 상황들"을 다시 되풀이하는 것이다. 이처럼 **역사**는 간파할 수 없지만 실제로 부여되는 우연의 자격으로 내적인 것을 구성하는 외적인 것으로 나타난다. 사실상 유대인-존재라는 위상으로의 변화 속에서 나는 나의 드러남을 통해 이 우연을 빛나게 한다. 이 우연을 담당하는 것, 그것은 내가 나 자신을 이 우연을 담당하지 않을 수 있는 자로 만드는 것이며, 결국 하나의 우연이 될 수도 있는 것을 나 자신에게 부여하는 것이다. 왜냐하면 출생에 있어서 우연은 단지 상상적인 것일 뿐이기 때문이다. 사실 엄격한 필연성이 존재한다.(객관적으로 보아 유대인 부모의 아들은 유대인이다.) 하지만 우연을 *다시 담당함*으로써 나는 이 사실에 "담당하지 않을 수도 있다는" 성격을 부여한다. 즉 우연의 결정 작용을 부여하는 것이다. 하지만 이와 동시에 우연은 나를 이해할 수 있는 자로 만든다.(내가 만약 유대인이라면, 나와 이스라엘의 관계는 이해될 수 있을 것이다; 아! 저 사람은 유대인이지.) 하지만 정확히 말해 "아! 저 사람은 유대인이지."라는 말은 최초의 소여로부터 출발해서 내가 그 결과들을 이해한다는 것(모든 것이 그로부터 비롯되는 출생의 우연성)을 의미하지는 않는다. 다만 이 말은 그가 스스로를 유대인으로 만들었으며, 바로 이 사실로 인해 그와 이스라엘의 관계가 이해 가능하다는 사실을 의미한다. 그는 유대인으로 존재하기 때문에 스스로를 유대인으로 만든다. 그리고 그는 스스로를 유대인으로 만들기 때문에 유대인으로 존재한다. 우연은 비개념적이며, 인간을 비개념적으로 만든다. 하지만 역으로 인간은 스스로를 만들기 때문에 자신의 변증법적 가지성 속에서 우연을 발견한다.

모든 상황 속에서도 상황은 마찬가지일 것이다. 즉 언제나 (심지어 전적으로 체험된 ― 죽음을 제외하고) *전유화*가 존재하는 것이다.

역사가 인간을 비본질적 가지성으로 만든다는 점에서 보면 역사는 인간에게 본질적이다. 인간은 결코 (과거의 경우를 제외하고) 본질적이지 않다. 그는 자신 속에서 *타자-존재*다.(왜냐하면 그가 스스로를 세계에 대한 내면화로 만들기 때문이다.) 하지만 이 *타자-존재*는 아래로부터 차단된 *자기-존재*가 있다는 사실을 가정하지 않는다. 자기-존재란 정확히 말해 타자-존재를 다시 취하는 것이다. 이것이 곧 이해의 변증법적 운동이다.

각자에게 있어서 보편적인 것과 개별적인 것의 내적 모순은 반복(반복으로 남아 있는 반복)이 이루어지는 가운데 출현하는 새로운 것에 의해 내면성 속에서 실현된다. 예컨대 노동의 순환 가운데에서 나타나는 [그] 영양 결핍(더디지만 새로운 사실)은 이 노동자들을 임금의 감소를 통해 (전체와의 관계 속에서) 모순적이고 개별적인 존재들로 만든다. 결국 모순은 외부에서 내부로 오는 것(*상대적*으로 보편적인 것에 비해서는 우연적 — 왜냐하면 결국 이 노동자들은 적어도 자신들의 노동에 의해 개별화되기 때문이다.)과 내부에 속하는 "최초의 습관"으로서의 반복 사이에 존재한다. 다시 말하자면 모순은 *제도화한 것*(순환적 노동과 그 반복)과 아직 제도화되지 못한 것 사이에 존재하는 것이다. 사건(비의미)으로부터 인간을 통해 형성되고 집단과 집렬체를 가정하는 제도(의미작용을 하는 제도)로의 이행을 연구할 것.

1) 사건은 비의미다(기후의 변화 등등).

2) 체험된 [사건]은 *그것에* 적응하고 (그것을 부정하기 위해 재조직화되는) 법령이라는 실천(이주)을 통해 그것을 부정하는 인간들을 변화시킨다. 제도화하는 집단.

3) 집렬체 → 제도. 굴절된 실천은 각자의 분리를 통해 제도가 된다.

역사는 역사에 호소한다

역사는 우리 역사의 매개로 사용되는 또 다른 역사(현재 시점에서 죽은 역사이든 살아 있는 역사이든 간에)의 내부에서만 역사(심지어 죽은 역사까지도)로 존재할 수 있다; 마야인 — 에스파냐인들 — 동시대인들. 따라서 **역사** 속에서 하나의 역사를 지속시키는 관계의 유형은 그 자체로 역사적이다.(이것은 이 유형 자체가 변화한다는 것을 의미한다.) 이 말은 또한 모든 역사는 다른 역사들과의 현재 혹은 과거에서의 관계가 정립되자마자 **역사**의 구현이 된다는 점을 의미한다. 여러 역사가 존재한다. 하지만 이 역사들 각각은 **역사**(이 역사들이 죽은 역사이든 과거를 다시 취한 것이든 간에)가 된다. 마치 의식이 의식에 호소하는 것과 마찬가지로 (시간적인) **역사**는 시간성에 호소한다. 이 역사는 자신의 시간적 전개를 통해 스스로 정의되는 하나의 역사적 실천을 통해서만 이해되고 부활(자신의 실천적 탐구를 통해)할 수 있다. *전개*(직관)를 펼치지 않는 하나의 절대적인 정신은 **역사**를 *이해할 수 없을 것이*다. 그 자신이 역사적이어야만 한다. 다른 한편 하나의 실천적이고 자유로운 유기체는 (기념비들 등과 같은 것 속에서) 또 다른 자유로운 유기체들이 과거에 존재했다는 사실을 발견하지만 그렇다고 해서 **역사** 그 자체를 발견하는 것은 아니다. 이 자유로운 유기체 자체가 역사적이어야만 한다. 다시 말해 그 자신이 외면성 속에서 총체화와 맺는 관계를 내면화함으로써 조건 지어져야 하는 것이다. 즉 그 자신이 구현이 되고 그 자신이 역사가 되어야 한다. 역으로 이 유기체는 이미 형성된 역사를 복원하는 고유의 움직임 속에서 스스로 역사적이라는 사실을 발견하게 된다.

주요 개념 해설

*표시가 있는 항목의 정의는 본문에서 발췌한 것이다.[277]

가능한 것(*possible*)[#278]: 일반적 가능성을 가리키는 추상적 관념에 대립하는 것으로, 구체적 세계 안에서 완수되어야 하는 구체적 행동.

공동 개인(*individu commun*): 공동의 실천을 하는 개인. 서약을 통해 창출된 개인을 말한다.

공시적(*synchronique*)(전체화): 단일한 시간화의 과정을 가지며, 또 이전 상황들에서 정의된 하나의 총체에서 출발해 계속해서 하나의 공동 목표를 이루기 위한 수단들을 끌어모으는 것으로서의 실천-과정의 전개.

과정-실천(*processus-praxis*): 총체화로서의 내면성 속에서가 아니라 외면성 속에서 고려된 실천-과정(우주의 분산 속에서 솟아나는 것으로

---

277   『변증법적 이성 비판』의 저자에게서 철학적 개념(인간과 관련이 없는 과학적 개념과는 반대로)은 어느 정도 모호성을 띤다. 왜냐하면 철학적 개념은 내적으로 이해되기 때문이다. "[철학]이 중요한 이유는 철학적 용어들이 완벽하게 정의되어 있지 않기 때문이다. ……철학적 용어가 가진 모호성 속에는 우리가 더욱 멀리 나아갈 수 있게 해 주는 무엇인가가 담겨 있다."(『상황』, 제9권, 「작가와 그의 언어」, 1965)(편집자 주).

278   #이 붙은 항목은 번역자들이 덧붙인 항목이다.

서의 실천-과정). 이 같은 실천-과정을 겨냥하는 것은 공허할 수밖에 없다.

구성된 변증법적 이성(*raison dialectique constituée*): 구성하는 변증법적 이성에 토대를 둔 모든 공동 실천의 가지성.

구성하는 변증법(*dialectique constituante*)[#]: 개인적 실천의 변증법.

구성하는 변증법적 이성(*raison dialectique constituante*): 고립된 자(또는 실천적 유기체)로 고려된 개인의 반투명이지만 추상적인 실천.

구조(*structure*)[#]: 채택된 타성태이자 조직화된 집단의 특징. 분석적 이성의 연구에 개방되어 있다.

구현(*incarnation*): 자신의 개별성 속에서 진행 중인 총체화의 총체를 포괄하는 것으로서의 실천적 현실에 대한 포착.

군집(rassemblement)[#]: 다수의 인간에 의해 형성되는 공동체. 집렬체와 집단을 포함한다.

규약(*statut*)[#]: 개인(또는 사물)이 속한 총체에 의해 내규화된 개인(또는 전체)의 조건.

극복, 지양(*dépassement*)[#]: 미래를 향해 현재의 조건 너머로 가는 과정. 현재의 조건을 부정하기도 하고 보존하기도 한다.

기투(*projet*)[#]: 실천 안에 표현된 존재의 선택 방식.

내면성(*intériorité*): **외면성** 항목 참조.

내재성-초월성(*immanence-transcendance*)[#]: 집단에 명령하기도 하고 또 그것과 더불어 융합하기도 하는 능력으로서의 융화 집단 구성원의 특징.

능동적 수동성(*passivité active*): 공동 실천에 잘 부합하기 위해 하나의 특정한 타성태(규율, 집단 내에서의 기능에 따른 차별화)에 자유롭게 동의하는 공동 개인의 활동.

다수성(*multiplicité*)[#]: 서로 관련된 개인들의 집합 상태.

동지애-공포(*Fraternité-Terreur*): 서약 집단 구성원들 사이의 신분상의 관계. 이들의 공동 개인으로서의 새로운 탄생이 이들 각자에게 집단의 해체를 부르는 모든 타자의 자유에 대한 폭력의 권리를 부여해 준다.

매개된 상호성(*réciprocité médiée*)(한 집단 내에서의): 관계의 장소가 되는 집단의 모든 구성원을 통해 이루어지는 제삼자와 제삼자 간에 정립되는 인간관계.

무화(*néantisation*)[#]: 의식이 존재하는 과정. 의식과 그것의 대상 사이에 발생하는 무가 만들어지는 과정이 바로 의식의 활동이다.

묵시록(*Apocalypse*): **융화 집단** 항목 참조.

반노동(*anti-travail*): 이중적인(또는 복수적인) 적대적 활동. 어떤 적대자들도 자신의 것이라고 인정하지 않는 부정적 협력의 결과들로 간주될 수 있는 대상을 만들어 내는 활동.

반변증법(*anti-dialectique*): 물질성을 통해 자유로운 개인적 실천들을 초월하는 (가지적인) 계기. 이것은 이 개인적 실천들이 다수라는 점에서 그렇다.

변증법(*dialectique*)(또는 변증법적 이성): 행동의 살아 있는 논리.

부정성(*négativité*)[#]: 인간 활동의 전형적인 특징. 인간 활동은 어떤 부정적 판단에 명백하게 연루하지 않음에도 불구하고 부정성을 그 구조의 통합적 일부로서 포함한다. 예컨대 부재, 변화, 의문, 파괴와 연루된 경험을 가리킨다.

분석적 이성(*raison analytique*)[#]: 자연 과학의 대상인 외재적 관계에 적합한 이성의 형태.

비판적 연구(*expérience critique*): 변증법적 이성의 토대, 적용의 장, 한계들에 대한 — 그 자체로 변증법적인 — 연구.

사실성(*facticité*)#: 대자와 즉자의 필연적인 연관성.

서약 집단(*groupe assermenté*)#: 서약에 의한 강제권과 의무의 조직화된 분배를 통해 융화 집단으로부터 발전하는 집단.

소외(*aliénation*)*: 소외란 외부적인 것에 의해 행동의 결과를 도둑맞는 것이다. 나는 여기에서 행동한다. 하지만 저기에서 일어나는 타인 혹은 집단의 행동이 외부에서 나의 행동의 의미를 변화시키는 것이다.

소외의 근거(*fondement de l'aliénation*)*: 물질은 그 자체 내에서 이것을 가공하는 행위를 소외시킨다. 이것은 물질 그 자체가 어떤 힘이기 때문도 아니고, 더군다나 심지어 타성태이기 때문도 아니다. 오히려 이 타성태가 타인들의 노동력을 흡수하고 이것을 각자에게 되돌려주기 때문이다.

수동적 활동(*activité passive*): 실천적-타성태의 활동.(이것은 인간을 지배한다는 점에서 가공된 물질의 활동이며, 이것에 의해 지배된다는 점에서 인간의 활동이다.)

시간화(*temporalisation*)#: 시간적 통합화와 더불어 이루어지는 시간화의 복수성은 실제로 인간의 발전을 통시적 집단의 실천으로, 다시 말해 구성된 변증법의 시간적 양상으로 구성한다.

실천(*praxis*)*[279]: 하나의 목적을 향해 물질 조건을 극복하고, 노동을 통해 비조직적 재료에 기재하는 조직화하는 투기.

실천-과정(*praxis-processus*): 실천이 시간화하는 과정 속에서 필연적으로 발생하며, 결국 이 실천을 일탈시키는 여러 조건과 반목적성을

---

279 이 책에서는 이 단어를 이탤릭체로 표기하지 않았다. 왜냐하면 이 단어가 마르크스주의적이고 사르트르적인 두 가지 의미 속에서 매우 빈번하게 사용되기 때문이다.(편집자주)

초월하기 위해 자신의 내부에서 다시 취하게 되는 조직화된 사회적 총체의 실천.

실천적-타성태(*pratico-inerte*)*: 인간에 의한 생명이 없는 물질의 지배에 정확히 비례하는 가공된 물질에 의한 인간의 지배.

엑스타시스(*ekstasis*)#: '자기 밖으로 튀어나가다'라는 의미의 그리스어.

역사의 통시적 의미(*sens diachronique de l'Histoire*)*: 현재와 내면성의 무한한 미래 속에서 모든 가능한 일탈을 정의(수정)할 수 있는 축 방향.

역행 계수(*adversité-coefficient*)#: 가스통 바슐라르가 고안한 용어로, 대자의 기투의 외적 대상이 제공하는 저항의 양에 관계됨.

외면성과 내면성(*extériorité et intériorité*): 이 용어들은 전적으로 공간적인 의미로 사용된 것은 아니다. 하나의 총체 속에는 이 총체에 대한 소속 관계를 통해 정의되고 변형된 것으로서의 각각의 구성 요소가 있는데, 이 요소 사이에 바로 내면성의 관계가 존재한다. 외면성의 관계는 타성태적으로 공존하는 요소 사이의 관계이다.

외적 조절(*extéro-conditionnement*): 집렬체적 총체에 대한 통치 집단의 작용은 집렬체를 구성하고 있는 각각의 타자를 위한 하나의 전체로서, 집렬체를 그릇되게 생산해 내는 타자에게 영향을 끼치면서 이 집렬체적 총체를 조건짓는다.

요구(*exigence*)*: 비유기체적 물질성에 의해 표명된 주장.

운명(*destin*): 가공된 물질 속에 각인된 것으로서의 인간의 미래.

융화 집단(*groupe en fusion*): 적대적 실천의 압력하에서 집렬체의 와해를 통해 구성되는 중에 있는 집단. 묵시록은 이 같은 해체의 격렬한 과정이다.

이타성(*altérité*)#: 상호성에 반대되는 분리의 관계.

이해관계, 이익(*intérêt*): 희소성과 욕구로 조건 지어진 사회적 장 속에서 인간이 사물과 맺는 특정한 관계를 일컫는다. 이때 인간은 사물 속에서 자신의 존재와 진리를 발견하며, 그 자신이기도 한 물질적 총체를 지양하고자 노력하면서 실천적-타성태의 요구들에 전적으로 종속된다.

이해와 해득(*compréhension et intellection*)*: 나는 모든 실천적 실재들을 총체화하는 시간화의 자명성을 해득이라고 부르게 될 것이다. 그리고 이 행위 주체들에 의해 의도적으로 생산되고 있는 각 실천에 대한 총체화적 파악을 이해라고 부르고자 한다.

일의적(*univoque*)\#: 인간과 세계와의 상호적이 아닌 일방적 관계의 성격.

전진적(*progressif*): **후진적 항목** 참조.

제삼자(*tiers*): 타인의 상호성을 총체화한다는 점에서 다수성의 구성원을 이루는 각자.

제도(*institution*)\#: 하나의 집단은 제도의 고정화와 그 제도 안에서 주권과 집렬체성의 부상을 통해 융화 집단으로부터 발전한다.

조직화된 집단(*groupe organisé*)\#: 서약 집단 이후에 이 집단의 효율적 유지에 필요한 이타성을 다시 용인한 집단.

존재태([h]*exis*)\#: 실천에 대립하는 타성적이고 안정된 상태.

주권(*souveraineté*): 제도화된 집단 안에서 집렬체들을 조직하는 개인적 (또는 집단적) 인간(또는 사물).

집렬체(*série*)\#: (집단과 대조적으로) 타자들에 의한 이타성으로 규정된 구성원들의 총체.

집렬체성(*sérialité*): 실천적-타성태적 환경 속에서 다수의 인간이 공존하는 방식. 집렬체의 구성원 각자는 상호 교환적인 동시에 타자들에 의해서, 그리고 그 자신에게 있어 타자로 나타난다.

집합태(*collectif*)*: 나는 집합태라는 용어를 하나의 물질적이고 비유기적인 대상, 즉 그 속에서 외적 통일성을 발견하는 다수성에 개방된 대상이 갖는 이중적 의미와의 관계로 이해한다.

초월적(*transcendant*)\#: 주어진 조건으로부터 벗어나는 행위의 성격.

전체/총체(*ensemble*)\#: 서로 연관된 수많은 개인의 집합.

총체화(*totalisation*): 결정된 상황에서 출발하고 하나의 목표에 따라 이루어지는 종합과 통합의 작업. 총체화는 실천 그 자체를 정의한다.(**실천** 항목 참조.)

타자(*Autre*)(대문자 A로 시작하는): 비록 원고 전체에서 이 원칙을 엄격하게 준수하고 있지는 않지만, 저자는 한 사람을 나타내는 대명사나 그를 규정하는 형용사로 사용되는 이 단어가 근본적인 이타성을 강조할 때마다 — 타자라는 개념이 각자의 활동을 지배하거나 잠재적으로 지배할 수 있다는(또는 그것에 의해 지배당할 수 있다는) 점에서 — 이 단어를 대문자로 시작하길 바라는 것처럼 보인다. 우리는 이런 의도를 체계화하는 과정에서 동일한 의미를 가지고는 있지만 한 사람을 지칭하는 것이 아닌 '다른'이라는 형용사는 배제했다. 대부분의 경우 이 형용사는 이탤릭체로 표시했다. 문맥 속에서 그 의미를 강조하기 위해서는 이 형용사의 위치만으로도 충분하다.(타자적 자유≠다른 자유(liberté autre)≠autre liberté)

통시적(*diachronique*)(통시적 총체화): 세대들의 매개를 통해 야기되는 불연속성을 포함한 광범위한 시간적 총체들을 통한 실천-과정의 가지적 전개.

포괄적 총체화(*totalisation d'enveloppement*): 여기에서 이 개념의 의미를 확정하는 것은 무모해 보인다. 미완의 2권 전체를 통해 이 개념은 활력을 주는 직관적 개념으로 사용된다. 저자는 이 개념을 2권 전체를 통틀어 심화시키면서 그 의미를 밝혀내고자 한다. 이 개념의 핵심은 역사의 가지성과 의미이다. 게다가 이 개념의 의미는 고려된 현실에 따라 다양하다. 그렇기 때문에 포괄적 총체화는 단순히 하나의 조직화된 집단과 관련해서는 단지 실천에 의해 이루어지는 모든 구체적 개인의 통합 작용을 의미한다. 한편 통제 사회에 대한 장에서 이 개념은 자율적 실천으로 정의되며, 그런 식으로 나타난다. 그 이유는 이 개념이 자신의 고유한 부산물들로부터 재현동화되는 수동적 통일성으로서의 자신의 이질성 혹은 하나의 공동 기도가 갖는 내적 외면성을 만들어 내고, 감내하고, 감추고 은닉하기 때문이다. 하지만 이 표현들은 "해체된" 사회에 있어서는 의미가 없다. 이 같은 사회에서는 하나의 공동 기도가 존재하지 않으며, 단지 내재적 통일성만이 존재하기 때문이다. 그렇다면 보다 광범위한 (통시적) 역사적 과정에 있어서는 어떠한가? 이 문제가 부록의 주석 부분에서 언급되기는 했지만, 분명히 해결되지는 않고 있다.

저자는 포괄적 총체화가 의미할 수 있는 바를 이해시키기 위해 몇 번에 걸쳐 신체성의 개념을 도입하고 있다. 세계의 심연에 파묻힌 공동 실천은 자신의 외면성을 자신의 고유한 신체로 만들어 낸다. 이 같은 은유는 포괄적 총체화가 지닌 두 가지 근본적인 특징을 엿볼 수 있게 해 준다. 즉 실천적 통일성과 물질성, 그리고 나선 운동(순환성과 일탈)이 그것이다. 우리는 특히 나선 운동을 통해 이 개념을 이해할 수 있다.

부록의 주석들에서 저자가 포괄적 총체화와 체계를 동일시하고 있다는 점을 상기하자. 이것을 통해 우리는 —— 행동과 이질성의 과잉에 대한 사유와 마찬가지로 —— "총체화하는 자가 없는 총체화"에 이르게 된다. 이 같은 총체화의 가능성은 1권 말미에서 이미 예견된 바 있다. 우리는 또한 부록에서 좀 더 일반적인 진술을 볼 수 있다. 즉 우리가 그 어떤 실천이나 관계를 진행 중인 총체화의 구현으로 해석할 수 있다면 포괄적 총체화가 존재할 수 있다는 것이다. 독자들은 또한 포괄적 총체화의 존재에 대한 장을 참조할 수도 있을 것이다. 이 장에서는 저자에게서 이 같은 구현이 (마르크스주의적 변증법에 대한 비판)을 의미하지는 않음을 보여 주고 있다.

해득(*intellection*): **이해** 항목 참조.

희소성(*rareté*)#: 실천적 전체의 모든 욕구 충족을 방해하는 우연적 사실.

해제

인간과 역사의 이해를 위한 대기획

1. 집필에 관련된 하나의 의문

"지성의 전방위에서 열심히 일하는 위대한 일꾼이자 밤의 감시자"
라는 칭호를 받았던 사르트르의 후기 사상을 대표하는 『변증법적 이
성 비판(*Critique de la raison dialectique*)』(이하 『변증법』) 1권과 2권은 각각
1960년과 1985년에 출간되었다. 하지만 이 책의 집필에는 1957년부
터 1960년까지 약 3년여 정도가 걸린 것으로 알려져 있다. 비록 2권
이 미완의 상태로 간행되었지만 말이다. 그런데 이 책이 어떤 책인가?
이 책은 그의 전기 사상을 대표하는 700여 쪽에 달하는 『존재와 무』
보다 두 배가 되는 분량의 대저(大著)다. 더군다나 그는 이 책의 집필
도중에 휴식 기간을 가져야 했다. 1958년에 치러졌던 선거에서 좌파
가 완패한 것에 대한 정신적 충격과 이 책의 무리한 집필로 인한 건강
문제 때문이었다. 또한 1958년에는 극작품 『알토나의 유폐자들(*Les
Séquestrés d'Altona*)』의 집필에 상당한 시간을 할애해야 했다. 그의 극작
품들 가운데 가장 풍부한 내용을 담고 있는 이 작품의 공연 시간은
세 시간을 상회한다.

이 같은 사실들로 미루어 보면 『변증법』의 집필에 채 3년이 안 걸

렸다는 점은 분명해 보인다. 그러니까 사르트르는 믿기 어려울 정도의 속도로 이 책을 집필한 것이다. 이와 관련해 보부아르의 다음과 같은 증언은 의미심장하다. "그는 여느 때처럼 쉬거나 삭제하거나 종이를 찢고 다시 시작하면서 작업하지 않았다. 몇 시간 동안 내리 종이를 메워 나갔다. 아주 빠른 속도로 펜을 휘갈겨대도 머릿속에 떠오르는 생각들을 따라가지 못할 정도였다. 글 쓰는 리듬을 유지하기 위해 그가 각성제 코리드란을 집어 드는 소리를 듣는 것은 다반사였다. 심지어 하루에 코리드란 한 튜브를 복용하기도 했다. 해 질 무렵에 그는 녹초가 되곤 했다. 집중하지 않은 상태에서 가끔 모호한 제스처를 하기도 했고 다른 사람을 향해 헛소리를 하기도 했다."

보부아르의 이 같은 증언에도 불구하고 한 가지 의문이 뇌리를 떠나지 않는다. 대체 사르트르는 1400쪽이 넘는 분량의 책의 집필을 어떻게 그 짧은 시간에 마칠 수 있었을까?

2. 20년 이상의 현실 경험과 성찰

이 질문에 미리 답하자면, 『변증법』 집필에는 3년 여의 시간이 채 걸리지 않았지만, 실제로 이 책에는 사르트르의 정치 현실에 대한 오랜 경험과 성찰이 반영되어 있다는 것이다. 좀 더 구체적으로 1939년 제2차 세계 대전 발발로부터 1957년까지 약 20여 년 동안 "동반자(compagnon de route)" 자격으로 그가 마르크스주의와 공산주의, 소련과 프랑스 공산당(PCF)과 보조를 같이 하면서 했던 경험과 그에 대한 철학적 탐구 및 성찰이 이 책의 밑바탕에 깔린 것으로 보인다.

사르트르의 정치 현실과의 조우는 1939년을 기점으로 시작되었다고 할 수 있다. 보부아르는 그 해를 이렇게 회상한다. "1939년 봄은 내 인생의 전환점이었다. 나는 개인주의와 반(反)휴머니즘을 포기했다. 나는 연대성을 배웠다. (……) 이처럼 1939년에 나의 삶은 완전히 바뀌었다. 역사가 나의 삶을 낚아챘고, 다시는 그것을 놔주지 않았다." 보부아르의 이 같은 회상은 사르트르에게도 그대로 적용된다고 할 수 있다. 그 역시 제2차 세계 대전을 계기로 자신의 삶이 완전히 둘로 쪼개졌다고 술회한다. "내 인생에서 가장 뚜렷하게 볼 수 있는 것, 그것은 거의 완전히 분리된 두 시기의 단절이 있었다는 것이다. 두 번째 시기에 있는 나로서는 첫 번째 시기의 나 자신을 몰라볼 정도다. 그런데 그 두 기간이란 전쟁의 전과 후다." 사르트르에게 있어서 제2차 세계 대전은 이처럼 첫 번째 "개종"의 계기가 되었던 것으로 보인다. 그렇다면 이 첫 번째 개종의 구체적 내용은 무엇이었을까?

사르트르 자신의 지적에 따르면, 그 내용은 크게 '사회적 존재'에 대한 자각, '계급 투쟁'의 발견과 '연대성'의 체험으로 요약될 수 있다. 그는 제2차 세계 대전에 동원되면서 그 자신이 사회적, 역사적 지평 위에 서 있는 다른 사람들과 동일한 "하나의 사회적 존재(un être social)"라는 사실을 깨달았다고 회상한다. 그리고 이 같은 자각에 이어지는 계급 투쟁의 발견은 그의 첫 번째 개종의 가장 핵심적인 내용이라고 할 수 있다. 이 같은 발견을 통해 그는 점차 마르크스주의, 공산주의, 이 두 주의를 이념으로 삼았던 소련과 PCF와 가까워졌고, 그 바탕 위에서 '역사'를 이해하게 되었다. 물론 그가 마르크스의 저서를 읽은 것은 그보다 훨씬 전인 학창 시절로 거슬러 올라간다. 하지만 그 당시 프랑스 대학에서는 마르크스 철학은 물론이고 헤겔 철학에 대해서도 상당한 거리를 뒀다. 또한 마르크스의 저서들을 읽었다고는 하나 사르트르는 그것들을 제대로 "이해하지" 못했다. 부르주아 출신이었던 그는 프롤레타리아 계급과 너무나 동떨어져 있었기 때문이었다. 따라서 계급 투쟁의 주체인 프롤레타리아 계급과 그의 조우는 그만큼 뒤로 미루어지게 되었다. 어쨌든 마르크스주의와의 조우 이후 그의 사유에는 점차 변화가 나타나기 시작한다. 그의 문학 이론은 참여문학의 성격을 띠게 되고, 그의 철학적 사유는 점차 사회적, 역사적 지평 위에 자리 잡은 인간에 대한 이해로 방향을 선회하게 된다.

사르트르의 첫 번째 개종을 특징짓는 세 번째 내용인 연대성의 체험은 독일 점령기에 했던 레지스탕스 운동, 포로 수용소에서의 경험 그리고 일간지 《콩바(*Combat*)》에서 일하던 카뮈의 부탁으로 해방 직후 파리의 모습을 취재한 일 등을 통해 이루어졌다. 사르트르가 포로 수용소에서 상연한 『바리오나 혹은 고통과 희망의 유희(*Barionna ou le jeu de la douleur et de l'espoir*)』를 통해 관객들과의 합일(合一)을 체험한 것은 그의 기억에서 지워지지 않는다. 그 뒤로 그는 시력 장애를 구실로 석방되어 파리로 돌아와 레지스탕스 단체인 '사회주의와 자유(Socialisme et Liberté)'를 조직하게 된다. 생사가 걸린 위험한 상황에서 조직, 운영되었던 이 단체에서의 활동은 후일 공동체의 역할과 기능에 대한 이해에 적지 않은 영향을 끼친다. 또한 독일 점령군으로부터 해방되어 '하나'가 된 파리 시민의 모습 역시 그의 연대성과 공동체의 경험을 보충해 주게 된다. 요컨대 그는 제2차 세계 대전 전의 "글쓰기를 통한 구원"과 "대립의 미학"만을 사랑하면서 역사의 흐름을 방관하던 "무정부주의자"에서 "역사의 수레바퀴를 돌리는 자"로 서서히 변해갔던 것이다.

이처럼 제2차 세계 대전을 계기로 이루어진 첫 번째 개종을 통해 역사의 흐름에 몸을 실은 사르트르는 점차 마르크스주의, 공산주의, 소련, PCF와 가까워지게 된다. 물론 이 같은 현상이 그에게만 고유한 것은 아니었다. 종전 후 나타난 프랑스 지식인들의 좌파로의 경사는 루소의 『사회계약론(*Le Contrat social*)』에 의한 18세기 젊은 신부와 귀족들의 도취와 종종 비교된다. 아롱은 이 현상을 "지식인들의 아편"이라고 규정한 바 있다. 어쨌든 전후 프랑스 지식인들의 지형도에서 두드러지는 현상 중 하나는 PCF의 득세였다. 이는 부분적으로 PCF가 레지스탕스 운동에서 보여 준 조국애와 용감함 덕택이었다. 실제로 PCF는 "총살당한 자들의 당"으로 지칭됐는데, 레지스탕스 운동에서 수많은 당원이 총살당했기 때문이었다. 이런 영향으로 PCF는 해방 이후 프랑스의 거의 모든 선거에서 20퍼센트 이상의 득표율을 올리며 제1의 정치 세력으로 부상하게 된다. 사르트르 역시 1945년의 시점에서 마르크스주의로 향하는 것이 "최선"의 선택이었다고 술회하고 있다.

하지만 사르트르에 대한 PCF의 견제는 몹시 심했다. 해방 이후 실존주의의 대유행과 더불어 그가 PCF의 미래 당원들인 젊은이들을 빼앗아 간다는 이유에서였다. 또한 공산주의자들은 인간의 역사성과 사회성을 무시하고 개인을 전면에 내세우는 사르트르의 철학을 받아들일 수 없었다. 그들은 사르트르를 자신들의 "제1의 이념적 적"으로, 그의 실존주의를 "부패한 이데올로기"로 취급했다. 게다가 그는 1946년에 「유물론과 혁명(Matérialisme et révolution)」이라는 글에서 마르크스주의를 통렬하게 비판하게 된다. 혁명의 목적과 자유의 실현은 하나라는 전제하에 유물론적 변증법과 이를 바탕으로 한 교조적 마르크스주의의 폐해를 공격했다. 이 글에서 볼 수 있는 그의 주장은 후일 『변증법』에 그대로 수용된다.

그뿐 아니다. 사르트르는 독자적인 정치 실험을 하기도 했다. 미·소 두 진영의 틈바구니에서 제3의 길을 모색한 것이다. 그 결과가

1948년에 조직된 민주혁명연합(RDR, Rassemblement démocratique et révolutionnaire)였다. RDR에는 사르트르를 위시해 루세, 로장탈 등이 참여했다. 이 단체에서의 활동을 이유로 사르트르는 소련 소설가 파데이예프로부터 "타자기를 두드리는 하이에나", "펜을 든 샤칼" 등과 같은 조롱을 감내해야 했다. 하지만 루세와 로장탈 등이 미국의 중앙정보국(CIA)에서 정치 자금을 받는 등 우경화 행보를 거듭하자 사르트르는 RDR를 떠나게 된다. 약 2년여에 걸친 RDR에서의 정치 활동의 실패 후 그는 "정치를 거의 포기하게 된다." 그리고 그는 자신의 실패를 돌아보기 위해 마르크스의 저작을 다시 읽으면서 성찰의 시간을 갖게 된다.

1950년에 들어 사르트르는 소련을 비판하기도 한다. 잡지《현대(Les Temps modernes)》에서는 그 당시 초미의 관심사였던 굴라그(Goulag)의 존재에 대해 소련 측에 항의하는 글을 싣기도 했다. 메를로퐁티가 쓴 「소련과 포로 수용소(L'URSS et les camps)」가 그 예다. 하지만 사르트르의 입장은 1950년 6월에 발발한 한국 전쟁을 기점으로 다시 소련 쪽에 경사된다. 한국 전쟁에서 누가 먼저 공격을 감행했는가의 문제에 대해 그는 부족한 정보 등으로 인해 "불확실함 속에서 헤매다"가 최종적으로는 남한이 북한을 먼저 공격했다는 PCF의 의견에 동조하는 입장을 견지하게 된다.

사르트르가 공산주의자들과 본격적으로 동반자의 길을 가게 된 것은 1952년부터다. 1951년에도 그는 한 신문과의 인터뷰에서 이렇게 밝히고 있다. "내가 보기에 새로운 질서가 탄생하기까지 프롤레타리아트를 대표하고 있는 것은 공산당이다. 당분간 사정이 달라지리라고 생각할 수 없다. (……) 프롤레타리아트를 등지지 않고 반공산주의적 입장을 견지한다는 것은 불가능하다." 그의 이 같은 친공산주의적 입장은 앙리 마르탱 사건을 계기로 1952년부터 뚜렷해진다. 프랑스 해군 장교이자 공산당원이었던 마르탱은 1949년 7월부터 인도차이나 전쟁을 반대하는 유인물을 작성해 배포했다는 죄목으로 이듬해 5월에 체포되어 군법 회의에서 실형을 선고받았다. 사르트르는 마르탱의 석방을 요구하던 공산주의자들의 입장에 적극 동조한다. 그리고 1953년에 이 사건의 전말을 담은 『앙리 마르탱 사건(L'Affaire Henri Martin)』이라는 책을 출간한다. 어쨌든 사르트르는 이 사건을 계기로 PCF를 중심으로 좌파가 통일하지 않으면 다른 출구가 없다고 판단하게 된다.

하지만 사르트르의 정치적 입장이 극명하게 나타난 것은 1952년에 있었던 PCF 간부이자 국회의원이었던 쟈크 뒤클로 체포 사건을 통해서였다. 사르트르는 그해 여름 로마에서 휴가를 보내던 중 이 소식을 접했다. PCF는 주한 미군을 지휘했던 리지웨이 장군이 아이젠하위의 후임으로 나토 총사령관으로 부임하는 것을 반대하는 대규모 시위를 벌였다. 리지웨이는 한국 전쟁에서 세균전을 주도했다는 혐의를 받았다. 반대 시위가 한창일 때 차 트렁크에 비둘기 몇 마리를 싣고 가던 뒤클로가 체포되었다. 그 비둘기들이 소련을 위한 간첩 활동에서 전서구로 사용되었다는 것이 체포 이유였다.

이 소식을 접하고 격분한 사르트르는 두 번째 "개종"을 선언하게 된다. 「공산주의자들과 평화(Les Communistes et la paix)」라는 글에 포함된 "반공산주의자는 개다. 나는 공산주의에서 빠져나오지 않았다. 나는 평생 결코 거기에서 빠져나오지 않을 것이다."라는 그 유명한 선언이 그것이다. 총 3부로 구성된 이 글의 제1, 2부는 1952년에, 제3부는 1954년에 각각 집필되었다. 그는 이 장문의 글에서 공산당이 프롤레타리아 계급의 대표 기구라는 점을 보여주고, 무력하고 고립된 즉자적 대중과 공산당을 매개로 통일된 혁명적 행동에 참여하는 대자적 프롤레타리아 계급을 구별하며(제2부), 그 자신이 어떤 점에서 공산주의자들의 입장에 동조하는가(제3부)를 밝힌다. 사르트르의 이같은 행보는 1954년 처음으로 소련을 방문하는 것으로 구체화된다. 그 당시 그는 한 인터뷰를 통해 소련에서 비판의 자유는 완전하게 보장되어 있다는 인상을 받았다고 밝혀 파문을 일으키기도 했다. 그 뒤로 그는 불·소친선협회의 부회장직을 맡으며 공산주의자들과의 동반자의 길을 계속 가게 된다.

한편 사르트르의 친소련적 입장은 카뮈와의 이념적 논쟁을 통해서도 잘 드러난다. 장송이 1951년에 출간된 카뮈의 『반항하는 인간(L'Homme révolté)』에 대해 《현대》에 쓴 서평을 계기로 촉발된 논쟁에서 사르트르는 자신의 정치적 입장을 분명히 한다. 카뮈는 오래전부터 소련에 대해 반대 입장을 표명해오던 참이었다. 그는 파리로 오기 전 알제에서 공산당에 가입했다가 탈퇴하기도 했다. 어쨌든 사르트르와 카뮈 논쟁에서 문제 되었던 외관적인 쟁점은 모스크바에서 진행된 정치 재판과 굴라그의 존재 등이었다. 그러나 그들 사이에 벌어진 논쟁의 최대 쟁점은 '폭력'의 문제였다고 할 수 있다.

카뮈는 정치적으로 도덕주의를 지향했다. 그는 인간의 행동에서 '목적'과 '수단'이 공히 정당화되어야 한다고 주장했다. 카뮈의 이 같은 입장은 이미 1949년에 상연된 『정의의 사람들(Les Justes)』에서 여실히 나타난다. 혁명을 위해 대공(大公)의 살해를 맡았던 칼리예프가 임무 수행에 실패한 뒤, 이를 둘러싼 토의에서 스테판은 칼리예프의 비겁함을 비난한다. 이에 대해 칼리예프는 물론 대부분의 혁명 대원은 스테판의 냉혹한 현실주의를 비난한다. 혁명이라고 하는 대의명분을 위해 모든 수단이 다 용인될 수 없다는 것이다. 인간이 '빵'과 '정의'라는 필요를 위해 행동해야 한다면, 이와 동시에 마음의 빵인 '순수한 아름다움'을 위해서도 행동해야 한다는 것이다. 요컨대 카뮈는 혁명에서 폭력의 사용에 반대하는 입장에 있었던 것이다. 물론『정의의 사람들』에서도 칼리예프는 대공을 살해하기는 한다. 하지만 카뮈는 그 경우에서조차 칼리예프의 일차 시도에서 실패의 원인이었던 어린아이들의 살해는 배제시키고 있다. 후일『반항하는 인간』에 대한 서평에서 장송은 정확히 카뮈의 이 같은 "고매한 영혼"을 질타했던 것이다.

카뮈와 달리 사르트르는 메를로퐁티와 더불어 정치적 현실주의를 추구했다. 사르트르는 정치에서 목적이 정당하다면 그 실현에 도움이 되는 모든 수단이 정당화될 수 있다는 입장을 견지했다. 또한 이 같은 입장에서 그는 메를로퐁티의 "진보적 폭력(violence progressive)" 이론을 수용했다. 이것은 더 나은 미래의 건설을 위해 현재의 폭력은 허용될 수 있다는 내용의 이론이다. 실제로 사르트르는 1946년 유네스코 창립에 즈음해 "작가의 책임"을 주제로 한 강연에서 폭력에 대해 다음과 같은 견해를 밝힌다. "오늘날 폭력 없이는 아무것도 할 수 없다. 왜냐하면 모든 것이 폭력이기 때문이다. 따라서 문제는 모든 폭력을 단죄하는 것이 아니라 무용한 폭력을 단죄하는 데 있다."

이처럼 사르트르는 역사의 진행에서 마르크스가 주장했던 역사의 산파로서의 폭력의 역할을 인정했으며, 이것은 후일『변증법』에 그대로 반영된다. 사르트르의 이 같은 극단적인 입장은 카뮈와의 결별 이후 또다시 메를로퐁티와의 결별의 원인이 되기도 한다. 1950년 이전만 하더라도 사르트르보다 더 좌파적 성향을 보였던 메를로퐁티는 한국 전쟁을 계기로 드러나기 시작한 소련의 전체주의적 성격으로 인해 정치 동지였던 사르트르와 결별의 수순을 밟게 된다. 그는 이른바 사르트르의 "과격 볼셰비키주의"를 통렬히 비난하면서 《현대》를 떠난다. 사르트르와 메를로퐁티의 이념적 결렬의 이유가 지나친 폭력의 사용에 있었다는 것은 분명해 보인다.

하지만 이처럼 절친한 친구들과의 결렬을 감수하면서까지 공산주의자들과 동반자의 길을 걷던 사르트르도 1956년에 발생한 헝가리 사태를 계기로 점차 그들과 거리를 두기 시작한다. 특히 그는 "부다페스트 이후(Après Budapest)"라는 제목의 인터뷰에서 소련군의 무력 개입을 비난하고, 거기에 아무런 비판을 가하지 않은 PCF와의 관계를 청산하게 된다. 또한 불·소친선협회에서도 탈퇴함으로써 소련과의 관계에서 한발 물러서면서 자신의 입장을 정리하게 된다. 그 결과가 1957년에 쓰인 「스탈린의 망령(Le Fantôme de Staline)」이라는 글이다. 이 글에서 사르트르는 소련에 완전히 등을 돌리지는 않지만, 점차 거리를 두고 있는 것만은 분명하다. 그 이후 그의 정치 행보는 미·소 두 진영에 모두 반대하면서 제3세계의 사회주의 혁명을 위한 길을 간다. 그런데 바로 그 시기, 즉 점차 소련으로부터 거리를 두면서 정치적 입장을 정리하던 시기에 그에게 우연히 그 자신과 마르크스주의와의 관계를 되돌아볼 기회가 주어진다. 1957년에 폴란드를 방문했을 때 그는 한 잡지사로부터 실존주의를 주제로 글을 한 편 써달라는 부탁을 받는다. 이 글이 후일 「방법의 문제」의 모태가 된다. 어쨌든 사르트르는 이 글을 계기로 『변증법』의 집필을 위한 모든 준비를 마치게 된다.

지금까지 살펴봤듯 『변증법』의 집필과 관련해서 한 가지 분명하게 드러나는 점은, 사르트르가 제2차 세계 대전을 기점으로 1957년, 즉 이 책 집필을 시작하기 전까지 마르크스주의와 공산주의, 이 두

주의를 이데올로기로 삼았던 소련과 PCF와의 관계를 통해 오랫동안 현실 정치를 경험했다는 것이다. 물론 그는 PCF에 정식으로 가입한 적은 없다. 하지만 때로는 동반자의 자격으로, 또 때로는 서로를 헐뜯는 관계의 한 당사자의 자격으로 그는 계급 투쟁이 일어날 수 있는 구체적 정치 현실 속에 직접 뛰어들었던 것이다. 그것도 약 20여 년이라는 긴 시간 동안을 말이다. 이 같은 사실들을 바탕으로 우리는 다음과 같은 결론을 내릴 수 있을 것이다. 사르트르가 채 3년이 되지 않은 기간 동안 단숨에 — 보부아르의 표현을 빌자면 "미친듯이" — 『변증법』의 집필을 마칠 수 있었던 것은 결국 정치 현실에 대한 오랜 구체적 경험과 이를 바탕으로 한 마르크스주의와 공산주의 — 그 가운데서도 스탈린의 일인 독재와 개인 숭배로 특징지어지는 스탈린주의 — 에 대한 철학적 반성과 성찰이 있었기 때문이었다는 결론이 그것이다.

3. 집필 기획 및 내용

(1)「방법의 문제」

『변증법』은 크게 세 부분으로 구성되어 있다. 이 책의 서론에 해당한다고 할 수 있는 「방법의 문제」, '실천적 총체들의 이론(Théorie des ensembles pratiques)'이라는 부제가 붙은 제1권 그리고 '역사의 가지성(L'Intelligibilité de l'Histoire)'이라는 부제가 붙은 제2권이 그것이다. 각 부분에 대한 사르트르의 기획과 그 내용을 간략하게 살펴본다.

먼저 「방법의 문제」를 보자. 사르트르 자신이 밝히고 있는 것처럼 이 글은 원래 상황의 산물이라고 할 수 있다. 1957년에 폴란드를 방문했을 때 그는 이 나라의 한 잡지사로부터 프랑스 문화 특집호에 포함될 "1957년의 실존주의의 상황(Situation de l'existentialisme en 1957)"이라는 주제로 글을 써줄 것을 부탁받았다. 부탁에 응하면서 그는 「실존주의와 마르크스주의(Existentialisme et marxisme)」라는 제목의 글을 썼다. 이 글은 수정을 거쳐 「방법의 문제」라는 제목으로 《현대》 1957년 9월호에 실렸다가, 다시 결론이 덧붙여져 1960년에 간행된 『변증법』에 서문으로 포함되는 과정을 겪었다. 「방법의 문제」는 『변증법』의 결론으로 기획되었던 것으로 보인다. 하지만 사르트르는 분량과 논리적 관계를 이유로 이 글을 『변증법』의 서론에 해당하는 자리에 놓았다고 밝히고 있다. 1400여 쪽에 달하는 분량의 글을 쓰고 난 다음에 상대적으로 길지 않은 결론을 내린다는 것이 자연스럽지 않다고 판단했다. 또한 『변증법』이 「방법의 문제」에서 유래했기 때문에 그 논리적 순서가 지켜지는 것이 좋다고 판단한 것이다.

이 같은 내력을 가지고 있는 「방법의 문제」에서 볼 수 있는 사르트르의 의도는 뚜렷하다. 그 자신 평생 답하고자 했던 단 하나의 문제는 "오늘날 우리는 구조적이고 역사적인 인간학(anthropologie structurelle et historique)을 정립할 수 있는 수단을 가지고 있는가?"였다. 그가 이 문제를 「방법의 문제」에서 처음 제기한 것은 아니다. 이미 1945년에 《현대》에서 "종합적 인간학"의 정립이라는 과제를 표명한 바가 있다. 그리고 그가 주창하는 인간학의 최종 목표가 "인간을 이해하고자 하는 열정"과 동의어이기 때문에, 결국 이 질문은 "인간에 대한 하나의 진리(une Vérité)가 있는가?"라는 질문과 표리 관계에 있다고 할 수 있다. 또한 사르트르에게서 인간은 "개별적 보편자"이기 때문에, 즉 한 인간의 행동에는 그가 살던 시대의 모든 요소가 포함되기 때문에, 위의 질문은 결국 "역사는 인지 가능한가?", "역사는 하나의 진리를 가지고 있는가?"의 물음과도 무관하지 않다고 할 수 있다. 사르트르는 「방법의 문제」에서 이 같은 의미심장한 질문들에 대한 답을 하기 위한 방법론을 모색하고 있다. 그리고 그 모색의 일환으로 그는 마르크스주의와 실존주의의 결합을 시도하고 있다. 좀 더 정확히 말하자면 마르크스주의에 실존주의라는 신선한 피의 수혈을 시도하고 있는 것이다. 그가 이 같은 결론에 도달한 과정을 추적해 보자.

사르트르는 우선 「방법의 문제」에서 마르크스주의와 실존주의의 결합을 시도한다. 그는 마르크스주의를 그와 동시대의 철학으로, 그것도 "뛰어넘을 수 없는" 철학으로 여긴다. 철학이 시대정신의 반영이라면, 그가 살던 시대에는 마르크스주의를 낳았던 시대적 상황이 여전히 극복되지 않은 상태에 있다고 여기기 때문이다. 하지만 그는 여러 역사적인 이유로 마르크스의 철학을 원용한다고 주장하는 마르크스주의자들의 게으름 탓으로 마르크스주의는 제 기능을 수행할 수 없을 정도로 경화되어버렸다고 보고 있다. 계급을 중요시하는 마르크스주의는 이 계급의 구성원들이자 역사를 형성하는 주체들인 그들 각자의 개별적이고 구체적인 삶을 고려하지 않음으로써 인간을 사물로 취급하는 독단에 빠지게 되었다는 것이다. 그는 이 같은 독단에 빠진 마르크스주의를 구할 유일한 길은 그 안에 실존주의라는 이데올로기를 위한 "독립된 영역(enclave)"을 마련해 주는 것이라고 주장한다. 물론 이 영역의 존재는 일시적이다. 마르크스주의가 그 자체의 결함을 극복하고 독단에서 빠져나온다면 실존주의라는 이데올로기의 존재 이유는 사라지게 될 것이기 때문이다.

그다음으로 사르트르는 「방법의 문제」에서 경화된 마르크스주의에 새로운 피를 수혈할 수 있는 구체적 가능성을 모색한다. 그 과정에서 그는 "매개(médiation)"의 문제를 제기하고, 마르크스주의를 보조할 수 있는 학문들을 거론한다. 마르크스주의에는 한 개인의 개별적 인격 형성 과정과, 그 과정에서 이 개인의 실천(praxis)이 행해지는 사회적 장(champ)과 그 실천을 통해 나타나는 생산물과의 관계를 포착 가능케 하는 매개 차원이 결여되었다는 것이 그의 판단이다. 이 같은 지적은 다음 문장에 함축되어 있다. "발레리가 프티부르주아 지식인이라는 사실에는 의심의 여지가 없다. 하지만 모든 프티부르주아 지식인이 다 발레리인 것은 아니다." 이 문장에 함축된 의미는 이렇다. 프티부르주아였던 발레리가 지금 우리가 알고 있는 발레리, 즉 시인이자 극작가이자 기하학적 분석 정신의 소유자인 그런 발레리가 된 것을 설명할 수 있으려면 그의 어린 시절은 물론이고 그의 성장 과정, 그가 성장했던 19세기 중후반의 프랑스의 모든 기존 요소를 고려할 필요가 있다는 것이다.

따라서 사르트르가 겨냥하고 있는 인간학의 정립에 필요한 모든 수단을 갖추려면 각각의 학문이 가진 장점을 살리는 작업이 이루어져야 하는 것이다. 가령 마르크스주의는 한 사회의 총체성의 포착과 그 사회의 역사를 관통하고 있는 법칙의 발견이라는 면에서 장점이 있다. 하지만 이 같은 장점에도 불구하고 그 사회의 역사 형성 과정에서 주된 역할을 하는 구성원 각자의 창조적 실천을 포착하고 또 거기에 의미를 부여하는 데는 단점이 있다. 마르크스주의에서 발견되는 이 같은 단점을 보충하기 위해 사르트르는 다음과 같은 매개의 필요성을 지적한다. 우선 한 사회 구성원들 각자의 개별적 인격 형성의 설명에서 장점을 발휘하는 실존주의로부터 유용한 도구를 가져와야 하는 필요성이다. 그다음으로 그들 각자의 실천이 어떤 환경에서 이루어졌는가를 설명하기 위해 사회학의 학문적 성과를 가져와야 하는 필요성이다. 마지막으로 그들 각자가 왜 다른 실천이 아니라 지금 현재의 그들 각자가 있게끔 한 바로 그 실천을 하게 되었는가를 설명하기 위해서는 그들 각자의 과거, 곧 어린 시절로 소급해가는 프로이트의 정신 분석학으로부터 유용한 분석 도구를 가져와야 하는 필요성이다. 요컨대 사르트르가 「방법의 문제」에서 겨냥하는 목표는 정확히 인간과 역사의 총체적 이해에 소용될 모든 수단을 갖추는 것이다. 그 과정에서 그는 특히 마르크스주의 내부에서 역사 창조의 주체인 인간에게 적합한 지위를 마련해 주고 있으며, 나아가서는 인간에 대한 진리를 제대로 파악하지 못하고 있는 마르크스주의를 위해 실존주의, 정신 분석, 사회학 등과 같은 새로운 피를 수혈하고 있는 것이다.

사르트르는 마르크스주의와 실존주의를 비롯한 다른 보조 학문의 매개를 통한 인간 이해의 방법으로 "전진-후진적 방법(méthode progressive-régressive)"을 제시하고 있다. 「방법의 문제」라는 제목의 의미가 정확히 이 방법의 고안과 직접적인 관련이 있는 것으로 보인다. 후일 사르트르는 『변증법』과 플로베르에 대한 연구인 『집안의 천치(*L'Idiot de la famille*)』에서 이 방법을 본격적으로 적용하게 된다. 하지만 그에 앞서 「방법의 문제」에서는 실존주의의 몇몇 원칙을 중심으로 전진적 방법과 후진적 방법이 결합되어야 하는 필요성을 중점적으로 강조하고 있다.

먼저 후진적 방법의 필요성을 보자. 역사의 주체인 인간의 인격 형성과 동의어인 그 자신의 삶에 용해된 다양하고도 복잡한 여러 측면과 그것들의 의미를 파악하려면 그의 유년 시절이나 가족과 같은 요소를 빠뜨리지 말아야 하며, 특히 이 요소들이 그의 미래 차원의 행위들에 대해 미치는 영향까지 충분히 고려해 넣어야만 할 것이다. 이것이 바로 후진적 방법의 필요성에 해당한다. 그런데 한 인간의 진리 포착에서 이 같은 방법만으로는 충분하지 못하다. 왜냐하면 그의 미래 차원에서 이루어지는 인격 형성의 모든 과정은 그를 에워싸는 사회적 장에서 진행되기 때문이다. 따라서 한 인간을 제대로 이해하려면 그가 수많은 실천의 가능성 가운데 한편으로 역사 형성에 기여하면서, 다른 한편으로 그 자신의 인격을 형성시켜가면서 왜 하필이면 '그 시대적, 역사적 환경 속에서' 다른 가능성이 아닌 바로 '그' 가능성을 택하게 되었는가에 대한 설명이 이루어져야 한다. 이것이 바로 전진적 방법의 필요성이다. 결국 한 인간에 대한 이해에서 그의 개별적인 삶과 이 삶이 영위되는 물적, 역사적, 사회적 조건들 사이에 일어나기 마련인 총체적 왕복 운동 —— 이 운동이 곧 "총체화"이다 —— 의 포착이 문제의 관건이라고 할 수 있다.

그런데 이 같은 전진-후진적 방법과 관련해 한 가지 지적하고 넘어가야 할 점은, 이 방법의 고안이 「방법의 문제」에서 처음 제시된 것은 아니라는 점이다. 1943년에 출간된 『존재와 무』에서 이른바 "실존적 정신 분석(psychanalyse existentielle)"이라는 명칭하에 프로이트의 정신 분석학을 비판적으로 수용하고 있는 부분에서 이미 이 방법의 기본적 형태가 드러나고 있다. 사르트르는 실존적 정신 분석이라는 개념을 정립하는 과정에서 한 인간을 제대로 이해하기 위해서 그의 삶에서 결정적 역할을 하는 "원초적 선택(choix originel)"이 발생한 시점까지 과거로 거슬러 올라가는 과정, 그리고 다시 그 시점으로부터 출발해서 미래를 향해 이루어진 "존재 기투(projet d'être)"의 과정을 모두 고려해야 하는 필요성을 강조한다. 따라서 『존재와 무』에서 기술되고 있는 실존적 정신 분석의 방법이 「방법의 문제」에서 전진-후진적 방법으로 발전하고 있다고 할 수 있다. 다만 거기에는 다음과 같은 한 가지 차이가 있는 것으로 보인다. 즉 『존재와 무』 차원에서는 한 인간의 미래로의 존재 기투가 이루어지는 장에 대한 이해에서 물적, 역사적, 사회적 조건들이 생략된 반면, 「방법의 문제」에서는 이 조건들이 갖는 비중이 대단히 크다는 점이다.

(2) 『변증법적 이성 비판』

「방법의 문제」에서 역사 형성에 기여하는 한 인간의 개별적인 삶과 이 삶이 영위되는 물적, 역사적, 사회적 조건들 사이에 일어나는 총체적 왕복 운동을 설명할 수 있는 방법적 토대를 검토한 후, 사르트르는 인간과 역사의 이해라는 원대한 작업으로 뛰어든다. 『변증법』 「서문」에서 이 책 1권과 2권의 목표가 다음과 같이 제시되고 있다. "따라서 우리의 시도는 변증법적 이성의 유효성과 한계를 시험해 보는 비판이 될 것이며, 이 작업은 변증법적 이성과 분석적이고 실증주의적 이성 사이의 대립과 연결 관계를 드러내 줄 것이다. 아울러 이 시도는 변증법적으로 이루어져야 한다. 왜냐하면 변증법적 문제들을 다룰 수 있는 것은 변증법뿐이기 때문이다. 그렇다고 해서 거기에 동어 반복이 있는 것이 아니다. 나는 이 점을 뒤에서 살펴볼 것이다. 『변증법적 이성 비판』 1권은 실천적 총체들의 이론, 즉 총체화의 계기로서 집렬체(série)와 집단(groupe)에 대한 이론의 정리에 국한될 것이다. 나중에 출간할 2권에서는 총체화 문제 자체, 즉 진행 중인 역사와 생성 중인 진리 문제를 다룰 것이다."

이처럼 제시된 『변증법』 1권과 2권의 기획을 잘 이해하기 위해서 가장 시급한 일은 바로 이 책 제목에 포함된 '변증법(dialectique)', '이성(raison)', '변증법적 이성(raison dialectique)', '비판(critique)'의 의미에 대한 이해로 보인다. 실제로 이 문제에 대한 대답이 1권 도입부의 주된 내용을 이루고 있기도 하다. 우선 위의 인용문에서 '비판'의 의미는 간단하게나마 제시되고 있다. "변증법적 이성의 유효성과 한계를 시험해 보는" 것이 그것이다. 사르트르는 자신의 이 같은 기획이 칸트의 '비판' 작업과 유사하다는 것을 여러 차례 지적한다. 따라서 『변증법』에서 '비판'은 결코 헐뜯기라든가 나무람 등의 의미로 사용된 것이 아니다. 이와 달리 '변증법적 이성'의 유효성과 한계에 대한 탐구라는 의미로 사용되고 있다.

그다음으로 사르트르는 '변증법'이라는 용어를 헤겔과 마르크스의 변증법을 결합시켜 '사유 방법'과 '그 사유의 대상이 되는 현실의 구조'를 동시에 의미하는 것으로 보고 있다. 그러니까 사르트르가 사용하는 '변증법'이라는 용어에는 인간의 사유를 총괄하는 '이성'과 이를 바탕으로 형성되는 '지(savoir)의 대상'이 서로 의존하면서 작동된다는 의미가 포함되어 있는 것이다. 이런 시각에서 보면 '변증법'과 '이성'은 불가분의 관계에 있다. 사르트르는 『변증법』에서 '이성'을 이렇게 정의한다. "그 누구도 ─ 경험주의자들조차도 ─ 이성을 인간적 사고 ─ 그 어떤 사고이든 ─ 의 단순한 배열로 부르지 않았다. "합리주의자"는 이 배열이 존재의 질서를 재현하거나 구성해야 한다고 보았다. 이처럼 이성이란 인식과 존재 사이의 어떤 관계다. 이런 관점에서 보면, 만약 역사적 총체화와 전체적 진리 사이의 관계가 존재한다면, 그리고 만약 이 관계가 인식과 존재에서 이루어지는 이중의 운동이라면 이런 운동 관계를 이성이라고 칭하는 것이 타당하리라." 사르트르는 이성을 이처럼 "인식과 존재" 사이의 "이중의 운동 관계"로 정의한다. 보다 더 정확하게 말하자면 이성은 이 이중의 운동 관계 ─ 이 운동 관계는 이미 변증법적이다 ─ 를 파악하고 설명할 수 있는 능력을 의미한다고 할 것이다.

사르트르는 이처럼 이성을 정의한 다음 곧바로 '변증법적 이성'에 대해 합당한 자리매김을 하고 있다. "따라서 내가 이 연구에서 내세우는 목표는 자연 과학에서의 실증주의적 이성이 인간학의 전개 과정에서 발견될 바로 그 이성인가를 밝혀 보는 것이며, 혹은 인식과 인간에 의한 인간의 이해가 단지 특수한 방법론만 아니라 새로운 이성, 즉 사고와 대상 간의 새로운 관계를 품고 있는가를 밝혀 보는 것이다. 그러니까 변증법적 이성이 있는가를 살펴보는 것이다." 이 같은 주장에 따르면 변증법적 이성은 구조적이고 역사적인 인간학의 정립 과정, 그러니까 인간에 대한 하나의 진리와 역사에 대한 하나의 진리를 파악하는 과정에서 그 모습을 드러내게 되고, 또한 이 모든 과정의 끝에서야 비로소 그 유효성과 한계를 제대로 파악할 수 있게 될 것이다.

사르트르는 변증법적 이성의 비판을 위한 기초 작업으로 제일 먼저 그것을 "분석적 이성(raison analytique)" ― 또는 "실증주의적 이성(raison positiviste)" ― 과 대립시키고 있다. 이를 위해 그는 자연 과학에서의 실험을 예로 든다. 자연 과학의 경우 실험자는 항상 실험 체계의 외부에 있다. 따라서 그는 실험자이자 관찰자의 자격으로 이 체계와 일정한 거리를 두고 실험 결과를 설명할 수 있다. 이때 그는 분석적 이성이라는 도구를 사용하게 된다. 하지만 이 같은 분석적 이성을 통해서는 구조적이고 역사적인 인간학의 주요 탐구 대상인 인간과 역사를 제대로 이해할 수 없다는 것이 사르트르의 주장이다. 왜냐하면 자연 과학의 실험에서와 달리 인간학의 탐구 대상인 인간은 그 스스로 이 탐구의 주체인 동시에 대상의 위치에 있기 때문이다. 바로 이 같은 이유에서 사르트르는 엥겔스에 의해 주장되었고 독단론에 빠진 마르크스주의자들이 받아들인 "자연변증법(dialectique de la nature)"에 의한 인간과 역사의 이해를 통렬하게 비난하는 것이다.

사르트르의 체계 내에서 인간은 실천의 주체로서 그를 에워싸고 있는 물질세계를 부정하고 또한 그렇게 하면서 역사의 형성에 기여하는 동시에 자신의 실천에서 그 역사의 제약을 받는 것으로 이해된다. 다시 말해 인간과 역사는 변증법적으로 행동하고 움직인다는 것이다. 그런데 이처럼 변증법적으로 행동하고 움직이는 인간과 역사는 변증법적 이성에 의해서만 포착될 수 있다는 것이 사르트르의 주장이다. 왜냐하면 인간, 물질세계 및 역사 사이에 벌어지는 총체적인 왕복 운동, 곧 총체화의 의미를 파악하는 주체인 인간은 또한 그 의미 파악의 대상이기도 하기 때문이다. 이런 의미에서 보면 사르트르의 변증법적 이성은 "논리 필증적"이라고 할 수 있다. 이 이성은 스스로 변증법적으로 작동하며 또한 그 스스로 변증법적으로만 포착되기 때문이다.

우리는 바로 위에서 인간과 역사는 각각 변증법적으로 행동하고 움직인다고 했다. 그렇다면 그 구체적인 과정과 모습은 어떠한가? 사르트르는 자신의 인간학 정립을 위해 분석적 이성의 한계를 지적하고 변증법적 이성의 도입과 적용의 필요성을 지적한 뒤에 곧바로 이 문제에 답을 하기 위한 장도에 오른다. 특히 "실천적 총체들의 이론"이라는 부제가 붙은 『변증법』 1권에서는 "실천적 유기체(organisme pratique)"의 자격으로 자신의 물질적 "욕구(besoin)"을 충족시키기 위해 주위의 물질세계와 끝없는 긴장 관계를 맺는 한편, 그 과정에서 역사 형성에 기여하기도 하는 주체인 인간이 그 물질세계에서 우연히 같이 살게 된 다른 인간과 더불어 또 다른 역사 형성의 주체인 집단을 어떻게 형성하게 되는가, 그리고 이 집단의 변천들은 어떻게 진행되는가를 변증법적으로 탐구한다. 그리고 이들 주체에 의해 형성된 역사의 의미가 무엇인가, 그 의미는 과연 가지적인가의 여부가 2권의 주요 내용을 구성하고 있다.

사르트르는 『변증법』 1권에서 자신의 인간학의 정립을 위한 기초 작업의 하나로 인간의 실천적 유기체로서의 특징을 제시한다. 인간은 욕구의 주체라는 특징이 그것이다. 그러니까 그는 항상 그를 에워싸고 있는 물질세계에서 삶과 죽음을 걱정해야 하는 존재인 것이다. 따라서 그에게 중요한 것은 주위의 물질세계에서 욕구를 충족시키느냐의 여부이다. 게다가 그의 실천의 장인 세계는 "우연적이면서 불가피한 사실(fait contingent et inéluctable)"인 "희소성"에 의해 지배된다. 이로 인해 그는 항상 주위 세계와 긴장 관계에 있게 된다. 이 세계에 속해 있는 물질의 내면화에 성공한다면, 다시 말해 그 물질을 부정하는 데 성공한다면 그는 살아남을 수 있을 것이다. 이 모든 과정이 바로 "기투(projet)" 혹은 '실천'이다. 그는 이 실천의 과정에서 "지금까지 이 세계에 존재하지 않았던 것"을 생산해내게 된다. 그리고 그가 미래 차원에서 다음번 실천을 하기 위해서는 이 세계의 존재를 긍정하고 또 다시 부정해야 한다. 그런데 이때 그의 그 다음번 실천은 항상 그가 만들어서 세계에 흡수된 생산물에 의해 제약되는 상황이 벌어지게 된다. 그리고 그 무엇에는 '역사'가 포함된다. 그러니까 인간은 역사를 만들며, 또 그 역사에 의해 자신의 실천에서 제약을 받는다. 여하튼 여기에서 중요한 것은 인간과 주위의 물질적 세계는 항상 변증법적 긴장 관계에 있다는 점이다.

또한 이 변증법적 긴장 관계는 복수화된다. 그 까닭은 인간 주위를 에워싸고 있는 물질세계는 희소성과 더불어 또 하나의 우연적이면서 불가피한 사실인 "다수 인간"의 출현에 의해 특징지어지기 때문이다. 그리고 희소성이 지배하는 물질세계에서 나타나는 복수의 긴장 관계는 이제 그 긴장 관계의 주체들인 인간들의 관계를 대립으로 유도하게 된다. 이것은 달리 진행될 수 없다. 왜냐하면 희소성이 지배하는 세계에서는 지금·여기에서 한 인간이 어떤 물질을 차지하게 되면 다른 인간은 "비존재(non-être)", 곧 죽음의 상태로 떨어질 수 있기 때문이다. 그러니까 희소성에 의해 매개된 인간관계는 대립의 양상을 띠게 된다. 물론 『존재와 무』에서도 '나-타자' 사이의 존재 관계는 갈등과 투쟁으로 이해되었다. 하지만 이때는 각자가 자신의 "시선(regard)"을 통해 상대방을 대상화하고 자신은 그 대가로 주체의 지위를 확보하려는 존재론적 이유 때문이었다. 하지만 『변증법』에서 나타나는 인간들 사이의 대립은 물질적이고 현실적 성격을 띤다. 정확히 실천적 유기체, 욕구의 주체로서의 그들 각자의 삶과 죽음이 문제가 되기 때문이다. 바로 이 같은 이유로 사르트르는 희소성에 의해 매개된 인간은 다른 인간에게 "반인간", "낯선 종"으로 변할 수 있다고 지적한다.

그런데 희소성이 지배하는 세계에서 살아가는 인간들 사이의 관계를 이처럼 대립으로 몰고 가는 이 같은 복수화된 긴장 관계는 역설적으로 그들이 하나로 뭉쳐 또 다른 실천의 주체인 '집단'의 형성 계기가 된다는 것이 사르트르의 주장이다. 다시 말해 희소성에 의해 매개된 인간들의 관계는 그대로 사회성과 역사성의 기원이기도 하다. 왜냐하면 사르트르의 입장에서 보면 인류의 역사는 홀로 또는 여럿이서 희소성에 대항해 싸우는 투쟁의 역사이기 때문이다. 그런데 희소성에 맞서면서 인간들이 집단을 형성한다는 것은 다음과 같은 사실을 내다보게 한다. 즉 그들이 희소성에 대항한다는 공동 목표를 가지고 실천에 임하기 때문에, 이 집단 내부에서 맺어지는 그들 사이의 관계는 대립이 아니라 "완벽한 상호성(réciprocité parfaite)"에 의해 규제되는 것이 당연해 보인다는 사실이다. 그러니까 그들은 공동 목표를 추구하기 때문에 각자가 각자에게서 자기(soi)와 동등자(le Même)를 발견하는 것은 당연해 보인다.

하지만 사르트르의 인간학에서 이 같은 당위성은 당위성에 그치고 만다. 현실에서는 오히려 각자는 각자에게서 자기를 죽음으로 내모는 "이타성(altérité)"의 주체로서의 모습만을 보게 된다. 바로 이 차원에서 중요한 하나의 의문이 제기된다. 희소성에 대항한다는 목표를 가지고 하나의 공동 실천을 통해 인간들이 형성하는 집단 내에서 완벽한 상호성 위에 정립되어야 하는 그들의 관계는 왜 이타성에 자리를 내주게 되는가의 의문이 그것이다. 이 의문은 "집렬체화(sérialisation)"의 원인에 관련된 의문이기도 하다. 또한 이 의문은 사르트르의 인간학에서 핵심적인 개념 가운데 하나인 "실천적-타성태(pratico-inerte)"와도 밀접하게 연결된 것으로 보인다. 실천적-타성태 개념의 의미를 살펴보도록 하자.

물질세계에서 삶을 영위하면서 실천적 유기체로서의 인간은 항상 지금까지 그 세계에 존재하지 않았던 그 '무엇'을 나타나게끔 한다. 사르트르는 그 '무엇'을 "가공된 물질(matière ouvrée)"이라고 명명한다. 이 가공된 물질은 엄밀한 의미에서 인간이 희소성에 대항하는 과정에서 나타난 것이다. 따라서 그것의 기능은 항상 순기능적이어야 할 것이다. 다시 말해 그것은 희소성에 의해 매개된 인간들의 대립을 완화시키는 데 기여해야 할 것이다. 그러나 현실은 인간들과 가공된 물질과의 관계가 이와 정반대로 펼쳐지고 있음을 보여 준다. 왜냐하면 가공된 물질은 물질세계로 흡수되어 새로운 물질세계를 구성하게 되고, 또한 인간들은 이처럼 새로이 구성된 물질세계로부터 출발해서 다시 자신들의 욕구를 충족시키는 과정에서 또 다른 가공된 물질을 만들어내야 하는 새로운 여건을 구성하기 때문이다. 그러니까 가공된 물질은 인간들의 새로운 실천을 조건 짓고 제약하게 된다. 사르트르는 인간과 가공된 물질 사이의 이 같은 관계, 즉 인간에 의해 창조된 가공된 물질이 그의 새로운 실천에 유리하게 작용하는 대신 오히려 "반목적성(contre-finalité)"을 띠고, "반실천(anti-praxis)"의 적대적 요소로 작용하는 예기치 못한 결과를 실천적-타성태로 규정하고 있다.

하지만 실천적-타성태의 반목적성이 낳는 결과는 거기에서 그치지 않는다. 가공된 물질은 그것을 매개로 맺어지는 인간들의 관계를 집렬체화시키며 또한 그들을 인간적인 삶을 누리는 부류와 그렇지 못한 부류로 갈라놓는다. 먼저 집렬체화의 과정을 보자. 가공된 물질의 실천적-타성태에 의해 인간들의 관계가 집렬체화된다고 하는 것은, 실천적 유기체로서의 인간들이 희소성에 대항하면서 집단을 이룬다는 처음의 목적과 달리, 바로 가공된 물질의 역작용으로 인해 고립되고 분산되어 단순히 병렬적인 "군집(rassemblement)"을 형성하는 자들로 변모됨을 의미한다. 여기에서 한 가지 유의할 점은, 집렬체화된 인간들의 관계는 서로가 서로에게서 자기와 같지만 결국 자기와 다른 자기 —— 결국 이타성을 가진 자기 —— 를 본다는 점에 의해 특징지어진다는 사실이다. 사르트르는 이처럼 실천적-타성태로 작용하는 가공된 물질로 인해 나타나는 이타성 위에 형성된 인간들의 집단을 "집렬체(série)"라고 부르며, 그것의 한 예로 정류장에서 버스를 기다리는 승객들의 예를 분석하고 있다.

버스는 분명 가공된 물질에 속한다. 또한 버스는 승객들의 행동을 제약한다. 버스의 운행 시간과 그 정원이 정해졌다는 점 등이 그 증거다. 만약 한 승객이 버스 정원의 순번보다 더 늦게 정류장에 도착한다면 그는 다음 버스를 타거나 버스 이외의 다른 운송 수단을 이용해야 할 것이다. 이처럼 승객들은 버스와의 관계에서 수동적 입장에 있다. 이 같은 사실은 승객들의 행동이 버스에 의해 제약됨을 의미한다. 이번에는 버스를 기다리는 승객들에게 눈을 돌려보자. 그들은 성, 신분, 나이 등에서 서로 구별되고 고립된 개인들이다. 그들에게 공통점이 있다면 오직 그들이 같은 시각, 같은 장소에서 같은 버스를 기다리고 있다는 사실뿐이다. 그 결과 한 명의 승객으로서의 '나'는 다른 승객들을 통해서 '나'를 본다. 그러나 정작 중요한 점은 '내'가 그들을 통해서 보는 '나'는 '나'와는 근본적으로 다른 '나', 곧 이타성에 의해 특징지어지는 자들이라는 사실이다.

그런데 '나'의 주위에 이 같은 승객들이 많다는 것은 버스에 의해 매개된 '나'와 그들의 관계가 대립적일 수밖에 없다는 것을 의미한다. 왜냐하면 다른 승객 수의 증가는 '내'가 버스를 탈 가능성과 반비례하고, 따라서 '나'는 다른 승객의 수에 비례해서 점점 더 잉여의 승객이 되기 때문이다. 다시 말해 승객 모두는 서로 "교환 가능한" 관계에 있게 된다. 다만 '나'와 다른 승객들의 관계가 현실에서 투쟁이라는 극단으로 치닫는 경우는 드물다. 그것은 승객 모두가 정류장에 도착한 순서대로 버스를 타고, 버스의 수는 비교적 충분하며, 버스 이외의 다른 운송 수단도 많이 있기 때문이다. 그러나 가령 피난 열차를 타기 위해 아비규환의 다툼을 하는(이때 열차의 수효가 절대적으로 모자란다는 사실에 주목하자.) 자들의 모습은 그대로 집렬체적 삶, 다시 말해 열차(따라서 실천적-타성태)의 작용으로 발생한 이타성으로 인해 서로가 서로의 삶을 위협하는 자들의 모습에 불과할 뿐이다.

실천적-타성태로 작용하는 가공된 물질의 반목적성이 낳는 결과들 가운데 하나가 인간들을 인간적인 삶을 영위하는 부류와 그렇지 못한 부류로 갈라놓는다는 점을 지적했다. 이 사실은 중요하다. 왜냐하면 사르트르가 그런 관점에서 한편으로는 집렬체에서 "융화 집단(groupe en fusion)"으로의 이행을 설명하고, 다른 한편으로는 계급 투쟁의 기원을 설명하기 때문이다. 이 같은 사실들을 잘 이해하기 위해 우선 가공된 물질은 소유 대상이 된다는 점을 지적하자. 그런데 소유주는 소유물과 존재 관계를 맺고 있다는 것이 사르트르의 주장이다. 그러니까 소유주는 소유물을 통해 자신의 존재를 확인한다. 사르트르는 이 관계를 『존재와 무』에서 인간의 세 범주들 가운데 "가짐(Avoir) 범주의 있음(Être) 범주로의 환원(réduction)"으로 설명하고 있다. 그러니까 인간은 더 많이 가지면 가질수록 그만큼 더 존재한다는 것이다. 따라서 소유주가 자신의 소유물을 증가시키려고 하는 것은 당연하다. 소유물의 증가는 곧 그 자신의 존재 강화와 동의어이기 때문이다. 그러나 사르트르의 주장은 거기에서 그치지 않는다. 그는 『변증법』에서 소유 대상인 가공된 물질이 소유자에게 그것을 보존하고 또 그 양을 늘릴 것을 직접 요구한다고 보고 있다. 게다가 소유자는 가공된 물질로부터 오는 이 "요구(exigence)"를 거절할 수 없다. 왜냐하면 사르트르의 사유 체계에서는 '가짐'이 '있음'을 반영하기 때문이다.

그런데 중요한 사실은 소유주가 자신의 소유물인 가공된 물질의 요구에 응하면 응할수록 그것에 봉사하는 자(예컨대 노동자)와의 거리는 점점 더 멀어진다는 점이다. 앞에서 가공된 물질과 소유주의 관계가 존재 관계임을 지적했다. 그런데 소유주는 자신의 가공된 물질 — 이것을 '기계'라고 하자 — 을 가동하기 위해 최소 비용 — 노동자의 '임금'이라고 하자 — 으로 최대 효과를 내려고 할 것이다. 이와 달리 기계에 의존해 생활하는 노동자에게 소유주의 이 같은 노력은 임금 하락으로 나타날 것이다. 그런데 노동자에게는 임금(이것은 그의 '가짐'과 같은 것이다.)이 그의 '있음'을 나타낸다. 사르트르는 이를 바탕으로 다음 두 가지 사실을 지적한다. 소유자와 마찬가지로 노동자도 기계에서 자신의 "이해관계(intérêt)"를 본다는 사실이 그 하나다. 하지만 이 같은 사실에도 불구하고 그들의 이해관계는 정면으로 대치하며, 특히 기계의 자기 증식 요구가 소유주에게는 그의 존재 강화로 나타나는 것과 달리 그 기계에 봉사하는 노동자에게는 존재 약화로 나타난다는 것이 다른 하나다. 사르트르는 이 같은 사실을 고려해 노동자는 기계에서 그 자신의 "반이해관계(contre-intérêt)", 곧 "운명(destin)"을 볼 뿐이라고 주장하고 있다.

더욱 중요한 사실은 이 같은 요구, 이해관계, 운명 등이 개인에게만 국한되지 않고 "일반성"을 갖는다는 점이다. 다시 말해 이 개념들은 "비슷한 부류의 불특정 다수"에게도 그대로 적용된다는 것이다. 그러므로 예컨대 버스를 매개로 형성된 승객들 사이의 대립은 개인적 차원에 머물 뿐이나, 한 사회가 생산하고 소유하는 가공된 물질 전체를 매개로 맺어지는 부르주아 계급과 프롤레타리아 계급의 대립은 집단적 차원으로 발전하게 된다. 이 같은 사실에서 출발해 사르트르는 부르주아 계급에 속하는 자들이 소유하는 것 전체의 요구에 응해 자신들의 소유를 늘려 자신들의 존재를 강화하려는 노력은 그 반작용으로 프롤레타리아 계급에 속하는 자들의 소유(곧 그들의 소유)가 근본에서부터 위협받을 때(사르트르에 의하면 이 같은 상태는 "삶과 죽음"이 문제시되는 혹은 "불가능한 삶을 사는 것이 더이상 불가능한" 상태다.) 그들이 하나로 뭉쳐 그들을 그런 상황으로 빠뜨린 자들과 전면적 투쟁을 하기에 이른다고 보고 있다. 이것이 바로 『변증법』에서 볼 수 있는 계급 투쟁의 기원에 해당한다.

하지만 사르트르의 관심은 계급 투쟁에 대한 파악 그 자체라기보다는 — 이것은 『변증법』 2권의 탐구 대상이다 — 오히려 이 같은 투쟁을 통해 실천의 주체 가운데 하나인 집렬체가 '융화 집단'으로서의 "계급"으로 변모되는 계기다. 사르트르는 이 같은 과정을 포착하기 위해 프랑스 대혁명 당시 억압받았던 계층의 사람들이 바스티유 감옥으로 돌진해 가는 광경을 예로 든다. 사르트르는 융화 집단이 형성되는 순간은 혁명의 발발 순간에 해당한다고 보고 있다. 유감스러운 것은 '묵시론적 순간(moment apocalyptique)'이라고 할 수 있는 이 융화 집단의 형성 순간은 대부분의 경우 '기존의 폭력(violence existante)'을 분쇄하기 위해 사용되는 또 하나의 폭력, 그러니까 '대항 폭력(contre-violence)'을 통해 실현된다는 점이다.

이렇게 해서 형성된 융화 집단은 다음과 같은 특징을 갖는다. 첫째, 이 집단은 이타성에 의해 지배되는 세계가 아니라 "우리(nous)"의 세계라는 점이다. 이 집단에서 '나'는 '나'인 동시에 '타자'이며, '타자' 역시 '타자'이면서 '나'이기도 하다. 둘째, 따라서 융화 집단은 '나'와 '타자' 사이의 구별이 있으면서도 없는 세계, 곧 완벽한 상호성에 의해 매개되는 그런 세계다. 그 결과 '타자'는 지금·여기에 있는 것은 '내'가 지금·저기에 있는 것과 같다. 이것은 '내'가 여기에 있으면서 동시에 "모든 곳"에 있다는 것을 의미한다. 바로 이것이 융화 집단의 "편재성"이다. 셋째, 융화 집단의 구성원들은 모두 자유와 평등을 누리며 행동하고, 그 결과 이 집단의 실천 역시 자유라는 점이다. 따라서 이 융화 집단은 집렬체와 달리 모든 사람이 인간다운 삶을 영위할 수 있는 그런 세계다. 넷째, 융화 집단의 존재 이유는 전적으로 "실천"에 달려 있다는 점이다. 바꿔 말해 이 집단은 구성원 모두가 하나의 공동 목표를 위해 행동하는 동안에만 그 존재 이유를 가질 수 있을 뿐이다. 곧 살펴보겠지만, 이 네 번째 특징이 이 융화 집단의 비극과 밀접하게 관련되어 있다.

융화 집단은 이처럼 실천에 의해서만 존재하기 때문에, 그 실천을 가능케 하는 여건들이 사라질 경우 더 이상 존재 이유를 갖지 못하게 된다. 융화 집단의 구성원들이 다 같이 열망했던 목표를 실현하는 순간의 환희는 크다. 하지만 그 목표가 사라지고 오는 것은 "반성"의 시간이다. 적은 멀리 퇴각했고 '우리'는 죽음을 무릅쓴 싸움에서 지쳤다. 하지만 '우리'는 이 융화 집단을 끝까지 유지하고 싶다. 퇴각한 적은 다시 공격할 기미를 보이지 않는다. 바로 이 단계에서 지금 막 형성된 융화 집단 구성원들 사이의 결속도가 떨어지는 조짐이 나타나기 시작한다. 그 순간부터 융화 집단은 다시 집렬체로 와해될 위기에 처하게 된다. 그러나 '우리'가 그 많은 희생을 치르며 죽음을 무릅쓰고 투쟁한 것은 지옥과도 같은 집렬체로부터 벗어나기 위함이 아니었던가? 결국 융화 집단에게 필요한 것은 다시 집렬체로 와해될 위기를 극복하고 지금의 상태를 끝까지 유지하기 위한 조치를 강구하는 것이다.

그 조치가 어떤 것인지를 보자. 제일 먼저 취하는 조치가 이른바 "서약"이다. 사르트르는 서약을 융화 집단의 구성원들이 이 집단의 영속을 위해 이 집단의 이름으로 자신들의 자유를 자발적으로 구속하는 "실천적 고안(invention pratique)"으로 정의하고 있다. 그리고 서약과 더불어 이 융화 집단은 "서약 집단(groupe assermenté)"으로 변모한다. 그렇다면 서약의 구체적 의미는 무엇인가? 첫째, 서약하는 자는 당연히 '우리'이며, 서약은 항상 "우리는…… 맹세합니다(Nous jurons……)." 혹은 "맹세하자(Jurons)." 등의 형식을 취하게 된다는 점이다. 둘째, 서약과 동시에 서약자의 자유는 집단에 "저당 잡히고 (hypothéquer)", 서약자는 집단의 이름으로 오는 어떤 명령에도 복종해야 한다는 점이다. 다시 말해 집단의 "강제적 힘"을 인정하는 것이다. 그러나 서약 집단의 강제력은 이 집단의 구성원 모두가 자발적으로 저당 잡힌 자유의 대가라는 사실을 지적하자. 따라서 그 구성원들 가운데 하나가 서약을 위반했을 때 그를 처벌하는 것이 가능해진다. 셋째, 서약은 "상호적"이라는 점이다. 왜냐하면 '내'가 서약을 위반하여 '나'를 처벌할 권리를 집단의 이름으로 다른 구성원들에게 위임하는 것은 상관적으로 그들이 같은 상황에 처했을 경우 그들을 처벌할 권리를 그들 역시 '나'에게 위임한다는 사실을 상정하기 때문이다.

그러나 비극적인 것은 이처럼 융화 집단의 구성원들이 '하나' 됨을 실현하기 위해, 비록 그 구성원들 스스로의 합의에 의한 것이기는 하지만 처벌이라고 하는 또 하나의 폭력의 사용을 용인한다는 사실이다. 이것이 융화 집단의 보존을 위해 취해지는 두 번째 조치다. 집렬체적 삶을 영위하기보다는 차라리 서약의 내용을 지키면서 구성원 모두가 자유를 구속하는 것을 선택하고, 거기에서 유래하는 집단의 권위를 인정하면서 더 큰 폭력의 발생을 막고자 하는 의도가 두 번째 조치의 밑바탕에 깔려 있다. 사르트르에 따르면 이 같은 의도가 "동지애"의 이름으로 용인된 "공포-폭력"의 사용과 직접 연결되어 있다. 최소한의 폭력으로 큰 폭력의 발생을 예방하는 방어적 역할을 수행하는 것이 바로 서약 집단 내부에서 용인되는 공포-폭력의 사용이다.

사르트르는 또한 융화 집단이 이처럼 서약 집단으로 변모한 후 구성원들의 결속을 효과적으로 유지하기 위한 필요성 때문에 그들 각자의 능력을 인정하면서, 지금까지 벗어나고자 했던 집렬체를 지배하는 이타성을 다시 집단 내부에 도입하는 과정을 설명한다. 마치 하나의 축구 팀에서 특정한 포지션에 있는 선수가 전문화되어 자신의 능력을 최대한 발휘하고, 그 선수의 능력이 그가 속한 팀의 승리라는 공동 목표의 구현을 위해 이용될 때 극대의 효과를 낳는 것과 마찬가지로 서약 집단은 이제 이타성을 다시 그 내부에 도입함으로써 그 구성원들 모두의 개성과 능력이 최고도로 발휘될 수 있는 방향으로 스스로 변모해 나간다. 이 같은 변모가 곧 서약 집단에서 "조직화된 집단(groupe organisé)"에로의 이행이다.

그러나 이 조직화된 집단의 한 구성원이 어떤 위치에서 점점 전문화되어 자신의 능력을 최고도로 발휘하게 되면 그의 위치는 다른 사람에 의해 대치되는 것이 불가능해진다. 이렇게 해서 나타난 대치 불가능성은 조직화된 집단의 구성원들 사이의 이타성이 점점 더 강화된다는 것을 의미한다. 왜냐하면 융화 집단이나 서약 집단 내에서는 '나'는 '나'이며 동시에 '타자'였으나, 조직화된 집단 내에서는 극단적인 전문화로 인해 '나'는 다시 '타자'와는 완전히 다른 '나'가 되기 때문이다. 그리고 조직화된 집단의 내부에 도입되고 또 구성원 각자의 전문화로 인해 강화된 이타성은 그 구성원 모두의 전문화를 요구하는 기계(가공된 물질)에 의해 야기된다는 사실을 잊어서는 안 될 것이다. 이 같은 사실은 인간들이 자신들의 필요에 의해 생산해낸 가공된 물질의 지배, 바꿔 말해 실천적-타성태의 지배하에 다시 들어가게 된다는 것을 보여 준다.

사르트르에 의하면 조직화된 집단의 그런 노력은 마지막 단계에서 "제도화된 집단(groupe institutionnalisé)"(국가가 가장 좋은 예이다.)의 출현으로 구체화된다. 주지하다시피 국가의 주인은 국민이다. 그러나 국가의 강제력은 국가 제도를 운영하는 자들의 손에 쥐어지고, 대부분의 국민은 일상생활에서 지옥과도 같은 집렬체적 삶을 유지하는 것이 현실이라고 보면, 국민의 삶 자체가 다시 극단적으로 위협받는 상황에서 다시 하나로 뭉쳐 융화 집단을 형성하며 이 융화 집단을 형성하고 유지하는 과정에서 폭력이 개입될 수밖에 없다는 것이 사르트르의 주장이다. 물론 국가로 대표되는 제도화된 집단의 경우 그 구성원들을 최대한 효과적으로 지배하고 통제하며 또한 그들의 저항 의지를 꺾기 위해 "외적 조절(extéro-conditionnement)"과 같은 조치를 취한다는 사실을 지적해야 할 것이다. 곧 국가가 국민들 각자를 조절해서 그가 완전히 타자가 되도록, 그러니까 타자처럼 되기 위해 자신의 자유로운 실천을 그 자신에게 행사하도록 만드는 것이다.

지금까지 살펴본 것처럼 사르트르는 개인의 실천에서 출발해서 집단의 형성과 와해의 과정을 논리 필증적인 변증법적 이성에 입각해 탐구한다. 그 탐구의 결과를 종합해 보면 사르트르 자신이 기획했던 "구조적이고 역사적인 인간학"은 결국 '집렬체'와 '융화 집단'의 "재집단화와 경화의 끊임없는 이중 운동(double mouvement perpétuel de regroupement et de pétrification)" 위에 정립된다는 사실을 확인할 수 있다. 또한 이 운동은 '기존의 폭력'과 이를 분쇄하려는 '대항 폭력' 그리고 이 '대항 폭력'을 통해 형성된 '융화 집단'을 유지하기 위해 사용되는 '공포-폭력'을 중심으로 전개된다는 사실 또한 확인할 수 있다. 사르트르의 절친한 친구이자 학문의 경쟁자였던 아롱은 이 같은 인간학을 정립하고 있는 사르트르를 "폭력의 사도(apôtre de la violence)"로 규정하면서 폭력의 사용을 정당화시킨 그에게 증오의 감정까지 드러내 보이기도 한다.

그런데 『변증법』 1권에서 드러난 개인 또는 개인들의 실천을 토대로 형성된 집렬체에서 출발해서 집단으로의 이행, 그리고 다시 이 집단을 출발해서 집렬체로의 이행 ─ 실제로 사르트르는 이 두 이행 과정 사이의 선후를 선험적으로 정하는 것은 불가능하다고 말하고 있다 ─ 의 파악을 끝으로 변증법적 이성은 이제 더 이상 작동할 수가 없게 된다. 왜냐하면 이 이성의 작동은 계속해서 '집렬체-집단' 혹은 '집단-집렬체'의 축을 따라 이루어지는 순환적 왕복 운동 안에 갇히게 될 뿐이기 때문이다. 따라서 그런 상황에서 던질 수 있는 질문은 바로 이 같은 순환성을 '역사'가 형성되는 구체적인 상황 속에서 포착할 수 있는가의 여부가 될 것이다. 이것이 사르트르가 『변증법』 2권에서 제기하는 문제다.

요컨대 2권의 핵심적 과제는 과연 역사라고 하는 "진행 중인 총체화(totalisation en processus)"는 가지적(intelligible)인가의 문제로 귀착된다고 하겠다. 또한 '집렬체-집단' 혹은 '집단-집렬체'의 축을 따라 이루어지는 순환적 왕복 운동은 결국 투쟁에 의해 이루어지기 때문에, 2권의 주된 과제는 과연 이 투쟁은 가지적인가라는 질문과 표리 관계에 있다고 하겠다. "우리의 목표는 오직 적대 관계에 의해 분열된 하나의 실천적 총체 속에서 (다양한 갈등이 있든 이러한 갈등들이 하나의 갈등으로 환원되든 간에) 분열들 자체가 총체화하는 것인지, 그리고 총체의 총체화하는 운동에 의해 유도되는 것인지를 알아보는 데에 있다."

사르트르는 이 같은 기획을 완성하기 위해 2권을 집필했다. 그리고 2권의 편집자인 양녀 아를레트 엘카임이 지적하는 것처럼 그는 1960년 이후에도 계속해서 책의 완성을 위해 필요한 조사와 연구를 계속 수행했다. 하지만 그는 1962년을 기점으로 이 책의 집필에서 완전히 손을 뗀 것으로 보인다. 그 주된 요인은 2권의 완성에 필요한 연구와 자료의 조사, 가령 수많은 역사, 사회, 자연 과학 저서들에 대한 독서, 베네치아, 중국, 중세 프랑스, 식민지 역사, 러시아 역사, 역사를 가지고 있지 않은 나라들의 역사 등에 대한 연구와 자료 조사가 한 사람이 감당하기에는 너무 벅차다는 것이었다. 불행 중 다행인 것은 이 같은 연구와 자료 조사의 일부가 2권의 부록에 그대로 실려 있어서 사르트르의 인간과 역사 이해를 위한 원대한 기획의 구상을 부족한 대로나마 엿볼 수 있다는 것이다.

이처럼 『변증법』 2권은 미완성의 상태로 간행되었음에도 불구하고 사르트르는 이 책에서 1권에서의 여러 결과를 바탕으로 "역사는 가지적인가?", 즉 "역사는 하나의 의미를 가지고 있는가?"의 문제에 답하려고 노력하고 있다. 특히 러시아 혁명 이후 레닌의 후계 자리를 놓고 다투었던 스탈린과 트로츠키 사이의 권력 투쟁에 대한 논의는 그의 이 같은 기획의 일단을 엿볼 수 있는 중요한 논거를 제공한다. 다시 말해 역사를 형성하는 모든 요인이 한 인간, 즉 '개별적 보편자'에 의해, 혹은 더 구체적으로는 그의 "구성하는 이성(raison constituante)"에 의해 어떻게 총체화되는가를 두 정치 지도자의 행동을 비교하면서 보여 주고 있는 것이다.

트로츠키는 스탈린에 비해 영리했으며 정치적 연륜도 깊었고, 특히 러시아 혁명을 국제주의 노선에서 완성시키는 장기적인 정책, 이른바 "영구 혁명"의 정책을 폈다. 반면 스탈린은 어떤 상황이 발생할 때마다 거기에 맞는 정책을 더 선호했으며, 시대가 요구하는 답을 제공하려고 노력했다. 이런 노력의 일환으로 스탈린은 러시아의 미래를 "유일 국가에서의 사회주의" 건설이라는 쪽으로 몰고 갔다. 결국 역사가 보여 주듯이 최후의 승리는 스탈린의 몫이었으며, 이것은 그의 실천 속에서 이루어진 총체화의 방향이 러시아 역사의 흐름과 일치했던 결과였다. 그러니까 프롤레타리아 계급을 대표하는 정치 지도자 혹은 "주권적 개인(individu souverain)"으로서의 스탈린이라고 하는 개인의 행동을 관통하는 구성하는 이성 속에 이 계급의 이해관계와 러시아라고 하는 나라의 이해관계가 "구현(incarnation)"되었던 것이다. 물론 스탈린이 승리를 거두는 과정에서 그에게서만 나타나는 "특이성"까지를 포함한 모든 개별적이고 우연적 요소까지도 필연적인 의미를 부여받게 되는 것은 당연하다.

이 같은 논의와 관련해 한 가지 흥미로운 것은, 사르트르가 『변증법』 2권의 초반부에서 투쟁을 통한 역사의 총체화에 대한 이해를 위한 기초 작업으로 "권투 경기"의 예를 들고 있다는 점이다. 이 예를 통해 그는 이른바 인간의 실천 하나하나, 집단의 실천 하나하나에서도 역사의 형성 과정과도 같은 총체화가 포착될 수 있다는 사실을 보여 주고 있다. 예를 들어 한 지방 도시의 조그마한 실내 경기장에서 벌어지는 국내 랭킹 결정을 위한 권투 경기에서 한 선수가 휘두르는 펀치 하나하나에는 권투와 관련된 모든 요소가 포함되어 있다는 것이다. 이것은 그대로 권투 시합이라고 하는 하나의 사건은, 이 시합에 임하는 선수는 물론이거니와 코치, 프로모터, 관객, 이 시합이 열렸던 시대적 상황 등에 관련된 모든 요소가 서로 밀접하게 연결되어 있기에 총체화를 포착할 수 있는 한 계기로 여겨지는 것이다. 이 같은 설명을 통해 사르트르는 하나의 투쟁을 통해 현재 형성되고 있는 역사의 총체화 과정이 인지될 수 있다는 점을 보여 준다. 하지만 이 같은 역사는 항상 실천의 주체인 개인의 실천을 통과한다는 사실을 잊어서는 안 될 것이다. 그럼에도 이 개인의 실천은 여전히 또다시 총체화의 과정인 역사에 의해 흡수된다는 사실 역시 잊어서는 안 될 것이다. 요컨대 사르트르에게서 역사는 가지적이기는 하지만 항상 또다시 미래의 역사에 의해 "포괄되는(enveloppée)" 것으로 나타난다. 물론 역사는 그 자체로 "포괄적 총체화(totalisation d'enveloppement)"라는 점은 말할 것도 없다.

4. 의의

사르트르 연구자들은 『변증법』에 대해 크게 다음과 같은 세 가지 측면에서 그 의의를 찾고 있다. 첫째, 『존재와 무』와의 관계에서 볼 때 사르트르에게서 이른바 "인식론적 단절(rupture épistémologique)"이 있는가라는 측면에서다. 둘째, 프랑스에서 실존주의의 이어 1960년 대에 대유행했던 구조주의와의 관계라는 측면에서다. 셋째, 과연 사르트르가 정립하고자 했던 역사적이고 구조적인 인간학의 미래라는 측면에서다.

첫 번째 측면에서 대해서는 두 가지 견해가 팽팽하게 대립하고 있는 실정이다. 사르트르의 전기 사상을 대표하는 『존재와 무』와 후기 사상을 대표하는 『변증법』 사이에는 분명한 인식론적 단절이 있다는 견해와 그렇지 않다는 견해가 그것이다. 전자의 견해의 대표자로는 2000년에 『사르트르의 세기(Le Siècle de Sartre)』라는 책을 출간한 베르나르앙리 레비를 꼽을 수 있겠다. 그는 이 책에서 『구토』와 『존재와 무』의 저자와 『변증법』을 쓴 사르트르는 서로 다른 사르트르라는 이론, 즉 한 명의 사르트르 안에 두 명의 서로 다른 사르트르가 존재한다는 견해를 피력한다. 그러면서 『변증법』을 사르트르의 저서 가운데 "철학사상 가장 파장이 큰 실패(la faillite la plus retentissante de l'histoire de la philosophie)"로 여긴다. 물론 레비는 다시 이 같은 의견을 수정하기는 했다. 그러나 그가 사르트르에게서 근본적으로 다른 두 명의 사르트르가 있다는 생각을 완전히 폐기 처분한 것 같지는 않은 것으로 보인다. 게다가 자기 자신에 대한 판단에서 이 같은 견해를 가질 수 있는 가능성을 제공하고 있는 장본인이 바로 사르트르 자신이기도 하다. 왜냐하면 그는 여러 기회에 걸쳐 "자기 자신에 반대해(contre soi-même)"『변증법』을 집필했다는 점을 밝히고 있기 때문이다.

그러나『존재와 무』와『변증법』사이에는 인식론적 단절이 있는 것이 아니라 계속성이 있다는 견해 역시 존재하며, 이것은 또한 유력한 견해이기도 하다. 이 같은 견해에 의하면『존재와 무』에서는 인간과 세계, 인간과 인간 사이의 존재론적 관계에 대한 현상학적 시각에서의 접근에 초점이 맞추어지고 있는 반면,『변증법』에서는『존재와 무』에서 다루어지지 않았던 사회적이고 역사적 지평 위에 서 있는 인간과 물질세계, 인간과 인간, 이 인간들에 의해 구성된 집단, 집단과 집단 사이의 관계에 초점이 맞추어지고 있는 것으로 이해되고 있다. 이와 관련해『존재와 무』로부터『변증법』에 이르기까지의 사르트르의 철학 여정을 다음과 같이 요약하고 있는 한 연구자의 견해는 흥미롭다 하겠다. "그는 전(前)반성적 의식의 자기 관계를 원점으로 확립하고, 반성적인 의식의 자기 관계에서 점을 선으로 연장하며, 하나의 의식과 다른 의식간의 관계에서 선분과 선분의 관계 즉 하나의 평면을 구성한다. 그다음『변증법』 1권에서는 평면적인 인간관계로부터 하나의 구조를 갖는 입체를 구축했고, (⋯⋯) 2권에서 이 입체를 역사적 운동 속으로 밀어 넣어 그 동적 관계, 즉 역사적 인간학을 확립하려 했다."

『변증법』에 대해 지적할 수 있는 두 번째 의의는 1960년대 이후 프랑스는 물론 전 세계적으로 유행했던 구조주의적 패러다임과의 관계를 통해 확인되는 것이다. 주지하다시피 구조주의적 패러다임의 대표 학자인 레비스트로스는『야생의 사고(La Pensée sauvage)』의 마지막 장을『변증법』에 할애한다. 사르트르 역시『변증법』에서 레비스트로스의 몇몇 저작에 대해 우호적인 평가를 하고 있다. 그럼에도 이들

두 사람의 견해는 세계와의 관계에서 의미 생산과 역사 형성의 주체로서의 역할을 수행하는 인간에 대한 해석에서 근본적으로 대립하고 있는 것으로 보인다. 레비스트로스는 구조주의적 패러다임에 입각해 의미 생산에서 인간, 곧 실천의 주체의 역할을 도외시하고 이른바 '체계'를 이루는 '부분'과 '부분' 사이의 관계와 '부분'과 '전체' 사이의 관계에서 의미가 파생된다고 주장하고, 이를 바탕으로 역사 형성의 주체로서의 인간의 역할을 인정하지 않고 있다. 이와 달리 사르트르는 『변증법』에서 철저하게 인간을 의미 생산과 역사 형성의 주체로 본다. 비록 역사 형성의 과정에서 이 인간의 행동이 역사에 의해 조건 지어지고 또 제약된다는 사실을 인정하고 있음에도 그렇다. 최근 이른바 탈구조주의 혹은 포스트구조주의적 패러다임에 입각해 이루어지는 철학적 담론에서 다시 주체의 형성화 과정을 논하면서 그동안 "상처받고 모욕당한(blessé ou humilié)" 주체에 새로운 자리를 마련해 주려는 노력이 한창인 지금, 『변증법』에서 이루어지고 있는 사르트르의 인간 중심적 논의는 많은 시사점을 던져준다고 하겠다.

이 같은 사실은 그대로 『변증법』이 갖는 세 번째 의의로 이어진다고 할 수 있다. 20세기를 대표하는 또 다른 프랑스 철학자인 푸코는 사르트르에 대해 이렇게 말하고 있다. "19세기 사람의 안목으로 20세기를 사유하려는 거창하고도 비통한 노력"을 하고 있다고 말이다. 이는 그대로 사르트르가 『변증법』에서 시도하려고 했던 역사적이고 구조적인 인간학의 정립 시도와 그 방법론에 대한 타당성, 유효성, 한계 등에 대한 종합적인 지적이라고 하겠다. 하지만 프랑스 현대사에서 결정적인 중요성을 가진 사건으로 평가를 받는 1968년 5월 혁명에서 사르트르가 『변증법』을 통해 논의했던 상당 부분이 실제로 확인되었다는 점에서 보면, 푸코의 이 같은 평가도 부분적으로만 옳을 뿐이라고 할 수 있을 것이다. 더군다나 개인들 사이의 관계, 집단들 사이의 관계, 국가들 사이의 관계가 더욱 험악해지고 있는 현재 상황, 개인에 대한 집단과 국가 폭력이 더욱 교묘해지고 있는 현재 상황에서 폭력의 문제, 아니 좀 더 광범위하게는 '악'의 문제를 그 기원으로까지 거슬러 올라가 추적한 『변증법』이 가진 의의는 과소평가할 수만은 없을 것이다. 이 같은 시각에서 사르트르 자신이 칸트의 한 저서 제목을 패러디해 "미래의 모든 인간학에 대한 프롤레고메나 (Prolégomènes à toute anthropologie future)"의 토대를 마련하고자 했던 노력에 대한 진정한 평가는 이제부터 시작이라고 할 수 있을 것이다.

2009년
공동 역자를 대표해서
변광배 씀

재간에 즈음하여

사르트르의 『변증법적 이성 비판』은 현 한국연구재단의 전신인 한국학술진흥재단의 2003년도 명저 번역 지원 사업에 선정되어 2009년 나남출판사에서 세 권의 책으로 처음 출간되었다. 그 후 15년의 세월이 흐른 2024년, 민음사에서는 원래 두 권으로 되어 있던 프랑스 원본에 맞추어 두 권의 번역서로 새롭게 재출간할 것을 결정하게 되었다. 그 과정에 대한 간략한 소개와 함께 이번 재간에서 유의한 점, 특히 초판본과 달라진 부분을 지적하면서 재간사를 대신하고자 한다.

번역지원과 더불어 한국연구재단에 5년 동안 귀속되었던 『변증법적 이성 비판』의 저작권은 이미 만료되었고 이 책의 초판 번역본은 절판 상태였다. 새 책의 구입은 불가능했고 중고 도서의 경우 꽤 비싼 가격이 형성되어 있었다. 쉽게 읽힐 책은 아니지만 그렇다고 쉽게 묻혀버려서는 안 되는 책이었기에 우리는 여러 경로를 통해 재출간의 가능성을 타진하고 있었다. 그러나 방대한 분량에다 까다로운 사상서인지라 그 어떤 출판사도 선뜻 나서 주지 않았다.

이 같은 상황에서 사르트르의 대표적 초기 철학서 『존재와 무』를 새롭게 번역하여 출간하기로 한 민음사의 결정은 『변증법적 이성 비판』 재간에 중요한 계기로 작용했다.『존재와 무』의 재번역 출간을 결정하고 그 작업을 진행하던 민음사가 사르트르의 또 하나의 중요한 철학서이자 출판사를 찾지 못해 난항 중이던『변증법적 이성 비판』을 동시에 출간하겠다는 의지를 피력했던 것이다. 그렇게 되면 사르트르의 철학 사상 전반을 훑어볼 수 있고 이것은 20세기 프랑스 사유의 흐름을 이해하는 좋은 발판이 될 수 있을 것이라는 데 뜻을 모았다.

　『변증법적 이성 비판』 재간을 준비하면서 우리는 무엇보다 사르트르가 사용한 개념어와 특정 용어의 번역어 및 그 통일에 좀 더 신중하기로 했다. 또한 초판에서 미처 걸러내지 못한 오역, 오타, 띄어쓰기, 맞춤법 등을 최대한 바로잡으려 노력했다. 특히 용어 사용에서 'totalité'('totaliser', 'totalisant', 'totalisation', 'détotaliser', 'détotalisant', 'détotalisation')를 '총체성'('총체화하다', 총체화하는', '탈총체화하다', '탈총체화하는', '탈총체화')으로 바꾸었다. 사실 초판을 낼 때 'totalité'와 이와 연관된 용어들의 번역어를 선택하는 일에서 많은 논의가 있었다. 헤겔에게서 이것이 '총체성'으로도 '전체성'으로도 옮겨진다는 사실을 확인하고, 이를 토대로 처음에는 'totalité'를 '총체성'으로 옮기고자 했다. 하지만 이 용어가 'l'ensemble'의 역어로 사용한 '총체'와 혼동될 수 있다는 이유로 '전체성'으로 옮기기로 했다. 사실 '전체성'으로 옮기면서도 이것이 '전체주의(totalitarisme)'를 연상시킬 수 있다는 우려 또한 없지 않았다.

　재간을 준비하면서 이 용어가 다시 문제 되었다. 그런데 이번에 이를 '총체성'으로 바꾸기로 한 것은 알튀세르 때문이었다. 반(反)헤겔주의자를 자처하는 알튀세르는 헤겔의 'totalité'를 '총체성'으로 규정하는 한편, 이 개념에 정신이 변증법적 발전 과정을 거쳐 절대지에 이르는 과정에서 포획하는 수많은 내용의 동질성(homogénéité)이 전제되어 있다고 본다. 반면 알튀세르는 마르크스의 사유를 재해석하면서 그가 단지 헤겔의 사유를 전복한 것만이 아니라고 지적한다. 알튀세르는 또한 하부 구조에 의한 상부 구조의 결정 과정에서 경제가 최후의 심급으로 작용하는 것이 아니라 다른 여러 요소가 작용해 복합적, 다원적으로 중층 결정된다고 주장하기도 한다. 다시 말해 마르크스의 유물론적 변증법은 헤겔의 관념론적 변증법과는 달리 이질적인 요소들을 포괄하면서 진행된다고 본 것이다.

이렇듯 헤겔의 총체성이 단일하고 균질적인 원(圓)에 비교할 수 있다면, 마르크스의 전체성은 각 층의 모습이 서로 다르게 구축된 하나의 고층 건물 전체에 비교할 수 있다는 것이 알튀세르의 주장이다. 이런 점을 감안하고, 또 사르트르가 헤겔을 비판하면서도 그의 사유를 마르크스처럼 전복하려는 시도를 한 것은 아니라는 점을 고려해 'totalité'를 '전체성'에서 '총체성'으로 바꿔 번역하게 되었다. 그 결과 이 계열에 속하는 다른 용어들 역시 모두 '총체'와 연결해서 옮겨졌다.

초판 해제에서 자세히 밝힌 것처럼 이 책은 4명의 사르트르 연구자의 이름으로 출간되었다. 하지만 실제 번역 작업은 한국사르트르연구회(GCES: Groupe coréen d'études sartriennes)에 소속된 여러 연구자의 도움과 협력 속에서 진행되었다. 초판 출간 후 15년이 지나는 동안 우리 연구회에도 많은 변화가 있었다. 오랫동안 GCES를 이끌어 주셨던 정명환 선생님께서 영면하셨고, 정경위, 심정섭, 강충권 선생님께서는 정년퇴임을 하셨으며, 공동 번역자였던 박정자, 장근상, 윤정임, 변광배 모두 학교를 떠났다. 이번 재간을 준비하면서 초판 번역 작업 당시 서로 머리를 맞대고 의견을 모으며 고심해 주시던 여러 선생님의 모습이 자주 떠오르곤 했다. 그때 집단 지성의 힘을 아낌없이 발휘해 주셨던 사르트르연구회의 모든 선생님께 이 자리를 빌어 다시 한번 감사드린다.

인문학의 위기가 별 신통한 대책도 없이 많은 이의 입에 오르내리는 상황에서 이 '괴물'과도 같은 『변증법적 이성 비판』의 재간 결정을 내려주신 민음사 박근섭, 박상준 대표님께 진심으로 감사의 말씀을 전한다. 또한 편집 전 과정에서 세심한 도움과 충고를 주신 맹미선, 신새벽 편집자 두 분께도 깊은 감사의 말씀을 드린다. 이들이 아니었다면 이 책이 다시 빛을 보는 시기는 훨씬 뒤로 늦춰졌을 것이다.

2024년 7월
공동 역자를 대표해서
윤정임 씀

찾아보기

인명

변증법적 이성 비판

2권 역사의 가지성

1판 1쇄 찍음   2024년 8월 9일

1판 1쇄 펴냄   2024년 8월 23일

지은이   장폴 사르트르

옮긴이   박정자, 변광배, 윤정임, 장근상

발행인   박근섭, 박상준

펴낸곳   (주)민음사

출판등록   1966. 5. 19. (제16-490호)

주소   서울시 강남구 도산대로1길 62

              강남출판문화센터 5층 (06027)

대표전화   02-515-2000 팩시밀리 02-515-2007

              www.minumsa.com

ISBN 978-89-374-1642-2 (94160)

ISBN 978-89-374-1640-8 (세트)